"101 计划"核心教材
化学领域

有机化学（上册）

主 编 张丹维 王彦广 裴 坚

中国教育出版传媒集团
高等教育出版社·北京

内容提要

本书为化学"101 计划"核心教材。全书共 16 章，分上、下两册。

上册（第一至八章）包括有机化学核心概念和重要基础理论，立体化学基础知识，以烷烃、卤代烃、烯烃和炔烃、芳香烃及醇、酚、醚为代表的物质大类的结构和命名、合成和转化、反应类型及其反应机理等内容，涵盖饱和烃、不饱和烃、芳香烃及含杂原子官能团取代烃的相关性质。在此基础上展开有机化合物结构鉴定基础原理和表征等内容。

下册（第九至十六章）主要内容是含羰基官能团的醛和酮、羧酸和羧酸衍生物、羰基 α-碳上的反应，以及胺和含氮芳香杂环化合物的化学。同时以专题形式分别介绍周环反应、金属有机化合物、糖类化合物，以及氨基酸、蛋白质和核酸。

本书包含了有机化学基础知识的经典内容，同时运用现代有机化学概念进行前沿拓展，是一本具有高阶性、创新性和挑战度的教材，可作为高等学校化学类专业有机化学课程教材，也可供生物科学、医学、材料科学等其他相关专业参考。

图书在版编目（CIP）数据

有机化学．上册／张丹维，王彦广，裴坚主编．— 北京：高等教育出版社，2025.9. -- ISBN 978-7-04-064878-2

Ⅰ．O62

中国国家版本馆 CIP 数据核字第 2025AT4899 号

YOUJI HUAXUE

策划编辑	沈晚晴	责任编辑	李 颖	封面设计	王 洋	版式设计	童 丹
责任绘图	裴一丹	责任校对	王 雨	责任印制	赵义民		

出版发行	高等教育出版社	网　　址	http://www.hep.edu.cn
社　　址	北京市西城区德外大街4号		http://www.hep.com.cn
邮政编码	100120	网上订购	http://www.hepmall.com.cn
印　　刷	北京盛通印刷股份有限公司		http://www.hepmall.com
开　　本	889 mm×1194 mm　1/16		http://www.hepmall.cn
印　　张	22		
字　　数	600千字	版　　次	2025年9月第1版
购书热线	010-58581118	印　　次	2025年9月第1次印刷
咨询电话	400-810-0598	定　　价	66.00 元

本书如有缺页、倒页、脱页等质量问题，请到所购图书销售部门联系调换
版权所有　侵权必究
物料号　64878-00

本书编委会

主　编：张丹维（复旦大学）　　　王彦广（浙江大学）
　　　　裴　坚（北京大学）

编　委：（按姓氏笔画排序）

马宝春（兰州大学）	王云侠（西北大学）
王永强（西北大学）	王光伟（天津大学）
王彦广（浙江大学）	白银娟（西北大学）
白　璐（西北大学）	邢国文（北京师范大学）
朱庭顺（中山大学）	刘文博（武汉大学）
刘　强（兰州大学）	刘　强（湖南大学）
刘　路（华东师范大学）	米学玲（北京师范大学）
江焕峰（华南理工大学）	汤平平（南开大学）
孙兴文（复旦大学）	李　滔（湖南大学）
李　燕（北京航空航天大学）	杨泽鹏（同济大学）
吴国骄（华中科技大学）	汪兆丰（湖南大学）
汪　波（中山大学）	沈增明（上海交通大学）
张丹维（复旦大学）	张世平（西北大学）
张扬会（同济大学）	张韶光（清华大学）
张　骥（四川大学）	陆　展（浙江大学）
陈宜鸿（武汉大学）	陈　超（清华大学）
武全香（兰州大学）	竺传乐（华南理工大学）
周　岭（西北大学）	赵万祥（湖南大学）
赵　亮（清华大学）	赵晓丹（中山大学）
赵温涛（天津大学）	赵　蓓（苏州大学）
钟芳锐（华中科技大学）	俞寿云（南京大学）
袁　丹（苏州大学）	徐政虎（山东大学）
高　戈（四川大学）	资伟伟（南开大学）
陶忠林（湖南大学）	惠新平（兰州大学）
程鸿刚（武汉大学）	焦　雷（清华大学）
裴　坚（北京大学）	

总 序

自 2023 年 4 月启动以来，化学"101 计划"以高质量化学学科人才培养体系构建和拔尖创新人才培养为目标，从化学学科全局视野系统性重构化学拔尖创新人才培养的核心知识框架，以核心课程建设（含理论课和实验课）推动化学专业课程体系改革，以教案、教材建设推动教学内容迭代，以数字化资源建设推动教学方式转变，以课堂观察、名师引领、研修培训推动课堂教学质量提升，着力建设一流核心课程体系和一流核心教材体系，培育高水平师资团队，探索构建具有中国特色的化学拔尖创新人才高质量自主培养体系。

教材是教师教学和学生学习的主要依据，是培根铸魂、启智增慧的核心载体，是践行拔尖创新人才自主培养的有力支撑，出版一套高水平核心教材是化学"101 计划"的重点任务之一。为此，化学"101 计划"汇聚国内化学领域具有丰富教学经验与顶尖学术水平的教师和专家团队，以普通化学、无机化学、有机化学、分析化学、物理化学、结构化学、高分子化学与物理、化学生物学、基础化学实验、合成化学实验、化学测量学实验和化学生物学实验 12 门核心课程的知识体系建设成果为基础，充分借鉴国内外先进课程与优秀教材建设经验，以学生的能力培养为导向，在纸质教材、电子教案、数字资源等方面进行了多角度、多层次的探索，着力构建"世界一流、中国特色、101 风格"的化学核心教材体系。

系列教材总体遵循思政元素的思想性、知识体系的系统性、学术案例的前沿性、能力培养的引导性和呈现方式的融合性五大原则。在知识内容的分类上，理论课程注重"守正"，按照二级学科设置，实验课程突出"创新"，促进二级学科的交叉；在知识内容的选择上，兼顾基础和前沿，注重提升内容的创新性、高阶性和挑战度，并选取有代表性的中国优秀科研成果作为案例，有机融入思政元素，挖掘知识的育人内涵；在编排设计上，融入现代教育理念和教学方法，探索内容铺排和呈现方式的创新，注重激发学生学习主动性，培养学生自主学习、分析和解决问题的综合能力。

系列教材采用适应专业知识快速更新的融合式编写模式，以边栏拓展阅读等形式将纸质教材与数字资源相链接，拓展教材内容；同时配套翻译国外优秀教材，与系列新编教材相辅相成。此外，配套出版电子教案集。这些探索和实践分别从"教什么"和"怎么教"两条逻辑，融合教学新理念、新内容和新方法，形成以纸质教材为核心、数字资源为辅助的新形态教材体系。

参与编写系列教材的编委和撰稿人主要是来自 30 所"化学拔尖学生培养计划 2.0 基地"获批高校从事教学和科研的教师、专家和学者，尽管工作任务繁重，但他们仍然抽出大量的宝贵时间，秉持严谨认真的科学态度和精益求精的工作精神，保质保量地完成了系列教材的编写工作。在此，我表示衷心的感谢。此外，多位院士和资深专家对系列教材的编写和审订提供了诸多宝贵意见和建议，对教材的质量进行了严格把关，感谢他们的悉心指导和支持。同时我也非常感谢各参与出版社的有关领导和编辑们在系列教材出版过程中的辛勤付出。

作为新时代化学领域首次有组织、系统性建设核心教材体系的集体探索，这套教材是所有指导专家、编委、撰稿人和编辑同仁们集体的智慧结晶和劳动成果，也是传递化学"101 计划"改革理念和思路的重要载体，期盼能对广大读者有所裨益。"合抱之木，生于毫末；九层之台，起于累土。"系列教材的出版绝非终点，而是起点。真诚希望广大读者在使用过程中提出宝贵意见和建议，以便我们今后修订，使之不断完善，为我国化学拔尖创新人才培养提供启示与支撑。

化学"101 计划"牵头人
中国科学院院士
2024 年 10 月于中山大学

前　言

教育部基础学科系列"101 计划"是加快推进国家基础学科拔尖人才培养的战略行动之一，是面向教育强国建设总体要求和国家战略需求，回答"加快建设教育强国""全面提高人才自主培养质量"的时代命题的重要举措。一流核心教材建设是教育教学系统改革工程重点推进的"四个一流"建设的重要环节。教材是教学的根本依据和教与学的重要工具。"101 计划"有机化学课程组以服务一流课程建设，加快推进化学学科拔尖创新人才培养，提升人才培养质量为目标，组成了北京大学裴坚教授牵头的大师领衔高水平队伍，共同承担"有机化学"核心教材编写任务，22 所高校 50 余位教师参与本书的编写工作。

有机化学作为碳化合物的化学，主要研究有机化合物的组成、结构、性质，结构与性质关系，合成和转化及其功能，与生物、医药、能源、材料、农林及环境等多学科有密切关联。有机化学课程是化学及生物科学、医学、药学、材料科学等专业本科生必修的基础理论课程。

有机化学课程一般安排在本科第 2 学期和第 3 学期开设，总计 6 学分 96 学时或更多，是学生最早接触的专业基础课之一。根据有机化学学科特点、课程及关联课程开设学期，"101 计划"有机化学教材编写组在充分调研国内外有机化学课程教学和教材内容的基础上，确定了主要按照官能团类型编排，并配合若干专题和前沿拓展的模块化方式来编写本教材，其主要特点如下：

（1）知识全面系统，内容循序渐进。全书从有机化学核心概念和重要基础理论入手，涵盖烷烃，卤代烃，烯烃和炔烃，芳香烃，醇、酚和醚，醛和酮，羧酸及其衍生物，羰基 α-碳上的反应，胺和含氮芳香杂环化合物等典型有机化合物及其反应类型，有机化合物结构鉴定，周环反应，金属有机化合物，糖类化合物，以及氨基酸、蛋白质和核酸等专题内容，为学生设置了循序渐进的学习路径，有助于学生有机化学辩证思维和系统思维能力的培养。书中还将科学方法论、我国科学家重要成果等科学思维元素与知识介绍巧妙融合，全面体现了知识传授与价值观引领的高度统一。

（2）聚焦核心内容，拓宽前沿视野。全书充分运用现代化学学科的基本理论和概念，凝练有机化学学科核心和前沿要素，将新理念、新内容和新方法贯穿全书，以教育部高等学校化学类专业教学指导委员会最新版《化学专业有机化学教学内容建议》为依据，使用公认、广泛认可、定量的方式呈现核心知识，强调文献对教材内容的支撑，以专题或数字资源形式展现最新前沿科研成果。习题作为学习巩固、查漏补缺的重要内容，注重启发性和思想性，主要从原始文献出发编写高质量习题，以提升学生分析和解决有机化学问题的能力，拓宽学术视野，培养创新思维。

（3）体现知识架构，激发探索兴趣。有机化学发展至今已 250 余年，已经形成自身学科知识体系和研究范式。本书通过对经典优秀文献所呈现科学规律的发现和发展脉络，以及当今所取得的一些重要研究成果的论述，使学生体会认识本质、创造新知的过程，从而具备自主搭建知识框架的能力。更为重要的是能够从中发现问题，激发好奇心和探索未知的兴趣，为真正投身科研创新奠定坚实基础。

北京大学裴坚教授承担本书内容设计、审定、协调等工作。复旦大学张丹维教授和浙江大学王彦广教授对全书内容进行了梳理、审定和修改。各章节编写人员如下：

第一章：浙江大学王彦广。

第二章：同济大学张扬会、杨泽鹏，北京航空航天大学李燕。

第三章：北京师范大学邢国文、米学玲。

第四章：南开大学资伟伟、汤平平，兰州大学惠新平、武全香、刘强、马宝春。

第五章：中山大学朱庭顺、汪波、赵晓丹，苏州大学赵蓓、袁丹。

第六章：湖南大学赵万祥、刘强、汪兆丰、陶忠林、李滔。

第七章：山东大学徐政虎、华东师范大学刘路。

第八章：西北大学王永强、周岭、白银娟、张世平、白璐、王云侠。

第九章：天津大学王光伟、赵温涛。

第十章：华南理工大学竺传乐、江焕峰。

第十一章：清华大学焦雷、张韶光、赵亮、陈超。

第十二章：复旦大学张丹维、孙兴文。

第十三章：南京大学俞寿云、上海交通大学沈增明。

第十四章：武汉大学刘文博、陈宜鸿、程鸿刚，浙江大学陆展。

第十五章：四川大学张骥、高戈。

第十六章：华中科技大学钟芳锐、吴国骄。

所有参编教师克服了时间紧迫、工作繁忙等诸多困难，为最终完稿付出了巨大心血和努力。有机化学学科始终处于飞速发展阶段，限于编者水平，书中疏漏之处在所难免，敬请批评指正。

本书编写组
2024 年 10 月

目 录

| 第一章　绪论 | 1 |

1.1　有机化学和有机化合物 ... 1
1.2　官能团 ... 2
1.3　共价键：价键理论 ... 4
 1.3.1　经典化学键理论（路易斯结构） ... 4
 1.3.2　原子轨道 ... 6
 1.3.3　价键理论 ... 9
 1.3.4　杂化轨道理论 ... 10
1.4　共价键：分子轨道理论 ... 14
 1.4.1　原子轨道线性组合法 ... 14
 1.4.2　成键三原则 ... 15
 1.4.3　甲烷、乙烷和乙烯的分子轨道 ... 16
 1.4.4　休克尔分子轨道法 ... 17
1.5　有机分子的结构 ... 17
 1.5.1　分子结构的表示方式 ... 17
 1.5.2　有机分子结构基本参数 ... 18
1.6　电子离域：共振和共轭效应 ... 19
 1.6.1　共振结构 ... 20
 1.6.2　π–π 共轭 ... 22
 1.6.3　p–π 共轭 ... 24
 1.6.4　常见基团的共轭效应 ... 25
1.7　电子离域：超共轭效应 ... 26
 1.7.1　σ–π 超共轭 ... 26
 1.7.2　σ–p 超共轭 ... 27
 1.7.3　超共轭效应的简单表示方式 ... 27
1.8　共价键的极化和诱导效应 ... 28
 1.8.1　共价键的极性 ... 28
 1.8.2　分子的偶极矩 ... 28
 1.8.3　诱导效应 ... 29
1.9　酸性和碱性 ... 30
 1.9.1　Brønsted–Lowry 酸碱理论 ... 30
 1.9.2　K_a 和 pK_a ... 31
 1.9.3　影响有机化合物酸碱性的主要因素 ... 32
 1.9.4　路易斯酸碱理论 ... 33
1.10　分子间弱的作用力 ... 34
 1.10.1　范德华力 ... 34
 1.10.2　氢键 ... 35
 1.10.3　π–π 堆积作用 ... 36
习题 ... 36

第二章 立体化学 ... 39
2.1 构象与构象异构体 ... 39
2.1.1 链烷烃的构象 ... 39
2.1.2 环烷烃的构象 ... 43
2.2 旋光异构体 ... 49
2.2.1 手性与对映异构体 ... 49
2.2.2 手性的判别 ... 53
2.2.3 手性的分类 ... 55
2.2.4 旋光异构体的表示方法和命名 ... 58
2.2.5 相关概念 ... 60
2.2.6 光学活性化合物的获得 ... 63
习题 ... 64

第三章 烷烃 ... 67
3.1 烷烃的同分异构现象 ... 67
3.2 烷烃的命名 ... 69
3.2.1 链烷烃的普通命名法 ... 69
3.2.2 链烷烃的系统命名法 ... 69
3.2.3 环烷烃的命名 ... 73
3.3 链烷烃的结构与构象 ... 75
3.4 链烷烃的物理性质 ... 76
3.5 链烷烃的化学性质 ... 77
3.5.1 卤化反应（自由基取代反应） ... 77
3.5.2 氧化反应 ... 78
3.5.3 异构化反应 ... 78
3.5.4 裂解反应 ... 79
3.6 链烷烃的来源、制备与用途 ... 79
3.6.1 Wurtz 反应 ... 80
3.6.2 Corey-House 反应 ... 80
3.6.3 烯烃的氢化 ... 80
3.6.4 卤代烃的还原反应 ... 80
3.7 环烷烃 ... 81
3.7.1 物理性质 ... 81
3.7.2 化学性质 ... 81
3.7.3 环烷烃的稳定性 ... 82
3.7.4 环烷烃的构象 ... 83
3.7.5 环烷烃的来源、制备与用途 ... 83
3.8 化学反应平衡与反应速率 ... 83
3.8.1 化学平衡 ... 83
3.8.2 反应速率 ... 84
3.8.3 过渡态理论 ... 85
3.8.4 烷烃的自由基取代反应历程 ... 88
习题 ... 92

第四章 卤代烃 · 95

- 4.1 卤代烃的分类 · 95
- 4.2 卤代烃的结构与物理性质 · 95
- 4.3 卤代烃的亲核取代反应 · 96
  - 4.3.1 双分子亲核取代反应（S_N2） · 97
  - 4.3.2 单分子亲核取代反应（S_N1） · 98
  - 4.3.3 邻基参与亲核取代反应 · 100
  - 4.3.4 影响亲核取代反应的因素 · 102
  - 4.3.5 亲核取代反应相关的人名反应 · 105
- 4.4 卤代烷的消除反应 · 109
  - 4.4.1 双分子消除反应（E2） · 109
  - 4.4.2 单分子消除反应（E1） · 113
  - 4.4.3 单分子共轭碱消除反应（E1cb） · 115
- 4.5 卤代烷亲核取代反应和消除反应的竞争 · 116
  - 4.5.1 亲核试剂的影响 · 117
  - 4.5.2 卤代烷结构的影响 · 118
  - 4.5.3 溶剂的影响 · 119
  - 4.5.4 反应温度的影响 · 119
- 4.6 卤代烃与金属的反应 · 119
  - 4.6.1 有机镁化合物 · 119
  - 4.6.2 有机锂化合物 · 121
  - 4.6.3 有机铜锂化合物 · 122
  - 4.6.4 卤代烃参与的偶联反应简介 · 122
- 习题 · 123

第五章 烯烃与炔烃 · 125

- 5.1 烯烃和炔烃的命名 · 125
  - 5.1.1 烯烃的命名 · 125
  - 5.1.2 炔烃的命名 · 128
- 5.2 烯烃的热力学稳定性与氢化热 · 129
- 5.3 烯烃与Brønsted酸的亲电加成反应 · 131
  - 5.3.1 烯烃与HX加成反应机理与反应活性 · 131
  - 5.3.2 烯烃与HX在气相和溶液相中的亲电加成反应 · 132
  - 5.3.3 烯烃与HX加成反应的区域选择性 · 133
  - 5.3.4 烯烃与HX加成反应的立体化学 · 134
  - 5.3.5 烯烃与水和醇的亲电加成 · 135
  - 5.3.6 共轭烯烃的1,2-和1,4-加成 · 135
  - 5.3.7 烯烃的正离子聚合反应 · 138
- 5.4 烯烃的自由基加成反应 · 138
- 5.5 烯烃亲电加成反应中邻基参与效应的影响——1,2-迁移与环鎓离子 · 140
  - 5.5.1 碳正离子重排与邻基参与效应 · 140
  - 5.5.2 烯烃与卤素或次卤酸的亲电加成反应 · 141
  - 5.5.3 烯烃的羟汞化-脱汞反应 · 146

- 5.5.4 烯烃与卡宾的加成——环丙烷的合成 ··· 147
- 5.5.5 烯烃的环氧化反应 ··· 149
- 5.6 烯烃的协同加成反应 ··· 150
  - 5.6.1 硼烷加成 ··· 150
  - 5.6.2 催化氢化 ··· 152
  - 5.6.3 双羟化 ··· 153
  - 5.6.4 臭氧化反应 ··· 154
  - 5.6.5 Diels-Alder 反应 ··· 155
  - 5.6.6 亲电加成反应的三分子历程 ··· 159
- 5.7 烯烃的亲核加成/亲核取代反应 ··· 160
- 5.8 炔烃的反应 ··· 161
  - 5.8.1 与卤素的亲电加成 ··· 161
  - 5.8.2 与卤化氢的亲电加成和自由基加成反应 ··· 162
  - 5.8.3 炔烃的羟汞化反应 ··· 163
  - 5.8.4 炔烃的硼氢化反应 ··· 164
  - 5.8.5 炔烃的催化氢化与 Na-NH$_3$ 还原 ··· 164
  - 5.8.6 氧化反应 ··· 165
  - 5.8.7 Diels-Alder 反应 ··· 165
  - 5.8.8 聚合反应 ··· 166
  - 5.8.9 炔氢的酸性和特性反应 ··· 166
  - 5.8.10 炔烃的亲核加成反应 ··· 167
- 5.9 烯烃和炔烃的主要来源及制备 ··· 168
  - 5.9.1 烯烃和炔烃的主要来源 ··· 168
  - 5.9.2 烯烃的制备 ··· 169
  - 5.9.3 炔烃的制备 ··· 169
- 5.10 联烯 ··· 170
  - 5.10.1 联烯的结构 ··· 170
  - 5.10.2 联烯的反应 ··· 170
- 习题 ··· 171

第六章 芳香烃 ··· 176

- 6.1 芳烃的分类、命名和结构 ··· 176
  - 6.1.1 芳烃的分类 ··· 176
  - 6.1.2 苯系芳烃的命名 ··· 177
- 6.2 芳香性和休克尔规则 ··· 180
  - 6.2.1 苯的结构和稳定性 ··· 180
  - 6.2.2 芳香性、反芳香性和非芳香性 ··· 183
  - 6.2.3 休克尔规则与 Frost 环规则 ··· 184
  - 6.2.4 芳香化合物的芳香性 ··· 186
- 6.3 芳烃的亲电取代反应 ··· 191
  - 6.3.1 苯环上的亲电取代反应机理 ··· 191
  - 6.3.2 卤化反应 ··· 192
  - 6.3.3 硝化反应 ··· 195
  - 6.3.4 磺化反应 ··· 196

6.3.5　Friedel–Crafts 反应 198
　　　6.3.6　Haworth 反应 203
　　　6.3.7　Blanc 氯甲基化反应 204
　　　6.3.8　Gattermann–Koch 反应 204
　　　6.3.9　Reimer–Tiemann 反应 205
　　　6.3.10　Fries 重排反应 206
　6.4　芳香亲电取代反应的定位效应 208
　　　6.4.1　单取代芳烃亲电取代反应的定位效应 208
　　　6.4.2　定位效应的理论解释 211
　　　6.4.3　多取代芳烃亲电取代反应的定位效应 213
　　　6.4.4　稠环芳烃亲电取代反应的定位效应 214
　6.5　芳香亲核取代反应 216
　　　6.5.1　加成-消除反应机理（负离子机理） 217
　　　6.5.2　消除-加成反应机理（苯炔机理） 220
　　　6.5.3　影响芳香亲核取代反应的因素 223
　　　6.5.4　Smiles 重排反应 225
　6.6　芳烃的氧化还原反应 225
　　　6.6.1　芳烃的氧化反应 225
　　　6.6.2　催化氢化 227
　　　6.6.3　Birch 还原 228
　习题 230

第七章　醇、酚和醚 235

　7.1　醇的结构和物理性质 235
　　　7.1.1　醇的结构和分类 235
　　　7.1.2　醇的物理性质 236
　7.2　醇的化学性质及反应 237
　　　7.2.1　醇羟基的酸性 237
　　　7.2.2　醇的亲核性 238
　　　7.2.3　醇羟基的取代 238
　　　7.2.4　醇的消除反应 241
　　　7.2.5　醇的氧化反应 242
　　　7.2.6　醇羟基的保护 245
　7.3　碳正离子及其重排反应 245
　　　7.3.1　碳正离子的结构特性和产生方式 245
　　　7.3.2　碳正离子的重排反应 247
　7.4　醇的制备 250
　　　7.4.1　还原反应 250
　　　7.4.2　亲核试剂对含氧亲电试剂加成 250
　　　7.4.3　烯烃水合 252
　7.5　醚的制备 253
　　　7.5.1　醚的基本知识 253
　　　7.5.2　威廉森合成法 254
　　　7.5.3　醇分子间失水 255

7.5.4 烯烃的烷氧汞化-去汞法 ··················· 256
7.5.5 Ullmann 反应 ··················· 256
7.6 醚的反应 ··················· 257
7.6.1 醚的自动氧化 ··················· 257
7.6.2 形成锌盐 ··················· 258
7.6.3 醚的碳氧键断裂反应 ··················· 258
7.6.4 1,2-环氧化合物的开环反应 ··················· 259
7.7 醚的应用 ··················· 262
7.7.1 工业用途 ··················· 262
7.7.2 冠醚 ··················· 263
7.8 酚 ··················· 264
7.8.1 酚羟基的反应 ··················· 265
7.8.2 酚芳环上的亲电取代反应 ··················· 268
7.8.3 酚的制备 ··················· 270
习题 ··················· 271

第八章 有机化合物结构鉴定 ··················· 277
8.1 质谱 ··················· 277
8.1.1 质谱的基本原理 ··················· 277
8.1.2 质谱图的一般特征 ··················· 279
8.1.3 质谱中的离子 ··················· 279
8.1.4 常见有机化合物的质谱裂解类型 ··················· 281
8.1.5 影响离子形成的因素 ··················· 286
8.1.6 分子式的确定 ··················· 286
8.1.7 结构式的确定 ··················· 289
8.2 紫外-可见光谱 ··················· 291
8.2.1 紫外-可见光谱图 ··················· 291
8.2.2 紫外-可见光谱的基本原理 ··················· 292
8.2.3 紫外-可见光谱的影响因素 ··················· 294
8.2.4 各类化合物的紫外吸收光谱 ··················· 296
8.2.5 紫外-可见光谱法的应用 ··················· 297
8.3 红外光谱 ··················· 299
8.3.1 红外光谱图 ··················· 299
8.3.2 红外光谱的基本原理 ··················· 299
8.3.3 影响基团吸收频率的因素 ··················· 301
8.3.4 有机化合物基团的特征吸收 ··················· 304
8.3.5 红外光谱图的解析 ··················· 306
8.4 核磁共振 ··················· 308
8.4.1 NMR 的基本原理 ··················· 308
8.4.2 氢谱 ··················· 311
8.4.3 碳谱 ··················· 324
习题 ··················· 328

第一章

绪 论

1.1 有机化学和有机化合物 …………… 1	1.7 电子离域:超共轭效应 ………… 26
1.2 官能团 ……………………………… 2	1.8 共价键的极化和诱导效应 ……… 28
1.3 共价键:价键理论 …………………… 4	1.9 酸性和碱性 …………………………… 30
1.4 共价键:分子轨道理论 …………… 14	1.10 分子间弱的作用力 ………………… 34
1.5 有机分子的结构 …………………… 17	习题 ……………………………………… 36
1.6 电子离域:共振和共轭效应 ……… 19	

1.1 有机化学和有机化合物

所有生命体都堪称有机化学巨著,它们不仅通过神奇的反应创造出无数有机化合物,从而构成了美丽的自然界,而且为人类提供了取之不尽的食物、药物和材料等物质财富。绿色植物叶子中的叶绿素在阳光照射下通过复杂的催化过程把二氧化碳和水转变为糖类(称为光合作用),把光能转化为化学能,储存于有机化合物分子中,成为人类的重要食物来源。牛羊、鱼虾、鸡鸭、大豆等动植物提供了人体所需的各种蛋白质和氨基酸,水果、蔬菜中富含各种维生素,它们是维持人类正常生理过程必不可少的小分子有机化合物。

有机化学起步于人类对自然界的探索。18 世纪中期之后,化学家逐渐从动植物中分离得到了一些有机化合物,它们多为低熔点的固体,且不易分离、纯化,这与当时从矿物中发现的高熔点无机化合物很不同。直到 1806 年,贝采里乌斯首次提出了"有机化学"(organic chemistry)一词。由于条件限制,当时有机化学研究的对象都是从天然动植物中提取的有机化合物,因而许多化学家认为,生物体内存在所谓的"生命力"(vital force),从而产生有机化合物,而在实验室里不能由无机物合成有机化合物。

1828 年,德国化学家维勒(F. Wöhler)无意中用加热的方法把氰酸铵转化为尿素。氰酸铵及其合成原料氰酸和氨都是无机化合物,而尿素是有机化合物。维勒的实验结果给予"生命力"学说一次反击。此后,乙酸等许多有机化合物不断地在实验室中被合成出来,其中绝大部分是在与生物体内迥然不同的条件下合成的。到了 19 世纪中期,越来越多的合成有机化合物问世,"生命力"学说渐渐被人们抛弃,但"有机化学"一词一直沿用至今。

$$\text{HOCN} + \text{NH}_3 \xrightarrow{\text{加热}} [\overset{+}{\text{NH}}_4\text{N}\overset{-}{\text{CO}}] \longrightarrow \text{H}_2\text{N}-\underset{\underset{\text{O}}{\|}}{\text{C}}-\text{NH}_2$$

氰酸　　氨　　　　　　　　氰酸铵　　　　　　尿素

早期发现的有机化合物虽然来源不同,但它们有一个共同特点,就是都含有碳元素,于是,有机化学被称为"碳化合物的化学"。当代化学家将有机化学定义为:一门研究有机化合物的组成、结构、性质、制备方法与应用的科学。作为化学学科的一个重要分支,有机化学与物理化学、无机化学和分析化学一起构成现代化学科学的核心。此外,有机化学还是生物学、药学、医学、农学等的重要基础。

200 多年来，人们不仅从动物、植物、微生物等生命体中分离得到了数量庞大的天然有机化合物，而且还通过实验室合成，创造出无数自然界中没有的新化合物。这些不同来源的有机化合物中很多已成为药物、染料、材料、农作物保护剂、日用化学品等的主要组分，为人类文明作出了巨大贡献。

青蒿素　　　　　青霉素G　　　　阿司匹林
抗疟药　　　　　抗生素　　　　解热镇痛药

元素周期表中有 118 种元素，但构成有机化合物的元素为数很少，除了碳和氢之外，常见的元素还有氮和氧，以及磷、硫、卤素等。虽然涉及的元素不多，但由这些元素组成的化合物的数目非常庞大。迄今为止，人类已知化合物的数量超过 1.5 亿，其中大部分是有机化合物，而且数量每天都在增加。

作为本书后续各章的知识铺垫，下面将以原子轨道理论和分子轨道理论为基础，从官能团、共价键本质、分子几何构型和电子离域等方面讨论有机化合物的结构，以及结构与性质的关系，尽可能使读者树立"结构决定性质"的科学观。

1.2　官能团

如上所述，有机化合物数目极其庞大，它们的反应和制备方法也特别多，因此对有机化合物进行合理分类是非常必要的。通常的分类方法有三种：第一种方法是按照组成分类，如只含碳和氢元素的烃类化合物，含氮、氧、硫的杂环化合物，含金属的金属有机化合物等；第二种方法是按照碳链骨架分类，如开链化合物、环状化合物等；第三种方法是按照官能团分类。在这三种方法中官能团分类法最常用，下面将重点介绍有机化合物中的官能团。

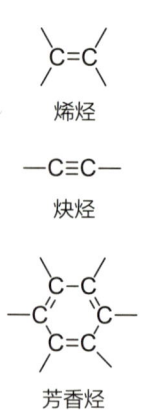
烯烃

炔烃

芳香烃

官能团（functional group）是指有机分子中具有特征性质的基团（如 C=C、OH 等）或原子（如卤原子），发生化学反应时，不同分子中的相同官能团一般具有相同或相似的反应性，而不同的官能团则不具备这种特征性质。由此可见，当我们学习有机化合物性质时，实际上是在学习官能团的性质，含有某种官能团的化合物就应该具备这种官能团的基本化学性质，因此，从认识官能团开始学习有机化学很有意义。

烷烃类化合物中只含有碳和氢两种元素，且所有的化学键都是单键，它们不含任何官能团，本书第三章将讨论这类化合物的结构与性质。含碳碳双键、碳碳叁键和苯环官能团的化合物依次称为烯烃（alkene）、炔烃（alkyne）和芳香烃（arene）。碳碳双键和碳碳叁键的化学性质特征是容易发生亲电加成反应，同样含有碳碳双键的芳香烃具有芳香性，它们不易发生亲电加成反应，而容易发生亲电取代反应，可见官能团与有机化合物的性质密切相关。

表 1-1 选列了有机化合物中一些常见官能团，以及含这些官能团的化合物类型。各类有机化合物的性质就是由相应的官能团决定的。本书大体上按照表 1-1 中列出的官能团顺序，讨论各类有机化合物的结构、性质和制备。

表 1-1　有机化合物中一些常见官能团

化合物类型	官能团的结构和名称	示例
卤代烃	—X （X=F, Cl, Br, I）卤原子	CH_3Cl　氯甲烷
烯烃	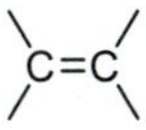 $\diagup C=C \diagdown$　烯基	$CH_2=CH_2$　乙烯
炔烃	—C≡C—　炔基	HC≡CH　乙炔
芳香烃	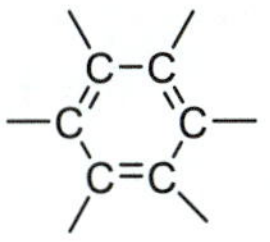 苯基	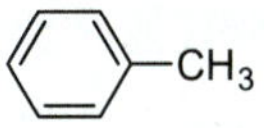 甲苯
醇和酚	—OH　羟基	CH_3CH_2OH　乙醇；苯酚 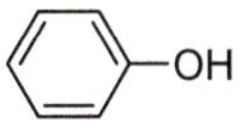
醚	—OR　烃(烷)氧基	$CH_3CH_2OCH_2CH_3$　乙醚
硫醇和硫酚	—SH　巯基	CH_3CH_2SH　乙硫醇；苯硫酚 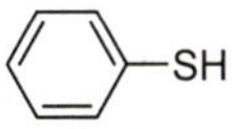
硫醚	—SR　烃(烷)硫基	CH_3SCH_3　二甲硫醚
醛	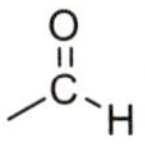 —CHO　甲酰基，醛基	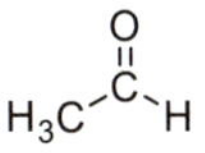 乙醛
酮	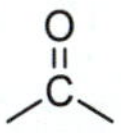 >C=O　羰基	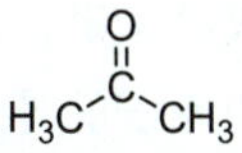 丙酮
羧酸	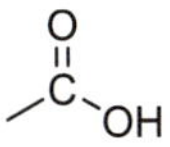 —COOH　羧基	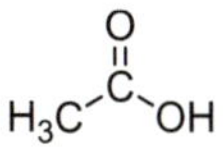 乙酸
酸酐	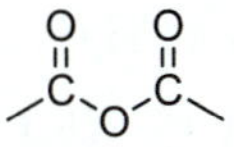 酸酐基	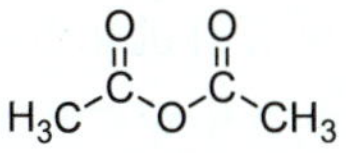 乙酸酐
酰卤	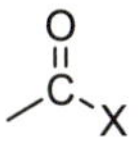 —COX　卤甲酰基	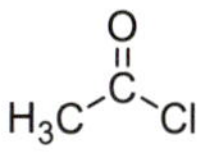 乙酰氯
酯	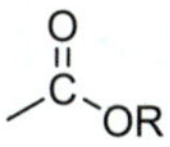 —COOR　酯基，烃(烷)氧羰基	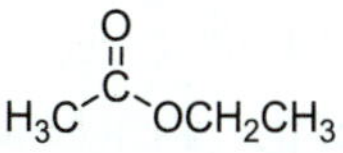 乙酸乙酯
酰胺	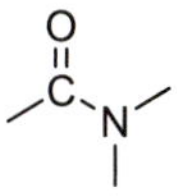 氨甲酰基	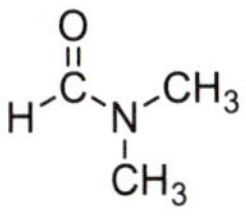 N,N-二甲基甲酰胺
腈	—C≡N　氰基	CH_3CN　乙腈
胺	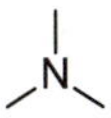 >N—　氨基	$CH_3CH_2NH_2$　乙胺；$(CH_3CH_2)_3N$　三乙胺
硝基化合物	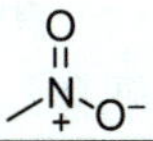 —NO₂　硝基	$CH_3CH_2NO_2$　硝基乙烷

需要指出的是，在 2017 版中国化学会《有机化合物命名原则》中使用了"特性基团"（characteristic group）术语代替"官能团"，二者之间是有区别的。首先，"特性基团"是指加在母体氢化物上的杂原子和基团，这些杂原子和基团等同于"官能团"，但母体氢化物是指无分叉的无环结构和环状结构，且仅连有氢原子的化合物，其中包括烯烃、炔烃和芳香烃，因此"特性基团"并不包括烯基、炔基和苯基等重要官能团。其次，"官能团"的应用场景是有机化合物的化学性质和波谱性质等，而"特性基团"的应用场景是有机化合物的系统命名。

1.3 共价键：价键理论

1.3.1 经典化学键理论（路易斯结构）

1858 年，德国化学家凯库勒和英国化学家库珀等提出了"价键"概念，并首次用短线"–"来表示"键"。他们认为有机分子由原子通过键结合而成。由于当时所发现的化合物中一个氢原子只与一个其他原子结合，氢就选作"价"的单位。元素的价数就是能够与该元素的一个原子结合的氢原子个数。此外，分子中碳原子之间可以互相结合。从那时起，人们开始用短线来表示化学键，但并不清楚这个短线的物理意义，即化学键的本质。

1. 通过共用电子对实现八隅体稳定结构

20 世纪初，在物理学家发现了电子并阐明了原子结构的基础上，美国化学家路易斯（G. N. Lewis）等人于 1916 年提出了价键的电子理论。当时，人们已经认识到原子核外的电子是分层排列的，层数越小，电子越靠近原子核，能量越低。电子填入电子层时，电子成对更稳定。对于一些常见的原子，除第一周期元素外，外层有 8 个电子的结构最稳定。这些关于原子核外电子结构的半经验规律，很快被路易斯等人用来建立化学键理论。他们认为，原子外层电子的相互作用是原子能够结合在一起的原因。相互作用的外层电子从一个原子转移到另一个原子，形成离子键；两个原子如果共用外层电子，则形成共价键。通过电子的转移或共用，参与成键的原子的外层电子都能够拥有惰性气体的八电子稳定结构，从而达到成键饱和状态，这个以元素周期表为基础的规律称为"八隅体规则"（octet rule）。这样一来，以前用于表示价键的短线就代表了两个原子之间的共用电子对。

碳是构成所有有机化合物的主要元素之一，因此，我们必须对碳的电子结构有所了解。碳处于元素周期表中第二周期ⅣA族，其核外有 6 个电子，其中 4 个电子处于价电子层，常称为价电子（valence electron），在与其他元素成键时，它既不易失去电子，也不易得到电子，而是通过其价电子和其他元素的价电子形成共享电子对而成键的。因此，有机化合物分子中的化学键主要是共价键（covalent bond），以共价键结合是有机分子的基本特征，这和以离子键结合的离子型化合物（如 NaCl）相比有显著差异。

2. 路易斯结构式

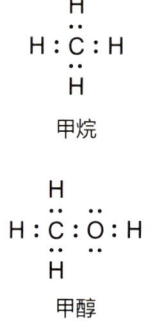

甲烷

甲醇

路易斯是如何用电子对来表示共价键和分子结构的？以双原子分子 H_2 和 Cl_2 的共价单键为例，路易斯用圆点"·"来表示电子，也称为电子点，氢原子核外只有一个电子，两个氢原子通过共用两个电子（即电子对）形成一个共价单键，从而达到成键饱和状态。第三周期的氯原子有 7 个价电子，其中有 3 对成对的电子，剩余一个单个电子，两个氯原子各提供一个电子组成电子对，从而通过共用这个电子对而获得八隅体结构，形成 Cl–Cl 单键。这种用电子点图表示分子中化学键的结构式称为路易斯结构式（Lewis structure）。

$$H\cdot + \cdot H \longrightarrow H:H \qquad :\!\overset{..}{\underset{..}{Cl}}\! + \cdot\overset{..}{\underset{..}{Cl}}: \longrightarrow :\!\overset{..}{\underset{..}{Cl}}\!:\!\overset{..}{\underset{..}{Cl}}\!:$$

碳的价电子数为 4，因此它可以与 4 个氢原子通过共用 4 个电子对而获得八隅体结构，形成甲烷分子。氧有 6 个价电子，只需得到 2 个共享电子，即可达到八隅体结构，因此在甲醇中氧分别与碳和氢共用一对电子，碳原子则分别与氧和 3 个氢共用一对电子，氧上还有两对未共用的电子，称为孤对电子（lone-pair electron）。

除了两电子的单键之外，原子间还可形成四电子键和六电子键，以获得八隅体结构。在乙烯和乙炔分子中就存在这样的多电子键，乙烯中两个碳原子共用了 4 个（两对）电子，构成双键，乙炔中两个碳原子共用了 6 个（三对）电子，构成了叁键。

经典的路易斯结构式全部采用电子点表示电子对，当分子较大时书写起来相当烦琐。现在常用简化方式书写，成键电子对用短线表示，一条短线表示单键，两条短线表示双键，三条短线表示叁键；孤对电子则仍需用电子点表示。例如：

甲醇　　氯　　氨　　氯乙烯　　乙腈

在路易斯结构式中，成键电子对可以来自同一个原子。在此情况下，结构式中将出现形式电荷（formal charge）。氧原子的价电子数为 6，化合价为 2，在臭氧分子路易斯结构式中三个氧原子都达到八隅体结构，但右端的氧原子是得到了 2 个电子才获得八隅体结构的，这 2 个电子全部来自中间的氧原子，可以理解为中间的氧原子"额外"给出了一个电子，故带有 1 个正电荷，而右端氧原子"额外"得到了一个电子，所以带有 1 个负电荷。叠氮酸分子的路易斯结构式中也存在这样的形式电荷。

形式电荷是可通过简单的计算来确定的，计算时共享的成键电子计半数，孤对电子计全数，如果这两个数字之和与非成键原子的价电子数有差别，则这个差别就是形式电荷数。计算公式如下：

$$形式电荷数 = 价电子数 - 孤对电子数 - \frac{成键电子数}{2}$$

以上述臭氧分子为例，氧原子的价电子数为 6，中间氧原子的孤对电子数为 2，成键电子数为 6（来自 3 个共价键），因此其形式电荷数为

$$形式电荷数 = 6 - 2 - \frac{6}{2} = +1$$

右端氧原子的孤对电子数为 6，成键电子数为 2（来自 1 个共价键），因此其形式电荷数为

$$形式电荷数 = 6 - 6 - \frac{2}{2} = -1$$

3. 八隅体结构的例外

第二周期中硼元素的化合物硼烷的路易斯结构中只有 6 个电子，这不符合八隅体规则，很不稳定。如果它与氢负离子共享两个电子，形成硼氢负离子，则是稳定的。

第二周期后的元素中，往往会有超出 8 个电子的情况，常见于含硫、磷、氯、溴、碘的化合物中。例如，硫酸中硫原子的价电子数为 12，而磷酸中磷原子的价电子数为 10。这种现象被称为价层扩充（valence-shell expansion）。当然，我们也可以写出符合八隅体规则的路易斯结构式，但这个结构式是偶极结构，式中要有形式电荷。后来的原子轨道理论揭示了这一现象的本质，而且这两组结构可以看作两个极限结构，即共振结构（详见 1.6.1 小节）。

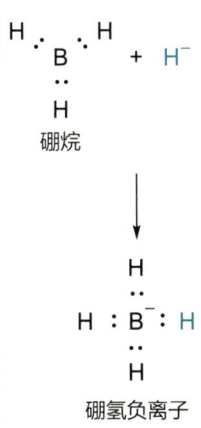

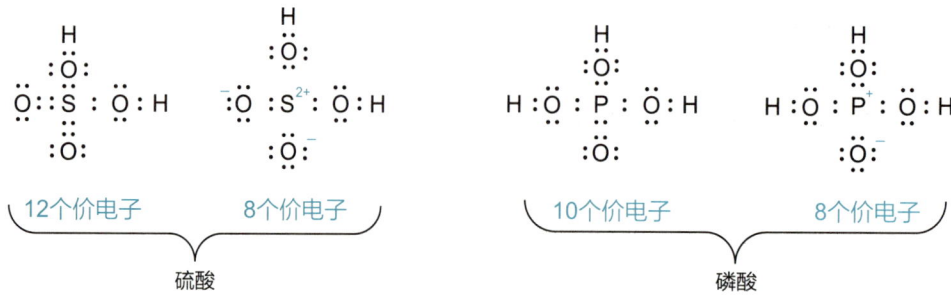

1.3.2 原子轨道

路易斯的经典化学键理论虽然用共用电子对概念解释了化学键的物理意义，但这种基于经验规律的理论仍然没有回答化学键的本质问题。20世纪20年代，原子物理学家已经掌握了很多有关原子结构的信息，发现了核外电子绕核运动的一些基本规律，如波粒二象性和不确定性（如位置－动量不确定性、能量－时间不确定性等）。不确定性属于概率问题，具有量子特征。量子力学——一种关于电子绕核运动的理论建立之后，人们开始用波函数来描述电子在某个时刻的状态，称为波动方程，这种偏微分方程的解称为原子轨道（atomic orbital）。原子轨道理论是现代化学键理论的基础。

1. 原子轨道的层级

由量子力学推导出来的波动方程有一系列的解，称为波函数。原子轨道就是单原子的波函数，它包含了三个量子化参数，即主量子数（n）、角量子数（l）和磁量子数（m），它们分别决定了电子的能量、角动量和方位，三者统称为量子数。每个轨道都有一组不同的量子数，且最多可容纳两个电子。

主量子数（n）取值为 1，2，3，4，⋯，用于描述原子中电子层（电子出现概率最大区域）离核的远近。$n=1$，代表第一层电子层，离核最近；$n=2$，代表第二层电子层，以此类推，n 值越大，电子离核越远。

2. 原子轨道的类型与形状

角量子数用于描述同一电子层中的不同电子亚层（包括 s、p、d 轨道等），它们体现了原子轨道的三维图像，可简单地理解为电子以 90%概率出现的空间区域，这些区域没有明显的边界，呈现混沌状，常用"电子云"（electron cloud）来形容。角量子数 $l=0$、1、2 的轨道依次称为 s、p、d 轨道，表现出的轨道形状轮廓如图 1-1 所示。s 轨道呈球形，p 轨道呈哑铃形，d 轨道则呈四叶草形。图中的符号"＋"和"－"代表波函数的相位（phase），通常用不同颜色或不同填充方式来表示这个符号。在后续章节中会发现这个符号很重要，一个化学键能否形成，一个反应能否发生，都与这个符号有关。需要指出的是，"＋"和"－"不代表电子在该区域出现的概率，但在"＋"和"－"交界处电子出现的概率（常称为电子密度）为零，此处称为节点或节面（node）。

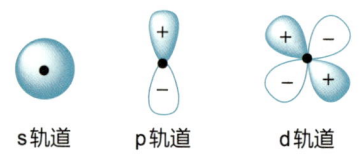

图 1-1　s、p 和 d 轨道形状轮廓图

1s 轨道最靠近原子核，没有节面，能级最低。2s 轨道的形状与 1s 轨道的形状相同，都是球形，但比 1s 轨道大且有一个球面状的节面，节面处波函数的符号改变（见图 1-2）。

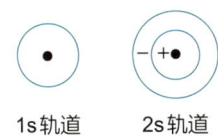

图 1-2　1s 和 2s 轨道二维图

三个能量相同的（称为"简并的"）2p 轨道能级紧随 2s 轨道，其轨道对称轴在 x、y、z 方向相互垂直，依次标记为 $2p_x$、$2p_y$ 和 $2p_z$ 轨道（见图 1-3）。每个轨道上符号相反的两瓣被垂直于轨道对称轴并通过原子核的节面所分隔。

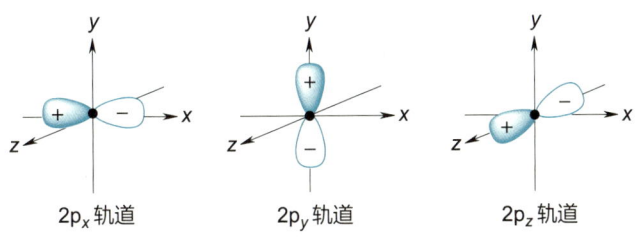

图 1-3　三个简并的 p 轨道形状三维图

3. 原子轨道的能级图与电子排布原则

图 1-4 是从 1s 到 3d 能级的原子轨道近似能级图，这张图提供了关于有机化合物中常见原子（C、H、N 和 O）的电子构型、轨道相对能级和各能级最多容纳电子数的信息。不同原子的核外电子数不同，它们按照一定的规则在轨道中分布。这些规则可概括为以下三个基本原则：

原则 1　在基态下，电子尽可能占据能量最低的原子轨道，使整个原子能量最低。只有当低能级轨道填满后，电子才填入高一级能级的轨道。这个原则称为能量最低原理。

原则 2　每个原子轨道最多容纳两个电子，且自旋（即自旋角动量）相反。这个原则称为泡利不相容原理（Pauli exclusion principle）。如图 1-4 所示，常用竖直向上和向下的一对箭头来表示由两个自旋方向相反电子组成的电子对（electron pair）。

原则 3　对于简并轨道（如 3 个 p 轨道和 5 个 d 轨道），每个轨道首先填充一个自旋相同的电子，填满后再填充自旋相反的电子。这个原则称为洪德定则（Hund's rule）。

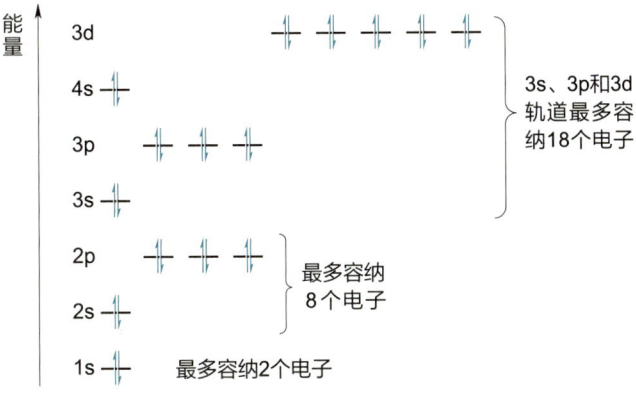

图 1-4　原子轨道近似能级图

按照上述规则和图 1-4，我们可以比较容易地写出原子的电子构型。一些常见元素原子的电子构型和化合价见表 1-2。

表 1-2 一些常见元素原子的电子构型和化合价

原子	核外电子数	电子构型	价电子数	化合价
H	1	$1s^1$	1	1
He	2	$1s^2$	2	0
C	6	$1s^2 2s^2 2p^2$	4	4
N	7	$1s^2 2s^2 2p^3$	5	3
O	8	$1s^2 2s^2 2p^4$	6	2
F	9	$1s^2 2s^2 2p^5$	7	1
Ne	10	$1s^2 2s^2 2p^6$	8	0
Ar	18	$1s^2 2s^2 2p^6 3s^2 3p^6$	8	0
P	15	$1s^2 2s^2 2p^6 3s^2 3p^3$	5	3、5
S	16	$1s^2 2s^2 2p^6 3s^2 3p^4$	6	2、4、6

元素周期表中第一到第三周期的最后一个元素分别为氦、氖和氩，它们的所有原子轨道都被电子填满，达到了最多可容纳电子数的饱和状态，不需要通过得失电子（形成分子或离子）来稳定，因此是最稳状态。氖和氩的最外层轨道均有 8 个电子，这与曾经提出的"八隅体"经验规则非常符合。氢原子核外只有一个电子，分布在 1s 轨道，要达到像氦一样的饱和状态则需要得到一个电子，碳、氮、氧、氟要达到饱和状态则依次需要得到 4、3、2、1 个电子，这些数字显然与经典的化合价概念相符合（如表 1-2 所示）。

第三周期的磷和硫都有空的 3d 轨道，它们可以接受更多电子，超越八隅体结构。这就解释了硫酸和磷酸路易斯结构中的价层扩充现象（见 1.3.1 小节）。

需要指出的是，由于不同元素的电负性不同（见 1.8.1 小节），不同原子的核对核外电子的束缚力不同，它们的相同名称原子轨道（如 2s 或 2p）的能级是不同的。图 1-5 给出了氢、碳、氮和氧四种原子价电子轨道的能级关系。从图中可以看出，碳、氮和氧原子的 2p 与 2s 轨道能级差依次增大（分别为 8.8 eV、12.4 eV 和 16.5 eV）。此外，随电负性的增大，氢、碳、氮和氧的 s 轨道能级依次降低，碳、氮和氧的 p 轨道能级也依次降低，且氧的 2s 与 2p 轨道能级同时低于氢的 1s 轨道能级。

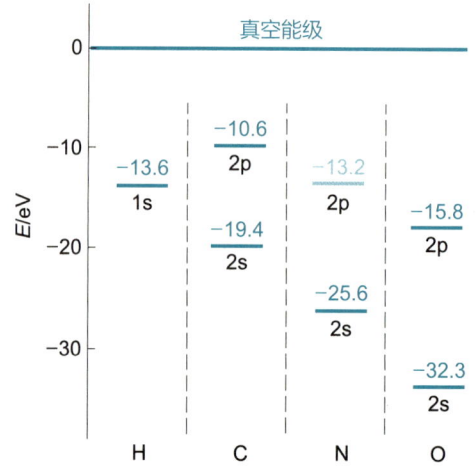

图 1-5 氢、碳、氮和氧四种原子价电子轨道的能级关系

综上所述，原子轨道理论从本质上解释了为什么 8 电子（第二周期元素）和 2 电子（第一周期元素）结构是稳定的，为什么碳是四价的，氮是三价的，而氧是二价的等一系列科学问题。

1.3.3 价键理论

20 世纪 30 年代，著名化学家鲍林（L. Pauling）和物理学家斯莱特（J. C. Slater）将量子力学的原理与化学的直观经验相结合，创立了价键理论（valence bond theory），在经典化学键理论中引入了原子轨道理论、σ 键和 π 键、杂化轨道理论、共振论等一系列新概念。

1. 轨道重叠与电子配对形成共价键

价键理论认为，共价键的形成是成键原子的原子轨道（电子云）相互重叠和自旋反平行的两个电子配对的结果。自旋反平行的两个电子在轨道重叠区域内运动，为两个原子所共有，并与两个原子核相互吸引，体系能量降低。以双原子分子 H_2 为例，如图 1-6 所示，两个氢原子的 1s 轨道相互重叠，形成 H—H 共价键，组成氢分子。与两个氢原子相比，氢分子的能量降低了 436 kJ/mol，也就是说，形成一个 H—H 键可释放出 436 kJ/mol 的能量。

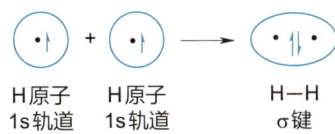

图 1-6　由氢原子组成 H_2 分子的轨道重叠示意图

价键理论的核心思想是原子间相互接近轨道重叠，原子间共用自旋相反的电子对使能量降低而成键。共价键具有两个特点，即饱和性和方向性。饱和性是指一个原子能够参与的化学键数目是有一定限制的。例如，氢原子核外只有一个电子，只能共享一对电子参与成键，因此氢只能形成一个共价键。方向性是指两个原子成键时必须沿着一定方向彼此接近，两个原子轨道相互重叠，重叠程度越大，形成的共价键越牢固。

2. 价层电子对互斥理论

对于多原子分子，价键理论也能够处理任意两个成键原子之间的化学键。然而，多原子分子存在键角和立体构型问题，例如，甲烷（CH_4）分子中四个 C—H 键之间的夹角是多少？对于这个问题，价键理论最初是依赖价层电子对互斥（valence shell electron pair repulsion，VSEPR）理论来回答的。

价层电子对互斥理论认为，多原子分子中某一中心原子的空间构型取决于其价电子层中电子对的排斥作用，分子的构型总是采取电子对相互排斥力作用最小的结构，为了减少价电子对之间的排斥力，电子对间应尽量互相远离。

按照 VSEPR 理论，中心原子用 M 表示，与之结合的原子用 A 表示，其数目用 n 表示，孤对电子用 E 表示，其数目用 m 表示，则围绕中心原子的等价结构可表示为 MA_nE_m，等价电子对数等于 $(n+m)$。在计算电子对数目时，若两个原子之间存在双键或叁键，每个重键等价于一个电子对。

为尽可能减小等价电子对之间的排斥作用，它们应尽可能在以 M 为中心的球面彼此分开。这样一来，A 和 E 在中心原子周围的分布就会形成直线结构、平面结构或多面体结构。

若中心原子有孤对电子,中心原子往往作为分子或原子团几何结构的顶点,若中心原子没有孤对电子,则中心原子位于几何结构的中心。例如,甲烷(CH$_4$)分子中,$n=4$,$m=0$,碳原子的等价电子对数等于4。按照VSEPR理论,甲烷分子应该具有正四面体结构,四个氢原子位于四面体的4个顶点,碳原子则位于四面体的中心,所有H—C—H键角都是109.5°。如图1-7(a)所示,甲烷中心碳原子的"电子对构型"与实际分子结构完全一致。

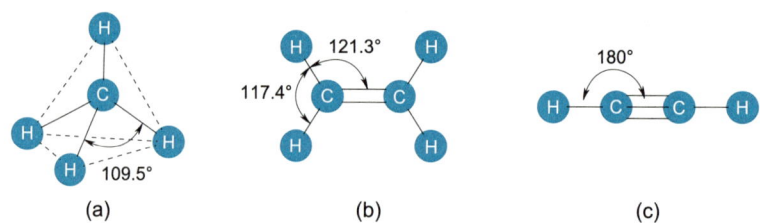

图1-7 用VSEPR理论预测的甲烷(a)、乙烯(b)和乙炔(c)的分子结构

VSEPR理论认为,当结合原子(A)包含不同的原子或基团时,径向半径较大的结合原子或基团占据较大的空间,这将导致多面体一定程度上变形。乙烯(CH$_2$=CH$_2$)分子中的两个碳原子是等同的,对于任意一个碳原子,存在两种不同的结合原子,$n=3$(注意双键等价于一个电子对),$m=0$,碳原子的等价电子对数等于3。按照VSEPR理论,乙烯分子中任意一个碳原子的电子对构型应为稍微变形的平面三角形,C—C—H和H—C—H键角都应接近120°(实际键角分别为121.3°和117.4°),整个分子的结构应为长方形,C=C键处于长方形的中心,四个氢则处于四个顶点[见图1-7(b)]。同理,我们可以预测出乙炔具有线形结构[见图1-7(c)],因为该分子中任意一个碳原子的等价电子对数为2(注意叁键等价于一个电子对,故$n=2$)。

根据VSEPR理论,结合原子(A)和孤对电子(E)占据的空间并不完全相等。孤对电子仅属于中心原子,在全等顶点中占据相对较大的空间,这会在一定程度压缩结合原子的空间,从而导致多面体构型出现一定变形。水分子和氨分子中心原子O和N均有孤对电子,水分子有两个H原子,O原子有两对孤对电子,$n=2$,$m=2$,而氨分子有3个H原子,N原子有一对孤对电子,$n=3$,$m=1$,这两个分子中心原子的等价电子数都是4,它们的"电子对构型"都应该接近正四面体,但水分子中两对孤对电子占据了两个顶点,并在一定程度上压缩了H—O—H键角,使其偏离109.5°(实测值为104.5°),分子具有三角形结构,O原子占据了其中一个顶点[见图1-8(a)]。与水分子相似,氨分子中H—N—H键角也要稍微偏离109.5°(实测值为107.5°),呈三角锥结构,N原子占据了其中一个顶点[见图1-8(b)]。

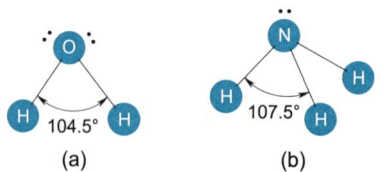

图1-8 用VSEPR理论预测的水(a)和氨(b)的分子结构

1.3.4 杂化轨道理论

虽然上述VSEPR理论可以解释和预测很多分子的键角和空间构型,但它缺乏理论基础。

甲烷分子具有四面体结构，中心碳原子的价电子构型为$2s^22p^2$，其中两个已配对电子在2s轨道，另外两个电子在两个2p轨道上，这些轨道的能量和形状都不同，空间排布也不能满足四面体结构，这就难以用价键理论来解释为何可以形成四个共价键，而且是四个完全相同的C—H键。针对分子空间构型的问题，鲍林于1931年提出了杂化轨道（hybrid orbital）理论。该理论认为，原子核外的价电子在形成化学键的过程中会发生必要的杂化。由于原子各亚层轨道中电子能量相差不大，故波函数可以线性组合——杂化为新的轨道，称为杂化轨道。杂化轨道的能量与空间分布与原来的原子轨道颇为不同，但各杂化轨道是完全相同的，且它们一般呈现空间对称排布。杂化轨道理论用量子力学的数学模型解释了分子的空间构型问题，所得结论与VSEPR理论基本一致。

1. sp^3杂化轨道

根据杂化轨道理论，碳原子的2s轨道和三个2p轨道可杂化成四个相同的原子轨道，标记为sp^3杂化轨道（符号p的上标"3"代表有三个p轨道参与了杂化）。如图1-9(a)所示，在成键之前，一个2s电子被激发到空的2p轨道上（这两个轨道能级差较小，激发所需能量可通过成键释放能量来补偿），半充满的2s轨道和三个半充满的2p轨道线性组合，形成四个等价的sp^3杂化轨道，其中各有一个电子占据，且能量相同。每个sp^3杂化轨道都包含1/4的2s轨道和3/4的2p轨道。鉴于2s轨道的对称性，当它与2p轨道叠加时，会同时使波函数的一个波瓣增大，另一个波瓣减小，故sp^3杂化轨道形状如图1-9(b)所示。四个sp^3杂化轨道的节面均通过碳原子核，在以原子核为中心的球形空间对称分布，即正四面体分布，四个杂化轨道伸向四面体的四个顶点，轨道对称轴之间的夹角均为109.5°。这种空间分布符合能量最低原则，成键后四个轨道中电子对之间的排斥作用最小。

如图1-10所示，在形成甲烷分子时，按照轨道最大重叠原则，每个sp^3杂化轨道上大的一瓣与氢原子的1s球形轨道重叠，四个sp^3杂化轨道上的电子和四个氢原子中1s轨道上的电子配对形成四个共价键，即形成甲烷分子的四个C—H键。这些C—H键绕键轴旋转任意角度，

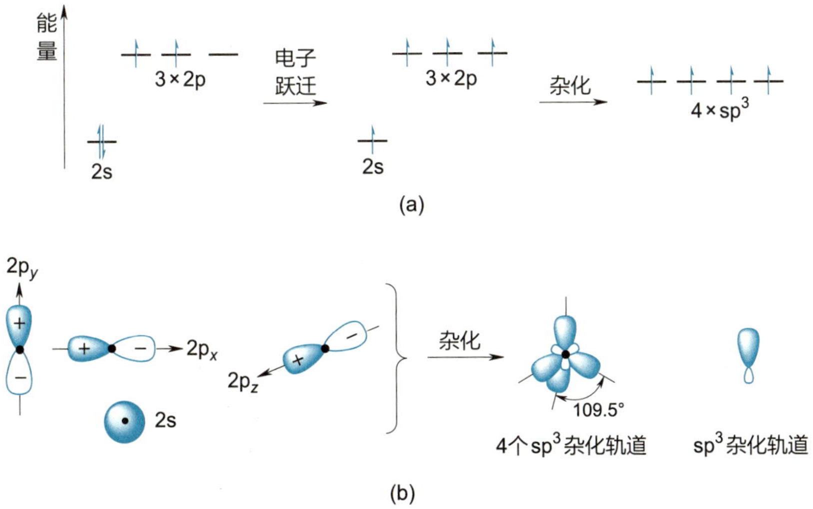

> 杂化轨道理论是一种基于理论模型和假设来解释分子电子结构的数学手段，它给出的物理图像直观易懂，在粗略探讨分子静态结构和化学键性质时很有效，也可对有机反应的细节进行适当定性分析，但它把共价键定域化在成键原子之间，强调电子配对概念，没有把分子的电子运动视为整体考虑，因而还不能反映电子运动的真实情况。

图1-9　碳原子的sp^3杂化轨道

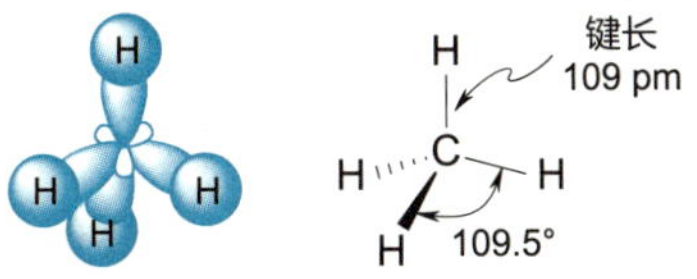

图1-10　由碳原子的4个sp^3杂化轨道和4个氢原子的1s轨道形成甲烷分子

其轨道空间分布没有任何变化,具有这种轴对称性的共价键标记为 σ 键。通过杂化轨道所形成的甲烷分子符合正四面体结构,四个氢原子处于正四面体的四个顶点,碳原子则位于正四面体的中心,H—C—H 键角为 109.5°。

在形成乙烷分子时,两个碳原子各用一个 sp^3 杂化轨道较大的一瓣沿键轴"头对头"同相位重叠(见图 1-11),这样的重叠方式符合最大重叠原则,由此形成的 C—C 键也具有与 C—H 键相同的轴对称性,故称为 C—C σ 键。其余六个 sp^3 轨道分别与六个氢原子的 1s 轨道重叠,形成六个 C—H σ 键。实测乙烷分子的 C—C—H 键角为 111.2°,稍微偏离正四面体的 109.5°。

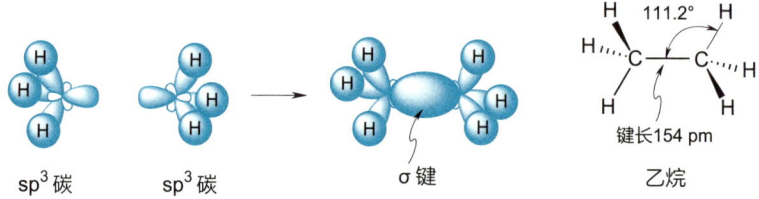

图 1-11　由两个 sp^3 杂化碳原子形成乙烷分子的碳碳 σ 键

2. sp^2 杂化轨道

乙烯分子具有平面结构,且存在碳碳双键。在这样的平面结构中,碳原子采用 sp^2 杂化方式成键。如图 1-12 所示,碳原子的 2s 轨道和两个 2p 轨道杂化成三个能量相等且节面通过原子核的 sp^2 杂化轨道,其形状与 sp^3 杂化轨道相似。这三个 sp^2 杂化轨道采取平面三角形的空间对称分布,较大的波瓣伸向三角形的三个顶点,轨道对称轴之间的夹角均为 120°。如果参与杂化的两个 p 轨道为 $2p_x$ 和 $2p_y$,则未参与杂化的 $2p_z$ 轨道垂直于三个 sp^2 杂化轨道平面,其节面通过碳原子核。

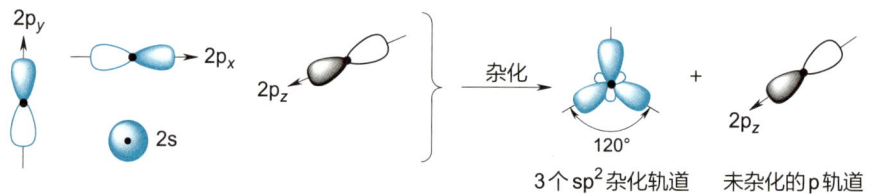

图 1-12　碳原子的 sp^2 杂化轨道

在形成乙烯分子时,按照最大重叠原则,两个碳原子各用一个 sp^2 轨道沿键轴"头对头"同相位重叠(见图 1-13),形成 C—C σ 键。两个未参与杂化的 p 轨道则以"肩并肩"方式同相位重叠(图中用虚线表示),如此重叠形成的键其轨道空间分布呈镜像对称(面对称),标记为 π 键。剩下的四个 sp^2 轨道分别与四个氢原子的 1s 轨道重叠,形成四个 C—H σ 键。实测乙烯分子的 H—C—H 键角为 117.4°,C—C—H 键角为 121.3°,均稍微偏离正三角形的 120°。

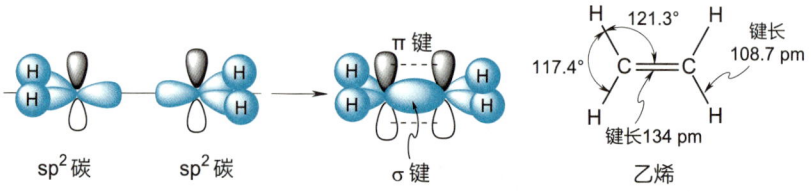

图 1-13　由两个 sp^2 杂化碳原子形成乙烯分子的碳碳 σ 键和 π 键

从轨道重叠效率看,"头对头"重叠的程度要比"肩并肩"重叠的程度大,因此在 σ 键中,两个原子核之间的电子分布更多。对于同一个双键或叁键,σ 键的能量要低于 π 键的能量。换言之,σ 键比 π 键更稳定,更强。

3. sp 杂化轨道

乙炔具有线形结构,其碳碳叁键是由两个碳原子的 sp 杂化轨道重叠形成的。如图 1-14 所示,碳原子的 2s 轨道和一个 p 轨道杂化形成两个 sp 轨道,它们的节面均通过原子核,并采取对称的线形空间排布方式。两个未参与杂化的 p 轨道相互垂直,同时也与两个 sp 杂化轨道垂直。

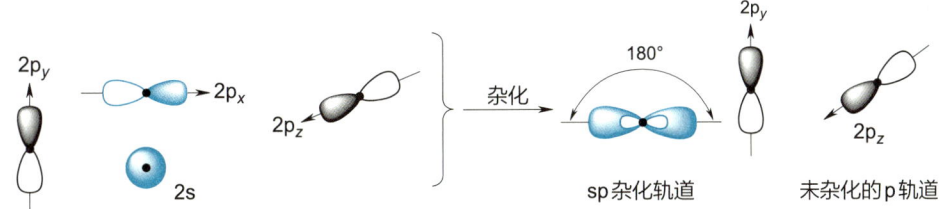

图 1-14 碳原子的 sp 杂化轨道

与乙烯类似,在形成乙炔分子时,两个碳原子各用一个 sp 轨道沿轴线方向"头对头"重叠(见图 1-15),形成 C-C σ 键。两组相互垂直的未参与杂化的 p 轨道则通过"肩并肩"的方式重叠(图中用虚线表示),形成两个 π 键。剩下的两个 sp 轨道分别与两个氢原子的 1s 轨道重叠,形成两个 C-H σ 键。

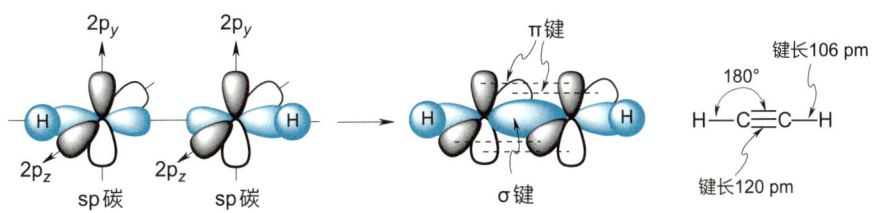

图 1-15 由两个 sp 杂化碳原子形成乙炔分子的碳碳 σ 键和 π 键

4. 氮和氧原子的杂化轨道

含有氮、氧、硫等杂原子的化合物的路易斯结构式中存在孤对电子,它们的结构亦可用杂化轨道来描述。氮原子的电子构型为 $1s^2 2s^2 2p^3$,可见它只需要得到 3 个电子形成 3 个共价键即可达到八隅体稳定结构。在氨分子中,氮原子以 sp^3 杂化方式形成与碳原子类似的四面体结构,其中 3 个 sp^3 杂化轨道中各有一个电子占据,它们分别与 3 个氢原子 1s 轨道重叠成键,剩余一个 sp^3 杂化轨道则被孤对电子占据(见图 1-16)。氨分子中 H-N-H 键角为 107.3°,非常接近四面体构型。

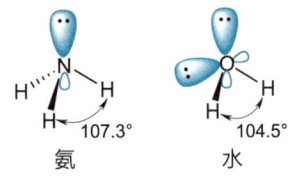

图 1-16 氨分子和水分子的结构

如图 1-16 所示，水分子的结构也可以用氧原子的 sp³ 杂化来解释。然而，与碳原子相比，氧原子的 2s 和 2p 轨道能量差别较大（见图 1-5），杂化所需要的能量较大，而氧与氢成键的数目较少，成键所释放出的能量不足以弥补杂化所需要的能量，所以以氧原子的 sp³ 杂化是不利的。实际上，水分子中氧原子可以用未杂化的原子轨道进行成键，即氧原子的两个单占 2p 轨道分别与能量相近的氢原子 1s 轨道重叠，形成两个 O—H 键，两对孤对电子分别占据一个 2p 轨道和 2s 轨道，104.5°的 H—O—H 键角可用 VSEPR 理论来解释（注意：无论是否杂化，决定键角的因素都是库仑定律——电子互斥）。基于同样原因，用杂化轨道理论来处理卤原子的成键也是不合理的。

1.4 共价键：分子轨道理论

分子轨道理论（molecular orbital theory）是美国化学家马利肯（R. S. Mulliken）和德国物理学家洪德（F. Hund）在 1932 年提出的一种描述多原子分子中电子运动状态的方法，此后经不断完善和发展，已成为重要的现代化学键理论之一。与价键理论用原子轨道的重叠和电子配对成键来解释共价键的方法不同，分子轨道理论强调分子的整体性，认为分子中的电子围绕整个分子运动，电子不属于某个原子轨道，而是属于整个分子的分子轨道。因此，分子轨道理论能够更好地说明多原子分子的结构，解决许多价键理论不能回答的问题。

1.4.1 原子轨道线性组合法

分子轨道常用原子轨道线性组合法导出，因此它与原子轨道类似，也有大小、形状和能级。以最简单的双原子分子 H_2 为例，两个氢原子的 1s 轨道（相位可以是"+"，也可以是"−"）通过两种方式组合形成两种分子轨道：一种是两个原子轨道波函数同相位相加（同相组合），另一种则是反相位相加（反相组合）。如图 1-17(a)所示，同相位相加得到的分子轨道波函数在两核之间大大增强（非重叠区域保持不变），呈椭圆形，且能量降低，称为成键轨道（bonding orbital）。反相位相加时，两个符号不同的 1s 轨道波函数在两核之间重叠区域相互抵消为零，从而形成节面，能量升高，这样形成的分子轨道称为反键轨道（anti-bonding orbital）。成键轨道绕键轴旋转任意角度，其空间分布无变化，故标记为 σ 轨道；反键轨道也具有相同对称性，标记为 σ* 轨道（"*"表示反键）。如图 1-17(b)所示，电子在分子轨道中的填充须遵循能量最低原理、泡利不相容原理和洪德定则，氢分子的两个电子填充在能量低的成键轨道上，而反键轨道是空的。由于电子填充在 σ 轨道，这样形成的键称为 σ 键。此外，两个电子的总能量降低了，所以 H—H 键的形成是有利的。

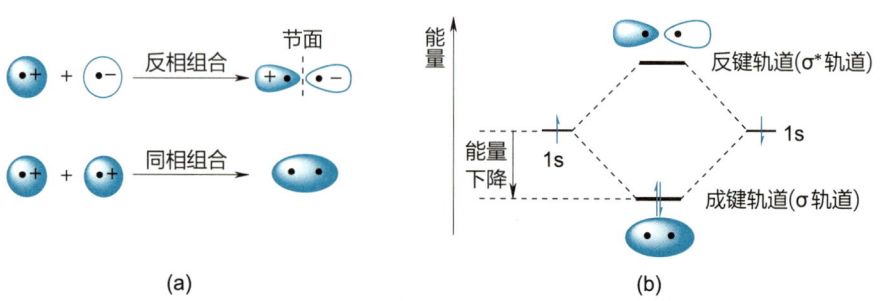

图 1-17 氢分子轨道的形成（a）与能级（b）示意图

由原子轨道组合成分子轨道，不仅适合于 1s 轨道，也适合于其他原子轨道。如图 1-18 所示，如果两个 2p 轨道沿键轴"头对头"重叠，同相重叠形成成键轨道，反相重叠形成反键轨道。这两个分子轨道绕键轴旋转任意角度其空间分布都不改变（具有轴对称性），故分别标记为 σ 轨道和 σ* 轨道。如果两个 2p 轨道相互平行叠加，即"肩并肩"重叠，也可形成成键轨道和反键轨道，成键轨道空间分布是对称的，标记为 π 轨道，反键轨道标记为 π* 轨道。两个电子填充在能量低的 π 轨道，故这样形成的共价键称为 π 键。

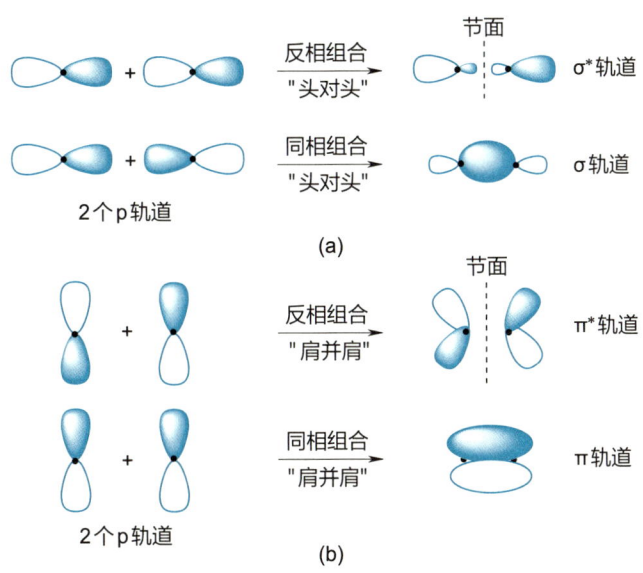

图 1-18　σ 键和 π 键的分子轨道形成示意图

1.4.2　成键三原则

由原子轨道组合形成分子轨道时必须遵从"成键三原则"，即对称性匹配原则、能量近似原则、最大重叠原则。

原子轨道是有一定对称性的，只有对称性相同的原子轨道，才能组合成分子轨道，这一原则称为"对称性匹配原则"。那么什么样的原子轨道对称性是匹配呢？我们可将两个原子轨道的角度分布图进行两种对称性操作：一种是"旋转"，另一种是"反映"。"旋转"操作是绕键轴（设为 x 轴）旋转 180°，"反映"操作是用包含键轴的某一平面（xy 或 xz）进行反映（照镜子）。如此操作后轨道的空间分布（包括形状及波瓣符号）没有发生改变的，称为旋转或者反映操作"对称"（symmetry）；若有所改变，则称作"反对称"（antisymmetry）。若两个原子轨道的旋转和反映两种对称性操作均为对称的或反对称的，这两个轨道的对称性就是"匹配"的。

s 轨道是球形的，对于旋转和反映两个操作均为对称的，所以两个 s 轨道能够组合成分子轨道，形成 σ 键。p 轨道的两个波瓣符号不同，p_x 轨道对于旋转和反映两个操作均为对称的，p_y 和 p_z 轨道对于旋转和反映两个操作均为反对称的，故 s 轨道与 p_x 轨道、p_y 轨道与 p_z 轨道、两个 p_x 轨道、两个 p_y 轨道、两个 p_z 轨道都是对称性匹配的。

在对称性匹配的原子轨道中，只有能量相近的原子轨道才能组合成有效的分子轨道，而且能量越相近越好，这个原则称为"能量近似原则"。此外，对称性匹配的原子轨道重叠程度越大，组合出的分子轨道能量越低，形成的键越牢固，这就是"最大重叠原则"。

1.4.3 甲烷、乙烷和乙烯的分子轨道

按照分子轨道理论，C-C 键和 C-H 键都是离域的，即使是最简单的甲烷分子，四个等价 C-H 键实际上是四个成键分子轨道的统计平均结果。如图 1-19 所示，理论计算给出的甲烷成键轨道分为两组：能量最低的一组是由 4 个氢原子 1s 轨道和碳原子 2s 轨道组合的分子轨道 ψ_1，另一组是由氢原子 1s 轨道与三重简并的碳原子 2p 轨道组合的三重简并分子轨道 ψ_2、ψ_3 和 ψ_4。$\psi_1^* \sim \psi_4^*$ 为相应的反键轨道。理论计算得到的两组成键分子轨道的能量差约为 10 eV，与光电子能谱实测值吻合，这个结果是用价键理论无法解释的。

由量子化学本征方程计算得到的本征波函数是离域分子轨道，又称正则分子轨道，轨道图形无法直接与特定化学键对应。由于有机化学更多关注的是特定共价键，人们从应用目的出发对分子轨道做了各种定域化处理，发展出定域分子轨道。定域分子轨道法允许将杂化轨道理论的成键解释转化为分子轨道的语言，将分子轨道与特定化学键直接关联起来。图 1-20 和图 1-21 所示乙烷和乙烯的 C-C 键分子轨道属于杂化轨道与分子轨道混合的定域分子轨道。定域分子轨道所缺失的对分子整体电子结构的认识，常用共振、共轭、超共轭等离域概念来补丁。

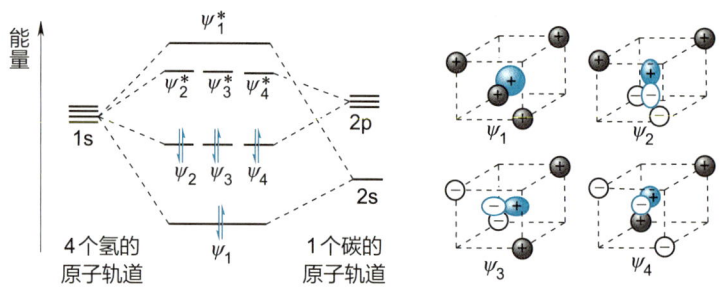

图 1-19 甲烷的分子轨道能级（左）和相位示意图（右）

乙烷有 2 个碳原子和 6 个氢原子，它的分子轨道要复杂一些，除了 6 个碳氢键 σ 轨道和 σ* 轨道之外，还有碳碳键的 σ 轨道和 σ* 轨道，它们由两个 sp^3 杂化轨道组合而成。图 1-20 仅给出了乙烷分子中 C-C 键的分子轨道能级。

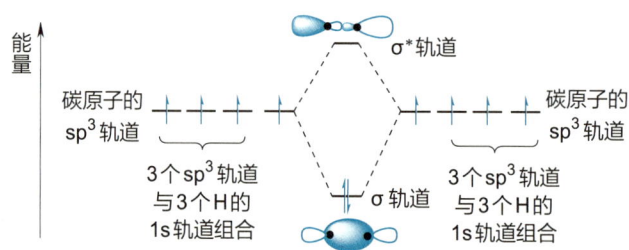

图 1-20 乙烷分子中 C-C 键的分子轨道能级示意图

乙烯和乙烯的分子轨道图

乙烯的分子轨道要比乙烷的再复杂一些，除了 4 个碳氢键的成键轨道和反键轨道外，还有碳碳 σ 键和 π 键的成键轨道与反键轨道。如图 1-21 所示，两个碳原子各用一个 sp^2 杂化轨道以"头对头"重叠的方式组合成 σ 轨道和 σ* 轨道，两个未参与杂化的 2p 轨道则通过"肩并

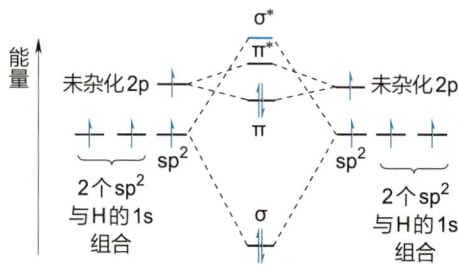

图 1-21 乙烯分子中 C-C σ 键和 π 键的分子轨道能级示意图

肩"重叠方式组合成 π 轨道和 π* 轨道，4 个电子填充在能量较低的 σ 轨道和 π 轨道，从而形成碳碳 σ 键和 π 键。

从乙烯的分子轨道能级图可以直观地看出，碳碳键 σ 轨道的能量要比 π 轨道的低。这意味着 σ 键要比 π 键强，打断 π 键需要的能量比打断 σ 键需要的少（前者约为 260 kJ/mol，后者约为 350 kJ/mol）。

1.4.4 休克尔分子轨道法

对于大多数有机化合物，它们的分子轨道要比乙烯分子的复杂得多，而且原子越多越复杂，因此上述轨道群方法的应用受到较大限制。1931 年，休克尔（E. Hückel）提出了一种用简化的近似分子轨道模型处理共轭分子中 π 电子的方法，称为休克尔分子轨道法（Hückel molecular orbital method）。

在烯烃、芳香烃等分子中，参与成键的碳原子都在同一平面上，碳原子间依赖 σ 分子轨道连接在一起，形成分子的骨架，每个碳原子都有一个垂直于分子平面的 p 轨道，它们以"肩并肩"的方式组合成 π 分子轨道。休克尔认为，π 轨道能级与 σ 轨道能级相差较大（如图 1-21 所示），可以相互独立地简化处理，即 π 电子在 σ 键构成的分子骨架上运动，占据一系列的 π 分子轨道。例如，我们可以把图 1-21 中乙烯分子的两个 σ 键分子轨道去掉，而只保留由两个 2p 轨道组合成的 π 成键轨道和反键轨道，这就是乙烯的休克尔分子轨道（见图 1-22）。

休克尔分子轨道法是一种简化的分子轨道处理方法，在有机化学中得到广泛应用。本书中有关共轭体系的分子轨道均采用休克尔分子轨道模型。

> 定域分子轨道法吸收了价键理论的优点，结果直观明确，图形简单，容易与化学现象相联系。但不要忘记定域分子轨道不是本征波函数，不能描述分子整体行为，用于解释电子光谱、电离能等由单个电子运动所确定的分子性质是不合适的。

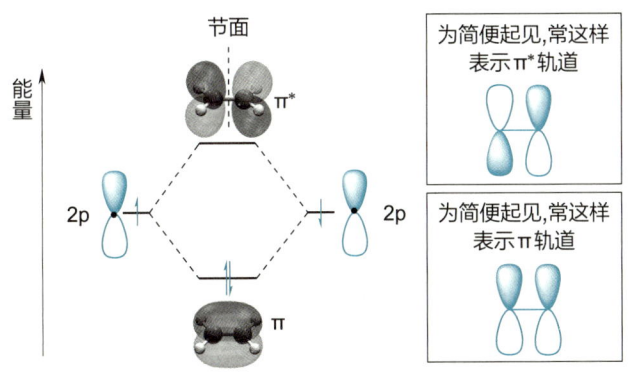

图 1-22　乙烯的休克尔分子轨道

1.5　有机分子的结构

1.5.1　分子结构的表示方式

1. Kekulé 式、结构简式和键线式

在用短线代替成键电子对的简化路易斯结构式中，同时省去孤对电子的结构式称为 Kekulé 式（Kekulé formula）。丙烷、异丙醇和苯的 Kekulé 式如侧栏所示。

通常将 Kekulé 式中的短线省去，使得分子结构式的表示进一步简化，多重键以及连接取代基与主链的键可以保留，也可以省去。这种表示方式称为结构简式或缩写式（condensed

正戊醇

氯苯

二乙胺

formula）。例如，异丁烷、乙烯、乙炔和甲醇可表示如下：

$$CH_3CHCH_3 \quad H_2C=CH_2 \quad HC\equiv CH \quad CH_3OH$$
$$\text{异丁烷} \quad\quad \text{乙烯} \quad\quad \text{乙炔} \quad\quad \text{甲醇}$$

（异丁烷的 CH_3 在 CH 上方）

键线式（line-bond formula）又称骨架结构（skeletal formula）。键线式中只保留共价键，而省去碳原子及与碳相连的氢原子，但杂原子及与杂原子相连的氢原子不能省去。在画长链分子的键线式时通常将骨架画成锯齿状。例如，正戊醇、氯苯和二乙胺的结构可用侧栏所示结构式表示。

2. 楔形式

上述 Kekulé 式、结构简式和键线式是不能体现分子立体结构的，对于具有四面体碳的有机分子，常用楔形式（wedge-dash notation）来表达它们的立体结构。在楔形结构式中，用传统的短线表示与纸共平面的键，用虚楔形线表示指向纸面下方的键，而用实楔形线表示指向纸面上方的键。例如，下图为 2-氯丁烷的楔形式，其中连接氯原子的键为虚楔形线（楔形线的大头指向氯原子），表示氯原子在纸面下方，链接氢原子的键为实楔形线（大头指向氢原子），表示氢原子在纸面上方。这种方法是目前最常用的分子结构表示方式之一。

虚楔形线：指向纸面下方　　实楔形线：指向纸面上方

2-氯丁烷

1.5.2　有机分子结构基本参数

所有分子都有一定的几何构型，我们可以用一组参数来定量描述分子的结构，主要包括键长（bond length）、键角（bond angle）和键能（bond energy）。键长和键角用以描述分子的几何构型，键能则体现键的强度（bond strength），这些参数是了解共价键性质、讨论分子结构与性质关系的重要依据。

键长是两个成键原子的平均核间距。以 H_2 为例，当两个氢原子相互作用时，能量将随核间距的变化而变化（如图 1-23 所示）。随着两个自由的氢原子逐渐靠近，能量下降到波谷，此时两个氢原子的核间距为 74 pm。两个氢原子继续靠近，两个核之间相互排斥，使能量迅速上升。能量达到波谷时（能量最低状态）的核间距 74 pm 就是 H—H 键的平衡键长。

键长与成键原子的半径、电负性、杂化类型及键的数目等因素有关。原子半径越小，键长越小。例如，碳原子的半径要比氢原子的大得多，故乙烷分子中 C—C 键（154 pm）和 C—H 键（109 pm）的键长都要比 H—H 键键长（74 pm）大很多。键的数目越多，键长越小，如乙烷、

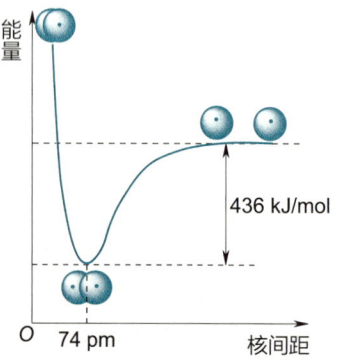

图 1-23　两个氢原子相互作用时能量和核间距之间的相互关系

乙烯和乙炔分子中 C—C 键（154 pm）、C=C 键（134 pm）和 C≡C 键（120 pm）依次变短。

键能是衡量化学键强弱的物理量。对于双原子分子，键能等于键的解离能（bond dissociation energy，BDE），即 1 mol 气态分子解离成气态原子所吸收的能量。图 1-23 中核间距为 74 pm 时氢分子与两个自由氢原子的能量差 436 kJ/mol 就是 H—H 键的键能。对于多原子分子，键能则为某一特定分子中所有特定类型化学键的键解离能的平均值。有机化合物中通常含有多个共价键，每一个共价键在分子中都不是孤立的，受其他键的影响，同一类型共价键的键长和键能在不同分子中可能稍有不同，通常取其平均值。

键能与键长以及分子本身的稳定性密切相关，键长越小，键越强，键能就越大。例如，乙烷、乙烯和乙炔分子中 C—C 键（347 kJ/mol）、C=C 键（611 kJ/mol）和 C≡C 键（837 kJ/mol）的键能随键长变短而依次增强。

大多数有机化合物中共价键的键能在 100~900 kJ/mol 范围内。表 1-3 选列了一些常见共价键的平均键长和键能数据。

表 1-3 一些常见共价键的平均键长和键能

键型	键长/pm	键能/(kJ·mol^{-1})	键型	键长/pm	键能/(kJ·mol^{-1})
C—H	109	414	C—I	212	218
C—C	154	347	C=C	134	611
C—N	147	305	C≡C	120	837
C—O	143	360	C=O	123	695
C—F	142	485	C=N	127	615
C—Cl	177	339	C≡N	116	892
C—Br	191	285	O—H	96	463

键角是两个相邻共价键之间的夹角，它是反映分子空间结构的基本参数。分子中中心原子的电子对排布决定了分子的标准键角，但组成相似的分子不一定有相同的键角，绝大多数分子的键角偏离标准键角。如甲烷分子中任意一个 H—C—H 键角为 109.5°（见图 1-10），而乙烷分子中 H—C—H 键角为 117.4°（见图 1-11）。

影响分子键角偏离的因素很多，但主要因素是中心原子价层电子对的类型和成键原子的电负性。当中心原子价层电子对中存在孤对电子时，孤对电子对成键电子对有较大的排斥作用，这可导致键角变小。这是因为成键的共用电子对受两个原子核吸引，比较集中在键轴位置，而孤对电子没有被共享，只受中心原子核的吸引，电子云体积比较大，使它比成键电子对更强烈地排斥相邻电子对。在图 1-16 所示的氨分子结构中，虽然氮原子采取了 sp^3 杂化，但由于孤对电子占据了一个 sp^3 杂化轨道，它对成键电子对产生较大排斥，导致 H—N—H 键角被压缩到 107.3°，从而偏离标准的 109.5°。

1.6 电子离域：共振和共轭效应

多原子分子中的电子并非完全局限在两个成键原子核之间，而是在一定范围内分布于多个原子核之间。常用"定域"（localized）和"离域"（delocalized）来表示电子的这两种状态。电子离域是一种普遍现象，它能够改变分子（也包括离子和自由基）中电子、电荷的分布，增加分子的稳定性，从而影响分子的物理性质和化学性质。分子中由于轨道相互作用（重叠），π 电子或非键电子在多个原子之间离域，导致电子云分布更为均匀，键长平均化，结构更为稳定，这种电子效应称为共轭（conjugation）。电子的离域运动使得一个分子可能会在多种电子构型（共振结构）之间相互转换，并达到平衡，这种动态现象称为共振（resonance）。常用共振结构来表示共轭，下面首先介绍共振论。

1.6.1 共振结构

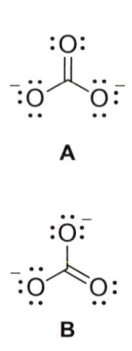

A

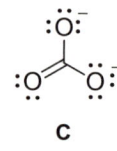

B

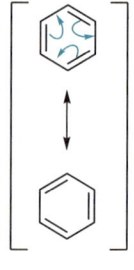

C

共振杂化体

在书写路易斯式时，对于同一个分子可能会画出多个符合规则的路易斯结构式。以碳酸根离子（CO_3^{2-}）为例（见侧栏），**A**、**B** 和 **C** 式都符合路易斯结构式的规则，它们的差别只是其中电子、负电荷和双键的位置不同，问题是哪一种能够代表碳酸根离子的真实结构？碳酸根离子的实际情况是，所有的碳氧键都具有双键性质，且键长都相同，所有的氧原子带有相同数量的负电荷，即 2/3 个负电荷，整个结构是完全对称的。所以 **A**、**B** 和 **C** 式中任何一种都不能代表碳酸根离子的真实结构。

苯和其他芳香烃类化合物也存在类似问题。通常把苯的结构画成单双键交替的六元环，然而，真实的苯环骨架并没有单双键之分，所有碳碳键的键长都是 139 pm。

为了解决这一困惑，1931 年化学家鲍林（L. Pauling）提出了共振论（resonance theory）。共振论认为，当一个分子（也包括离子和自由基）的结构不能用一种路易斯式正确表示时，可以用多种路易斯式来表示，这些路易斯式称为共振式（resonance formula）或极限式，相应的结构称为共振结构（resonance structure）或极限结构。分子的真实电子结构是这些共振结构线性组合（杂化）的结果，称为共振杂化体（resonance hybrid），任何单一的共振式都不能代表分子的真实电子结构。

书写共振式时，在共振式之间用双箭头关联，以表示它们的共振关系，用弯箭头表示电子对离域（偏移）的方向，用鱼钩表示单个电子离域的方向，所有的共振式用方括号括起来，以表示它们之间是通过移动一个电子或电子对就可互换的特性。共振杂化体则采用虚实线表示离域的化学键。苯的共振式和共振杂化体如侧栏所示。

如果共振杂化体中原子带部分正电荷或部分负电荷，常用"δ+"或"δ-"来标记。如果正电荷或负电荷的数目是明确的，则用具体的数字加符号来表示，例如：

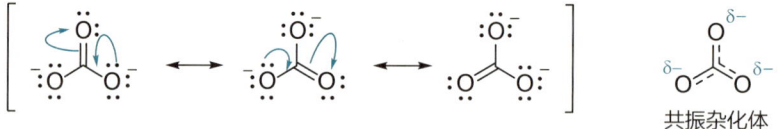

共振杂化体

从这个共振杂化体可以看出，碳酸根离子中三个碳氧键完全等价，两个负电荷平均分散在三个氧原子上。

共振论使用了"共振能"概念来体现共振所导致的能量变化。共振能是指共振杂化体与最稳定的共振结构之间的能量差，它可以通过量子化学方法进行计算，其经验值可通过热化学方法或从氢化热的测定中推导出，在此不作深入讨论。以下仅介绍与能量有关的一些经验规律：

（1）共振杂化体的能量总是低于任何一个单独共振结构的能量，而不同共振结构对共振杂化体的贡献不一定相同；共振结构越稳定，对共振杂化体的贡献就越大。

（2）参与共振的共振结构数目越多，共振杂化体越稳定。

1.6 电子离域：共振和共轭效应

（3）电荷分离将导致共振结构稳定性降低；电荷分离后所有原子都具有完整价电子层（第二周期原子符合八隅体规则）的共振结构式较稳定，负电荷在电负性较大原子上的共振结构也较稳定。例如，N,N-二甲基甲酰胺分子可写出如下 3 个合理的共振结构，其中第一个没有电荷分离，最稳定，对共振杂化体贡献最大；第二个和第三个都有电荷分离，且电子都离域到电负性较大的氧原子上，但第二个存在不符合八隅体规则的碳原子（只有 6 个价电子），故最不稳定；共振杂化体中氧原子带部分负电荷，氮原子则带部分正电荷。

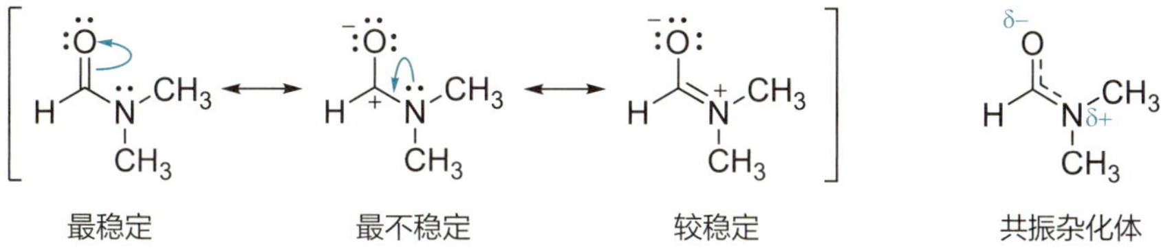

N,N-二甲基甲酰胺

（4）结构等同（或等价）的共振式能量相同，贡献相同；结构等同的共振式越多，杂化体越稳定。例如，乙酸根离子可写出以下三个共振结构，其中第一和第三个属于等同结构，共振杂化体中一个负电荷平均分配给两个氧原子，整个结构具有面对称性和轴对称性。

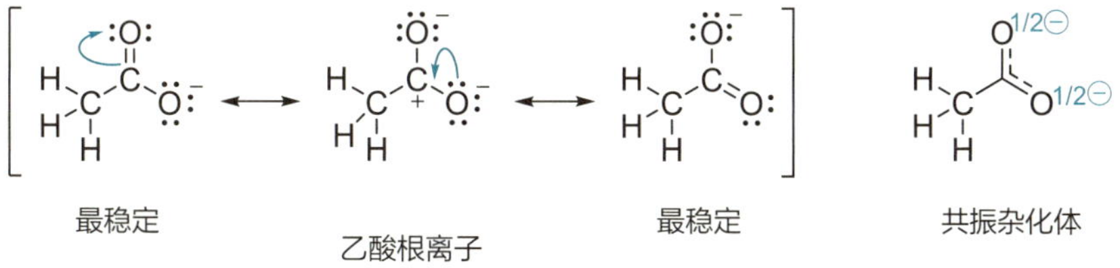

乙酸根离子

从上面的例子可以看出，有些不符合八隅体规则的结构也是合理的共振结构，只是它们的贡献较小而已。换言之，所有符合共振结构原则的（合理的）结构式都是真实结构的潜在贡献者。因此，在书写共振结构时一定要清楚哪些是主要贡献者。以下是正确书写共振结构的主要原则和规范：

（1）共振是同一分子不同共振结构之间的相互转换，从一个共振式转换为另一共振式时只允许 π 电子和非键电子（如孤对电子和未成对电子）移动，而不允许原子核位置改变。

（2）遵守价键规则，第二周期元素价电子数不超过 8，完全符合路易斯结构式规则的共振结构最重要。如上述乙酸根离子的三个共振式中，第一和第三个是等同的，它们的所有原子都符合八隅体规则，故最稳定；第二个共振式中碳原子上只有 6 个电子，最不稳定。

（3）所有的共振结构式必须具有相同数目的成对电子或未成对电子，净的电荷数也要保持相同。例如，戊二烯基正离子所有共振式都保持 4 个离域电子和一个正电荷，戊二烯基自由基所有共振式都保持 5 个离域电子，其中一个是未成对电子。请注意：在烯丙基自由基共振中，表示单个电子移动的符号是"鱼钩"，而不是弯箭头。

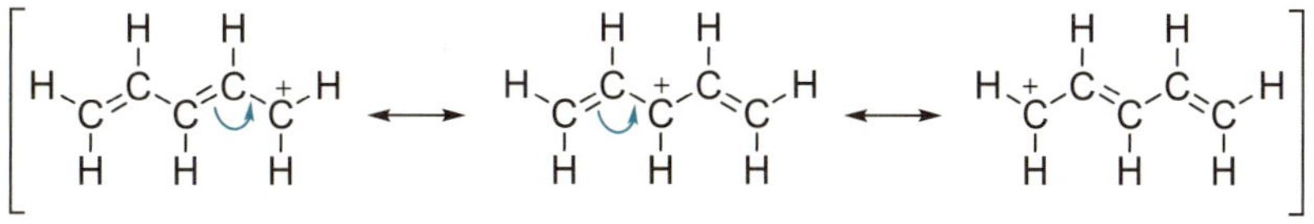

戊二烯基正离子

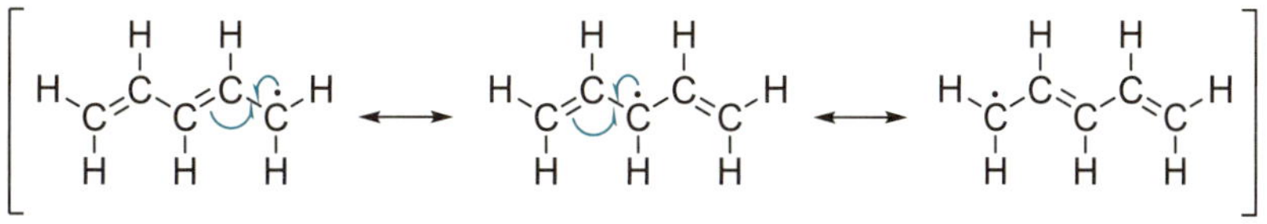

戊二烯基自由基

(4)对于双键和叁键,电荷分离时,正、负电荷优先分布在与电负性一致的原子上,即负电荷处于电负性较大的原子上。如甲醛的共振式中,从第一个向第二个共振时,电荷分离,电子移向电负性较大的氧原子上,故第二个共振式中氧原子带负电荷,碳原子带正电荷。如果电子反向偏移,则得到极不合理的"氧正离子"共振式。不遵守电负性原则的电荷分离贡献很小,一般忽略不计。

1.6.2 π-π 共轭

在前文中,我们讨论了乙烯分子中π键,可知乙烯双键中两个π电子是定域在两个碳原子之间的。如果分子中含有两个双键,且它们被一个单键隔开,其π键和分子整体结构如何?以最简单的丁-1,3-二烯为例来讨论这个问题。如图1-24所示,与乙烯相似,丁-1,3-二烯分子中每个碳原子都为 sp^2 杂化,所有的碳原子处于同一平面,所有的p轨道都垂直于这个平面,且"肩并肩"形成一个大π键(图中用虚线表示),其中有4个π电子。在这个体系中,π电子不局限于某一个双键,而是离域在两个双键的四个碳原子之间。这种由单双键交替构成的、电子在多个原子间离域的平面结构称为共轭体系(conjugation system)。像丁-1,3-二烯这样由两个双键组成的共轭体系称为共轭二烯,以此类推,由多个双键组成的共轭体系称为共轭多烯。由于产生离域的电子全部来自π轨道,通常把这种共轭作用称为π-π共轭。

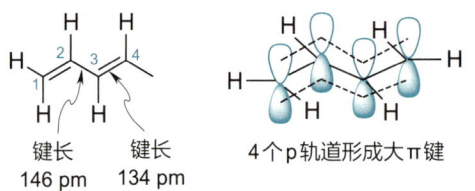

图 1-24 丁-1,3-二烯的分子结构

与孤立双键体系相比,共轭体系中的双键和单键键长趋于平均化,分子的能量降低,稳定性增大,物理性质和化学性质大多与孤立双键体系不同。如上述丁-1,3-二烯分子中C2-C3键的键长为146 pm,明显比乙烷的C-C键键长(154 pm)短,具有部分双键的性质。这种由电子离域而导致结构与性质改变的效应称为共轭效应(conjugated effect)。共轭效应是一种重要的电子效应,它能够影响分子(也包括离子、自由基等)的结构、稳定性和反应性。在以后的章节中,我们会经常用到共轭效应这一概念。

可以用共振结构来表示丁-1,3-二烯的共轭作用。如下是比较重要的5个共振式,其中最稳定的是无电荷分离的A式,其他都存在电荷分离,其中B式和D式等价,C式和E式等价,它们是相对比较重要的,对真实结构有一定贡献;C式和E式中C2-C3键是双键,这就解释了真实结构中C2-C3键具有部分双键特征的原因。

根据共振论，共振结构越多，共振杂化体越稳定，丁-1,3-二烯分子因共振而稳定。为了进一步了解共轭效应的本质，下面将用分子轨道理论来分析丁-1,3-二烯的 π–π 共轭作用。

根据休克尔分子轨道法，可以通过两个孤立 π 键分子轨道的线性组合来产生丁-1,3-二烯的分子轨道。如图 1-25 所示，两个孤立 π 键有两个 π 轨道和两个 π* 轨道，两个能量相同且对称性匹配的π轨道组合成两个新的分子轨道（分别用波函数符号 ψ_1 和 ψ_2 标记），同样，两个能量相同且对称性匹配的 π* 轨道也能够组合成两个新的分子轨道（分别用波函数符号 ψ_3 和 ψ_4 标记），这 4 个新分子轨道的能级从 ψ_1 到 ψ_4 均依次升高。4 个电子填充在能量低的 ψ_1 和 ψ_2 轨道，这两个轨道均是成键轨道，ψ_3 和 ψ_4 均为反键轨道。能量最高的成键轨道（ψ_2）称为最高已占轨道（highest occupied molecular orbital，简称 HOMO）；能量最低的反键轨道（ψ_3）称为最低空轨道（lowest unoccupied molecular orbital，简称 LUMO）。化学反应就发生在 HOMO 和 LUMO 轨道中，它们被称为前线分子轨道（frontier molecular orbital）。在以后的章节中，我们会应用这些概念。

需要指出的是，在形成分子轨道时，参与组合的各原子轨道对分子轨道的贡献是用比例来体现的，这个比例称为轨道系数（coefficients）。轨道系数的大小是通过量化计算获得的，常用原子轨道波瓣图形的大小来表示。如图 1-25 所示，ψ_1 和 ψ_4 中间的两个 p 轨道系数最大，而 ψ_2 和 ψ_3 两端的两个 p 轨道系数最大。考虑到成键三原则，轨道系数概念在预测和解释有机反应区域选择性方面有重要应用。

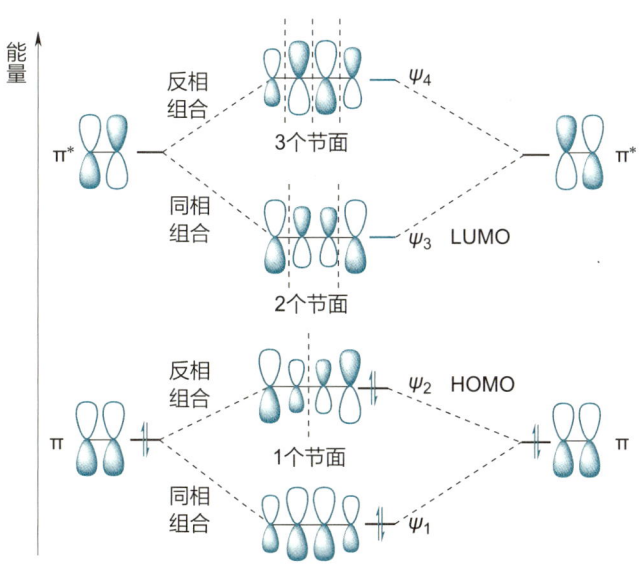

图 1-25 丁-1,3-二烯的分子轨道示意图

从图 1-25 可以看出，能量最低的 ψ_1 轨道没有节面。随着能量升高，从 ψ_2 轨道到 ψ_3 和 ψ_4 轨道依次出现 1、2 和 3 个节面。没有节面意味着电子连续处在 ψ_1 轨道中，并分布在四个碳原子之间，因而 ψ_1 轨道中所有碳原子之间都有成键作用（bonding interaction），净的成键数为 +3。在 ψ_2 轨道中，C1 和 C2 之间以及 C3 和 C4 之间有成键作用，但在 C2 和 C3 之间有一个节面，存在反键作用（antibonding interaction），所以 ψ_2 轨道净的成键数为 2 − 1 = 1。以此类推，空的 ψ_3 轨道净的成键数为 −1，而 ψ_4 轨道中净的成键数为 −3。

苯乙烯

丁烯炔

丙烯腈

丙烯醛

环己烯酮

硝基乙烯

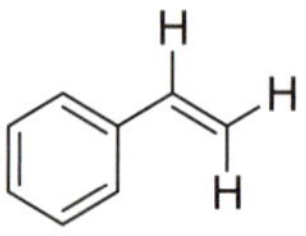

在两个已占轨道（ψ_1 和 ψ_2）中，C1 和 C2 之间以及 C3 和 C4 之间都有成键作用，但在 ψ_2 中 C2 和 C3 之间有反键作用，这就抵消了一部分 ψ_1 中 C2 和 C3 之间的成键作用。之所以是部分抵消，而不是完全抵消，是因为 ψ_2 中 C2 和 C3 的轨道系数小于 ψ_1 中 C2 和 C3 的轨道系数。这就解释了丁-1,3-二烯中 C2–C3 键具有部分双键特征的原因。

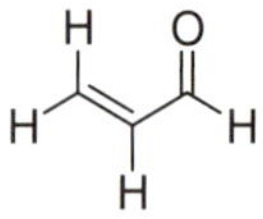

除了共价键的成键之外，分子轨道能级图还能帮助我们理解有机化合物的稳定性和反应性。例如，丁-1,3-二烯分子的两个离域轨道 ψ_1 和 ψ_2 的总能量低于两个乙烯分子成键轨道（π 轨道）的总能量，这个能量差称为离域能（delocalization energy，DE），这就意味着共轭的丁-1,3-二烯在热力学上要比孤立二烯体系稳定。丁-1,3-二烯的 HOMO 能级高于乙烯的 HOMO 能级，因此在与亲电试剂发生亲电加成反应时，丁二烯要比乙烯活泼。这些预测都与事实相符。

除了共轭双烯和共轭多烯之外，苯环、碳氧双键、碳碳叁键、碳氮叁键等含有 π 键的官能团都可形成 π–π 共轭体系，如苯乙烯、丁烯炔、丙烯腈、丙烯醛、环己烯酮和硝基乙烯分子中均存在单双键或叁键交替结构，均属于π–π共轭体系。

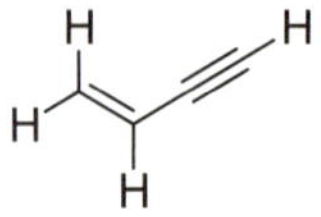

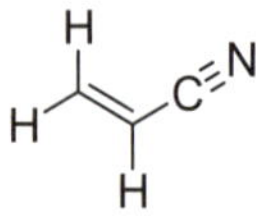

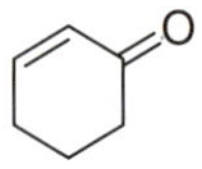

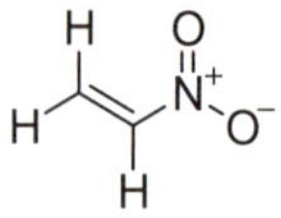

许多共轭多烯是维护人体健康不可缺少的营养素，β–胡萝卜素就是其中之一，它也是人体内维生素 A 的重要来源之一。β–胡萝卜素分子的共轭体系由 11 个双键和 22 个 π 电子构成。

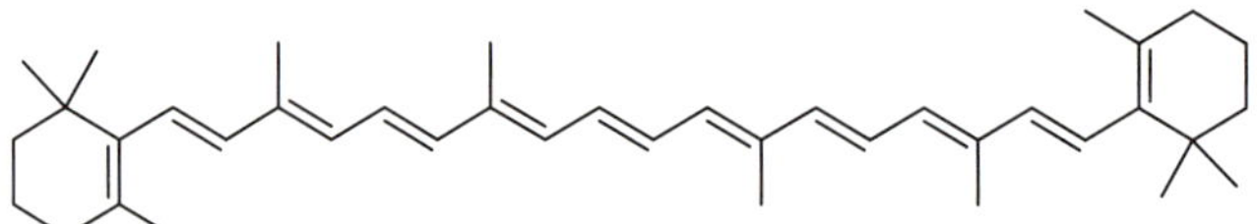

β–胡萝卜素

1.6.3 p–π共轭

如果与 π 键相连的某一原子具有一个与 π 轨道平行的 p 轨道，那么这个 p 轨道就可与 π 轨道共轭，形成 p–π 共轭体系。例如，氯乙烯分子中氯原子的 p 轨道与两个双键碳原子的 p 轨道平行，能够重叠形成“三原子四电子”的共轭大 π 键，这种共轭体系称为 p–π共轭。

从氯乙烯的共振结构可以预测其 C–Cl 键具有部分双键特征，实测 C–Cl 键的键长为 169 pm，这与氯乙烷中 C–Cl 键键长（177 pm）相比，明显变短了。

氯乙烯

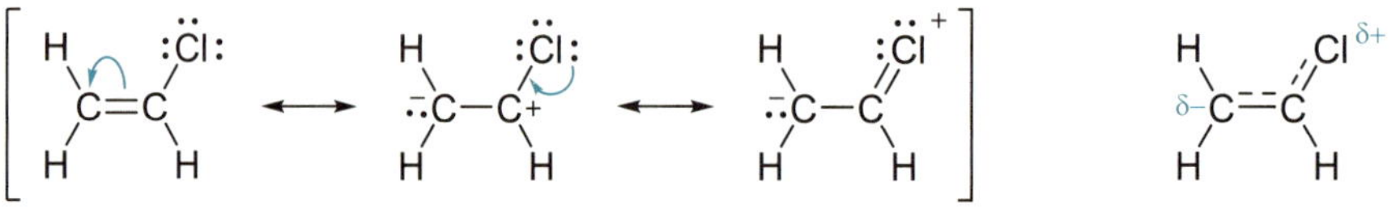

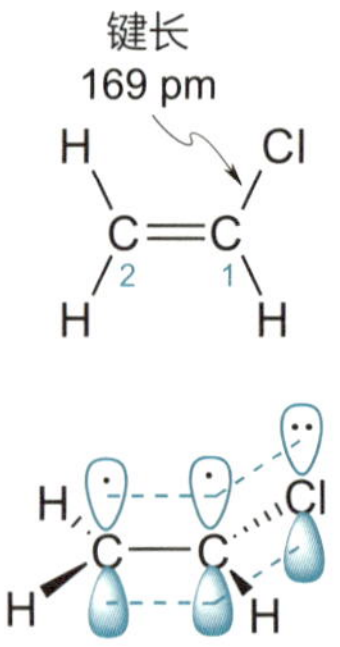

烯丙基正离子和烯丙基负离子也是典型的 p–π 共轭体系，其中碳原子全部为 sp^2 杂化，三个未杂化的 p 轨道“肩并肩”形成 π 键。从两个等同的共振结构可以看出，烯丙基正离子的 π 轨道具有面对称性，正电荷平均分配给两端两个碳原子；烯丙基负离子的结构也与烯丙基正离子相似。

烯丙基正离子

烯丙基负离子

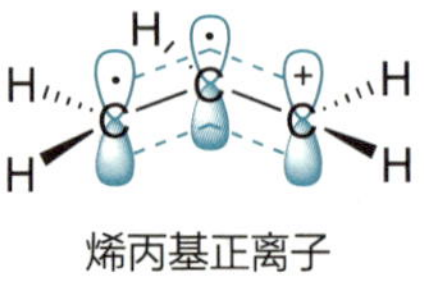

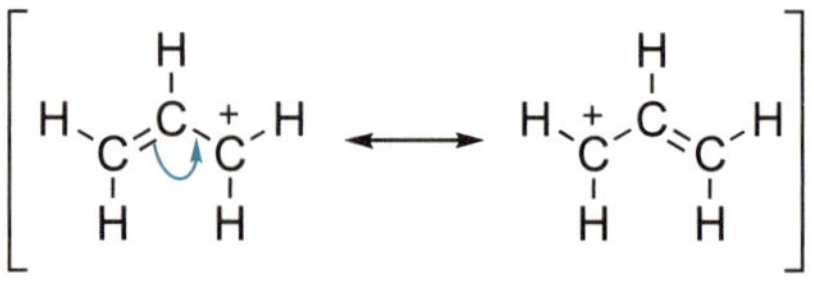

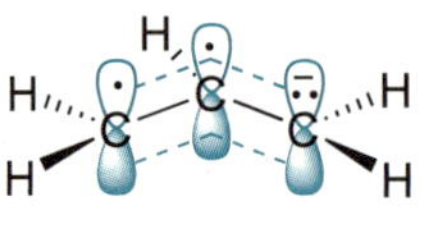

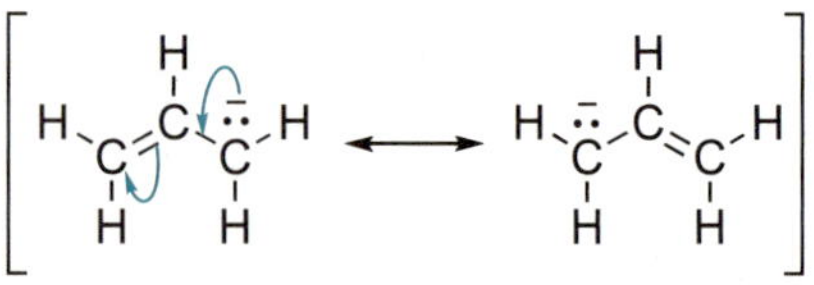

烯丙基正离子的休克尔分子轨道是由三个碳原子的 2p 轨道组合成的。如图 1-26 所示，ψ_1 轨道由三个 2p 轨道同相组合而成，净的成键数为 +2，能量最低。ψ_2 轨道有一个节面，正好处在 2 位碳原子上，净的成键数为 0，能量与 2p 轨道能量接近。ψ_3 轨道由三个 2p 轨道反相组合而成，有两个节面，两个反键，净的成键数为 -2，能量最高。两个电子填充到 ψ_1 轨道，因此 ψ_1 为 HOMO，ψ_2 为 LUMO。与 2p 轨道相比，两个电子填充的 ψ_1 轨道能量降低了，这个能量差就体现了共轭稳定化作用。

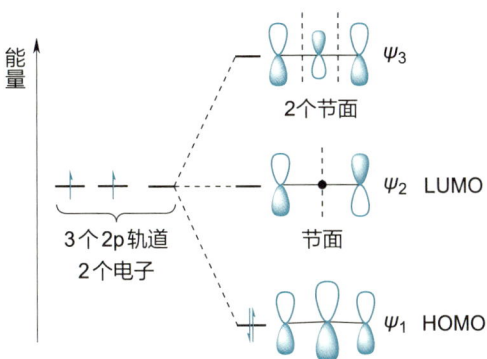

图 1-26　烯丙基正离子的分子轨道示意图

烯丙基负离子的分子轨道与烯丙基正离子的相似，只是有 4 个电子，其中两个填充到 ψ_1 轨道，另外两个填充到 ψ_2 轨道，因此 ψ_2 为 HOMO，ψ_3 为 LUMO（见图 1-27）。与 2p 轨道相比，两个电子填充的 ψ_1 轨道能量降低了，因此共轭作用也稳定了烯丙基负离子。

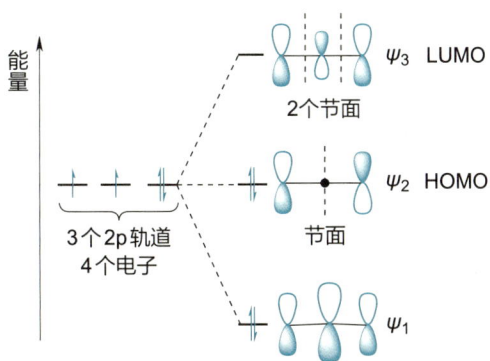

图 1-27　烯丙基负离子的分子轨道示意图

1.6.4　常见基团的共轭效应

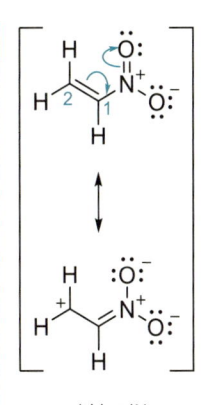

硝基乙烯

在上述氯乙烯 p–π 共轭体系的例子中，氯原子上的孤对电子离域到碳碳双键的 π 轨道，导致 2 位碳原子带部分负电荷，电子密度增大，氯原子表现出给电子作用。在硝基乙烯的 π–π 共轭体系中，从共振结构不难看出负电荷集中在硝基氧原子上，正电荷集中在 2 位碳原子，碳碳双键电子密度降低，硝基表现出吸电子作用。

不同的基团（或原子）在共轭体系中扮演的角色不同，有的给电子（如氯原子），有的吸电子（如硝基）。通常把给电子的效应称为正效应，给电子共轭效应用 "+C" 表示（C 是 conjugation 的第一个字母），与之相反，吸电子的效应称为负效应，吸电子共轭效应用 "−C" 表示。

常见+C基团:
O⁻, OH, OR
NH₂, NHR, NR₂
SH, SR
F, Cl, Br, I

常见−C基团:
NO₂, SO₃H
C=O, CO₂H, CO₂R
CN

共轭效应是一种重要的电子效应，区分"+C"和"−C"很有意义，它能够帮助我们更好地理解有机分子的电子密度和电荷分布情况、反应活性和区域选择性等。侧栏中列举了一些常见给电子和吸电子共轭效应的基团（或原子）。

1.7 电子离域：超共轭效应

上一节中我们讨论了因电子离域而产生的共轭效应，涉及 π 轨道之间或者 π 轨道与 p 轨道之间相互作用。根据分子轨道理论，只要在空间上能够满足轨道重叠的条件，满占的 σ 轨道也可与空的 π* 轨道、空的或单占的 p 轨道相互作用，形成新的分子轨道，电子在新轨道能量有所降低，体系更加稳定。这种稳定化作用称为超共轭（hyperconjugation）。超共轭效应比上述共轭效应一般要弱得多，因为这些轨道之间重叠是不充分的，相互作用比较弱。从本质上看，这种稳定化作用是 σ 电子离域的结果，因而有人把它归属为共轭效应的一种，称为 σ-共轭（σ-conjugation）。与共轭效应类似，我们可根据参与超共轭作用的轨道类型，将超共轭效应分为σ-σ超共轭、σ-π超共轭、σ-p超共轭、n-σ超共轭等。作为入门章节，本节仅简单介绍 σ-π 和σ-p 超共轭。

1.7.1 σ-π 超共轭

丙烯分子中存在 σ-π 超共轭作用。如图 1-28 所示，当双键的 sp^2 杂化碳与 sp^3 杂化碳原子相连时，满占的 C-H σ 成键轨道可以与空的 C=C π 反键轨道（π* 轨道）重叠，组合出新的分子轨道，两个电子填充到新轨道，能量降低，分子的稳定性增加，这种作用称为 σ-π 超共轭效应。另一种标记超共轭类型的方法则更加清晰，如上述 σ-π 超共轭可表示为 σ(C-H)→π*(C-C)，其中 σ(C-H)代表 C-H σ 轨道，π*(C-C) 代表 C=C π* 轨道，箭头指明了电子离域的方向。图 1-28 中只显示了一个 C-H 键的超共轭，但 C-C 键是可自由旋转的，而甲基碳上有三个 C-H 键，故丙烯的超共轭作用可标记为 3×σ(C-H)→π*(C-C)。

σ(C-H)→π*(C-C)超共轭效应弱化了烯丙基位 C-H 键，这与丙烯的烯丙基 C-H 键解离能（BDE）比乙烷 C-H 键解离能小的事实相符。

H₂C=CHCH₂–H
BDE=359 kJ/mol

CH₃CH₂–H
BDE=423 kJ/mol

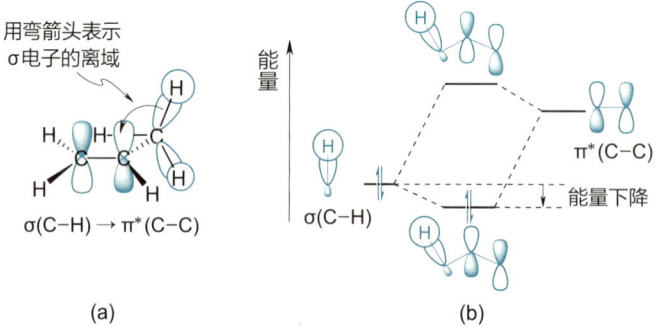

图 1-28 丙烯的 σ-π 超共轭效应（a）及分子轨道能级变化示意图（b）

需要指出的是，虽然超共轭效应稳定了 C=C 键，但它的电子密度增加了，HOMO 的能级升高了（图 1-28 中没有画出 C=C 键的 HOMO，即 π 轨道）。据此可以预测，在与亲电试剂发生反应时，丙烯的反应活性应该比乙烯的反应活性高，这与事实相符合（详见第五章）。类似的效应也见于甲苯的亲电取代反应（见第六章）。

1.7.2　σ–p 超共轭

σ–p 超共轭常见于碳正离子和碳自由基体系。乙基碳正离子中的 σ–p 超共轭效应和分子轨道能级变化见图 1-29，中心碳原子为 sp^2 杂化的平面三角形结构（类似于乙烯碳原子），未杂化的 p 轨道是空的，甲基的 C–H σ 轨道能够与中心碳原子空的 p 轨道重叠，σ 电子离域到空的 p 轨道，形成的新轨道能量降低，从而产生稳定化作用。甲基的 3 个 C–H 键都可参与超共轭效应，所以，乙基碳正离子的超共轭作用可标记为 $3×σ(C–H)→p(C)$。

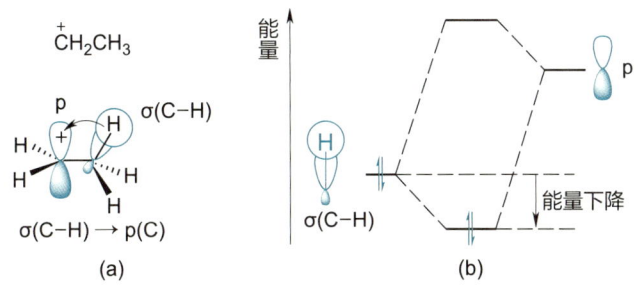

图 1-29　乙基碳正离子的 σ–p 超共轭效应（a）及分子轨道能级变化示意图（b）

由于存在 $3×σ(C–H)→p(C)$ 超共轭效应，乙基碳正离子要比无超共轭效应的甲基碳正离子（$^+CH_3$）稳定得多，而有 $6×σ(C–H)→p(C)$ 和 $9×σ(C–H)→p(C)$ 超共轭效应的异丙基正离子和叔丁基正离子更稳定。实际上迄今还没直接证据证明甲基碳正离子的存在。碳正离子是许多重要有机反应的活性中间体，因此理解它们的稳定性至关重要，有关内容将在第四章和第五章中讨论。

1.7.3　超共轭效应的简单表示方式

虽然分子轨道能够帮助我们理解共轭和超共轭效应，特别是能量变化情况，但分子轨道图形比较复杂，初学者不易掌握。根据国际纯粹与应用化学联合会（IUPAC）的建议，超共轭效应可以采用"双键-无键"共振式（double bond–no bond resonance）来表示，也可用弯箭头表示 σ 电子离域的方向。例如，乙基正离子的 σ–p 超共轭可表示为

双键-无键共振式不仅简单明了，而且能够体现超共轭的本质，与分子轨道理论分析所得主要结论一致，如能直观地给出哪些键被加强、哪些键被弱化的信息。从上式中，我们可以获悉乙基正离子的 C1–C2 键被加强了（有部分双键特征），而 C2–H 键被弱化了，这与第五章中将要讨论的 E1 消除反应（中间体为碳正离子）的事实相符合。

1.8 共价键的极化和诱导效应

1.8.1 共价键的极性

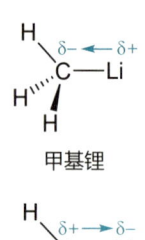
甲基锂

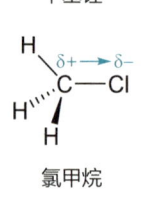
氯甲烷

对于相同原子形成的共价键，其成键电子对处于两原子中间，正、负电荷中心重叠，这样的共价键称为非极性共价键。不同原子形成共价键时，由于各元素的电负性（electronegativity）不同，原子吸引电子的能力不同，电子偏向电负性较大的原子一端，从而导致键的极化（bond polarization），使电负性较大的原子带有部分负电荷，另一原子带部分正电荷，正、负电荷中心不重叠，这样的共价键称为极性共价键。常用 δ+/δ− 标记极性共价键电荷分布情况，用箭头表示电子对偏移的情况，箭头方向是从带部分正电荷原子指向带部分负电荷原子。例如，甲基锂中的 C–Li 键和氯甲烷中的 C–Cl 键的极性可表示如侧栏中结构式所示。

键的极性与成键原子的电负性差值有关，差值越大，极性越大。当两个原子的电负性差值大于等于 2 时，可以发生电子的完全转移，而不是共享，从而形成离子键。如钠的电负性为 0.9，氯的电负性为 3.0，钠失去一个电子成正离子，氯得到一个电子成负离子，最终形成离子型氯化钠。表 1-4 列出了一些常见元素的电负性数据。

表 1-4 一些常见元素的电负性

H						
2.1						
Li	Be	B	C	N	O	F
1.0	1.5	2.0	2.5	3.0	3.5	4.0
Na	Mg	Al	Si	P	S	Cl
0.9	1.2	1.5	1.8	2.1	2.5	3.0
K	Ca		Ge	As	Se	Br
0.8	1.0		1.8	2.0	2.4	2.8
						I
						2.5

常用键的偶极矩（dipole moment，简称键矩）来衡量共价键的极性大小，用符号 μ 表示。μ 等于正负电荷中心之间的距离（d）与电荷（q）的乘积，单位是德拜（Debye，用 D 表示，1 D = 3.34×10^{-30} C·m = 0.208 单位正、负电荷分开 0.1 nm）。

$$\mu = q \times d$$

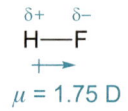
$\mu = 1.75\ \text{D}$

键矩是矢量，有方向性，常用符号"↦"表示，箭头由正电荷中心指向负电荷中心。H–F 键的键矩可表示如侧栏所示。

碳的电负性随着杂化轨道的类型不同而略有不同。碳的杂化轨道由 2s 和 2p 轨道组成，s 轨道呈球形对称，能级较低，电子在球形轨道内运动，受核束缚较大，而 p 轨道有一通过核的节面，能级较高，电子在舒展的两个叶瓣内运动，受核束缚较小。因此，杂化轨道中 s 成分越多，核对电子的束缚越大。碳原子的 sp、sp^2 和 sp^3 杂化轨道中 s 成分依次为 50%、33% 和 25%，它们的电负性大小顺序为 $C_{sp} > C_{sp^2} > C_{sp^3}$。

1.8.2 分子的偶极矩

分子的极性大小用偶极矩表示。对于双原子分子，其键矩就是分子的偶极矩。对于多原子分子，分子的偶极矩是各键矩的矢量和。氯甲烷中 C-Cl 键是极性共价键，键矩由 C 指向 Cl，分子偶极矩是三个 C-H 键键矩和一个 C-Cl 键键矩的矢量和（1.87 D），属于极性分子。四氯化碳为四面体对称分子，各键矩的矢量和为零，分子的偶极矩等于 0，是非极性分子。甲烷与四氯化碳类似，四个 C-H 键的键矩均由 H 指向 C，分子偶极矩是四个 C-H 键的键矩矢量和，这个值也等于 0，故甲烷属于非极性分子。由于碳和氢的电负性相差很小，绝大多数烷烃都为非极性分子，或者极性极弱。

下面列举了在气相条件下测得的卤代甲烷分子的偶极矩数据。从氯甲烷到溴甲烷和碘甲烷，随着卤原子电负性的减小，分子的偶极矩依次减小。为什么氟甲烷没有遵循这个顺序而成为例外？注意键矩的定义。虽然氟的电负性最大，但氟原子半径最小，C-F 键的键长（142 pm）比 C-Cl 键的键长（177 pm）短得多，故 C-F 键的键矩比 C-Cl 键的小。碘甲烷中虽然 C-I 键最长，但碘的电负性小，所以 C-I 键的键矩小，整个分子的偶极矩最小。

F	Cl	Br	I
μ = 1.82 D	μ = 1.87 D	μ = 1.79 D	μ = 1.64 D

1.8.3 诱导效应

分子中不同原子（或基团）电负性的差异不仅使某个共价键极化，而且由此产生的极性共价键还能进一步诱导邻近的共价键，使其发生极化，这种电子效应称为诱导效应（inductive effect，用 I 表示）。诱导效应的本质是静电作用，是永久性的，其特征是电子偏移沿着 σ 键传递，而且随着碳链的增长而迅速减弱，直至消失。

第八章中我们将讨论核磁共振波谱，这种分析技术提供的重要信息之一是有机化合物分子中不同碳或氢原子的化学位移，而化学位移与核外电子密度直接相关，电子密度越大，化学位移值越小；反之亦然。下面以乙烷和氯乙烷的核磁共振碳谱化学位移为例，来讨论诱导效应是如何发生的。乙烷分子的两个碳原子是等价的，化学位移为 6.5，我们以它为参照值。氯乙烷分子由于氯的电负性较大，C-Cl 键被极化，其中的 σ 电子偏移到氯原子一边，导致 C1 核周围电子密度降低，因此 C1 的化学位移增大到 40。因 C1 的电子密度降低而带部分正电荷时，静电作用使得 C1-C2 键也随之极化，电子向 C1 偏移，导致 C2 核周围电子密度降低，但降低幅度有所减少，所以 C2 的化学位移（19）小于氯乙烷 C1 的化学位移（40），但大于乙烷碳原子的化学位移（6.5）。这就是氯原子的吸电子诱导效应。

下面以丁酸及其氯代衍生物的酸性为例，进一步讨论诱导效应的特征。酸性强弱的定量指标是 pK_a，pK_a 值越小，酸性越强（相关理论将在下一节详细讨论）。以丁酸的酸性（pK_a = 4.82）为参照，当丁酸 2 位被氯取代，由于氯原子的吸电子诱导效应，C1-C2 键极化，并进一步传递到羟基的 O-H 键，使 O-H 极性共价键的极化度增大，电子更偏向氧原子，从而酸性增强（pK_a = 2.86）。当氯取代在 3 位时，传递链增多了一个 σ 键，氯的吸电子诱导效应减弱，3-氯丁酸的酸性（pK_a = 4.05）比 2-氯丁酸明显减弱。当氯取代在 4 位时，传递链再多一个 σ 键，诱导效应进一步减弱，4-氯丁酸的酸性（pK_a = 4.52）仅略微强于丁酸的酸性。

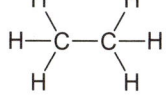

碳的化学位移：6.5

C1的化学位移：40
C2的化学位移：19

butyric acid pKa = 4.82　　2-chlorobutyric acid pKa = 2.86　　3-chlorobutyric acid pKa = 4.05　　4-chlorobutyric acid pKa = 4.52

常见 –I 效应基团:
NH_3^+, NO_2
SO_3H, CN
CHO, COR
CO_2H, $CONH_2$
CF_3, F, Cl, Br, I
OH, OR, NR_2
Ph, $CH=CH_2$

常见 +I 效应基团:
O^-, COO^-, R

诱导效应的强弱和方向与原子或基团及其电负性有关。在比较各种原子或基团的诱导效应时，以 C–H 键中氢原子为标准（规定氢原子 $I = 0$），如果原子或基团（Y）的吸电子能力比氢的强，C–Y 键电子云偏向 Y，则 Y 具有吸电子诱导效应，用 $-I$ 表示；若 Y 的吸电子能力比氢的弱，则 Y 具有给电子诱导效应，用 $+I$ 表示。

诱导效应能改变分子骨架电子密度分布，从而改变分子的物理性质和化学性质。例如，分子的共价键或官能团振动吸收频率、核磁共振化学位移、酸性和碱性、反应速率和选择性等，都会一定程度受到诱导效应的影响。在后续章节中，我们会经常用到诱导效应来讨论这些问题。

1.9　酸性和碱性

1.9.1　Brønsted–Lowry 酸碱理论

Brønsted 和 Lowry 在 1923 年提出的质子理论认为，凡是能够给出质子的物质都是酸（acid），凡是能够接受质子的物质都是碱（base）。酸（HA）给出质子后形成的负离子（A^-）称为共轭碱（conjugated base），而碱（B^-）获得质子后形成的物种（HB）称为共轭酸（conjugated acid）。酸是质子的给体，碱则是质子的受体。

$$HA \rightleftharpoons H^+ + A^- \qquad B^- + H^+ \rightleftharpoons HB$$
　酸　　　　共轭碱　　　　碱　　　　共轭酸

酸与碱反应生成相应的共轭碱和共轭酸：

$$HA + B^- \rightleftharpoons A^- + HB$$
　酸　　碱　　共轭碱　　共轭酸

强酸解离为质子和共轭碱的过程是有利的，其逆反应是不利的。相反，弱酸解离为质子和共轭碱的过程是不利的，其逆反应则是有利的。在酸碱平衡反应中，强酸（如 HCl）与弱碱（如甲醇）、强碱（如丁基锂）与弱酸（如甲醇）以及强酸与强碱的反应都是有利的，弱酸（如甲醇）与弱碱（如水）的反应则是不利的，而其逆反应是有利的。由强酸形成的共轭碱是弱碱，由强碱形成的共轭酸是弱酸；相反，由弱酸形成的共轭碱则是强碱，由弱碱形成的共轭酸则是强酸。

$$HCl + CH_3OH \rightleftharpoons Cl^- + CH_3\overset{+}{O}H_2$$
　强酸　　　弱碱　　　　弱碱　　　强酸

$$C_4H_9Li + CH_3OH \rightleftharpoons C_4H_{10} + CH_3OLi$$
　强碱　　　弱酸　　　　弱酸　　　强碱

$$CH_3OH + H_2O \rightleftharpoons CH_3O^- + H_3O^+$$
　弱酸　　　弱碱　　　　强碱　　　强酸

1.9.2 K_a 和 pK_a

酸性通常是在稀的水溶液中测量的。在此条件下,酸与水反应达到平衡,其平衡常数(K)用下式表示:

$$HA + H_2O \underset{}{\overset{K}{\rightleftharpoons}} A^- + H_3O^+$$
$$\text{酸} \quad \text{碱} \quad \text{共轭碱} \quad \text{共轭酸}$$

$$K = \frac{[A^-][H_3O^+]}{[HA][H_2O]}$$

在稀的水溶液中,酸对[H_2O]的影响可以忽略,[H_2O]被认为是个常数,于是将酸的解离常数(dissociation constant)K_a定义为

$$K_a = K[H_2O] = \frac{[A^-][H_3O^+]}{[HA]}$$

酸性的强弱用 pK_a 来定量表示,它是 K_a 的负对数:

$$pK_a = -\lg K_a$$

按照上式,K_a 值越大,pK_a 值越小,酸性越强;反之,K_a 值越小,pK_a 值越大,酸性越弱。通常将 pK_a 小于 1 的酸定义为强酸,pK_a 大于 4 的酸定义为弱酸。一些常见酸的 pK_a 值见表1-5。需要指出的是,从文献中查到的绝大多数 pK_a 值是通过实验测量得到的,少数无法通过实验获得的 pK_a 值是通过合理计算获得的。通常情况下,pK_a 值指的是在稀的水溶液中测得的,但文献中也有一些化合物的 pK_a 值是在有机溶剂(如 DMSO)中测定的。由于溶剂效应差异较大,在不同溶剂中测得的 pK_a 值不可用于比较不同化合物的酸性。

表 1-5 一些常见酸的 pK_a 值

酸	pK_a	酸	pK_a
HI	−5.2	CH_3CO_2H	4.7
H_2SO_4	−5	HCN	9.2
HBr	−4.7	NH_4^+	9.3
HCl	−2.2	CH_3SH	10
H_3O^+	−1.7	H_2O	14.0*
HNO_3	−1.4	CH_3OH	15.5
CH_3SO_3H	−1.2	NH_3	35
HF	3.2	CH_4	48

*由于溶剂化物种与纯溶剂的标准态不同,水(纯溶剂)与其他酸(稀溶液)的 pK_a 值不应直接比较(*J. Chem. Educ.*, 2017, 94, 690-695)。此外,目前使用的大多数有机化学教材中水的 pK_a 值为 15.7,这是严格按照上述 pK_a 计算公式(以[H_2O] = 55.5 mol/L 计算)得到的数值。

pK_a 值不仅能够定量描述酸的酸性,而且还能够体现其共轭碱的碱性。对于有机碱的碱性,常用其共轭酸的 pK_a 数据。这样做是合理的,因为在水溶液中 pK_a 与描述碱性的 pK_b 之间存在如下关系(相关公式推导在此不作赘述):

$$pK_a + pK_b = 14$$

由此可见,共轭酸的 pK_a 值越小,碱的碱性越弱;反之,共轭酸的 pK_a 值越大,碱的碱性越强。

1.9.3 影响有机化合物酸碱性的主要因素

在 1.8.3 小节中我们列举了诱导效应对有机酸酸性的影响。实际上影响化合物酸碱性的因素很多，有分子结构本身的内因，也有一些外在因素。一方面，按照上述酸碱平衡方程，酸分子（HA）中 A-H 键极化程度越大，质子越容易解离出去，酸性就越强；另一方面，共轭碱（A⁻）越稳定，平衡越有利于质子解离方向，酸性也就越强。基于这两方面原因，影响酸碱性的主要因素有元素的电负性、原子杂化轨道类型、电子效应、空间位阻等，这些都属于分子的内在因素。通常情况下，外在因素如溶剂化作用、温度等对酸碱性的影响也是不可忽视的。我们将在后续章节中深入讨论这些因素。

1. 电负性对酸碱性的影响

对于元素周期表中同一周期元素组成的酸，从左到右随元素电负性的增大，A-H 键的可极化性增大，酸性增强。如甲烷、氨、水和 HF 的酸性依次增强，而其共轭碱（⁻CH₃、⁻NH₂、HO⁻ 和 F⁻）的碱性依次减弱。

$$
\begin{array}{ccccc}
& H-CH_3 & H-NH_2 & H-OH & H-F \\
pK_a = & 48 & 35 & 14 & 3.2
\end{array}
$$

电负性增大，可极化性增大 →

元素周期表同一族元素组成的氢卤酸的酸性从 HF 到 HCl、HBr 和 HI 依次增强，这看似与卤原子的电负性大小顺序相反，但不要忘记可极化性也与键长有关（请回顾键矩的计算公式），HF、HCl、HBr 和 HI 的氢卤键键长依次增大。

$$
\begin{array}{ccccc}
& H-F & H-Cl & H-Br & H-I \\
pK_a = & 3.2 & -2.2 & -4.7 & -5.2
\end{array}
$$

氢卤键键长增大，可极化性增大 →
卤原子电负性减小

尽管 C-H 键的极性很小，烃类化合物仍能表现出不同强度的酸性。烷烃的 pK_a 一般大于 50。随着碳原子的杂化轨道 s 成分增多，C-H 键可极化性增大，酸性增强。例如，乙烷、乙烯和乙炔随碳原子杂化轨道 s 成分的增多，C-H 键可极化性依次增大，相应共轭碱稳定性也依次增大，酸性依次增强，而相应的共轭碱的碱性则依次减弱。烷基负离子碱性最强，其等价试剂如丁基锂（C_4H_9Li）是常用的强碱。

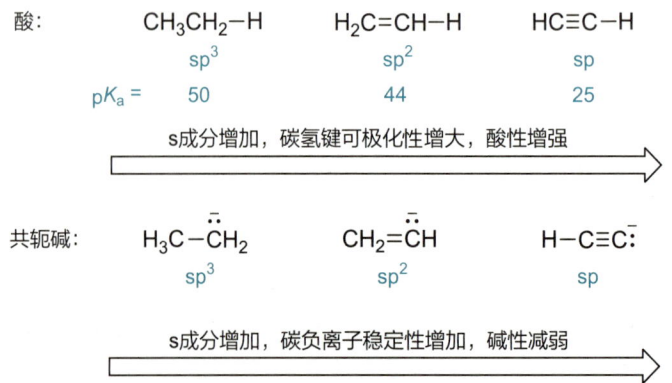

2. 电子效应对酸碱性的影响

在 1.8.3 小节中给出过一个诱导效应对酸性影响的例子，下面仅介绍共轭效应对酸性的影响。在乙醇和乙酸中解离的键都是 O-H 键，但乙酸要比乙醇的酸性强得多。这是因为乙醇的共轭碱为乙氧基负离子，而乙酸的共轭碱是乙酸根负离子，其负电荷可因共轭效应而分散在两个氧原子上，因此这个共轭碱要比乙氧基负离子稳定。共轭碱越稳定，平衡应向质子解离方向偏移，故酸性增强。与酸性相反，乙氧基负离子是强碱，而乙酸根是弱碱。

$$CH_3CH_2O-H + H_2O \rightleftharpoons CH_3CH_2O^- + H_3O^+$$

pK_a = 15.9　　　　　　　　　负电荷集中

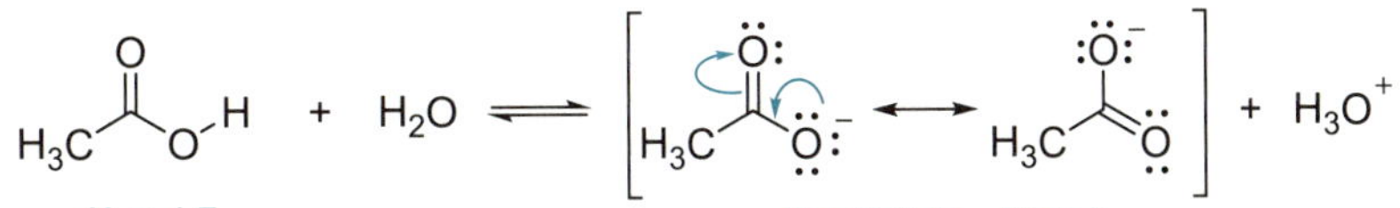

$$H_3C-\overset{O}{\underset{}{C}}-O-H + H_2O \rightleftharpoons \left[H_3C-\overset{\ddot{O}:}{\underset{:\ddot{O}:^-}{C}} \leftrightarrow H_3C-\overset{:\ddot{O}:^-}{\underset{\ddot{O}:}{C}} \right] + H_3O^+$$

pK_a = 4.7　　　　　　　　　　　　　　负电荷分散，较稳定

1.9.4 路易斯酸碱理论

路易斯酸碱理论（Lewis theory of acids and bases）是由美国物理化学家路易斯提出的一种广义酸碱理论。该理论认为，凡能接受电子对的物质（包括分子、离子或原子团）都称为酸，凡能给出电子对的物质（分子、离子或原子团）都称为碱。酸是电子对的受体，碱是电子对的给体，它们也称为路易斯酸和路易斯碱。酸碱反应的实质是碱提供电子对与酸形成配位键，反应产物称为酸碱配合物。可以看出，该理论的本质是电子对的得失，故又称酸碱电子理论。

有机化学中常用的路易斯酸主要涉及以下三种类型：

（1）未满足八电子结构的中性分子，如硼烷（主要以二聚体即乙硼烷形式存在）、三氟化硼、三氯化铝等，其中硼和铝的价层电子数为 6。硼烷常用作亲电试剂，三氟化硼和三氯化铝常用作路易斯酸催化剂。

（2）正离子，如碳正离子、酰基正离子、硝酰正离子等，它们都是亲电取代反应的活性亲电物种。

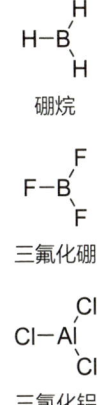

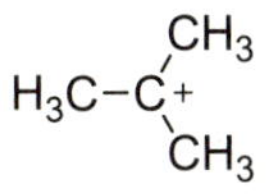

$$H_3C-\overset{CH_3}{\underset{CH_3}{C^+}} \qquad H_3C-C\overset{+}{\equiv}O \qquad O=\overset{+}{N}=O$$

叔丁基正离子　　　　乙酰基正离子　　　　硝酰正离子

（3）金属离子，如钠离子、锂离子、汞离子等，Hg^{2+} 是亲电试剂，也用作路易斯酸催化剂。

有机化学中常用作亲核试剂的路易斯碱范围非常大，主要包括：

（1）负离子，如卤离子（X^-）、氢氧根（HO^-）、烷氧基负离子（RO^-）、碳负离子（R^-）、氨基负离子（NH_2^-）等。

（2）带有孤对电子的中性分子，包括氨、胺（如三乙胺）、醇、醚、硫醇、硫醚、吡啶等。

（3）含有 π 键的中性分子，如烯烃和芳香烃及其衍生物等。

在路易斯酸和路易斯碱反应中，碱提供电子对，酸接受电子对，形成酸碱配合物。例如，硼烷不稳定，通常以乙硼烷形式存在，然而硼烷与二甲硫醚形成的配合物很稳定，它的四氢呋喃溶液可作为化学试剂储存、运输和使用。

$$\text{H-B}^{H}_{H} \quad + \quad :S^{CH_3}_{CH_3} \quad \rightleftharpoons \quad \text{H-B}^{-H}_{H}-S^{+CH_3}_{CH_3}$$

硼烷	二甲硫醚	硼烷二甲硫醚
路易斯酸	路易斯碱	配合物

1.10 分子间弱的作用力

1.10.1 范德华力

分子之间存在非定向的、无饱和性的弱相互作用，称为范德华力（van der Waals' force）。范德华力是一种静电作用，比化学键或氢键弱得多，通常能量小于 5 kJ/mol。范德华力主要包括以下三种类型：

（1）非离子型的极性分子具有永久偶极矩，如图 1-30(a)所示，两个永久偶极矩之间存在偶极-偶极相互作用（dipole-dipole interaction），同极相斥，异极相吸，因此两个分子发生相对转动，从而使相邻偶极子相互靠近，这就是"取向"作用，故称为取向力（orientation force）。

（2）极性分子对非极性分子有极化作用，使非极性分子的电子云变形，从而产生诱导偶极矩，永久偶极矩与诱导偶极矩之间的偶极-诱导偶极相互作用［如图 1-30(b)所示］称为诱导力（induction force）。

（3）无论分子的永久偶极矩是否为零，其核外电子都处于不间断超高频运动过程中，而且快于原子核的运动，当正、负电荷中心瞬时不重合时，将产生瞬间偶极矩（transient dipole moment）。如图 1-30(c)所示，分子瞬间偶极之间也会产生相互作用，称为色散力（dispersion force）或伦敦力（London force），它是非极性分子之间范德华力的主要来源，极性分子之间也存在色散力。

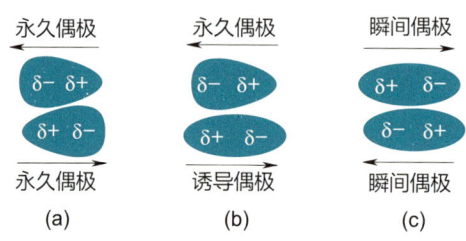

图 1-30 取向力（a）、诱导力（b）和色散力（c）作用示意图

卤代甲烷的沸点
CH$_3$F
−78.4 ℃
CH$_3$Cl
−24.2 ℃
CH$_3$Br
3.6 ℃
CH$_3$I
42.4 ℃

色散力的强弱与分子的价电子云变形性（即分子极化率）成正比。一般情况下，同种化合物的相对分子质量越大，含电子层数较多的原子越多，电子云可变形性越大，色散力越大。例如，在卤代甲烷中，从氟甲烷到氯甲烷、溴甲烷和碘甲烷，随着相对分子质量的增大和卤原子核外电子层数的增多，色散力依次增大，从而沸点依次升高。当然，这些分子也存在偶极-偶极相互作用（卤甲烷分子具有永久偶极矩）。

范德华力的大小会影响有机化合物的熔点、沸点和密度等物理性质。分子间的作用力越大，分子相互缔合的程度就越大，分子由液态（缔合状态）转变为气态（自由分子）所需要克服的能量就越大，故沸点就越高。实际上直链烷烃的沸点大体上与分子链长（碳原子数）成正比（见第三章）。

1.10.2 氢键

在极性共价键 X–H 中，X 为电负性大、半径小的原子时，电子向 X 偏移，导致氢呈正电性（具有酸性，易解离为 H⁺），当与另一电负性大的原子 Y 接近时，X 与 Y 之间形成 X–H⋯Y 结构的特殊作用力，称为氢键（hydrogen bond），其中含 Y 的分子（或基团）称为氢键受体，含 X–H 的分子（或基团）称为氢键给体。X 与 Y 一般为电负性较强的 F、O、N 原子。X 与 Y 可以是不同种原子，也可以是同一种原子。

氢键的本质也是静电作用力，但它不同于范德华力，它具有饱和性和方向性。氢键中氢原子特别小，且只有一个 1s 轨道，只能和一个 Y 原子作用形成氢键。理论上 Y 原子有几对孤对电子，就能够形成几个氢键。由于负电性的 X 和 Y 之间的偶极排斥作用，当 X–H⋯Y 键角为 180° 或接近 180° 时氢键能最大，形成的氢键最稳定；Y 原子沿着孤对电子所处轨道对称轴方向和 H 原子接近时（轨道最大重叠），氢键能最大，故氢键的几何构型取决于 Y 原子的轨道分布。

水分子的氧原子是氢键受体，可以接受两个氢键，同时水分子也是氢键给体，有两个可以形成氢键的氢原子，因此虽然水的相对分子质量只有 18，它的沸点却高达 100 ℃，而范德华作用比水强的硫化氢（相对分子质量为 34）在常温常压下是气体。降低温度，有利于水分子通过氢键缔合，当温度降至 0 ℃ 时，全部水分子结成巨大的缔合物——冰，其中水分子形成网络结构。甲醇分子间也会形成氢键，因此甲醇的沸点（65.0 ℃）要比氯甲烷的（–24.2 ℃）高得多，后者分子间仅存在范德华力。甲醇在水溶液中通过氢键形成复杂的三维网状结构：

冰中水分子的氢键　　　　　　甲醇水溶液中的氢键

氢键亦可在分子内形成，从而影响化合物的物理和化学性质。例如，具有分子内氢键的邻硝基苯酚的熔点比具有分子间氢键的间硝基苯酚和对硝基苯酚的低。邻硝基苯酚在 25 ℃ 水中的溶解度也要比间硝基苯酚和对硝基苯酚的小，这是因为间硝基苯酚和对硝基苯酚能够与溶剂（水）分子之间形成氢键，溶剂化作用增强，而邻硝基苯酚因形成了分子内氢键，则降低了它与水分子之间的氢键作用。

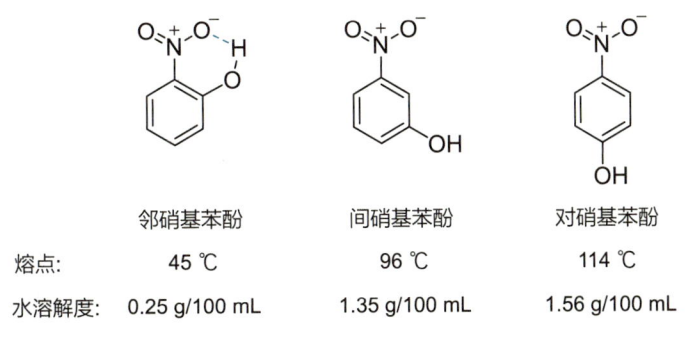

　　　　　　　　　邻硝基苯酚　　　间硝基苯酚　　　对硝基苯酚

熔点：　　　　　45 ℃　　　　　96 ℃　　　　　114 ℃

水溶解度：　0.25 g/100 mL　1.35 g/100 mL　1.56 g/100 mL

氢键比共价键弱，但比范德华力强。氢键键能大多在 25~40 kJ/mol。一般认为键能小于 25 kJ/mol 的氢键属于较弱氢键，键能在 25~40 kJ/mol 的属于中等强度氢键，而键能大于 40 kJ/mol 的则属于较强氢键。HF_2^- 阴离子中的氢键键能非常大，为 161.5 kJ/mol。氢键中 X-H 键键长约为 110 pm，H⋯Y 键键长在 160~200 pm。氢键越强，X-H 键越长，H⋯Y 键越短。

氢键对有机分子的红外吸收频率、核磁共振化学位移等都有较大影响。通常氢键的形成会弱化 X-H 键（即键长增大），从而导致 X-H 键红外伸缩频率红移（见 8.3.3 小节）。氢键的形成也会导致 X-H 中 H 的电子密度降低，屏蔽作用减弱，化学位移移向低场（见 8.4.2 小节）。

1.10.3　π-π 堆积作用

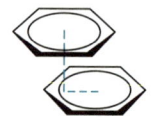
平行错位堆积

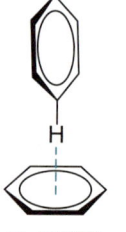
T-型堆积

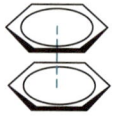
三明治型堆积

具有芳香性的有机化合物可以通过另外一种弱的相互作用形成特殊的空间排布，这种弱的作用力称为π-π堆积作用（π-π stacking interactions），其能量为 1~50 kJ/mol。π-π 堆积的概念在 DNA 和 RNA 分子中的碱基堆积（见第十六章）、蛋白质分子的折叠、分子识别与组装、材料科学、药物设计等领域具有重要应用。

芳环的典型堆积方式有三种：一是错位面对面堆积（offset face-to-face），又称平行错位堆积，即两个芳环基本平行；二是边对面堆积（edge-to-face），即 T 型堆积，两个芳香体系互相垂直；三是完全相对的芳香体系的面对面堆积（face-to-face），即三明治型堆积。理论和实验研究表明，苯分子的平行错位堆积和 T 型堆积相对比较稳定，而三明治型堆积键能较低。T 型堆积的主要作用力是 C-H⋯π 作用。据理论研究估算，苯分子的平行错位堆积、T 型堆积和三明治型堆积的键能依次为 11.7 kJ/mol、11.3 kJ/mol 和 7.5 kJ/mol。一般很少出现完全相对的芳香体系的堆积，因为这样会产生强烈排斥作用。在具有 π-π 堆积作用的芳香分子二聚体中，两个完全平行的芳环平面之间的垂直距离一般在 0.35 nm 左右，心与心之间距离在 0.33~0.40 nm。

共轭的芳香体系越大，堆积作用越强。对萘、菲和芘的高压晶体结构研究表明，萘的晶体中主要存在 T 型堆积，即 C-H⋯π 作用，而菲和芘晶体中均存在平行错位的 π-π 堆积作用。这可以解释为什么芘的熔点（mp）比菲的高，菲的熔点比萘的高。

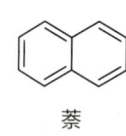
萘
mp 78.2 ℃

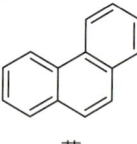
菲
mp 101 ℃

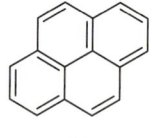
芘
mp 145~148 ℃

1. 辛伐他汀（Simvastatin）是一种降胆固醇药物，美法仑（Melphalan）是一种治疗多发性骨髓瘤药物。这些药物分子中存在哪些官能团？

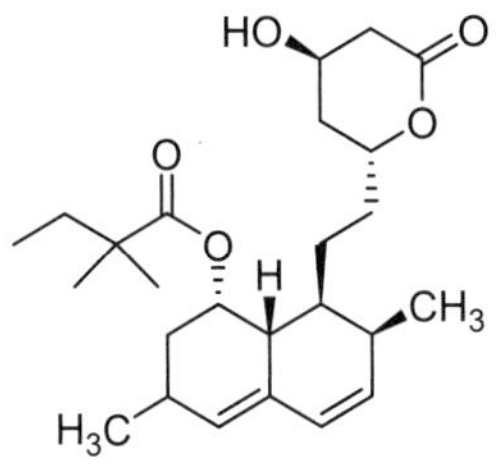

Simvastatin 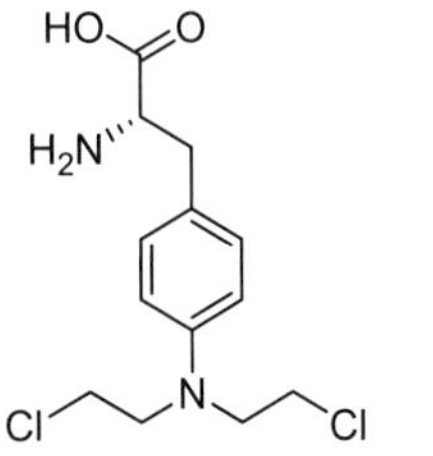   Melphalan

2. 为下列结构式加上形式电荷：

（1）Cl—Al(Cl)(Cl)—N(CH₃)(CH₃)CH₃   （2）O—N≡C—CH₃   （3）H—O—NO₂   （4）H—B(H)(H)—O(THF)

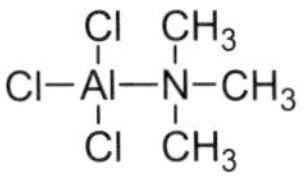

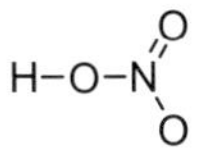

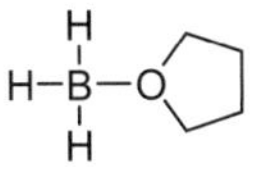

3. 硼烷（BH₃）与 NaH 反应生成硼氢化钠（NaBH₄），后者是常用的还原剂。

$$BH_3 + NaH \longrightarrow NaBH_4$$

（1）画出 BH₃ 和 [BH₄]⁻ 的路易斯结构式，并用价层电子对互斥理论预测它们的构型。

（2）写出硼原子的电子构型，画出其原子轨道能级示意图，并按照能量最低原理、泡利不相容原理和洪德定则，在相应原子轨道中填入电子。

（3）指出 BH₃ 和 [BH₄]⁻ 中硼原子的杂化形式。

4. 画出二甲基亚砜和二甲基砜的路易斯结构式，并用价层电子对互斥理论预测它们的构型。

5. 将下面分子结构的 Kekulé 式转变为键线式。

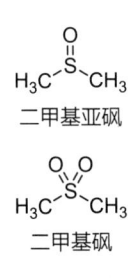
二甲基亚砜

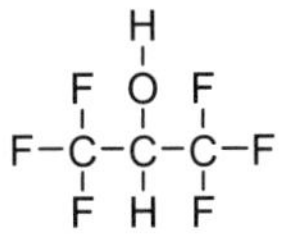

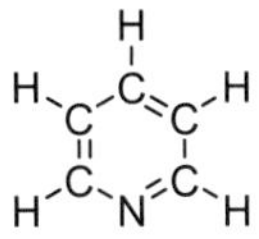

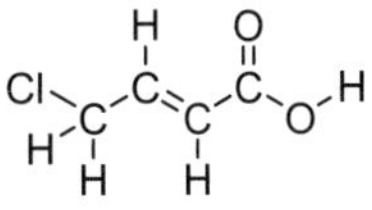

二甲基砜

6. 画出下列分子的主要共振式，并指出贡献最大的共振式。

（1）HN₃   （2）ClNO   （3）（丙烯酸乙酯结构）   （4）（硝基乙烯结构）

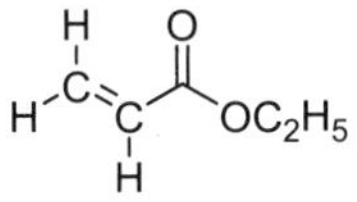

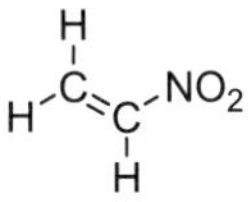

7. 画出下面三种重氮化合物 **A**、**B** 和 **C** 的共振结构式，在此基础上比较这三种化合物的相对稳定性。

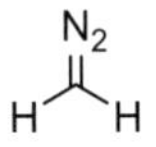

A 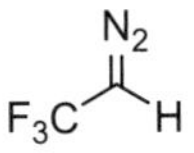   **B** 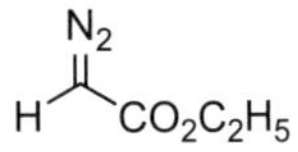   **C**

8. 二甲双胍是一种毒副作用较小的降血糖药物：

（1）指出这个分子中所有碳和氮原子的杂化形式。

（2）画出这个分子的主要共振式，并判断这些共振式的相对贡献大小。

（3）二甲双胍与盐酸反应时，哪个原子将接受质子？

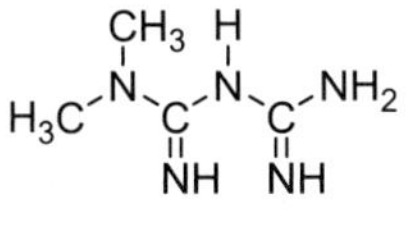

二甲双胍

9. 比较下面三个双烯分子的相对稳定性，并解释原因。

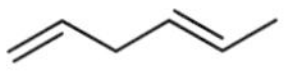

A 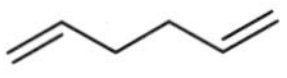   **B** 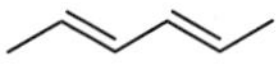   **C**

10. 金刚烷（**A**）分子结构中所有 C—C—C 键角都是 110°，所有的 C—C 键键长都是 153 pm，而金刚烷基碳正离子（**B**）中，C1–C2、C1–C8 和 C1–C9 键的键长都缩短为 143.1 pm，C2–C3、C5–C9 和 C7–C8 键键长都增长为 160.8 pm，C1–C2–C3、C1–C8–C7 和 C1–C9–C5 三个键角也都缩小到 100.6°。指出碳正离子 **B** 中 C1 的杂化形式，并解释为什么与 **A** 相比，**B** 中有些键变长或变短，有些键角变小。

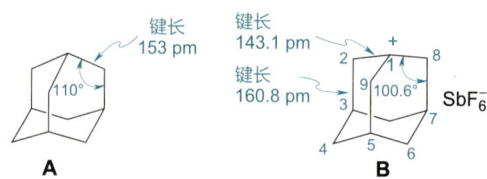

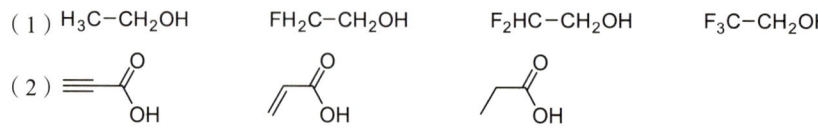

11. 比较下列各组化合物的酸性强弱（按酸性由大到小顺序排列）。

（1） H₃C—CH₂OH   FH₂C—CH₂OH   F₂HC—CH₂OH   F₃C—CH₂OH

（2）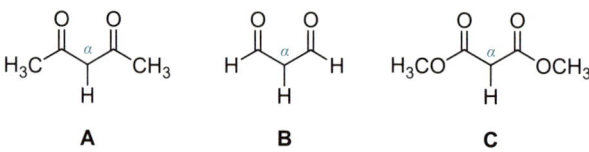

12. 比较下列各组化合物或负离子的碱性强弱（按碱性由大到小顺序排列）。

（1） 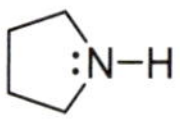
（2）

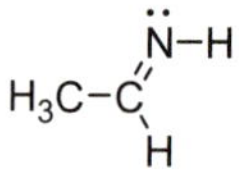

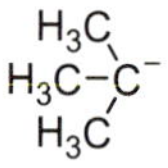

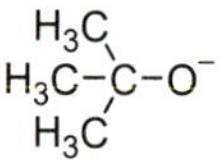

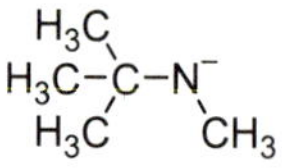

13. 下面 1,3-二羰基化合物中 α 位的氢（α-H）酸性最强的是哪一个，最弱的是哪一个？请解释原因。

本章习题参考答案

A   B   C

14. 解释下面三种硝基苯酚异构体的酸性大小顺序。

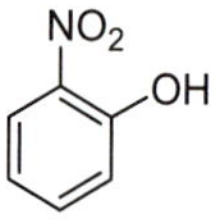

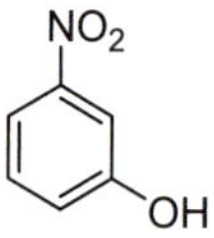

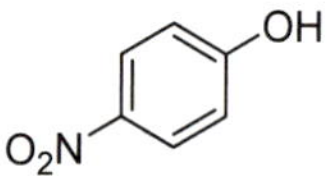

pK_a =   7.22   8.39   7.15

15. 下列分子或离子中哪些是路易斯酸，哪些是路易斯碱？

FeBr₃   SnCl₄   Mg²⁺   ZnCl₂

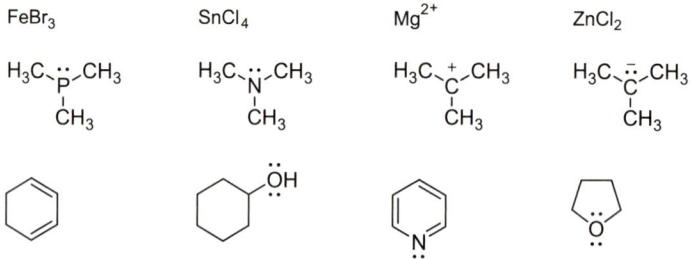

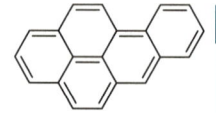

苯并[a]芘
mp 180 ℃

CH₃(CH₂)₁₆CH₃
十八烷
mp 28 ℃

16. 比较下列各组化合物的沸点大小（按由大到小顺序排列）。

（1） CH₃CH₂F   CH₃CH₂Cl   CH₃CH₂Br   CH₃CH₂I

（2）

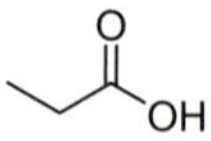

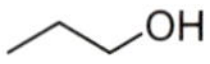

17. 苯并[a]芘与十八烷的相对分子质量非常接近，但苯并[a]芘的熔点（180 ℃）远大于十八烷的熔点（28 ℃）。试解释其原因。

（本章编者　王彦广）

第二章

立体化学

  2.1 构象与构象异构体 …………… 39 习题 ………………………………… 64
  2.2 旋光异构体 …………………… 49

  立体化学是研究分子的立体结构和相关性能、反应的立体性及其相关规律和应用的科学。立体化学主要分为静态立体化学和动态立体化学。静态立体化学研究分子中各原子所处的空间位置和分子结构的立体构象，以及分子立体结构与其物理性质之间的关系等问题。动态立体化学主要研究分子的立体结构对化学反应的影响。本章主要学习静态立体化学的内容，动态立体化学将分散在各章的反应中讲述。

  有机化合物中存在分子式相同但结构不同的现象，称为同分异构现象（isomerism），具有相同分子式的不同化合物互为异构体（isomer）。根据异构体的形成原因，同分异构现象可分为多种类型：由于原子连接次序不同而产生的异构现象称为构造异构（constitutional isomerism）；如果原子的连接次序相同，但在空间的排列方式不同，由此产生的异构现象称为立体异构（stereoisomerism）。立体异构包括构象异构、几何异构（又称顺反异构）和旋光异构等。本章重点介绍构象异构和旋光异构的相关内容，构造异构和几何异构的相关知识将分别在第三章和第五章中详细介绍。

2.1 构象与构象异构体

  如果建立一个乙烷分子的模型，由于 C-C σ 键的自由旋转，两个甲基中 C-H 键的相对位置关系发生变化，这种由于单键自由旋转而导致分子中原子或基团在空间产生的不同排列称为构象（conformation）。由单键旋转而产生的异构体称为构象异构体（conformational isomer 或 conformer）或旋转异构体（rotamer）。

2.1.1 链烷烃的构象

1. 乙烷的构象

  乙烷是烷烃中最简单的含碳碳单键的化合物。将乙烷分子中的一个甲基固定不动，使另一个甲基绕 C-C σ 键键轴旋转，则两个甲基中的氢原子的相对空间位置将逐渐改变，由此而产生不同的构象。由于绕 C-C σ 键键轴转动的角度可以无穷小，因此乙烷分子有无穷多个构象，其中存在两种典型的极限构象：重叠式（eclipsed）构象和交叉式（staggered）构象。当两个碳原子上的三个氢原子处于相互重叠的位置时，此时的构象称为重叠式构象；而当一个碳原子上的任一个氢原子正好处于另一个碳原子上两个氢原子的正中间位置时，此时的构象称为交叉式构象。除这两种极限构象以外的其他构象，称为扭曲式（skewed）构象。

构象的常用表示方法主要有三种：伞形式（umbrella formula）、锯架式（sawhorse）和纽曼投影式（Newman projection），如图 2-1 所示。

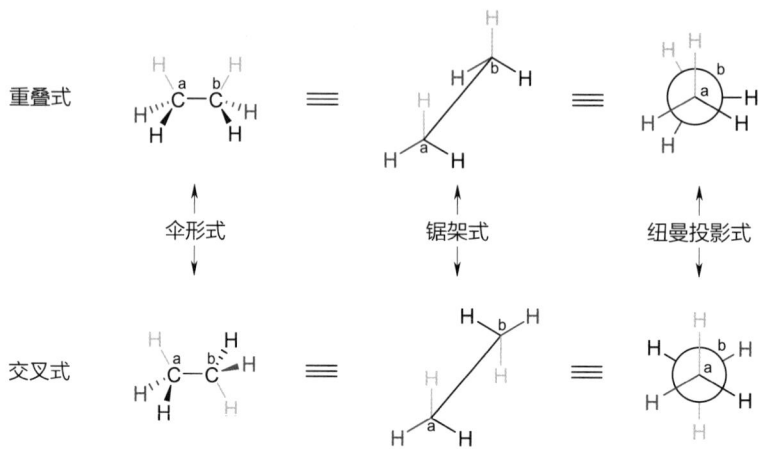

图 2-1　乙烷两种构象的伞形式、锯架式和纽曼投影式

伞形式也称楔形式，把 C-C 键键轴水平放置于纸面，实线表示键和所连原子在纸面上，虚楔形线表示键伸向纸面后方，实楔形线表示键伸向纸面前方。锯架式是从 C-C 键键轴斜 45° 方向看，每个碳原子上的其他三根键夹角均为 120°。纽曼投影式是将伞形式拿出纸面外，并沿 C-C 键键轴方向看过去得到的投影式。在这种表示法中，前面的碳原子被画为三个键的交点，且其中一个键通常画为竖直向上，后面的碳原子被画成一个圆圈，与之相连的键则被投影在圆圈的边缘外。为了能看到重叠构象中处于后面的三个氢原子，在画的过程中前后重叠的氢原子会稍微旋转偏离一定角度。这三种构象的表示方法经常用到，要掌握各种表示法之间的互换。

我们也可以从二面角的变化来定义乙烷的不同构象。当乙烷分子绕 C-C σ 键键轴旋转时，两个相邻碳原子上的 C-H 键会交叉成一定的角度，这个角度称为二面角（dihedral angle），也叫扭转角（torsion angle）。当两个碳原子上相邻两个 C-H 键的二面角为 0° 时的构象称为重叠式构象；二面角为 60° 时的构象称为交叉式构象；二面角在 0°~60° 的构象称为扭曲式构象。重叠式构象具有最高的能量，比交叉式构象高出 12.1 kJ/mol。这种由于键的旋转使构象从交叉式到重叠式所导致的能量变化称为扭转能（torsional energy）或旋转能（rotational energy），或者叫扭转张力（torsional strain）。乙烷分子由交叉式构象旋转为重叠式构象所需要的最低能量称为旋转能垒（rotational barrier）。

乙烷的各种构象中，交叉式构象所处的能量最低，最稳定。以前一般认为，稳定的原因是在重叠式构象中，两个碳上的 C-H 键彼此靠近，导致化学键的排斥力增大。在交叉式构象中，两个碳上的 C-H 键间的排斥力减小。重叠式相邻 C-H 键间的排斥力最大，交叉式最小，扭曲式的排斥力介于两者之间。2001 年，Pophristic 和 Goodman 的研究结果表明，导致乙烷交叉式构象最稳定的更重要的原因是相邻 σ_{C-H} 和 σ^*_{C-H} 轨道之间的超共轭作用。乙烷交叉式构象中，一个 C-H 键的 σ 成键轨道可以与相邻 C-H 键的 σ* 反键轨道相互作用，生成的新的分子轨道中电子的势能下降（图 2-2），C-C 键长变短。

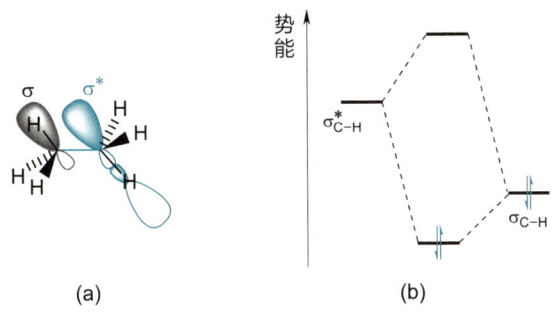

图 2-2 (a) σ(C—H)→σ*(C—H)超共轭作用；(b)超共轭作用使乙烷分子轨道势能降低

乙烷的不同构象异构体具有不同的势能。如果以单键的旋转角度为横坐标，乙烷各种构象的势能为纵坐标，将单键旋转360°，可以得到如图 2-3 所示的势能关系图。

如图 2-3 所示，交叉式构象最稳定，处于分子的最低能态；重叠式构象最不稳定，处于分子的最高能态，比交叉式构象高出 12.1 kJ/mol，此能量即为乙烷的旋转能垒。重叠式构象的存在时间非常短，小于 10^{-12} s。因为旋转能垒不大，室温时分子间的碰撞就可产生 83.7 kJ/mol 的能量，足以使分子"自由"旋转，因此这些构象异构体不能被分离。在不低于 $-250\ ℃$ 的低温下，交叉式构象仍是乙烷分子的优势构象。

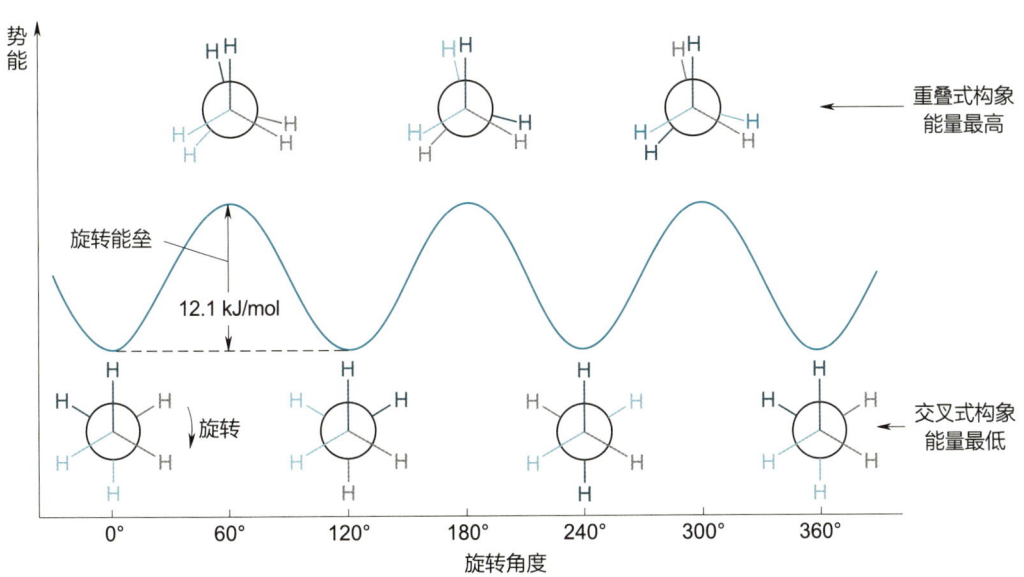

图 2-3 乙烷转动过程中各种构象的势能关系图

2. 丙烷的构象

丙烷可以看作一个甲基取代的乙烷。与乙烷相类似，丙烷也只有两种极限构象：交叉式构象和重叠式构象，但两种构象之间的旋转能垒要比乙烷的稍高一点。丙烷分子从一个交叉式构象通过 C—C 键旋转转变到另一个交叉式构象的过程中，所要克服的旋转能垒为 13.4 kJ/mol，比乙烷的稍高一些（图 2-4）。造成该能量差异主要的原因是重叠式构象中甲基和重叠氢之间存在空间位阻。此外，甲基取代氢后不仅增加了重叠式构象的能量，而且在一定程度上也增加了交叉式构象的能量。由于交叉式构象比重叠式构象空间位阻小，能量增加也相对较少，所以丙烷的旋转能垒值与乙烷的相比只是稍微高一些。

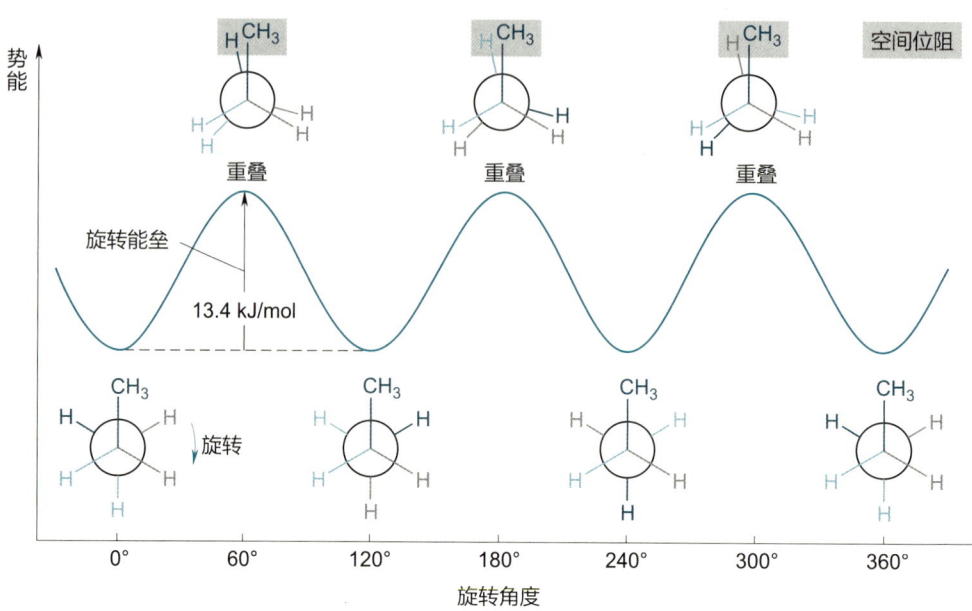

图 2-4 丙烷 C–C 键转动过程中各种构象的势能关系图

3. 正丁烷的构象

正丁烷可以看作乙烷的两个碳原子上各有一个氢原子被一个甲基所取代的化合物。以正丁烷的 C1 和 C4 为取代基，沿 C2–C3 σ 键键轴旋转 360°，同样可以得到无数个构象异构体。图 2-5 给出了正丁烷 C2–C3 σ 键旋转一周中几种典型构象的纽曼投影式，包括四种极限构象：两种重叠式构象——全重叠式构象（eclipsed conformer）和部分重叠式构象（partially eclipsed conformer），两种交叉式构象——邻交叉式构象（gauche conformer）和对交叉式构象（anti conformer）。（Ⅰ）为对交叉式构象，此时两个大基团甲基处于相反的方向，距离最远。当 C3 碳原子顺时针旋转 60° 时，得到部分重叠式构象（Ⅱ），此时甲基和氢之间存在较大空间排斥力。继续旋转到 120° 时，两个甲基处于邻交叉位置，（Ⅲ）为邻交叉式构象。继续旋转到 180° 时，得到全重叠式构象（Ⅳ），此时两个甲基前后重叠，距离最近，两个甲基之间的空间位阻很大。进一步旋转到 240° 时，可再次得到邻交叉式构象（Ⅴ）。继续旋转到 300° 时，再次得到部分重叠式构象（Ⅵ）。继续旋转到 360° 时，则回到对交叉式构象（Ⅰ）。

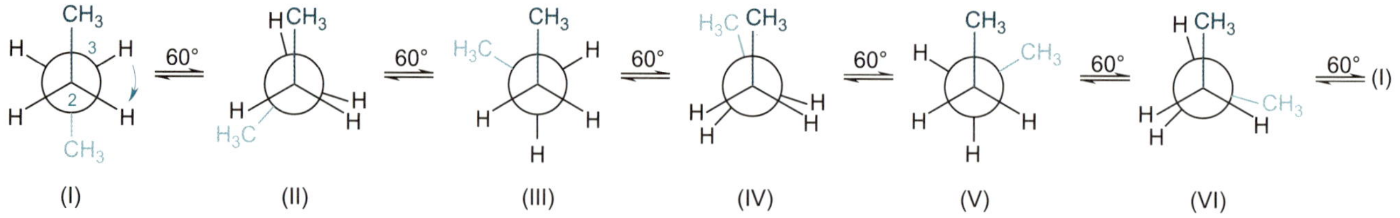

图 2-5 正丁烷沿 C2–C3 σ 键顺时针旋转一周的典型构象

如图 2-6 所示，对交叉式构象（Ⅰ）最稳定，处于分子的最低能态。当 C3 碳原子顺时针旋转 60° 时，得到部分重叠式构象（Ⅱ），旋转能垒为 15.1 kJ/mol。继续转动得到邻交叉式构象（Ⅲ），这个构象中两个甲基比在对交叉式构象（Ⅰ）中离得更近，由于空间位阻的影响，邻交叉式构象（Ⅲ）的能量比对交叉式构象（Ⅰ）的能量高出 3.8 kJ/mol。继续转动得到能量最高的全重叠式构象(Ⅳ)，这个构象中两个甲基取代基重叠在一起，所以它的能量最高，比最稳定构象(Ⅰ)高出 20.5 kJ/mol。再转动得到另外一个邻交叉式构象(Ⅴ)，邻交叉式构象间相互转化需要 16.7 kJ/mol 的能量。再转动得到另外一个部分重叠式构象(Ⅵ)，最后转动相同角度得到最稳定的对交叉式构象(Ⅰ)。正丁烷在溶液中以最稳定的对交叉式构象(Ⅰ)为主，25 ℃下大约占 72%，较不稳定的邻交叉式构象(Ⅲ)的比例大约为 28%。

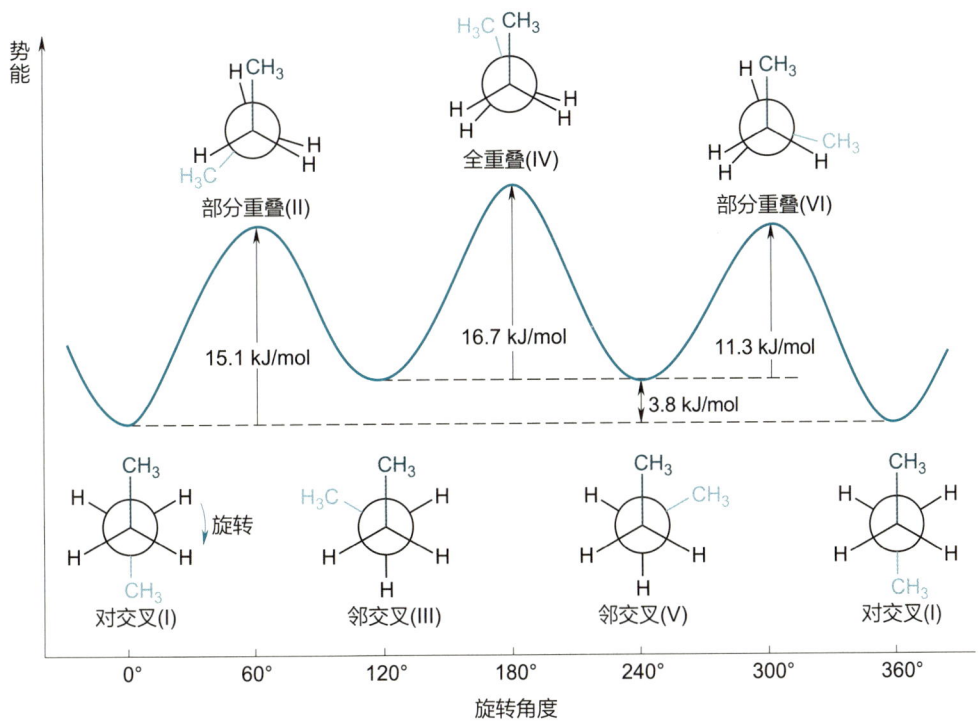

图 2-6　正丁烷沿 C2-C3 σ 键转动过程中各种构象的势能关系图

2.1.2　环烷烃的构象

环烷烃可大致分为四种：小环体系，包括环丙烷和环丁烷；普通环系，包括环戊烷、环己烷和环庚烷；中环体系，包括环辛烷到环十一烷之间的环烷烃；大环体系，包括环十二烷及以上的环烷烃。实验过程中发现，小环体系的稳定性较差，易开环生成链状化合物。为了解释这一现象，拜耳（A. Baeyer）于 1885 年提出了张力学说。该学说认为所有成环化合物都具有平面结构。由于烷烃中的碳原子采取 sp^3 杂化，键角为 109°28′，为了形成平面结构，环烷烃成环后键角会偏离 109°28′，从而会产生向内或向外的扭曲力，称为角张力（angle strain）或拜耳张力（Baeyer strain）。偏离程度可以用公式"偏转角=(109°28′-正多边形的内角)/2"来计算。按照张力学说，五元环比六元环稳定，与事实不符。实际上除了三元环，其他环的碳原子并不都在同一平面上。

在不改变 sp^3 C 原子键角的情况下，形成环丙烷和环丁烷的环状结构是非常困难的，此环烷烃存在环张力（ring strain）。我们可以通过环烷烃的燃烧热来揭示环张力的存在。当对大量直链烷烃体系的燃烧热取平均值时，CH_2 的燃烧热数值接近 658.6 kJ/mol。按照这个数值，环烷烃$(CH_2)_n$ 的燃烧热为 $-(n×658.6)$ kJ/mol，其中负号代表放热。对于环丙烷，$n=3$，计算所

得的燃烧热为 -1975.7 kJ/mol，而实验测得的值为 -2091.1 kJ/mol，计算值与实验值之间的差异为 115.4 kJ/mol，该能量差异归因于环丙烷所具有的环张力。环丙烷共有三个亚甲基，则每个亚甲基的环张力为 38.5 kJ/mol。

1. 环丙烷的构象

环丙烷是最小的环烷烃，三个碳原子在同一平面上，形成正三角形结构，分子的∠CCC 键角为 60°，比正常的 sp^3 杂化轨道的夹角 109°28′ 小约 50°，所以具有很大的角张力[图 2-7(a)]。另外，正三角形结构还导致环丙烷上的所有亚甲基上的氢原子都是重叠式构象，使环丙烷具有大的扭转张力。环丙烷中的碳原子是如何成键的？如果环丙烷中的碳原子仍然是 sp^3 杂化的，为了满足 60° 的内角，两个 sp^3 杂化轨道不再以沿键轴方向的"头对头"方式重叠，而是都采用了部分重叠的弯曲构象，形成图 2-7(b) 所示的"香蕉键"。因此，环丙烷的 C—C 键键长比一般 C—C 单键的键长（154 pm）要短。将四面体碳原子扭曲到足够成环的程度所需要的能量称为键角张力（bond-angle strain）。环丙烷分子的环张力源于扭转张力和键角张力之和。

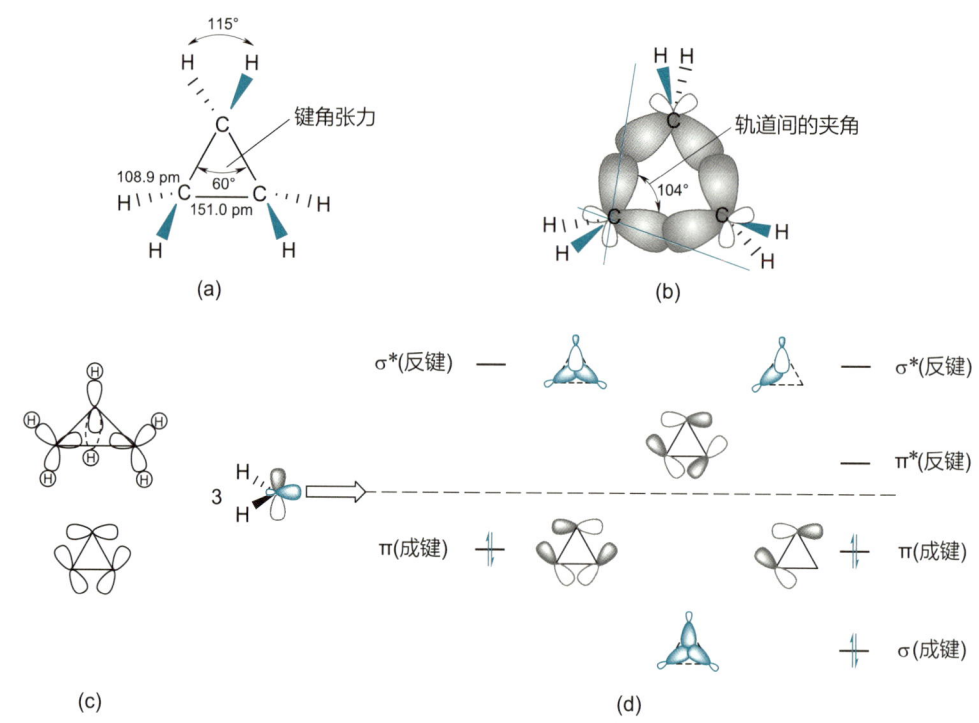

图 2-7　(a)环丙烷的分子结构；(b)环丙烷的"香蕉键"轨道结构；
(c)环丙烷的 sp^2 杂化轨道和 p 轨道；(d)环丙烷碳环骨架的分子轨道示意图

对于环丙烷的键角张力，另外一种解释是环丙烷的碳原子采取 sp^2 杂化，其中两个 sp^2 杂化轨道与氢原子的 s 轨道形成 C—H 键，另外一个轨道指向环中心，未杂化的 p 轨道位于环丙烷的平面内[图 2-7(c)]。指向环中心的 sp^2 杂化轨道和 p 轨道线性组合成六个分子轨道：一个 σ 成键轨道和两个 σ* 反键轨道，两个 π 成键轨道和一个 π* 反键轨道，六个电子填充到三个成键轨道上[图 2-7(d)]。该解释目前得到了更多的认同。实际上，许多实验现象表明环丙烷碳原子的四个杂化轨道并不等价，这也说明环丙烷中的碳原子不是 sp^3 杂化的。

2. 环丁烷的构象

为了减小四个碳原子上八个重叠的氢原子间的扭转张力，环丁烷的四个碳原子并不在同一平面上，而是一个碳原子处于另外三个碳原子所在平面的外面，从而形成折叠型构象（图 2-8）。室温下，两种折叠型构象快速转换，犹如蝴蝶的两翼上下飞舞，转换能垒约为 6.3 kJ/mol。

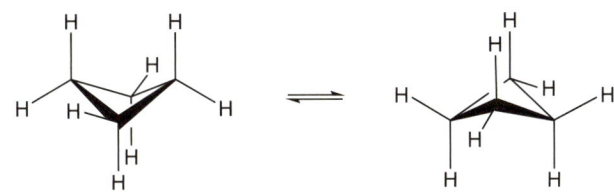

图 2-8 环丁烷折叠型构象间的转换

3. 环戊烷的构象

环戊烷的五个碳原子也不处于同一平面，有信封式（envelope conformation）和半椅式（half-chair conformation）两种折叠构象。如图 2-9 所示，在信封式构象中，四个碳原子近似处于同一平面，另一个碳原子则伸向平面外，像一个开启的信封。该构象中，C1-C2 键和 C1-C5 键处于交叉式，C2-C3 键、C3-C4 键和 C4-C5 键处于重叠式。在半椅式构象中，三个碳原子处于同一平面，剩余两个碳原子一个在平面上方，另一个在平面下方。

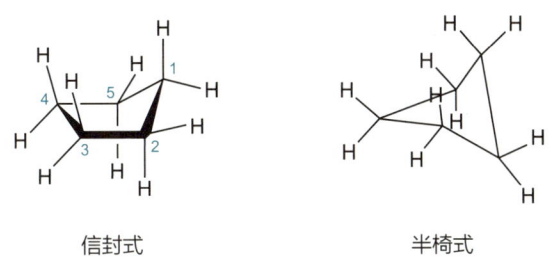

信封式　　　　　　半椅式

图 2-9 环戊烷的信封式构象和半椅式构象

4. 环己烷的构象

环己烷是有机化学领域中最常见且最重要的结构之一，其存在于许多天然产物中。对环己烷构象的研究是有机化学领域的重要内容。

如图 2-10 所示，假设环己烷具有平面构象(a)，则有 12 个 H-H 重叠和六重的键角张力。如果将 C1 和 C4 以相反的方向移出平面，可得到构象(b)，该构象完全避免了 H-H 重叠，键角接近四面体结构，所得到的构象没有环张力，这种结构称为环己烷的椅式构象（chair conformation）。从椅式构象的纽曼投影(c)可以看到，前后氢原子处于交叉式构象。椅式构象为环己烷的最稳定、能量最低的构象。把椅式构象中的 C2 转下来，C3 转上去，使 C1、C2、C3 和 C4 在同一个平面上，将得到环己烷的半椅式构象（见边栏）。半椅式构象能量最高，最不稳定。如图 2-11 所示，如果将平面构象中的 C1 和 C4 以相同的方向移出平面，将得到船式构象。船式构象中 C1 和 C4 上两个内侧氢原子（旗杆氢）之间的距离只有 183 pm，存在空间位阻的排斥能，即跨环张力（transannular strain）。跨环张力是跨越环的两个基团的空间位阻导致的张力。环己烷的船式构象具有一定的柔韧性，将 C2-C3 键相对于 C5-C6 键扭转一定角度，将部分消除跨环张力，这时的构象称为扭船式构象（twist-boat conformation）（见边栏）。扭船式构象的能量比船式构象的能量要低。

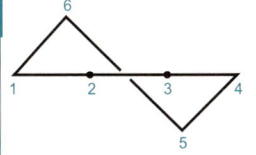

环己烷的半椅式构象

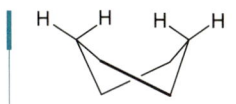

环己烷的扭船式构象

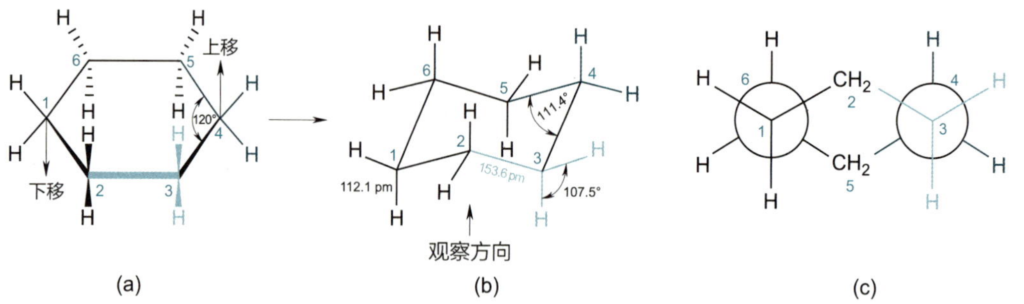

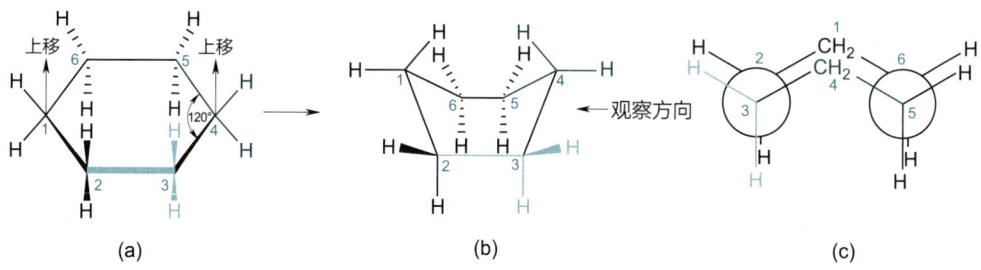

图 2-10 (a)假设的平面环己烷；(b)环己烷的椅式构象；(c)椅式构象的纽曼投影式

图 2-11 (a)假设的平面环己烷；(b)环己烷的船式构象；(c)船式构象的纽曼投影式

从图 2-10 至图 2-12 中可以看出，环己烷的四种典型构象中，椅式构象中所有的 C—C 键都处于交叉式，没有扭曲力；六个碳原子均满足碳的四面体结构，没有角张力，所以椅式构象最稳定。船式构象中，船底相邻两个碳原子采取重叠式构象，具有一定的扭曲力；两个旗杆氢之间存在跨环张力，所以船式构象比椅式构象稳定性差一些，能量高出约 29.3 kJ/mol。扭船式构象中的每对碳原子既不是全重叠式，也不是全交叉式，能量要比船式构象的能量低 6.3 kJ/mol。从最稳定的椅式构象转化为扭船式构象，要经过一个势能最高的半椅式构象，能垒为 45.2 kJ/mol。

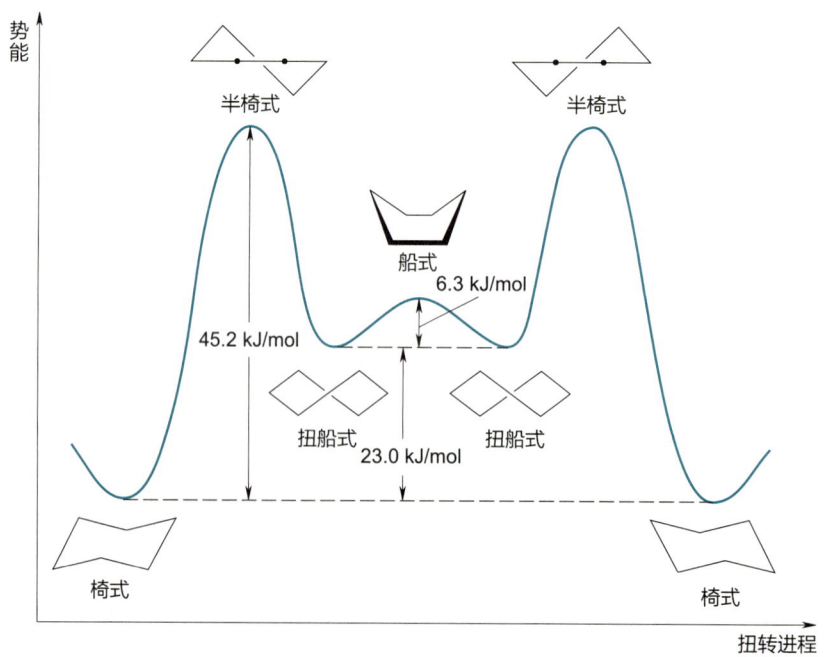

图 2-12 环己烷各种构象的势能关系图

环己烷的椅式构象中含有两类氢原子：如图 2-13(a) 所示，六个 C-H 键几乎与分子主轴（图中虚线）平行，称为直立键（axial bond），简称 a 键，其中三个 a 键方向朝上，三个 a 键方向朝下；另外六个 C-H 键与分子主轴几乎垂直，与赤道平面接近，称为平伏键（equatorial），简称 e 键，其中与三个朝上的 a 键相连的三个 e 键略往下伸，与三个朝下的 a 键相连的三个 e 键略往上伸。环己烷的椅式构象并不是固定不动的，提供一定的能量，一种椅式构象可以翻转为另一种椅式构象，这一对椅式构象互称为构象转换体。如图 2-13(b) 所示，翻转过程中，从左边的椅式构象开始，只需把 C1 向上翻转穿过平伏面就能得到船式构象。如果想让分子回到椅式构象，将 C4 向下翻转即可，同时原来的直立位置和平伏位置互换了。环己烷发生椅式-椅式构象互变时，一种椅式构象中向上的直立氢变成了另一种椅式构象中向上的平伏氢，向下的直立氢转为向下的平伏氢，而原来向上的平伏氢转为向上的直立氢，向下的平伏氢转为向下的直立氢。

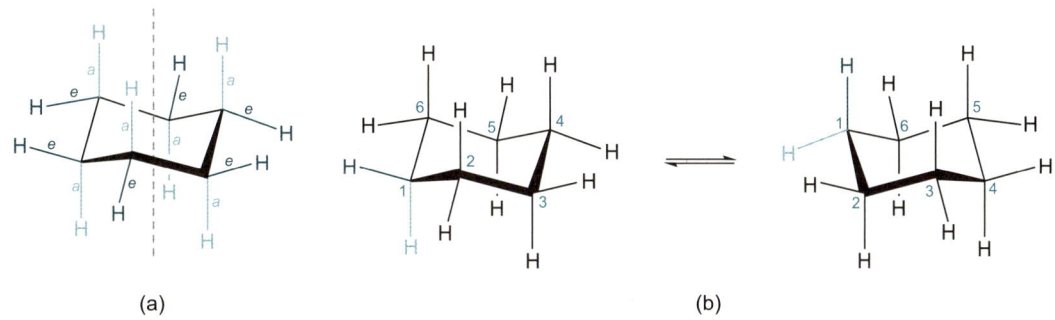

图 2-13 (a)环己烷椅式构象中的直立键和平伏键；(b)环己烷椅式构象的一对构象转换体

5. 取代环己烷的构象

单取代环己烷有两种椅式构象：取代基分别占据直立键和平伏键。当环己烷不含取代基时，a 键上的氢原子核间距离，与氢原子范德华半径之和相当，不存在排斥力。如图 2-14 所示，对于 1-甲基环己烷，当甲基处于 a 键时，甲基上的三个氢原子与 C3 和 C5 的 a 键上的氢原子距离很近，存在相互排斥力，这种作用称为 1,3-二直键的相互作用（1,3-diaxial interaction）。该作用也可以看作 a 键甲基与 C3、C5 有两个邻交叉式的相互作用。当式(Ⅰ)经翻转转换为式(Ⅱ)时，此时甲基处于 e 键，伸向外面，甲基上的三个氢原子与环上的氢原子不存在相互排斥力，e 键甲基与 C3、C5 均处于对交叉式。这两种椅式的甲基环己烷是处

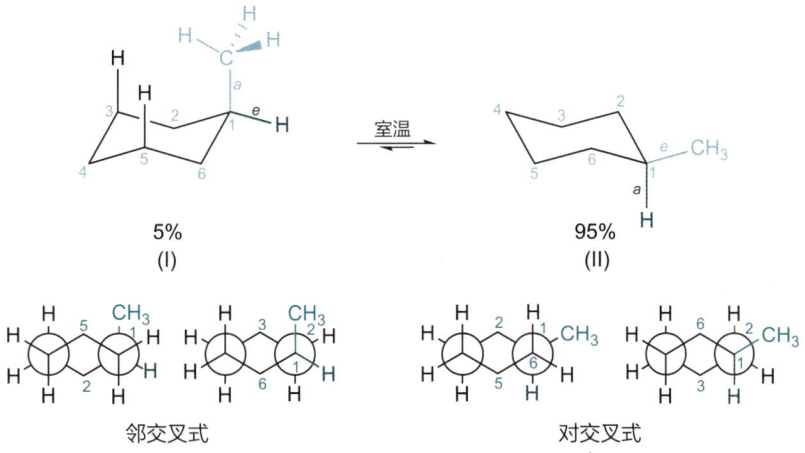

图 2-14 1-甲基环己烷的两种椅式构象

于平衡的。甲基位于 e 键的构象比位于 a 键的构象稳定（能量差 7.1 kJ/mol），在 25 ℃ 时两者的比例为 95∶5。25 ℃ 下不同取代基处于 e 键或 a 键时，相应构象的能量差如下。一般取代基位于 e 键更稳定。

取代基	能量差 a 键 ⇌ e 键 kJ·mol^{-1}	取代基	能量差 a 键 ⇌ e 键 kJ·mol^{-1}	取代基	能量差 a 键 ⇌ e 键 kJ·mol^{-1}
—CH$_3$	7.1	—F	0.8	—OCH$_3$	2.9
—CH$_2$CH$_3$	7.5	—Cl	1.7	—CN	0.8
—CH(CH$_3$)$_2$	8.8	—Br	1.7	—COOH	5.0
—C(CH$_3$)$_3$	>18.4	—I	1.7		
—C$_6$H$_5$	13.0				

对于二取代及多取代环己烷，同样可以用以上构象分析的方法来分析其稳定性。e 键取代基越多，构象越稳定；大基团在 e 键上比在 a 键上稳定。如二甲基取代的环己烷异构体中，1,1-二甲基环己烷总是有一个 a 键甲基和一个 e 键甲基，两个椅式构象是相同的，所以它们的能量相等（图 2-15）。1,2-二甲基环己烷有顺式和反式两种异构体。在顺-1,2-二甲基环己烷中，一个甲基处于 a 键，另一个甲基处于 e 键，两种构象的能量相等，因此平衡体系中两种构象的含量也相等[图 2-16(a)]。在反-1,2-二甲基环己烷中，两个甲基都处于 a 键或都处于 e 键，后者比前者稳定，为优势构象[图 2-16(b)]。在反-1-甲基-4-异丙基环己烷中，甲基和异丙基都处于 a 键或都处于 e 键，后者比前者稳定，式（Ⅱ）为优势构象（图 2-17）。

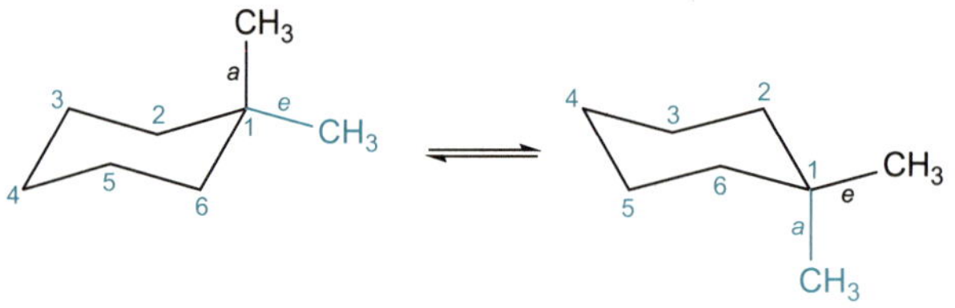

图 2-15　1,1-二甲基环己烷的两种椅式构象

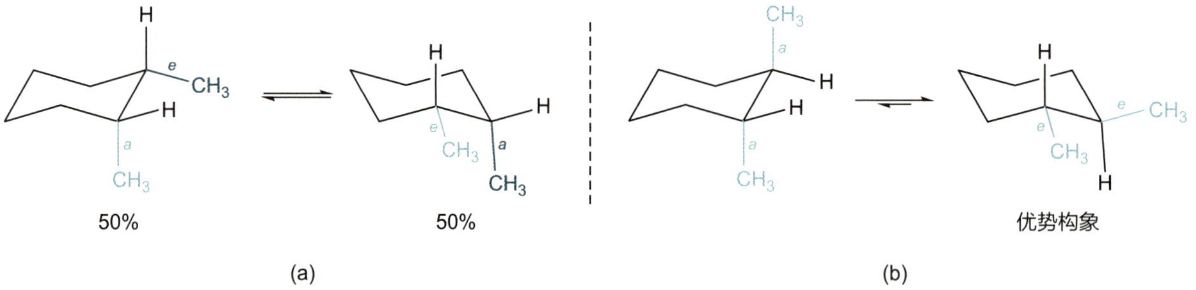

图 2-16　(a) *cis*-1,2-二甲基环己烷的构象；(b) *trans*-1,2-二甲基环己烷的构象

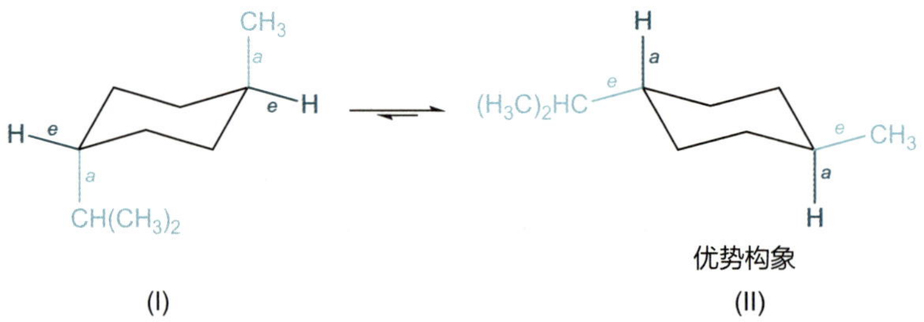

图 2-17　反-1-异丙基-4-甲基环己烷的两种椅式构象

十氢化萘（decahydronaphthalene），系统名为二环[4.4.0]癸烷，是由两个环己烷构成的桥环化合物。按其名称也可将其看作萘的完全氢化产物。十氢化萘的两个环都是以椅式构象存在的，如图2-18所示，它们的连接方式有两种：一种是反式构型，两个桥头碳上的氢为反式，称为反十氢化萘；另一种是顺式构型，两个桥头碳上的氢为顺式，称为顺十氢化萘。在顺十氢化萘中，存在两根直立C—C键（C1-C10和C6-C5），而反十氢化萘中的桥头碳上的C—C键均是平伏键；此外，如果以C1和C6参照，顺十氢化萘是邻位交叉式构象，而反十氢化萘是对位交叉式构象。因此，反十氢化萘比顺十氢化萘更稳定。

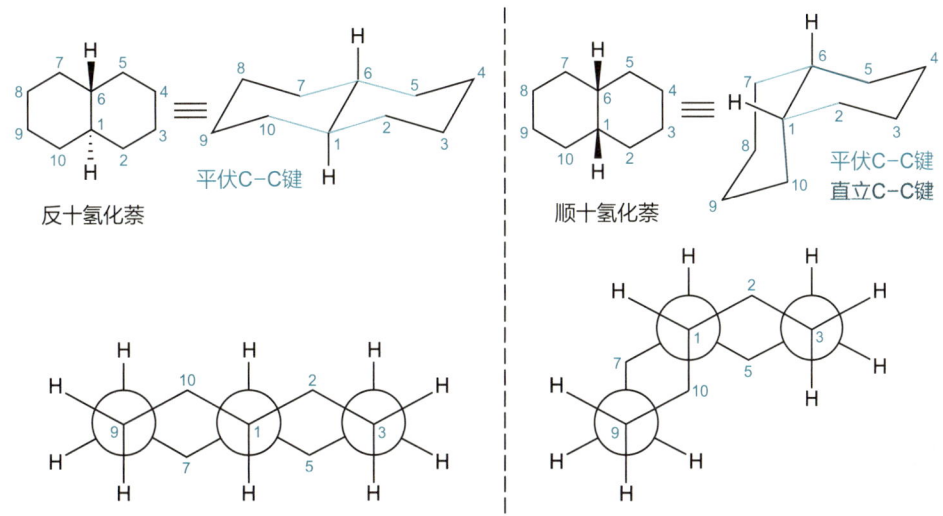

图2-18　反十氢化萘和顺十氢化萘的两种构象

6. 中环和大环化合物的构象

中环化合物是指从环辛烷到环十一烷之间的环烷烃。它与小环、普通环的一个主要区别是，当环增大时，除了要考虑角张力和扭转张力外，还要考虑跨环的空间位阻排斥作用。中环化合物不可能实现在一个单一的构象中减少所有产生张力的相互作用，而是让分子在几个能量相近的立体结构中建立平衡。由于多种张力同时存在，中环化合物的合成具有一定的挑战性，尤其是九元环到十一元环系的设计和合成。

大环化合物是指环十二烷及以上的环烷烃，其具有无张力的构象。如环十四烷中，碳链变得具有足够的柔性，碳链采取与直链烷烃类似的结构，氢原子交错排列，碳原子最大限度地以交叉式构象存在。尽管分子的各种构象稳定程度不一样，但由于能量差异很小，在室温时，分子间的碰撞足以提供能量使各种构象相互转化，所以这些构象不能分离。分子实际存在多种构象，但各种构象所占的比例不一样，越稳定的构象占的比例越高。

2.2　旋光异构体

2.2.1　手性与对映异构体

1. 手性与旋光性

德国哲学家康德曾经提出过这样一个问题："假如我们生活在只有一只手的宇宙，那么这只手是左手还是右手？"左手和右手，既完全相同，又完全不同。如图2-19所示，人的左、右手互为实物与镜像的关系,但左手不能与右手重合。手的这类特征在其他物质中也广泛存在,人们把物体不能与其镜像重合的性质称为"手性"。

手性是自然界的本质属性之一,自然界中到处都能发现手性物质的踪迹。大到宇宙星云,小至 DNA 分子,都有手性的存在(图 2-20)。例如蜗牛的壳大多呈右手螺旋,右手螺旋和左手螺旋的比例约为 20000∶1;不同植物在支持物上的缠绕方向不同,左手螺旋缠绕茎有葎草、啤酒花等;右手螺旋缠绕茎有菜豆、牵牛花、茑萝、马兜铃等。

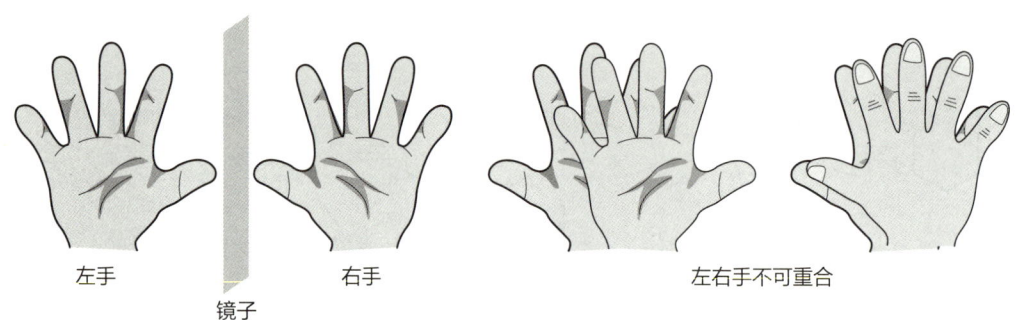

图 2-19　人的左右手不可重合

图 2-20　自然界的手性现象

手性在化学的微观世界也非常普遍,尤其是众多的有机化合物都具有这种特征。具有这种特征的分子被称为手性分子。

普通的光线在各个不同的平面上振动[图 2-21(a)]。假若使光线通过一个电气石制的棱镜(Nicol 棱镜),这种棱镜只能使和棱镜晶轴平行振动的射线通过[例如这个晶轴是直立的,则仅有在垂直平面上振动的射线才可通过,图 2-21(b)],这种通过棱镜后产生的只能在一个平面振动的光叫作平面偏振光[图 2-21(c)]。

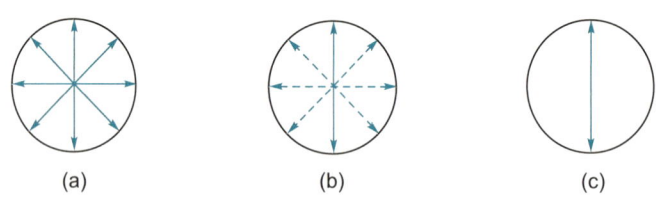

图 2-21　普通光与平面偏振光

早在 19 世纪初期,科学家发现存在着某些晶体物质,当平面偏振光通过时,会导致光的振动方向发生偏转,这种与光的相互作用称为光学活性,物质的这种性质被命名为"旋光性"。当时人们发现酒桶底部的残留晶体在酸化后(酒石酸)会发生旋光现象。1848 年,年轻的巴斯德用显微镜观察晶体结构时发现了一个奇特的现象:酒石酸铵钠盐的晶体结构都是不对称的。进而巴斯德推测,无旋光性的葡萄酸铵钠盐结晶应该是完全对称的。但是实验结果却出乎意料，因为葡萄酸铵钠盐的结晶居然也是不对称的。但是通过二者晶体仔细对比，他发现酒石酸铵钠盐晶体的半晶面都是向右的，而葡萄酸铵钠盐的半晶面有一半向右，另一半向左。巴斯德在显微镜下用镊子将两种不同的晶体一颗一颗分开，并分别配成溶液。结果发现，含有半晶面向右晶体的溶液呈现出右旋光性，而半晶面向左的晶体溶液则呈现出左旋光性。巴斯德的发现正式揭开了手性神秘的面纱，是对分子级别旋光异构现象最直观的证明，对后来的立体化学及手性化学产生了深远的影响。

旋光性可以用旋光仪测量。该设备包含一个光源、一个产生平面偏振光的偏振器、一个样品池和一个用于确定旋转量的分析仪（图 2-22）。普通的旋光仪主要部分是一个两端装有电气石棱镜的长管，一端的棱镜轴是固定的，这个棱镜叫起偏器；另一端是一个可以旋转的棱镜，叫检偏器。检偏器和一个刻有 180° 刻度的圆盘相连。起偏器的外端放一个光源，长管中间可放入一根装满待测定旋光物质溶液的玻璃管。管中若装入水，光可以通过，这表示水对平面偏振光不起作用；若放入某旋光物质溶液，则会使通过起偏器的平面偏振光向左或向右旋转若干角度。为使光线顺利通过检偏器，需将检偏器旋转一定的角度，该角度就代表该旋光物质溶液的旋光度。

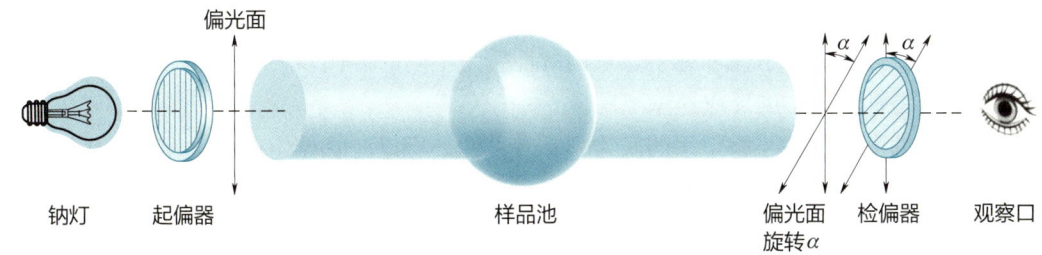

图 2-22 旋光仪示意图

当平面偏振光与手性分子相互作用时，光可以向左或向右旋转。这代表着该分子具有光学活性，测量出的旋转角度称为旋光度，用符号 α_λ^t 表示，其中 t 为测定时的温度，λ 为光的波长。旋光度的大小取决于手性分子的结构和浓度、样品池的长度、光的波长、使用的溶剂和温度。为了比较同一物质在不同测量条件下得到的 α 值，化学家们定义了一个物理参数 $[\alpha]_\lambda^t$，称为比旋光度。比旋光度是物质的物理常数，如同熔点、沸点、密度等，其定义公式如下：

$$[\alpha]_\lambda^t = \frac{\alpha}{l \cdot c}$$

式中 l 为样品池的长度，一般为 1 dm（=10 cm）；c 为样品浓度，单位一般为 g·cm^{-3}。由于比旋光度的单位较为复杂，现一般予以省略，计算中均采用标准单位。检测光源光线常使用波长为 589.6 nm 的钠灯黄光，即所谓的钠 D 线，因此 λ 常写作 D。在学术论文中，一般要求同时报道检测时的浓度和溶剂条件，因此较为规范的报道方式为：(S)-(+)-乳酸的比旋光度为 $[\alpha]_D^{15} = +2.67$ (c 2.51, H$_2$O)。

2. 对映异构体

互为实物与镜像的一对手性分子称为对映异构体。例如，乳酸是手性分子代表，它的结构简式为 H$_3$C—$\overset{\overset{\displaystyle \text{OH}}{|}}{\underset{\underset{\displaystyle \text{H}}{|}}{\text{C}}}$—COOH。

> **手性碳原子的定义**：手性碳原子是指与四个各不相同原子或基团相连的碳原子，具体见 2.2.3 小节。

R,*S* 是手性化合物构型标记的一种方法,具体见 2.2.4 小节。

若将与乳酸手性碳原子相连的四个不同基团的空间位置明确表示出来,可以画出两种不同的构型。它们的部分物理性质如下:

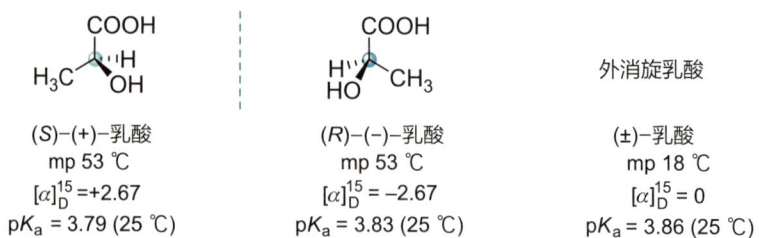

(S)-(+)-乳酸
mp 53 ℃
$[\alpha]_D^{15} = +2.67$
pK_a = 3.79 (25 ℃)

(R)-(−)-乳酸
mp 53 ℃
$[\alpha]_D^{15} = -2.67$
pK_a = 3.83 (25 ℃)

外消旋乳酸
(±)-乳酸
mp 18 ℃
$[\alpha]_D^{15} = 0$
pK_a = 3.86 (25 ℃)

pK_a值有一些差异,这些差异由实验误差引起

对映异构体是一类特殊的异构体,它们具有相同的物理性质,如沸点、熔点和密度等。然而,它们可以利用平面偏振光来区分。当平面偏振光通过其中一个对映异构体的样品时,平面偏振光向左或向右旋转。当其对映体在相同条件下进行实验时,平面偏振光旋转等量,但方向相反。对映异构体属于旋光异构体。一对对映异构体的旋光能力相等,但旋光方向相反。

(S)-(+)-乳酸和(R)-(−)-乳酸是一对对映异构体,它们在非手性环境中的物理性质和化学性质基本是相同的,如其熔点、沸点相同;在非手性溶剂中的溶解度及与非手性试剂反应的速率也都相同。然而,在手性环境中,它们的性质是不同的。例如,与手性试剂的反应或在手性催化剂、手性溶剂中的反应速率不同。

生物体内的酶和很多与酶作用的底物都具有手性,所以对映异构体的生理活性往往有很大的差异。例如,左旋尼古丁的毒性比右旋尼古丁的毒性大很多;左旋香芹酮具有薄荷味,而右旋香芹酮具有葛缕子味。1953 年,瑞士诺华制药公司的前身 Ciba 药厂首次合成了一种名为"反应停"(沙利度胺,Thalidomide)的药物。随后,德国的格兰泰公司(Grunenthal)对反应停颇感兴趣,他们研究发现,反应停具有一定的镇静安眠的作用,而且对孕妇怀孕早期的妊娠呕吐疗效极佳。格兰泰公司于 1957 年将反应停正式推向了市场,在欧洲、亚洲、非洲、大洋洲和南美洲被大量用于治疗孕妇妊娠呕吐。到了 1960 年,欧洲的医生们开始发现,本地区畸形婴儿的出生率明显上升。这些婴儿有的是四肢畸形,有的是腭裂,有的是盲儿或聋儿,还有的是内脏畸形。此后,越来越多的临床病例证明了反应停的致畸作用。格兰泰公司不得不于 1961 年将反应停从德国市场上召回。科学家们对反应停进行了深入的研究,发现沙利度胺是含有一对对映异构体的混合物,它的 *R* 构型异构体是强力的镇静剂,而 *S* 构型异构体却是强烈的致畸剂,其结构如下:

(R)-Thalidomide   (S)-Thalidomide

当一种对映异构体过量于另一种对映异构体时,平面偏振光将出现净旋转。人们通常用对映体过量(enantiomeric excess)来定量表示此类混合物的组成比例,具体计算公式为

$$\%ee = \frac{[R]-[S]}{[R]+[S]} \times 100\%$$

对映异构体混合物的组成比例也常用该混合物的比旋光度与某一纯对映异构体的比旋光

度之比来表示，这个比值称为光学纯度，其计算公式为

$$光学纯度(\%) = \frac{测得样品的比旋光度}{纯对映异构体的比旋光度} \times 100\%$$

例如，一对对映异构体混合物中，一种对映异构体的含量为 75%，另一种对映异构体的含量为 25%，则其光学纯度为

$$\%ee = \frac{75\% - 25\%}{75\% + 25\%} \times 100\% = 50\%$$

该混合物 ee 值为 50%，也被称为 50%光学纯度。

2.2.2 手性的判别

要判断一个分子是否具有手性，可以根据手性的定义，想象或构建分子及其镜像的分子模型，并判断它们是否能够重合。然而，这个方法一般比较麻烦，一种更简单的方法是去寻找所研究分子中的对称元素。

1. 对称面

能把分子切为实体和镜像两部分的平面称为分子的对称面，用希腊字母 σ 表示。反映是对称面的对称操作。有对称面的分子都是非手性分子。例如，下列分子均有对称面：

2. 对称中心

如果分子中有一点，所有通过这个点的直线都以等距离达到相同的基团，则该点称为对称中心，用 i 表示。倒反是对称中心的对称操作。一个分子只可能有一个对称中心。有对称中心的分子也是非手性分子。例如，反-1,3-二氯环丁烷具有对称中心，分子无手性。

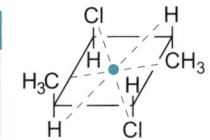

3. 映轴

许多分子还有一种叫作对称轴的对称因素。这种轴是通过分子的一条直线，以这条线为旋转轴旋转一定角度，得到的分子与原分子重合。一般用 C_n 代表对称轴，n 表示轴的级，称 n 重对称轴（意义是分子绕对称轴旋转 $360°/n$ 时可以与原分子重合）。旋转是对称轴的对称操作。对称轴不能作为判别分子手性的依据。例如，氨分子有一个 C_3 对称轴，是非手性分子；(R)-1,1'-联-2-萘酚分子有一个 C_2 对称轴，但该分子为手性分子。

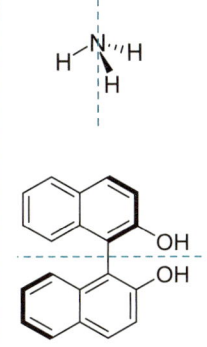

分子围绕一个轴旋转一定角度（$360°/n$）后，再用垂直此轴的平面作为镜面，进行一次反映，若所得镜像与原来的分子重合，则此轴称为映轴，用 S_n 表示，n 表示轴的级。旋转、反映是映轴的对称操作。具有映轴的分子没有手性。例如，将(Ⅰ)旋转 180°后得到(Ⅱ)，再用垂直于旋转轴的镜面反射得到(Ⅲ)，(Ⅲ)和(Ⅰ)完全重合，(Ⅰ)没有手性。

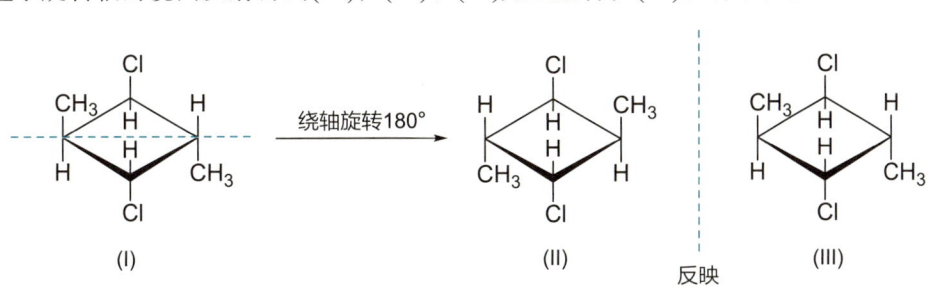

具有对称面、对称中心或映轴的分子肯定没有手性，而没有对称面、对称中心及映轴的分子均有手性。由于对称面等同于 1 阶映轴，即 $S_1 = \sigma$，对称中心等同于 2 阶映轴，即 $S_2 = i$，所以判断手性的唯一标准（或者说充分必要条件）是分子是否有"S_n"对称元素。对于有机化合物，绝大多数情况下，通过对称面、对称中心或 S_4 映轴就可以判定分子是否具有手性。然而，没有对称面的非手性分子非常少，所以一般用对称面判断手性就可以了。

4. 立体化学构象分析

一般认为链烷烃的手性判断比较简单，但如果考虑到链烷烃的构象，事情比我们想象的复杂得多。以正丁烷（$CH_3CH_2CH_2CH_3$）为例。我们知道正丁烷是非手性分子，然而，正丁烷具有无穷多个构象，它们称为构象异构体或旋转异构体，一些构象具有手性。图 2-23 所示的正丁烷的两个交叉式构象（灰色球表示 CH_3，蓝色球表示 H）是实物和镜像的关系，二者不能重合，称为构象对映体。根据手性化合物的定义，这两个构象异构体都具有手性，但根据前述构象分析可知，这两种邻位交叉式构象能量相等，因此在正丁烷的所有构象中的比例也相等，等量的构象对映体对偏振光的作用互相抵消。正丁烷的其他旋转异构体表现相同。因此，正丁烷并不具有光学活性，所以我们认为它是非手性分子。以上构象对映体也多称为构象转换体。此外，在室温下不可能分离出单个构象异构体，因为这些构象异构体能在 10^{-9} s 内通过 C–C 键的旋转达到平衡。由于检测时间远远长于 C–C 键旋转的时间，所观测到的结果是所有构象平均化的结果。

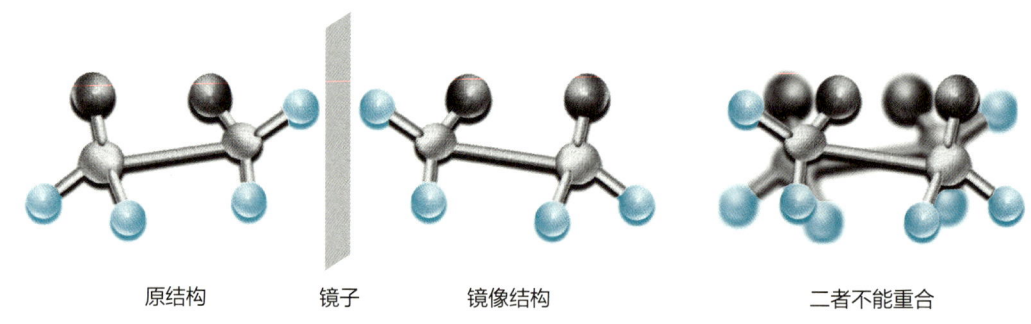

原结构　　镜子　　镜像结构　　　　二者不能重合

图 2-23　构象对映体

我们无须检查分子的每一种构象以确定它是否是非手性的，因为大多数简单分子的构象平衡是极快的，只要能找到一种非手性构象，分子就是非手性的，即使这种构象是不稳定构象。这是因为，一旦分子处于（或通过）非手性构象，形成任意一对构象对映体的概率都是相同的。由于正丁烷中存在如下对位交叉式及重叠式构象，而这两种构象是非手性的，因而正丁烷是非手性的。事实上，一般无须通过构象分析来判断一个分子是否为手性化合物。我们可以直接通过分析一个分子的平面式结构来判断这个分子是否为手性化合物。我们通过下例进一步说明。

对位交叉式　　　　全重叠式

5. 单环化合物的手性

与链烷烃一样，单环化合物往往具有多个构象，且这些构象可以快速互变。对于能够快速发生翻转的单环化合物，怎样判断它们是否具有旋光性呢？可以通过其平面式的对称性来判别。凡是其平面式有对称中心、对称面或 S_n 映轴的单环化合物均无旋光性；反之则有旋光性。三元环本身是平面式的；从四元环开始，环状化合物是非平面的，判断它们的旋光性时，需要画出它们的平面式，例如：

无旋光 (对称面)	有旋光	无旋光 (对称中心)	有旋光	无旋光 (对称面)

无旋光 (对称面)	无旋光 (对称面)	有旋光	无旋光 (对称面)	有旋光

为什么可以根据单环化合物的平面式结构来判断它们的旋光性呢？下面通过对 1,2-二甲基环己烷旋光性的分析来阐明这个问题。

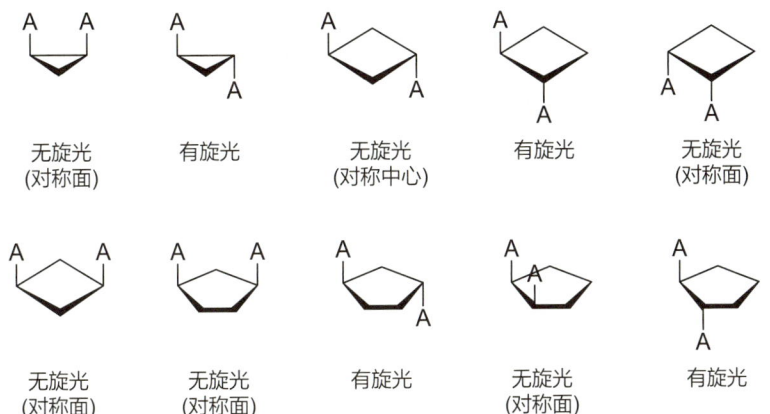

先看顺-1,2-二甲基环己烷。从它的平面式(Ⅰ)看，分子有一个对称面，所以(Ⅰ)是无旋光的化合物。从构象式（仅讨论稳定构象）考虑，该化合物有一对彼此不能重合的对映异构体(Ⅰ′)和(Ⅰ″)。(Ⅰ″)的构象转换体为(Ⅰ‴)，绕轴旋转120°后即得(Ⅰ′)。由此可知，(Ⅰ′)和(Ⅰ″)既是构象对映异构体，又是构象转换体，二者能量相等，故在构象分布中含量相等。因此，从构象分析考虑，顺-1,2-二甲基环己烷是消旋体，旋光度为零。

现在来分析(1R,2R)-1,2-二甲基环己烷。从其平面式(Ⅱ)看，分子无对称面、对称中心和 S_4 轴，所以(Ⅱ)有旋光性。从构象式（仅讨论稳定构象）考虑，分子有两个稳定构象，(Ⅱ)ee 和(Ⅱ)aa，其中(Ⅱ)ee 为优势构象。(Ⅱ)ee 和(Ⅱ)aa 均无对称面、对称中心和 S_4 轴，均有旋光性，所以 (1R,2R)-1,2-二甲基环己烷有旋光性。

2.2.3 手性的分类

1. 中心手性

如果分子中的手性是由于原子和基团围绕某一点的非对称排列而产生的，这个点就是手性中心。这种手性称为中心手性。

将甲烷中的四个氢原子换成四个不同的原子或基团，即可得到一种具有旋光性的物质，因此将与四个不同基团相连的碳原子称为不对称碳原子或手性碳原子，常用"*"标记。许多手性分子含有一个或多个不对称碳原子，例如前面提到的乳酸分子。

除了碳原子外，其他原子（如 Si、N、P、S 等）也可能是不对称中心。如下列化合物都含有手性中心：

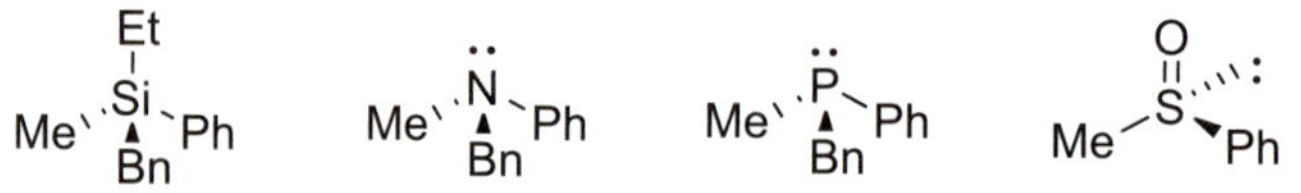

对于 N 手性中心，情况有些特殊。如下图所示，该叔胺的 N 原子上带有三个不同的基团，另外有一对孤对电子，形成一个锥形体，是不对称的，应该有光学活性异构体存在。然而，由于 N 上的基团可以很快的速率（$10^2 \sim 10^5$ 次/s）来回翻转，该叔胺不能表现出光学活性。当 N 与四个不同的基团相连时，相应的铵盐则变为稳定的光学活性化合物（详见 12.1.2 小节）。和胺不同，含磷、硫的化合物较为稳定，可以得到具有光学活性的化合物。

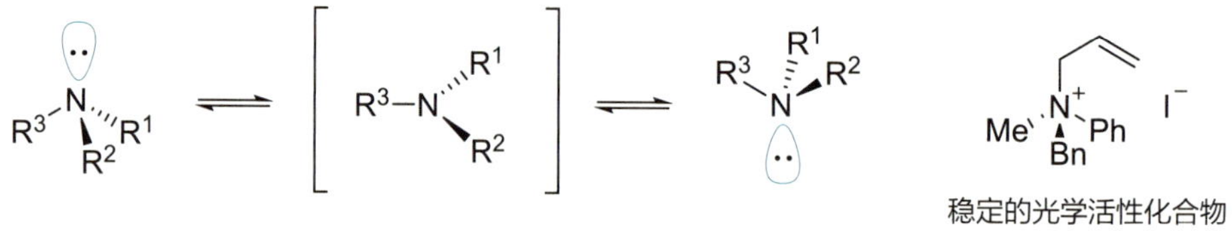

稳定的光学活性化合物

大部分具有手性中心的分子具有手性，且含有一个手性中心的分子总是具有手性的。然而，手性中心和分子的手性没有必然的联系，不是所有含有手性中心的分子都是手性分子，也不是所有手性分子都含有手性中心。例如 2,3-二氯丁烷，尽管该分子具有两个碳手性中心，但由于存在对称面，所以它并不具有手性。对于戊-2,3-二烯，尽管该分子没有手性中心，它却是手性化合物。

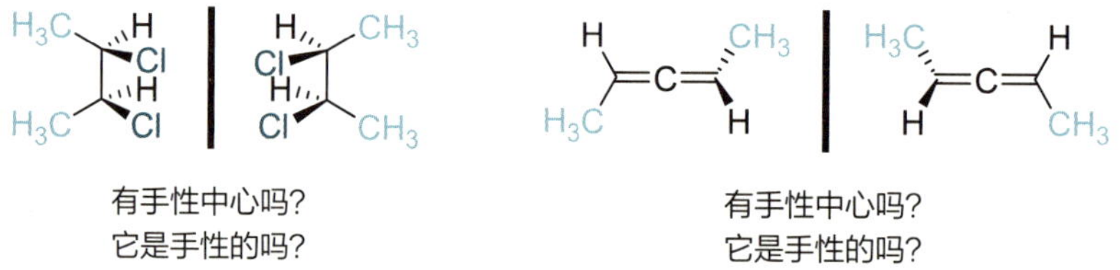

有手性中心吗？
它是手性的吗？

有手性中心吗？
它是手性的吗？

2. 轴手性

有些分子虽然不含不对称原子，但在分子中存在一个轴，通过轴的两个平面在轴的两侧有不同的基团时，也会产生实体与镜像不能重合的对映体，这类手性称为轴手性。例如，丙二烯型分子及联萘型分子：

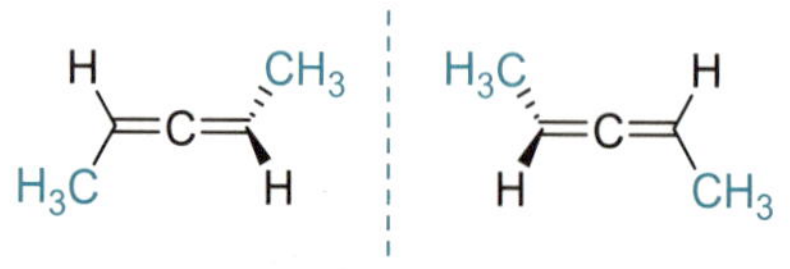

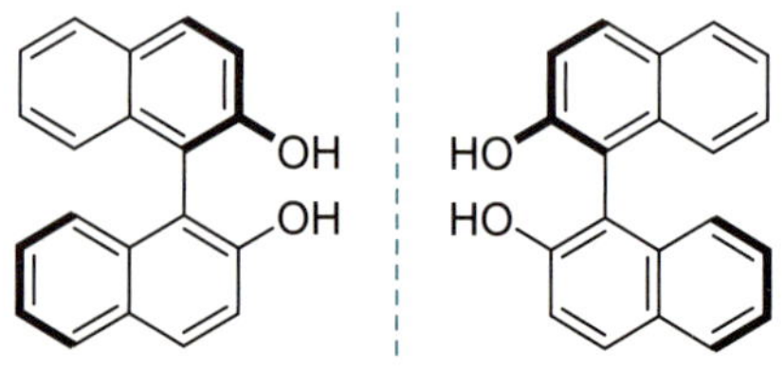

如图 2-24 所示，丙二烯型分子中，中心碳原子两个 π 键平面是正交的，当 a 和 b 为不同的基团时，a 和 b 基团所处的平面和它们相邻的 π 键平面垂直，该分子的实物与镜像不能重合，因此它是手性分子。

图 2-24 丙二烯衍生物的结构

如果将丙二烯分子的双键替换为环，若环碳原子上带有不同的取代基，该分子就是手性分子。例如，2-(4-甲基环己亚基)乙酸成功地于1909年被拆分为两个旋光异构体。

$[\alpha]_D^{18} = \pm 81.1$

当分子的单键旋转受阻时，也可以产生旋光异构体，这样的异构体称为阻旋异构体，这种现象叫作阻旋异构现象。最具代表性的阻旋异构体是联苯型分子。如下图所示分子，由于邻位的四个取代基体积足够大，阻碍了苯环之间单键的自由旋转，两个苯环不能共平面，因此产生了两种构型不同的对映异构体，彼此不能重合，具有旋光性。

3. 面手性

面手性化合物所参照的不是一个手性中心或一个手性轴，而是一个平面。分子面手性是由平面外基团相对于平面（手性平面）的排列引起的立体异构。常见的面手性分子包括金属茂化合物、环蕃化合物及手柄化合物等：

4. 螺旋手性

有些分子内存在一个扭曲的面，从而使分子呈现一种螺旋状的结构。由于螺旋分为左手螺旋和右手螺旋，互为对映体，所以该类分子也表现出旋光性，这种手性称为螺旋手性。螺旋烃即是这样一类手性分子，其结构可以看作由苯环彼此以两个邻位并合的螺旋结构。这类化合物最简单的代表由六个苯环并合而成，因此叫六螺苯。六螺苯的末端两个苯环不在同一平面上，没有对称面、对称中心及 S_4 轴，因而形成一对左手和右手螺旋的对映体。

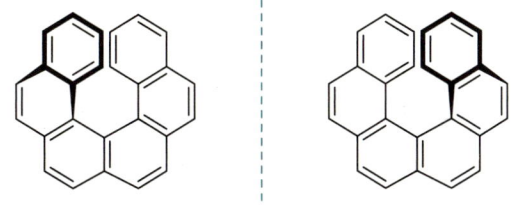

2.2.4 旋光异构体的表示方法和命名

1. Fischer 投影式

为了方便地表示分子中手性碳原子的构型，Fischer 最早提出用一种投影式来表示链形化合物的立体结构，称为 Fischer 投影式。Fischer 投影式是一种在二维空间描述四面体碳原子及其取代基的简化方法。使用这种方法时，分子被画成十字形，中心碳原子位于交叉点上，水平线表示伸向纸面前方的键，垂直线表示伸向纸面后方的键。此外，画投影式时，碳链要尽量放在垂直方向上，并且氧化态高的原子放在上面，氧化态低的原子放在下面。中心碳原子上的其他基团放在水平方向上。

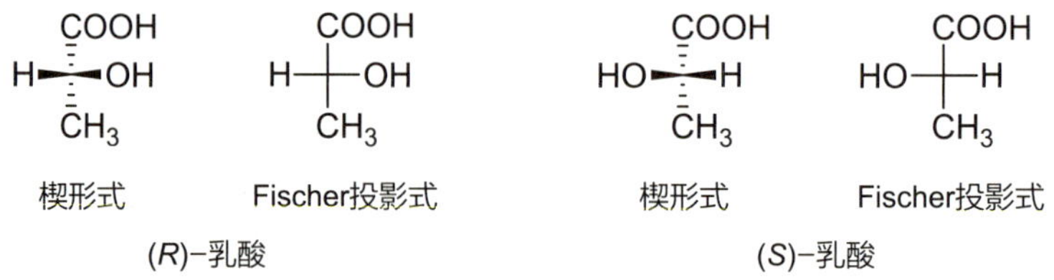

楔形式　　　Fischer投影式　　　楔形式　　　Fischer投影式
(R)-乳酸　　　　　　　　　　　　(S)-乳酸

值得注意的是，同一立体中心的 Fischer 投影式不止一种。下图所示的均为(R)-乳酸的 Fischer 投影式。此外，需要指出的是，Fischer 投影式不能在平面上旋转 90°，也不能离开纸面翻转 180°；Fischer 投影式中的基团两两交换的次数不能为奇数次，否则变为其对映异构体。

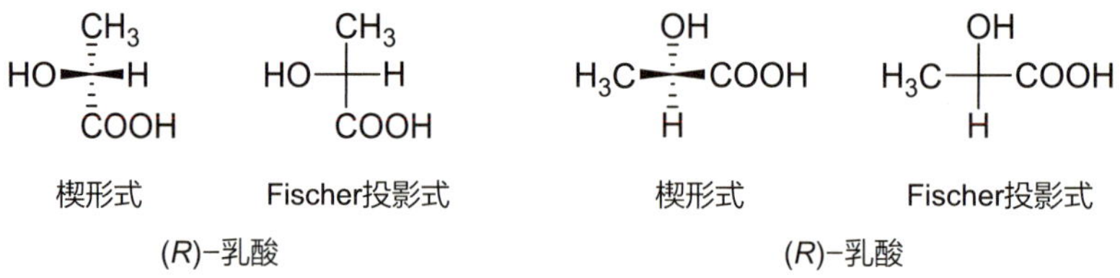

楔形式　　　Fischer投影式　　　楔形式　　　Fischer投影式
(R)-乳酸　　　　　　　　　　　　(R)-乳酸

2. D/L 标记法

在有机化学发展早期，就知道有左旋和右旋两种甘油醛，但不知道这两种甘油醛分别对应于哪一个构型。于是，人们指定右旋甘油醛为 D 构型（拉丁文 Dexcro 的第一个字母），左旋甘油醛为 L 构型（拉丁文 Leavo 的第一个字母）。它们的 Fischer 投影式指定如下：

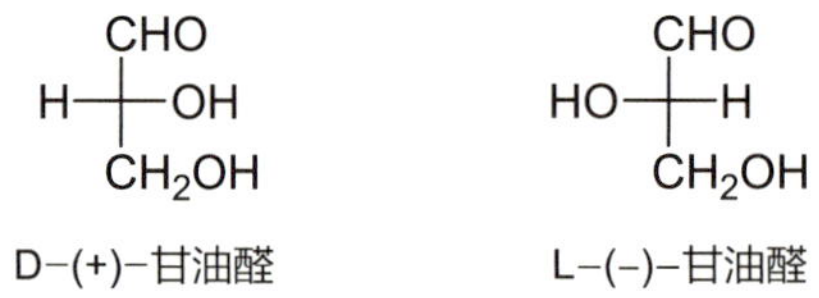

D-(+)-甘油醛　　　　L-(-)-甘油醛

其他化合物的构型是以甘油醛的构型为参照，通过化学反应关联性来确定的。若某化合物由 D-甘油醛通过反应转化而来，并且在整个转化过程中手性碳原子的构型没有发生变化，则生成 D 构型的化合物。这种以甘油醛的构型为参照而确定的构型称为相对构型，以 D/L 标记法标记。例如，D-甘油醛选择性氧化后得到 D-甘油酸，D-甘油酸经选择性还原后得到 D-乳酸。

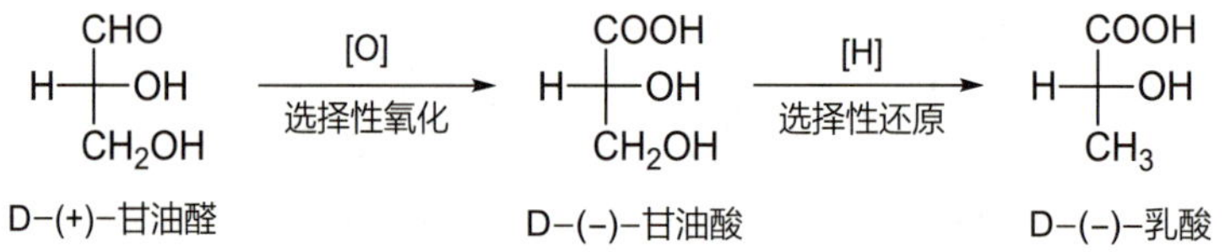

D-(+)-甘油醛　$\xrightarrow{[O]}$　D-(-)-甘油酸　$\xrightarrow{[H]}$　D-(-)-乳酸
　　　　　　选择性氧化　　　　　　　选择性还原

3. R/S 标记法

R/S 标记法是由 Cahn、Ingold、Prelog 三位化学家开发的一种能够明确命名对映异构体的体系，该命名方法得到的构型可以真实反映手性分子的立体结构，称为绝对构型。具体命名方法如下：

首先按照"次序规则"，将与手性碳原子相连的四个原子或基团（a，b，c，d）按优先级递减的顺序进行排序，即 a > b > c > d。接下来将最低优先级基团（d）放置于远离观察者的地方，沿着手性碳原子到最低优先级基团（d）的键轴对其他三个基团按 a→b→c 顺序进行观察。如图 2-25 所示，如果从 a→b→c 的方向是逆时针的，那么立体中心的构型就被命名为 S 构型。相反，如果 a→b→c 的方向是顺时针方向的，则立体中心的构型是 R 构型。

逆时针：S   顺时针：R

图 2-25 *R/S* 标记法

命名时，把 R 或 S 作为前缀添加到手性化合物名称的括号中，如(R)-2-溴丁烷、(S)-2,3-二羟基丙醛等。如果已知，也可以添加平面偏振光的旋转符号，例如(R)-(+)-2,3-二羟基丙醛。需要说明的是，(R,S) 和 (+,−) 之间没有相关性。

为了使用 R/S 标记法，必须首先学会次序规则。具体次序规则有以下三条：

规则一　首先看与立体中心直接相连的原子（图 2-26）。高原子序数的原子优先于低原子序数的原子。因此，优先级最低的取代基是氢。对于同位素，相对原子质量较高的原子具有更高的优先级。

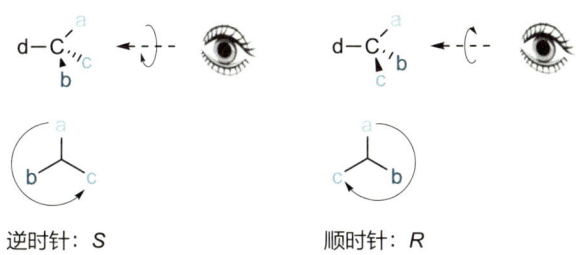

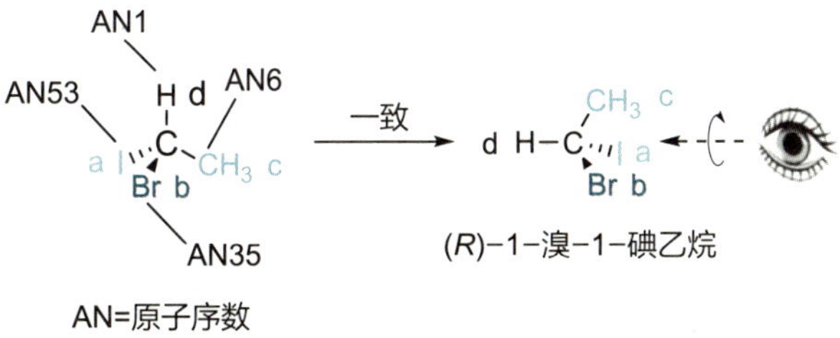

AN=原子序数

图 2-26 取代基优先级别的确定

规则二　如果使用规则一的两个原子具有相同的优先级，则沿着这两个原子各自的取代基链按同样方式继续比较，直到到达差异点。

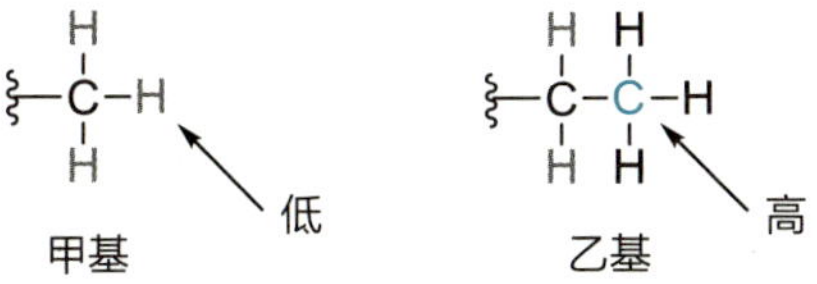

甲基　低　　　　　　　乙基　高

规则三　双键和叁键可被看作连续多次的单键，两端的原子可分别认为连有两个或三个相同的原子。

R/S 标记法，除了适用于以上中心手性分子外，同样适用于轴手性分子。典型的轴手性分子有"丙二烯型""联苯型""螺烷型"，它们的立体结构均可简化为相交的两个平面。从侧视图（图 2-27）看，α 和 β 的二面角为 θ，呈十字交叉状，这与 Fischer 投影式结构十分相似。因此，针对这类轴手性的分子可以将其转化为 Fischer 投影式。如图 2-27 所示，沿手性轴方向观察，把离观察点近的键置于水平线上，离观察点远的键置于垂直线上。需要注意的是，取代基定次序时，离观察点近的基团（A, B）与离观察点远的基团（C, D）分开比较，并且前者优于后者[(A, B) > (C, D)]。根据上述规则，联苯类化合物（1）取代基的优先级由高到低分别为（A > B）>（C > D），得出其为 R 构型。同理，联烯化合物（2）取代基的优先级由高到低分别为（A > B）>（C > D），得出其构型为 R 构型。需要说明的是，命名时必须沿手性轴观察，但命名结果与观察点的位置没有关系。从分子的左侧或右侧观察时，得到同样的结果。

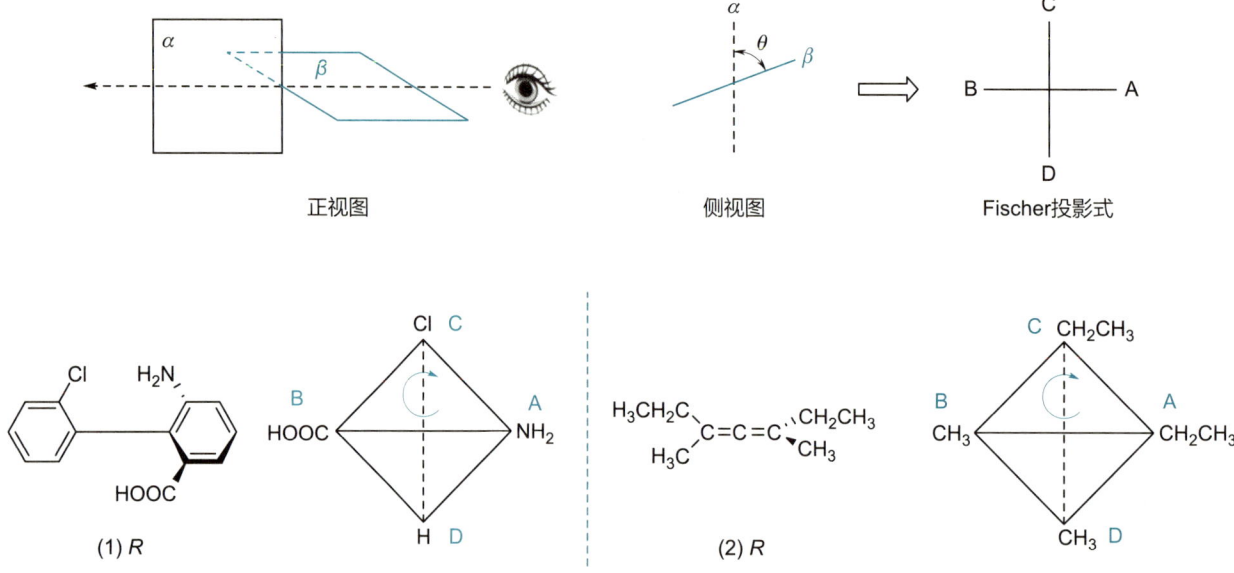

图 2-27 轴手性分子的 R/S 标记法

4. P/M 标记法

手性轴的构型也可以运用螺旋规则来标记，这种标记法的符号为 P（即 plus）和 M（即 minus）。判断时，由手性轴轴向观察，近端的两个取代基的次序为 $a > b$，远端的为 $c > d$，只需直接判断 a 到 c 的方向，若为顺时针旋转，标记为 P 构型；若为逆时针，标记为 M 构型。

2.2.5 相关概念

1. 外消旋体

将一对对映异构体等量混合，可以得到一种旋光度为零的混合物，称为外消旋体。一种纯的光学活性物质，如果体系中一半物质发生构型转化，就变成了外消旋体，这种由纯的光学活性物质转变为外消旋体的过程称为外消旋化。外消旋体还可以进一步细分，即

（1）外消旋化合物。当左旋体分子和右旋体分子互相之间有较大亲和力时，两种分子将有可能在晶胞中配对，而形成计量学上的化合物晶体，称为外消旋化合物。它们的熔点多数高于纯旋光体，而溶解度低于纯旋光体。

（2）外消旋混合物。当纯旋光体分子本身之间的亲和力大于对映异构体之间的亲和力时，左旋体和右旋体将有可能分别形成晶体，这样的外消旋体称为外消旋混合物。它们的熔点常常低于纯旋光体，而溶解度则高于纯旋光体。

（3）外消旋固体溶液。当一个纯旋光体分子对其构型相同的分子和构型相反的分子的亲和力均比较接近时，两种构型分子的排列是混乱的，这样的外消旋体称为外消旋固体溶液。它们的熔点、溶解度和纯旋光体都比较接近。

2. 内消旋体

当一个分子中含有两个或两个以上具有相同取代基的不对称原子时，会有多少种立体异构体呢？以酒石酸为例，分子里含有两个相同的不对称碳原子，它们连有相同的基团。这样的分子有三种构型组合：第一种是两个不对称碳原子均为 R 构型；第二种是两个不对称碳原子均为 S 构型；第三种是一个不对称碳原子为 R 构型，另一个不对称碳原子为 S 构型。这三种结构中，第一种和第二种是一对对映异构体；第三种结构内的两个不对称碳原子的旋光性相反。该结构具有对称面，所以整个分子没有旋光性，这称为内消旋体。内消旋体是一种含有两个或两个以上手性中心且无光学活性的分子。在该类分子中，因分子整体具有对称面、对称中心等对称因素，是非手性化合物，所以无光学活性。

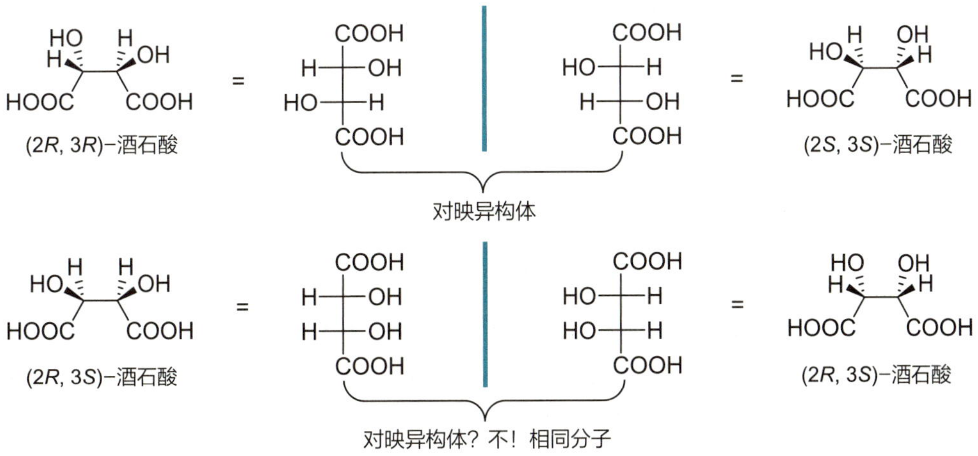

2,3,4-三羟基戊二酸含有奇数碳原子，分子中 C3 这个碳原子与两个相同取代的不对称碳原子 C2 和 C4 相连。当 C2 及 C4 具有相同构型时，如（Ⅰ）和（Ⅱ），按定义 C3 不是手性碳；当 C2 及 C4 具有不同构型时，如（Ⅲ）和（Ⅳ），按定义 C3 是手性碳。但有趣的是，（Ⅰ）和（Ⅱ）是一对对映异构体，而（Ⅲ）和（Ⅳ）均为含有对称面的内消旋体。（Ⅲ）和（Ⅳ）中的 C3 这种碳原子被称为假不对称原子，构型可用 r, s 表示，根据顺序规则中 R 比 S 优先的原则，（Ⅲ）中 C3 为 r 构型，（Ⅳ）中 C3 为 s 构型。

$$\begin{array}{cccc}
\text{(I)} & \text{(II)} & \text{(III)} & \text{(IV)}
\end{array}$$

对映异构体 ────── 非对映异构体

3. 非对映异构体

当手性分子含有两个不同的立体中心时，可能出现四种立体异构体：RR、RS、SR 和 SS。RR 和 SS 异构体是彼此的镜像，因此是对映异构体。RS 和 SR 异构体也是彼此的镜像，也是对映异构体。RR 和 RS 异构体不是彼此的镜像，SS 和 SR 异构体也不是彼此的镜像，这种分子具有两个或多个手性中心，并且分子间为非镜像的关系的立体异构体称为非对映异构体。非对映异构体是具有不同物理和化学性质的不同分子，它们具有不同的熔点、沸点和密度等，可以通过分馏、结晶或色谱法分离。

例如，2-溴-3-氯丁烷有四种立体异构体，分别对应于 A、B、C、D 四个分子，其中有 2 对对映异构体，4 对非对映异构体。例如，B(2R, 3R)分子是 A(2S, 3S)分子的对映异构体，是 C(2S, 3R)和 D(2R, 3S)分子的非对映异构体。注意，只有当两个分子的所有的相对应的立体中心均具有相反的构型时，它们才是对映异构体。

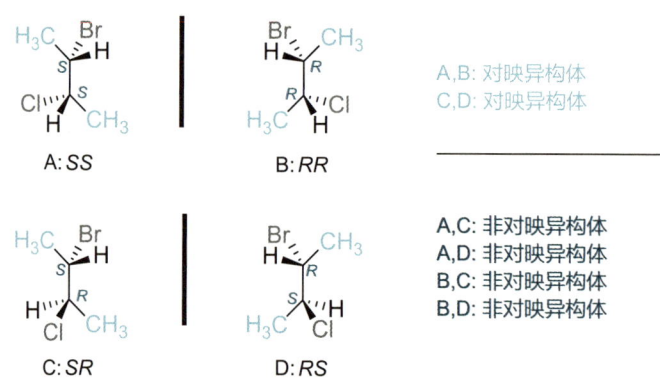

对于两个含多个不对称碳原子的异构体，如果只有一个不对称碳原子的构型不同，则这两个异构体称为差向异构体。如果差向异构体的构型不同的碳原子在链末端，则称为端基差向异构体。如下所示，(Ⅰ)和(Ⅱ)、(Ⅲ)和(Ⅳ)、(Ⅴ)和(Ⅵ)、(Ⅶ)和(Ⅷ)是四对对映异构体。(Ⅰ)和(Ⅲ)、(Ⅱ)和(Ⅳ)是端基差向异构体。(Ⅰ)和(Ⅶ)、(Ⅱ)和(Ⅷ)是 C3 差向异构体。(Ⅰ)和(Ⅵ)、(Ⅱ)和(Ⅴ)是 C2 差向异构体。

```
    Br              Br              Br              Br
Cl─4─H          H─4─Cl          H─4─Cl          Cl─4─H
Cl─3─H          H─3─Cl          Cl─3─H          H─3─Cl
H─2─Cl          Cl─2─H          H─2─Cl          Cl─2─H
   CH₂OH           CH₂OH           CH₂OH           CH₂OH
   (V)             (VI)            (VII)           (VIII)
```

2.2.6 光学活性化合物的获得

1. 外消旋体的拆分

将外消旋体拆分成纯左旋体或右旋体的过程称为外消旋体的拆分。常用的拆分方法有以下四种。

（1）化学法。由于在非手性条件下一对外消旋体的物理、化学性质相同，普通的分离方法无法将其分开，因此要设法将一对对映异构体转化为非对映异构体，然后利用二者物理、化学性质的差异进行分离，再分别将非对映异构体分解，得到两个纯的对映异构体。

常使用酸碱反应进行转化。例如，对于含有一对 D-酸和 L-酸的外消旋体，可使它们和等当量（equiv）的光学纯的 D-碱反应，转变为一对非对映异构体。利用二者物理性质的差异，经分级结晶分离得到纯化合物 D-酸-D-碱盐和 L-酸-D-碱盐。D-酸-D-碱盐和 L-酸-D-碱盐再用酸分解，从而得到纯的 D-酸和 L-酸。

```
对映异构体                     非对映异构体
50% ┌ D-酸                   ┌ D-酸-D-碱盐                    D-酸-D-碱盐 ──HCl──→ D-酸
    ┤      + 1 equiv D-碱 → ┤              ──分级结晶分离→                   分解
50% └ L-酸                   └ L-酸-D-碱盐                    L-酸-D-碱盐 ──HCl──→ L-酸
                                                                          分解
```

（2）酶解法。酶对反应底物有非常严格的立体选择性，利用酶和对映异构体反应速率的差别，可以达到拆分对映异构体的目的。例如，合成的消旋丙氨酸经乙酰化后，通过由猪肾内取得的一种酶，该酶水解 L 型乙酰丙氨酸的速率远远快于 D 型乙酰丙氨酸，从而可以得到 L-(+)-丙氨酸和 D-(−)-乙酰丙氨酸。二者在乙醇中的溶解度差别很大，可以很容易分开。

```
       H                          H                COOH           COOH
H₃C─C─COOH  ──乙酰化试剂→  H₃C─C─COOH  ──酶→  H₂N─┼─H    +    H─┼─NHCOCH₃
       NH₂                        NHCOCH₃          CH₃             CH₃
消旋丙氨酸                消旋乙酰丙氨酸         L-(+)-丙氨酸    D-(−)-乙酰丙氨酸
                                                 溶于乙醇         不溶于乙醇
```

（3）晶种结晶法。在热的外消旋体饱和溶液中，加入其中一种纯光学活性异构体的晶体，冷却到某一温度，因为其中一种异构体有晶种，会诱导这种异构体首先结晶出来；滤去晶体后，再将母液中的另外一种异构体结晶出来。这种拆分方法称为晶种结晶法。

（4）柱色谱法。利用具有光学活性的吸附剂，借助柱色谱法，由于对映异构体与光学活性吸附剂的吸附力不同，从而可以分别把它们洗脱出来，实现将一对对映异构体拆分的目的。

2. 不对称合成法

手性化合物也可以通过化学合成的方法来获得。在反应过程中因受分子内或分子外手性因素的影响，结果得到不等量的立体异构体的混合物，具有旋光活性。具体可分为以下四种：

（1）手性底物的不对称反应。从比较有限的光学活性天然产物出发，通过一系列立体专一性的反应得到光学活性的化合物。

（2）手性助剂的不对称反应。将手性助剂（手性辅基）提前安装在底物上，引入不对称因素使之成为光学活性底物，继而发生后续的立体选择性的反应，生成光学活性的化合物。

（3）手性试剂的不对称反应。底物中没有不对称因素，通过手性试剂的使用将底物转化为光学活性的产物。

（4）不对称催化反应。一般指利用合理设计的手性催化剂作为手性模板控制底物的对映面，将大量前手性底物选择性地转化成特定构型的产物，实现手性放大和手性增殖，是唯一具有手性放大作用的不对称合成方法。

> 前手性化合物的定义：前手性化合物是指在特定条件下能够转变为手性化合物的非手性分子。

习题

1. 请画出下列化合物的分子结构。
 （1）顺-1-乙基-2-甲基环丙烷　　（2）反-1,2-二甲基环丙烷
2. 请画出下列化合物的椅式构象的一对构象转换体。
 （1）乙基环己烷　　（2）溴代环己烷　　（3）环己醇
3. 请画出下列化合物的优势构象。

（1）$(H_3C)_3$ 和 C_2H_5 取代，含 OCH_3 的环己烷　（2）含 CH_3、CH_3、C_6H_5 的环己烷　（3）十氢萘含 H、Cl、H

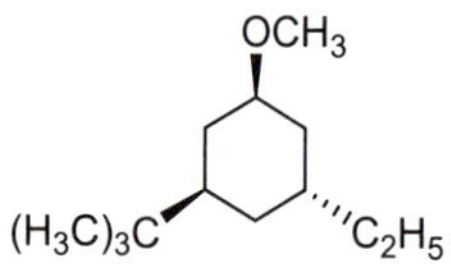

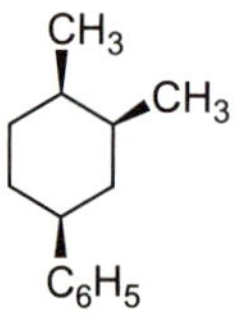

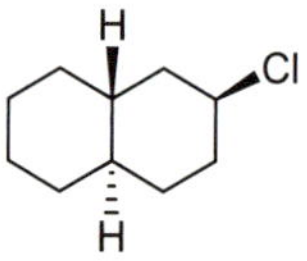

4. 请分别用伞形式、锯架式和纽曼投影式画出 1,3-二氯丙烷的优势构象。
5. 请用纽曼投影式画出下列结构式中围绕指出键旋转所产生的典型构象，并指出优势构象。

 （1）BrH_2C-CH_2Br　　（2）$(H_3C)_2HC-CH(CH_3)_2$　　（3）$H_3CH_2C-CH_2CH_3$

6. 请定性地画出 2-甲基戊烷中沿 C3-C4 键旋转的势能图，并画出图上各极值点的构象对应的纽曼投影式。
7. 下列化合物有几个对称面？

（1）HOOC、CH_3、CH_3、COOH 取代的烯烃　（2）H_3C、CH_3、HOOC、COOH 取代的烯烃　（3）$CHBr_3$ 型结构　（4）苯环

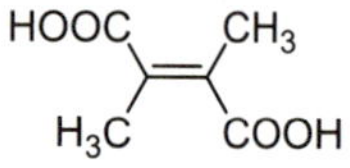

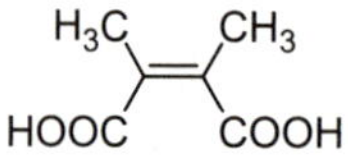

（5）H_3C、CH_3、H、H 取代的环丙烷　（6）甲基环己烷　（7）CCl_3-CCl_3 结构　（8）环己烷椅式

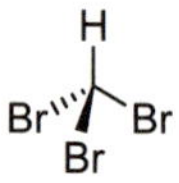

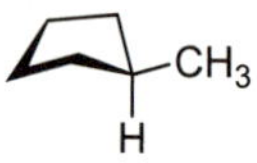

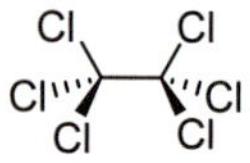

8. 下列化合物是否有旋光性？

（1） [structure: cyclohexane with 6 OH groups] （2） [structure: cyclohexane with two CH(CH₃)(CH₂CH₃) groups] （3） [structure: bicyclic with CH₃, OH groups]

（4） [structure: cyclohexane with CH₃ and Cl] （5） Ph(Cl)C=C=C(CH₃)(CH₃) （6） [structure: cyclohexane with Cl, CH₃, and =CHCONH₂]

（7） [ferrocene with S-t-Bu and PPh₂] （8） [biphenyl with OCH₃, OCH₃, COOH, EtO substituents]

9. 对于绘出的每对结构，请指出这两种物质属于同分异构体、对映异构体、非对映异构体，还是相同分子？

（1） [two Fischer projections with CH₃, Cl, H] （2） [two Fischer projections with CH₃, F, Cl, H]

（3） [two Fischer projections with CH₃/CH₂F, F, Cl, H] （4） [two Fischer projections with CH₃, F, Cl, H]

（5） [two sawhorse projections with H, Br, CH₃, Cl] （6） [two sawhorse projections with H, Br, CH₃, Cl]

（7） [two sawhorse projections with H, Br/Cl, CH₃] （8） [two sawhorse projections with H, Br, CH₃]

10. 写出下列四式的关系，并标明分子中不对称碳原子的构型。

(A) [Fischer: CH₃/Cl-H/H₃C-Br/C₂H₅] (B) [Fischer: H/Cl-CH₃/Br-C₂H₅/CH₃] (C) [Newman projection with CH₃, Cl, Br, C₂H₅, H] (D) [wedge structure with H₃C, C₂H₅, CH₃, Cl, Br]

11. 写出(2R,3S)-3-溴-2-碘戊烷的 Fischer 投影式，并写出其优势构象的锯架式、伞形式及纽曼投影式。

12. 判断下列化合物中的立体中心，并指定其构型（R 或 S）。

（1） [structure with H₃C, CH₃, CH₃] （2） [structure: H₃C-CH(OH)-CH₂CH₃] （3） [structure: CH₃-CHCl-CH₂-CH₂Br] （4） [structure with CH₃, OH, F, F, propyl]

（5） [H₃C-CO-CH(OH)-CH₃] （6） [cyclopentane with Cl, CH₃, CH₃] （7） [cyclohexanone with NH₂] （8） [cyclohexanone with CH₃, OCH₃, OCH₃]

13. 下列哪些化合物不是内消旋化合物？

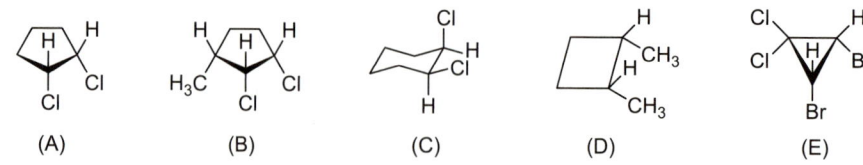

14. 吗啡是由德国化学家泽尔蒂纳1806年从鸦片中分离出来的生物碱。吗啡及其衍生物是临床解除剧烈疼痛的主要药物，是全世界使用量最大的强效镇痛剂。但其最大缺点是易成瘾。下图给出了吗啡的结构。请找出所有的立体中心并标注构型（ R 或 S ）。

本章习题
参考答案

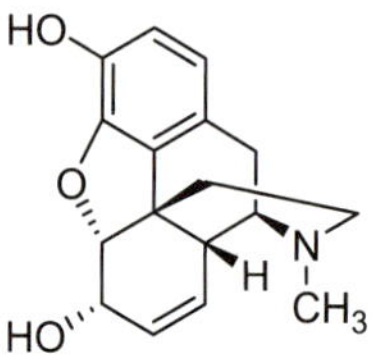

吗啡

（本章编者　张扬会、杨泽鹏、李燕）

第三章

烷　烃

3.1	烷烃的同分异构现象 …………… 67	3.6 链烷烃的来源、制备与用途 ……… 79
3.2	烷烃的命名 …………………… 69	3.7 环烷烃……………………………… 81
3.3	链烷烃的结构与构象 …………… 75	3.8 化学反应平衡与反应速率 ……… 83
3.4	链烷烃的物理性质 ……………… 76	习题 ………………………………… 92
3.5	链烷烃的化学性质 ……………… 77	

　　分子中只有碳和氢两种元素组成的有机化合物称为烃，也称碳氢化合物（hydrocarbon）。根据传统的有机化合物的分类方法，烃又被分为链状烃和环状烃。链状烃是指分子中碳原子之间以链状的方式相连接形成的烃，也称链烃或脂肪烃。而环状烃则是指分子中碳原子之间以首尾相连的方式成环形成的烃，也称环烃，包括脂环烃和芳香烃。

　　根据链烃分子中碳原子之间的成键方式，链烃可以分为饱和烃和非饱和烃。饱和烃又称烷烃（alkane），包括饱和脂肪烃和饱和脂环烃，即链烷烃（acyclic alkane）和环烷烃（cycloalkane）。非饱和烃包括烯烃（alkene）、炔烃（alkyne）和芳香烃（aromatic hydrocarbon）等。

　　链烷烃的通式为 C_nH_{2n+2}，其中 n 代表碳原子的数量。这类烷烃分子中的碳原子通过碳碳单键相连，其余价键都与氢结合。环烷烃分子中至少含有一个环状结构，这种结构通过碳碳单键形成，单环烷烃的通式为 C_nH_{2n}。环烷烃可以根据环的大小进一步细分为小环（三、四元环）、普通环（五至七元环）、中环（八至十一元环）和大环（十二元环以上）。按照环的结合方式分类，两个环共用一个碳原子的称为螺环烷烃；两个环共用两个及两个以上碳原子的称为桥环烷烃。

3.1　烷烃的同分异构现象

　　最简单的烷烃是甲烷（methane），分子式是 CH_4；其次是乙烷（ethane），分子式是 C_2H_6；再次是丙烷（propane），分子式是 C_3H_8。由此可以看出，随着烷烃分子中碳原子数目的增加，氢原子的数目也呈现有规律性的增加，即每增加一个碳原子，同时增加两个氢原子，相邻分子间的分子组成相差一个 CH_2。因此，可以用通式 C_nH_{2n+2}（$n \geq 1$）来表示烷烃这一系列化合物的分子组成。

　　这些结构相似、在分子组成上相差一个或若干个 CH_2 的化合物，能够组成一个系列，我们将这个系列称作烷烃的同系列，这个系列中的化合物互称为同系物，其中 CH_2 称为系列差。甲烷、乙烷和丙烷的结构式和结构模型分别表示如下：

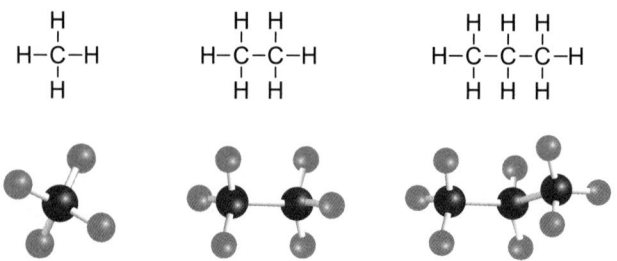

由上面的结构式不难看出,当分子中碳原子数目增加到 4 个及 4 个以上时,碳和碳原子之间的连接就会出现多种方式。例如,分子式为 C_4H_{10} 的丁烷(butane)就存在直链和支链两种碳架结构,它们的结构式分别如下:

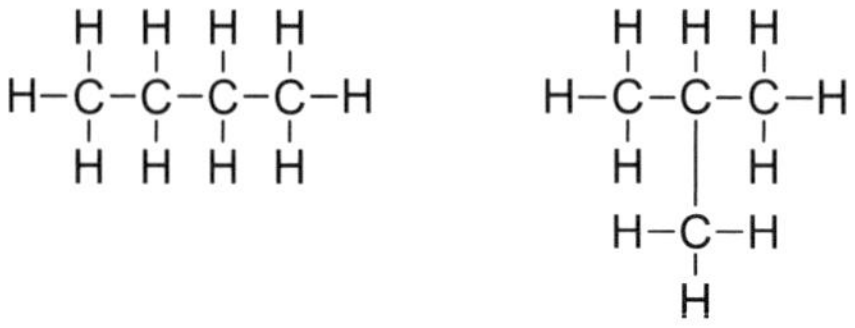

有机分子中各原子的结合称为分子的结构,分子的结构包括构造、构型和构象三个层次。化合物具有相同的分子式,但具有不同的结构和性质的现象称为同分异构现象(isomerism)。具有同分异构现象的化合物互称为同分异构体(isomer)。具有相同分子组成的化合物,可以具有不同的原子连接方式,这种现象称为构造异构(constitutional isomerism)。有机化合物的构造异构多种多样,包括碳架异构、位置异构、官能团异构和互变异构等。其中,由碳原子之间相互连接方式不同而引起的构造异构是最基本的,也是最常见的,这种异构现象常称为碳架异构。例如,分子式为 C_5H_{12} 的戊烷(pentane)的碳架异构同分异构体有三种:

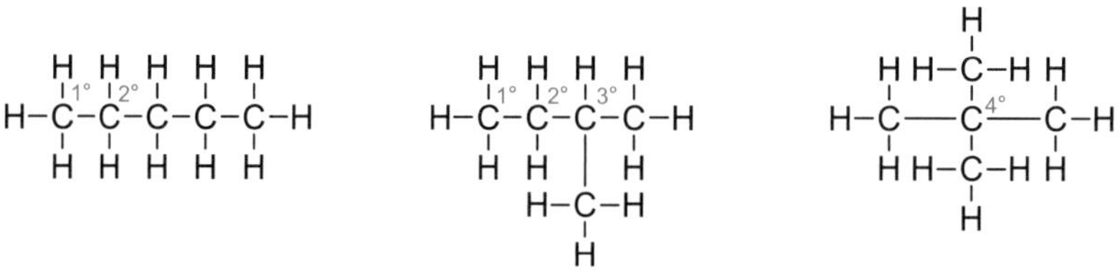

a   b   c

随着烷烃分子中碳原子数目的增加,其碳架异构体的数量也随之增加,而且会变得越来越复杂。如果把戊烷的三种同分异构体分别标记为 a, b 和 c,那么,异构体 a 只是碳原子和碳原子之间相互依次连接起来,没有任何支链;异构体 b 出现了一个支链;异构体 c 则出现了两个支链。从戊烷的三种同分异构体中可以发现,一个碳原子可以分别与另外一个、两个、三个或四个碳原子相连,形成四种不同类型的碳原子。为了区分这几种类型的碳原子,将与一个碳原子相连的碳称为伯碳(或者一级碳,primary carbon),用 1° C 表示,伯碳上所连的氢称为伯氢(primary hydrogen),用 1° H 表示;与两个碳原子相连的碳称为仲碳(secondary carbon),用 2° C 表示,仲碳上所连的氢称为仲氢(secondary hydrogen),用 2° H 表示;与三个碳原子相连的碳称为叔碳(tertiary carbon),用 3° C 表示,叔碳上所连的氢称为叔氢(tertiary hydrogen),用 3° H 表示;与四个碳原子相连的碳称为季碳(quaternary carbon),用 4° C 表示。

同时,我们也可以看出,在烷烃分子中伯碳和三个氢原子相连接,由一个碳原子和三个氢原子相连组成的原子团表示为"CH_3",称为甲基(methyl),它也可以被理解为从甲烷分子中去掉一个氢原子后剩余的部分。仲碳和两个氢原子相连,由碳原子和两个氢原子相连组成的原子团可以表示为"CH_2",将 $-CH_2-$ 称为甲叉基(methanediyl 或 methylene),与其相

似的 H₂C= 称为甲亚基（methylidene）。叔碳和一个氢原子相连接，碳原子和一个氢原子相连接组成的原子团，$-\underset{H}{\overset{|}{C}}-$ 称为甲爪基（methanetriyl），与之相似的 ≡CH 称为甲次基（methylidyne），-CH= 称为甲基亚基（methanylylidene）。在这里，我们将从烷烃分子中去掉一个氢原子后所剩余的部分，称为烷基（alkyl），其通式为 $C_nH_{2n+1}-$，常用"R-"表示。

3.2 烷烃的命名

随着烷烃分子中碳原子数目的增加以及同分异构体数目的增多，烷烃的命名显得尤为重要。烷烃的命名方式通常有两种，一种是普通命名法，另一种是系统命名法。

3.2.1 链烷烃的普通命名法

普通命名法也叫习惯命名法，就是用甲、乙、丙、丁、戊、己、庚、辛、壬和癸来分别表示碳原子数目从一到十的烷烃名称，碳原子数目从十一开始就用十一、十二、十三等数字依次来表示，并将其称为"某烷"。这种命名方法通常只适合于含有碳原子数目较少和结构较为简单的烷烃。

在上述戊烷的三种同分异构体中，分子中碳原子的数目都是五个，它们在结构上的区别在于是否含有支链以及含有支链数目的不同。因此，为了区分这些同分异构体，我们将不含有任何支链的戊烷称为正戊烷（n-pentane）；含有一个支链的戊烷称为异戊烷（isopentane）；含有两个支链的戊烷称为新戊烷（neopentane），分别用正（n-）、异（iso-）和新（neo-）词头来加以区分。

分子中含有碳原子数目较少和结构较为简单的烷烃能够通过这种方法进行命名和区分。但是，随着烷烃分子中碳原子数目的增多，异构体的数目和分子结构的复杂程度都会显著增加（如表 3-1 所示）。

表 3-1 不同烷烃分子同分异构体的数目

分子式	名称	同分异构体的数目	分子式	名称	同分异构体的数目
CH_4	甲烷	1	C_8H_{18}	辛烷	18
C_2H_6	乙烷	1	C_9H_{20}	壬烷	35
C_3H_8	丙烷	1	$C_{10}H_{22}$	癸烷	75
C_4H_{10}	丁烷	2	$C_{11}H_{24}$	十一烷	159
C_5H_{12}	戊烷	3	$C_{15}H_{32}$	十五烷	4347
C_6H_{14}	己烷	5	$C_{20}H_{42}$	二十烷	366319
C_7H_{16}	庚烷	9	$C_{40}H_{82}$	四十烷	62491178805831

这时，如果再继续使用习惯命名法命名烷烃，显然会遇到一些问题，故必要用另一种命名方法来命名烷烃，即系统命名法。

3.2.2 链烷烃的系统命名法

系统命名法采用的是国际上通用的 IUPAC（International Union of Pure and Applied Chemistry）命名法。结合这个命名的原则和中文构词习惯，我国制定了有机化合物系统命名法。根据中国化学会《有机化合物命名原则》(2017)，烷烃的系统命名包括以下原则和步骤。

(1) 确定主链。选择链烷烃分子中最长的碳链作为主链，根据主链碳原子数目的多少称其为"某烷"，而连接在主链以外的部分均称为支链。如上述戊烷的三种同分异构体a、b和c分子中的最长碳链分别有5，4和3个碳原子，而在戊烷这三种同分异构体中只有b和c含有支链，且分别含有一个和两个支链。

(2) 主链编号。对主链上的碳原子进行编号，从主链上距离支链最近的一端将主链碳原子按照阿拉伯数字从小到大的顺序依次进行编号，即"最低位次规则"，支链在分子结构中所在的位置就是其所连接的主链碳原子的序号。

当支链距离主链两端的碳原子距离相同时，编号使用"最低位次组规则"。具体为，当支链从不同方向编号存在几种不同编号可能时，选择使取代基具有"最低位次"的编号，即各组数字由小及大排列，由首位开始，顺序依次比较取代基在几种编号系列中的位次至分出大小，小者位次组优先，取此系列的编号为主链编号。另外，如果备选的位次组相同，则以取代基英文字母的先后依次排序编号。

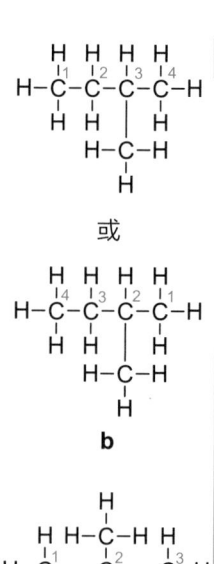

(3) 组名。烷烃的系统名由"取代基名+主链烷烃名"组成。在命名时，如主链上含有相同取代基，用阿拉伯数字逐一注明取代基所在的位置，阿拉伯数字之间用逗号隔开，同时，还要用大写数字（二、三等）表示相同取代基的数目，并且用"-"连接阿拉伯数字和取代基的数目，然后是取代基的名称和某烷。

例如，戊烷的同分异构体b中，无论是按照横向选择还是从下至上进行选择，主链都是含有四个碳原子，即只含有一个主链，按照系统命名法规则(1)应该将其称为"丁烷"。而支链所在位置的确定，如果从左边开始给主链碳原子进行编号，那么支链就应该连接在主链的第三个碳原子上，这显然违背了命名原则(2)。因为，支链距离主链右端的碳原子最近，即支链连接在主链碳原子右端第二个碳原子上。因此，戊烷同分异构体b按照系统命名法的正确命名应该是2-甲基丁烷。

在戊烷的同分异构体c中，无论怎么选择主链，其主链都只含有三个碳原子，因而，应将其称为"丙烷"。但其主链上含有两个支链，且两个支链距离主链两端碳原子的距离相同，无论从哪一端给主链碳原子进行编号，支链都是连接在主链第二个碳原子上。所以，戊烷同分异构体c按照系统命名法命名是2,2-二甲基丙烷。

如下所示，癸烷（decane）的一种同分异构体，其分子中含有十个碳原子。根据上述命名原则，其主链含有七个碳原子，同时还含有三个支链，而且每个支链都是一个甲基。从支链距离主链两端碳原子的情况来看，有两个支链都连接在距离主链两端的第二个碳原子上，但是，如果从主链的右端给其碳原子进行编号，那么支链就分别连接在主链2，3和6号碳原子上；如果从主链的左端给其碳原子进行编号，那么支链就分别连接在主链序号为2，5和6的碳原子上。按照系统命名法最低位次组规则，这一烷烃的正确命名是2,3,6-三甲基庚烷，而不是2,5,6-三甲基庚烷。

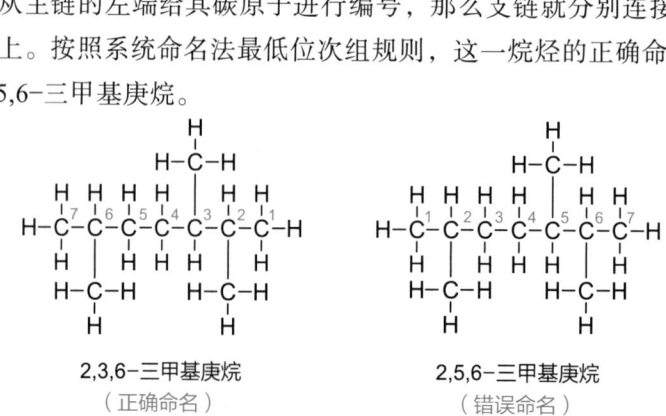

2,3,6-三甲基庚烷　　　　2,5,6-三甲基庚烷
（正确命名）　　　　　　（错误命名）

以上讨论的是结构简单的链烷烃的命名，下面给出结构较为复杂的链烷烃的命名。

如果主链碳原子上连接有不同取代基，将取代基的名称按照基团的英文名称由首字母开始，按照字母顺序由 A 到 Z 依次比较，命名时排在前的先列出，依次写出取代基的名称。

取代基的命名，主要有如下 3 种方法：

（a）普通命名法是按俗名后加"基"的方式进行，英文名称则使用 -yl 替代烷烃命名中的 -ane 后缀。如异丙基（isopropyl）、正丁基（n-butyl）、仲丁基（sec-butyl）、异丁基（isobutyl）、叔丁基（$tert$-butyl）以及新戊基（neopentyl）等，"正"字常省略。

（b）系统命名法以游离碳原子为碳链起点，选取最长的碳链为取代基母体，并给予编号 1，母体上的支链作为取代基。取代基母体英文名称，使用后缀 -yl 代替相应烷烃的 -ane 后缀。如叔丁基按此方法可命名为 1,1-二甲基乙基，其英文名称为 1,1-dimethylethyl。

（c）系统命名方法还可以以包含游离碳原子的最长碳链为母体，并给予含游离碳原子尽可能小的编号，命名时在后缀"基"前加位次的编号，取代基母体上的其他支链按取代基处理。在英文名称中，使用 -yl 后缀代替取代基母体名称后缀 -ane 中的 e。如叔丁基按此方法可命名为 2-甲基丙-2-基，英文命名为 2-methylpropan-2-yl。

一般而言，取代基的命名方法的选择应以"从简"为原则。

常见的甲基、乙基、丙基和丁基按照丁基（butyl）、乙基（ethyl）、甲基（methyl）、丙基（propyl）的顺序列出。需要注意的是，表示相同取代基个数的二、三、四词缀 di、tri、tetra 等不在取代基排序时考虑，但是被置于括号内作为单一取代基名称之中的 di、tri 等要考虑参与排序，如（1,1-dimethylpropyl）就要放在 ethyl 之前；如果取代基英文名称完全相同，位次数字小的放在前面，如 1-methylpropyl 放在 2-methylpropyl 之前。表 3-2 给出了常见取代基的中英文命名。

表 3-2 常见取代基的中英文命名

取代基	方法	中文命名	英文名称（缩写）
CH_3-	（a）	甲基	methyl（Me）
CH_3CH_2-	（a）	乙基	ethyl（Et）
$CH_3CH_2CH_2$-	（a）	丙基	propyl（Pr）
$CH_3CH_2CH_2CH_2$-	（a）	丁基	butyl（Bu）
$CH_3CH(CH_3)$-	（a）	异丙基	isopropyl
	（b）	1-甲基乙基	1-methylethyl
	（c）	丙-2-基	propan-2-yl
$CH_3CH_2CH(CH_3)$-	（a）	仲丁基	sec-butyl
	（b）	1-甲基丙基	1-methylpropyl
	（c）	丁-2-基	butan-2-yl
$CH_3CH(CH_3)CH_2$-	（a）	异丁基	isobutyl
	（b）	2-甲基丙基	2-methylpropyl
$(CH_3)_3C$-	（a）	叔丁基	$tert$-butyl
	（b）	1,1-二甲基乙基	1,1-dimethylethyl
	（c）	2-甲基丙-2-基	2-methylpropan-2-yl
$CH_3(CH_2)_3CH_2$-	（a）	戊基	pentyl
$(CH_3)_2CHCH_2CH_2$-	（a）	异戊基	isopentyl
	（b）	3-甲基丁基	3-methylbutyl
$CH_3CH_2C(CH_3)_2$-	（a）	叔戊基	$tert$-pentyl
	（b）	1,1-二甲基丙基	1,1-dimethylpropyl
	（c）	2-甲基丁-2-基	2-methylbutan-2-yl
$(CH_3)_3CCH_2$-	（a）	新戊基	neopentyl
	（b）	2,2-二甲基丙基	2,2-dimethylpropyl

注：表格中按方法（a）命名的俗名在《有机化合物命名原则》（2017）中均可使用。英文取代基中，斜体字部分的字母不参与排序；iso-、neo- 等字头参与排序。

根据以上命名规则，下面化合物的正确名称应该是 6-乙基-2,3-二甲基辛烷。该烷烃是主链含有八个碳原子的取代辛烷（octane），主链上含有的两个甲基和一个乙基作为支链。

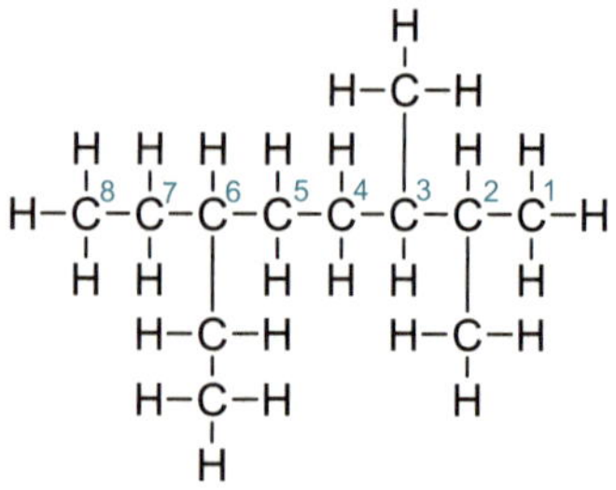

6-乙基-2,3-二甲基辛烷

下面是十八烷（octadecane）的一种同分异构体，其主链是含有十个碳原子的烷烃，在主链 2 和 7 号碳原子上分别连有一个甲基和两个甲基，而主链 C6 上却连接一个较为复杂的取代基，按照上述命名原则，该烷烃的正确命名是 6-(1,2-二甲基丙基)-2,7,7-三甲基癸烷。

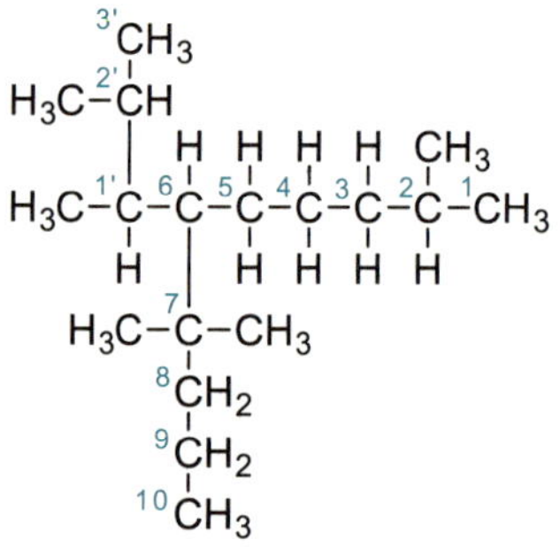

6-(1,2-二甲基丙基)-2,7,7-三甲基癸烷

一种含有支链的取代庚烷的结构式如下，符合上述命名规则的名称有三种。

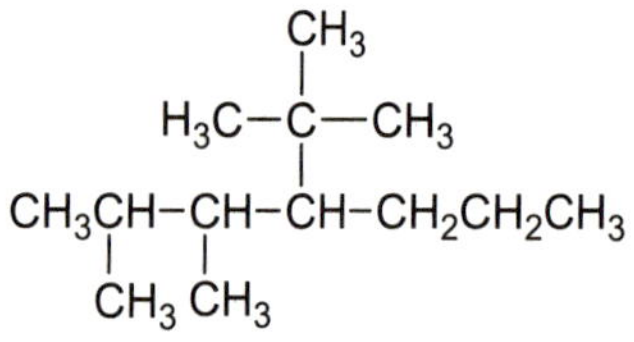

(a) 4-叔丁基-2,3-二甲基庚烷
    4-*tert*-butyl-2,3-dimethylheptane
(b) 4-(1,1-二甲基乙基)-2,3-二甲基庚烷
    4-(1,1-dimethylethyl)-2,3-dimethylheptane
(c) 2,3-二甲基-4-(2-甲基丙-2-基)庚烷
    2,3-dimethyl-4-(2-methylpropan-2-yl)heptane

如果在选择主链时，出现两个或多个含有相同碳原子的主链，以选择含有最多取代基数目的碳链作为主链，编号遵循最低位次组规则。

下面是十三烷（tridecane）的一种同分异构体，在选择主链时，就出现了两条八个碳原子的主链。如果按照(i)方式选择主链，则在主链 2、3 和 7 号碳原子上共连接有四个取代基；如果按照(ii)方式选择主链，则在主链 3 和 7 号碳原子上共连接两个取代基。根据命名原则，正确的命名应该选择前者，即这一烷烃的正确名称是 3-乙基-2,2,7-三甲基辛烷。

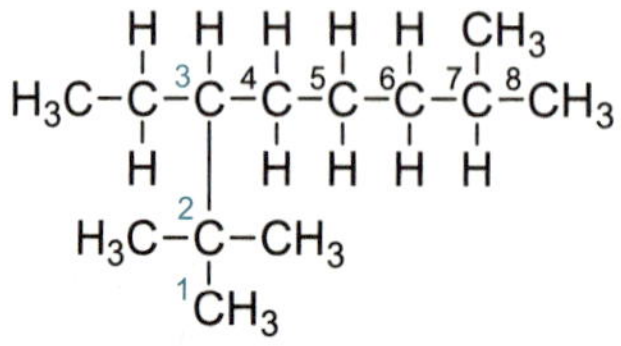

(i)方式选择主链
（正确选择）

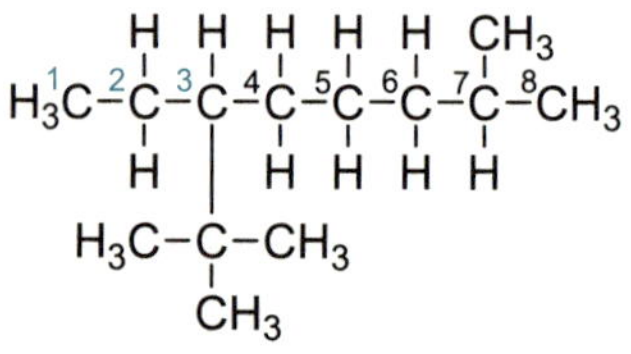

(ii)方式选择主链
（错误选择）

总的来说，命名链烷烃的步骤为
（1）选择主链。①最长的碳链；②取代基数目最多的链；③所有取代基的数字位次组最低的链。
（2）按照编号规则和最低位次组原则，对主链进行编号。
（3）将取代基的名称按照英文字母先后顺序，依次写出取代基的名称。
（4）将表示基团位次的阿拉伯数字插入代表它们的名称之前。
（5）写出化合物的完整名称。

3.2.3 环烷烃的命名

1. 单环烷烃的命名

单环环烷烃的分子通式是 C_nH_{2n}（$n \geqslant 3$），其命名与链烷烃的命名基本相同，只是在烷烃的名称前加一个"环"字。如果环上连有两个或两个以上的取代基，首先要求取代基编号遵循最低位次组规则，如果备选的位次组相同，则以取代基英文字母的先后依次排序编号。

下面分别是环丙烷、环丁烷、环戊烷和环己烷的结构简式和键线式。

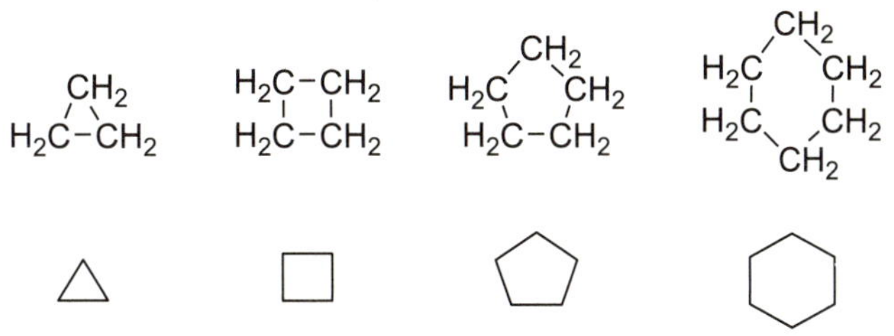

下面取代环烷烃的命名分别是

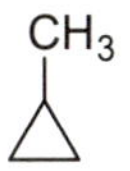

甲基环丙烷 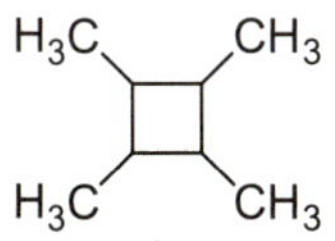　　　　1,2,3,4-四甲基环丁烷 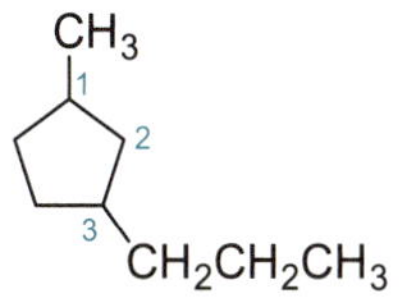　　　　1-甲基-3-丙基环戊烷

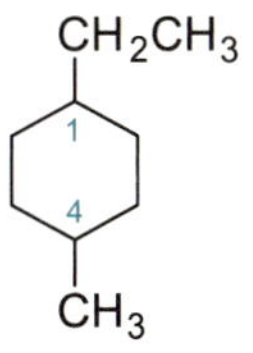

1-乙基-4-甲基环己烷 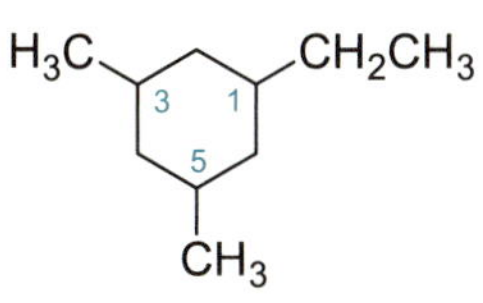　　　1-乙基-3,5-二甲基环己烷 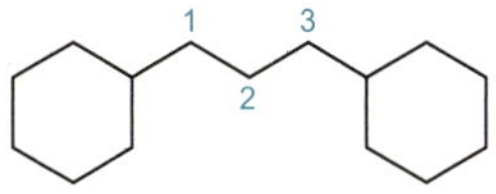　　　1,3-二环己基丙烷

这些化合物中，1-乙基-4-甲基环己烷中乙基和甲基分别编在 1 和 4 号位，因为 ethyl 排序优先于 methyl，所以，书写时乙基在前，甲基在后，其名称为 1-乙基-4-甲基环己烷，而不是 1-甲基-4-乙基环己烷。1,3-二环己基丙烷的命名以丙烷作为母体，环己基作为取代基。

在单环烷烃分子中，由于碳环结构的存在，在一定程度上限制了环上碳碳单键的自由旋转。当碳环上连有取代基时，就存在顺反异构现象。如 1,2-二甲基环丙烷就有顺式和反式两种异构体存在（见侧栏）。

随着环上碳原子数目的增加和取代基的增多，环烷烃顺反异构体的数量也会相应地增多。如 1,2,3,4-四甲基环丁烷就有四种顺反异构体。

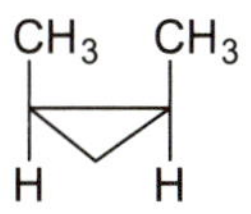

顺-1,2-二甲基环丙烷

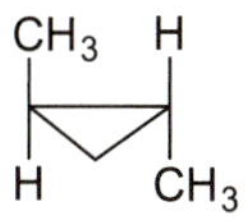

反-1,2-二甲基环丙烷

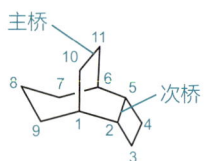

然而，当相同的取代基连在同一个碳原子上时，可能的顺反异构体的数量就会减少。

2. 桥环烷烃的命名

桥环烷烃是指环与环之间共用两个或多个碳原子的多环烷烃，共用的碳原子称为桥头碳，两个桥头碳之间可以是一根键或者碳链，称为桥。例如，二环[1.1.0]丁烷中，两个环共用两个碳原子（C1 和 C3 为桥头碳，C1-C3 键为桥）；二环[3.2.1]辛烷中，两个环共用三个碳原子（C1 和 C5 为桥头碳，C1-C8-C5 键为桥）。

二环[1.1.0]丁烷　　二环[3.2.1]辛烷　　三环[4.3.2.0^{2,5}]十一烷　　三环[2.2.1.0^{2,6}]庚烷　　2,7,7-三甲基二环[2.2.1]庚烷

bicyclo[1.1.0]butane　　bicyclo[3.2.1]octane　　tricyclo[4.3.2.0^{2,5}]undecane　　tricyclo[2.2.1.0^{2,6}]heptane　　2,7,7-trimethylbicyclo[2.2.1]heptane

桥环烷烃的命名步骤如下：

（1）确定母体烃的名称。根据成环碳原子的数目而定。

（2）确定环数。环数等于把化合物切开成开链烃的最少切割次数。

（3）确定主环。碳原子数最多的环为主环。

（4）确定主桥。主环内最长的桥是主桥，其他桥是次桥。若最长的桥有两个或多个时，要选择较对称地分割主环的桥为主桥。

（5）编号。从主桥的一个桥头开始编号，沿碳原子多的一半到另一个桥头，再编另一半到起点。环编完后，接着编长桥上的碳原子，再编次桥上的碳原子。

（6）确定方括号内的数字，标明结构。在方括号内，依次写上主桥两侧的碳原子数，不包括桥头碳，先多后少，主桥的碳原子数，各次桥的碳原子数。次桥的碳原子数的右上方要写上环与次桥相连的碳原子编号。

（7）写出母体的名称。"环数 + 带有数字的方括号 + 母体烃名称"三部分共同组成桥环烷烃母体的名称。

若有取代基，取代基的编号和名称放在母体前；如果分子中有手性碳原子，标出其立体构型。

对于一些结构复杂的桥环烷烃，常用俗名，如立方烷和金刚烷。

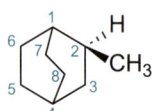 

(2S)-2-甲基二环[2.2.2]辛烷　　　　　　五环[4.2.0.0^{2,5}.0^{3,8}.0^{4,7}]辛烷　　　　　　三环[3.3.1.1^{3,7}]癸烷

(2S)-2-methylbicyclo[2.2.2]octane　　pentacyclo[4.2.0.0^{2,5}.0^{3,8}.0^{4,7}]octane　　tricyclo[3.3.1.1^{3,7}]decane

　　　　　　　　　　　　　　　　　　　　　　　立方烷　　　　　　　　　　　　　　　金刚烷

3. 螺环烷烃的命名

单环之间共用一个碳原子的多环烷烃为螺环烷烃，共用的碳原子称为螺原子。

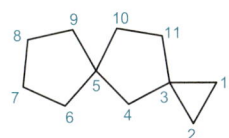
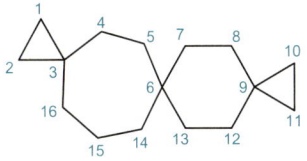

| 螺[5.5]十一烷 | 螺[2.4]庚烷 | 二螺[2.1.4⁵.2³]十一烷 | 三螺[2.2.2.2⁹.2⁶.3³]十六烷 |

螺[5.5]十一烷　　　螺[2.4]庚烷　　　二螺[2.1.4^5.2^3]十一烷　　　三螺[2.2.2.2^9.2^6.3^3]十六烷

spiro[5.5]undecane　　spiro[2.4]heptane　　dispiro[2.1.4^5.2^3]undecane　　trispiro[2.2.2.2^9.2^6.3^3]hexadecane

螺环烷烃的命名步骤如下：

（1）确定母体烃的名称。根据成环碳原子的数目确定母体烃的名称。

（2）确定螺数。根据螺原子的个数分为单螺、二螺、三螺等。

（3）编号。编号从较小环中与端螺原子相邻的碳原子开始，沿多环的边使所有的螺原子位号都尽可能小的路径编号。

（4）标明结构。确定方括号内的数字，顺着环的编号次序，用数字表明螺原子之间的碳原子数目，依次写在方括号内。对于含三个及以上螺原子的螺环体系，每当一个螺原子被再次涉及时，则将该螺原子的编号以上标方式标注在与其再次相连时的链原子数目上。

（5）写出母体的名称。"螺数+带有数字的方括号+母体烃名称"三部分共同组成母体的名称。

同样，若有取代基，取代基的编号和名称放在母体前；如果分子中有手性碳原子，标出其立体构型。

(1R,3S,4S,6S,7R)-1-乙基-1,3,7-三甲基二螺[3.1.5^6.2^4]十三烷

(1R,3S,4S,6S,7R)-1-ethyl-1,3,7-trimethyldispiro[3.1.5^6.2^4]tridecane

当桥环、螺环烃类化合物的备选位次组相同时，同样遵守最低位次组规则。另外，当同时存在碳链和碳环时，选取含尽可能多取代基的碳链（环）为主链（环），其次兼顾取代基的位次小和英文字母顺序排前规则。

2-乙基-5-甲基二环[2.2.1]庚烷　　　1,1-二乙基-4,4,7-三甲基螺[4.4]壬烷

2-ethyl-5-methylbicyclo[2.2.1]heptane　　　1,1-diethyl-4,4,7-trimethylspiro[4.4]nonane

3.3 链烷烃的结构与构象

甲烷和乙烷的结构见 1.3.4 小节。在链烷烃分子中，碳原子均采取 sp^3 杂化，呈现四面体构型，轨道对称轴夹角为 109°。这就决定了烷烃分子中的碳碳键不是直线形排布的，而是呈

锯齿状排布。

链烷烃的构象分析见 2.1.1 小节。

3.4 链烷烃的物理性质

烷烃的物理性质一般随着相对分子质量的增加而呈现规律性变化（表 3-3）。

表 3-3 烷烃的物理性质

名 称	结构式	熔点/°C	沸点/°C	相对密度（20 °C）
甲 烷	CH_4	−182	−164	0.466（−164 °C）
乙 烷	CH_3CH_3	−172	−88.6	0.572（−100 °C）
丙 烷	$CH_3CH_2CH_3$	−187.1	−42.1	0.5853（−45 °C）
丁 烷	$CH_3CH_2CH_2CH_3$	−138.4	−0.5	0.5788
戊 烷	$CH_3(CH_2)_3CH_3$	−129.7	36.1	0.6262
己 烷	$CH_3(CH_2)_4CH_3$	−95	68.9	0.6603
庚 烷	$CH_3(CH_2)_5CH_3$	−90.6	98.4	0.6837
辛 烷	$CH_3(CH_2)_6CH_3$	−56.8	125.7	0.7025
壬 烷	$CH_3(CH_2)_7CH_3$	−51	150.8	0.7176
癸 烷	$CH_3(CH_2)_8CH_3$	−29.7	174.1	0.73
十一烷	$CH_3(CH_2)_9CH_3$	−25.6	195.9	0.7402
十二烷	$CH_3(CH_2)_{10}CH_3$	−9.6	216.3	0.7484
十三烷	$CH_3(CH_2)_{11}CH_3$	−5.5	235.4	0.7564
十四烷	$CH_3(CH_2)_{12}CH_3$	5.9	253.7	0.7628
十五烷	$CH_3(CH_2)_{13}CH_3$	10	270.6	0.7685
十六烷	$CH_3(CH_2)_{14}CH_3$	18.2	287	0.7733
十七烷	$CH_3(CH_2)_{15}CH_3$	22	301.8	0.778
十八烷	$CH_3(CH_2)_{16}CH_3$	28.2	316.1	0.7768
十九烷	$CH_3(CH_2)_{17}CH_3$	32.1	329.7	0.7774
二十烷	$CH_3(CH_2)_{18}CH_3$	36.8	343	0.7886

烷烃的沸点随着相对分子质量的增加而升高。在室温下，在烷烃同系列化合物中，前四种烷烃都是气体，从戊烷开始变为液体，而到了十八烷以上就变为固体了。非极性分子的沸点与分子间的范德华力大小有关。而烷烃是典型的非极性分子，所以，烷烃分子之间的吸引力主要是范德华力。对正烷烃来说，随着相对分子质量的增加，分子之间的接触面积增大，从液体转变为气体，所需要的能量也增多，所以，烷烃的沸点呈现上述的变化规律（图 3-1）。化合物的熔点高低除了与分子间作用力有关外，也与分子在晶格中的排列有关，分子的对称性越好，其晶格能越大，熔点越高。正烷烃中，含偶数碳原子的分子的对称性比含奇数碳原子的分子的对称性好，烷烃的熔点随相对分子质量的增加而呈现规律性升高，并且偶数烷烃的熔点升高得略多一些（图 3-2）。烷烃的密度都小于水的密度，但随着相对分子质量的增加，其密度也随之增大。烷烃分子没有极性或者仅有很微弱的极性，所以，烷烃不溶于水或其他强极性溶剂中，易溶于乙醚、氯仿、四氯化碳和苯等弱极性溶剂中。

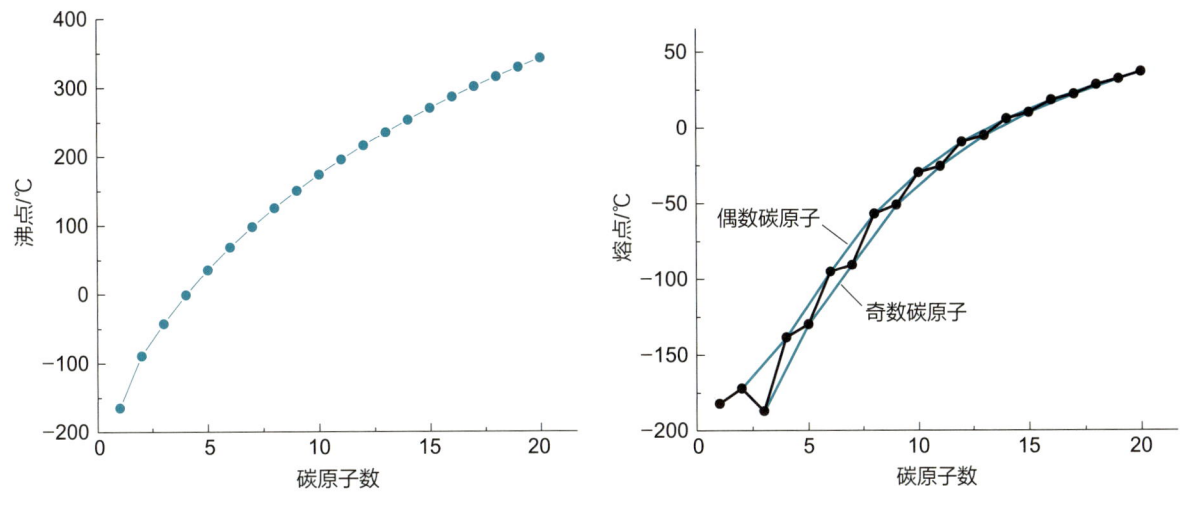

图 3-1　直链烷烃的沸点与碳原子数的关系　　　图 3-2　直链烷烃的熔点与碳原子数的关系

烷烃同分异构体的沸点也存在一些规律性变化（表 3-4）。在同分异构体中，随着支链的增多，沸点呈现下降的趋势。这主要是支链的增多使得分子间的吸引力即范德华力被削弱，从而导致沸点降低。

表 3-4　烷烃同分异构体的沸点

名　称	结构简式	沸点/°C
正丁烷	$CH_3CH_2CH_2CH_3$	-0.5
异丁烷	$(CH_3)_2CHCH_3$	-10.2
正戊烷	$CH_3(CH_2)_3CH_3$	36.1
异戊烷	$(CH_3)_2CHCH_2CH_3$	27.9
新戊烷	$C(CH_3)_4$	9.5
正己烷	$CH_3(CH_2)_4CH_3$	68.9
2-甲基戊烷	$CH_3(CH_2)_2CH(CH_3)CH_3$	60.3
3-甲基戊烷	$CH_3CH_2CH(CH_3)CH_2CH_3$	63.3
2,2-二甲基丁烷	$CH_3CH_2C(CH_3)_2CH_3$	49.7
2,3-二甲基丁烷	$CH_3CH(CH_3)CH(CH_3)CH_3$	58.0

3.5　链烷烃的化学性质

物质结构决定其化学性质。烷烃同系列化合物具有相似的化学结构，因而也就具有相似的化学性质。从烷烃的化学结构可以看出，烷烃分子中仅含有碳碳单键和碳氢键，其键能都较大，而且，烷烃是没有极性的分子，极化度极小。因此，一般情况下，烷烃的化学性质比较稳定，不易发生化学反应。但在一些特定条件下，烷烃可以和一些试剂发生化学反应。

3.5.1　卤化反应（自由基取代反应）

烷烃分子中的氢原子被卤素原子所取代的反应称为卤化反应。显然，若被氯原子或溴原子所取代，则称为氯化反应或溴化反应。卤素与烷烃的取代反应生成一卤代产物和多卤代产物。卤素与烷烃反应的活性顺序是 $F_2 > Cl_2 > Br_2$，碘通常不与烷烃反应。除氟外，氯和溴在室温黑暗处与烷烃很难发生反应,但在日光或紫外光照射下,或者在高温条件下,氯和溴易与烷烃发生取代反应,有时发生剧烈反应,甚至发生爆炸。例如,甲烷和氯气在光或热的条件下,首先生成一氯甲烷和氯化氢。

$$CH_4 + Cl_2 \xrightarrow{漫射光} CH_3Cl + HCl$$
一氯甲烷

然而,甲烷和氯气的取代反应很难停留在一取代反应上,生成的一氯甲烷会继续和氯气反应,常常会生成四种取代产物的混合物。

$$CH_3Cl + Cl_2 \xrightarrow{漫射光} CH_2Cl_2 + HCl$$
二氯甲烷

$$CH_2Cl_2 + Cl_2 \xrightarrow{漫射光} CHCl_3 + HCl$$
三氯甲烷

$$CHCl_3 + Cl_2 \xrightarrow{漫射光} CCl_4 + HCl$$
四氯甲烷(四氯化碳)

在强日光的照射下,甲烷和氯气就会发生剧烈的反应,甚至发生爆炸,同时生成碳和氯化氢。

$$CH_4 + 2Cl_2 \xrightarrow{强日光} C + 4HCl$$

实验表明,甲烷和氯气的取代反应是按照自由基反应历程进行的,反应涉及自由基中间体,属于自由基取代反应。所谓反应历程就是指实现反应物到产物的转化所经历的途径。更为详细的反应历程讨论见 3.8.4 小节。

3.5.2 氧化反应

烷烃在空气中完全燃烧,生成二氧化碳和水,并放出大量的热。烷烃在空气中完全燃烧的反应通式为

$$C_nH_{2n+2} + (3n+1)/2 O_2 \xrightarrow{点燃} nCO_2 + (n+1)H_2O + 热量$$

例如,甲烷在空气中充分燃烧生成二氧化碳和水,同时放出大量的热。

$$CH_4 + 2O_2 \xrightarrow{点燃} CO_2 + 2H_2O + 热量$$

从烷烃的这个性质来讲,烷烃的燃烧可以产生大量的热能,也就是说,烷烃是重要的能源原料。但同时,烷烃大量燃烧所产生的二氧化碳是一种温室气体,对全球气候变化产生重要影响。另外,甲烷自身也是温室气体的主要来源之一。

在一般情况下,烷烃不易被氧化剂氧化。

3.5.3 异构化反应

烷烃的异构化反应是指适当条件下,如催化剂作用、加热等,使直链烷烃转化为其支链烷烃同分异构体的反应。异构化反应是可逆的,反应受热力学平衡控制。在石油工业中,异

构化反应常用于将炼厂气中的正丁烷转化为异丁烷，也用于轻石脑油中正戊烷、正己烷的异构化以提高汽油的辛烷值。

$$CH_3CH_2CH_2CH_3 \underset{20\%}{\overset{AlBr_3, HBr, 27\ ℃}{\rightleftharpoons}} \underset{80\%}{CH_3\text{-}CH(CH_3)\text{-}CH_3}$$

3.5.4 裂解反应

在高温和没有氧气的条件下，烷烃分子中的碳碳键和碳氢键发生断裂而生成相对分子质量较小的分子，这种变化称为烷烃的裂解反应。这个反应在石油工业中是非常重要的，可以产生相对分子质量较小的烯烃和烷烃。例如，丙烷的热裂解反应，主要产生乙烯、丙烯、甲烷和氢气。

$$CH_3CH_2CH_3 \xrightarrow{\text{高温}} CH_2=CHCH_3\ (\text{丙烯}) + H_2 \qquad CH_3CH_2CH_3 \xrightarrow{\text{高温}} CH_2=CH_2 + CH_4$$

3.6 链烷烃的来源、制备与用途

大量的烷烃主要存在于天然气和石油中，天然气和沼气的主要成分就是甲烷。沼气主要是由腐烂的植物经微生物作用而产生的。石油是烷烃的主要来源，由于地域的不同，石油的成分也会有所差异，但其主要成分都是烷烃和环烷烃的混合物。

石油通常是呈淡黄色、褐色或黑色的黏稠液体，未经过任何处理的石油称为原油（crude oil）。通过对原油进行分馏等处理后就可以得到一系列不同的石油产品（表 3-5）。

表 3-5　石油产品及主要用途

名称	主要成分	沸程/℃	主要用途
天然气	$C_1 \sim C_4$	40	燃料
石油醚	$C_5 \sim C_8$	30~120	溶剂
汽油	$C_7 \sim C_{12}$	70~200	发动机燃料
煤油	$C_{12} \sim C_{16}$	200~270	燃料
柴油	$C_{16} \sim C_{18}$	270~340	发动机燃料
润滑油	$C_{16} \sim C_{20}$	>300	润滑机器等
液体石蜡	$C_{18} \sim C_{24}$	液体	缓泻剂
凡士林	$>C_{20}$	半固体	软膏基质
固体石蜡	$C_{25} \sim C_{34}$	固体	蜡烛等
沥青	$C_{30} \sim C_{40}$	残渣	铺路材料等

在石油加工的过程中，可以产生一系列含碳原子数目较少的烷烃。烷烃的主要用途是作为燃料提供热能和在化工生产过程中生产所需要的化工产品。

烷烃的主要来源是石油和天然气，但是，要想从石油和天然气中分离得到纯的某种烷烃却十分困难。因此，就有必要通过一些特定的反应来制备所需要的烷烃，下面介绍几种常用的制备烷烃的方法。

3.6.1 Wurtz 反应

这一反应是通过卤代烃和金属钠合成烷烃。常用的卤代烃是溴代烷或碘代烷，例如：

$$2CH_3CH_2CH_2Br \xrightarrow{Na} CH_3CH_2CH_2CH_2CH_2CH_3 + 2NaBr$$

实验证明，伯卤代烃在此反应中的反应活性较好，能以较理想的产率得到对应的烷烃。但是，如果要使用混合的卤代烃来进行这个反应，就会得到混合的烷烃。所以，要想制备单一的烷烃，就必须使用一种卤代烃原料来进行反应。例如，使用氯甲烷和氯乙烷进行 Wurtz 反应，就得到三种混合的烷烃。

$$CH_3Cl + CH_3CH_2Cl \xrightarrow{Na} CH_3CH_3 + CH_3CH_2CH_3 + CH_3CH_2CH_2CH_3$$

由上述反应可知，Wurtz 反应仅适用于制备对称的烷烃。

3.6.2 Corey-House 反应

Corey-House 反应克服了 Wurtz 反应的局限性，可以使用不同烷基的卤代烷来制备所需要的烷烃。这是在 20 世纪 60 年代由 Corey 和 House 各自研究出来的合成方法。

$$RX + Li \xrightarrow[\text{或THF}]{\text{乙醚}} RLi \xrightarrow{CuI} R_2CuLi$$

$$R_2CuLi + R'X \longrightarrow R-R' + RCu + LiX$$

上式中 R 和 R′ 可以相同，也可以不同。如果 R 和 R′ 是相同的，就可以得到对称的烷烃；如果不相同，则能够得到不对称的烷烃。

同样，要以较好的产率得到所要制备的烷烃，卤代烷应该是伯卤代烷。而 R_2CuLi 中的 R 可以是伯、仲或叔烷基。

$$CH_3Cl + Li \xrightarrow{\text{乙醚}} CH_3Li \xrightarrow{CuI} (CH_3)_2CuLi$$

$$(CH_3)_2CuLi + CH_3CH_2CH_2CH_2CH_2I \longrightarrow CH_3CH_2CH_2CH_2CH_2CH_3 + CH_3Cu + LiI$$

3.6.3 烯烃的氢化

在某些金属催化下，烯烃和氢气反应可以生成相应的烷烃。这种类型的反应称为催化氢化。

$$RCH=CH_2 \xrightarrow{Pt, H_2} RCH_2-CH_3$$

3.6.4 卤代烃的还原反应

多数卤代烃在锌粉和酸的作用下，可以得到相对应的烷烃。如 2-溴丁烷在锌粉和酸的作用下反应得到正丁烷。

$$CH_3CH_2CHBrCH_3 \xrightarrow{Zn, H^+} CH_3CH_2CH_2CH_3$$

除此之外，还有其他制备烷烃的方法，将在后续的章节中陆续介绍。

3.7 环烷烃

3.7.1 物理性质

环烷烃的物理性质与烷烃的相似，熔点、沸点和密度都随分子中碳原子数目的增加而升高或增大，只是环烷烃的熔点、沸点和相对密度均比同碳原子数目烷烃的要高一些（表3-6）。

表 3-6 环烷烃的物理性质

化合物	熔点/℃	沸点/℃	相对密度 [a]	化合物	熔点/℃	沸点/℃	相对密度
环丙烷	−127.6	−33	0.676[b]	丙烷	−187.1	−42.1	0.5853[d]
环丁烷	−80	12.6	0.7038[c]	正丁烷	−138.4	−0.5	0.5788
环戊烷	−93.2	49.3	0.7457	正戊烷	−129.7	36.1	0.6262
环己烷	6.5	80.7	0.7786	正己烷	−95	68.9	0.6603
环庚烷	−12	118.5	0.8093	正庚烷	−90.6	98.4	0.6837
环辛烷	14.8	148	0.8349	正辛烷	−56.8	125.7	0.7025
环壬烷	9.7	178.4	0.8534	正壬烷	−51	150.8	0.7176
环癸烷	9.5	201	0.8575	正癸烷	−29.7	174.1	0.73

[a] 20 ℃；[b] −33 ℃；[c] 0 ℃；[d] −45 ℃。

3.7.2 化学性质

环烷烃的一些化学性质与烷烃的很相似，包括与卤素发生卤化反应，以及在空气中燃烧，生成二氧化碳和水，并放出大量的热。

$$\triangle + Cl_2 \xrightarrow{光} \triangle\text{—Cl} + HCl$$

$$\bigcirc + Br_2 \xrightarrow{光} \bigcirc\text{—Br} + HBr$$

另外，环丙烷和环丁烷的化学性质有其特殊性，即环丙烷和环丁烷能够发生加成开环反应。例如，在催化剂作用下，环丙烷和环丁烷能够和氢气发生加成反应，分别生成丙烷和丁烷。

$$\triangle + H_2 \xrightarrow{Ni/80\ ℃} CH_3CH_2CH_3$$

$$\square + H_2 \xrightarrow{Ni/200\ ℃} CH_3CH_2CH_2CH_3$$

环丙烷在室温下就能和溴发生加成反应，生成1,3-二溴丙烷；环丁烷在加热的条件下与溴发生加成反应，生成1,4-二溴丁烷。

$$\triangle + Br_2 \xrightarrow{室温} BrCH_2CH_2CH_2Br$$
1,3-二溴丙烷

$$\square + Br_2 \xrightarrow{加热} BrCH_2CH_2CH_2CH_2Br$$
1,4-二溴丁烷

环丙烷和环丁烷还可以与氢碘酸发生开环反应。

$$\triangle + HI \longrightarrow CH_3CH_2CH_2I$$

$$\triangle\!-\!CH_3 + HI \longrightarrow CH_3CHCH_2CH_3$$
$$\qquad\qquad\qquad\qquad\qquad |$$
$$\qquad\qquad\qquad\qquad\qquad I$$

$$\square + HI \longrightarrow CH_3CH_2CH_2CH_2I$$

由环烷烃的一系列开环反应可知，三元环的开环活性最高。随着环内碳原子数的增多，开环反应越来越难以发生。

3.7.3 环烷烃的稳定性

大量实验事实表明环烷烃的稳定性与环的大小有关，三元环最不稳定，四元环比三元环稍稳定一些，五元环和六元环比较稳定。

环丙烷　　　　环丁烷　　　　环戊烷　　　　环己烷

为了从结构上对这一事实给出较为合理的解释，1885 年 Baeyer 提出了张力学说。他假定成环碳原子都在同一平面上，且成环后形成特定的键角。环丙烷分子呈正三角形，键角为 60°，环丁烷呈正四边形，键角为 90°，环戊烷呈正五边形，键角为 108°，环己烷呈正六边形，键角是 120°。

饱和碳原子 sp^3 杂化轨道成键后正常键角为 109.5°，环烷烃的键角与正常键角比较，均存在一定的角度偏差。为了满足平面正多边形的内角要求，成环的键必须向内或向外"屈挠"，"屈挠"的程度越大，体系越不稳定。这种对成环的键进行压缩而产生的张力称为 Baeyer 张力或角张力，与键角变形的程度成正比。环的键角偏离正常键角 109.5° 越大，则环中张力越大，环越不稳定，所以环丙烷不如环丁烷稳定，环戊烷和环己烷比较稳定。Baeyer 张力学说比较直观地说明了环的稳定性与环大小的关系，对于初步认识环烷烃性质很有帮助。但是，Baeyer 张力学说是建立在成环碳原子都在同一平面这一假定基础上的，与实际情况并不完全相符。

燃烧热（heat of combustion）是指在标准状态（298 K，0.1 MPa）下，1 mol 物质完全燃烧生成二氧化碳和水时所放出的热量，用 ΔH_c 表示。燃烧热数据可以表示分子内能的相对大小，燃烧热越高，物质的内能越高，稳定性越差。从环烷烃的燃烧热数据可以判断环状化合物的稳定性。烷烃化合物燃烧时，每增加一个 CH_2，就增加 658.6 kJ/mol 燃烧热，这个数值称为系差热，即为烷烃的每个 CH_2 完全燃烧放出的热量。环烷烃的通式为 C_nH_{2n}，因此环烷烃分子中每个 CH_2 的燃烧热为 $\Delta H_c/n$，烷烃是没有张力的化合物，所以环烷烃的 CH_2 的燃烧热与 658.6 kJ/mol 差值即是每个 CH_2 由于环张力所产生的能量，称为张力能（strain energy），总的张力能即为 $n(\Delta H_c/n - 658.6)$ kJ/mol。这个数值越大，表示环的稳定性越差。表 3-7 列出了一些环烷烃的燃烧热和张力能数值。

表 3-7　一些环烷烃的燃烧热和张力能　　　　　　　　　　　　　　　　　单位：kJ·mol^{-1}

环烷烃	ΔH_c	每个CH_2燃烧热 ($\Delta H_c/n$)	每个CH_2张力能 ($\Delta H_c/n - 658.6$)	总张力能 $n(\Delta H_c/n - 658.6)$
环丙烷	2091.6	697.1	38.5	115.5
环丁烷	2744.1	686.0	27.6	110.4
环戊烷	3320.1	664.0	5.4	27.0
环己烷	3951.7	658.6	0	0
环庚烷	4636.7	662.4	3.8	26.5
环辛烷	5310.3	663.8	5.2	41.5
环壬烷	5981.0	664.6	6.0	53.6
环癸烷	6635.8	663.6	5.0	50.0
环十四烷	9220.4	658.6	0	0
环十五烷	9984.7	659.0	0.38	5.7
正烷烃	—	658.6	—	—

从上述数据看，环丙烷和环丁烷的总张力能较大，故稳定性差，易开环。环戊烷和环庚烷的总张力能不太大，比较稳定，环己烷是无张力化合物。环辛烷以上的环烷烃有时也存在张力能，数值比环丙烷和环丁烷的小，也较稳定。

3.7.4　环烷烃的构象

环烷烃的构象分析见 2.1.2 小节。

3.7.5　环烷烃的来源、制备与用途

环烷烃及其衍生物广泛地存在于自然界中。石油中常含有五、六元环烷烃，如环己烷和甲基环己烷等。在动植物中，则广泛存在着结构较为复杂的环烷烃。

环烷烃的制备方法通常是将链状的化合物连接成环状的化合物，或将环状化合物转化成相应的环烷烃。例如，将苯和萘经过氢化反应就能得到环己烷和十氢化萘。

环烷烃是重要的能源原料，也是制备一些化学和化工产品的重要原料。

3.8　化学反应平衡与反应速率

化学热力学（chemical thermodynamics）：探讨化学反应中能量的变化。热力学控制反应进行完全的程度。化学动力学（chemical kinetics）：探讨化学反应中反应物和产物浓度变化的速率及其影响控制因素等规律。动力学描述反应进行完全的速率。

3.8.1　化学平衡

化学平衡由化学变化的热力学控制：一个可逆反应在一定温度下达到平衡时，它的平衡常数（equilibrium constant）K 就是产物浓度乘积与反应物浓度乘积之比。例如：

$$A + B \rightleftharpoons C + D \qquad K = \frac{[C][D]}{[A][B]}$$

原则上所有的化学反应都有可逆性，只是程度上有区别。Gibbs自由能（G）是为探讨热力学过程进行的方向（正、逆）和限度，而人为引入的一个热力学状态函数。标准Gibbs自由能变 $\Delta G^{\ominus}$ 是 $\Delta H^{\ominus}$ 与 $T\Delta S^{\ominus}$ 两项综合的结果，$\Delta G^{\ominus}$ 与体系的化学键强度变化（焓变 $\Delta H^{\ominus}$）和能量弥散程度（熵变 $\Delta S^{\ominus}$）都有关，即

$$\Delta G^{\ominus} = \Delta H^{\ominus} - T\Delta S^{\ominus}$$

T 为反应时的热力学温度(T/K $= t$/°C$+ 273$)。

而平衡常数又与 $\Delta G^{\ominus}$ 有关，根据热力学原理，平衡常数可表示为

$$\Delta G^{\ominus} = - RT \ln K^{\ominus} = - 2.30 RT \lg K^{\ominus}$$
$$K^{\ominus} = 10^{-\Delta G^{\ominus}/2.30RT}$$

R 为摩尔气体常数（8.314×10^{-3} kJ·mol^{-1}·K^{-1}）。通过对反应 $\Delta G^{\ominus}$ 的计算，可以很容易预测反应平衡。图3-3展示了化学反应中 $\Delta G^{\ominus}$ 的两种情况。如果 $\Delta G^{\ominus}<0$，则反应是放能的，$K >1$，从反应物生成产物方向的平衡是有利的。如果 $\Delta G^{\ominus}>0$，则反应是吸能的，$K<1$，生成产物方向的平衡是不利的。

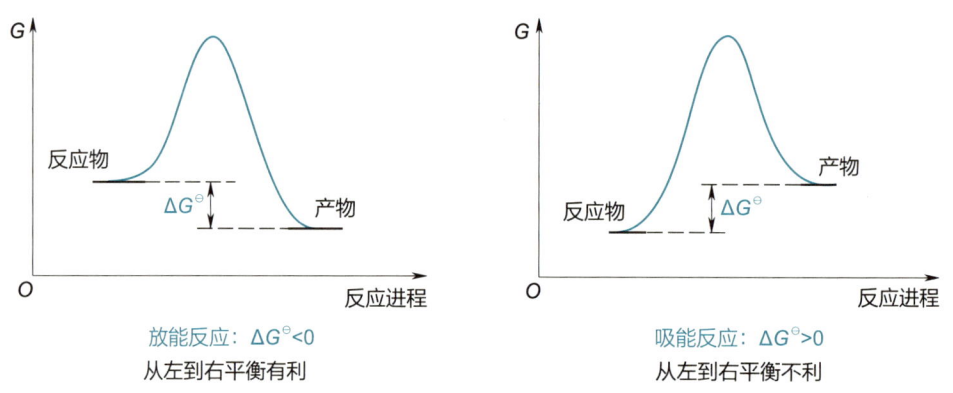

图 3-3　$\Delta G^{\ominus}$ 与反应平衡的关系示意图

3.8.2　反应速率

化学动力学主要研究化学反应的速率以及影响速率的各种因素，如分子结构、浓度、温度、压力、介质和催化剂等。反应速率（reaction rate）是在单位时间内反应物浓度（或生成物浓度）的变化。

$$A \longrightarrow B + C \qquad 速率 = -\frac{d[A]}{dt} = \frac{d[B]}{dt} = \frac{d[C]}{dt} = k_1[A]$$

在速率方程中，因为反应物A的浓度随时间减少，故出现负号。方括弧表示反应物或产物的浓度。其中，$-\frac{d[A]}{dt}$ 代表反应物的消耗速率，$\frac{d[B]}{dt}$ 和 $\frac{d[C]}{dt}$ 代表产物的生成速率。在化学反应的速率方程中，物质A的浓度项方次为反应对A的级数，所有浓度项方次的代数和为该反应的总级数，简称反应级数。通常所说的反应级数是指反应的总级数。所以上面的反应是一级反应，k_1 是一级反应速率常数，单位为 s^{-1}。而下面的两个反应是二级反应和三级反应：

$$A + B \longrightarrow C + D \qquad 速率 = k_2[A][B] \qquad 二级反应$$

$$2A + B \longrightarrow C + D \qquad 速率 = k_3[A]^2[B] \qquad 三级反应$$

化学动力学主要观察反应物或产物的浓度随时间的变化，用各种方法跟踪反应物的消失或产物的出现，就可以测定某一反应的反应速率常数。对于某一特定反应，k 仅是反应温度的函数，与反应物浓度无关。

用波谱分析可以快速而有效地连续监测浓度的改变，测定旋光度可以跟踪溶液中旋光物质的反应情况，连续 pH 测定可以监测 H^+ 的生成或消耗等。只要有测定反应物或产物浓度的方法，就可以测定反应速率常数和反应的级数。

那么动力学的理论根据是什么呢？

1889 年，Arrhenius 提出了一个经验公式，总结了反应速率与温度之间的变化规律：

$$\text{速率常数 } k = Ae^{-E_a/RT}$$

A 称为指前因子，$e^{-E_a/RT}$ 为能量概率（e 为自然对数的底数，E_a 为活化能，R 为摩尔气体常数，T 为热力学温度）。一般情况下，温度每升高 10 ℃，反应速率将增加 2~3 倍。

Arrhenius 提出，反应物分子需要获取一定的能量，转化成活化分子，互相碰撞才能发生反应，他将这个能量称为活化能（activation energy）E_a。通过测量反应速率随温度的变化，就可以计算出反应所需的活化能。这个公式从实验测量所得的参数出发，其适用范围很广。但是在微观层面，对于反应发生的具体过程，以及这个公式内的指前因子，Arrhenius 并没有给出详细的描述或解释。

3.8.3　过渡态理论

Eyring 和 Polanyi 在 20 世纪 30 年代提出过渡态理论（transition state theory），从分子层面指出了活化能的含义。过渡态理论强调分子相互作用的状态，并将活化能与过渡态联系起来。反应不是通过简单碰撞就能发生的，而是需要反应物分子之间形成过渡态活化络合物。反应物分子达到过渡态所需要的能量，即为活化能。而对于复杂反应，每一个过渡态都有相对应的活化能。

1. 活化能与反应过渡态

在反应物相互接近的反应进程中，出现一个能量比反应物与产物均高的势能最高点，与此势能最高点相对应的结构称为过渡态（transition state, TS），用 "‡" 表示。过渡态是基元反应中经历最高势能的结构，旧键逐渐断裂，新键正在生成。活化能 E_a 是反应物分子形成活化络合物的能量，该活化络合物即为过渡态。活化能还有另一种解释：分子间要相互接近、碰撞，才能发生反应，但当分子间接近到一定程度，就会有排斥力，因此存在一个能垒。发生反应时必须提供能量，克服这个能垒，迫使分子进一步接近至碰撞才能发生反应，克服这个能垒所必需的最低能量，就是活化能。另外，过渡态理论中还引入了热力学概念，用 Gibbs 活化自由能 $\Delta G^{\ddagger}$ 指代反应活化能，以考虑焓变与熵变。

过渡态极不稳定，寿命非常短（飞秒数量级），它只是反应进程中一个中间阶段的结构，不能分离得到：

$$\text{A} + \text{BC} \longrightarrow [\text{A--B--C}]^{\ddagger} \longrightarrow \text{AB} + \text{C}$$
$$\text{反应物} \qquad\quad \text{过渡态} \qquad\quad \text{产物}$$

如反应物 A 接近 BC，要与 BC 成键而未完全形成，BC 之间的键开始伸长而未断裂，这种反应物到过渡态之间的键的变化，迫使势能上升；当势能到达活化能这个数值时，反应物到达过渡态；这时 A 与 B 之间进一步结合成键，B 与 C 之间的键进一步削弱、断键，势能下降，释放能量，得到产物。ΔH 为反应前后体系势能的变化，如图 3-4 所示。活化能和焓变的大小决定了反应的动力学特征和热力学特征。

以反应进程（自左向右，左边为反应物，右边为产物）为横坐标，以反应体系在反应过程中的势能为纵坐标来作图，这种图称为反应势能图。图 3-4 为只包含一步反应的反应势能图，图 3-5 为包含两步反应的反应势能图。

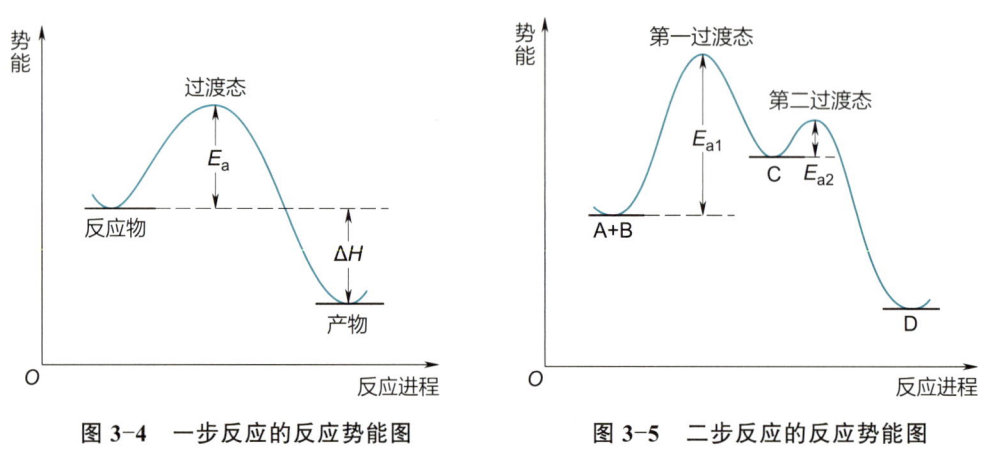

图 3-4　一步反应的反应势能图　　　　图 3-5　二步反应的反应势能图

活性中间体（reactive intermediate）是与过渡态经常一同出现的另一个概念。它指的是连续多步反应中的一个中间不稳定产物，是局部势能的低点，活性中间体可以分离表征和光谱鉴定。而过渡态则是反应进行得到产物或中间体所经过的势能最高点，极不稳定，一般为分子振动尺度寿命，很难用光谱表征。

$$A + B \longrightarrow C \longrightarrow D$$
反应物　　　活性中间体　　产物

如图 3-5 所示，上述 A 和 B 反应，在反应进程中首先经过第一过渡态，形成活性中间体 C，活性中间体处在势能谷底中，为稳态物种，所以活性中间体 C 有一定的寿命，可以通过一些方法测出它的存在。从活性中间体 C 形成产物 D 时，又需经过第二过渡态。这两个过渡态相应的活化能分别为 E_{a1} 和 E_{a2}，其中到达第一过渡态的活化能较高，即第一步反应速率常数小，反应比第二步进行得慢，而慢的一步是反应决速步。

2. 热力学控制与动力学控制

如果同样的反应物 A+B，可以通过两种途径分别生成 C+D 或 E+F，会产生图 3-6 中的两种情况。对图 3-6（a）来说，与生成 C+D 相比，生成 E+F 的路径活化能较高，反应 ΔG 较大，因此，生成 E+F 的路径在动力学、热力学上都是不利的；而生成 C+D 的路径在动力学、热力学上都是有利的。如果两种反应的势能变化类似图 3-6（b），生成 E+F 的路径相比生成 C+D 的路径，虽然反应活化能较低，但是 ΔG 较大。这时，生成 E+F 的路径是动力学有利的，实验中低温下倾向于生成 E+F；生成 C+D 的路径是热力学有利的，实验中高温下倾向于生成 C+D。当活化能是产物选择性的主要控制因素时，反应表现为动力学控制，相应的产物称为动力学产物；当 ΔG 是产物选择性的主要控制因素时，反应表现为热力学控制，相应的产物称为热力学产物。

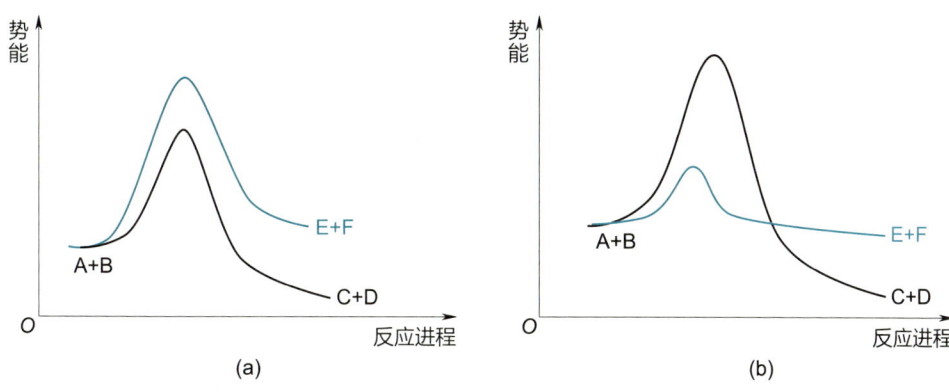

图 3-6　A+B 生成 C+D 或 E+F 的反应势能图

3. Hammond 假说

上面讨论了过渡态在决定反应速率方面起着很重要的作用，因此了解有关过渡态结构的信息十分必要，但过渡态只能短暂存在，很难通过实验来测定。George S. Hammond 把过渡态与反应物、活性中间体、产物关联起来，提出了 Hammond 假说（Hammond's hypothesis），即"在简单的一步反应（基元反应）中，过渡态的结构、能量与反应物或产物中能量较高的那边类似"，如图 3-7 所示。用反应势能变化可以表示这个假说。

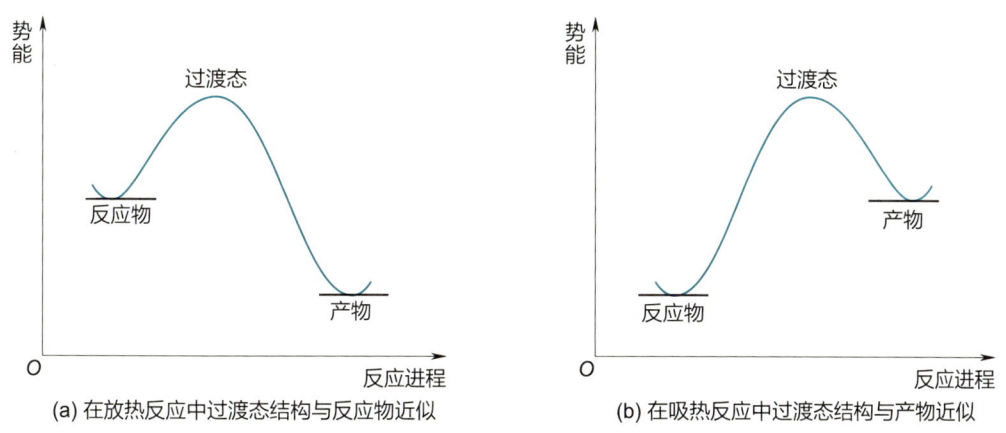

(a) 在放热反应中过渡态结构与反应物近似　　　(b) 在吸热反应中过渡态结构与产物近似

图 3-7　Hammond 假说势能图

图 3-7(a)是放热反应，过渡态的能量接近反应物的能量，其结构也与反应物结构近似；图 3-7(b)是吸热反应，过渡态的能量与产物的能量比较接近，其结构也近似产物的结构。在吸热反应中，需要对反应物的结构进行较大的改组，使其接近具有较高能量的过渡态，这就需要较高的活化能，因此反应速率较慢；而放热反应只需要较低的活化能，反应速率较快。

Hammond 假说在比较类似的化合物进行同类反应时适用：

对于自由基、离子型多步反应，一般而言，若反应过程中生成不稳定的自由基或碳正/负离子，势能比较高，此类反应中，过渡态结构比较接近这些不稳定中间体的结构。另外，类似化合物进行同类反应，若中间体稳定，就表现为它的势能低，过渡态势能也低，活化能相对较低，则反应活性高，反应速率快。例如，对能量类似的 A 和 C，可以分别发生 A 到 B 和 C 到 D 的转化（图 3-8）。同是 $\Delta G>0$ 的反应，但是 B 比 D 更稳定，过渡态 TS_{AB} 比 TS_{CD} 稳定，活化能 E_1 比 E_2 低，因此 A 到 B 比 C 到 D 更快。

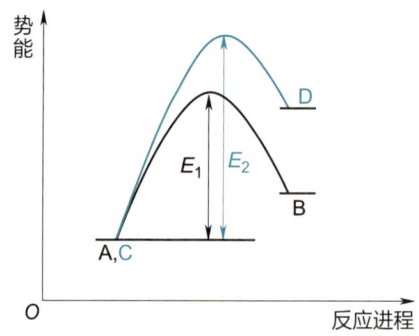

图 3-8 A→B 和 C→D 的反应势能图

3.8.4 烷烃的自由基取代反应历程

甲烷氯化的自由基取代反应历程如下：

首先，氯气分子在光的照射下，均裂为两个氯原子，即氯自由基。

$$Cl-Cl \xrightarrow{\text{光}} 2Cl\cdot \qquad \text{链引发}$$

生成的氯原子是极其活泼的，很容易从甲烷分子中获得一个氢原子而生成氯化氢，同时产生甲基自由基。产生的甲基自由基同样也非常活泼，其与氯气分子作用，生成一氯甲烷和氯自由基。

$$\left. \begin{array}{l} Cl\cdot + CH_4 \longrightarrow CH_3\cdot + HCl \\ CH_3\cdot + Cl_2 \longrightarrow CH_3Cl + Cl\cdot \end{array} \right\} \text{链传递}$$

这样循环下去，甲烷和氯气反应逐渐转化为一氯甲烷和氯化氢。

事实上，这样的循环反应不可能无限地循环下去，当自由基和自由基相互碰撞并结合在一起时，就生成了分子，从而使得自由基逐渐减少，直至消失。

$$\left. \begin{array}{l} Cl\cdot + Cl\cdot \longrightarrow Cl_2 \\ CH_3\cdot + CH_3\cdot \longrightarrow CH_3CH_3 \\ CH_3\cdot + Cl\cdot \longrightarrow CH_3Cl \end{array} \right\} \text{链终止}$$

从上面的分析可知，该反应过程经历了光照下由氯分子产生氯原子的阶段，然后是由氯原子所引发产生新的自由基的阶段，最后是自由基被消耗并不再产生的阶段，以上三个过程分别称为自由基取代反应历程的链引发、链传递和链终止。

在光照或加热等条件下，分子中共价键可以发生均裂而形成自由基。在一些自由基反应中，加入 BPO、DTBP、TBHP 或 AIBN 等可以促进 σ 键的均裂。BPO 等过氧化合物中的 O—O 键的键能比较弱，AIBN 易分解出氮气，它们在光照或加热等条件下较易产生自由基，作为自由基引发剂，引发后续的自由基反应。

BPO　　DTBP　　TBHP　　AIBN

甲烷氯化反应中每一步的反应热如下所示：

(1) Cl—Cl $\xrightarrow{\text{光}}$ 2Cl· $\Delta H = +243$ kJ/mol

(2) Cl· + CH$_4$ ⟶ CH$_3$· + HCl $\Delta H = [(+435) - (+431)]$ kJ/mol $= +4$ kJ/mol

(3) CH$_3$· + Cl$_2$ ⟶ CH$_3$Cl + Cl· $\Delta H = [(+243) - (+349)]$ kJ/mol $= -106$ kJ/mol

反应(1)要吸收大量的能量（243 kJ/mol）才能使 Cl$_2$ 均裂形成 Cl·，引发 CH$_4$ 分子发生反应，这个能量可以通过光照或高温供给。反应(2)只需吸收 +4 kJ/mol 的热量，使 CH$_4$ 与 Cl· 反应产生 CH$_3$· 和 HCl，但此反应需要克服 16.7 kJ/mol 的活化能（E_{a1}）才能越过势能最高点，形成 CH$_3$· 和 HCl，这个势能最高点的结构 $\left[\text{Cl}\overset{\delta·}{\cdots}\text{H}\cdots\overset{\delta·}{\text{CH}_3}\right]^{\ddagger}$ 称为过渡态Ⅰ，δ· 表示带有部分自由基。反应(3)放热 106 kJ/mol，但也需要 8.3 kJ/mol 的活化能（E_{a2}）才能越过第二个势能最高点，形成 CH$_3$Cl 和 Cl·，第二个势能最高点的结构 $\left[\overset{\delta·}{\text{CH}_3}\cdots\text{Cl}\cdots\overset{\delta·}{\text{Cl}}\right]^{\ddagger}$ 称为过渡态Ⅱ。(2)+(3)两步反应是放热反应，共放出热 102 kJ/mol，因此从反应热看，反应是可以进行的。由于形成过渡态Ⅰ的活化能比形成过渡态Ⅱ的活化能高，因此反应(2)是慢步骤，是甲烷氯化反应的决速步。自由基与甲烷反应的能量变化曲线如图 3-9 所示。

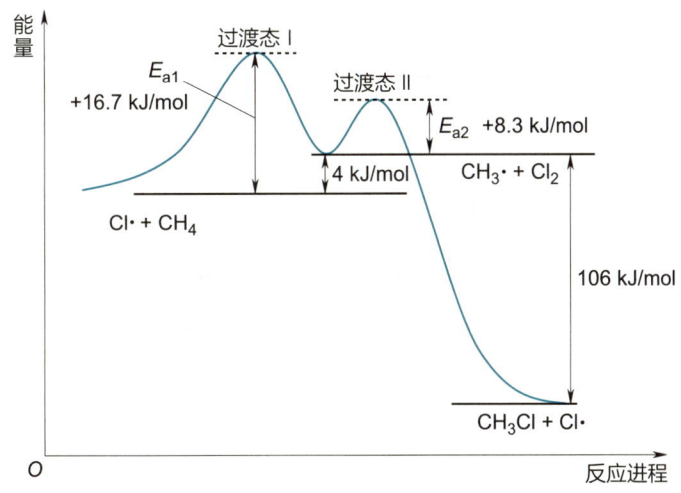

图 3-9 甲烷氯化反应链传递过程能量曲线

对于(2)+(3)的总反应 CH$_4$ + Cl$_2$ ⟶ CH$_3$Cl + HCl，已知 $\Delta G = -2.30RT\lg K$，且 $\Delta G = \Delta H - T\Delta S$，为了计算出 K 的数值，需要有熵变 ΔS 的值。一般而言，对于反应前后分子数相同的反应，可以近似假定 ΔS 约等于零。因此，$\Delta G \approx \Delta H \approx -5.70\lg K$ (298 K)，$K \approx 10^{18}$。也就是说，反应平衡明显向右移动。

值得注意的是，H—CH$_2$Cl 中 C—H 键的键能比 CH$_4$ 中的低，从热力学角度来说，反应不能停留在 CH$_3$Cl，将继续进行直到生成 CCl$_4$，但是由于 CH$_4$ 反应得到 CCl$_4$ 需要同一个分子与氯自由基发生四次碰撞，概率很低，从动力学角度来说是困难的，因此可以通过控制氯自由基的浓度和反应时间等条件，控制反应得到的主要产物为一氯代物。

甲烷与 F$_2$、Cl$_2$、Br$_2$、I$_2$ 反应的总反应热 ΔH 以及(2)和(3)步反应的反应热、(2)步反应的活化能数据列于表 3-8。

表 3-8　甲烷与不同卤素反应相关的反应热及(2)步反应的活化能 E_{a1}

反应过程	$\Delta H/(kJ\cdot mol^{-1})$				$E_{a1}/(kJ\cdot mol^{-1})$			
	F	Cl	Br	I	F	Cl	Br	I
$CH_4 + X\cdot \longrightarrow CH_3\cdot + HX$　(2)	−134	+4	+69	+138	+5.0	+16.7	+78	+140
$CH_3\cdot + X_2 \longrightarrow CH_3X + X\cdot$　(3)	−293	−106	−100	−84				
$CH_4 + X_2 \longrightarrow CH_3X + HX$	−427	−102	−31	+54				

对于溴化反应，其链传递过程能量曲线如图 3-10 所示。可以注意到，相比氯化反应，链传递的反应活化能 E_{a1} 明显增高，这也是溴化反应活性不如氯化反应的一个重要原因。其总过程仍旧是个放热反应，因此还能够自发进行。

对于氟化反应（图 3-11），情况比较特殊，氟化反应链传递过程的两个反应全都是放出能量的，而且放热能量很大，这导致其反应没有明显能垒，很容易自发进行，难以控制，反应会非常迅速且剧烈，以至于反应失控发生爆炸。

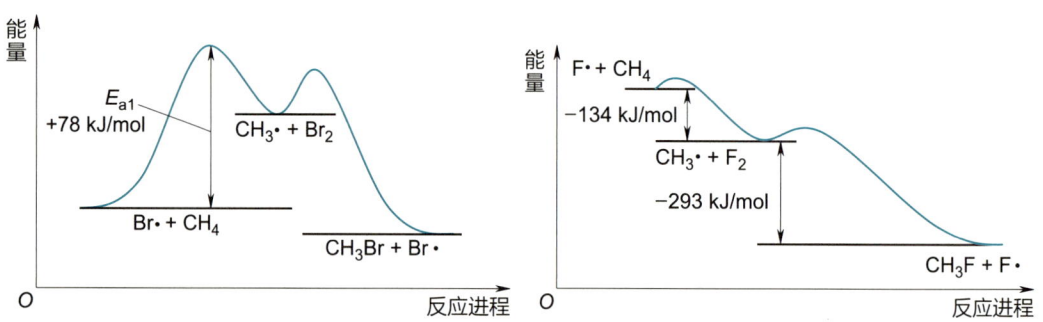

图 3-10　甲烷溴化反应链传递过程能量曲线　　图 3-11　甲烷氟化反应链传递过程能量曲线

对于碘化反应（图 3-12），情况则恰恰相反，由于 ΔH 正值（+138 kJ/mol）太大，导致整个链传递过程是吸热的（+54 kJ/mol），E_{a1} 能垒很高且无法通过反应放热弥补，因此该反应无法进行，但是逆反应则相对有利。

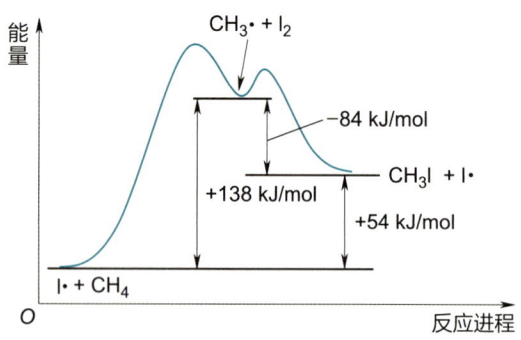

图 3-12　甲烷碘化反应链传递过程能量曲线

从上述反应热、活化能的数据及链传递反应能量曲线图可以看出，四种卤素与甲烷反应活性顺序为：$F_2 > Cl_2 > Br_2 > I_2$。氟与甲烷反应时，两步反应都放出大量的热，反应过于剧烈，难以控制；而碘与甲烷的反应为吸热反应，且第(2)步反应的活化能较大，故反应难以进行。因此，甲烷的卤化反应通常是指氯化反应或溴化反应。

其他烷烃与卤素的反应也是自由基取代反应，含碳数越多的烷烃，取代产物越复杂。例如，丙烷与氯气反应的两种一氯代产物的比例如下：

$$CH_3-CH_2-CH_3 + Cl_2 \xrightarrow[25\ ℃]{光} \underset{43\%}{CH_3-CH_2-\underset{Cl}{CH_2}} + \underset{57\%}{CH_3-\underset{Cl}{CH}-CH_3}$$

丙烷分子中，有 6 个等价的伯氢，2 个等价的仲氢，如果氢的活性一样，则两种一氯代烃的产率，理论上为 6∶2 = 3∶1，但实际上为 43∶57 = 1∶1.33，这说明在室温下氯化时，各类氢的反应活性是不同的。

如果定义：氢的相对活性 = 产物的数量 ÷ 被取代的等价氢的个数。则

$$\frac{\text{仲氢的相对活性}}{\text{伯氢的相对活性}} = \frac{57/2}{43/6} \approx \frac{4}{1}$$

即仲氢与伯氢的相对反应活性为 4∶1。

异丁烷一氯代产物的比例如下：

$$CH_3-\underset{CH_3}{\overset{}{CH}}-CH_3 + Cl_2 \xrightarrow[25\ ℃]{光} \underset{\substack{\text{叔丁基氯}\\36\%}}{CH_3-\underset{Cl}{\overset{CH_3}{\underset{|}{C}}}-CH_3} + \underset{\substack{\text{异丁基氯}\\64\%}}{CH_3-\overset{CH_3}{\underset{|}{CH}}-CH_2-Cl}$$

异丁烷有 9 个伯氢，1 个叔氢。它们的相对活性比值如下：

$$\frac{\text{叔氢的相对活性}}{\text{伯氢的相对活性}} = \frac{36/1}{64/9} \approx \frac{5}{1}$$

即叔氢的反应活性为伯氢的 5 倍。

所以，室温下氯化反应中三种氢的相对反应活性为 3°H∶2°H∶1°H = 5∶4∶1。

溴化反应时（光照，150 ℃），三种氢的相对反应活性为 3°H∶2°H∶1°H = 1700∶80∶1。

例如：

$$CH_3-\overset{CH_3}{\underset{|}{CH}}-CH_3 + Br_2 \xrightarrow[150\ ℃]{光} \underset{>99\%}{CH_3-\underset{Br}{\overset{CH_3}{\underset{|}{C}}}-CH_3} + \underset{<1\%}{CH_3-\overset{CH_3}{\underset{|}{CH}}-CH_2-Br}$$

从上面的例子可知，卤素和烷烃进行的取代反应，在卤素与同一种烷烃反应时，不同的卤素表现出不同的反应活性。同样，不同的烷烃和同一种卤素进行的取代反应，也具有不同的反应活性。这主要与生成的自由基的稳定性有一定关系，越容易生成的自由基越稳定，也就越容易发生取代反应。几种自由基的稳定性顺序为

$$H_3C-\overset{CH_3}{\underset{CH_3}{\underset{|}{\overset{|}{C}}}}\cdot \;>\; H_3C-\overset{CH_3}{\underset{}{\overset{|}{\dot{C}H}}} \;>\; H_3C-\dot{C}H_2 \;>\; \dot{C}H_3$$

由此可以看出，叔、仲和伯氢原子的反应活性顺序是 3° > 2° > 1°。

几种常见烷烃中伯氢、仲氢、叔氢 C—H 键的解离能（kJ·mol^{-1}）为：H—CH$_3$（435），H—C$_2$H$_5$（410），H—CH(CH$_3$)$_2$（395），H—C(CH$_3$)$_3$（381）。C—H 键的解离能越低，所对应的烷基自由基就越稳定，该自由基也就越易生成。烷基自由基中心碳原子采取 sp^2 杂化，其稳定性亦可用 σ-p 超共轭来解释（见 1.7.2 小节）。

在自由基取代反应中，反应活性的增加与选择性的降低密切相关。对于反应性较高的卤

素，如氟和氯，对不同类型的 C–H 键的区分能力远低于活性较低的溴（表 3-9）。因此，在烷烃的自由基取代反应中溴具有高选择性，氯仅具有中等选择性，而氟则几乎不具有选择性。

表 3-9　卤化反应中四种不同类型的烷基 C–H 键的相对反应性

C–H 键	F· (25 ℃, 气态)	Cl· (25 ℃, 气态)	Br· (150 ℃, 气态)
CH_3–H	0.5	0.004	0.002
RCH_2–H	1	1	1
R_2CH–H	1.2	4	80
R_3C–H	1.4	5	1700

1. 写出己烷 C_6H_{14} 五种异构体的结构式。
2. 写出符合下列条件的 C_5H_{12} 的结构式。
（1）只含有伯氢，没有仲氢或叔氢。
（2）只含有一个叔氢。
（3）只含有伯氢和仲氢而没有叔氢。
3. 用系统命名法命名下列化合物。

4. 用系统命名法命名下列化合物。

(5) [structure] (6) [structure]

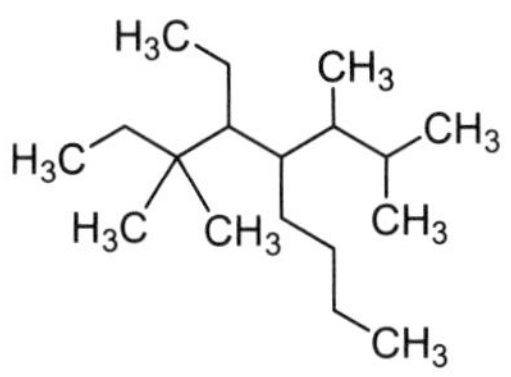

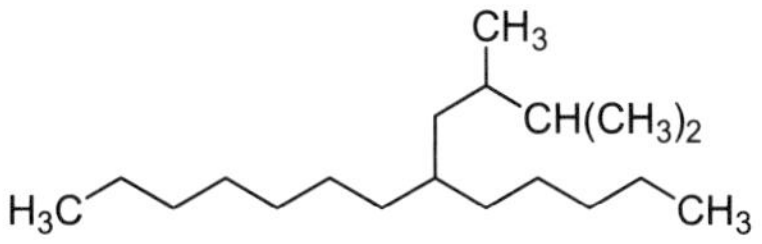

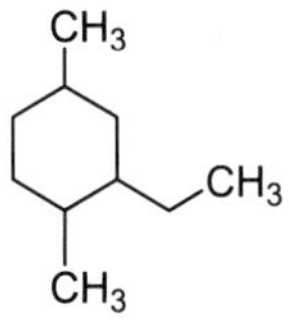

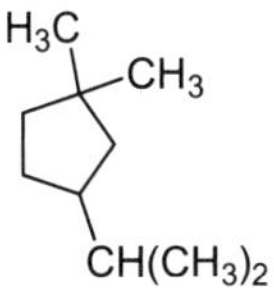

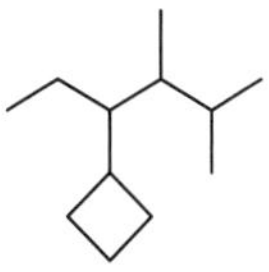

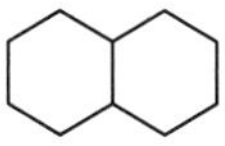

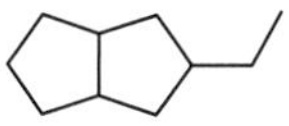

(7) [structure] (8) [structure] (9) [structure]

(10) [structure] (11) [structure] (12) [structure]

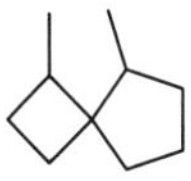

5. 写出下列化合物的结构式。
（1）顺-1,2-二羟基环丙烷　　　　　　　（2）反-1,3-二溴环丁烷
（3）顺-1,3-二甲基环戊烷　　　　　　　（4）顺-1,2-二甲基环丁烷
（5）反-1,2-二溴环戊烷　　　　　　　　（6）反-1,2-二氯环丙烷

6. 写出下列化合物的结构式。
（1）3-乙基-2,4-二甲基己烷
（2）2,2,3,4-四甲基戊烷
（3）含有一个支链甲基和相对分子质量为 86 的烷烃
（4）相对分子质量为 100，同时含有伯、叔、季碳原子的烷烃

7. 将下列烷烃按照沸点由高到低的顺序排序。
（1）a. 2-甲基戊烷　　　b. 正己烷　　　c. 正庚烷　　　d. 正十二烷
（2）a. 正戊烷　　　　　b. 异戊烷　　　c. 新戊烷

8. 写出下列化合物在室温下进行光照发生一氯取代反应时所得产物的结构简式。
（1）2,2-二甲基丙烷　　　　　　　（2）丙烷
（3）正戊烷　　　　　　　　　　　（4）2,3-二甲基丁烷

9. 写出下列反应的产物。

(1) 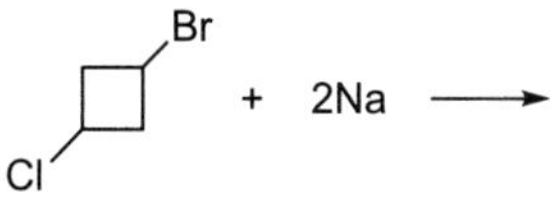 [structure] + 2Na ⟶　　　　(2) $(CH_3)_2CCHCH_2CHCH_3$ (with Br, Br) $\xrightarrow{Zn,H^+}$

(3) 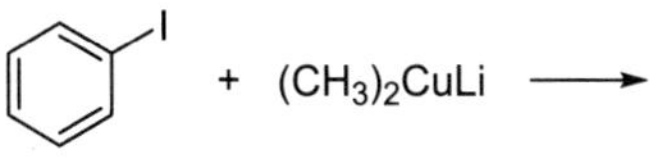 [structure] + $(CH_3)_2CuLi$ ⟶　　　(4) [structure] + Br_2 ⟶

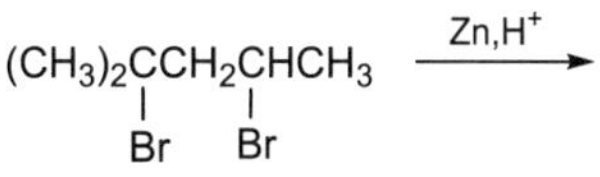

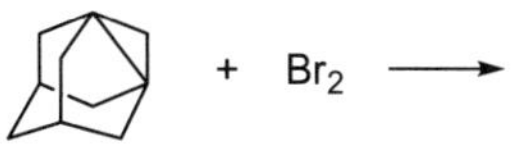

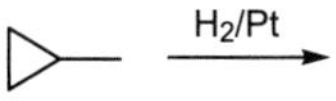

(5) [structure] $\xrightarrow{H_2/Pt}$　　　　(6) [structure] + HBr ⟶

10. 写出新戊烷在光照下溴化产生溴代新戊烷的反应机理。

11. 在下列反应中，选用 Cl_2 和 Br_2 哪一种卤化试剂比较合适？为什么？

[structure] -C(CH_3)_3 ⟶ [structure with C(CH_3)_3 and X]

12. 甲烷和氯气通常需要加热到 250 °C 以上才能反应，但加入少量（0.02%）四乙铅[$Pb(C_2H_5)_4$]后，则在 140 °C 就能发生反应，试解释之，写出反应机理，并画出链传递反应的过渡态。（提示：

Cl–Cl 键和 C–Pb 键的解离能分别为 242 kJ/mol 和 205 kJ/mol。）

13. 在光照下，烷烃与二氧化硫和氯气反应，烷烃分子中的氢原子被氯磺酰基（-SO$_2$Cl）取代，生成烷基磺酰氯：

$$R\text{-}H + SO_2 + Cl_2 \xrightarrow[\text{常温}]{\text{光}} R\text{—}SO_2Cl + HCl$$

本章习题参考答案

此反应称为氯磺酰化反应，亦称 Reed 反应。工业上常利用此反应由高级烷烃生产烷基磺酰氯和烷基磺酰钠（R-SO$_2$ONa）（它们都是合成洗涤剂的原料）。此反应与烷烃的氯化反应相似，也是按自由基取代机理进行的。试参考烷烃卤化的反应机理，写出烷烃（用 R-H 表示）氯磺酰化的反应机理。

14. 在烷烃的卤化反应中添加某种自由基抑制剂会使反应几乎完全停止。一个例子是 I$_2$ 对甲烷氯化反应的抑制作用。通过计算解释这种抑制作用发生的可能过程。（相关的 ΔH 数据见本章表 3-8。）

（本章编者　邢国文、米学玲）

第四章
卤代烃

4.1 卤代烃的分类 ·············· 95
4.2 卤代烃的结构与物理性质 ······· 95
4.3 卤代烃的亲核取代反应 ········ 96
4.4 卤代烷的消除反应 ··········· 109
4.5 卤代烷亲核取代反应和消除反应的竞争 ·············· 116
4.6 卤代烃与金属的反应 ········· 119
习题 ························· 123

4.1 卤代烃的分类

烃类分子中的氢原子被卤素原子取代后的化合物称为卤代烃（halohydrocarbon）。通常使用分子简式 RX 表示，其中 X 为卤素 F、Cl、Br 和 I。根据分子中所含卤素原子数目的不同，可以将卤代烃分为一卤代烃、二卤代烃、三卤代烃和多卤代烃。按卤素原子相连烃基的结构不同，可以分为饱和碳相连的卤代烃（包含 C_{sp^3}-X 键）和不饱和碳相连的卤代烃（包含 C_{sp^2}-X 键）。对于不饱和碳相连的卤代烃，卤素原子与烯基相连的称为烯基卤代烃（alkenyl halide）；卤素原子与芳基相连的称为芳基卤代烃（aryl halide）。饱和碳相连的卤代烃，如果卤素原子所连碳原子处于碳碳双键或芳基的 α 位，则称为烯丙基卤代烃（allylic halide）或苄基卤代烃（benzylic halide）。此外，饱和卤代烃中的一卤代烃按照与卤素相连碳原子的级数，分为一级卤代烃、二级卤代烃和三级卤代烃，这三种卤代烃也可以分别叫作伯卤代烃、仲卤代烃和叔卤代烃。卤代烃（RX）的化学性质既与卤素原子（X）的种类有关，又与 R 基团的结构（电子、位阻因素等）密切相关。

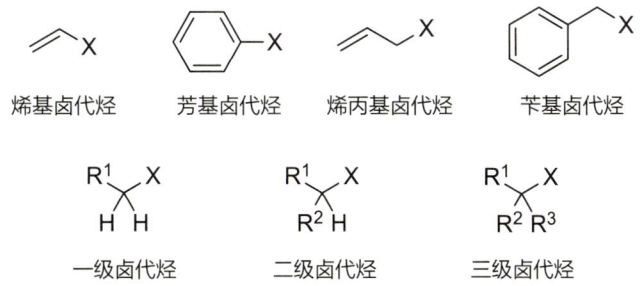

4.2 卤代烃的结构与物理性质

烃分子中氢原子被卤素原子取代后，分子结构会发生相应的改变。以甲烷、一氟甲烷、一氯甲烷、一溴甲烷和一碘甲烷的分子结构来对比（表 4-1）。相比于甲烷的 C-H 键，卤代甲烷中的 C-X 键的键长要长得多，并且按照氟、氯、溴、碘的顺序依次增加，这与卤素原子半径的顺序一致。键角方面，由于中心碳原子采取 sp^3 杂化，所以∠H-C-X 键角接近

109.47°，略微偏小一些。偏小的程度与 C-X 键键长有关，C-X 键越长，∠H-C-X 键角越小。甲烷的 C-H 键键能是 438.9 kJ/mol，是常规意义上的惰性键。相比而言，C-Cl、C-Br、C-I 键键能都远小于 C-H 键键能，因此卤代烃（氟代烃除外）很多情况下具有较活泼的反应性。值得注意的是，C-F 键键能显得"异常"，459.4 kJ/mol 的键能使 C-F 键甚至比 C-H 键还要惰性。氟代烃的这种特殊稳定性使其在药物化学、农药、材料等领域有着广泛的应用价值。

卤素的电负性均强于碳原子，原子电荷表明 CH_3X 分子中碳原子带 δ+ 电荷，X 带 δ- 电荷。因此 C-X 具有极性，这也导致了 CH_3X 分子都有较强的偶极矩。同时由于 C-X 的存在，卤代烃具有可极化性，其可极化性顺序是 RI > RBr > RCl > RF（与卤素周期数顺序一致，卤素外层电子主量子数 n 越大，离核越远，越容易变形）。可极化性越强的分子，在外界条件下越容易发生形变以适应分子的成键、断键所需的电子和空间需求，因而 RCl、RBr 和 RI 都易于进行反应而转变成其他化合物，并且通常情况下 RCl、RBr 和 RI 三者的反应活性逐渐增强。

表 4-1　甲烷、一氟甲烷、一氯甲烷、一溴甲烷和一碘甲烷的分子结构参数

化合物*	甲烷	一氟甲烷	一氯甲烷	一溴甲烷	一碘甲烷
键长/pm	C-H 109	C-F 138	C-Cl 178	C-Br 194	C-I 213
键角	∠H-C-H = 109.47°	∠H-C-F = 108.92°	∠H-C-Cl = 108.49°	∠H-C-Br = 107.87°	∠H-C-I = 107.59°
键能**/(kJ·mol^{-1})	C-H 438.9	C-F 459.4	C-Cl 367.4	C-Br 287.2	C-I 237.8
APT 原子电荷	C (−0.016) H (+0.004)	C (+0.568) F (−0.504)	C (+0.285) Cl (−0.283)	C (+0.213) Br (−0.219)	C (+0.129) I (−0.122)
偶极矩/D	0	1.8449	1.9397	1.9459	1.7115
可极化性/a.u.	0	15.178	24.956	32.161	41.776

*分子结构及参数均为气态下通过密度泛函理论（DFT）在 M062X-def2TZVP 方法下计算得到的。
**键能数据来自 ibond 2.0 数据库。

4.3　卤代烃的亲核取代反应

有机分子中的原子或基团被亲核试剂取代的反应称为亲核取代反应（nucleophilic substitution），习惯用 S_N 表示。反应的一般式为

（1）负离子型亲核试剂

$$\overset{\delta+}{R}CH_2\text{–}\overset{\delta-}{A} + Nu^- \longrightarrow RCH_2\text{–}Nu + A^-$$

　　底物　　　　　亲核试剂　　　　产物　　　离去基团
（substrate）　（nucleophile）　（product）　（leaving group）

（2）中性亲核试剂

$$\overset{\delta+}{R}CH_2\text{–}\overset{\delta-}{A} + \ddot{N}uH \longrightarrow RCH_2\text{–}Nu + A^- + H^+$$

　　底物　　　　　亲核试剂　　　　产物　　　离去基团

其中，$RCH_2\text{-}A$ 为反应底物；Nu^- 是有亲核性质负离子，称为亲核试剂；A^- 是反应后离开的

基团，称为离去基团；RCH$_2$-Nu 则是发生取代后生成的产物。底物中连接着离去基团的碳原子称为反应中心碳原子，该碳原子往往带有部分正电荷（δ+），因此电性上匹配亲核试剂的负电荷。当然，并不是亲核试剂必须是负离子才行，带有孤对电子的中性分子也能作为亲核试剂参与亲核取代反应。不过反应过程中会产生等当量的质子（H$^+$），因此这种情况下，外加一当量的碱，往往能够促进反应向右发生。

根据反应机理，可以将亲核取代反应分为三类：双分子亲核取代反应（S$_N$2）、单分子亲核取代反应（S$_N$1）和邻基参与亲核取代反应。

4.3.1 双分子亲核取代反应（S$_N$2）

决速步骤有两个物种参与的亲核取代反应称为双分子亲核取代反应，用 S$_N$2 表示，其中 S 表示取代反应，N 表示亲核，2 表示双分子参与了决速步骤。除了一些特殊情况（如溶剂解取代反应），S$_N$2 反应往往表现出二级反应动力学特征。

1. S$_N$2 反应机理

以溴甲烷和氢氧化钠水溶液反应生成甲醇为例讨论（图 4-1）。该反应的反应速率既与溴甲烷的浓度成正比，也与 HO$^-$ 浓度成正比，其动力学速率方程为 $v = k[\text{CH}_3\text{Br}][\text{HO}^-]$。基于该速率方程给出的 S$_N$2 反应机理为：亲核试剂从离去基团的背面进攻反应中心碳原子（位阻最小原则），随着亲核试剂的不断靠近，离去基团逐渐远离，该过程中体系的能量不断升高。直到形成了一个过渡态，该过渡态下新键（C-OH）尚未完全形成，旧键（C-Br）也尚未完全断裂，亲核试剂 OH、中心碳原子以及离去基团 Br 三者处在一条直线上（轨道最大重叠原则）。此刻，中心碳原子上另外三个键也由扇形逐渐变成平面形。该过渡态下能量达到最高点，该极值能量与起始物的能量差称为活化能（E_a）。到达过渡态后，亲核试剂进

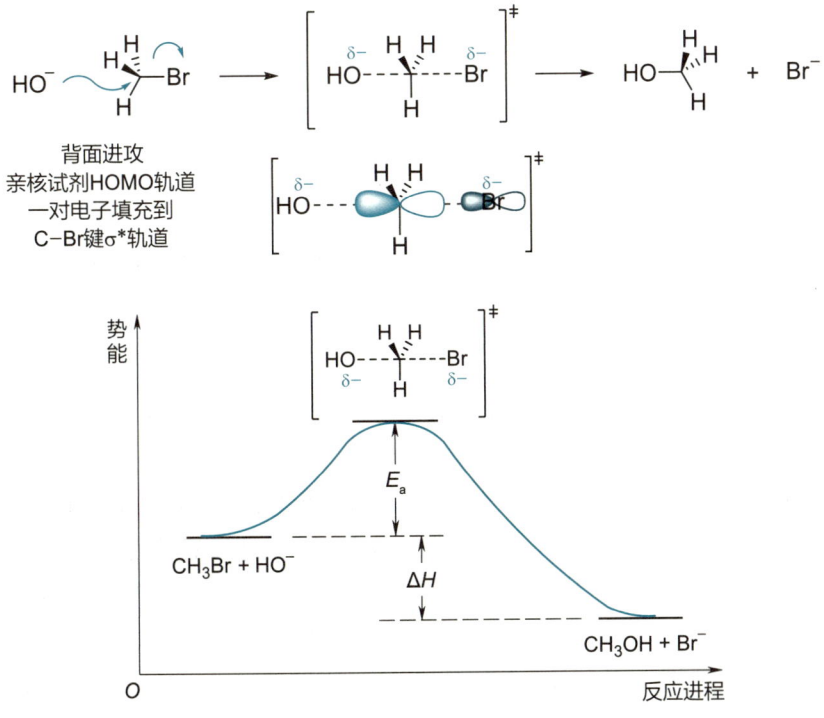

图 4-1　S$_N$2 反应势能图

一步靠近中心碳原子，而离去基团继续远离，体系能量逐渐降低。直到最后 C-OH 键完全形成，C-Br 键完全断裂，取代反应随之完成，产物和反应物之间的能量差为反应焓变。因为控制反应速率一步是双分子的，需要两个物种的碰撞，因此这个反应是双分子亲核取代反应。

2. S_N2 反应的立体化学

从以上的反应机理可以看出，经历一次 S_N2 反应后，中心碳原子的手性中心进行了一次立体化学反转。通过实验手段可以证实该结果。光学纯的(R)-构型氘代溴丙烷与 NaOH 溶液发生取代反应后，理论上可得到100%构型反转的(S)-构型氘代丙醇。

$$HO^- + \underset{R}{\overset{H}{\underset{Et}{C}}}-Br \xrightarrow{S_N2} HO-\underset{S}{\overset{D}{\underset{Et}{C}}}-H + Br^-$$

3. 分子内亲核取代反应

当发生亲核取代反应的亲核基团与离去基团在同一个分子内，且两者均在比较合适的位置时，则有可能发生分子内 S_N2 成环反应，形成环状化合物。（1）当形成五元环或六元环时，过渡态基本不存在环张力，活化能较低，反应容易发生。（2）三元环成环时虽然有环张力，但是亲核基团和离去基团处于邻近位置，容易接近，因此动力学上亲核取代反应也容易发生。（3）四元环成环时，键角为 88° 左右，大大偏离 sp^3 杂化正常键角 109.5°，成环张力大，很难进行成环反应。（4）形成七元环或八元环时，虽然没有角张力，但是分子内 S_N2 反应相比分子间 S_N2 反应并没有动力学上的优势，往往需要较低的反应浓度来提高分子内 S_N2 反应的选择性。由于此时分子间 S_N2 反应速率方程为 $v = k[底物]^2$，低浓度下的分子间 S_N2 反应速率大大降低；但是分子内 S_N2 反应速率方程为 $v = k[底物]$，低浓度反应条件对其反应速率影响不及分子间 S_N2 反应的影响。

4.3.2 单分子亲核取代反应（S_N1）

决速步骤只有一个物种参与的亲核取代反应称为单分子亲核取代反应，用 S_N1 表示，其中 1 表示单分子参与了决速步骤。

1. S_N1 反应机理

以叔丁基溴和氢氧化钠水溶液反应生成叔丁醇为例讨论（图 4-2）。该反应的反应速率只与叔丁基溴的浓度成正比，而与 HO^- 的浓度无关，其动力学速率方程为 $v = k[^tBuBr]$。基于该速率方程给出的 S_N1 反应机理为：通过 C-Br 键的不断伸长，底物体系能量逐渐升高。继而达到一个 C---Br 键快要断裂却未完全断裂的过渡态，此刻体系能量达到第一个极值。接着 C---Br 键进一步拉伸，由于溶剂对带电荷物种的溶剂化作用，体系能量逐渐降低，直到异裂成活性中间体——叔丁基碳正离子和 Br^-。此后生成的叔丁基碳正离子不断与体系中的 HO^- 接近，先需克服溶剂化作用，导致体系能量逐渐升高，直到达到一个 C---OH 快要形成却未完全形成的第二个过渡态，体系能量达到第二个极值。最后 C---OH 进一步缩短直

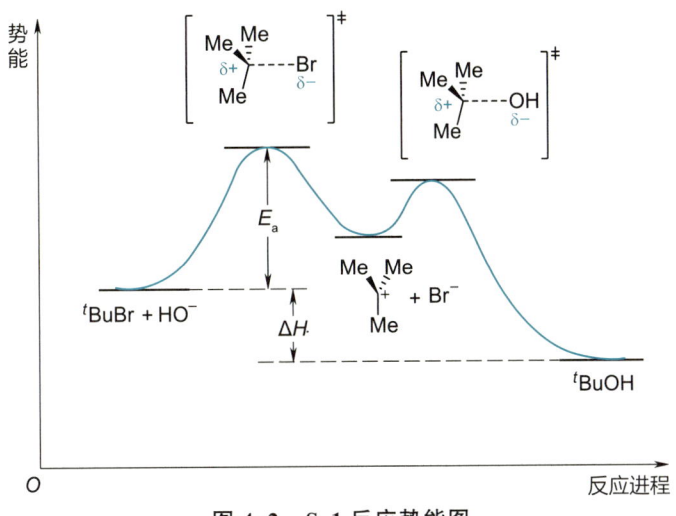

图 4-2 S$_N$1 反应势能图

到形成稳定的 C—OH 键，取代反应随之完成。整个 S$_N$1 反应包含两个基元步骤，途经两个过渡态，其中决定反应速率的是活化能最高的第一步的过渡态，即 C—Br 解离这一步，这一步只涉及一个物种，因此这个反应是单分子亲核取代反应。

2. S$_N$1 反应的立体化学

从以上的反应机理可以看出 S$_N$1 反应过程中底物途经了碳正离子中间体，该碳正离子中心碳原子采取 sp^2 杂化，为平面结构。此后亲核物种从碳正离子平面两侧以相同的概率靠近得到产物。因此，光学纯的烷基卤代物发生 S$_N$1 反应后，会得到一对外消旋体。通过实验手段可以证实该结果。

3. S$_N$1 反应过程中的碳正离子重排

由于 S$_N$1 反应经历碳正离子，因此碳正离子在接受亲核试剂进攻之前，有可能发生重排而生成更稳定的碳正离子，再接受亲核试剂进攻，得到重排后的亲核取代反应产物。正常取代产物与重排取代产物的比例取决于重排过程的驱动力。

1-溴-2,2-二甲基丙烷的醇解反应按照 S_N1 机理发生，得到的全部是重排取代产物。因为伯碳正离子重排成叔碳正离子的驱动力很大。

伯碳正离子　　叔碳正离子

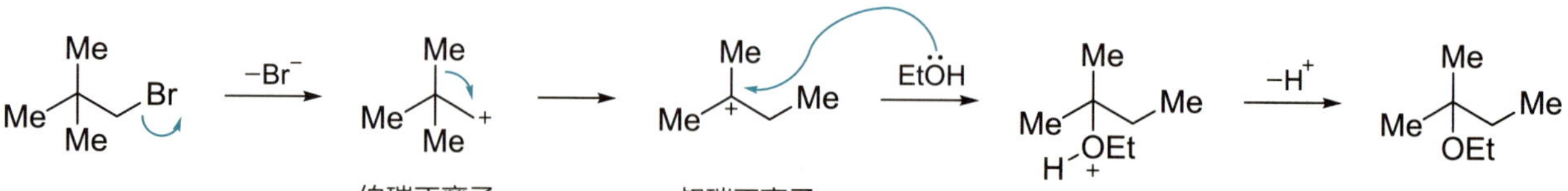

4.3.3 邻基参与亲核取代反应

构型翻转和外消旋化分别是 S_N2 和 S_N1 反应最典型的立体化学特征。但是在一些取代反应中，能够立体专一性地得到构型保持的产物，这些结果既不能用 S_N2 机理也不能用 S_N1 机理来解释。例如，在氧化银的作用下，(*S*)-2-溴丙酸与稀的氢氧化钠溶液反应，得到构型完全保持的产物(*S*)-2-乳酸。该反应实际上涉及一类重要的取代反应历程 —— 邻基参与。

(*S*)-2-溴丙酸(盐)　　(*S*)-乳酸(盐)

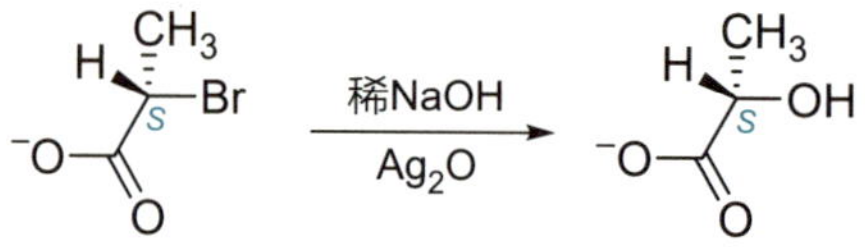

研究表明以上反应的机理如下：Ag^+ 对卤素有很强的亲和力，在 Ag^+ 的协助下底物中 COO^- 先从离去基团 Br 的背面进攻中心碳原子，发生一次分子内 S_N2 过程，形成 α-内酯。接下来，由于环张力的影响，内酯环容易开环，亲核试剂 HO^- 再从内酯环的 O-C 键背面进攻中心碳原子，发生一次分子间 S_N2 过程，得到最终的取代产物。整个过程相当于发生了两次 S_N2 反应，因此得到的是构型保持的产物。在这里，COO^- 作为邻近基团参与了反应，最后它又恢复到原状，因此把这种过程称为邻基参与。

分子内S_N2　　分子间S_N2

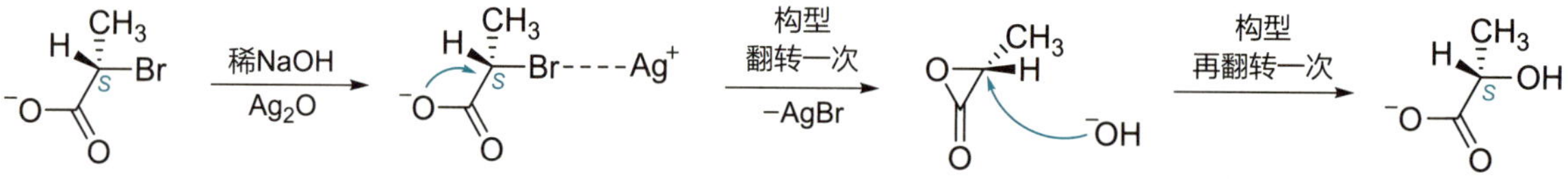

实验结果表明，邻基参与的亲核取代反应速率比没有邻基参与的类似反应速率要快很多，因此邻基参与反应有时又称为邻基促进反应。这是因为，邻基参与的取代反应决速步骤在第一步分子内 S_N2 过程，邻近基团在分子内进攻中心原子比外加亲核试剂要容易很多（熵效应有利），导致活化能要低很多，所以能够加速取代反应速率。

邻基参与反应的另一个特征是有可能产生重排产物。如下面这个邻基参与反应中，先形成高张力的五元并氮杂三元环正离子，此后 HO^- 或 Cl^- 从 C2 位点进攻，断裂张力最大的 N-C2 键，最终开环得到重排产物。值得注意的是，整个反应过程也是立体专一性的。

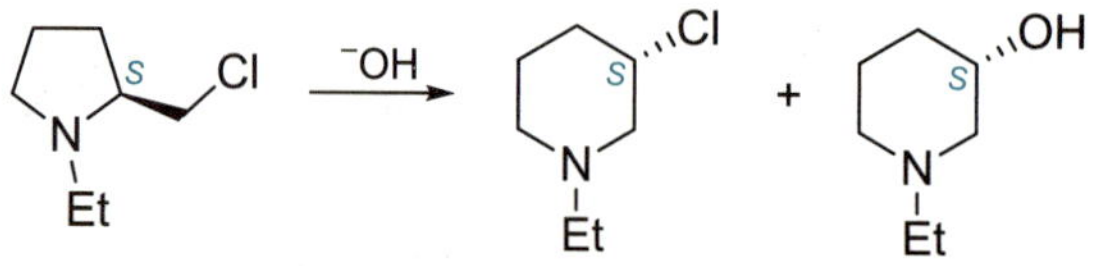

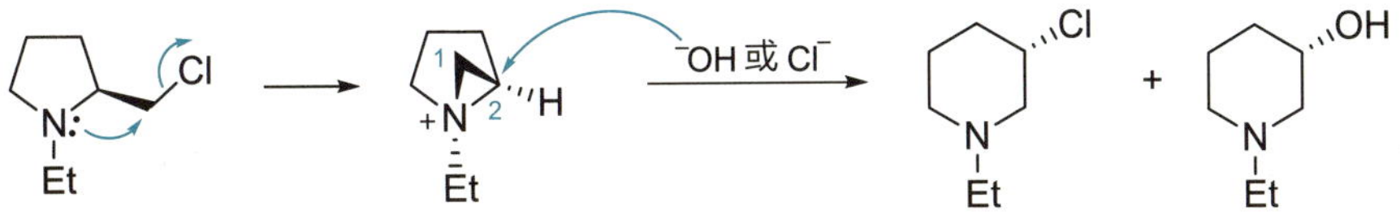

邻基参与反应的第一步是分子内 S_N2 过程，因此空间上要求参与的邻近基团一定能够与离去基团达到反式共平面的构象关系。在开链化合物中往往可以通过 C—C σ 键的旋转达到这种构象；环状化合物由于构象的限制，有时很难达到反式共平面，这种情况下就不能发生邻基参与。

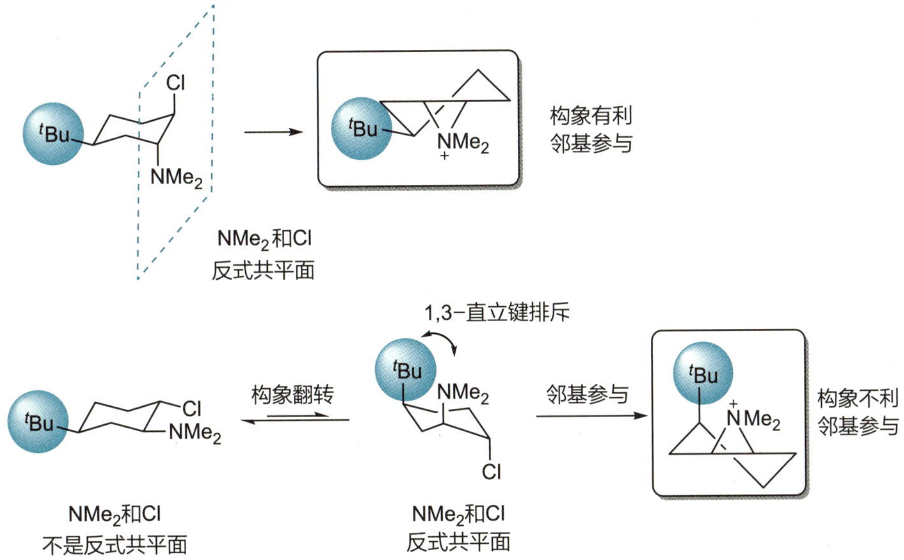

对于邻基参与的基团，除了上面几例中提到氧原子、氮原子等带有孤对电子的杂原子（基团）外，邻近的双键能够通过提供 π 键进行邻基参与。

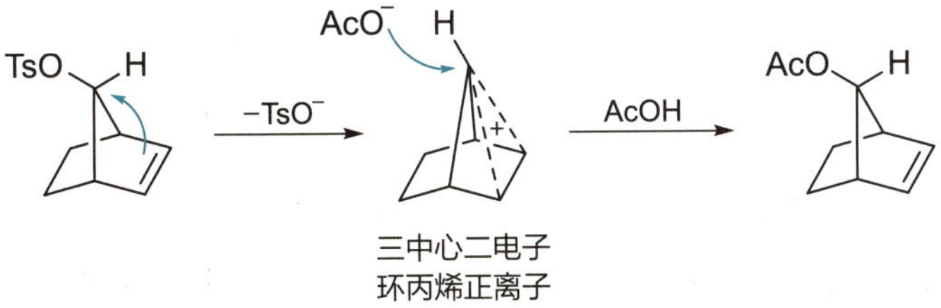

三中心二电子
环丙烯正离子

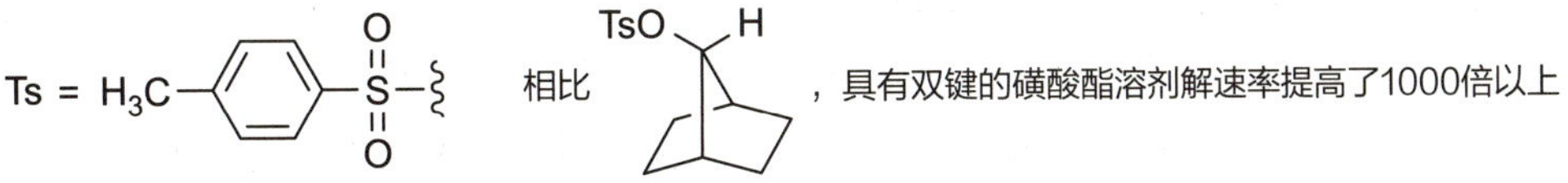

$Ts = H_3C-\underset{\underset{O}{\|}}{\overset{\overset{O}{\|}}{S}}-$

相比 具有双键的磺酸酯溶剂解速率提高了 1000 倍以上

芳基也可以通过提供芳环上的 π 键发生邻基参与，邻基参与的效率与芳环上的取代基有很大关系，给电子基团能够大大加速邻基参与。

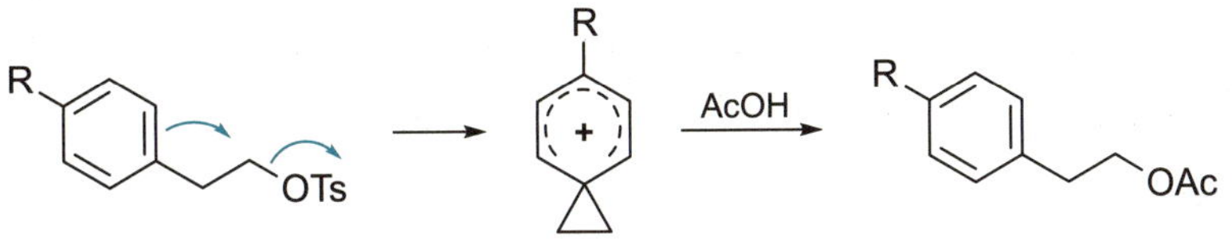

R	收率/%
NO_2	0
CF_3	0
Cl	0
H	38
CH_3	71
OCH_3	94

4.3.4 影响亲核取代反应的因素

影响亲核取代反应的主要因素有烷基的结构、离去基团的离去性、亲核试剂的亲核性及溶剂的作用。

1. 烷基结构的影响

烷基的结构对亲核取代反应速率的影响主要体现在空间效应和电子效应两个方面。

对于 S_N2 反应，烷基结构的空间效应是影响反应的主要因素。由于 S_N2 反应的决速步骤是亲核试剂从离去基团的背面进攻中心碳原子，中心碳原子周围的空间位阻必然会对亲核试剂的进攻产生阻碍，形成的过渡态也越发拥挤，活化能变高从而降低反应速率。对比溴甲烷中心碳原子不同取代程度的底物在 NaI 丙酮溶液下的 S_N2 卤素交换反应，取代基越多，相对反应速率就越低。

$$RBr + I^- \longrightarrow RI + Br^-$$

相对反应速率：　　150　　　　1　　　　0.01　　　　0.001

甚至是中心碳原子的 β 位引入位阻也能一定程度上降低 S_N2 的反应速率。例如，溴乙烷及 β 位不同程度取代的卤代烃的相对反应速率如下：

$$RBr + EtO^- \longrightarrow ROEt + Br^-$$

相对反应速率：　　100　　　　28　　　　3　　　　0.00042

对于 S_N1 反应，烷基结构的电子效应和空间效应都能大大影响反应的速率。这是因为 S_N1 反应的决速步骤是 C—X 异裂成碳正离子，与碳正离子稳定性有关的电子效应和空间效应都将影响到该过程的过渡态能量高低（Hammond 假说）。例如，从电子效应上看，三级碳正离子超共轭效应最大，正电荷最易分散，因此最稳定最容易形成。二级碳正离子次之，一级碳正离子稳定性最差，最难形成。从空间效应上看，形成碳正离子是中心碳原子从较为拥挤的 sp^3 杂化转化成相对不太拥挤的 sp^2 杂化的过程，对大位阻的卤代烃，这种位阻缓解的效果更为明显，故而有利于解离。这种有助于卤代烃解离的空间效应，又称为空助效应（steric help effect）。由于过渡态结构无法精确获得，以上是从中间体碳正离子的稳定性上分析得到的结论。我们也可以对比 CH_3Br 和 ^tBuBr 的结构数据，从底物的结构上定性地看出大位阻 R 基团如何在电性因素和位阻因素上影响 C—Br 解离。相比 CH_3Br，^tBuBr 具有更长的 C—Br 键键长和更强的 C—Br 键电荷分离属性[中心碳原子 $C(\delta+) = +0.452$，离去基团 $Br(\delta-) = -0.364$]；显然这两个因素均有利于 C—Br 的异裂解离。

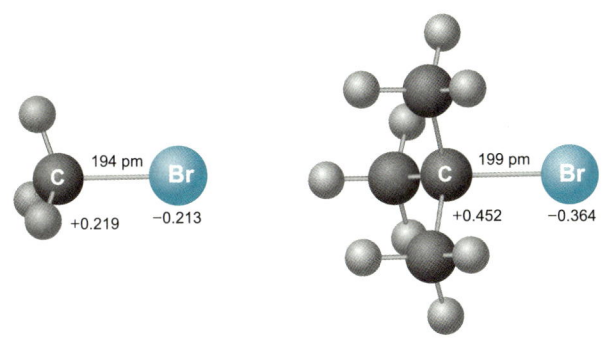

由此可见，对于 S_N1 反应过程，电子效应和空间效应的影响是一致的。卤代烃 S_N1 反应活性顺序是：三级卤代烃 > 二级卤代烃 > 一级卤代烃。例如，溴代烃在甲酸水溶液中水解的 S_N1 反应相对速率如下：

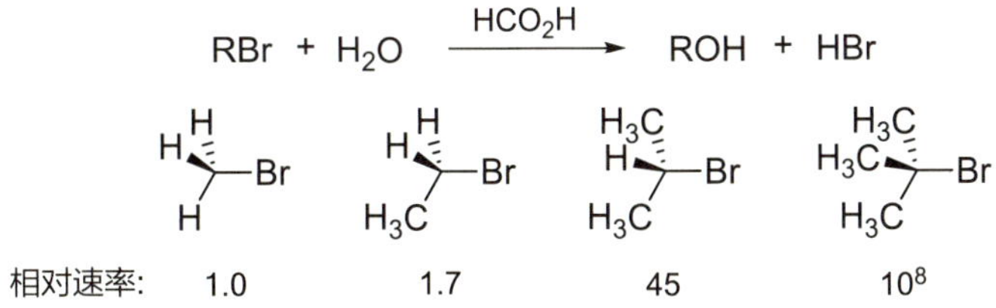

$$RBr + H_2O \xrightarrow{HCO_2H} ROH + HBr$$

相对速率：　1.0　　　1.7　　　45　　　10^8

将烷基结构对 S_N1 和 S_N2 反应的影响综合起来分析，可以得出一般性规律：一级卤代烃容易发生 S_N2 反应，三级卤代烃容易发生 S_N1 反应，二级卤代烃介于两者之间，可以发生 S_N1 反应，也可以发生 S_N2 反应，或者二者兼而有之，这取决于具体反应条件。

此外，还需要注意一些特定结构的卤代烃：

（1）苄基型卤代烃（$PhCH_2X$）和烯丙基型卤代烃（$H_2C=CHCH_2X$）。一方面，这两类卤代烃对应的苄基碳正离子和烯丙基碳正离子由于 p-π 共轭效应非常稳定，故而发生 S_N1 反应的活性非常高。另一方面，由于 S_N2 反应过渡态中心碳原子近乎呈 sp^2 杂化，这种 p-π 共轭效应在 S_N2 过程中也能体现，故而这两种卤代烃发生 S_N2 反应的活性也非常高。具体优先发生 S_N1 还是 S_N2 还要依据其他因素及反应条件所决定。一般情况下，位阻越大的苄基型卤代烃和烯丙基型卤代烃越倾向于发生 S_N1 反应，而位阻越小的苄基型卤代烃和烯丙基型卤代烃越倾向于发生 S_N2 反应。

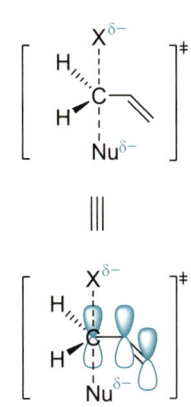

S_N2 反应中共轭效应对过渡态的稳定作用

（2）当卤素直接与烯烃或芳烃相连时，卤素的 p 轨道能够与 π 键发生 p-π 共轭，从而使 C-X 键具有部分双键的性质，键能高，X 基团不易离去。因此导致乙烯型和芳基型卤代烃不易发生亲核取代反应。

（3）卤素与桥头碳相连的卤代烃，由于中心碳原子受到桥的限制，既无法通过构型翻转发生 S_N2 反应，也难以形成碳正离子的平面结构，故 S_N1 反应也难以发生。

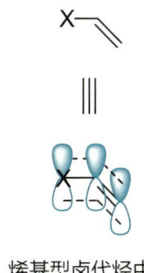

烯基型卤代烃中的 p-π 共轭效应

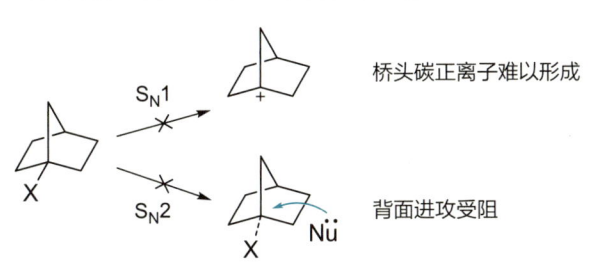

桥头碳正离子难以形成

背面进攻受阻

2. 离去基团的影响

C-X 键的断裂无论在 S_N1 还是 S_N2 反应中都在决速步骤中，因此离去基团的离去能力越强，对 S_N1 和 S_N2 反应都越有利。通常 HX 的酸性越强，对应共轭碱 X^- 的碱性越弱，从而 X^- 的离去性越强。对卤素而言，X^- 的离去性趋势顺序是 $I^- > Br^- > Cl^- > F^-$，因此卤代烃的亲核取代活性顺序是 $RI > RBr > RCl > RF$。

HO^- 的碱性很强，不是一个好的离去基团，因此醇的亲核取代反应一般很难发生。在酸性条件下将醇 R-OH 质子化后，离去基团变成 H_2O，可以显著增强离去基团的离去性。所以，仲醇、叔醇以及苄醇、烯丙醇是能够在较强酸性条件下发生 S_N1 反应的。值得注意的是，由于酸性条件下，带孤对电子的亲核试剂会发生质子化，从而失去（或者大大减弱）其亲核性，这时即使是伯醇在酸性条件下也不能发生 S_N2 反应。

为了实现伯醇、仲醇发生 S_N2 反应的可能性，一种常见的策略是用活化基团对 R-OH 的羟基进行活化得到 R-OG，增强离去基团的离去性。最常见的活化基团是磺酸酯，对应的离去基团是磺酸根负离子。磺酸根负离子的碱性很弱（共轭酸磺酸的酸性很强），同时负离子能够有效被酸根中几个氧原子分散，因此是非常优异的离去基团。常用的磺酸酯有对甲苯磺酸酯（R-OTs）、甲磺酸酯（R-OMs）和三氟甲磺酸酯（R-OTf）。具体内容在 7.2.3 小节讨论。

3. 亲核试剂的影响

在 S_N1 反应中，反应速率只取决于 R-X 的解离，而与亲核试剂无关。因此亲核试剂的性质对 S_N1 反应的活性影响很小。在 S_N2 反应中，亲核试剂的亲核性越强，浓度越大，则反应速率越快。

亲核试剂的亲核性由亲核试剂的碱性和可极化性综合决定。所谓可极化性是指极性物种在外界电场影响下，物种中的电荷分布产生相应变化的能力，通常情况下电荷的变化由电子云的重新排布所致，因此可极化性有时也称为电子云的可变形性。同一周期的元素，从左至右原子核电荷增多，原子半径变小，原子核对外层电子的约束力变大，因此原子的可极化性减弱。而同一族元素，从上到下原子序数增大，外层电子离核变远，可极化性增强。同一周期的元素，从左至右碱性和可极化性都逐渐减弱，两者一致，因此亲核性也逐渐减弱。具有相同亲核原子的负离子亲核试剂，亲核性与碱性一致，如亲核性顺序 $EtO^- > HO^- > C_6H_5O^- > CH_3CO_2^-$。相同亲核原子的负离子和中性分子，前者碱性和可极化性都大于后者，亲核性也强于后者。

$$R_3C^- \quad R_2N^- \quad RO^- \quad F^- \xrightarrow{\text{碱性逐渐减弱} \atop \text{可极化性逐渐减弱} \atop \text{亲核性逐渐减弱} \atop \text{(此处未考虑位阻因素)}}$$

$$EtO^- \quad HO^- \quad C_6H_5O^- \quad CH_3CO_2^- \xrightarrow{\text{碱性逐渐减弱} \atop \text{碱性起决定性作用} \atop \text{亲核性逐渐减弱}}$$

$$EtO^- \quad EtOH \xrightarrow{\text{碱性逐渐减弱} \atop \text{可极化性大大减弱} \atop \text{亲核性减弱}}$$

同一族元素，由上至下碱性减弱，但是可极化性增强，试剂的亲核性在非质子偶极溶剂中（如 DMF、DMSO）中，亲核性与其碱性是一致的。但在质子化溶剂（如 EtOH）中，负离子亲核试剂能够与溶剂形成氢键，碱性越强，形成的氢键也越强，氢键包裹溶剂后会导致亲核试剂亲核性大大减弱。因此质子化溶剂中，亲核性顺序是 $I^- > Br^- > Cl^- > F^-$。

$$\xrightarrow[\text{非质子偶极溶剂中}]{F^- \quad Cl^- \quad Br^- \quad I^-} \begin{array}{l}\text{碱性逐渐减弱} \\ \text{可极化性逐渐增强} \\ \text{碱性主导亲核性逐渐减弱}\end{array}$$

$$\xrightarrow[\text{质子溶剂中}]{F^- \quad Cl^- \quad Br^- \quad I^-} \begin{array}{l}\text{碱性逐渐减弱} \\ \text{可极化性逐渐增强} \\ \text{可极化性主导亲核性逐渐增强}\end{array}$$

最后，亲核试剂的位阻也能影响亲核试剂的亲核性，如系列试剂的亲核性顺序与其碱性相反，主要是位阻因素导致的。

$$\xrightarrow{MeO^- \quad EtO^- \quad ^iPrO^- \quad ^tBuO^-} \begin{array}{l}\text{碱性逐渐增强} \\ \text{位阻逐渐增大} \\ \text{亲核性逐渐减弱}\end{array}$$

4. 溶剂的影响

按照溶剂性质，可以将溶剂简单划分为三类。

（1）质子溶剂。能够与负离子形成很强氢键的溶剂，如水、醇类、脂肪酸类等。

（2）非质子偶极溶剂。这类溶剂具有很强的相对介电常数（通常 $\varepsilon > 20$）和偶极矩。这类溶剂的结构特征是偶极负端裸露于分子外部，偶极正端藏于分子内部，如六甲基磷酰胺（HMPA）、二甲亚砜（DMSO）、乙腈、N,N-二甲基甲酰胺（DMF）、硝基甲烷、丙酮等。

（3）非极性溶剂。这类溶剂不能给出质子，相对介电常数和偶极矩都较小。绝大多数有机溶剂都属于这一类，包括很多无极性或较低极性的溶剂，如二氯甲烷、四氢呋喃、乙酸乙酯、氯仿、乙醚、苯、甲苯、二氧六环、环己烷等。

通常情况下，质子溶剂可以通过与离去基团形成氢键降低活化能，因此有利于 S_N1 反应。对于 S_N2 反应，这种质子化溶剂化作用依然存在，但是质子溶剂还能与亲核试剂形成氢键降低其亲核性。因此，质子溶剂对于 S_N2 反应的影响需要考虑两方面的综合结果。

极性越大的非质子偶极溶剂对于 S_N1 反应是有利的，因为 S_N1 反应在形成过渡态时，卤代烃由原来极性较小的底物，变成了电荷分离程度更大、极性更大的过渡态，非质子极性溶剂能够通过偶极-偶极相互作用稳定过渡态，有利于 S_N1 反应。

在 S_N2 反应中，若亲核试剂是中性的，类似的偶极-偶极稳定化作用也存在，因此非质子偶极溶剂也是有利于 S_N2 反应的。但是，若亲核试剂是带负电荷的，S_N2 机理形成过渡态时，由原来电荷很集中的亲核试剂变成了电荷较为分散的过渡态，整体上极性溶剂对负离子亲核试剂的溶剂化效果比对过渡态的效果更明显，因此不利于 S_N2 反应。

4.3.5 亲核取代反应相关的人名反应

亲核取代反应是有机合成里面最重要的反应之一。在有机化学的发展过程中，一些著名的化学家发展了一系列和亲核取代相关的反应，后人常常以其名字命名。下面列举一些亲核取代反应相关的人名反应，进行简单介绍。

1. Finkelstein 卤素交换反应

Finkelstein 等人发展了卤代烃的卤素交换反应。该反应利用亲核性 $I^- > Br^- > Cl^-$ 以及

NaI、NaBr、NaCl 在丙酮中的溶解度依次降低的性质，可以将一级和二级卤代烃中的氯和溴转变成碘，氯转化为溴。反应机理为典型的 S_N2 历程，通过 NaX 在丙酮中溶解度的差异，促进反应不断向右进行。该反应为从廉价易得的烷基氯化物或溴化物制备价格昂贵、活性更高的烷基碘代物提供了可靠的工具。

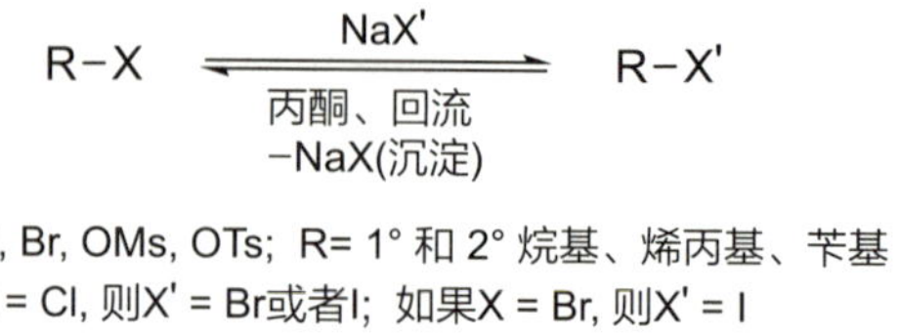

$$R-X \xrightleftharpoons[\substack{\text{丙酮、回流}\\-\text{NaX(沉淀)}}]{\text{NaX'}} R-X'$$

X = Cl, Br, OMs, OTs; R= 1° 和 2° 烷基、烯丙基、苄基
如果 X = Cl, 则 X' = Br 或者 I; 如果 X = Br, 则 X' = I

反应机理：

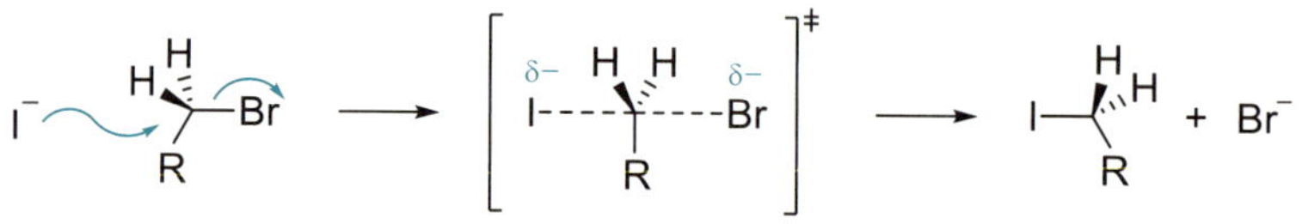

2. Appel 反应

相对于卤代烃，醇的来源广泛，价格低廉，并且性质稳定。但是醇的反应性不及卤代烃丰富。将醇直接转化成卤代烃在有机合成中具有重要价值。Appel 等人发展了 Ph_3P/CCl_4 和 Ph_3P/CBr_4 体系，可以高效地将伯醇或仲醇中的 OH 转化成 Cl 或 Br。

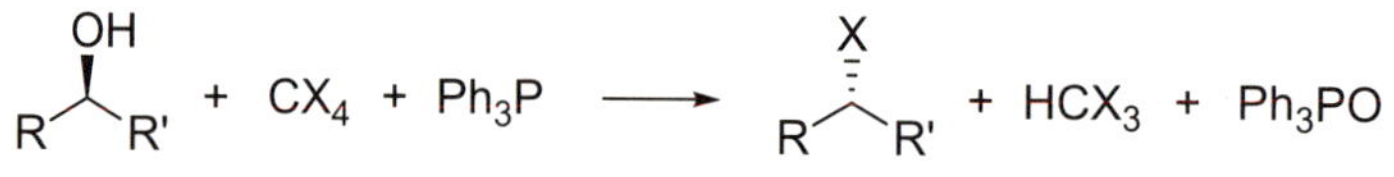

反应机理：

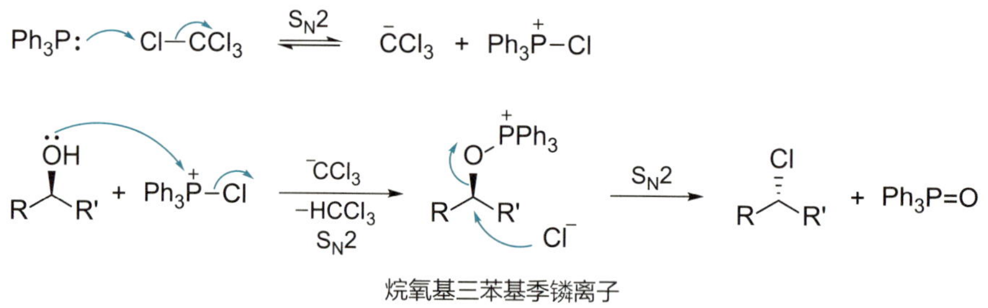

烷氧基三苯基季鏻离子

该反应一共经历了三次 S_N2 历程。首先，路易斯碱 Ph_3P 以 S_N2 反应的途径进攻 CCl_4 的氯原子（注意不是碳原子），形成 Ph_3P^+-Cl 物种和三卤化碳负离子（Cl_3C^-）。前者的 P^+ 中心具有很好的亲氧性，容易接受底物醇中羟基的进攻，同时 Cl_3C^- 作为强碱能够攫取醇上的质子，促进这一步的发生，该过程是一个类似的 S_N2 过程（经过五价磷中心，但非 P-Cl 的背面进攻），形成高活性烷氧基三苯基季鏻离子。该物种包含的 $O-PPh_3$ 是一个极其优异的离去基团，接受 Cl^- 的 S_N2 取代，生成构型翻转的氯代烃及副产物三苯氧膦（Ph_3PO）。

当使用 CBr_4 作为卤代试剂时，通过类似的机理则生成溴代烃。

用醇制备碘代烃，一般不使用 CI_4 作为碘化试剂，而是使用更为廉价常见的碘单质并且添加外源碱（Ph_3P/I_2/咪唑体系）。因为 Ph_3P 可以直接进攻 I_2 生成 Ph_3P^+-I 和 I^-，只不过 I^- 碱性太弱，不利于后续的攫氢，需要添加外源碱（咪唑最常用）来促进碘化反应。

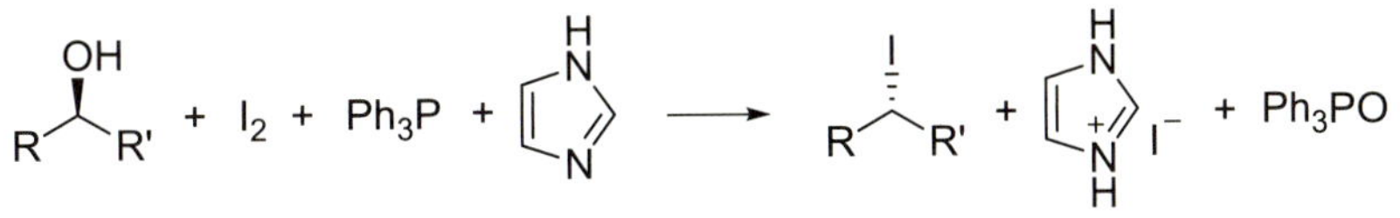

3. Mitsunobu 反应

由于 HO⁻ 离去性很低，通常情况下醇难以直接发生亲核取代反应。1967 年，Mitsunobu 报道了在偶氮二甲酸二乙酯（DEAD）和三苯基膦（PPh₃）作用下仲醇被羧酸取代合成酯的新方法。当底物为手性的仲醇时，与羟基相连的碳原子的构型会发生翻转。经过多年的研究和发展，伯醇和仲醇在偶氮二甲酸二乙酯（DEAD）和三苯基膦（PPh₃）作用下与亲核试剂发生的取代反应称为 Mitsunobu 反应，其中的 H—Nu 可以为碳、氧、氮、硫等相关的几类亲核试剂。这类反应被广泛应用在有机合成，特别是天然产物的合成中。其反应可表示为

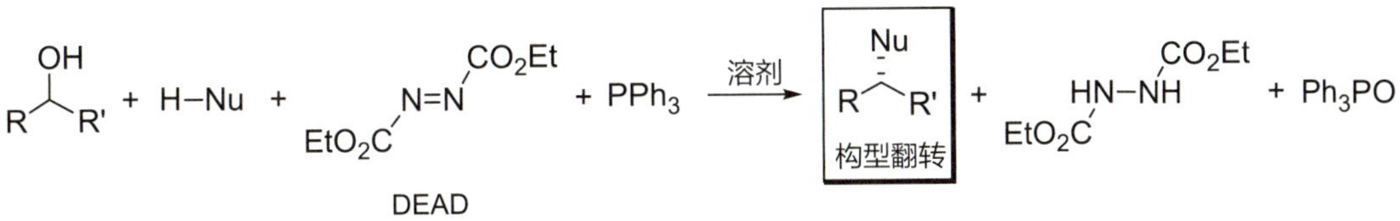

反应机理：

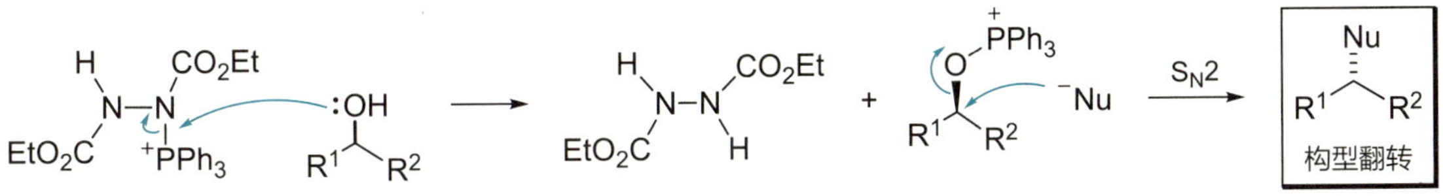

该反应充分体现了 S_N2 反应的性质：① 羟基本身不是一个好的离去基团，原因是其碱性较强，离去能力差，该反应将羟基转化为好的离去基团（O—P⁺Ph₃），为 S_N2 反应创造了重要条件；② 该反应在有机合成中常用于制备构型翻转的产物，立体专一性地将醇转化为构型翻转的醇、胺、酯等。

4. Payne 重排

1935 年，Kohler 和 Bickel 报道了环氧醇在催化量的碱作用下异构化成另一环氧醇。1962 年，Payne 报道了室温下的氢氧化钠水溶液足以引起环氧醇异构化平衡得到另外的环氧醇，他发现这种转化具有普遍性，并将其称为"环氧迁移"。我们将碱作用下 α,β-环氧醇异构化成另一 α,β-环氧醇的过程称为 Payne 重排。Payne 重排具有立体专一性，机理实验证明反应是个可逆反应，通过分子内 S_N2 取代反应进行，形成热力学上更稳定的环氧醇。Payne 重排其反应可表示为

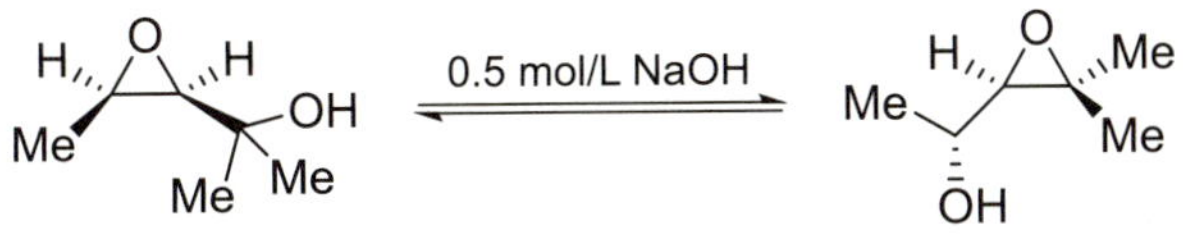

反应机理：

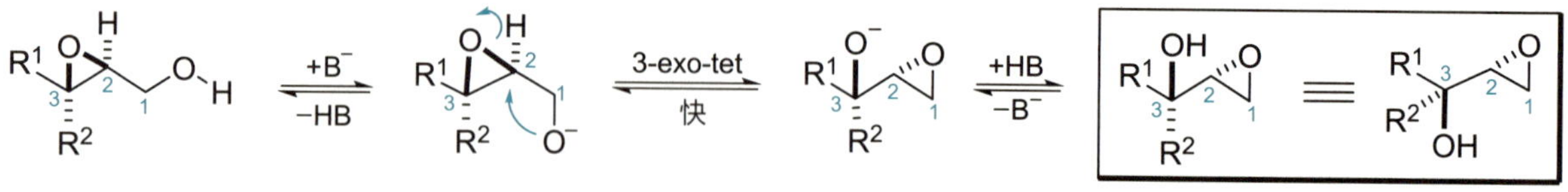

该反应是热力学驱动的，反应是一个平衡的过程，反应物将转化为能量更低的产物。值得注意的是该反应的立体化学，该反应是一个分子内的 S_N2 亲核取代反应，因此得到构型翻转的产物。

5. Arbuzov 反应

亚磷酸三烷基酯与卤代烷作用生成烷基磷酸酯和新的卤代烷的反应称为 Arbuzov 反应（又称 Michaelis-Arbuzov 反应），它是由德国化学家 A. Michaelis 和俄国化学家 A. Arbuzov 在 20 世纪初发现的一种制备有机磷类化合物的经典反应。除了三烷基亚磷酸酯之外，亚膦酸酯和次亚膦酸酯亦可发生该反应。Arbuzov 反应按照两步连续的 S_N2 机理进行，因此一级卤代烷、烯丙基卤代物和苄基卤代物通常容易发生反应，而三级卤代烷和大部分二级卤代烷则不易发生反应。

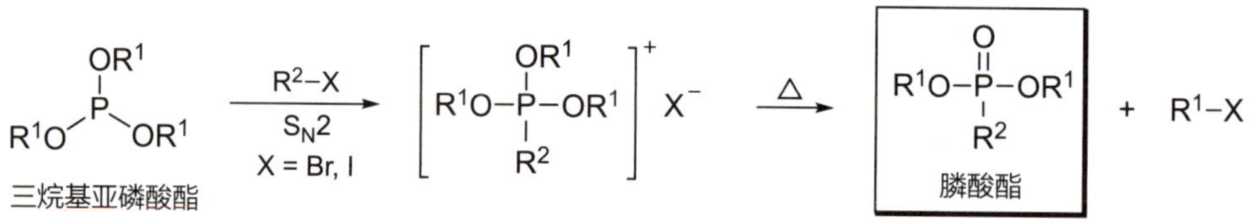

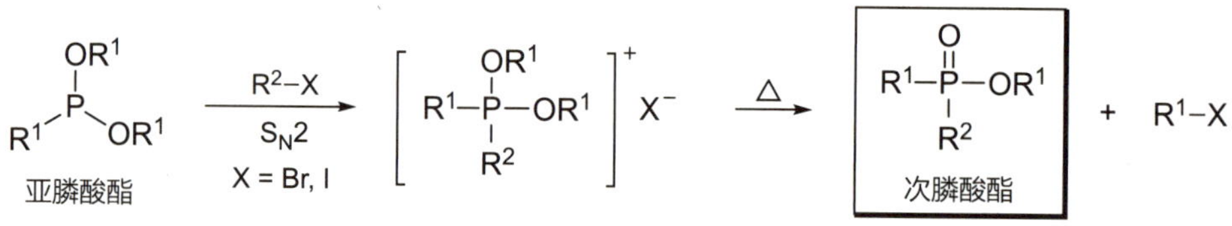

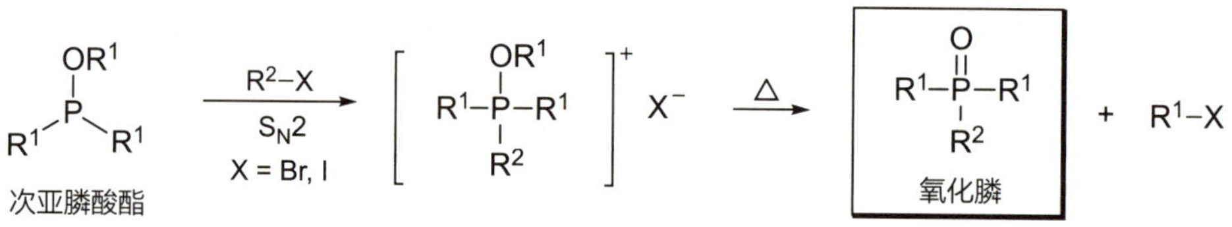

反应机理：

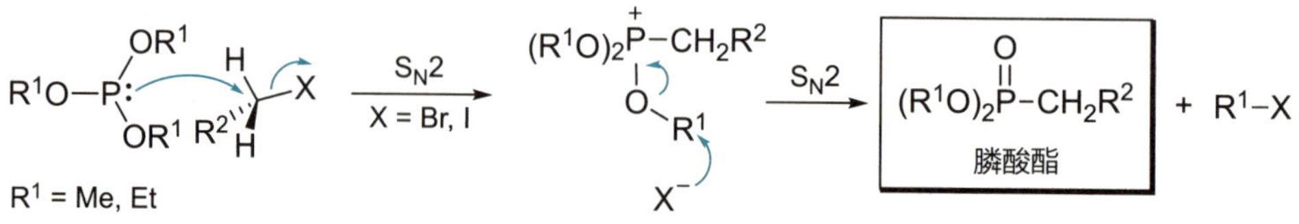

该反应利用了三配位磷上孤对电子的亲核性，膦类化合物作为亲核试剂，是对卤代烃 S_N2 亲核取代的一个经典反应。同时反应的产物为 HWE（Horner-Wadsworth-Emmons）反应的原料，因此在合成中具有广泛应用。

4.4 卤代烷的消除反应

在卤代烷分子中,由于 C-X 键有极性,卤素 X 的吸电子作用（ $-I$ 效应）可以沿着碳链传递,不仅 α-C 上具有部分正电荷, β-C 也带有更少量的正电荷,从而使 β-C 上的氢原子具有一定的酸性。因此,卤代烷在强碱作用下会失去一分子卤化氢,生成烯烃,这就是卤代烷的 β-消除反应（elimination reaction）,简称 E 反应。例如,氯代烷在氢氧化钠的乙醇溶液中加热,发生消除反应,生成烯烃。

$$\underset{\overset{|}{Cl}}{\overset{H}{\underset{\beta}{R^2}\underset{\alpha}{C}R^1}} + NaOH \xrightarrow[\Delta]{C_2H_5OH} R^2\!\!=\!\!R^1 + H_2O + NaCl$$

按照反应历程的不同,卤代烷消除反应分为单分子消除反应（E1）、双分子消除反应（E2）和通过底物共轭碱进行的消除反应（E1cb）。

4.4.1 双分子消除反应（E2）

1. E2 反应机理

溴乙烷与乙醇钠在乙醇溶液中发生消除反应,生成乙烯。

$$CH_3CH_2Br + NaOC_2H_5 \xrightarrow[\Delta]{C_2H_5OH} H_2C\!\!=\!\!CH_2 + C_2H_5OH + NaBr$$

生成烯烃的速率与溴乙烷浓度和乙氧基负离子浓度成正比:

$$v = k_{E2}[CH_3CH_2Br][CH_3CH_2O^-]$$

动力学速率表达式说明,消除反应的速率取决于两种反应物的浓度,是双分子反应,为二级动力学反应。反应过程中,乙氧基负离子进攻溴乙烷 β-C 上的氢原子, C^{α}-Br 键及 C^{β}-H 键的断裂和 π 键的形成同步进行,这与 S_N2 反应类似,为一步完成的双分子机理,两种反应物都出现在决定反应速率的过渡态中:

过渡态

由此可见 C^{α}-Br 键和 C^{β}-H 键越容易断裂,E2 反应越容易进行。反应活性规律总结如下:

(1) 含相同烷基的一卤代烷 E2 反应活性顺序为 RI > RBr > RCl > RF。说明决速步骤涉及 C^{α}-X 键的断裂,离去基团 X 越易离去,反应越易进行。

(2) 烷基结构不同的卤代烷 E2 反应活性顺序为 $R_3CX > R_2CHX > RCH_2X$。这是因为 E2 反应过渡态中 π 键已部分形成,过渡态具有类烯烃的结构特征,双键上取代基越多越稳定,反应越易进行。

(3) 试剂碱性越强, C^{β}-H 键越易断裂,反应越易进行。

实验表明,在 E2 反应中显示出同位素效应。例如,化合物 $C_6H_5CH_2CH_2Br$ 和 $C_6H_5CD_2CH_2Br$

在相同条件下发生消除反应的速率比为 $v_H / v_D \approx 7$，说明决速步骤同样涉及了 C^β-H 键的断裂，为双分子消除反应机理提供了有力的证据。

2. E2 反应的区域选择性

一卤代烷分子中如有两种或两种以上不同的 β-H 原子时，消除反应具有区域选择性，生成不同结构烯烃的比例不同。几个同时进行的消除反应，哪个反应的速率快，生成的烯烃在产物中的比例就较大。19 世纪初，俄国化学家 Saytzeff 从大量实验结果中归纳总结出卤代烷消除反应的区域选择性规则：主要消除含氢较少的 β-C 原子上的氢原子，生成双键碳原子上取代基较多的烯烃，这一规则称为 Saytzeff 规则（英文名也常翻译为 Zaitsev，中文名翻译为札依采夫）。例如：

$$\underset{\underset{Br}{|}}{CH_3\overset{H}{\underset{\beta}{C}}H-\overset{H}{\underset{\beta}{C}}H_2} \xrightarrow[\triangle]{KOH, C_2H_5OH} \underset{\underset{81\%}{\text{丁-2-烯}}}{CH_3CH=CHCH_3} + \underset{\underset{19\%}{\text{丁-1-烯}}}{CH_3CH_2CH=CH_2}$$

Saytzeff 规则是卤代烷 β-消除反应的区域选择性规律，通常把 β-消除反应产生的双键碳原子上连有较多取代基的烯烃称为 Saytzeff 烯烃，而把消除反应产生的双键碳原子上连有较少取代基的烯烃称为 Hofmann 烯烃。

碱的体积对 E2 反应的区域选择性有很大影响，碱的烷氧基体积增大，生成 Saytzeff 烯烃的比例减小，而 Hofmann 烯烃的比例增大。

碱	Saytzeff	Hofmann
$CH_3CH_2O^-$	79%	21%
$(CH_3)_3CO^-$	27%	73%
$CH_3CH_2(CH_3)_2CO^-$	19%	81%
$(CH_3CH_2)_3CO^-$	8%	92%

在环状体系中，E2 反应取向一般遵循立体化学的要求，而在刚性桥环体系中不可能通过正常的消除反应在桥头碳上引入一个双键。

这是由于环的刚性使 E2 反应发展出来的两个 p 轨道彼此几乎呈直角，因而不能有效重叠。而对于较大的环或较柔顺的体系，有可能通过足够的扭转而发生消除，引入一个双键。例如：

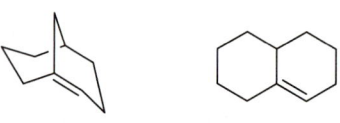

双环[3.3.1]壬-1-烯　　双环[4.4.0]癸-1-烯

3. E2 反应的立体化学

E2 反应过渡态的轨道图形（B 代表碱 Base）如下所示：

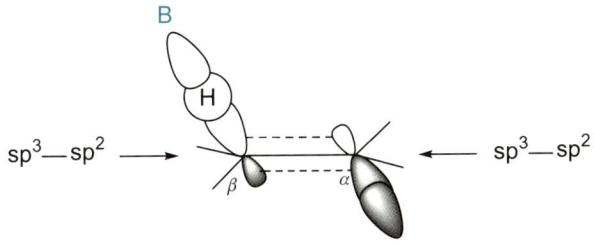

由此可见，C^α-Br 键及 C^β-H 键的断裂和 π 键的生成是同时进行的，随着反应的进行，α-C 和 β-C 逐渐由 sp^3 杂化转变为 sp^2 杂化，而 α-C 与卤素相连和 β-C 与 β-H 相连的 sp^3 杂化轨道则逐渐转变为 p 轨道，并在侧面重叠，形成 π 键。两个 p 轨道的轴互相平行时才能有效地重叠。

因此，在 E2 反应中，只有 H-C^β-C^α-X 四个原子在同一平面上，才能通过过渡态中有效重叠生成 π 键。能满足这一几何要求的只有重叠式和交叉式两种构象：

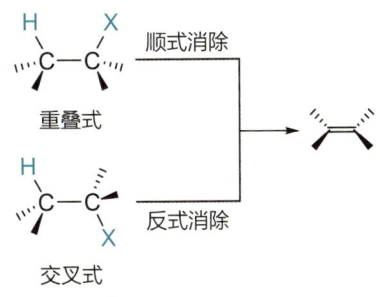

有两个明显的理由可以认为反式消除占优势：① 由于碱提供的一对电子进入 C^β-H 键的反键轨道，C-H 键断裂，β-C 以孤对电子的形式存在极不稳定。因此，β-C 的孤对电子急于成键以释放能量。当 C-X 键旋转到一定角度（即 C-X 键的反键轨道与 β-C 孤对电子的 p 轨道在一个平面时），β-C 孤对电子填充到 C-X 键的反键轨道，C-X 键断裂，β-C 与 α-C 的 p 轨道肩并肩重叠形成 π 键。② 以稳定的交叉式构象反应比以能量高的重叠式构象反应有利。

大量实验事实表明一般情况下 E2 反应为反式消除。因此，E2 反应对反应物的构象有一定要求，一般要满足 H-C^β-C^α-X 四个原子共平面，且 C^α-X 键和 C^β-H 键位于 C^α-C^β 键的两侧（简称反式共平面）。所以，对于按 E2 进行消除的反应物，首先必须写出 β-H 和离去基团反式共平面的构象，称为消除构象，才能得出正确产物。

例如，前面已提到，由于 E2 反应的区域选择性，2-溴丁烷和碱反应主要生成丁-2-烯。那么，它的立体选择性如何呢？即产物中(Z)-丁-2-烯多还是(E)-丁-2-烯多？可以根据 E2 反应对反应物的立体化学要求进行判断。2-溴丁烷有两种交叉构象能够满足 H-C^β-C^α-Br 四个原子共平面的要求，消除溴化氢后分别生成(Z)-丁-2-烯和(E)-丁-2-烯。在构象(Ⅰ)中两个甲基处于对位交叉的位置，相距较远，在过渡态中只有甲基和氢原子之间的范德华作用力。在构象(Ⅱ)中两个甲基处于邻位交叉的位置，相距较近，在过渡态中存在两个甲基之间的范德华作用力，能量比(Ⅰ)的高，因此生成(E)-丁-2-烯的活化能比生成(Z)-丁-2-烯的低，反应速率较快，从而(E)-丁-2-烯的产率高。事实的确如此，2-溴丁烷在消除反应中生成的

"Z/E 命名法"是准确表达双键构型的系统命名方法，详细定义见 5.1.1 小节。

(E)-丁-2-烯的产率为(Z)-丁-2-烯的 3 倍。

(Ⅰ)

(Ⅱ)

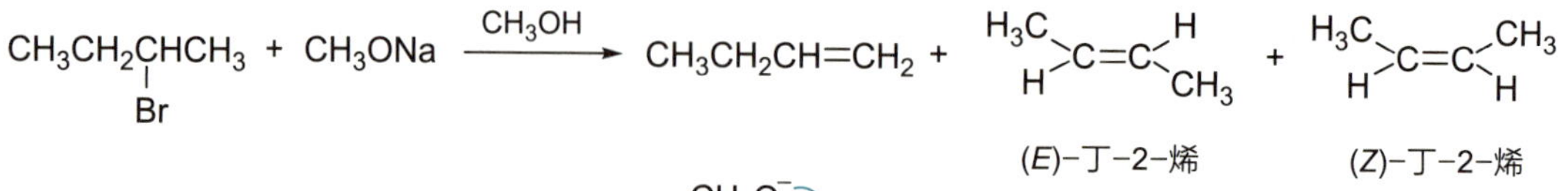

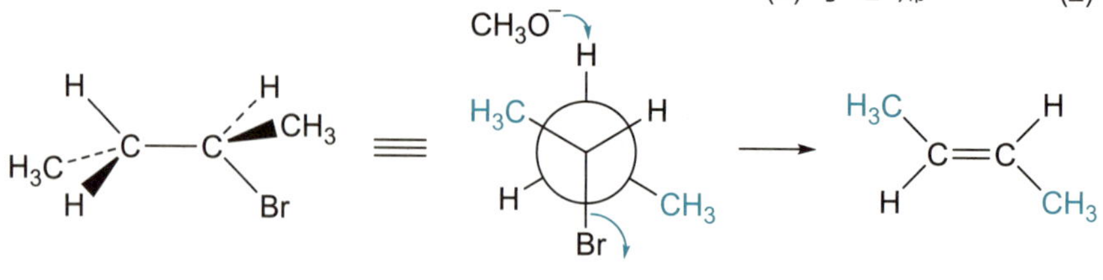

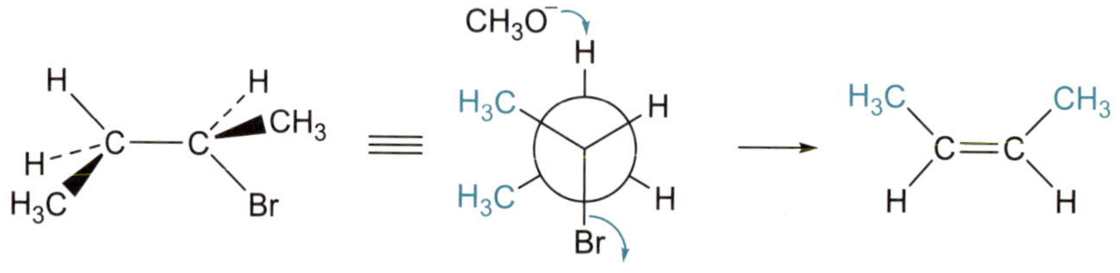

如果选择性消除的 β-H 只有一个，则反式消除的结果是只有一种构型的烯烃产生。因为此时只有一种对位交叉构象能够满足 H-C$^{\beta}$-C$^{\alpha}$-X 四个原子共平面，且 H-C 键和 C-X 键满足反式的要求。例如，((2S,3S)-3-溴丁-2-基)苯消除溴化氢生成(E)-丁-2-烯-2-基苯，而((2S,3R)-3-溴丁-2-基)苯消除溴化氢生成(Z)-丁-2-烯-2-基苯。

((2S,3S)-3-溴丁-2-基)苯　　(E)-丁-2-烯-2-基苯

((2S,3R)-3-溴丁-2-基)苯　　(Z)-丁-2-烯-2-基苯

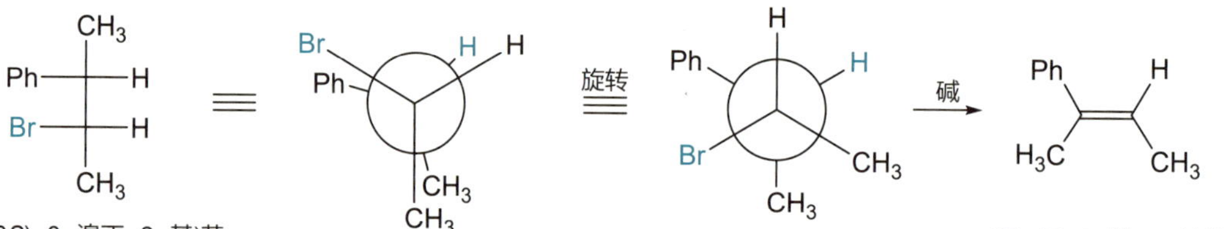

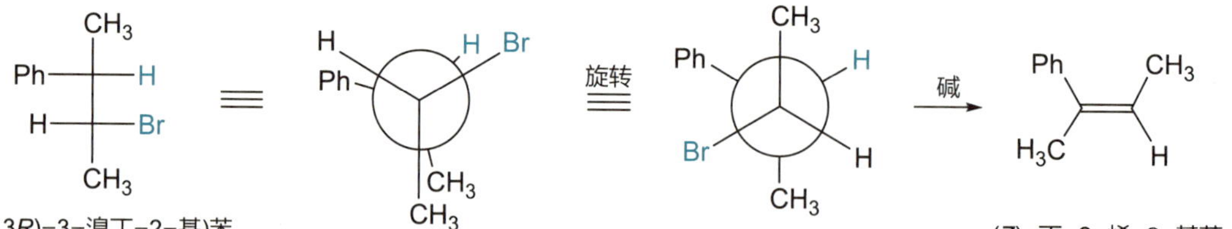

简单环状化合物的 E2 反应与链状化合物遵循同样的立体化学规律。例如，对卤代环己烷来说，为了实现 H-C$^{\beta}$-C$^{\alpha}$-X 四个原子共平面，且 C$^{\alpha}$-X 键和 C$^{\beta}$-H 键处于反式共平面的立体化学要求，两个相邻的消除原子必须处于 a 键。因此，判断卤代环己烷的 E2 消除产物，与链状化合物一样，必须经过构象分析才能得到正确结果。例如，反-1-氯-2-甲基环己烷经历 E2 反应后得到反 Saytzeff 规则的烯烃。

反-1-氯-2-甲基环己烷　　3-甲基环己烯

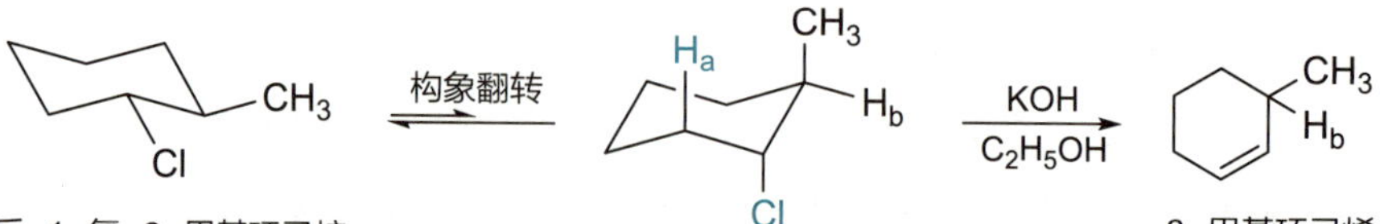

构象分析如下：反-1-氯-2-甲基环己烷的稳定构象是两个取代基都处于环己烷 *e* 键，但该稳定构象不满足 E2 反应的立体化学要求，因为 Cl 与任何一个 *β*-H 以及相应的碳原子都不处于同一平面。要达到反式共平面的要求，环必须扭转成被消除原子处于环己烷 *a* 键的构象。翻转构象虽然不是稳定构象，但容易进行 E2 反应，称为消除构象。由消除构象看出，按照 E2 反应的立体化学要求只能得到反 Saytzeff 规则的烯烃。

另举一例：顺-1-溴-4-叔丁基环己烷和反-1-溴-4-叔丁基环己烷在消除反应中生成同一产物 4-叔丁基环己-1-烯，但前者的反应速率为后者的 500 倍，如何解释这一现象？

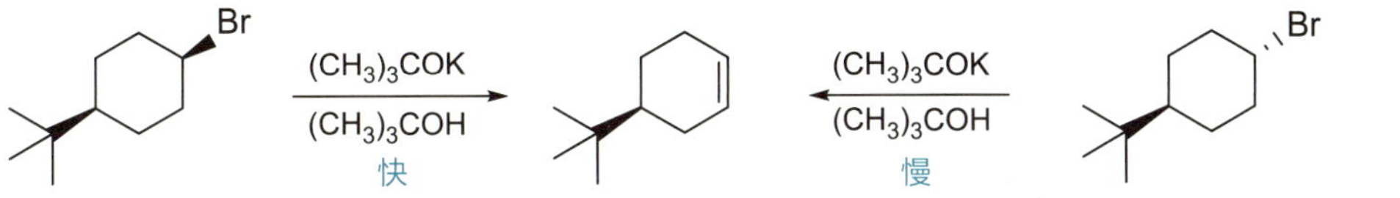

顺-1-溴-4-叔丁基环己烷　　4-叔丁基环己-1-烯　　反-1-溴-4-叔丁基环己烷

构象分析如下：对于顺-1-溴-4-叔丁基环己烷，稳定构象是溴原子处于 *a* 键，恰好满足 E2 反应的立体化学要求，即顺-1-溴-4-叔丁基环己烷的消除构象和稳定构象一致，此时消除反应容易发生。对于反-1-溴-4-叔丁基环己烷，稳定构象(Ⅰ)中溴原子处于 *e* 键，必须将环扭转成消除原子处于 *a* 键的构象(Ⅱ)才有利于 E2 反应，但这时大体积的叔丁基处于 *a* 键，过渡态能量升高，反应速率较慢。

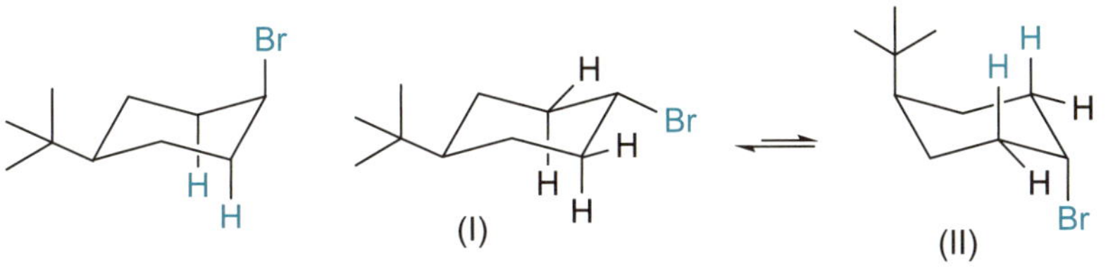

顺-1-溴-4-叔丁基环己烷　　反-1-溴-4-叔丁基环己烷

某些分子 *β*-H 和离去基团具有顺式重叠构象的刚性结构，在这种情况下也可以发生顺式消除反应，但是反应速率较慢。例如：

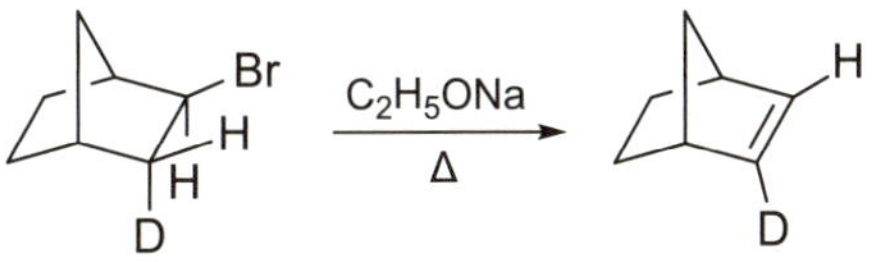

4.4.2 单分子消除反应（E1）

1. E1 反应的机理

大多数卤代烷在强碱存在下的消除反应是按 E2 机理进行的。但在无碱或弱碱存在情况下，叔卤代烷的消除反应一般是按 E1 机理进行的。例如，叔丁基溴在乙醇溶液中的溶剂解反应，除了生成取代产物叔丁基乙基醚，还生成消除产物异丁烯。

$$(CH_3)_3CBr + C_2H_5OH \xrightarrow{25\ ^{\circ}C} (CH_3)_3COC_2H_5 + (CH_3)_2C=CH_2$$

叔丁基乙基醚 81%　　异丁烯 19%

该消除反应按 E1 机理分两步进行。

第一步：与 S_N1 反应相似，叔丁基溴生成叔碳正离子中间体。

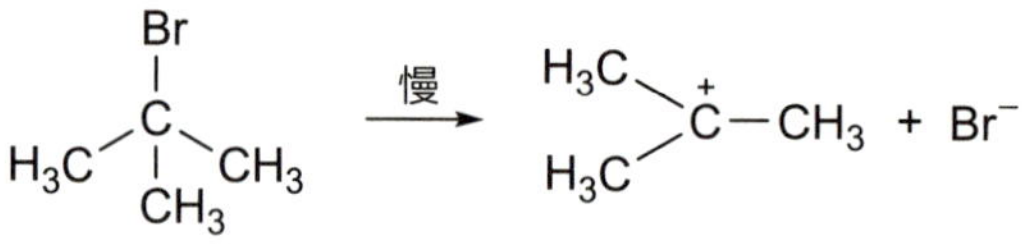

$$\underset{\underset{CH_3}{|}}{\overset{\overset{Br}{|}}{H_3C-C-CH_3}} \xrightarrow{慢} \underset{H_3C}{\overset{H_3C}{\diagdown}}\overset{+}{C}-CH_3 + Br^-$$

第二步：乙醇作为碱进攻 β-H，发生消除反应生成烯烃。

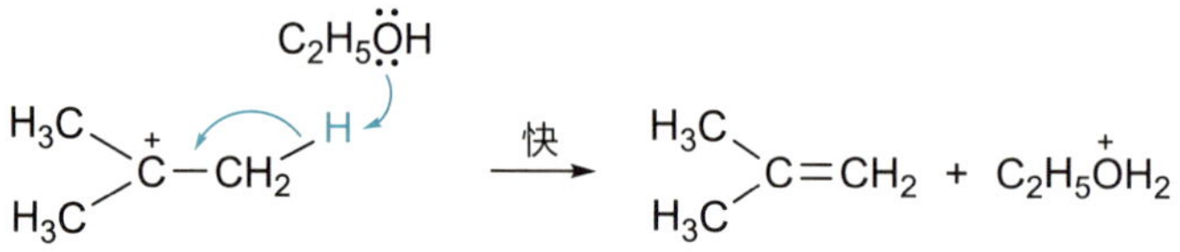

$$\underset{H_3C}{\overset{H_3C}{\diagdown}}\overset{+}{C}-\underset{H}{\overset{C_2H_5\ddot{O}H}{\overset{\curvearrowleft}{CH_2}}} \xrightarrow{快} \underset{H_3C}{\overset{H_3C}{\diagdown}}C=CH_2 + C_2H_5\overset{+}{O}H_2$$

反应的决速步骤是叔丁基溴解离生成碳正离子中间体的一步，消除 β-H 是快反应，反应速率只与叔卤代烷的浓度成正比，是动力学一级反应。通过碳正离子进行的消除反应，称为单分子消除，简称 E1。

由于生成了碳正离子，E1 反应中常有重排产物生成，这也是 E1 反应经历碳正离子机理的重要证据。和 S_N1 反应类似，在发生 E1 反应时产生的碳正离子也可以发生重排，生成更稳定的碳正离子。例如，2-溴-3,3-二甲基丁烷在乙醇中的溶剂解，消除产物主要是 2,3-二甲基丁-2-烯，这是由于生成的二级碳正离子不稳定，特别容易通过烷基邻位迁移（或称 1,2-迁移）重排为三级碳正离子。

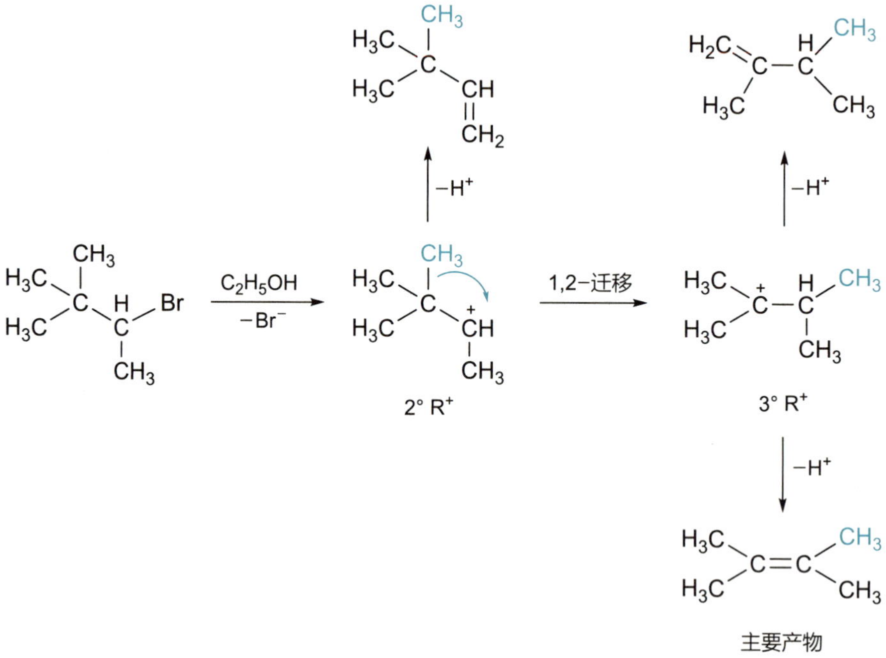

2. E1 反应的区域选择性

E1 反应中第一步生成碳正离子是反应的决速步骤，第二步消除 β-H 的过渡态稳定性决定了消除反应的区域选择性。以 2-溴-2-甲基丁烷的 E1 反应为例（图 4-3），消除 β-H 所形成的过渡态中有部分双键形成，消除含氢较少（取代较多）β-碳上的氢生成的过渡态比消除含氢较多（取代较少）β-碳上的氢生成的过渡态具有更强的超共轭作用，从而能量低，较稳定，反应速率快。此外，生成的产物 Saytzeff 烯烃（多取代烯烃）比 Hofmann 烯烃（末端烯烃）稳定，因此得到的主要产物是多取代烯烃。

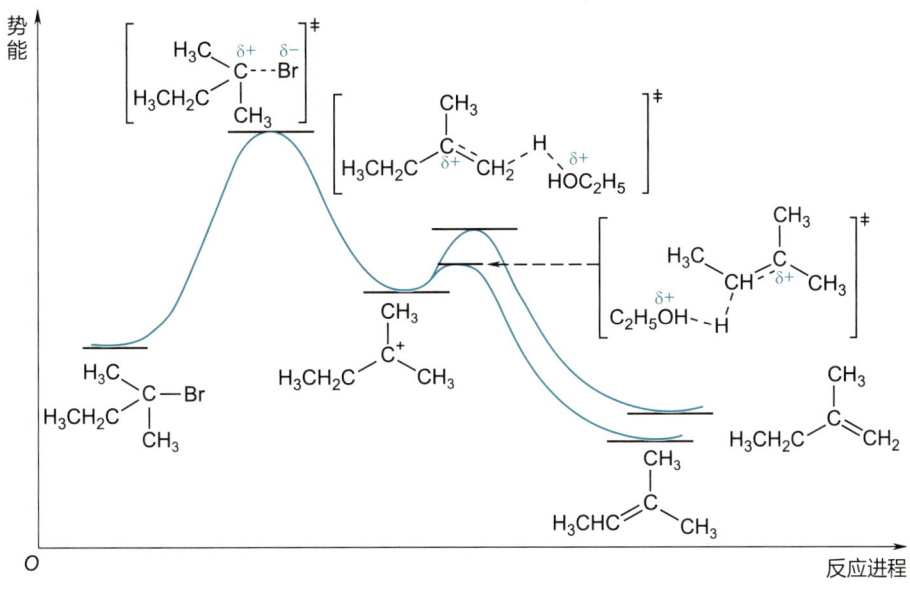

图 4-3 2-溴-2-甲基丁烷 E1 反应势能图

卤代烷消除反应的机理取决于 C^α-X 键断裂和 C^β-H 键与 C-X 键协同消除 HX 的相对速率。在强碱存在下，多数卤代烷的消除一般按 E2 机理进行。易生成碳正离子的卤代烷，易发生 E1 反应。例如，叔卤代烷在极性溶剂中溶剂解反应按 E1 机理进行。

E1 反应与 E2 反应的比较如表 4-2 所示。

表 4-2 E1 反应与 E2 反应的比较

	E1	E2
动力学	一级反应 $v = k_1[RX]$	二级反应 $v = k_2[RX][B^-]$
反应机理	通过 R^+ 中间体进行的两步反应	一步进行的协同反应
反应速率	RI > RBr > RCl	RI > RBr > RCl
反应取向	符合 Saytzeff 规则	符合 Saytzeff 规则或 Hofmann 规则
立体化学	无立体选择性	C^α-X 键和 C^β-H 键须反式共平面
碱	弱碱	强碱
竞争反应	S_N1 和重排	S_N2

4.4.3 单分子共轭碱消除反应（E1cb）

在卤代烷分子中当离去基团的离去能力比较弱（如 F、OH、OR 等），且 β-H 的酸性比较强时，消除反应可能会按照如下两步进行：首先，碱夺取 β-H 形成碳负离子中间体（即底物的共轭碱），这是反应的决速步骤；然后，在负离子的推动下离去基团离去，生成烯烃。这种通过底物共轭碱碳负离子进行的消除反应称为单分子共轭碱消除反应，简称 E1cb，cb 代表共轭碱（conjugated base）。

发生 E1cb 反应的关键是负离子中间体的形成。β-H 的酸性越强，产生的负离子（共轭碱）越稳定，反应越快。所以，E1cb 反应一般需要 β-C 连有吸电子基（如卤原子、羰基等）。

E1cb 反应常见于 β-羟基羰基化合物脱水生成 α,β-不饱和羰基化合物的转化中。在这个过程中，碳负离子的负电荷可共振到羰基氧原子上，形成更稳定的烯醇负离子中间体，因此消除更为容易。

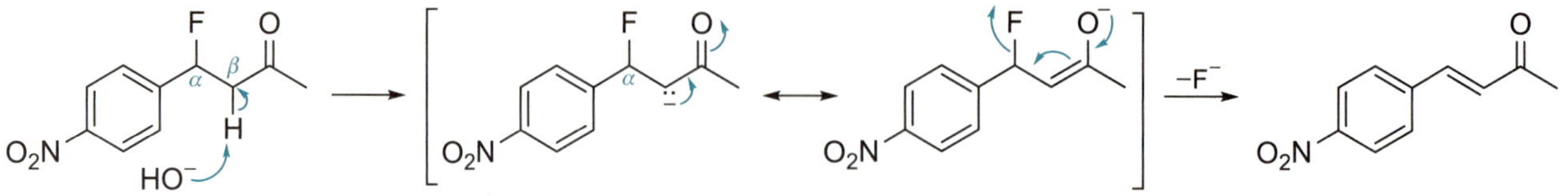

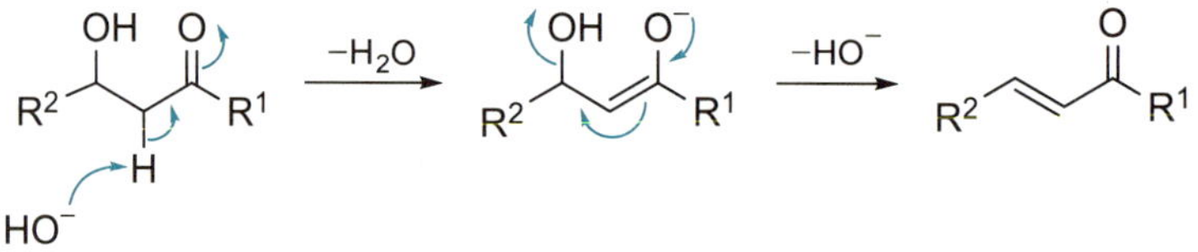

邻二卤代烷在金属锌或镁作用下，按照 E1cb 反应机理进行，失去卤原子生成烯烃。

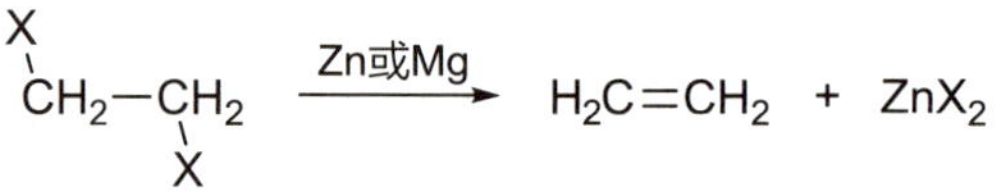

碘化物和邻二卤代烷反应，也可以使邻二卤代烷失去卤原子，生成烯烃。若用反-1,2-二溴环己烷与碘化物反应，可以顺利得到环己烯；但用顺-1,2-二溴环己烷，则不发生反应。这表明邻二卤代烷的消除反应是立体选择性的反式消除。

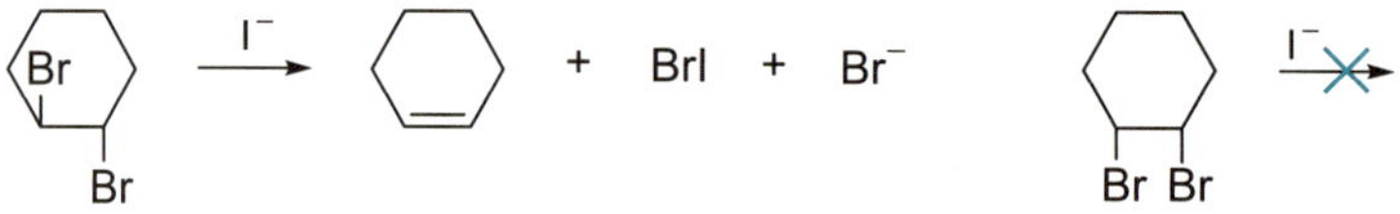

4.5　卤代烷亲核取代反应和消除反应的竞争

卤代烷的亲核取代反应和消除反应在相同反应体系和条件下可能相互竞争，导致反应产物不单一。例如，2-溴丙烷在乙醇中反应，既有取代产物又有消除产物，取代产物为主要产物；当反应体系中加入碱性试剂乙醇钠时，则消除产物为主要产物。

C_2H_5OH	97%	3%
C_2H_5OH, C_2H_5ONa	13%	87%

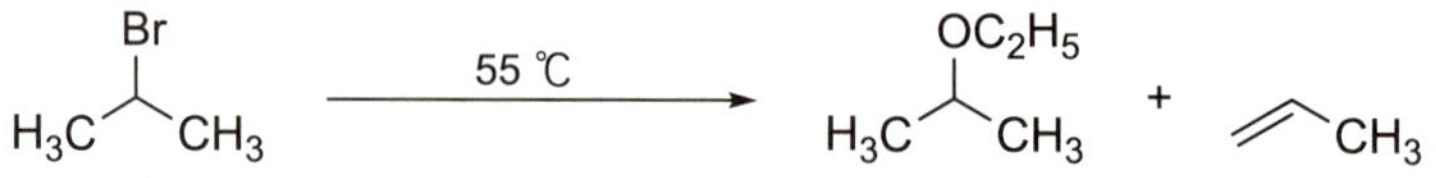

以 2-溴丙烷和乙醇钠反应为例：乙氧基负离子的亲核性能够使其有效进攻 2-溴丙烷电子密度较低的 2 位碳原子，即通过 S_N2 反应历程得到 2-乙氧基丙烷；同时，乙氧基负离子的碱性（见 4.3.3 小节有关亲核试剂碱性的讨论）亦足够和 2-溴丙烷 β-C 上具有一定酸性的氢作用（见 4.4 节双分子消除反应的讨论），从而发生 E2 反应得到丙烯。从实验结果看，消除反应产物占 87%，取代反应产物占 13%。

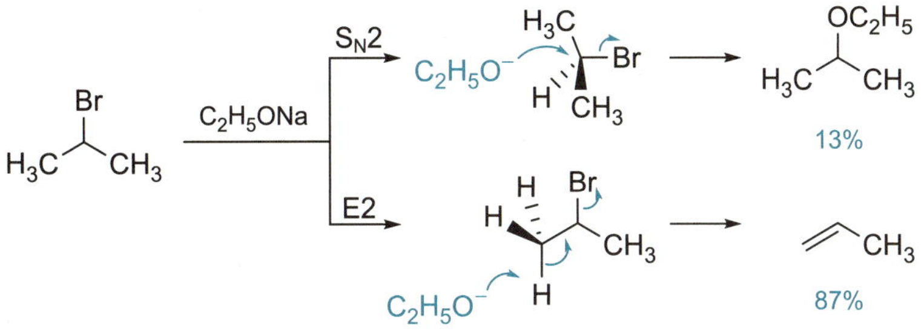

类似地，在 2-溴丙烷和乙醇反应时，虽然经历了包含碳正离子为中间体的反应历程，但也能观察到亲核取代反应（S_N1）和消除反应（E1）的竞争。

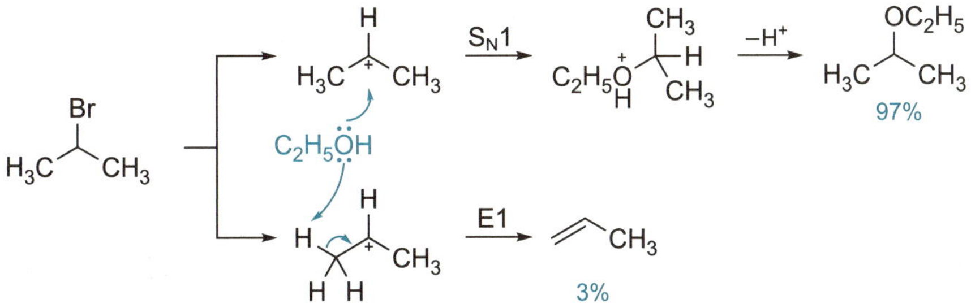

鉴于发展专一性化学转化的重要性，理解竞争反应的调控因素非常必要。本节将讨论影响亲核取代反应和消除反应的一些主要因素，为我们预测反应大致按哪个特定途径进行，提供一些简单的指导原则。

4.5.1 亲核试剂的影响

在 4.3.3 小节的讨论中提及，亲核试剂的亲核性由亲核试剂的碱性和可极化性决定。随着亲核试剂的碱性增强，它们和卤代烷 β-C 上具有一定酸性的氢之间越容易发生作用，消除反应作为竞争反应的可能性增加。因此，一些碱性弱（通常指比氢氧化物碱性弱）但亲核能力强的亲核试剂，包括 I^-、Br^-、RS^-、N_3^-、$RCOO^-$ 和 NH_3 等，主要和卤代烷发生取代反应。这些亲核试剂与一级或二级卤代烷反应时，以 S_N2 反应为主，而与三级卤代烷作用时，则以 S_N1 反应为主。例如，2-溴丁烷与 I^- 和 CH_3COO^- 只发生 S_N2 反应，消除反应几乎没有竞争的可能性。

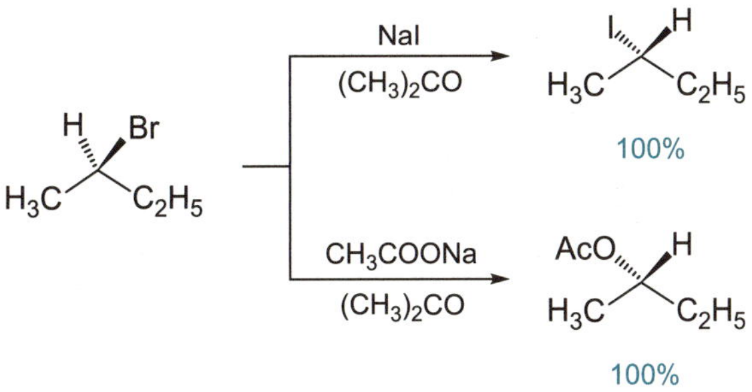

弱亲核试剂（例如水或者醇）只与二级和三级卤代烷才发生明显的反应，且以 S_N1 历程的取代反应为主要途径，单分子消除反应（E1）为次要反应。例如，2-溴丙烷和乙醇在 55 ℃ 进行反应，取代反应产物 2-乙氧基丙烷的产率高达 97%。

大空间位阻的强碱，如叔丁醇钾和二异丙基氨基锂（LDA）等，通常在溶剂中表现出很弱的亲核性。这是因为上述试剂亲核位点（氧负离子或氨基负离子）的大部分被大体积取代基和抗衡阳离子共同包裹。而卤代烷 β-C 上的氢原子由于空间位阻小，可以和大空间位阻的强碱发生作用。因此，大空间位阻强碱和卤代烷反应时主要发生消除反应。例如，在叔丁醇中，1-溴丁烷在叔丁醇钾存在下发生反应，消除产物丁-1-烯占 85%。

$$H_3C\diagdown\!\!\!\diagdown Br \xrightarrow[-HBr]{^tBuOK,\ ^tBuOH} H_3C\diagdown\!\!=\!\!\diagdown + H_3C\diagdown\!\!\diagdown O^tBu$$
$$\qquad\qquad\qquad\qquad\qquad\qquad 85\%\qquad\qquad 15\%$$

4.5.2 卤代烷结构的影响

强碱性亲核试剂有利于通过 E2 机理与卤代烷发生消除反应，从而造成亲核取代反应和消除反应的竞争；此外，S_N2 反应的速率和卤代烷中心碳原子周围的空间位阻密切相关。为了使讨论更加简洁，本小节仅考察在这些能发生 S_N2 反应的强碱性亲核试剂存在下，卤代烷的结构如何影响 S_N2 和 E2 的竞争反应。

以乙醇钠和不同结构的溴代烷反应为例：一级卤代烷 1-溴丙烷和乙醇钠主要通过 S_N2 历程生成乙基丙基醚；当溴代烷中心碳原子的 β 位引入甲基时，空间位阻的增加降低了 S_N2 反应速率，E2 反应产物 2-甲基丙烯的产率明显增加；进一步以空间位阻更大的 2-溴丙烷为原料时，E2 反应产物比例进一步增加。可见，在强碱性亲核试剂条件下，随着卤代烷中心碳原子空间位阻的增大，消除反应比取代反应更容易发生。

$$H_3C\diagdown\!\!\diagdown Br \xrightarrow[-HBr]{NaOC_2H_5,\ C_2H_5OH} H_3C\diagdown\!\!\diagdown OC_2H_5 + \diagdown\!\!=\!\!\diagdown CH_3$$
$$\qquad\qquad\qquad\qquad\qquad\qquad\qquad 91\%\qquad\qquad\qquad 9\%$$

$$(CH_3)_2CHCH_2Br \xrightarrow[-HBr]{NaOC_2H_5,\ C_2H_5OH} (CH_3)_2CHCH_2OC_2H_5 + CH_2=C(CH_3)_2$$
$$\qquad\qquad\qquad\qquad\qquad\qquad\qquad 40\%\qquad\qquad\qquad 60\%$$

$$(CH_3)_2CHBr \xrightarrow[-HBr]{NaOC_2H_5,\ C_2H_5OH} (CH_3)_2CHOC_2H_5 + CH_2=CHCH_3$$
$$\qquad\qquad\qquad\qquad\qquad\qquad\qquad 13\%\qquad\qquad\qquad 87\%$$

三级卤代烷即使在高浓度强碱性亲核试剂中，也只发生消除反应。

4.5.3 溶剂的影响

溶剂对反应的影响因素较为复杂。溶剂的极性大，有利于电荷集中的过渡态而不利于电荷分散的过渡态，因此增加溶剂的极性，一般有利于 S_N2 反应，而不利于 E2 反应。以卤代烷的 S_N2 和 E2 反应为例，在 S_N2 反应中，过渡态的电荷分布比较集中；E2 反应中，过渡态的电荷分布比较分散，因此极性溶剂有利于 S_N2 反应。

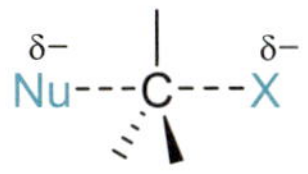

S_N2 反应过渡态的电荷分布 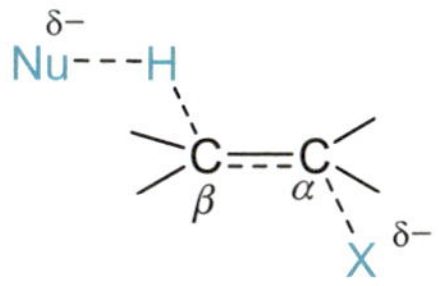　　　　E2 反应过渡态的电荷分布

4.5.4 反应温度的影响

与取代反应相比，卤代烷的消除反应导致反应体系中的粒子数和混乱度增加，是熵增加的过程。因此，提高反应温度对消除反应更为有利。

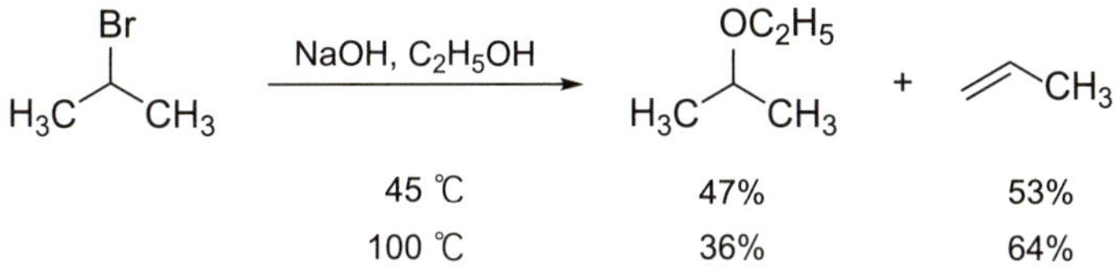

	45 ℃	100 ℃
$CH_3CH(OC_2H_5)CH_3$	47%	36%
$CH_2=CHCH_3$	53%	64%

4.6 卤代烃与金属的反应

卤代烃可以与许多金属反应生成金属原子直接与碳原子相连的一类化合物，称为有机金属化合物（organometallic compound），常用 R-M 表示，M 代表金属原子。由于碳原子的电负性比金属原子的电负性大得多，所以 C-M 键中碳原子带有负电荷，金属带有正电荷，R-M 是一类亲核能力很强的含碳亲核试剂，也是强碱。金属有机化合物可以通过卤代烃与金属单质直接反应制备，或者通过金属试剂与另一种金属的盐类化合物发生交换反应获得。有机金属化合物的种类很多，M 可以是 Mg、Li、Na、Cu、Zn、Cd、Hg、Al 等金属，下面介绍几种常见的有机金属化合物。

4.6.1 有机镁化合物

有机镁化合物又称为格氏试剂（Grignard reagent），由法国化学家格利雅（V. Grignard）于 1901 年发现，格氏试剂在有机合成中具有广泛的应用。

格氏试剂是指在醚溶剂中由镁与卤代烃反应形成的卤化烷基镁的溶液。卤素可以是碘、溴或氯，取代基既可以是烷基，也可以是芳基，但基团中不能包含任何与格氏试剂反应的官能团。

$$RX + Mg \xrightarrow{\text{无水乙醚}} RMgX$$

制备格氏试剂的溶剂都是醚类，常用乙醚（Et_2O）或四氢呋喃（THF），有时也会使用二醚，如 1,4-二噁烷（dioxane）、乙二醇二甲醚（dimethoxyethane，DME）等。

乙醚　　　四氢呋喃　　　二噁烷　　　乙二醇二甲醚

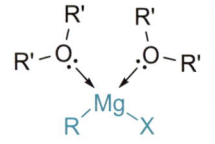

醚类溶剂在格氏试剂的制备中有重要作用，两分子醚可以与格氏试剂形成配合物（见边栏）。

形成的配合物使有机镁更稳定，并能够溶于醚。

格氏试剂的生成涉及镁对 C-X 键的插入，这一步镁的氧化态发生改变，使之从 Mg(0) 变为 Mg(Ⅱ)。因此，反应称为氧化插入反应或氧化加成反应，这是一个许多金属都能够参与的普遍过程，如 Mg、Li、Cu 和 Zn 等。Mg(Ⅱ) 比 Mg(0) 更为稳定，使得反应得以顺利发生。

乙烯型和芳基型卤代烃不活泼，制备格氏试剂需提高反应温度。

$$\text{CH}_2=\text{CHCl} + \text{Mg} \xrightarrow[\Delta]{\text{THF}} \text{CH}_2=\text{CHMgCl}$$

$$\text{PhCl} + \text{Mg} \xrightarrow[\Delta]{\text{THF}} \text{PhMgCl}$$

烯丙型和苄基型卤代烃较活泼，制备这类格氏试剂需要严格控制低温条件，否则会发生偶联反应。

$$\text{CH}_2=\text{CHCH}_2\text{Cl} + \text{Mg} \xrightarrow[0\ ℃]{\text{Et}_2\text{O}} \text{CH}_2=\text{CHCH}_2\text{MgCl}$$

$$\text{PhCH}_2\text{Cl} + \text{Mg} \xrightarrow[0\ ℃]{\text{Et}_2\text{O}} \text{PhCH}_2\text{MgCl}$$

格氏试剂的基本反应类型主要包括以下三种。

（1）格氏试剂与活泼氢的反应。格氏试剂可以与水、醇、羧酸、末端炔等分子中的活泼氢反应，生成相应的烃。

$$\text{RMgX} + \text{H}_2\text{O} \longrightarrow \text{RH} + \text{HOMgX}$$

$$\text{RMgX} + \text{R'OH} \longrightarrow \text{RH} + \text{R'OMgX}$$

$$\text{RMgX} + \text{R'CO}_2\text{H} \longrightarrow \text{RH} + \text{R'CO}_2\text{MgX}$$

$$\text{RMgX} + \text{R'-C}\equiv\text{CH} \longrightarrow \text{RH} + \text{R'-C}\equiv\text{CMgX}$$

可以利用该反应，向格氏试剂中加入重水，将同位素氘原子引入有机化合物中。

$$\text{CH}_3\text{CH}_2\text{CH}_2-\underset{\underset{\text{CH}_2\text{CH}_3}{|}}{\overset{\overset{\text{CH}_3}{|}}{\text{C}}}-\text{MgCl} + \text{D}_2\text{O} \longrightarrow \text{CH}_3\text{CH}_2\text{CH}_2-\underset{\underset{\text{CH}_2\text{CH}_3}{|}}{\overset{\overset{\text{CH}_3}{|}}{\text{C}}}-\text{D}$$

（2）格氏试剂与二氧化碳或氧气的反应。格氏试剂可以与二氧化碳或氧气发生亲核加成反应，生成增加一个碳原子的羧酸或同碳数的过氧化合物。可以利用格氏试剂与二氧化碳反应来制备羧酸。

$$RMgX \xrightarrow{CO_2} RCOOMgX \xrightarrow{H_2O} RCOOH$$

$$RMgX \xrightarrow{O_2} ROOMgX \xrightarrow{RMgX} ROMgX \xrightarrow{H_2O} ROH$$

因此，制备格氏试剂需要在无氧、无活泼氢和无二氧化碳条件下进行。

（3）格氏试剂与活泼卤代烃的偶联反应。格氏试剂可以与活泼卤代烃发生偶联反应，可以用来增长碳链。实际上是格氏试剂作为亲核试剂，与卤代烷发生亲核取代反应。

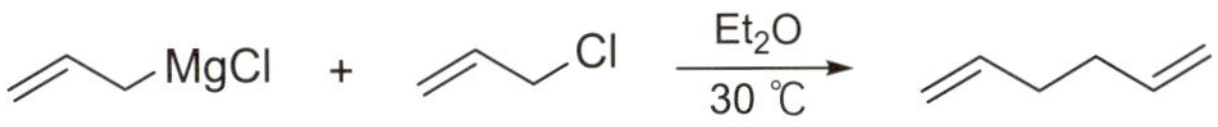

$$\diagdown\diagup MgCl + \diagdown\diagup Cl \xrightarrow[30\ ℃]{Et_2O} \diagdown\diagup\diagdown\diagup$$

此外，格氏试剂可以作为亲核试剂，与醛、酮等发生亲核加成反应，生成相应的醇（详见醛酮部分）。

4.6.2 有机锂化合物

有机锂试剂，通式为RLi（R为烷基、烯基、炔基、芳基等），常用的有机锂试剂包括正丁基锂、甲基锂、苯基锂等。

与格氏试剂的形成一样，有机锂试剂可以通过类似的氧化插入反应，由金属锂和卤代烷制取，反应除生成有机锂试剂，还生成卤化锂。相比格氏试剂，有机锂化合物更为活泼，溶解性能比格氏试剂好，除能溶于乙醚外，还可以溶解于烷烃、石油醚等非极性溶剂中，但价格较贵，使用时两者可以相互补充其不足之处。

一卤代烷与金属锂的反应需要在低温下进行，生成有机锂化合物，例如：

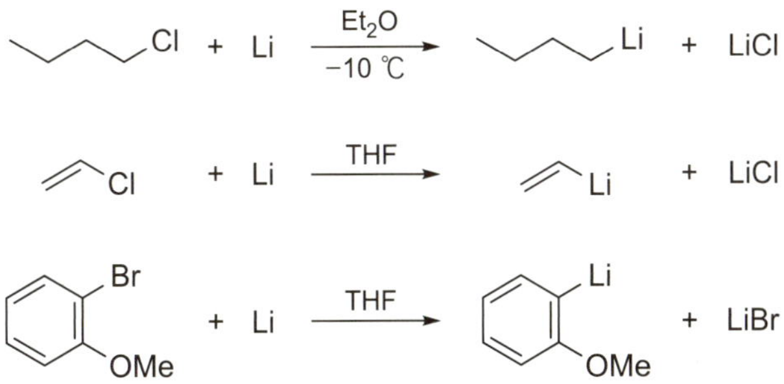

$$\diagdown\diagup\diagdown Cl + Li \xrightarrow[-10\ ℃]{Et_2O} \diagdown\diagup\diagdown Li + LiCl$$

$$\diagup\!\!\!\diagdown Cl + Li \xrightarrow{THF} \diagup\!\!\!\diagdown Li + LiCl$$

不活泼的卤苯可以在乙醚中与金属锂反应：

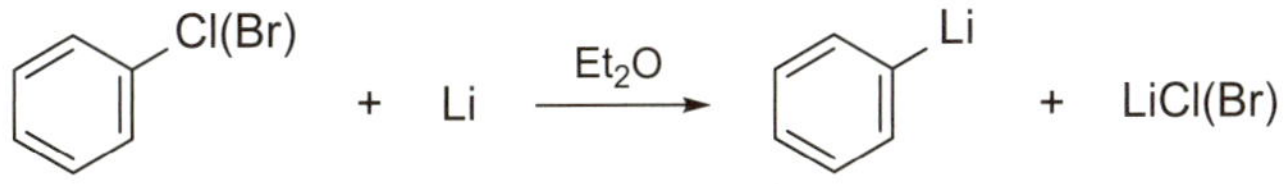

同样需要注意的是，制备有机锂化合物也需要使用干燥的试剂和仪器，并且隔绝空气。

有机锂试剂与格氏试剂性质类似，且更为活泼，碱性更强，其中烷基锂的碱性最强。例如，丁基锂与二异丙基胺反应，生成丁烷和二异丙基氨基锂（LDA），后者是有机合成中常用的强碱性试剂。

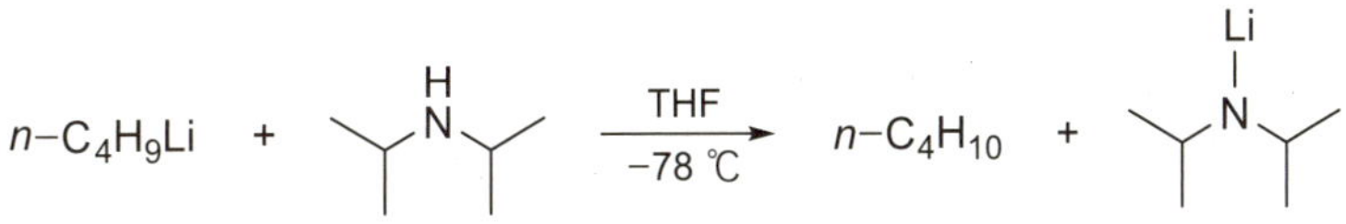

4.6.3 有机铜锂化合物

有机铜锂化合物一般是指二烃基铜锂化合物。它由两分子烃基锂在乙醚（或四氢呋喃）溶液中，在低温下，氮气或氩气氛围中与卤化亚铜（如碘化亚铜）反应得到，生成的二烃基铜锂溶于醚。在这个反应中，首先烃基锂与等物质的量的亚铜盐形成烃基铜，后者再与等物质的量的烃基锂形成二烃基铜锂。

$$RLi + CuX \longrightarrow RCu + LiX$$

$$RLi + RCu \longrightarrow R_2CuLi$$

二烃基铜锂是一种非常有用的试剂，可以与卤代烷反应用于构建新的碳碳键而合成长链烃类化合物。

$$R_2CuLi + R'X \longrightarrow R-R' + RCu + LiX$$

二烃基铜锂不仅可以和烯丙型和苄基型卤代烃发生交叉偶联反应，也可以和一级卤代烃、二级卤代烃，甚至与不活泼的烯基卤代烃和芳基卤代烃发生反应，生成各种烃类化合物，例如：

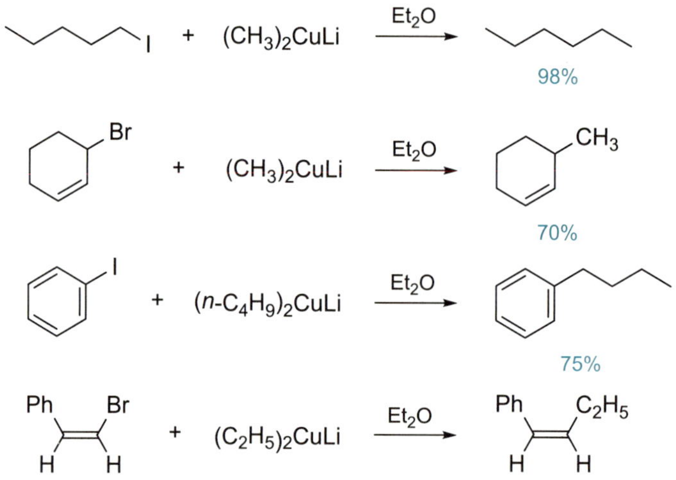

4.6.4 卤代烃参与的偶联反应简介

格氏试剂、有机锂、有机铜锂等有机金属化合物的 C—M 键为离子键（如烷基钠和炔化钠）或极化了的共价键。由于碳原子的电负性大于金属的电负性，与金属相连的碳原子带有负电性，具有很强的亲核性。因此，有机金属化合物可以作为亲核性试剂，参与对卤代烃的亲核取代反应，例如：

$$R-M + \overset{\delta+}{R'}-\overset{\delta-}{X} \longrightarrow R-R' + MX$$

反应时，有机金属化合物带负电性的烃基部分进攻卤代烃中带正电性的碳原子，实现了有机金属化合物的烃基和卤代烃中的烃基通过 C—C 键连接起来，形成了碳链增长的烃，这类反应称为卤代烃与有机金属化合物的偶联反应（coupling reaction），是制备高级烃类化合物的重要方法。格氏试剂、有机锂化合物和二烃基铜锂很容易发生偶联反应。

$CH_3CH_2CH_2Br + CH_3CH_2-C{\equiv}CMgBr \longrightarrow CH_3CH_2-C{\equiv}C-CH_2CH_2CH_3$

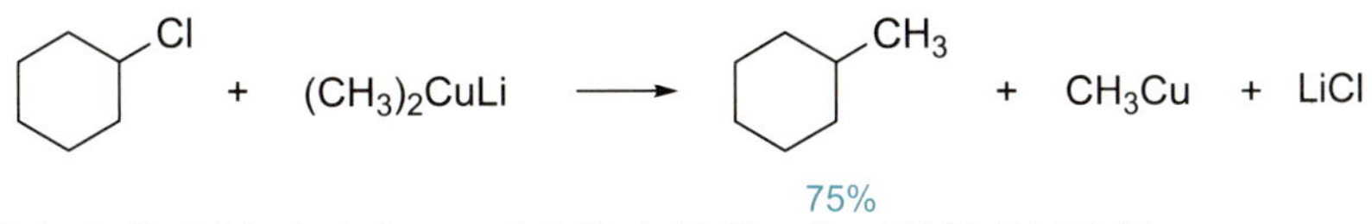

 75%

此外，一级卤代烃与炔基钠可通过 S_N2 反应发生偶联，从而制得高级炔烃。

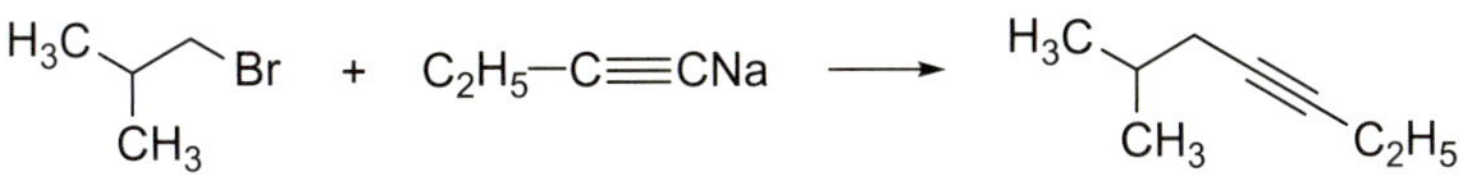

习题

1. 比较下列化合物在碘化钠-丙酮溶液中反应的速率大小。

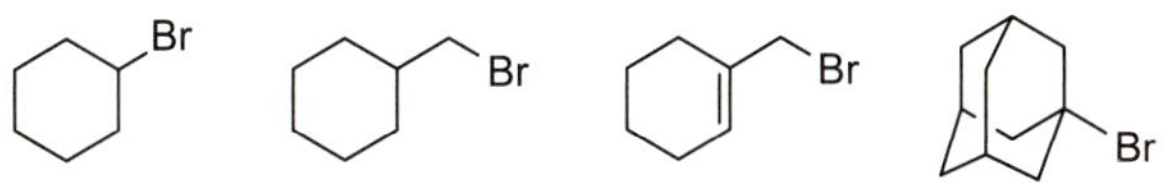

 (a) (b) (c) (d)

2. 比较下列化合物与乙醇的硝酸银溶液反应的速率大小。

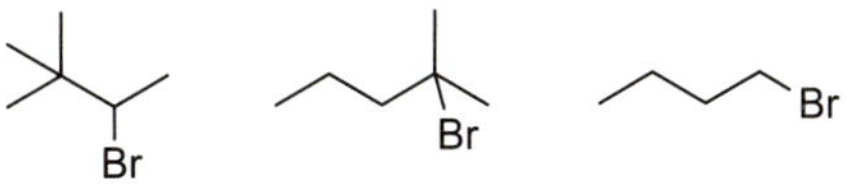

 (a) (b) (c)

3. 比较下列化合物 E1 反应的速率大小。

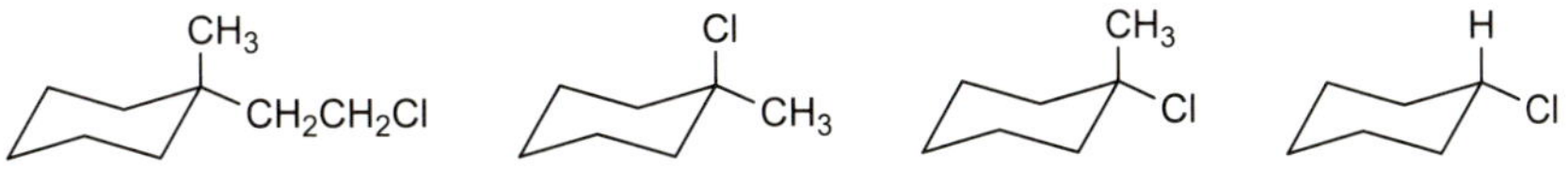

 (a) (b) (c) (d)

4. 下列哪种卤代烷难以发生 E2 反应？

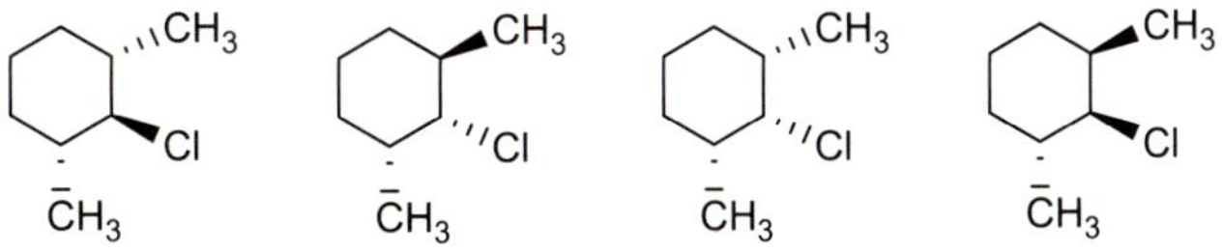

 (a) (b) (c) (d)

5. 下式为(2S,3S)-2,3-二溴丁烷的结构式，写出其稳定的锯架式和纽曼投影式。

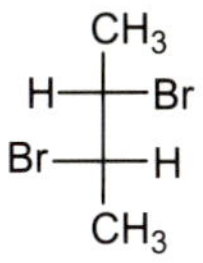

6. 写出下列化合物在 KOH/C_2H_5OH 中的消除反应产物。
（1）(2S,3S)-2,3-二溴丁烷　　（2）(2S,3R)-2,3-二溴丁烷　　（3）(2S,3R)-2-溴-3-氘丁烷

(4) [structure: 3-chloro-2-methylpentane] (5) [structure: 4-chloro-2-hexene] (6) [structure: PhCHBrCH₂CH₃]

7. 完成下列反应，写出反应的主要产物，如有立体异构体，须标明产物的立体构型。

(1) Br−C(C₂H₅)(CH₃)(CH(CH₃)₂) $\xrightarrow{C_2H_5OH, \Delta}$

(2) [cis-1-bromo-2-methylcyclopentane] $\xrightarrow{NaCN / CH_3OH}$

(3) [1-bromo-1-methylcyclohexane] $\xrightarrow{(CH_3)_3COK / (CH_3)_3COH, \Delta}$

(4) [trans-1-bromo-1,2-dimethylcyclohexane stereo structure] $\xrightarrow{KOH / EtOH, \Delta}$

(5) [neopentyl iodide] $\xrightarrow{CH_3COOAg / CH_3COOH}$

(6) [(R or S)-2-bromobutane with H₃C and C₂H₅] $\xrightarrow{稀 CH_3ONa / CH_3OH}$

(7) HO−CH₂CH₂CH₂CH₂−Cl $\xrightarrow{NaOH / H_2O}$

(8) [trans-1-bromo-4-methylcyclohexane] $\xrightarrow{Mg / Et_2O}$ $\xrightarrow{D_2O}$

(9) [chlorocyclohexane] + (CH₃)₂CuLi ⟶

8. 为下列反应提出合理的可能机理。

(1) H₃C−C(CH₃)₂−Br + H₂O ⟶ H₃C−C(CH₃)₂−OH + (CH₃)₂C=CH₂

(2) [(2S,3S) or similar: CH₃−CHBr−CHD−CH₃ Fischer projection] $\xrightarrow{EtONa / EtOH}$ (E)-CH₃CH=CHCH₃ (with D replaced) + (Z)-isomer with D

（本章编者　资伟伟、汤平平、惠新平、武全香、刘强、马宝春）

本章习题参考答案

第五章

烯烃与炔烃

5.1	烯烃和炔烃的命名 …………… 125	5.6	烯烃的协同加成反应 …………… 150
5.2	烯烃的热力学稳定性与氢化热 … 129	5.7	烯烃的亲核加成/亲核取代反应 … 160
5.3	烯烃与Brønsted酸的亲电加成反应 …………… 131	5.8	炔烃的反应 …………… 161
5.4	烯烃的自由基加成反应 …………… 138	5.9	烯烃和炔烃的主要来源及制备 … 168
5.5	烯烃亲电加成反应中邻基参与效应的影响——1,2-迁移与环鎓离子 … 140	5.10	联烯 …………… 170
			习题 …………… 171

在第四章里，我们学习了常见极性 σ 键化合物——卤代烃的性质。本章将涉及具有另一类典型化学键 π 键的化合物——烯烃与炔烃的性质。"肩并肩"成键的 π 键与"头碰头"成键的 σ 键相比，重叠程度低，因此一般认为 π 键拥有更高的反应性。从分子轨道理论分析，π 键成键轨道能量比 σ 键成键轨道能量高。对于不饱和化合物，基态时 π 键的成键轨道和反键轨道通常是其分子轨道的 HOMO 轨道和 LUMO 轨道，这也说明 π 键拥有更高的反应性。烯烃和炔烃，作为经典的 π 键化合物，具有极其丰富的反应模式。烯/炔的反应几乎囊括了基础有机化学中所有的反应类型，包括加成反应、消除反应、取代反应、协同反应、分步反应；亲电反应、亲核反应、自由基反应、有机金属反应等；涉及几乎所有常见的活性中间体，包括碳正离子、碳负离子、自由基、卡宾、有机金属中间体等。深入理解烯/炔的性质与反应有助于后续章节的学习与理解。

5.1 烯烃和炔烃的命名

5.1.1 烯烃的命名

烯烃可分为单烯烃和多烯烃，也可分为开链烯烃和环烯烃。由于碳碳双键的形成，烯烃较同碳数的烷烃含有较少的氢原子，每增加一个双键，分子中氢原子就减少两个。含有一个碳碳双键的开链烯烃的分子通式为 C_nH_{2n}，与单环环烷烃是同分异构体，其差别在于分子中原子连接方式和顺序的不同，属于构造异构。虽然从分子式计算的单环环烷烃和含一个 C=C 双键的开链烯烃的不饱和度都为1，但通常不饱和烃是指含有 π 键的烯烃、炔烃和芳香烃，并不包括环烷烃。

1. 单烯烃的命名

单烯烃的 IUPAC 命名原则与烷烃类似，但也有所不同，具体命名原则如下：

（1）直链烯烃依据碳链长度命名为"某烯"（十碳以内）或"某碳烯"（十个碳以上）。

> 2017年以前，有机化合物的中文命名主要是依照1980年制订的《有机化学命名原则》，中英文命名在规则上略有不同。2017年后中国化学会制订新的命名规则，基本实现了中英文命名的统一。

英文名的词尾统一为"-ene"。双键的位次加在词尾烯的前面。例如：

CH₃CH₂CH=CH₂　　　　　CH₃CH=CHCH₃
丁-1-烯　　　　　　　　　丁-2-烯
but-1-ene　　　　　　　　but-2-ene

> 一个结构可能有几种不同的名称（标准名和非标准名），但一个名称对应唯一的有机化合物结构，是命名用于交流的基本要求。

务必加上双键编号，因为"丁烯"这个名称可能是丁-1-烯或丁-2-烯，违背了一个名称只能写出唯一一个结构式的命名核心原则。

（2）有支链的烯烃，在含双键碳链为最长碳链时，选此碳链命名为"某烯"（十碳以内）或"某碳烯"（十个碳以上），并给双键以尽可能小的位次。

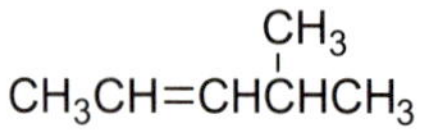

CH₃CH=CHCHCH₃　　　　　CH₃C=CHCH₂CH₂CH₃
　　　　　|　　　　　　　　　　|
　　　　CH₃　　　　　　　　　CH₂CH₃

4-甲基戊-2-烯　　　　　　3-甲基辛-3-烯
4-methylpent-2-ene　　　3-methyloct-3-ene

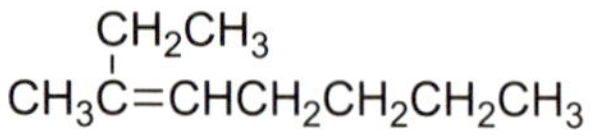

当含双键的碳链不是最长碳链时，优先选择最长碳链作为母体，即使该最长碳链不含双键，例如：

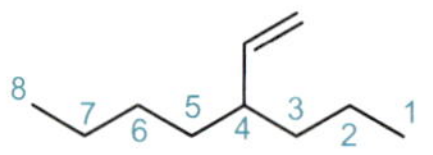

正确的命名为：4-乙烯基辛烷
4-vinyloctane

当支链以双键与母体相连，则使用"某亚基"来表示，例如：

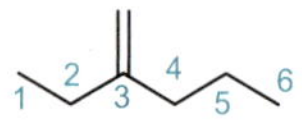

正确的命名为：3-甲亚基己烷
3-methylenehexane

（3）如果从两个方向给主链编号，双键编号相同，则选取使取代基编号最小的方向进行编号。例如：

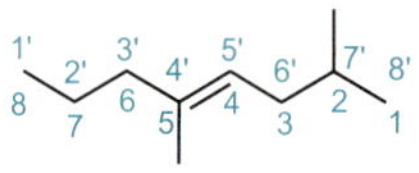

正确的母体名和取代基编号为：
2,5-二甲基辛-4-烯
2,5-dimethyloct-4-ene

（4）环状单烯烃的双键编号默认为1，可省略双键的编号。双键的哪个碳标记为1-位，则依据使取代基编号尽可能小的原则。例如：

3-乙基环戊烯　　　4,5-二甲基环己烯　　　6-乙基-1-甲基环己烯　　　1,5-二甲基环己烯
3-ethylcyclopentene　　4,5-dimethylcyclohexene　　6-ethyl-1-methylcyclohexene　　1,5-dimethylcyclohexene

> iso-、cyclo-等涉及基团结构本身的前缀，在首字母规则中按前缀首字母算；di-、tri-等表达数量的前缀则不纳入首字母的考量。

与烷烃命名一样，取代基的列出顺序以英文字母顺序而定，取代基编号相同时，给先列出的基团以小编号。例如：

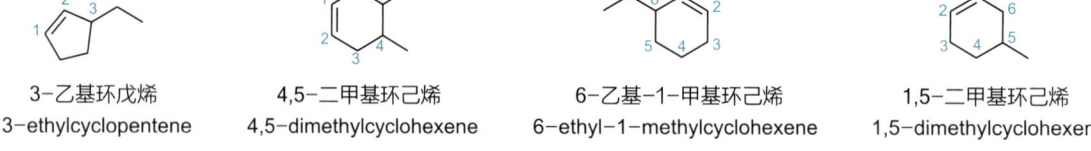

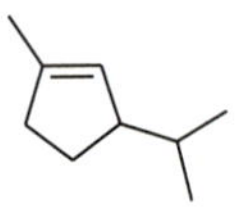

3-异丙基-1-甲基环戊烯　　　　　4-乙基-7-甲基癸-5-烯
3-isopropyl-1-methylcyclopentene　　4-ethyl-7-methyldec-5-ene

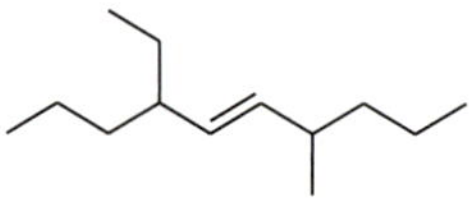

（5）π键的成键模式限制了两个碳之间的σ键的自由旋转，因为这种旋转会导致π键的断裂与重构，从而导致烯烃立体异构体的产生（图5-1）。

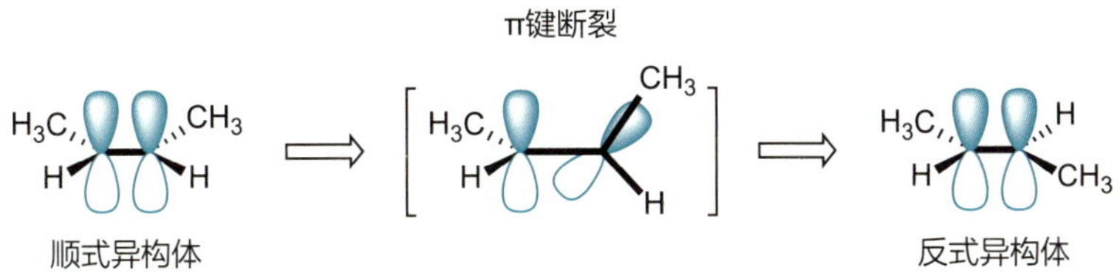

5.1 烯烃和炔烃的命名

图 5-1 双键的旋转受限与烯烃的顺反异构

命名时还需要对顺反式异构体进行双键构型的标识。简单的邻二取代烯烃，如丁-2-烯，可以用 "*cis*-" 或 "*trans*-" 来表示其构型，即两个相同取代基处于双键碳原子的同侧为 *cis*-；处于双键碳原子的异侧为 *trans*-。

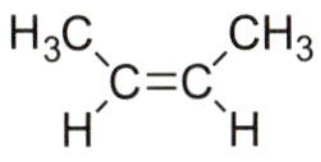

cis-丁-2-烯
cis-but-2-ene

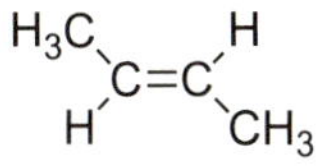

trans-丁-2-烯
trans-but-2-ene

三取代烯烃和四取代烯烃不能简单地用 *cis*- 或 *trans*- 来命名。如 3-乙基己-2-烯的双键碳连接了四个不同的基团，则难以确定两个构型异构体哪个是顺式（*cis*-），哪个为反式（*trans*-）。

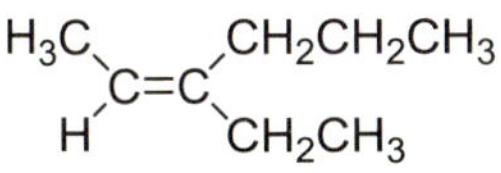

3-乙基己-2-烯
cis- or *trans*-?

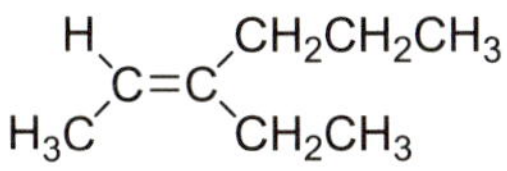

3-乙基己-2-烯
cis- or *trans*-?

IUPAC 命名原则采用 "*Z/E* 命名法" 准确表达双键构型：首先使用**次序规则**确定双键碳原子上的四个取代基的优先顺序。如果 A > C，B > D（读作 "A 优先于 C，B 优先于 D"），即两个双键碳原子上的优先基团处于双键的同侧，则命名为 "*Z*" 型。如果 A > C，而 B < D，即两个双键碳原子上的优先基团处于双键的异侧，则命名为 "*E*" 型。

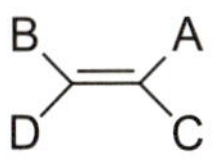

若 A>C
B>D
为"*Z*"型

若 A>C
B<D
为"*E*"型

> 要注意 *Z*、*E* 等构型在表达时通常使用斜体来表示。

因此，上述 3-乙基己-2-烯的两个异构体的构型分别为（*Z*）和（*E*）：

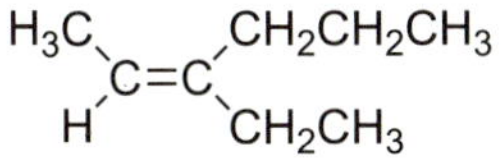

(*Z*)-3-乙基己-2-烯
(*Z*)-3-ethylhex-2-ene

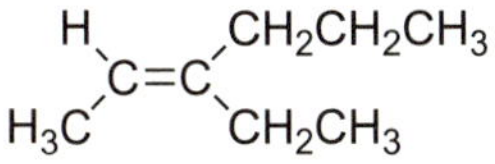

(*E*)-3-乙基己-2-烯
(*E*)-3-ethylhex-2-ene

前述第（4）条原则中使用的实例，4-乙基-7-甲基癸-5-烯的完整命名如下：

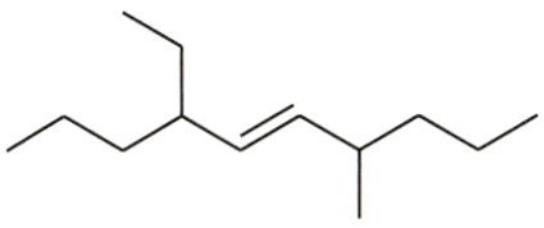

(*E*)-4-乙基-7-甲基癸-5-烯
(*E*)-4-ethyl-7-methyldec-5-ene

在讲述第（3）条原则的实例中，2,5-二甲基辛-4-烯的双键构型也是 *E* 型，其完整的命名如下：

(E)-2,5-二甲基辛-4-烯
(E)-2,5-dimethyloct-4-ene

以下是两个双键构型为 Z 型的实例。

(Z)-3,6-二甲基辛-3-烯
(Z)-3,6-dimethyloct-3-ene

(Z)-2,5,6-三甲基庚-3-烯
(Z)-2,5,6-trimethylhept-3-ene

2. 多烯烃的命名

多烯烃的 IUPAC 命名原则如下：选取最长碳链为母体主链，并给双键以尽可能小的编号，称为"某几烯"。英文命名中以"diene"或"triene"等词尾表示。例如：

> 由于 diene 或 triene 不再是元音开头，根据英语习惯，表碳链长度的词缀恢复成正常表达（对比 butene 和 butadiene）。

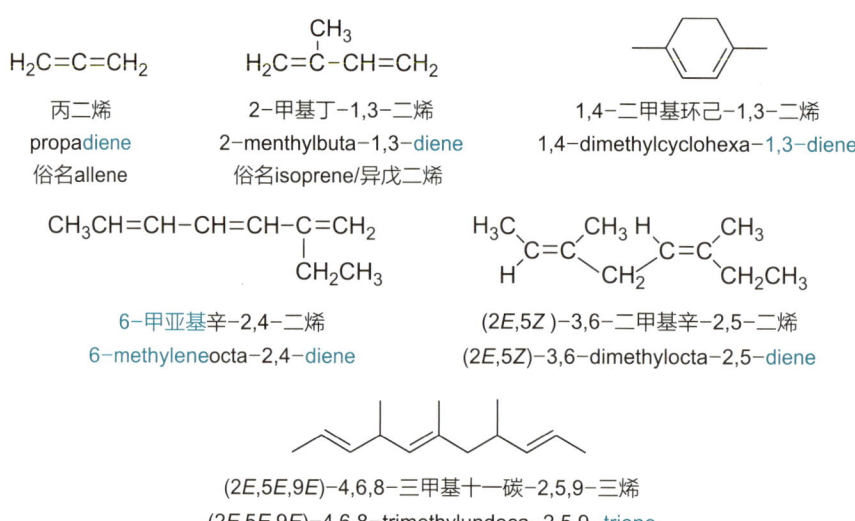

丙二烯
propadiene
俗名 allene

2-甲基丁-1,3-二烯
2-menthylbuta-1,3-diene
俗名 isoprene/异戊二烯

1,4-二甲基环己-1,3-二烯
1,4-dimethylcyclohexa-1,3-diene

6-甲亚基辛-2,4-二烯
6-methyleneocta-2,4-diene

(2E,5Z)-3,6-二甲基辛-2,5-二烯
(2E,5Z)-3,6-dimethylocta-2,5-diene

(2E,5E,9E)-4,6,8-三甲基十一碳-2,5,9-三烯
(2E,5E,9E)-4,6,8-trimethylundeca-2,5,9-triene

5.1.2 炔烃的命名

炔烃的 IUPAC 命名原则与烯烃类似：当最长碳链只含有一个碳碳叁键时，命名为"某炔"或"某碳炔"（十碳以上），英文的词尾为"yne"，叁键的位次加在词尾之前，且给碳碳叁键以尽可能小的编号。如果从主链的两个方向编号，叁键的编号相同，则采用使取代基位次最小的编号。若最长碳链不含碳碳叁键，则将含碳碳叁键部分作为取代基命名。例如：

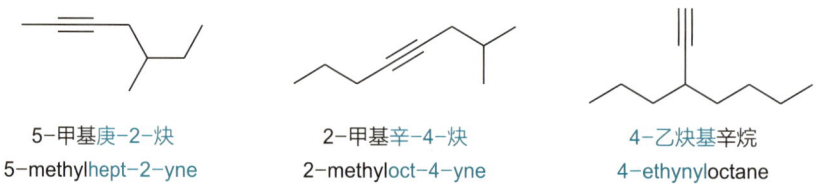

5-甲基庚-2-炔
5-methylhept-2-yne

2-甲基辛-4-炔
2-methyloct-4-yne

4-乙炔基辛烷
4-ethynyloctane

与双键/叁键直接相连的碳受不饱和键的影响，具有特别的反应性或谱学性质，因此常有专门的名称——烯丙基（allyl）和炔丙基（propargyl），请注意它们与丙烯-1-基、丙炔基的区别。

—CH=CHCH₃　　CH₂=CHCH₂-　　HC≡C-CH₂-　　—C≡C-CH₃

丙烯-1-基　　　烯丙基　　　　炔丙基　　　　丙炔基
propen-1-yl　　allyl　　　　propargyl　　propynyl

5.2 烯烃的热力学稳定性与氢化热

与烷烃类似，烯烃的稳定性也可以根据燃烧热和生成热数据进行判断。不过，由于烯烃的化学活泼性主要表现在 π 键的加成反应，因此，烯烃的稳定性更常用氢化热来判断，这样有助于比较不同烯烃中 π 键的稳定性。**氢化热**（heat of hydrogenation）是指 1 mol 烯烃在标准条件下完全氢化所放出的热量。表 5-1 中列出了一些烯烃的氢化热。

氢化反应断开一个 C-C π 键和一个 H-H σ 键而生成两个 C-H σ 键，反应是放热的。放热越多，表示双键越不稳定。从表 5-1 数据可以分析不同类型双键的稳定性顺序：单取代双键 < 偕二取代双键和顺式二取代双键 < 反式二取代双键 < 三烷基取代双键和四烷基取代双键。烃基取代更多的烯烃热力学往往更稳定，主要原因是烃基与双键之间的 σ-π 超共轭效应（见 1.7 节）的稳定化作用。

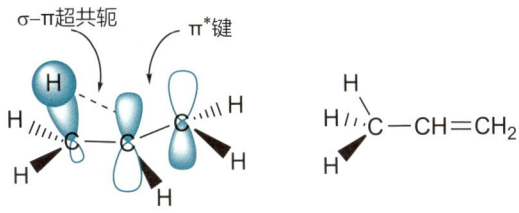

表 5-1 标准条件下一些烯烃的氢化热

化合物	$\Delta H/(\text{kJ·mol}^{-1})$	化合物	$\Delta H/(\text{kJ·mol}^{-1})$
═	−137.3	▷	−223.9
⌇	−126.0	□	−128.9
⌇	−126.8	⬠	−110.5
⌇	−126.8	⬡	−118.5
⌇	−126.8	⬡	−110±0.4
⌇	−118.9	⬯	−103±0.8
⌇	−119.3	⌇	−239.0
⌇	−119.7	⌇	−226.5
⌇	−115.5	⌇	−254.5
⌇	−112.6	⌇	−253.2
⌇	−111.3	═C═	−295

> 与燃烧热/生成热不同，具有不同分子式的烯烃，可以用氢化热来比较其热力学稳定性。
>
> 热力学数据可在 NIST 数据库中查询。

烯烃分子的空间效应也会影响其热力学稳定性，顺式二取代烯烃的稳定性不及反式二取代烯烃。这是因为顺式烯烃的两个烃基在空间上过于拥挤而产生了范德华斥力（图 5-2）。实验测得(Z)-丁-2-烯双键碳原子的键角∠C=C-C 为 127°，大于正常 sp^2 杂化轨道夹角，这也是范德华斥力存在的证据。

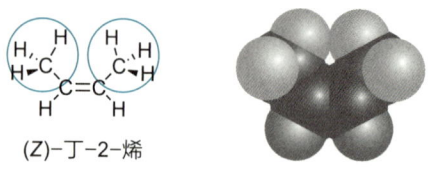

图 5-2 (Z)-丁-2-烯的结构与比例模型图

比较环丙烯、环丁烯、环戊烯和环己烯的氢化热，可以看出环丙烯和环丁烯势能增高，稳定性降低，特别是环丙烯，其氢化热数值几乎是一般双键的两倍。这是因为双键碳原子用 sp^2 杂化轨道成键，使得小环的环张力进一步增大。

表 5-1 数据还显示：不同类型的二烯烃稳定性不同。累积二烯烃的稳定性小于孤立二烯烃的稳定性，而孤立二烯烃的稳定性又小于共轭二烯烃的稳定性。例如，戊-2,3-二烯不及戊-1,4-二烯稳定，戊-1,4-二烯不及戊-1,3-二烯稳定。图 5-3 直观地表示出了这种差异，共轭二烯烃戊-1,3-二烯的氢化热比孤立二烯烃戊-1,4-二烯的低 28.0 kJ/mol，而累积二烯烃戊-2,3-二烯的则高出 40.5 kJ/mol。

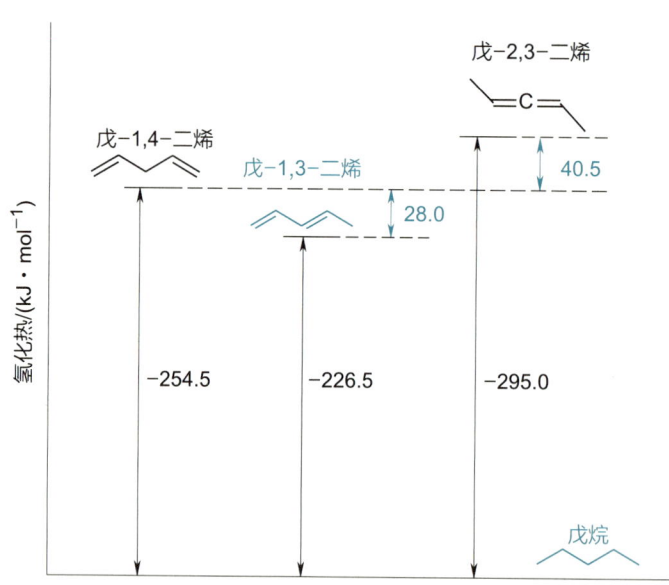

图 5-3 戊-1,4 二烯、戊-1,3-二烯和戊-2,3-二烯的氢化热对比

共轭二烯烃热力学稳定性主要源于两个 π 键的 π-π 共轭效应。

累积二烯烃的氢化热与炔烃比较接近，两个相互垂直的 π 键不但不产生共轭，还因为同种电荷互斥作用分别降低彼此的重叠程度，因此热力学稳定性低于相应的孤立二烯。

$$H_2C=C=CH_2 + 2H_2 \xrightarrow{Pt} CH_3CH_2CH_3 \quad \Delta H = -295.1 \text{ kJ/mol}$$

$$H_3C-C\equiv CH + 2H_2 \xrightarrow{Pt} CH_3CH_2CH_3 \quad \Delta H = -292.6 \text{ kJ/mol}$$

以丙二烯为例，分子中的 C2 为 sp 杂化，C1−C2 和 C2−C3 两个 π 键相互垂直，无法发生共轭，而连接在 C1 和 C3 上的氢原子分别处在两个相互垂直的平面上（图 5−4）。这种结构特征使得丙二烯型分子可能存在手性异构体（详见第二章立体化学）。

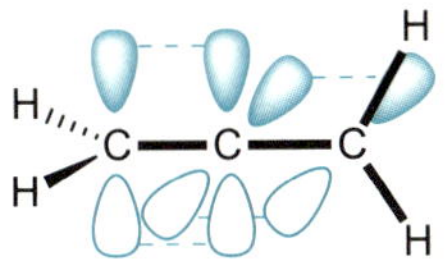

图 5−4 累积二烯烃的两个 π 键示意图

5.3 烯烃与 Brønsted 酸的亲电加成反应

σ 键电子云处于共享该电子对的两个原子之间，而 π 键电子云处于组成共价键原子平面的上下两方，从电子效应上看，原子核对 π 键电子云的束缚较弱，从空间效应上看，π 键电子云处于相对暴露位置，容易接受外来试剂的进攻。当作为亲电试剂的缺电子物种靠近 π 键时，容易夺取一对 π 电子，与其中一个双键碳形成σ 键，同时另一个双键碳形成碳正离子。反应体系里相对富电子的亲核试剂物种受正负电荷的吸引作用很快与碳正离子结合，形成另一个 σ 键，这是烯烃发生亲电加成反应的一般模式。

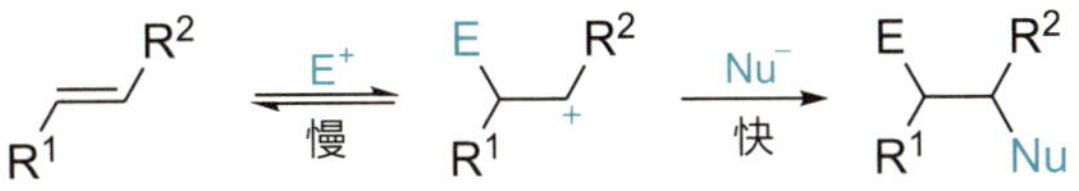

R2
R1
E+
慢
E
R2
R1
+
Nu−
快
E
R2
R1
Nu

E= 亲电试剂 (electrophile); Nu= 亲核试剂 (nucleophile)

质子（在溶液体系中通常以溶剂合质子等形式存在）是典型的缺电子物种，可作为亲电试剂与烯烃发生亲电加成反应。下面以 Brønsted 酸与烯烃的亲电加成反应为典型例子，讲述烯烃亲电加成反应的一些基本性质与特点。

5.3.1 烯烃与 HX 加成反应机理与反应活性

以烯烃与氯化氢的加成为例，由于氯原子的电负性较大，H−Cl 键的电子云偏向氯原子。反应中，带部分正电荷的氢原子与烯烃的 π 键结合，H−Cl 键进一步极化断裂，从而形成碳正离子和氯负离子。然后碳正离子和氯负离子结合形成加成产物。不难发现，从形式上，该反应是上一章学习的 E1 反应的逆反应，在 E1 反应中，氯离子的离去形成碳正离子是速率较慢的决速步骤，质子的消去是快步骤；而在烯烃亲电加成反应中，质子的加成是速率较慢的决速步骤，氯离子与碳正离子的结合是快步骤。通过图 5−5 所示的反应势能曲线图我们能更好地理解该反应的特点。

根据 Brønsted 酸碱理论，能与 H^+ 反应的烯烃是 Brønsted 碱，而能通过 E1 反应释放 H^+ 的碳正离子可以看作 Brønsted 酸。

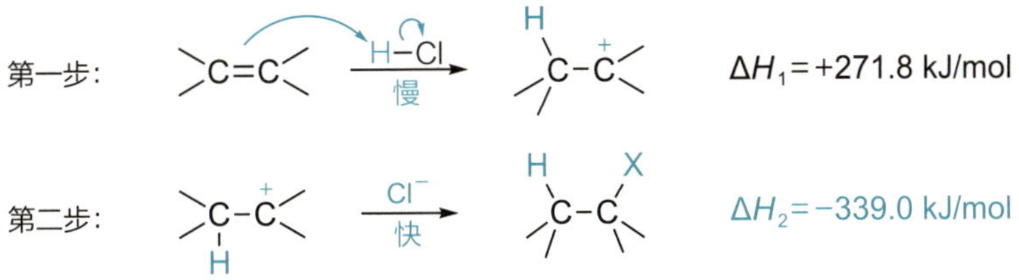

第一步:
H−Cl
慢
ΔH_1 = +271.8 kJ/mol
第二步:
Cl−
快
ΔH_2 = −339.0 kJ/mol

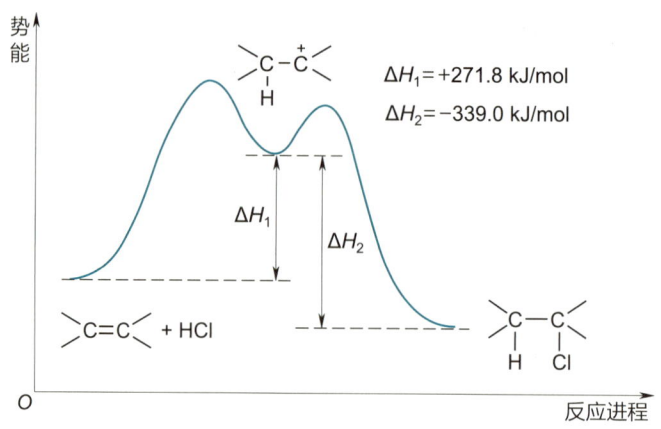

图 5-5　烯烃与 HCl 加成的反应势能曲线图

第一步生成碳正离子的吸热反应需要断裂 C-C π 键和 H-Cl σ 键两个共价键，形成一个 C-H σ 键，是整个亲电加成的决速步骤。有三个主要因素影响着这个决速步骤的反应速率：

（1）断裂 H-X 键的难易程度：质子越容易解离，越容易发生与烯烃的亲电加成。根据氢卤酸的酸性强弱顺序，其反应活性顺序是 HI > HBr > HCl >> HF。事实上，由于 H-F 键太难以解离，烯烃与 HF 一般不能发生亲电加成反应。

（2）烯烃的富电子程度：烯烃越富电子，亲核性也就越强，越容易与质子发生反应。

（3）生成的碳正离子的稳定性：根据 Hammond 假设，第一步反应过渡态的结构应该与其产物碳正离子相似，因此形成的碳正离子越稳定，过渡态能量越低，反应越容易发生。

> 在溴乙烯的反应中，后两个影响因素是不完全一致的，吸电子的溴取代基使烯烃反应活性变低，但溴却能通过 p-π 共轭稳定碳正离子。

在这里，后两个影响因素受底物结构的影响往往是一致的，烯烃连接的给电子基团既能使烯烃更富电子，也能使形成的碳正离子更稳定。如乙烯与氯化氢的加成活性低于丁-2-烯与氯化氢的加成活性，因为乙烯与氯化氢的加成经过的活性中间体是 1° 碳正离子，丁-2-烯与氯化氢的加成经过 2° 碳正离子，2° 碳正离子的稳定性高于 1° 碳正离子的稳定性。

$$CH_2=CH_2 \xrightarrow{HCl} CH_3-\overset{+}{C}H_2 \xrightarrow{Cl^-} CH_3-CH_2Cl$$
　　　　　　　　　　　　　1° 碳正离子

$$CH_3CH=CHCH_3 \xrightarrow{HCl} CH_3CH_2\overset{+}{C}HCH_3 \xrightarrow{Cl^-} CH_3CH_2\underset{Cl}{C}HCH_3$$
　　　　　　　　　　　　　　2° 碳正离子

5.3.2　烯烃与 HX 在气相和溶液相中的亲电加成反应

烯烃与 HCl 和 HBr 的反应可以在气相中进行，也可以在溶液中进行。在气相中，极性分子卤化氢的带部分正电荷的氢原子逐渐接近烯烃的 π 键，先形成 C-H σ 键，另一个双键碳原子成为碳正离子（图 5-6）。

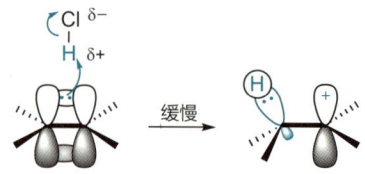

图 5-6　烯烃与 HCl 在气相反应形成 C-H σ 键和碳正离子

碳正离子和卤素负离子形成后，由于在气相中没有任何溶剂化稳定作用，很快结合生成加成产物。如丁-2-烯与氯化氢在气相的反应，经过碳正离子，得到2-氯丁烷。

$$CH_3CH=CHCH_3 \xrightarrow[\text{慢}]{H-Cl} CH_3CH_2\overset{+}{C}HCH_3 \xrightarrow[\text{快}]{Cl^-} CH_3CH_2\underset{Cl}{C}HCH_3$$

氯化氢和溴化氢溶解在水溶液中就转化为盐酸和氢溴酸，因此，在水溶液中主要是以质子（或水合质子）和卤负离子的形式存在：

$$H_2\ddot{O}: + H-\ddot{C}\ddot{l}: \rightleftharpoons H_3\overset{+}{O}: + :\ddot{C}\ddot{l}:^-$$

在水溶液中，亲电加成反应的第一步反应速率大大快于在气相中的反应速率。因为气相中需要断裂 H-X σ键，才能进行加成形成碳正离子和卤负离子，能量上很不利；而在水溶液中，已经形成的质子容易与双键发生加成反应，并且水的存在还能通过溶剂化作用稳定加成后形成的碳正离子和卤负离子。

$$CH_3CH=CHCH_3 + H_3O^+ + Cl^- \longrightarrow CH_3CH_2\overset{+}{C}HCH_3 + H_2O + Cl^-$$

> H^+ 在溶液体系里一般是以溶剂合质子或溶剂化质子的形式存在的。因此，溶剂与 H^+ 的结合能力对烯烃与 HX 的亲电加成反应的活性往往也有较大影响。

不过在水溶液中反应也带来了竞争反应。

在烯烃与质子加成形成碳正离子后，体系中存在两种亲核试剂，分别是卤素负离子和水。碳正离子既可与卤素负离子反应，也可与水反应。尽管卤素负离子带负电荷，其亲核性比水强，但是在水溶液中水是大量存在的，而且卤素负离子的外层被溶剂化的水分子包围，会阻碍卤素负离子与碳正离子的结合。因此，竞争的结果是生成卤代烃和醇两种加成产物。

如果希望制备的主要产物是卤代烃，则可以采用中等极性溶剂如醋酸进行反应，并且避免水的存在。在醋酸溶液中 HX 的反应活性为 HI > HBr > HCl。

5.3.3 烯烃与 HX 加成反应的区域选择性

非对称的烯烃与卤化氢和水发生亲电加成反应有两种可能的加成方向。如丁-1-烯与氯化氢反应可能得到 1-氯丁烷和 2-氯丁烷，实验结果以 2-氯丁烷为主要产物。

$$CH_2=CHCH_2CH_3 \xrightarrow{H-Cl} \underset{Cl}{C}H_2CH_2CH_2CH_3 + CH_3\underset{Cl}{C}HCH_2CH_3$$

1-氯丁烷　　　　2-氯丁烷
次要产物　　　　主要产物

根据以上亲电加成反应机理，生成碳正离子的一步为决速步骤，形成碳正离子越稳定，反应速率越快，因此氯负离子与更稳定的碳正离子相连的产物是主要产物。在上述例子中，丁-1-烯与质子反应后可以得到1°碳正离子或2°碳正离子，其中2°碳正离子更稳定，因此主要产物是 2-氯丁烷。

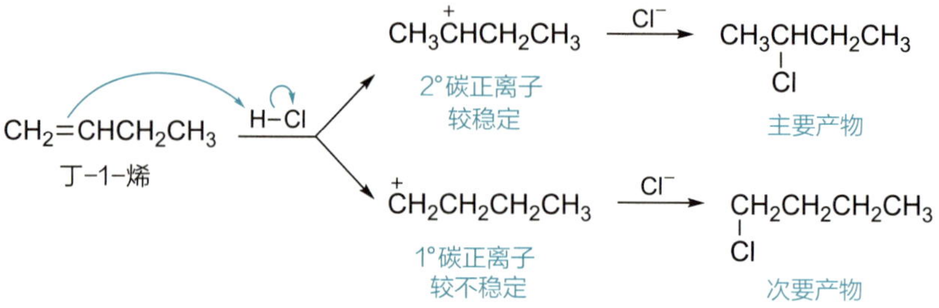

先从实验结果中总结经验规则，再逐渐形成更完善的理论，是有机化学学科发展的常态。我们应该全面、辩证地理解这些经验规则，而不能陷入孤立、片面、静止的认识。

1869 年，Markovnikov 根据大量实验结果发现了一个重要的规律：当卤化氢与非对称烯烃加成时，卤素原子（带负电荷，为试剂的亲核部分）加在烯烃含氢较少的碳原子上。该规律被称作马氏规则（Markovnikov rule）。现在人们清楚了碳正离子及其稳定性规律，可以从本质上更好地理解马氏规则，其实是亲电试剂与烯烃的加成，倾向于形成更加稳定的碳正离子。给电子基团可以稳定缺电子的碳正离子，而烃基可以通过 σ-p 超共轭呈现出给电子效应，因此烃基取代越多的碳正离子往往越稳定，从而体现出氢越少（取代越多）的碳越倾向于连接亲核试剂的规律。

但如果烯烃连接的是吸电子基团，由于吸电子基团与碳正离子相连不稳定，亲核试剂会倾向于连接在取代更少的碳上，得到所谓"反马氏规则"的结果，例如：

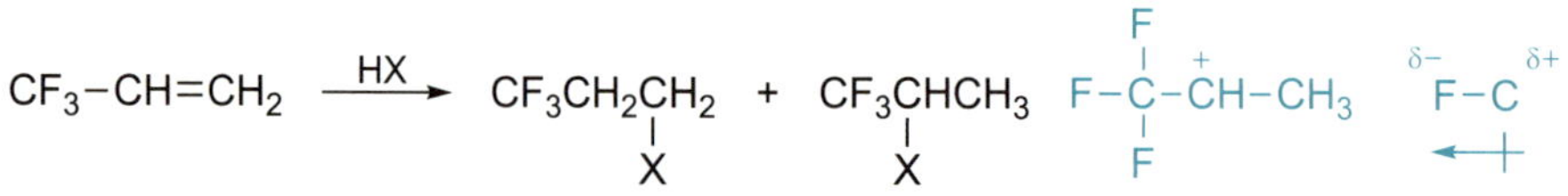

5.3.4 烯烃与 HX 加成反应的立体化学

丁-2-烯与卤化氢的加成由于经过碳正离子中间体，碳正离子的平面结构使卤素负离子可以从碳正离子平面的两个方向进攻，因此最终得到外消旋产物（图 5-7）。这是一般烯烃的亲电加成反应的立体化学特征。

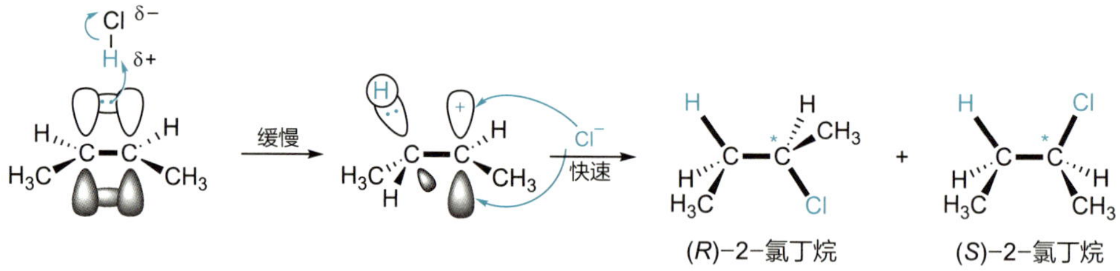

图 5-7　丁-2-烯与 HCl 加成形成外消旋产物过程

环己烯衍生物的加成反应一般得到反式为主的产物。因为碳正离子相邻的 C—H 往往处在 a 键上（有利于 σ-p 超共轭稳定碳正离子），将对卤负离子进攻碳正离子产生位阻影响，从而使得卤负离子更多地从 a 键氢的相反的方向进攻，得到反式为主的产物。此外，a 键反式加成的过渡态中 σ(C—H)→σ*(C—Br) 超共轭的稳定作用也使其动力学优先。

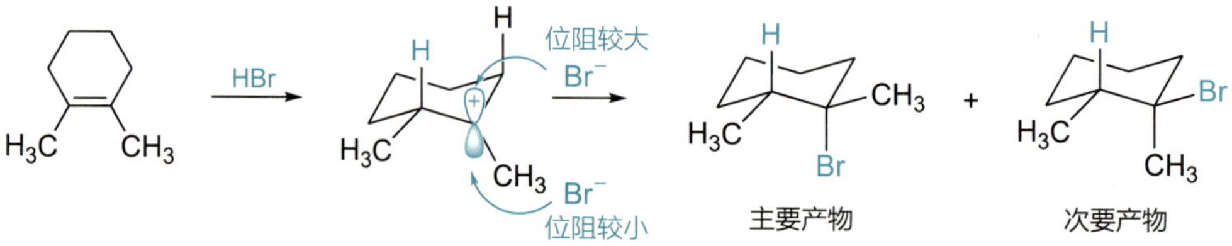

5.3.5 烯烃与水和醇的亲电加成

与卤化氢不同，水和醇的酸性较弱，难以解离出质子，因此与烯烃的第一步加成反应需要较高的活化能，常规条件下难以发生。一般烯烃与水或醇的亲电加成反应需要强酸催化，强酸与水分子反应形成水合质子，如 5.3.2 小节所述，溶剂条件下烯烃很容易和水合质子发生亲电加成反应，形成碳正离子，进而水分子作为亲核试剂与碳正离子反应，得到加成产物。硫酸是常用的酸催化剂之一。因为硫酸的共轭碱 HSO_4^- 是一种亲核性比水或醇更弱的亲核试剂，不会影响水或醇与碳正离子的结合。相比而言，由于卤素负离子的亲核性与水相当，若使用氢卤酸（HX）作催化剂，卤负离子会参与反应竞争，产物将是卤代烃与醇的混合物。

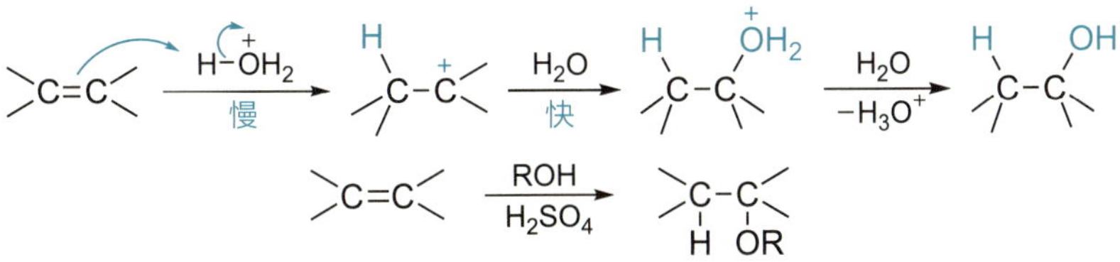

较高浓度的硫酸在低温下还能直接与烯烃发生加成反应，得到硫酸氢酯，硫酸氢酯在加水稀释和加热的条件下可以水解得到醇，这是烯烃的间接水合法。

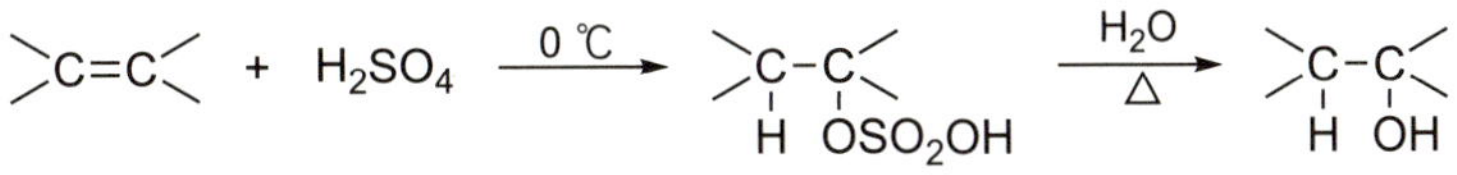

烯烃与水或醇加成反应的机理、区域选择性及立体化学特征类似于烯烃与 HX 的加成反应。由于反应经过碳正离子，如果在反应中形成新的手性碳原子，则将得到一对对映异构体。例如，苯乙烯与水反应得到外消旋的 1-苯基乙-1-醇。

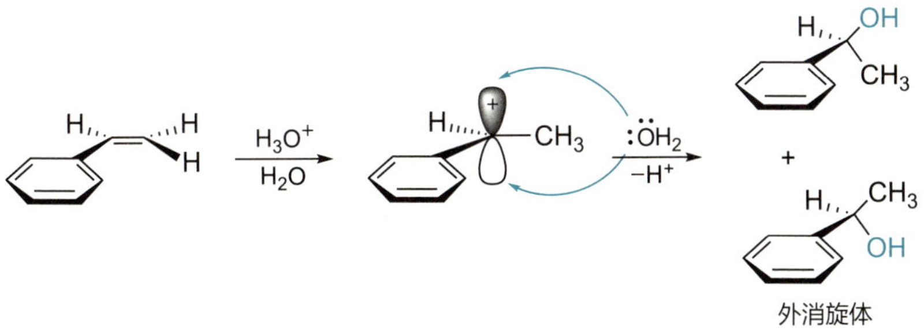

5.3.6 共轭烯烃的 1,2-和 1,4-加成

二烯烃中，孤立二烯烃的性质与烯烃没有明显差异，上述有关烯烃的反应及其特点同样适合于孤立二烯烃。共轭二烯烃的双键之间存在共轭作用，因此，在亲电加成反应中表现出特殊的性质。当共轭二烯烃与一分子亲电试剂反应时，往往可以得到两种加成产物。如丁-1,3-二烯与一分子溴化氢反应可以得到 3-溴丁-1-烯或 1-溴丁-2-烯。

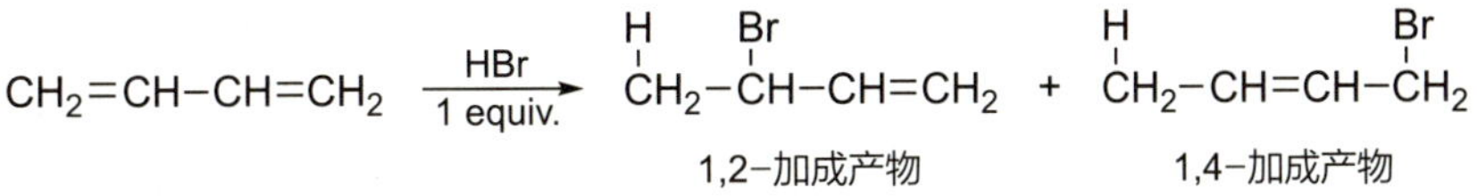

以上两种加成产物分别称为 **1,2-加成产物**（1,2-addition product，也称为直接加成产物）和

1,4-加成产物（1,4-addition product，也称为共轭加成产物）。注意，1,2-加成产物和 1,4-加成产物指的是共轭二烯烃的四个 sp^2 碳的编号，而不是整个分子的碳链编号。

烯烃与溴化氢加成中，第一步是形成碳正离子。共轭二烯烃所形成的碳正离子是烯丙型碳正离子。在这个离子中，碳正离子与相邻的双键共轭。从共振结构可以看出，第二步碳正离子与溴负离子结合的位置有两个，因此有可能形成 1,2-加成和 1,4-加成两种产物。

丁-1,3-二烯质子化形成的碳正离子有两个极限共振式，二者对体系能量的贡献是不同的。因为一个是 2°烯丙型碳正离子，一个是 1°烯丙型碳正离子，显然前者较稳定。因此，生成 1,2-加成产物的速率较快，是**动力学控制**（kinetic control），相应的产物为**动力学产物**（kinetic product）。当反应温度较低时，反应不可逆进行，则动力学产物为主要产物。

此外，比较两种产物的结构可以发现，丁-1,3-二烯的 1,2-加成产物是单取代烯烃，而 1,4-加成产物是二取代烯烃。根据烯烃的稳定性顺序可知，1,4-加成产物更稳定，即能量更低。在反应温度较高的情况下，反应的主要产物将是能量较低的稳定产物，即反应为**热力学控制**（thermodynamic control），相应的产物为**热力学产物**（thermodynamic product）。

从丁-1,3-二烯的 1,2-加成和 1,4-加成反应势能曲线图（图 5-8）可以清楚地看出动力学控制和热力学控制的区别。

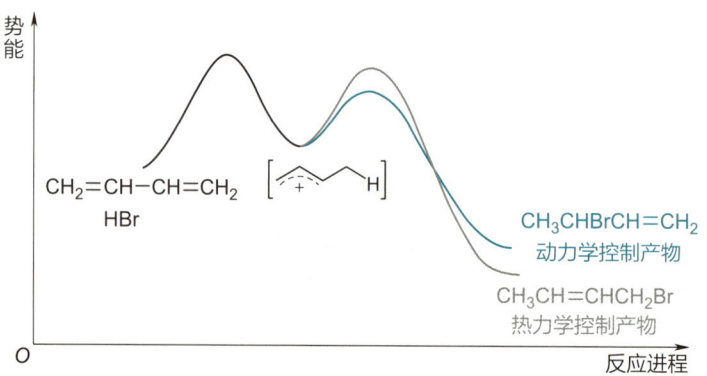

图 5-8　动力学控制与热力学控制的反应势能曲线图

需要注意的是，反应一般只有存在可逆的情况下才可能产生热力学控制。当反应不可逆进行时，反应由动力学控制。这种关系可以由图 5-9 表示。

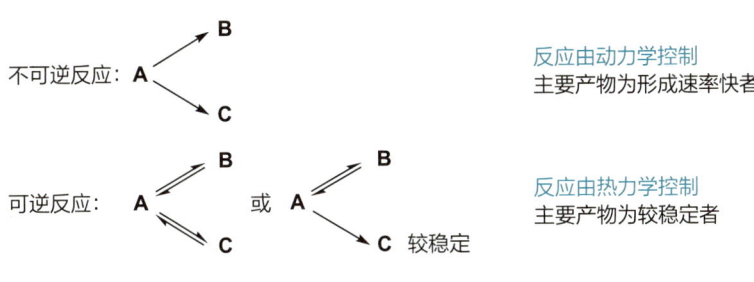

图 5-9 热力学控制和动力学控制图解

除了可逆的情况外，如果动力学产物 **B** 可以通过其他路径转化成热力学产物 **C**，也可以得到热力学控制的产物。

有些反应在较温和的条件下是不可逆的，而在较激烈的条件下是可逆的。对于这样的反应通常有一个温度转化点，低于这个温度是不可逆的，而高于这个温度反应就成为可逆反应。这个温度点随反应的不同而不同。例如，45 ℃ 时丁-1,3-二烯与氯化氢加成反应以动力学因素控制为主，但是丁-1,3-二烯与溴化氢反应已经属于热力学控制。这是因为 C—Cl 键键能高于 C—Br 键键能，要使反应可逆则需要更高的能量，即需要更高的反应温度。

实际上，并非所有共轭二烯烃的 1,2-加成产物都是动力学控制，或 1,4-加成产物都是热力学控制的。究竟哪种产物是动力学控制，哪种产物是热力学控制，主要取决于共轭二烯烃的结构。如 4-甲基戊-1,3-二烯与溴化氢反应的 1,2-加成产物为热力学产物，而 1,4-加成物为动力学产物。

$$CH_2=CH-CH=C(CH_3)-CH_3 \xrightarrow{HBr} [CH_3-\overset{+}{C}H-CH=C(CH_3)-CH_3 \leftrightarrow CH_3-CH=CH-\overset{+}{C}(CH_3)-CH_3]$$

2°烯丙型   3°烯丙型 更稳定

$$\downarrow Br^-$$

$$CH_3-CH(Br)-CH=C(CH_3)-CH_3 \;+\; CH_3-CH=CH-C(CH_3)(Br)-CH_3$$

三取代烯烃，更稳定   二取代烯烃
1,2-加成为热力学控制   1,4-加成为动力学控制

又如，己-2,4-二烯与氯化氢的加成反应，1,2-加成和 1,4-加成产物稳定性基本相同，而且活泼中间体碳正离子的两个极限共振式能量也相等，所以无论反应条件怎样改变，都得到等量的两种加成产物。

$$CH_3CH=CH-CH=CH-CH_3$$

$$\downarrow HCl$$

$$[CH_3CH_2-\overset{+}{C}H-CH=CH-CH_3 \leftrightarrow CH_3CH_2-CH=CH-\overset{+}{C}H-CH_3]$$

2°烯丙型   2°烯丙型

$$\downarrow Cl^-$$

$$CH_3CH_2-CH(Cl)-CH=CH-CH_3 \;+\; CH_3CH_2-CH=CH-CH(Cl)-CH_3$$

二取代烯烃   二取代烯烃
等量形成

即使单体完全相同,聚合物也会因为分子量的不同,以及分子链的缠绕、堆叠等模式的不同,而在宏观性质上表现出很大的差异。相关知识也形成了一门新的学科:高分子化学。

高分子化合物的性质

5.3.7 烯烃的正离子聚合反应

在酸性反应体系中,如果亲核物种的亲核性很弱,无法及时与碳正离子偶联,而体系中又存在高浓度的烯烃原料,碳正离子会与烯烃发生亲电加成反应,进而引发烯烃聚合反应。在该反应中,酸催化剂的共轭碱作为一种亲核物种,会和碳正离子反应从而使聚合反应终止,因此需要使用足够强的酸,其共轭碱的碱性与亲核性足够弱(比烯烃弱),才能使碳正离子倾向于与烯烃继续发生聚合反应。此外,反应体系也需要足够干净,以免含有亲核性的杂质与碳正离子反应而使聚合反应终止。以聚丙烯为例,质子酸或 Lewis 酸会与烯烃发生亲电加成反应形成碳正离子,进而继续与烯烃加成,形成更长碳链的碳正离子。每一步反应的区域选择性都符合马氏规则,碳正离子会与丙烯的端位碳相连,形成更稳定的 2° 碳正离子。立体选择性上,聚烯烃主链上会形成不同立体取向的甲基取代,在高分子化学中这些立体构型的分布情况被称作"等规度"。不同等规度的聚丙烯在宏观性质有很大差异。

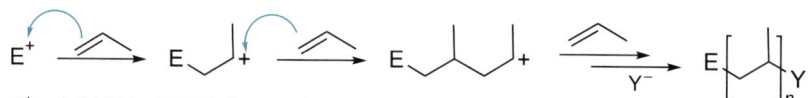

E⁺:亲电试剂,质子酸或Lewis酸

5.4 烯烃的自由基加成反应

与烯烃的亲电加成反应类似,当自由基物种靠近烯烃时,容易与其中一个双键碳以 σ 键相连,同时在另一个双键碳上形成碳自由基,然后该碳自由基会通过攫氢或自由基偶联等方式形成另一个 σ 键。这是烯烃发生自由基加成反应的基本模式。

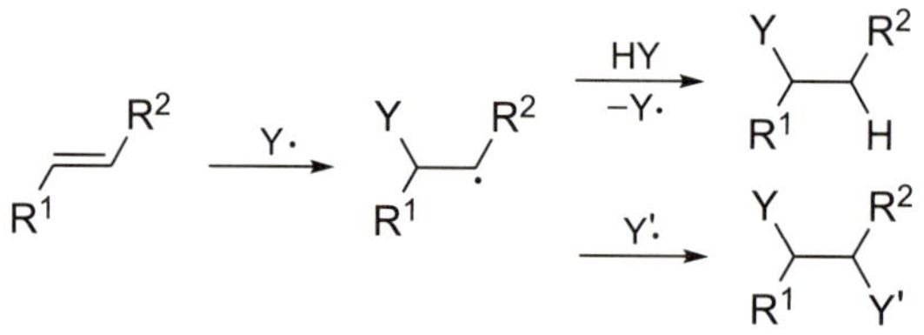

人们在研究烯烃与溴化氢加成反应时,发现在过氧化物存在下,反应能够得到反马氏规则的加成产物。如:

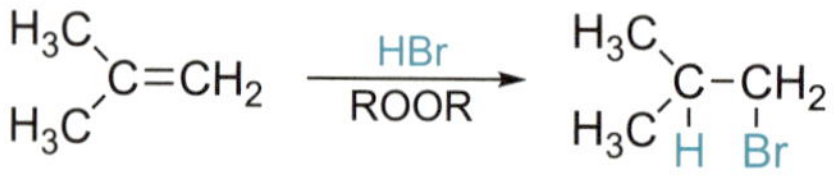

过氧化物能诱导 HBr 产生溴自由基,进而使反应以自由基加成,而不是亲电加成的模式进行,从而产生了与常规亲电加成不一样的区域选择性结果。该反应机理如下所示,过氧化物在光照或加热条件下容易产生烷氧基自由基,烷氧基自由基从体系中的溴化氢夺氢,生成醇(ROH),同时产生了溴自由基。溴自由基对烯烃进行加成形成碳自由基,碳自由基又从溴化氢中夺取氢原子而回馈体系一个溴自由基,如此使自由基的链增长反应不断进行,直到反应结束。

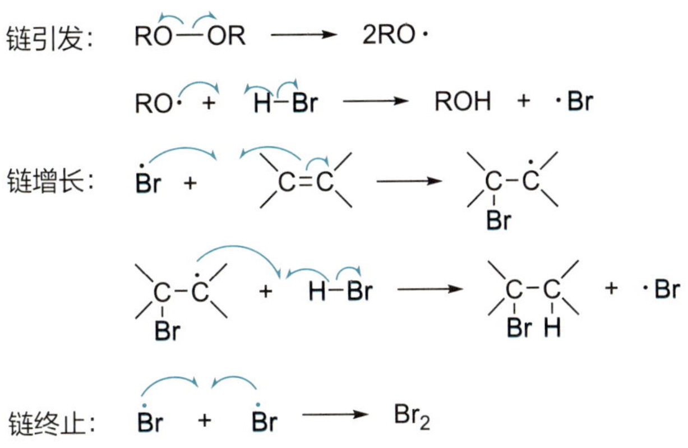

链引发:
RO—OR → 2RO·
RO· + H—Br → ROH + ·Br
链增长:
Br + C=C → C-C Br
C-C Br + H—Br → C-C Br H + ·Br
链终止:
Br + Br → Br2

利用自由基加成反应能实现丰富多样的烯烃的官能团化或双官能团化。在基础有机化学课程中仅以自由基氢溴化为例介绍。

烯烃自由基加成

在上述反应中，活性中间体碳自由基的形成是决定反应活性的关键步骤。由于自由基的稳定性顺序是 3° > 2° > 1°，因此溴优先加在含氢较多的双键碳原子上，从而得到反马氏规则的加成产物。碳自由基的稳定性与碳正离子的稳定性顺序是类似的，但由于亲电加成是质子先与烯烃作用，而自由基加成则是溴自由基先与烯烃作用，H 和 Br 加成的顺序正好相反，导致两者产生相反的区域选择性。

烯烃自由基加成的立体化学则由双键和碳自由基的平面结构所决定，加成试剂可以从平面的两面进攻，因此当反应中只形成一个新的手性碳原子时，将得到一对对映异构体（即外消旋体）。

HBr
ROOR
Br
碳自由基
Br
Br
外消旋体

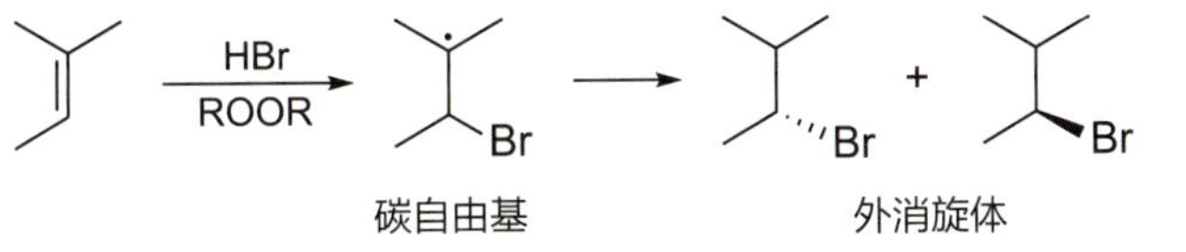

如果反应形成两个手性碳，则可能按照顺式（*syn*）和反式（*anti*）两种加成方式进行反应，分别得到两对对映异构体。例如：

HBr
ROOR
Br
碳自由基
(±)
H
Br
H
顺式加成产物
(±)
H
H
Br
反式加成产物

符号（±）表示一对对映异构体。也可将楔形式换成等宽的粗线与虚线来表示相对构型。由于 Br 与碳自由基也有一定的邻基参与作用，产物往往以反式加成产物为主。

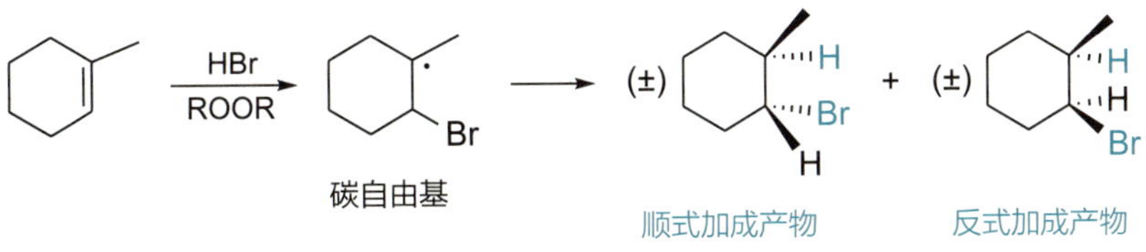

烯烃与溴化氢的亲电加成和自由基加成的区域选择性不同，为合成提供了两种选择。另外，并不是所有卤素都能发生该类反应，从反应机理来看，该反应引发的关键是烷氧自由基攫取卤化氢中的氢形成卤素自由基，这一步既涉及氢卤键的断裂，又可以看成负一价的卤素被氧化成零价的过程，因此受到氢卤键强度和卤素氧化还原能力的影响，例如烯烃与氯化氢在过氧化物的存在下一般就不能发生自由基加成。

如果体系中没有 HBr 等氢供体或自由基猝灭剂，且烯烃的浓度较大，自由基引发剂也能直接与烯烃发生自由基加成反应，形成碳自由基会继续与体系中的烯烃原料反应，最终得到烯烃聚合的产物。自由基聚合与碳正离子聚合是两种常见的合成聚烯烃的反应策略。

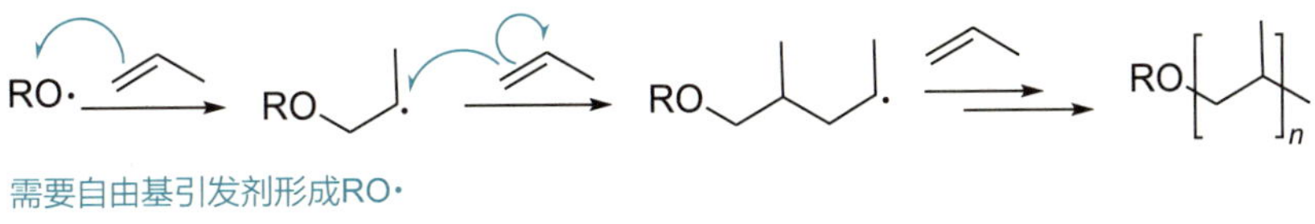

RO·
RO
RO
RO
n
需要自由基引发剂形成RO·

5.5　烯烃亲电加成反应中邻基参与效应的影响——1,2-迁移与环鎓离子

5.5.1　碳正离子重排与邻基参与效应

烯烃的亲电加成反应经过碳正离子中间体，因此也可能发生类似于 S_N1 和 E1 反应中的分子重排反应。如 3,3-二甲基丁-1-烯与氯化氢反应中，甲基迁移的重排产物是主要产物，而 3-甲基丁-1-烯与氯化氢的反应主要得到负氢迁移的重排产物。前者发生甲基迁移及后者发生负氢迁移都将得到更加稳定的碳正离子，这正是重排反应发生的动力所在。

$$\begin{array}{c}
\text{反应式示意图}
\end{array}$$

碳正离子作为缺电子的高活性物种，容易吸引周围环境中的富电子物种，使自身得到稳定。分子中不与碳正离子直接相连的富电子基团，虽然无法直接通过给电子的诱导效应或共轭效应使碳正离子稳定，但可以通过邻基参与作用（见第四章）使碳正离子稳定。碳正离子重排反应可以看作 C—H 键或 C—C 键的 σ 键成键电子对受到碳正离子的吸引，产生邻基参与作用的结果。

经邻基参与作用发生的重排与 C—Cl 键的形成是一对竞争反应。邻基参与作用是分子内反应，比分子间反应更有优势，然而，氯负离子比发生重排的氢或甲基更富电子，与碳正离子结合的活性更高。因此，上述例子中，可以同时得到重排和未重排两种产物。

可以预见，使用比氯负离子亲核性更弱的亲核试剂时，能得到更大比例的重排产物。此外，受该竞争的影响，在常规反应中，碳正离子重排反应往往只发生一次，新的碳正离子就会与亲核试剂结合得到最终产物。

由于碳正离子寿命短，很难观测表征，人们对碳正离子的认识在很长时间里只是停留在纯粹的理论推测阶段，σ 键邻基参与作用形成的非经典碳正离子（图 5-10）在提出之初一直未能被主流化学所接受。直至美籍匈牙利化学家 Olah 在进行超强酸研究时，发现碳正离子可以在超强酸溶液中稳定存在，并可以通过核磁共振谱等手段进行表征，从而证实了非经典碳正离子的存在。Olah 因对碳正离子研究的贡献获得了 1994 年的诺贝尔化学奖。超强酸的

2013 年，Scholz 课题组得到了非经典碳正离子化合物的晶体，并利用单晶 X 射线衍射最终证实了其结构。

非经典碳正离子单晶结构

共轭碱是亲核性非常弱的物种，因此碳正离子在超强酸溶液中几乎不会受到与亲核试剂偶联的竞争反应影响，可以发生多次邻基参与作用与重排，直至其最稳定的状态。

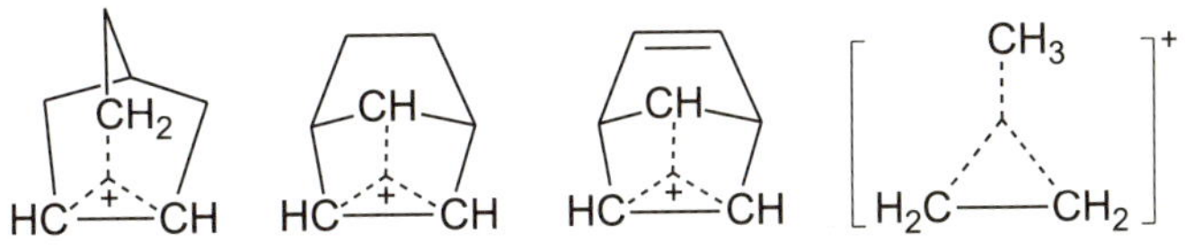

图 5-10 非经典碳正离子

当分子中的合适位置存在具有孤对电子的基团时，碳正离子会通过静电吸引作用与之相连，形成鎓离子，亲核试剂对鎓离子开环反应，得到最终的加成产物。根据环系的稳定性，容易发生邻基参与作用的模式是形成三元环，五元环或六元环鎓离子中间体。

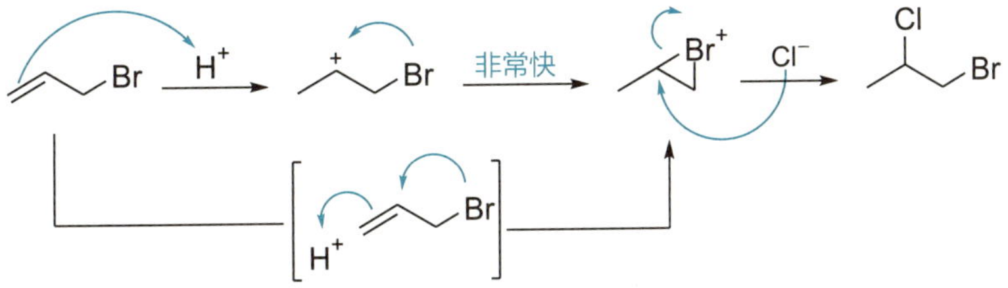

> 标注"非常快（very fast）"一般指反应速率比分子构象变化还要快，因此一般也可以认为反应是协同反应。

5.5.2　烯烃与卤素或次卤酸的亲电加成反应

卤素和次卤酸是另一类可以与烯烃发生加成反应的亲电试剂。其中次卤酸（XOH）是卤素溶解在水中形成的，因此，反应条件也经常表示为卤素加水（$X_2 + H_2O$）。通常，容易与烯烃发生亲电加成的卤素主要有溴和氯；碘不够活泼，较难与烯烃加成；而氟则太活泼，不仅发生加成，还会与 C—H 键发生取代反应，形成复杂的混合物。相应地，次卤酸在这里主要指次溴酸和次氯酸。

亲电试剂卤素和次卤酸与烯烃反应分别形成邻二卤代烃和邻卤代醇。

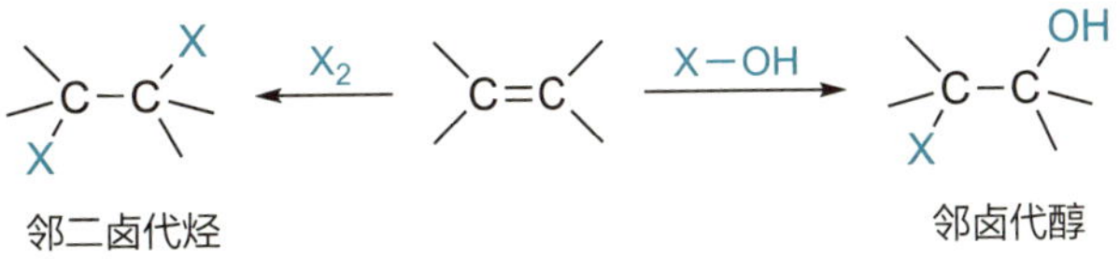

邻二卤代烃　　　　　　　　　　邻卤代醇

1. 烯烃与卤素加成的实验事实

在研究烯烃与卤素的反应时发现，在不同的介质中烯烃与溴反应得到不同的产物。例如：

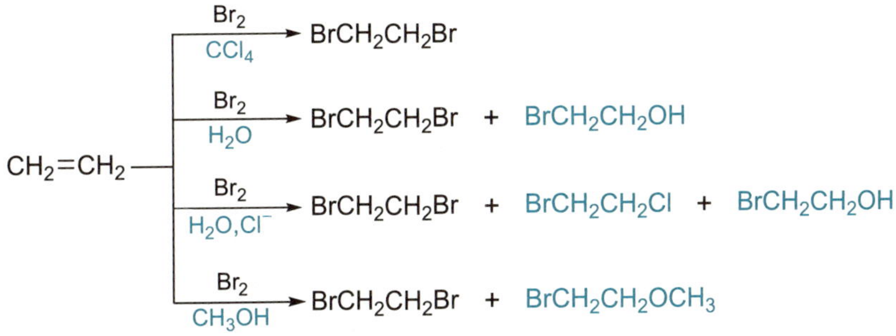

$$CH_2=CH_2 \begin{cases} \xrightarrow{Br_2/CCl_4} BrCH_2CH_2Br \\ \xrightarrow{Br_2/H_2O} BrCH_2CH_2Br + BrCH_2CH_2OH \\ \xrightarrow{Br_2/H_2O, Cl^-} BrCH_2CH_2Br + BrCH_2CH_2Cl + BrCH_2CH_2OH \\ \xrightarrow{Br_2/CH_3OH} BrCH_2CH_2Br + BrCH_2CH_2OCH_3 \end{cases}$$

以上反应的每个产物都至少含有一个溴，而另一个取代基则随反应介质中存在的亲核试剂不同而不同。这一实验事实说明该反应是分步进行的。烯烃的碳原子可能先结合一个溴（根据电性分析，应该是溴正离子），然后结合体系中的亲核试剂形成加成产物。在不同的溶剂及体系中，存在着不同的亲核试剂，因此分别得到不同的产物。

不同的烯烃与溴加成的反应速率不同，以下列出了一组烯烃与溴加成的相对反应速率：

乙烯	丙烯	苯乙烯	异丁烯	2,3-二甲基丁-2-烯	溴乙烯
1	2	3.4	10.4	14	< 0.04

以上数据显示：双键碳上连接的烷基或苯基越多，则烯烃发生加成反应的速率越快。可见，该反应属于亲电加成反应。因为烷基和苯基均是给电子基团，随着烷基和苯基的增多，其给电子作用增加了烯烃 π 键电子密度，亲核性能增强，反应活性增大。当双键碳上连有溴时，反应速率减慢。这是因为溴原子电负性较大，对双键碳具有吸电子诱导效应，虽然溴原子同时对双键具有给电子的共轭效应，但前者占优势，因此总体表现为吸电子效应。这种吸电子作用降低了 π 键电子密度，使反应速率降低。

烯烃与溴反应，往往得到反式加成（*anti*-addition）产物。如环戊烯与溴加成只得到反-1,2-二溴环戊烷的一对对映异构体，而没有发现顺-1,2-二溴环戊烷。这一实验事实难以用碳正离子机理加以解释。

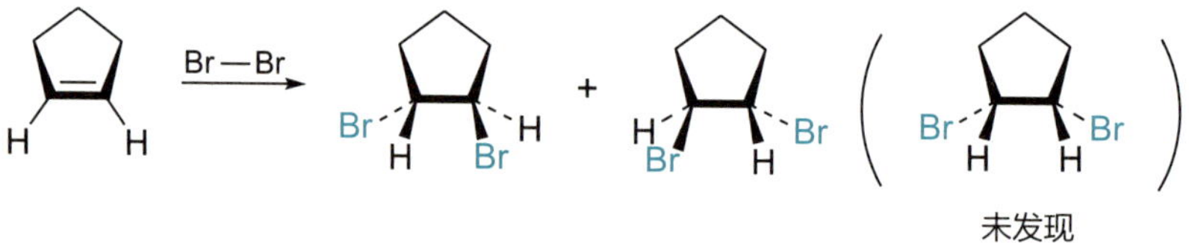

2. 烯烃与卤素加成的反应机理

基于前述实验事实，1937 年，Kimball 和 Koberts 提出了三元环溴鎓离子为反应活泼中间体的反应机理。烯烃与溴正离子作用后会形成碳正离子，与 5.5.1 小节 提到的邻基参与效应类似，带有孤对电子的溴很快会经过正负电荷静电作用与碳正离子靠近，形成环溴鎓离子，由于成环反应速率比 C-C σ 键旋转速率更快，烯烃与溴正离子形成环溴鎓离子可以认为是协同过程。

形成环溴鎓离子中间体后，亲核试剂溴负离子或氯负离子，水或醇等均只能从溴鎓离子的背面进攻（类似于 S_N2 反应，从 C-Br 键的背面 C-Br σ* 反键轨道的位置进攻，得到构型翻转的产物），反应得到高选择性的反式加成产物。

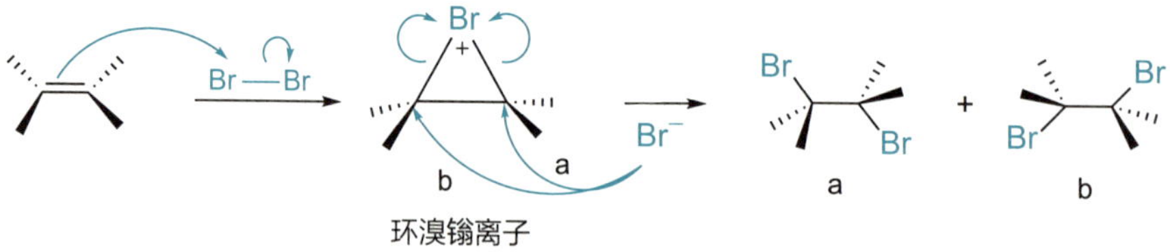

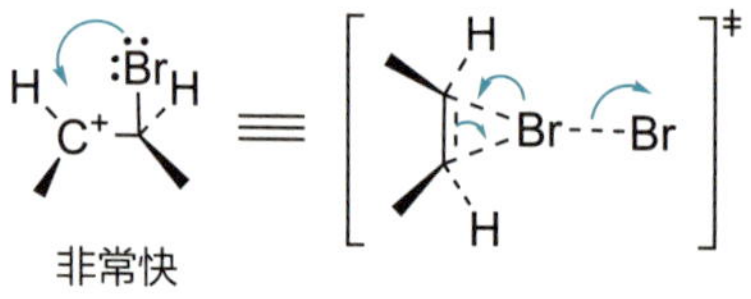

该反应机理对以上反应事实都能给出好的说明，现在已经被广泛接受。

与非经典碳正离子的争论类似，在环溴鎓离子提出很多年后，Olah 利用超强酸对正离子的稳定作用，制备了能稳定存在的环溴鎓离子二氧化硫溶液，为环溴鎓离子的存在提供了有力的实验证据。

5.5 烯烃亲电加成反应中邻基参与效应的影响——1,2-迁移与环鎓离子

cis-丁-2-烯与溴的加成反应生成一对等量的对映体，而 trans-丁-2-烯与溴的加成反应则生成了内消旋体，这些实验事实也为环溴鎓离子的机理提供了证据。

氯与烯烃在非极性溶剂中加成的立体选择性不高，例如，1-苯丙烯与氯加成得到 68% 的顺式加成（syn-addition）产物和 32% 的反式加成（anti-addition）产物。

这可能是由于氯原子的电负性比溴的电负性大，且原子半径又比溴的小，相应的环氯鎓离子的稳定性不及环溴鎓离子，当底物如 1-苯丙烯可以形成较稳定的碳正离子时，与氯的反应更倾向以碳正离子历程进行。此时，由于 Cl-Cl 断裂后所形成的氯负离子与碳正离子形成离子对，使得反应主要以顺式加成的方式进行。

实际上，当形成的碳正离子比较稳定时，与溴的加成也未必完全按照溴鎓离子机理进行。例如，顺-1-苯丙烯加溴，生成 83% 的反式加成产物和 17% 的顺式加成产物，而反-1-苯丙烯加溴，生成 73% 的反式加成产物和 27% 的顺式加成产物。

> 在极性溶剂中，或在体系中加入 Lewis 碱添加剂，可以通过溶剂化作用或配位作用减弱氯鎓离子的缺电子性使其变得更稳定，从而使反应更倾向于以氯鎓离子的历程进行，得到高选择性的反式加成产物。

Lewis 碱促进的烯烃亲电加成

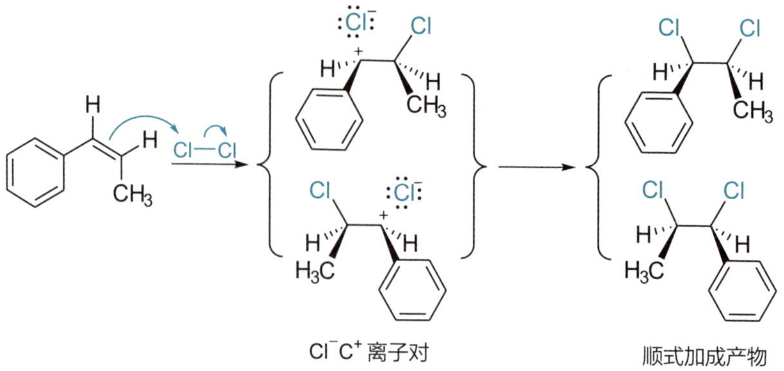

3. 烯烃与次卤酸加成的区域选择性

次卤酸 HOX（X = Cl, Br, I）具有一个卤素与羟基相连的结构 X—OH，由于氯、溴和碘的电负性比氧的电负性小，X—O 键中的卤素原子带部分正电荷。与上述烯烃与卤素的反应类似，烯烃与次卤酸加成同样是以亲电反应的模式分步进行的，第一步形成的碳正离子同样可能受相邻卤素基团的邻基参与效应影响，形成三元环卤鎓离子，进而具有反式加成的立体选择性特征。

与卤素加成略有不同的是，由于加成的两个基团不同，反应会存在区域选择性问题。正如前面 5.3.2 小节所述，烯烃的亲电加成反应中，亲电试剂与烯烃的结合倾向于形成更稳定的碳正离子，因此在烯烃与次卤酸的加成中，羟基总是倾向于与能形成更稳定碳正离子的碳原子相连（符合马氏规则）。这种理论推测也得到了实验结果的广泛验证。如 1-甲基环己烯与次氯酸的反应中，带正电荷的氯原子加成到双键上，有两种加成方向，一种是加成到含氢较多的双键碳原子上，形成 3°碳正离子，另一种是加成到含氢较少的双键碳原子上，形成 2°碳正离子。由于 3°碳正离子比 2°碳正离子稳定，卤素加成到含氢较多的双键碳原子上产物为主要产物。

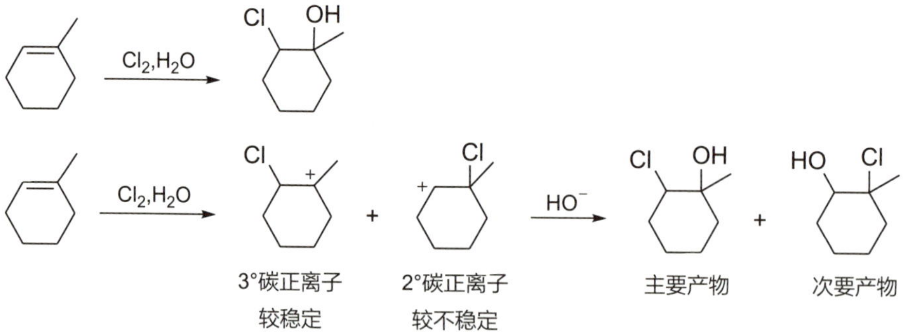

有趣的是，经历环卤鎓离子机理反应的区域选择性同样符合马氏规则。这是因为三元环卤鎓离子的两个碳卤键并不是等同的。能形成更稳定碳正离子的碳，其碳卤键键能更低，更容易断裂，因此在亲核试剂对环鎓离子加成开环时优先被进攻。

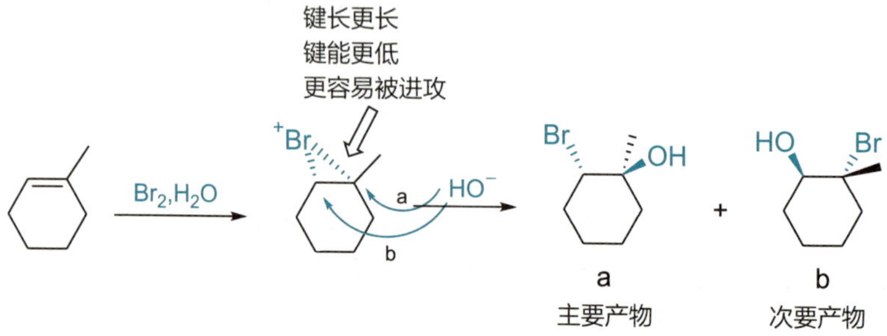

4. 环己烯类化合物与溴的加成反应

环己烯类化合物（其较稳定构象为半椅式，详见第二章立体化学）与溴的加成同样经历环溴鎓离子，生成反式加成产物。此外，受到环系的立体结构限制，环己烯类化合物与溴的加成还具有一些开链烯烃加成不同的立体选择性规律。

环己烯的较稳定构象为半椅式构象，当与溴发生加成反应时，首先形成环溴鎓离子，然后是溴负离子从环溴鎓离子的背面进攻，得到反式共平面的双溴取代产物，同时环系朝着更稳定的椅式构象转化。与一般开链烯烃加成反应不同，此反应中影响立体选择性的主要因素是反应过程中构象变化的能量。路径 a 构象变化小，能量上更有利。路径 b 需要作较大的构象改变，能量上不利。这种规律在反应机理研究中被称作"构象最小改变原则"，常用于分析环系的立体选择性特点。

构象最小改变原则

如果是特定构型的取代环己烯与溴加成，结果将生成不等量的非对映异构加成产物。如 (S)-4-甲基环己烯与溴加成主要得到(1R,2R,4S)-1,2-二溴-4-甲基环己烷，(1S,2S,4S)-1,2-二溴-4-甲基环己烷是次要产物；而(R)-4-甲基环己烯与溴加成主要得到(1S,2S,4R)-1,2-二溴-4-甲基环己烷，(1R,2R,4R)-1,2-二溴-4-甲基环己烷是次要产物。

以(R)-4-甲基环己烯为例，其与溴进行加成反应的立体化学变化过程如下：

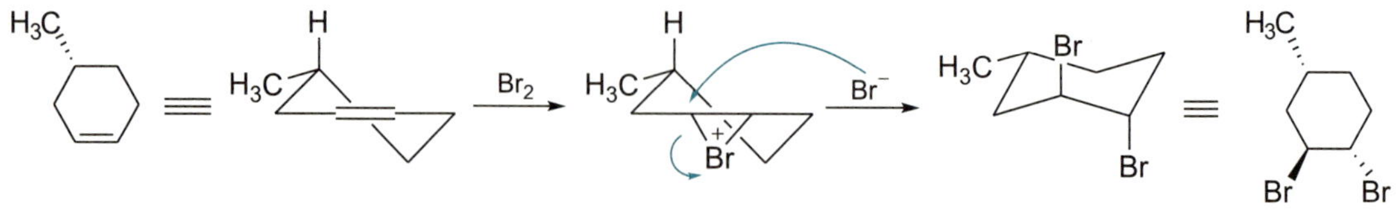

I 较稳定　　　　III　　　　主要产物 V

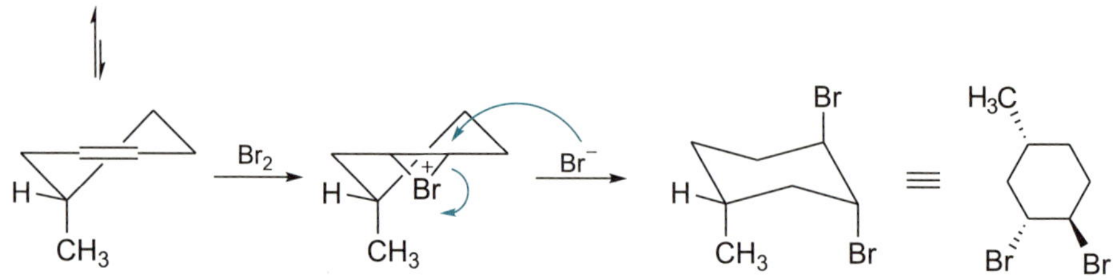

II 较不稳定　　　　IV　　　　次要产物 VI

(*R*)-4-甲基环己烯的两个半椅式构象能量不同，其中甲基在 *e* 键的半椅式构象 I 能量较低，是较稳定构象。I 经过环溴鎓离子 Ⅲ 得到双直立键反式加成的主要产物(1*S*,2*S*,4*R*)-1,2-二溴-4-甲基环己烷 V。甲基在 *a* 键的较不稳定构象 II 经过环溴鎓离子 Ⅳ 将得到双直立键反式加成的次要产物(1*R*,2*R*,4*R*)-1,2-二溴-4-甲基环己烷 Ⅵ。这种由于反应物具有特定的构型，反应物中原有的手性中心使得反应中经过的两种活性中间体具有不同的能量，从而得到不等量的非对映异构体的现象在有机反应中是普遍存在的，称为**手性诱导合成**。

5.5.3　烯烃的羟汞化-脱汞反应

烯烃的羟汞化-脱汞反应如下式所示：

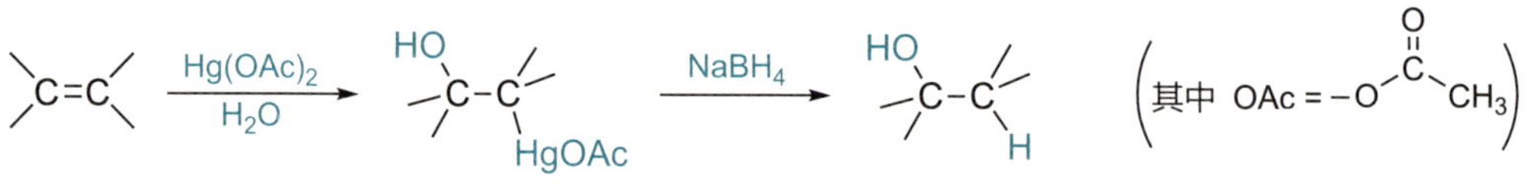

羟汞化反应　　　　脱汞反应

与烯烃与溴正离子形成环溴鎓离子类似，可以预见，其他带有孤对电子的正离子物种与烯烃发生亲电加成反应时也可能通过类似的作用形成环鎓离子，烯烃与汞正离子作用形成汞鎓离子就是其中的经典例子。

醋酸汞在溶液中可分解形成 $^{+}$Hg(OAc)，在上述第一步的羟汞化反应中，是由 $^{+}$Hg(OAc) 作为 Lewis 酸加成到烯烃碳碳双键上形成一个类似于环溴鎓离子的三元环**汞鎓离子**（mercuronium ion bridge），然后，亲核试剂水从环汞鎓离子的背面进攻含氢较少的碳生成符合马氏规则的羟汞加成产物。

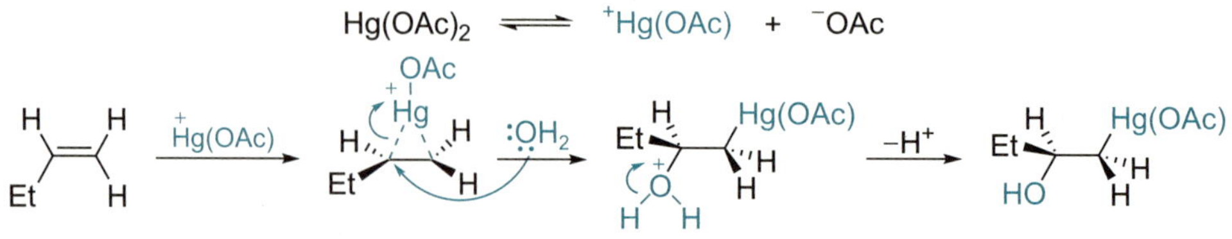

得到的羟汞化产物在硼氢化钠（$NaBH_4$）作用下去汞得到醇。

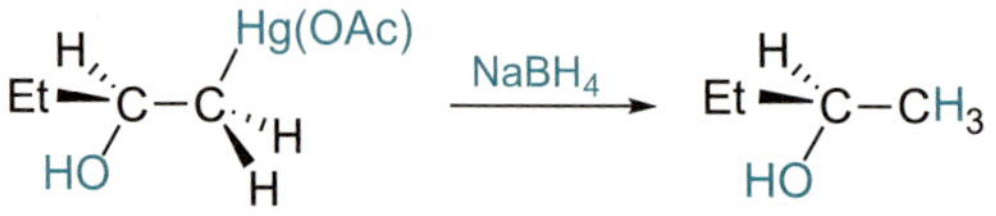

5.5　烯烃亲电加成反应中邻基参与效应的影响——1,2-迁移与环锑离子

由于亲电试剂 $^+Hg(OAc)$ 可以从双键平面的上下两方进行加成，因此，实际得到的加成产物是一对对映异构体。如上例完整的反应式如下所示：

烯烃通过羟汞化-脱汞反应可以得到与酸催化反应的区域选择性相同的醇。但是反应中没有碳正离子的形成，因此避免了重排副反应的发生。如 3,3-二甲基丁-1-烯直接酸催化加水只能得到 2,3-二甲基丁-2-醇，得不到预期的 3,3-二甲基丁-2-醇，但改用羟汞化-脱汞方法就可以得到单一的 3,3-二甲基丁-2-醇。

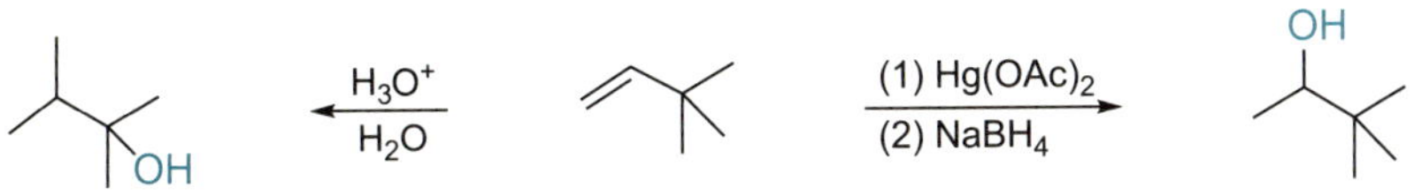

2,3-二甲基丁-2-醇　　3,3-二甲基丁-1-烯　　3,3-二甲基丁-2-醇

5.5.4　烯烃与卡宾的加成——环丙烷的合成

卡宾（carbene）是一种电中性的六电子活性中间体，其碳原子通常采取 sp^2 杂化。卡宾通常有两类结构，一种称为单线态卡宾，另一种称为三线态卡宾。

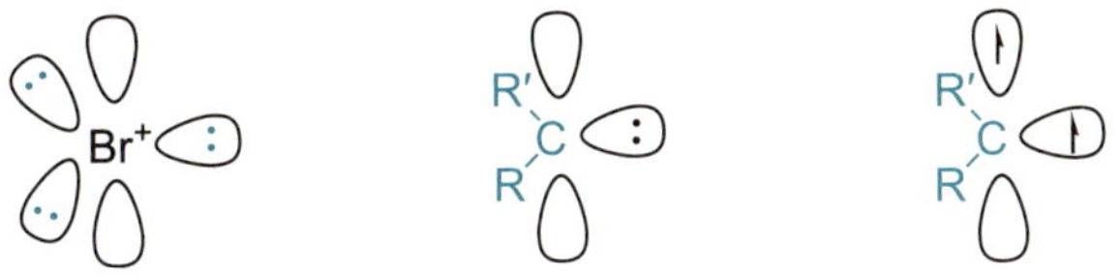

溴正离子　　单线态卡宾　　三线态卡宾

单线态卡宾可以看成碳正离子与碳负离子在同一个碳上的特殊的双亲性的电中性结构。从结构上分析，我们不难看出卡宾与"溴正离子"类似，属于同时具有空轨道和孤对电子的物种，烯烃能通过亲电加成反应进攻其空轨道，形成电荷分离的 1,3-偶极子，并非常快地完成正负离子偶联环化，形成环丙烷类产物。由于正负离子偶联速率比单键旋转速率要快得多，分子构象尚未发生任何改变，因此可以认为烯烃进攻卡宾的空轨道与环化反应是同时发生的，得到立体专一性的顺式加成产物。

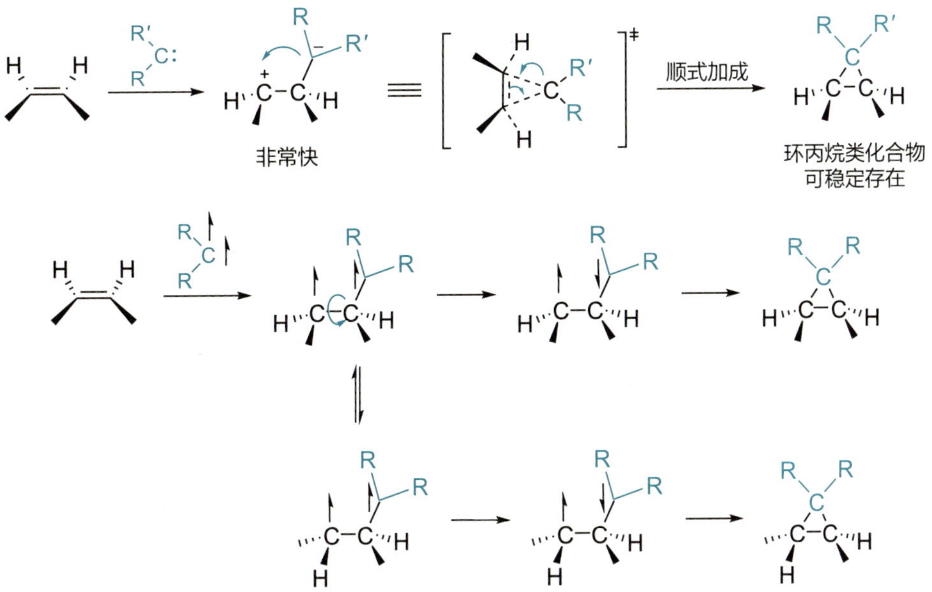

非常快　　　　　　　　　　　　　　　　顺式加成　　　环丙烷类化合物可稳定存在

碳-金属键的性质受不同金属元素影响其性质可能差异巨大，烷基锂、烷基格氏试剂等有机金属试剂中的 C-Li 键和 C-Mg 键很活泼，能与活泼氢剧烈反应，转化成 C-H 键，但 C-Hg 键却十分稳定，需要硼氢化钠还原才能转化成 C-H 键。参考文献：*J. Am. Chem. Soc,* **1966**, 88, 993.

除了常规的单线态卡宾外，还有一种反电子态卡宾，其拥有一个空的 sp^2 杂化轨道和一对填在 p 轨道的孤对电子。

反电子态卡宾

三线态卡宾的结构在 p 轨道和 sp^2 杂化轨道中各有一个单电子，具有双自由基的结构特点。三线态卡宾也能与烯烃发生自由基加成反应，经过 1,3-双自由基中间体，再通过自由基偶联得到环丙烷类产物。由于两个自旋方向相同的单电子无法直接反应，需要转化为自旋相反的两个电子再反应，在偶联环化形成环丙烷的过程中，C-C 键可以有足够时间发生自由旋转，因此三线态卡宾与烯烃的环丙烷化反应的立体选择性往往较低。

多卤代烷在碱作用下发生 α-消除是制备卡宾的主要方法。如氯仿在氢氧化钾或叔丁醇钾的作用下，首先脱去质子得到三氯甲基负离子（$^-:CCl_3$），该负离子不稳定，再脱去一个氯负离子就得到二氯卡宾（图 5-11）。二卤卡宾一般为单线态结构，即中心碳原子采取 sp^2 杂化，其中两个 sp^2 杂化轨道与卤原子成键，一个被孤对电子占据，还有一个垂直于三个 sp^2 杂化轨道的空 p 轨道与相邻卤原子的 p 轨道重叠。卤素具有吸电子诱导效应，可以稳定单线态卡宾中的 sp^2 杂化轨道的孤对电子；更重要的是，卤素具有给电子共轭效应，能很好地稳定单线态卡宾的空 p 轨道，这种双重的稳定作用使二氯卡宾具有较好的稳定性，能运用于有机反应之中。类似地，具有吸电子诱导效应和强给电子共轭效应的氮原子也能构成稳定的氮杂环卡宾结构。

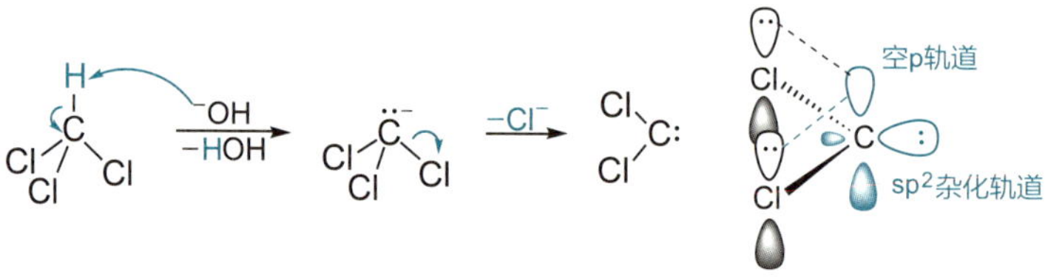

图 5-11　二氯卡宾的形成及结构

二卤卡宾与烯烃的加成是立体专一的顺式加成。例如：

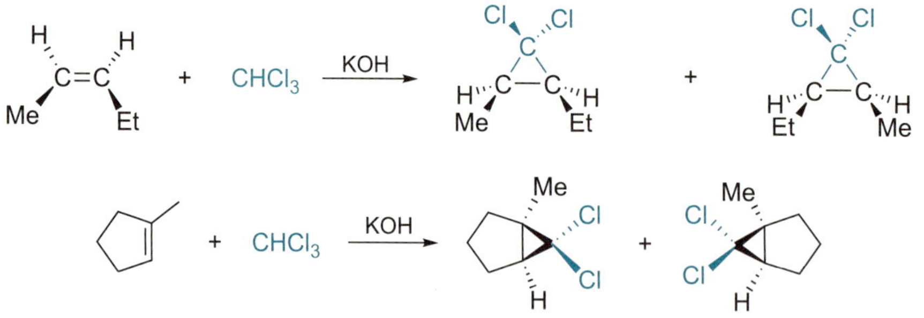

制备环丙烷的最常用方法之一是 Simmons-Smith 反应。这个反应中并不形成游离的卡宾（$:CH_2$），而是形成与卡宾类似的具有双亲性（既亲电又亲核）的**类卡宾**（carbenoid）物种。二碘甲烷在 Zn 作用下生成碘化碘甲基锌 $I-CH_2-Zn-I$，该有机金属物种既拥有一个亲电性的 C-I 键（C^+I^-），又拥有一个亲核性的 C-Zn 键（C^-Zn^+），是一个典型的类卡宾试剂，能与烯烃发生环丙烷化反应。由于卡宾结构的不稳定性，大部分卡宾都无法直接用于常规有机合成反应中，而许多构建三元环的反应，常利用双亲性的类卡宾试剂来完成。

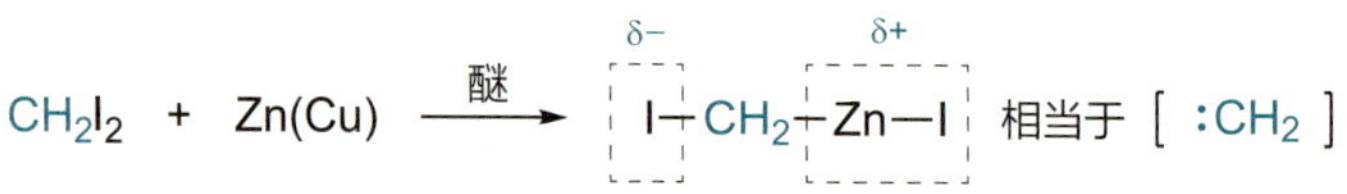

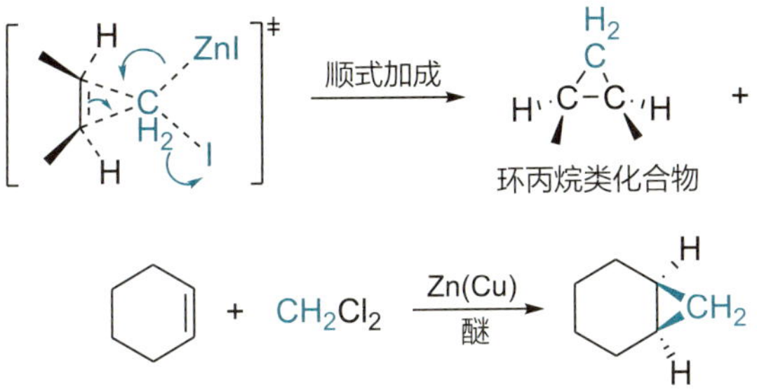

5.5.5 烯烃的环氧化反应

烯烃可以被过氧酸氧化成环氧化物,这是合成环氧化合物的重要方法之一。常用的过氧酸有间氯代过氧苯甲酸(m-chloroperoxybenzoic acid,缩写为 m-CPBA)。环氧化物还能通过亲核开环反应转化为多种官能团化合物。从过氧酸的结构分析,酰氧基可以作为带负电性离去基团,而羟基上的氢可以以质子的形式离去,因此过氧酸也可以看作一种氧宾的类似物,与类卡宾能与烯烃发生环丙烷化反应类似,过氧酸作为氧宾类似物能与烯烃发生环氧化反应,与环丙烷化反应类似,环氧化反应也是立体专一性的顺式加成。

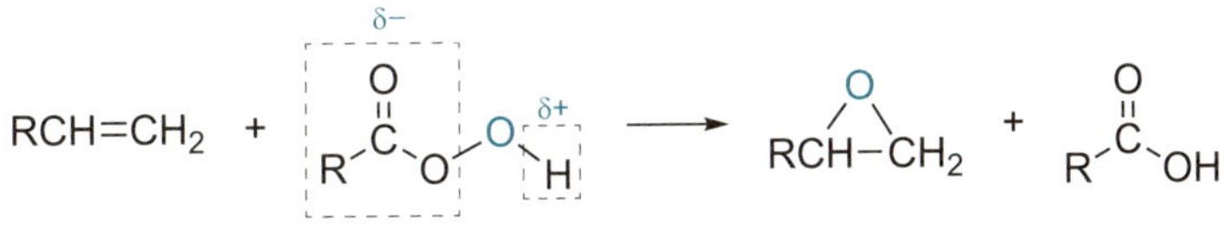

此外,过氧酸中的过氧键(O-O 键)比较容易断裂,与 Br-Br 键类似,烯烃的环氧化反应与烯烃与溴单质加成形成环状溴镓离子的机理也有类似的地方(见 5.5.2 小节),也是一种立体专一性的顺式加成。

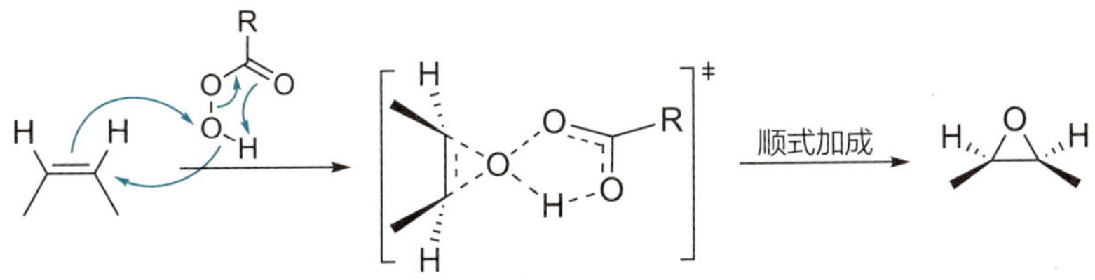

由于反应属于亲电加成反应,双键上电子密度越高,环氧化速率就越快,因此,多取代烯烃的反应活性较高。如果一个分子中有多个双键,电子密度高的双键将优先进行环氧化反应。例如:

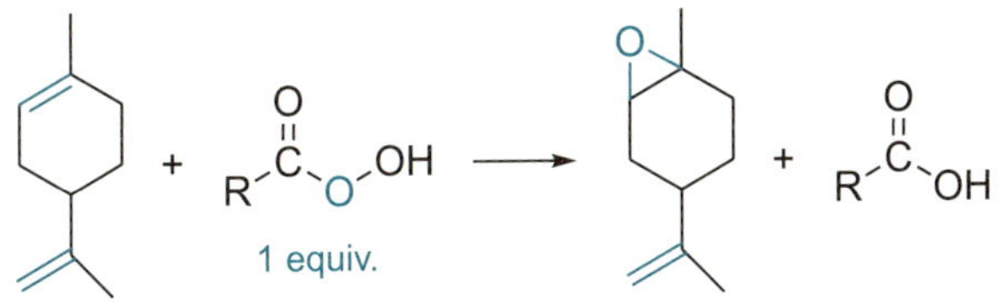

由于环氧化的顺式加成选择性,(Z)-戊-2-烯的生成 cis-环氧产物,而(E)-戊-2-烯生成 trans-环氧产物。

烯烃的环氧化反应是最早实现不对称催化的反应之一，早在 20 世纪 80 年代就被实现，其发明者 Sharpless 也因此获 2001 年诺贝尔化学奖。华人科学家史一安利用果糖衍生的催化剂也实现了一类更具普适性的利用无机过氧盐 Oxone 实现的不对称环氧化反应。

不对称环氧化

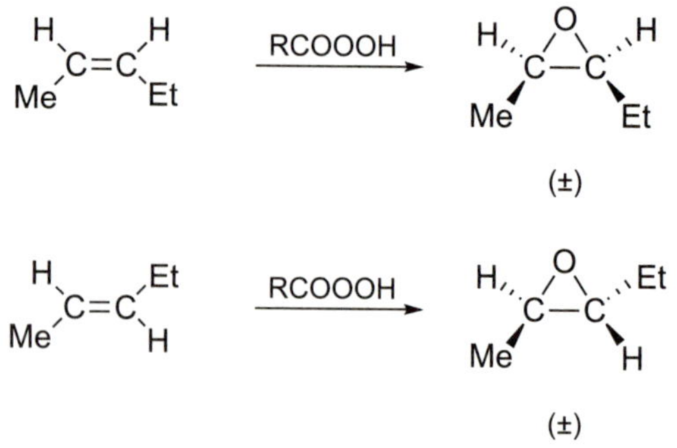

5.6 烯烃的协同加成反应

协同加成反应一般是指没有经历明显的中间体，只经过一个过渡态的反应过程。协同反应中，旧化学键的断裂和新化学键的生成几乎是同时发生的，因此往往具有较好的立体选择性。其实，分步反应与协同反应并没有那么泾渭分明。实际上，真正严格意义上的协同反应是极少的，只要分步反应的速率足够快，快到分子构象来不及改变就完成，就可以得到等同于协同反应的产物，一般就能认为反应是协同发生的。另外，分步反应中随着底物结构的改变与条件的改变，使中间体的稳定性降低到一定程度，也有可能使原来的分步反应向协同反应转变。上一章我们学习的 E1 反应与 E2 反应就有类似的情况。

前述 5.5 节中提到的碳正离子重排就可以被看成协同的过程，迁移基团与烯烃的成键和连接亲电试剂的成键处于反式共平面，属于典型的反式加成（类似于 5.6.6 小节中的 Ad_E3 历程）。

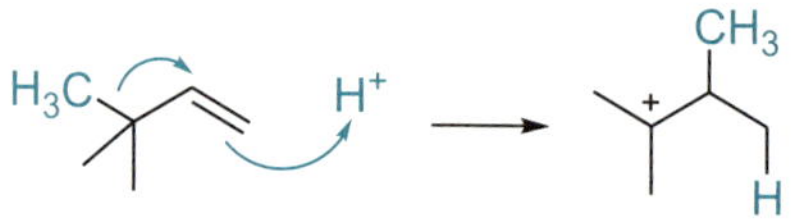

前述提到的许多邻基参与作用的历程都可以被看成协同过程。如烯烃形成溴鎓离子（见 5.5.2 小节）或汞鎓离子（见 5.5.3 小节）、烯烃与单线态卡宾的环丙烷化反应（见 5.5.4 小节）、烯烃与过氧化物的环氧化反应（见 5.5.5 小节）一般都被认为是[1+2]协同过程，具有顺式加成的高立体选择性。下面介绍几类经典的烯烃协同加成反应，这些反应分别经历[2+2]四元环过渡态、[3+2]五元环过渡态及[4+2]六元环过渡态，也都具有顺式加成的立体选择性特征。

5.6.1 硼烷加成

烯烃与硼烷加成生成三烷基硼烷的反应称为**硼氢化反应**（hydroboration）。

硼原子只有三个价电子，可以形成含有三个共价键的中性分子。由于外层未达到 8 个电子的稳定构型，硼烷 BH_3 是一个高度缺电子的分子，常作为 Lewis 酸与富电子体系配位。正是由于这种缺电子特点，硼烷通常以二聚体乙硼烷（diborane）的形式存在。乙硼烷（B_2H_6）是能独立存在的最简单的硼烷，为气体，无色，有毒，在空气中能自燃。两个硼烷通过各自的一个 B—H σ 键与另一个硼烷分子中硼原子的空轨道重叠，形成两个 B—H—B 桥键，结合成乙硼烷分子。这种 B—H—B 桥键由三个原子共享两个电子形成，因此又称为三中心二电子键，如图 5-12 所示。

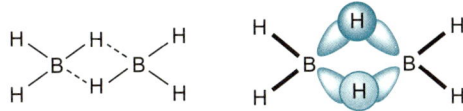

图 5-12 乙硼烷的三中心二电子键结构

乙硼烷与硼烷间存在一个平衡，其中硼烷含量较少。乙硼烷通常在二甲硫醚或者四氢呋喃中保存及使用，以甲硼烷-醚的络合物（$R_2O \rightarrow BH_3$）的形式存在。

$$B_2H_6 \rightleftharpoons BH_3$$

硼烷与烯烃能定量地进行加成反应。例如，乙硼烷与乙烯在 0 ℃ 时，即可发生加成反应，生成三乙基硼。

$$3H_2C=CH_2 + 1/2B_2H_6 \xrightarrow{0\ ℃} (CH_3CH_2)_3B$$

三乙基硼的形成是通过三步反应完成的。首先乙硼烷的一个硼氢键对一分子乙烯加成，当乙烯过量时，硼烷的第二个和第三个硼氢键进行类似的反应，最后生成三乙基硼。

$$H_2C=CH_2 + 1/2(H-BH_2)_2 \longrightarrow CH_3CH_2-BH_2$$
$$H_2C=CH_2 + CH_3CH_2BH-H \longrightarrow (CH_3CH_2)_2BH$$
$$H_2C=CH_2 + (CH_3CH_2)_2B-H \longrightarrow (CH_3CH_2)_3B$$

与非对称烯烃加成时，硼原子倾向于加到含氢较多的双键碳原子上得到形式上反马氏规则的产物。从电子效应考虑，氢的电负性（2.2）比硼的电负性（2.0）略大，硼氢键的极化情况如下所示：

$$\overset{\delta+}{B}-\overset{\delta-}{H}$$

所以，与 Brønsted 酸类亲电试剂不同，硼烷是一种负氢试剂，硼原子是缺电子的亲电试剂位点，氢原子是富电子的亲核试剂位点。在烯烃与硼烷的加成反应中，硼作为亲电试剂加成到电子密度较高的双键碳原子，即带有部分负电荷的含氢较多的碳原子上，而氢作为亲核试剂加到相对更缺电子的碳原子上，这种加成取向与符合马氏规则的其他烯烃亲电加成从本质上来看是类似的，虽然形式上得到所谓"反马氏规则"产物。

从空间效应考虑，该加成反应经历了一个四元环的过渡态，属于协同反应，硼原子和氢原子是从碳碳双键的同一侧加到两个双键碳原子上的，这种加成方式称为**顺式加成**。在协同反应的过程中，硼烷加成倾向于形成空间位阻更小的过渡态，将硼（即后续氧化后所得羟基）加到位阻较小的烯烃碳原子上。例如：

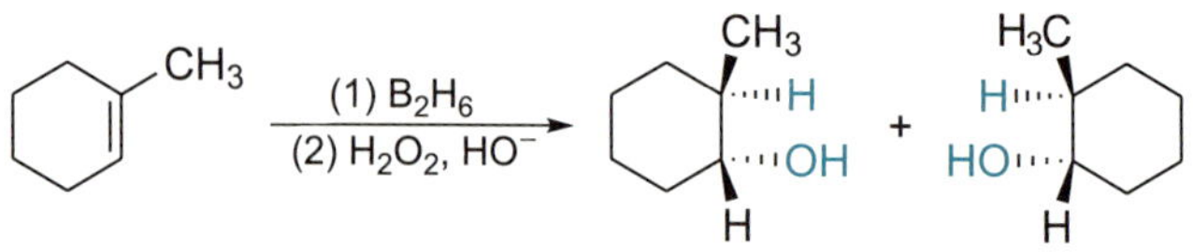

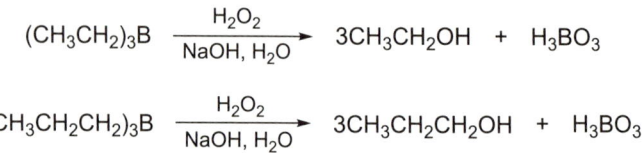

碳硼键在过氧化氢中的水解经历了一个四配位硼的立体专一的1,2-迁移历程。

硼烷双氧水水解机理

烯烃经硼氢化的产物烷基硼，若用过氧化氢的氢氧化钠水溶液处理，则被氧化同时水解而生成醇。例如：

$$(CH_3CH_2)_3B \xrightarrow[NaOH, H_2O]{H_2O_2} 3CH_3CH_2OH + H_3BO_3$$

$$(CH_3CH_2CH_2)_3B \xrightarrow[NaOH, H_2O]{H_2O_2} 3CH_3CH_2CH_2OH + H_3BO_3$$

烯烃的硼氢化反应及烷基硼烷在碱性条件下的氧化水解反应联合起来称为**硼氢化-氧化反应**（hydroboration-oxidation），总的结果是得到醇。但要注意，这里水合的氢和羟基不是来源于水分子，而是分别来自硼烷和过氧化氢分子。反应的特点是顺式加成，产物醇从形式上看是反马氏规则产物。所以，这种烯烃间接水合制备醇的方法是直接酸催化水合反应和羟汞化-脱汞反应的重要补充。

烷基硼和羧酸（RCOOH）作用生成烷烃，该反应称为烷基硼的还原反应。

$$(CH_3CH_2CH_2)_3B + 3RCOOH \longrightarrow 3CH_3CH_2CH_3 + B(OCOR)_3$$

该反应与烯烃的硼氢化反应结合在一起，总称为**硼氢化-还原反应**（hydroboration-reduction），是将烯烃还原成烷烃的一种方法。例如：

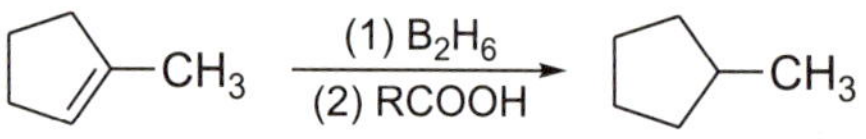

5.6.2 催化氢化

催化氢化是最早实现不对称催化的反应，也是在工业上使用最多的不对称催化反应，Knowles教授与Noyori教授因其在不对称催化氢化上的贡献获2001年诺贝尔化学奖。

2001年诺贝尔化学奖

烯烃与氢气混合，在常温常压下不发生反应，高温时反应也很慢。但在适当的催化剂的作用下，烯烃与氢加成生成相应的烷烃，所以也称为**催化氢化**或**催化加氢**（catalytic hydrogenation），是还原反应。常用的非均相催化剂为铂（Pt）、钯（Pd）、镍（Ni）等金属，工业上常用的催化剂有雷尼镍（Raney Ni）和5%或10%钯碳（Pd/C）。雷尼镍的价格比铂和钯低廉，且活性适中。

$$R-HC=CH_2 + H_2 \xrightarrow{催化剂} R-\underset{H}{\overset{}{C}}H-\underset{H}{\overset{}{C}}H_2$$

氢的加成多数是顺式加成。例如：

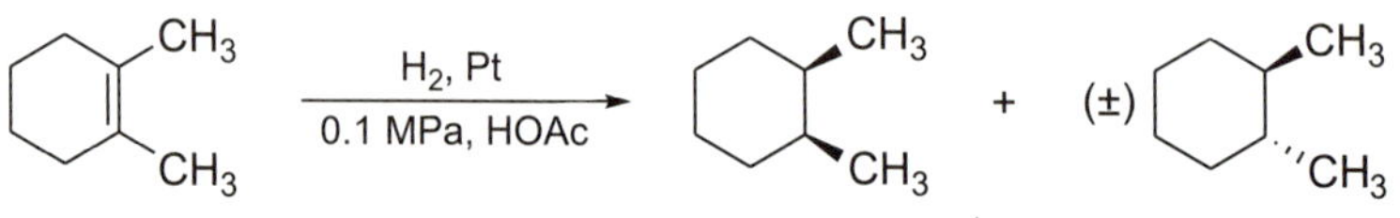

一般认为的催化氢化历程如下：烯烃和氢气分子分别吸附在催化剂的表面上，烯烃与催化剂配位。催化剂的作用使氢分子发生H-H σ键的断裂，形成两个相对较弱的H-M（金属）键。活化的氢原子离开催化剂表面，从烯烃的同面加成到双键上，生成两个C-H σ键，得到烷烃分子。烷烃脱离催化剂表面，发生反应的催化剂表面又可以继续活化新的氢分子和烯烃分子，继续加氢反应（图5-13）。

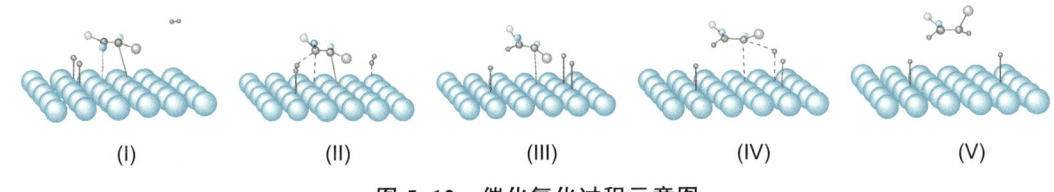

图 5-13　催化氢化过程示意图

双键碳原子上所连的取代基越少，越有利于烯烃在催化剂表面的吸附。因此，烯烃的相对氢化速率顺序为乙烯 > 一取代乙烯 > 二取代乙烯 > 三取代乙烯 > 四取代乙烯。

从能量上分析，催化剂的作用在于降低了反应的活化能（E_a），大大加速了反应的进行（图 5-14）。烯烃的加氢反应是一个放热反应，因为在反应过程中生成两个新的碳氢 σ 键所放出的能量，比断裂一个 H-H σ 键和一个 C-C π 键所吸收的能量要大。通过键能的估算，1 mol 烯烃打开 π 键加氢饱和时，大约放热 120 kJ·mol^{-1}，即氢化热（ΔH）。

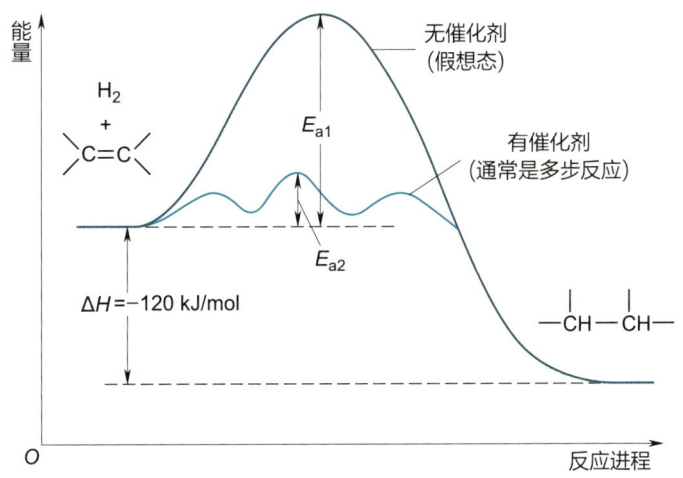

图 5-14　烯烃催化加氢能量曲线图

不同金属实现催化氢化的机理并不完全相同，一般根据金属是否与底物配位分为内球机理与外球机理。

催化氢化机理

不同结构的烯烃，其氢化热并不完全相同，我们可以利用氢化热的不同，研究和比较不同烯烃的相对稳定性（详见 5.2 节）。

烯烃的催化氢化反应在工业上和研究工作中都具有重要意义。例如，饱和脂肪酸可以呈规则的锯齿形紧密排列，形成晶体。由于分子间存在较大的范德华力，因此有相对高的熔点，且熔点随着相对分子质量的增加而升高。由饱和脂肪酸形成的甘油三酯在室温下多为脂。不饱和脂肪酸由于刚性顺式双键的存在，其碳链不能像饱和脂肪酸那样紧密结合，而是弯曲成一定角度，降低了分子间作用力，因而熔点降低。所以，一般由不饱和酸形成的甘油三酯在室温下多为油。由于多元不饱和油脂容易被氧化而导致发臭，在油脂工业中，常把含有不饱和键的油脂氢化处理，使液态的油转化为固态的脂，以改进油脂的性质，方便存储和运输。但是，氢化反应的问题在于所使用的催化剂会导致不反应的双键发生异构化，形成自然界中不存在的反式烯烃。越来越多的研究结果表明反式脂肪会增加罹患心血管疾病的风险。

5.6.3　双羟化

碱性的、稀的、冷的 $KMnO_4$ 水溶液作氧化剂，可以将烯烃氧化成邻二醇：

$$H_2C=CH_2 \xrightarrow[\text{冷, OH}^-]{\text{KMnO}_4\text{水溶液}} \underset{\underset{\text{OH OH}}{|\quad\;|}}{H_2C-CH_2}$$

一般来说，与共价键相关的变化都可以使用有机化学理论进行分析，例如此处对高锰酸钾键合方式与反应机理的分析，能加深我们对无机物高锰酸钾的认识。

反应具有立体专一性，生成的产物为顺式邻二醇。一般认为该反应经历了高锰酸钾与烯烃的[3+2]环加成反应和随后的 Mn-O 键水解：

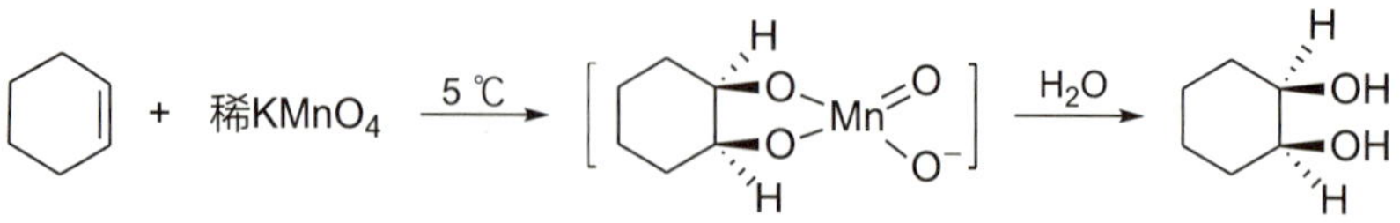

早在 20 世纪 80 年代，Sharpless 就利用金鸡纳碱作为手性配体实现了烯烃的不对称双羟化反应。

Sharpless 双羟化

生成的二元醇容易进一步氧化，反应难以控制，因此产率不高。但烯烃的氧化可以使高锰酸钾的紫色溶液褪色，生成的二氧化锰为褐色沉淀。利用此反应，通过颜色的变化，可以检验烯烃化合物的存在。

$$3R-CH=CH_2 + 2KMnO_4 + 4H_2O \xrightarrow{HO^-} 3R-\underset{OH}{CH}-\underset{OH}{CH_2} + 2MnO_2 + 2KOH$$

四氧化锇（OsO_4）在反应性和可控程度上都是比高锰酸钾更优的烯烃双羟化试剂，由于相似相溶原理，中性分子四氧化锇在有机溶剂中的溶解度比离子化合物高锰酸钾高得多，产率往往也比使用高锰酸钾高。但由于分子内仅有共价键，无离子键，分子间作用较弱，四氧化锇的熔、沸点较低（熔点 40.6 ℃，沸点 130 ℃），具有强烈刺激性气味和毒性，且价格昂贵，不宜大规模使用。目前较经济的方法是用当量的 H_2O_2 及催化量的 OsO_4。OsO_4 与烯烃反应后的还原产物 OsO_3 可以在体系中被 H_2O_2 原位再氧化回 OsO_4，反应可以多次循环，直至完成。

四氧化锇易挥发且剧毒，不便操作，常用锇酸钾 $[K_2OsO_2(OH)_4]$ 原位生成四氧化锇进行反应。

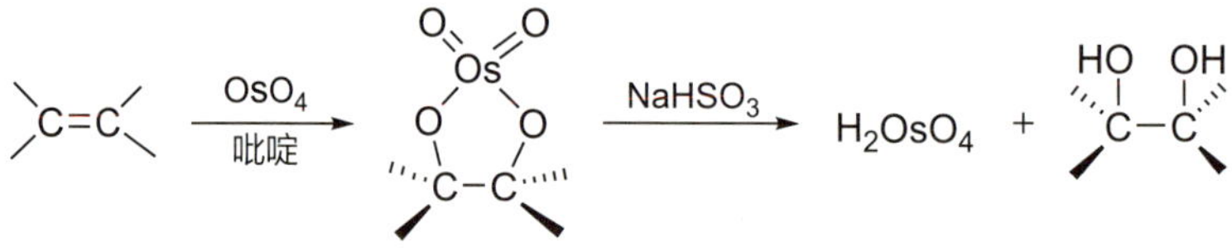

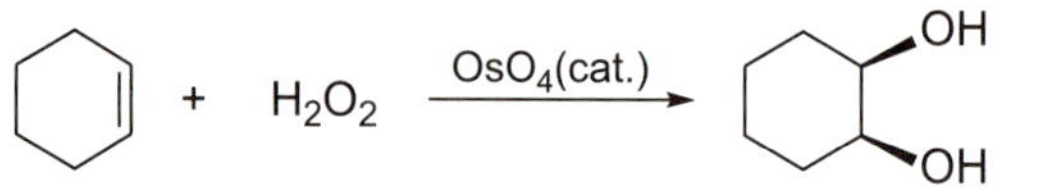

5.6.4 臭氧化反应

[3+2]环加成反应是周环反应的一种。周环反应将在第十三章深入学习。

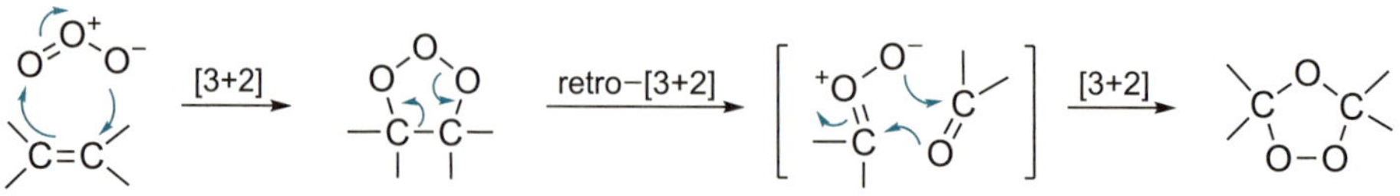

臭氧是一种高活性的氧化剂，三个氧原子呈折线形排布。臭氧会和烯烃迅速发生[3+2]环加成反应形成一级臭氧化物，由于一级臭氧化物的不稳定性和[3+2]环加成反应的可逆性，一级臭氧化物会发生重排得到二级臭氧化物。将含有 6%~8% 臭氧的氧气在低温下通入液体烯烃或烯烃的非水溶液（一般以四氯化碳或石油醚作溶剂），臭氧迅速而定量地与烯烃作用，生成糊状的臭氧化物（ozonide），称为**臭氧化反应**（ozonation reaction）。

一级臭氧化物　　　　　　　　　　　二级臭氧化物

臭氧化物在游离状态下不稳定，容易发生爆炸，一般不必从反应溶液中分离，可以直接进行水解，得两分子羰基化合物和过氧化氢。为了避免羰基化合物中醛的继续氧化，通常要加入还原剂（锌粉或二甲硫醚），或在催化剂存在下（如铂或钯-碳酸钙）直接加氢分解。

$$\underset{O-O}{\overset{}{\underset{}{\text{C}}}\text{C}} + H_2O \longrightarrow \text{C=O} + \text{O=C} + H_2O_2 \xrightarrow[H^+]{Zn} 2H_2O$$

$$\underset{O-O}{\overset{}{\underset{}{\text{C}}}\text{C}} + H_2 \xrightarrow{\text{Pd-CaCO}_3} \text{C=O} + \text{O=C} + H_2O$$

不同的烯烃经臭氧化，再水解或还原，可以得到不同的醛或酮。

$$\underset{H}{\overset{H_3C}{\text{C}}}=CH_2 \xrightarrow[(2)\ H_2O,\ Zn]{(1)\ O_3} \underset{H}{\overset{H_3C}{\text{C}}}=O + O=\underset{H}{\overset{H}{\text{C}}}$$

乙醛　　甲醛

$$\underset{H}{\overset{H_3C}{\text{C}}}=\underset{CH_3}{\overset{CH_3}{\text{C}}} \xrightarrow[(2)\ H_2O,\ Zn]{(1)\ O_3} \underset{H}{\overset{H_3C}{\text{C}}}=O + O=\underset{CH_3}{\overset{CH_3}{\text{C}}}$$

乙醛　　丙酮

烯烃分子中，有 =CH$_2$ 基时生成甲醛；有 =CHR 基时生成醛；而有 $R^1R^2C=$ 基时得到的是酮。烯烃经臭氧化-水解反应所得的羰基化合物保持了原来烯烃的部分碳架结构特征，因此通过测定反应生成产物的结构，就可反推出原来烯烃的结构。例如：

$$\underset{\text{化合物甲}}{C_7H_{14}} \xrightarrow[(2)\ Zn,\ H_2O]{(1)\ O_3} CH_3CH=O + \underset{H_3C}{\overset{H_3C}{\text{CH}}}-\overset{O}{\underset{}{\text{C}}}-CH_3$$

则化合物甲为：$CH_3CH=\underset{CH(CH_3)_2}{\overset{CH_3}{\text{C}}}$

烯烃的臭氧化反应可用于合成一些特殊的醛、酮，尤其是环烯烃的臭氧化反应可以得到双官能团化合物，用于缩合反应构建所需环状分子。有时也用于合成一些特殊的羧酸。例如，利用油酸臭氧化反应制备壬二酸：

$$CH_3(CH_2)_7CH=CH(CH_2)_7COOH \xrightarrow{O_3} CH_3(CH_2)_7CH\underset{O-O}{\overset{O}{\underset{}{-}}}CH(CH_2)_7COOH$$

$$\xrightarrow[50\sim70\ ℃]{\text{乙酸锰}} CH_3(CH_2)_7COOH + HOOC(CH_2)_7COOH$$

壬酸　　　　　　　壬二酸

壬二酸主要用于制造一系列重要工业原料，如壬二腈（尼龙-9 的中间体）、壬二酸二辛酯（增塑剂）和聚壬二酸酐（绝缘材料）等。

此外，臭氧化反应是大气中有机物降解的重要过程之一。在大气中，烯烃的臭氧化反应可以将自然界植被排放的烯烃（异戊二烯、萜类化合物等）转化为较为稳定的化合物，起到净化空气的作用。

5.6.5　Diels-Alder 反应

共轭二烯与含有双键或叁键的化合物反应，生成六元环状化合物，该反应称为**双烯合成反应**（diene synthesis reaction），如丁-1,3-二烯与乙烯反应生成环己烯。其中丁-1,3-二烯称为**双烯体**（diene），乙烯称为**亲双烯体**（dienophile），双烯体和亲双烯体是双烯合成中原料

> 臭氧非常活泼，只能现做现用。最近，化学家利用光激发硝基化合物，形成激发态的硝基化合物与烯烃发生[3+2]环加成，并进一步断裂，可以得到与臭氧化分解一样的产物。

硝基苯光解替代臭氧解

> Diels–Alder 反应是周环反应的一种。周环反应将在第十三章深入学习。

的基本结构单元。反应经过协同的机理进行，双烯和亲双烯体中的双键逐渐断裂，而它们之间慢慢形成新的化学键，并在原双烯结构中形成一个新的双键。该反应在一定条件下是可逆的，在合适的条件下，六元环产物能重新开环得到双烯体和亲双烯体。

$$\text{双烯体} + \text{亲双烯体} \xrightarrow[36\ h]{185\ ℃,\ 15\ MPa} [\text{过渡态}]^{\ddagger} \rightleftharpoons$$

1928 年，德国化学家 Diels 和 Alder 在研究丁-1,3-二烯和顺丁烯二酸酐的相互作用时发现了该反应，因此又称为 Diels-Alder 反应，简称 D-A 反应。该反应为合成六元环化合物提供了简便的方法，产率高，立体专一性和区域选择性高，是有机合成中的一个重要反应。因此，Diels 和 Alder 共同获得了 1950 年诺贝尔化学奖，以表彰他们在有机合成领域里作出的杰出贡献。

> 关于反电子需求的 D-A 反应，可参考文献 *Nat. Catal.*, **2021**, 4, 892-900.

一般认为，在 Diels-Alder 反应中，电子由双烯体的 HOMO 流向亲双烯体的 LUMO，HOMO 和 LUMO 能级差越小，反应越容易发生。因此，具有给电子基团的双烯体（HOMO 能级增高）和吸电子基团的亲双烯体（LUMO 能级降低）将有利于反应进行，如丙烯醛中的甲酰基的吸电子作用，使得 Diels-Alder 反应能更加顺利地进行。后续研究中人们发现吸电子基团的双烯体和给电子基团的亲双烯体也能顺利进行 Diels-Alder 反应，称为**反电子需求的 Diels-Alder 反应**（inverse electron demand Diels-Alder reactions，iEDDA）。

另外，双烯体需要满足一定的立体结构要求。共轭二烯烃的两个双键共轭导致 C2-C3 具有部分双键性质，因此，绕 C2-C3 σ 单键的旋转比一般烷烃中的 C-C σ 单键需要更高的能量，使得开链共轭二烯烃有两种构象形式：*s*-反式和 *s*-顺式。s 表示单键，共轭的两个双键在 C2-C3 σ 单键的异侧称为 ***s*-反式**（*s-trans*），在同侧则称为 ***s*-顺式**（*s-cis*）。如：

s-cis-丁-1,3-二烯　⇌(C2-C3 σ键旋转)　*s-trans*-丁-1,3-二烯

可以反应　　　无反应，反应端远离

Diels-Alder 反应是协同反应，只有 s-cis 共轭二烯烃，或者是在反应条件下可转变成 s-cis 构象的双烯体才能反应。由于环的限制而无法转变为 s-cis 的双烯体将不能发生 Diels-Alder 反应；若双烯的末端有大位阻取代基，则会由于位阻而影响反应的顺利进行。

可用的双烯体：

不可用的双烯体：

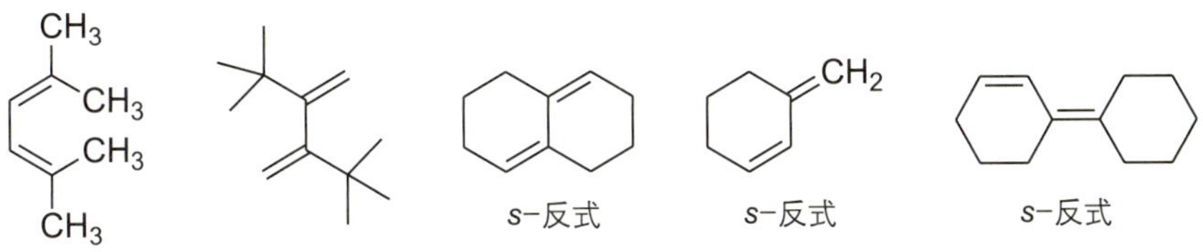

可用的亲双烯体：

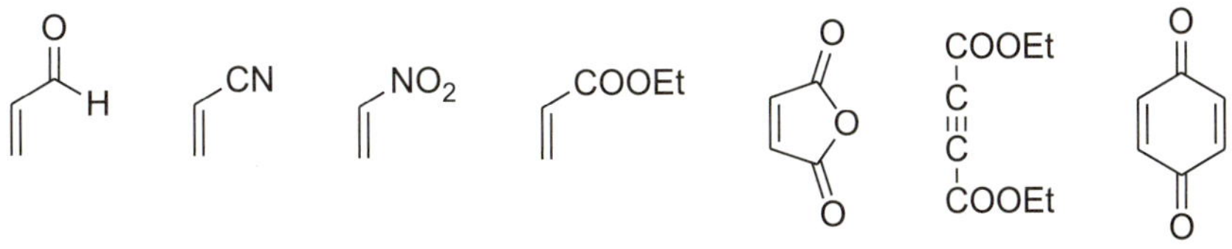

Diels-Alder 反应是区域选择性反应。当双烯体与亲双烯体上均有取代基时，从反应式看，可能生成两种不同的反应产物。实验证明，两个取代基处于相邻位或相对位的产物占优势。共振式对烯烃电荷分布的描述能很好地解释这种区域选择性。

D-A 反应的区域选择性与共振式

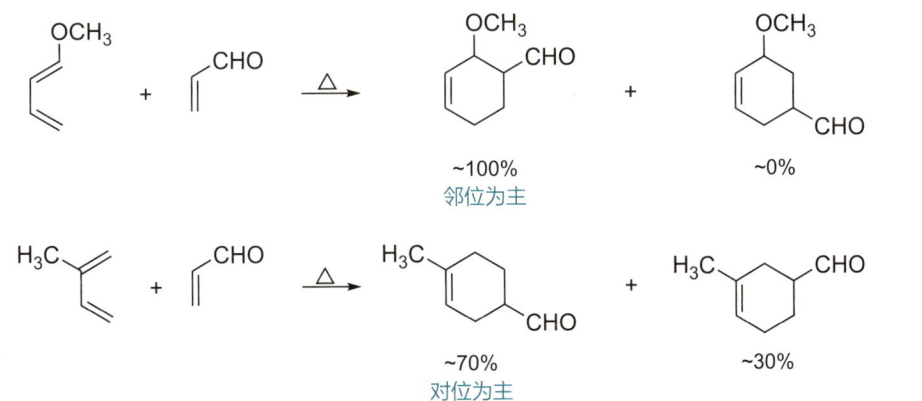

Diels-Alder 反应是立体专一性的顺式加成反应，参与反应的亲双烯体在反应过程中顺反关系保持不变。例如，丁-1,3-二烯与顺丁烯二酸二乙酯反应生成顺式产物，与反丁烯二酸二乙酯反应生成反式产物。

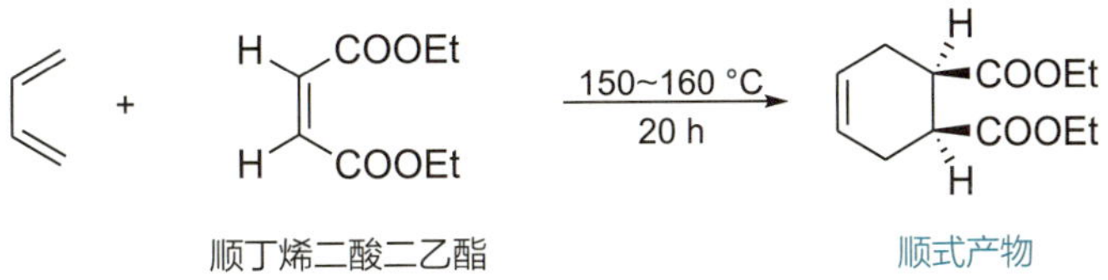

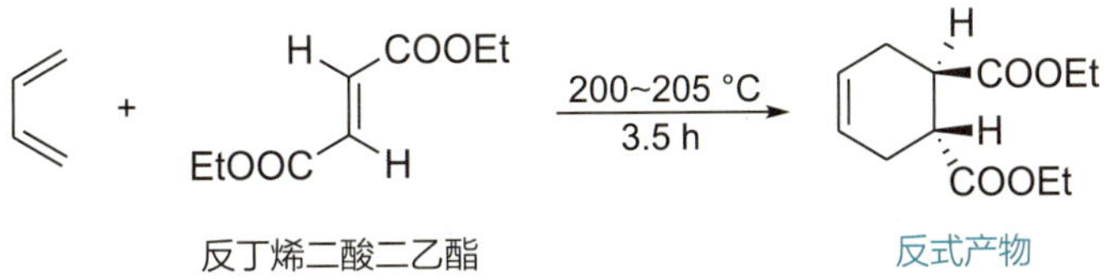

对于取代的双烯体，双烯体中环内侧的两个基团加成后在同一侧，而环外侧的两基团在环的另外一侧。例如，*trans,trans*-己-2,4-二烯在进行 Diels-Alder 反应后，原料中双烯体中的两个甲基处于半环结构的外侧，则产物中两个甲基处于顺式的位置；而 *cis,trans*-己-2,4-二烯的两个甲基分别处于半环结构的内外侧，产物中的两个甲基则处于反式位置。

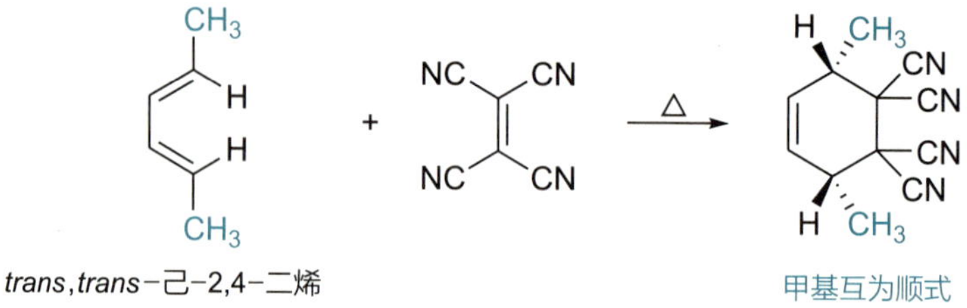

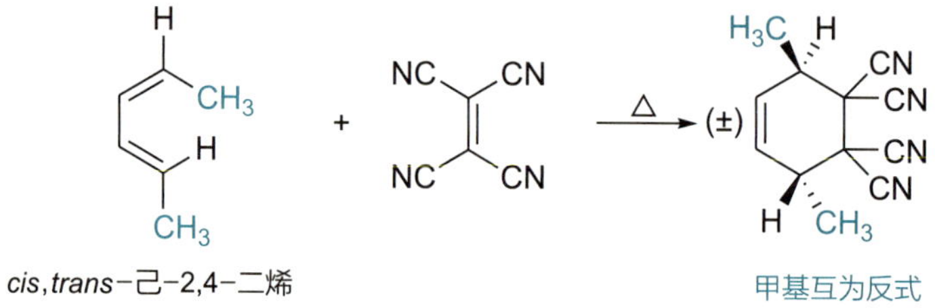

对于活性较高的底物，无须加热，室温下就能反应。例如环戊二烯因为环结构将两个双键固定为 s-顺式，在室温下就能自发缓慢发生 Diels-Alder 反应，因此市售的环戊二烯几乎都以二聚体的形式存在，使用前需要加热蒸馏解聚，现蒸现用。

> 运用分子轨道理论能更好地理解 D-A 反应，详见后续周环反应的章节。

环戊二烯二聚的 Diels-Alder 反应体现出一类新的立体选择性：内型/外型选择性。其中亲双烯体中未参加反应的双键相距双烯体结构较近的过渡态（Ⅰ）形成的是**内型**（endo）产物。内型结构的定义是，双烯体中新生成的双键与亲双烯体中除双键外的基团处于双烯体和亲双烯体形成化学键连线的同侧。另外一个相反的过渡态（Ⅱ）则生成的是**外型**（exo）产物。由于过渡态（Ⅰ）中存在次级轨道作用，比过渡态（Ⅱ）稳定，而外型加成的产物因空间位阻更小而热力学更稳定。所以，生成内型产物是动力学控制过程，而生成外型产物为热力学控制过程。这个反应中，虽然升高温度可以促使热力学控制产物生成，但也增加了二聚体解聚的逆反应速率，因此，一般认为内型产物为二聚环戊二烯的主要结构。

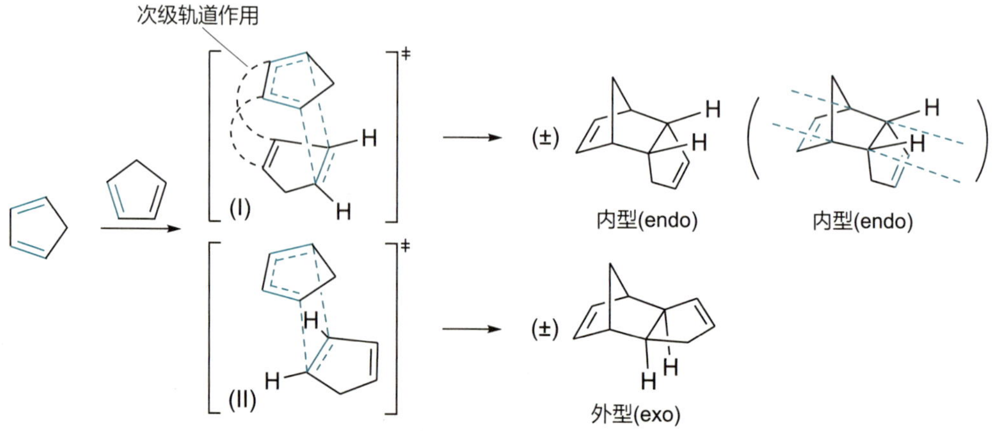

在其他反应中，一般低温下动力学产物也是反应的主要产物，例如：

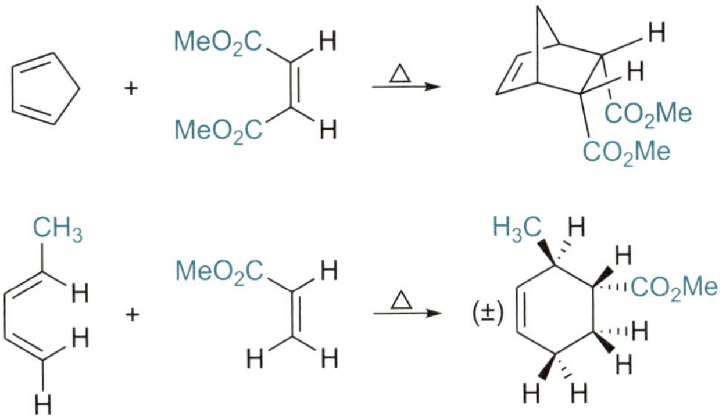

5.6.6 亲电加成反应的三分子历程

当烯烃与 HX 加成时，若可能的反应中间体是不太稳定的碳正离子，则反应可能不按照**双分子亲电加成**（addition-electrophilic-bimolecular，Ad_E2）机理进行，而是按照**三分子亲电加成**（addition-electrophilic-termolecular，Ad_E3）机理进行。例如，2-甲基丁-1-烯、2-甲基丁-2-烯、1-甲基环戊烯、环戊烯与 HX 的加成反应，都遵照 Ad_E3 机理进行。对于这些反应的动力学的研究表明，总的反应是三级动力学，HX 的反应级数为二级，即反应速率=k[底物] [HX]^2，说明反应的过渡态包含两个 HX 分子和一个底物分子。

在 Ad_E3 机理中，烯烃与两种试剂反应，一种试剂与 C=C 形成 π 络合物，表现为亲电性；另一种试剂表现为亲核性。

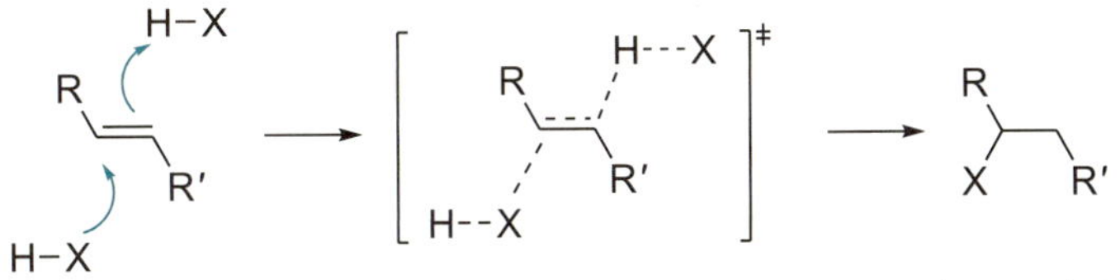

Ad_E3 历程的特征是反式加成，从形式上看是 E2 反应的逆反应。反应虽然不生成游离的碳正离子，但区域选择性与常规亲电加成类似，能形成更稳定碳正离子的烯基碳倾向于与 H 相连，而另一个碳倾向于与 X 相连。

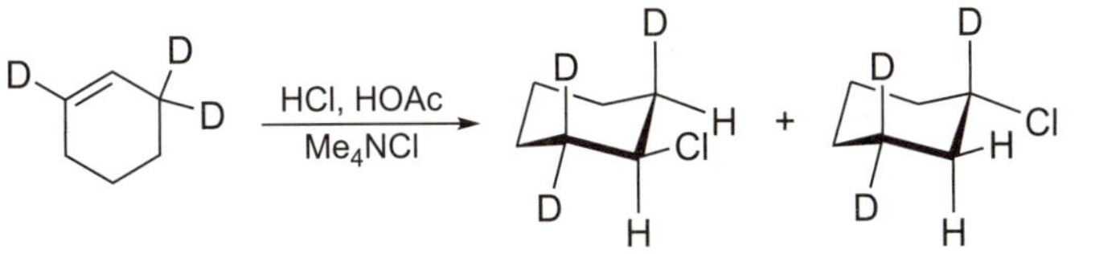

一般而言，强酸、稳定的碳正离子及弱亲核试剂一般倾向于 Ad_E2 机理，反之则倾向于 Ad_E3 机理。使用极性比较小的溶剂或高浓度卤素（第二个卤素分子帮助第一个卤素分子极化），反应倾向于按照 Ad_E3 机理进行。Br_2 和 I_2 与烯烃的加成反应，可能按 Ad_E3 机理进行，但是 Cl_2 的加成只能按 Ad_E2 机理进行，因为 Br 和 I 原子可采用较高的配位数与 π 键络合，而 Cl 原子不能。

炔烃与 HX 的亲电加成反应如果按照 Ad_E2 机理进行，反应的中间体是烯基正离子，其稳定性不高，难以生成。研究表明，炔烃与 HX 反应的主要机理可能是 Ad_E3 机理。一些实验现象可以证明这个机理的存在，例如丁-2-炔与 HCl 形成的 π 络合物经过了单晶结构的表征，反应往往观察到反式加成产物，且很少有重排的产物生成。

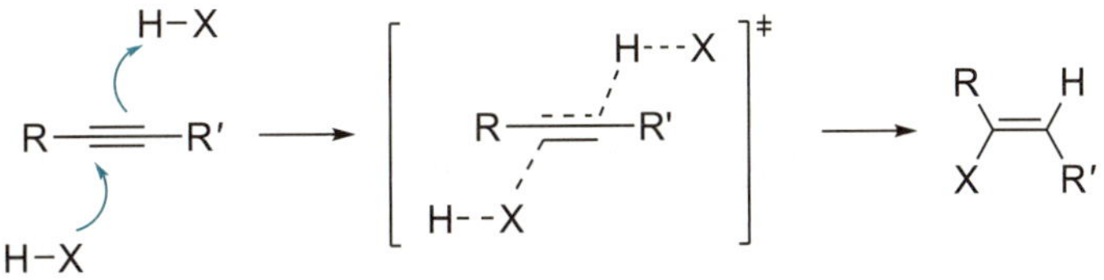

> 利用正逆反应等逻辑将更多的反应联系在一起，有利于更全面地理解有机反应的机理。

> 除了经典反式加成的 Ad_E3 外，也有一些顺式加成 Ad_E3 的情况，底物也不一定局限于难以形成稳定碳正离子的物种，如 J. Am. Chem. Soc., 2020, 142: 12865-12877.

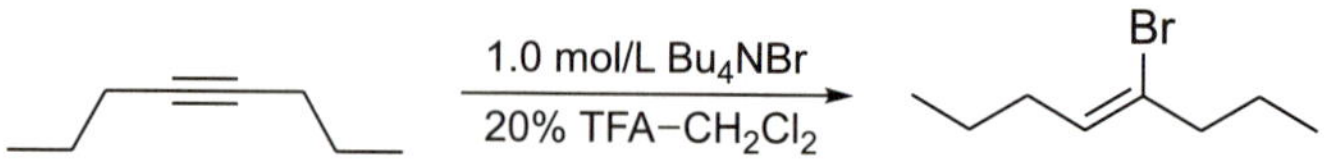

5.7 烯烃的亲核加成/亲核取代反应

一方面，一般烯烃的缺电子性并不强；另一方面，亲核试剂进攻烯烃后产生的碳负离子较不稳定，所以一般烯烃并不能发生亲核加成反应，需要引入使碳负离子稳定的元素才能使反应发生。其中，最常见的情况之一是 C=C 键与吸电子基团直接相连，一方面，吸电子基团使烯烃更缺电子；另一方面，受亲核试剂进攻后，吸电子基团能很好地稳定住形成的碳负离子。常见的这类烯烃包括 α,β-不饱和酮、α,β-不饱和酯、丙烯腈、丙炔酮、丙炔酸酯、硝基烯烃等。详见亲核试剂对 α,β-不饱和羰基化合物发生 1,4-加成反应，即 Michael 加成反应部分（见第十一章）。

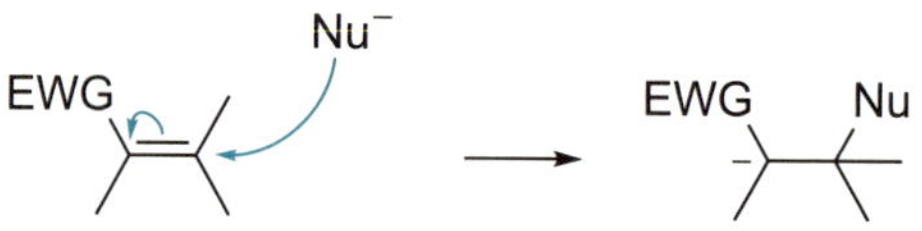

EWG = COR, CHO, COOR, CN, NO$_2$

除了连接吸电子基团外，在将要形成的碳负离子的 β-位（烯丙位）预留一个离去基团，通过类 E1cb 消除（参看第四章中卤代烃的消除反应）使负离子转化成稳定的烯烃，也能推动反应进行。

X = Cl, Br, I, OAc等离去基团

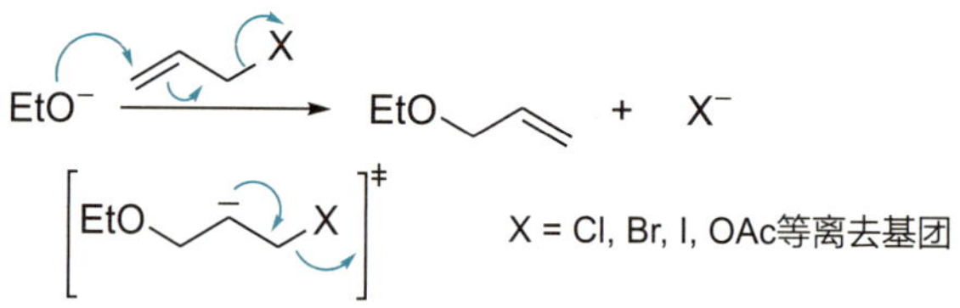

如上图所示，在与烯丙基卤素的反应中，亲核试剂乙氧基负离子倾向于对烯烃进攻，然后使双键移位，同时离去基团离去，形成一个双键移位的烯丙基醚。在该历程中由于负离子一旦形成便马上发生消除反应，所以一般认为反应以协同反应的方式进行。这种亲核取代反应历程也是一种双分子历程，但与常规的 S$_N$2 反应不同，又被称作 S$_N$2' 反应。在烯丙基卤素化合物与亲核试剂的亲核取代反应中，S$_N$2 与 S$_N$2' 是竞争反应，因此烯丙基卤素通常会有 1-位取代和 3-位取代两种亲核取代模式，具体选择性取决于底物的结构、亲核试剂的种类等因素，一般来说，离去基团离去性较差或位阻太大阻碍 S$_N$2 反应时，会更倾向于以 S$_N$2' 途径反应。在共轭二烯与溴发生的亲电加成反应中，1,4-加成产物就可以看作以 S$_N$2' 模式对溴鎓离子开环的过程。

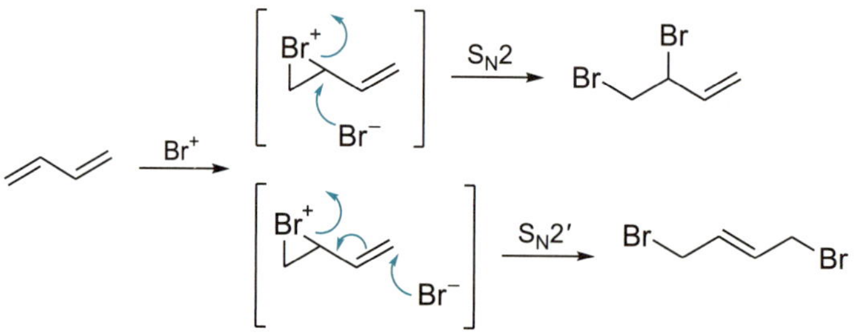

在烯烃的两个碳上分别连接吸电子基团和离去基团，能同时运用上述的两种策略，推动反应的进行。如下图所示，亲核试剂先进攻缺电子的烯烃，形成与吸电子基团相连的碳负离

> 不难发现，加成反应与消除反应可以组合成取代反应，不妨利用这个逻辑，把更多的反应模式联系起来。

子，随后该碳负离子与卤代烃发生 E1cb 消除反应，得到形式上烯基卤化物的亲核取代反应。该反应也被称作 S_NV（nucleophilic vinylic substitution）反应。

$$\text{EWG}\diagdown\text{C=C}\diagup\text{X} \xrightarrow{RO^-} \text{EWG}\diagdown\text{C-C}(\text{OR})(\text{X}) \longrightarrow \text{EWG}\diagdown\text{C=C}\diagup\text{OR}$$

EWG = COR, CHO, COOR, CN, NO_2 等
X = Cl, Br, I, OAc 等离去基团

5.8 炔烃的反应

烯烃的特性基团是碳碳双键，而炔烃的特性基团是碳碳叁键。叁键由一个 σ 键和两个 π 键组成，因此炔烃也是非常活泼的化合物。其最典型的反应是叁键中的 π 键打开，随后形成 σ 键，而生成加成产物。

5.8.1 与卤素的亲电加成

炔烃的碳碳叁键含有 π 键，因此炔烃与烯烃相似，也可以受亲电试剂的进攻进行一系列亲电加成反应。但是，炔烃和烯烃的加成反应存在两个显著的差异。第一是炔烃进行亲电加成反应的活性不及烯烃，因此，在与很多亲电试剂的反应中，往往需要应用比烯烃反应更强的催化剂或更剧烈的反应条件。此外，由于炔烃有两个 π 键，可以与两分子的亲电试剂进行分步加成。常见的亲电试剂有卤素、卤化氢、硫酸及一些无机酸等。

烯/炔烃的亲电加成反应中，烯烃的反应的活性更高，原因是 sp 杂化的碳原子含有更大比例的 s 轨道，电负性高于 sp^2 杂化的碳原子，从而使炔烃表现出对 π 电子更强的吸引力，降低 π 电子作为亲核试剂进攻亲电试剂的能力。此外，炔烃与亲电试剂反应后形成的乙烯型碳正离子相对不稳定，也使炔烃发生亲电加成的活性比烯烃的低。

$$—C\equiv C— \xrightarrow{E^+} \underset{E}{\overset{+}{C}}=C— \xrightarrow{Nu^-} —\underset{E}{C}=\underset{Nu}{C}—$$
sp杂化, 能量较高

$$\diagup C=C\diagdown \xrightarrow{E^+} \diagup\underset{E}{C}-\overset{+}{C}\diagdown \xrightarrow{Nu^-} \diagup\underset{E}{C}-\underset{Nu}{C}\diagdown$$
sp^2杂化, 能量较低

烯烃可使 Br_2 的 CCl_4 溶液立即褪色，而炔烃则需要几分钟后才能使之褪色，因此可以用 Br_2 的 CCl_4 溶液的缓慢褪色来检验碳碳叁键的存在。而当分子中既有叁键又有双键时，一当量的卤素单质会优先加成到双键上，得到叁键保留的卤代产物。在立体选择性方面，炔烃与一当量的溴加成能得到高立体选择性的反式加成产物，一般认为其机理与烯烃的反应类似，也经历了溴鎓离子的中间体。

$$CH_2=CHCH_2-C\equiv CH \xrightarrow[1.0\ \text{equiv.}]{Br_2} CH_2(Br)-CH(Br)CH_2-C\equiv CH$$

$$H_3C-C\equiv C-CH_3 \xrightarrow{Br_2} \underset{Br}{\overset{H_3C}{\diagdown}}C=C\underset{CH_3}{\overset{Br}{\diagup}}$$

> 不妨先回忆一下之前学习的烯烃的相关反应，推测一下炔烃是否也有对应的反应模式。

第五章 烯烃与炔烃

由于 Cl—Cl 键比 Br—Br 键更难解离，炔烃与氯发生的亲电加成反应一般需要加催化剂（如 $FeCl_3$、$SnCl_2$）促进氯单质的异裂，同时又要在溶剂稀释（溶液相反应）或氮气稀释（气相反应）条件下进行，以防反应过于剧烈而产生其他副反应。在氯过量的条件下，炔烃的加成产物二氯烯烃可以继续与氯发生加成反应得到四氯代产物。碘与炔烃加成比较困难，乙炔通常只能加一分子碘而生成反-1,2-二碘乙烯。

5.8.2 与卤化氢的亲电加成和自由基加成反应

炔烃与卤化氢的加成也比烯烃困难，一般也需要加入催化剂来促进氢卤键的异裂，才能使反应以较快速率进行。以苯丙炔与氯化氢的加成反应为例，炔烃与第一分子氯化氢发生加成反应可以得到氯代烯烃产物，一般认为该步反应经历了 Ad_E3 的协同加成历程（见 5.7.6 小节），得到区域选择性符合马氏规则的反式加成产物。控制 HCl 的量和反应速率可以使反应停留在只与一分子卤化氢反应的阶段，这也是制备卤代烯烃的方法之一。在过量 HCl 存在下，中间产物氯乙烯能继续与第二分子氯化氢发生亲电加成反应，得到同碳的二卤代产物，称为**偕二卤代物**（geminal dihalide）。

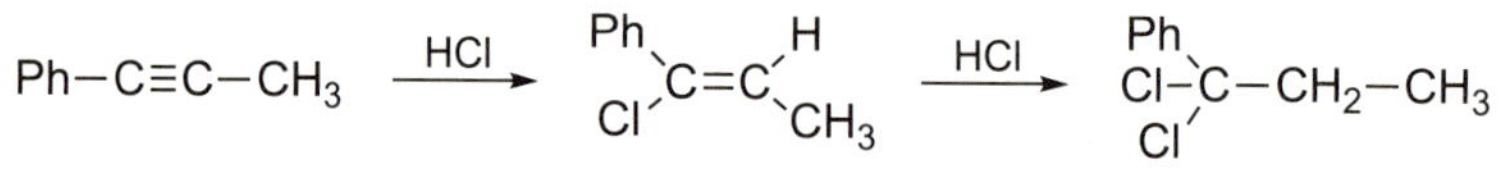

$$Ph-C\equiv C-CH_3 \xrightarrow{HCl} \underset{Cl}{\overset{Ph}{\diagdown}}C=C\underset{CH_3}{\overset{H}{\diagup}} \xrightarrow{HCl} \underset{Cl}{\overset{Ph}{\diagdown}}\underset{|}{\overset{|}{C}}-CH_2-CH_3$$

从反应性上看，卤代烯烃继续与第二分子的卤化氢发生加成反应时，由于双键碳原子上卤素原子的吸电子作用，使得其 π 键电子密度比一般烯烃的低，因此，进行第二次亲电加成反应的活性也随之降低。从区域选择性上看，与碳正离子相连的卤素原子的 p 轨道孤对电子与碳正离子的空 p 轨道形成 π 键来使其稳定，因此加成反应倾向于经历与卤素相连的碳正离子中间体（图 5-15，中间体 II），生成偕二卤代产物。

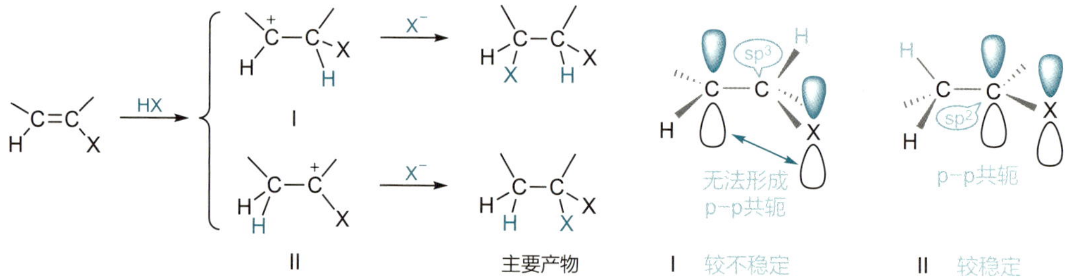

图 5-15 卤代烯烃与第二分子 HX 加成形成碳正离子稳定性分析

可以用共振结构表示连卤素碳正离子的 π 键作用：

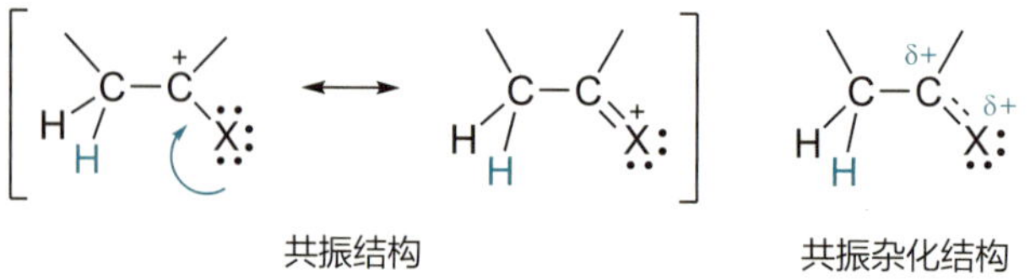

该例子充分展示了给电子与吸电子效应的相对性。卤原子与烯烃相连时，吸电子诱导效应大于给电子共轭效应，卤素主要体现为吸电子作用，降低烯烃的亲电反应活性；而当卤原子与碳正离子相连时，由于碳正离子本身是缺电子基团，呈吸电子性，此时卤素主要体现为给电子共轭作用，能稳定碳正离子，最终形成偕二卤代产物。

当有过氧化物存在时，溴化氢与炔烃的加成反应也同样是按自由基加成反应历程进行的，遵循反马氏规则。例如：

> 给/吸电子效应是相对的，具体与什么基团相连，会影响基团的给/吸电子性质。

$$CH_3CH_2CH_2C\equiv CH \xrightarrow{HBr}{ROOR} CH_3CH_2CH_2CH=CHBr$$

过氧化物效应一般限于溴化氢。因为氯化氢产生氯原子（自由基）比较困难，而碘化氢虽然容易生成碘原子，但其活性不足以与双键或叁键进行自由基加成。因此，氯化氢和碘化氢与烯烃和炔烃的加成一般不存在过氧化效应。

5.8.3 炔烃的羟汞化反应

由于发生亲电加成反应的活性比烯烃低，炔烃在酸催化下一般很难发生直接水合反应。但炔烃的羟汞化反应却比烯烃更高效。反应机理与烯烃的羟汞化过程类似。即 $^+Hg(OAc)$ 作为亲电试剂，与炔烃形成一个环汞鎓离子，然后水分子从背面进攻环汞鎓离子中含氢较少的碳原子，生成羟汞化烯烃。与烯烃的反应不同，与炔相连的碳汞键不需要硼氢化钠还原，只需要在酸的作用下就能发生 C-H 键替换，生成烯醇。因此反应不需要当量的汞离子，只需要催化量的汞离子在酸性条件下就能使反应进行完全。烯醇分子中的羟基直接连在双键上不稳定，在酸性条件下容易发生分子重排，羟基上的氢原子作为质子转移到另一个双键碳原子上，而碳氧之间形成双键，即变为较稳定的酮式。因此，炔烃与水的加成反应一般都停留在与一分子水加成的阶段。这种重排称为**烯醇式-醛（酮）式互变异构**（keto-enol tautomerism）。

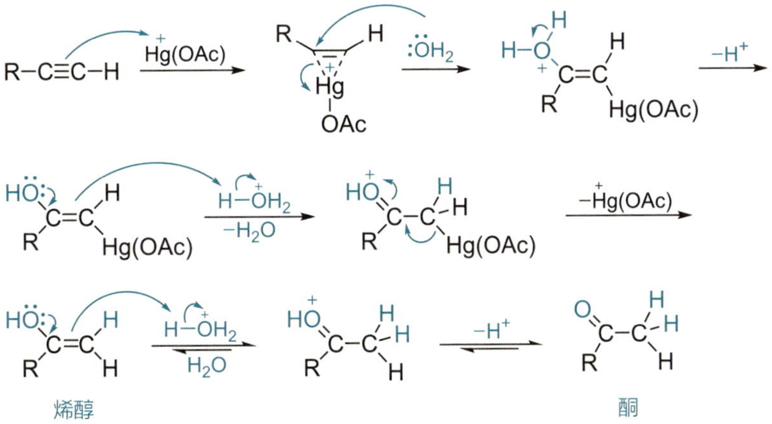

炔烃水合反应遵循马氏规则，称为 **Kucherov**（库切洛夫）反应。只有乙炔可以得到乙醛，这是工业上生产乙醛的方法之一；其他末端炔烃都生成甲基酮（$RCOCH_3$）；叁键在中部的非对称炔烃则形成两种酮的混合物。例如：

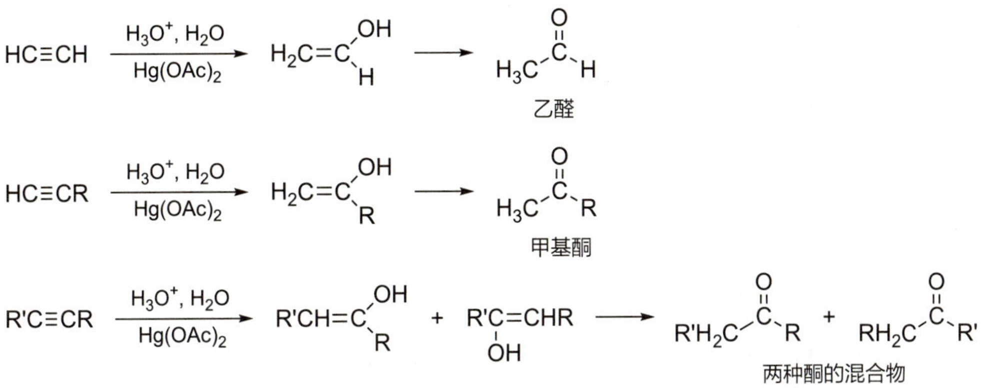

如果 $RC\equiv CR'$ 中 R 为一级烃基，R' 为二级或三级烃基，则由于汞离子体积比较大，空

间位阻作用使得汞离子主要加成在与一级烃基 R 相连的叁键碳原子上，即中间体

$\underset{(AcO)Hg}{R}C=C\underset{R'}{OH}$ 比 $\underset{R}{HO}C=C\underset{Hg(OAc)}{R'}$ 稳定，最终加成产物以 $RH_2C-\overset{O}{\underset{\|}{C}}-R'$ 为主。

5.8.4 炔烃的硼氢化反应

炔烃与硼烷也反应，得到形式上的反马氏规则加成的烯基硼，再通过 C-B 键氧化形成烯醇中间体，最后生成产物醛或酮。例如：

$$R-C\equiv CH \xrightarrow{B_2H_6} (RCH=CH)_3B \xrightarrow[HO^-]{H_2O_2} RCH=CH(OH) \rightleftharpoons RCH_2CHO$$

由于硼氢化反应在形式上是反马氏规则的，因此与汞盐存在下的直接水合不同，只要是叁键在端位的炔烃，硼氢化反应生成的最后产物就是醛。而汞盐存在下的直接水合只有乙炔可以得到醛，其他炔烃都只生成酮。

$$H_3C-C\equiv CH \xrightarrow[(2)\ H_2O_2,HO^-]{(1)\ B_2H_6} CH_3CH_2CHO$$

炔烃与乙硼烷反应先生成烯基硼，烯基硼再与羧酸反应生成 Z 型烯烃，该反应称为炔烃的硼氢化-还原反应，它为从炔烃转化为顺式烯烃提供了一种好方法。例如：

$$H_3C-C\equiv C-CH_3 \xrightarrow{B_2H_6} \left(\underset{H}{\overset{H_3C}{\diagdown}}C=C\underset{B}{\overset{CH_3}{\diagup}}\right)_3 \xrightarrow[0\ ℃]{CH_3COOH} \underset{H}{\overset{H_3C}{\diagdown}}C=C\underset{H}{\overset{CH_3}{\diagup}}$$

5.8.5 炔烃的催化氢化与 Na-NH₃ 还原

与烯烃相似，炔烃也可以进行催化氢化。由于碳碳叁键含有两个 π 键，因此，既可以与一分子氢加成得烯烃，也可以与两分子氢加成生成相应的烷烃。

$$H_3C-C\equiv C-CH_3 \xrightarrow{H_2}{Pt} \underset{H}{\overset{H_3C}{\diagdown}}C=C\underset{H}{\overset{CH_3}{\diagup}} \xrightarrow{H_2}{Pt} CH_3CH_2CH_2CH_3$$

反应停留在哪一步取决于所用催化剂。因为在催化氢化中，炔烃在催化剂表面吸附作用较快，它的吸附阻止了烯烃在催化剂表面的吸附，而催化氢化主要是靠催化剂表面的吸附作用，因此炔烃更容易进行催化氢化，即炔烃比烯烃具有较大的反应活性。

利用叁键和双键在氢化反应活性上的差异，可以选择适当的催化剂，并控制一定的条件，使炔烃的氢化停留在烯烃阶段。如 Lindlar（林德拉）催化剂或 P-2 催化剂，就是常用的选择性氢化催化剂。Lindlar 催化剂是将沉积在碳酸钙上的金属钯用喹啉或乙酸铅处理，毒化了钯，使其活性降低；P-2 催化剂是用硼氢化钠还原乙酸镍得到的硼化镍（Ni₂B）。使用这两种催化剂主要生成顺式烯烃。例如：

$$H_3C-C\equiv C-CH_3 \xrightarrow{H_2}{Lindlar\ Pd} \underset{H}{\overset{H_3C}{\diagdown}}C=C\underset{H}{\overset{CH_3}{\diagup}}$$

$$H_3C-C\equiv C-CH_3 \xrightarrow{H_2}{Ni_2B} \underset{H}{\overset{H_3C}{\diagdown}}C=C\underset{H}{\overset{CH_3}{\diagup}}$$

若用强的催化剂，则炔烃氢化直接得到烷烃，而难以停留在烯烃阶段。例如，二苯乙炔用 Lindlar 催化剂加氢可停留在顺-1,2-二苯乙烯阶段；如果催化剂没有毒化，则产物是 1,2-二苯乙烷。

$$PhC\equiv CPh \begin{cases} \xrightarrow{H_2, \text{Lindlar Pd}} & \text{cis-二苯乙烯 } 87\% \\ \xrightarrow{H_2, \text{Pd}} & PhCH_2CH_2Ph \quad 95\% \end{cases}$$

由于叁键和双键在氢化反应活性上的差异，在烯炔分子中同时含有叁键和双键，催化氢化首先加氢到叁键上，而双键仍可保留。

炔烃在液氨中用金属锂或钠进行还原，得到的主要是反式烯烃，正好与催化氢化形成互补的二取代烯烃的合成方法。例如：

$$H_3C-C\equiv C-CH_3 \xrightarrow{Na, \text{液}NH_3} \text{(trans-2-butene)}$$

炔烃的电子
质子还原

5.8.6 氧化反应

碳碳双键和叁键的活泼性还表现为容易被氧化。氧化产物因氧化剂和氧化条件的不同而不同。氧化时不仅 π 键可以打开，当条件强烈时，σ 键也可以断裂。

与烯烃相似，炔烃也能与高锰酸钾发生[3+2]环加成反应，但由于生成的中间体不稳定，无法像烯烃一样停留在双羟化的阶段，而是会进一步氧化得到叁键断裂的产物，生成二氧化碳或羧酸。炔烃的结构不同，则氧化产物各异。一般 ≡CH 被氧化为 CO_2，而 ≡CR 基则被氧化为 RCOOH。如将乙炔通入高锰酸钾水溶液，则高锰酸钾的紫色逐渐消失，被还原为褐色二氧化锰沉淀，与此同时碳碳叁键断裂，乙炔被氧化成二氧化碳和水。通过鉴定氧化产物的结构可确定叁键位置。

$$R-C\equiv C-R' \xrightarrow{KMnO_4, HO^-} RCOOH + R'COOH$$

通常叁键在氧化反应上也比双键活性差，如在同一化合物中既有叁键又有双键，在氧化时首先双键氧化而叁键仍可保留。

炔烃也能发生臭氧化反应，经历烯烃臭氧化类似的[3+2]环加成-重排-水解的历程，得到叁键氧化断裂的产物羧酸，通过臭氧化而后水解也可以用于推断炔烃的结构。

$$R-C\equiv C-R' \xrightarrow{(1) O_3, (2) H_2O} RCOOH + R'COOH$$

除了能与 O_3 发生[3+2]环加成反应外，烯/炔烃也能与叠氮化合物（RN_3）发生[3+2]环加成反应，得到三氮唑类杂环。在这类反应中，炔烃表现出比烯烃更高的反应活性，尤其是在铜离子催化下，端炔与叠氮化合物能快速反应，该反应也被称作第一代**点击化学反应**（click reaction），广泛应用于化学生物学等研究中。

炔烃亲核性较弱，因此无法像烯烃那样直接与过氧化物发生环氧化反应。

卡宾能与炔烃发生反应形成环丙烯类化合物，但反应活性要比烯烃的环丙烷化低得多。

5.8.7 Diels-Alder 反应

与烯烃类似，炔烃也能作为亲双烯体与共轭二烯发生[4+2]环加成反应，生成环己二烯，且由于炔烃比烯烃更缺电子，炔烃作为亲双烯体的反应活性比类似结构的烯烃更高。此外，

"点击化学"相关的三位科学家获 2023 年诺贝尔化学奖。

2023 年诺贝尔化学奖
点击化学

四嗪 D-A 反应
点击化学

含炔基的双烯体
参与的 D-A 反应

不像环己烯产物只能发生一种逆 D-A 反应，产物环己二烯可以有两种不同的逆 D-A 反应的路径，除了能通过逆 D-A 反应重新分解为原料二烯烃和炔烃外，还能通过另一个逆 D-A 反应路径，得到一种新的炔烃和一种新的 s-顺式二烯烃。

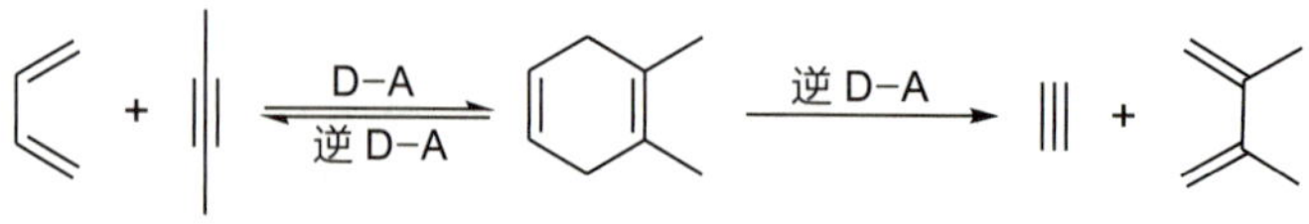

该策略被用在多种合成中，如 1,2,4,5-四嗪类化合物与高张力炔烃发生点击反应，炔烃依次经过 D-A 反应与逆 D-A 反应，取代了四嗪中的两个氮原子，形成吡嗪。

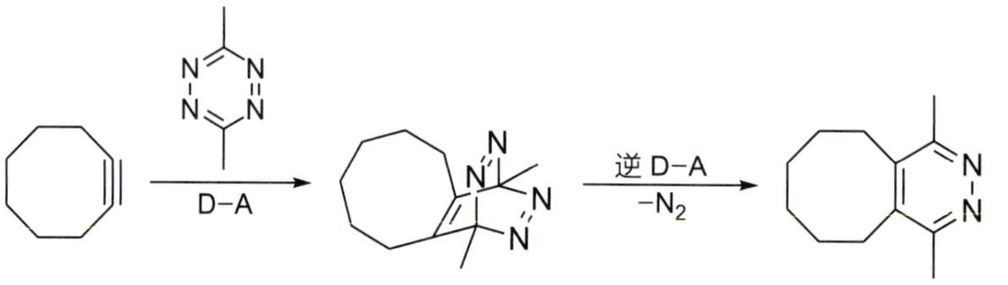

5.8.8 聚合反应

炔烃在一定条件下，也可以打开 π 键自相加成而发生聚合反应。但与烯烃不同，一般不易聚合为高聚物。在不同的催化剂和不同的反应条件下，可以聚合生成二聚、三聚或四聚的链状化合物。例如：将乙炔通入氯化亚铜氯化铵的强酸性溶液中，则发生双分子聚合，生成乙烯基乙炔。

$$2\,HC{\equiv}CH \xrightarrow[NH_4Cl]{CuCl} H_2C{=}CH{-}C{\equiv}CH$$
乙烯基乙炔

聚乙炔介绍

乙烯基乙炔是重要的化工原料，它与 HCl 加成生成氯丁橡胶单体——2-氯丁-1,3-二烯。乙炔还可以在高温下三聚成环状结构；或者在稀土催化剂等的作用下聚合成聚乙炔。

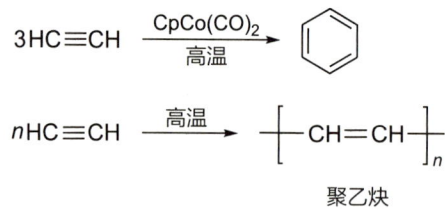

5.8.9 炔氢的酸性和特性反应

直接连在叁键碳原子上的氢叫**炔氢**（≡C—H），与乙烯氢或烷基上的伯、仲、叔氢比较，较为活泼。由于 sp 杂化碳原子的电负性较大，故在 ≡C—H 中，C—H 键极化程度较大，电子云偏向碳原子一端，使氢原子带部分正电荷，容易以质子的形式离去，具有一定酸性（pK_a 约为 25，比水酸性弱）。

碱金属锂、钠或钾等能与炔烃分子中的活泼氢作用，取代氢而生成金属炔化合物，也叫金属炔化物，同时放出氢气。

$$RC{\equiv}CH \xrightarrow{Li} RC{\equiv}CLi$$

另外，正丁基锂也可以与炔氢交换，用于制备炔锂。例如：

$$R-C\equiv CH + n\text{-}C_4H_9Li \longrightarrow R-C\equiv CLi + n\text{-}C_4H_9\text{-}H$$

炔钠或炔锂可以与卤代烃（一般为伯卤代烃）发生 S_N2 反应，在炔烃中引入烃基而得到一系列炔烃的同系物。

$$R-C\equiv C^-Na^+ + R'-X \longrightarrow R-C\equiv C-R' + NaX$$

炔钠或炔锂还能与醛酮进行亲核加成反应，生成炔醇（详见第九章醛酮）。这些反应的产物中既有碳碳叁键又有羟基，能进行多种反应，是有机合成的重要原料。

$$R-C\equiv C^-Na^+ + \underset{R''}{\overset{R'}{\diagdown}}C=O \longrightarrow R-C\equiv C-\underset{O^-}{\overset{R'\ R''}{|\ |}}C \xrightarrow{H_2O} R-C\equiv C-\underset{OH}{\overset{R'\ R''}{|\ |}}C$$

端炔的活泼氢还可以被一些重金属取代而生成金属衍生物。例如，将乙炔通入银氨溶液或氯化亚铜氨溶液中，则生成白色的乙炔银沉淀或棕红色的乙炔亚铜沉淀。

$$HC\equiv CH + Ag(NH_3)_2^+OH^- \longrightarrow AgC\equiv CAg\downarrow$$

$$HC\equiv CH + CuCl_2 + NH_3\cdot H_2O \longrightarrow CuC\equiv CCu\downarrow$$

这些反应非常灵敏而且现象明显，因此常用于鉴别具有活泼氢的炔烃。另外，由于这些金属衍生物容易在盐酸、硝酸等作用下分解为原来的炔烃，所以也用于分离和提纯具有 $-C\equiv CH$ 结构的炔烃。

值得注意是，这些重金属炔化物与轻金属炔化物（炔钠和炔锂等）不同，潮湿时比较稳定，而干燥时极不稳定，遇撞击或受热容易发生爆炸。因此，在反应之后这些重金属炔化物必须及时用稀硝酸分解，以免发生危险。

5.8.10 炔烃的亲核加成反应

受 sp 杂化碳原子电负性的影响，炔烃比烯烃更难给出电子与亲电试剂反应，但接受亲核试剂的进攻却比烯烃容易得多。

在适当的条件下，端炔可与氢氰酸、醇、酸等含有活泼氢的试剂发生亲核加成，形成乙烯型负离子，从而生成多种取代烯烃。

例如，乙炔与氢氰酸在氯化铵-氯化亚铜水溶液中发生加成反应，生成丙烯腈。

$$HC\equiv CH + HCN \xrightarrow[NH_4Cl]{CuCl} CH_2=CHCN$$

反应中，碳碳叁键与亚铜离子配位，增强了炔烃的亲电性。由氢氰酸产生氰根负离子（CN^-）作为亲核试剂进攻叁键的端碳原子，生成碳负离子，后者再与质子结合生成加成产物。

在碱的存在下，乙炔与醇进行加成反应生成乙烯基醚，反应需要较高温度和一定压力。反应历程一般认为是在碱催化下，甲氧基负离子进攻炔碳的亲核加成反应。

$$HC\equiv CH + CH_3OH \xrightarrow[\text{加压}]{20\%KOH} CH_2=CHOCH_3$$

如果用羧酸代替醇，则可以与乙炔加成生成羧酸乙烯酯，醋酸乙烯酯是制备维尼龙的主要原料，醋酸与乙炔的亲核加成正是其主要合成方法之一。

由于炔氢酸性比炔丙氢酸性更强，内炔在强碱作用下会发生炔基移位反应，最终生成端炔。

炔烃移位反应

$$HC\equiv CH + CH_3COOH \xrightarrow[加热]{催化剂} CH_2=CHOCOCH_3$$

碳碳叁键上连接烷氧基等给电子基团时，受 p-π 共轭给电子效应的影响，共轭体系增大，使得炔基醚的 LUMO 轨道能级降低，亲核试剂的 HOMO 轨道电子更容易流向该轨道，从而发生亲核加成反应。例如，乙基乙炔醚与羧酸的反应性比普通炔烃更强，无须高温加热就能与羧基反应形成烯醇酯。将炔醚换成炔酰胺后，与羧基的亲核加成反应无须催化剂，能直接在室温快速反应得到产物。这类羧基与炔基加成的产物可以用于酰胺的合成中。

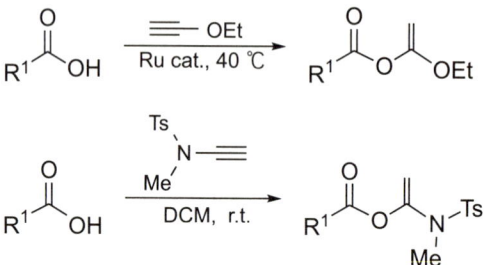

炔酰胺缩合剂
介绍

5.9 烯烃和炔烃的主要来源及制备

5.9.1 烯烃和炔烃的主要来源

大量的烯烃主要来源于石油裂解，尤其是乙烯、丙烯等低级烯烃目前在工业上主要通过高温裂解高沸点馏分得到。部分通过分离直接蒸馏石油所得的炼厂气获得，但数量有限。原料不同或裂解条件不同，得到各种烯烃的比例也不同。此外，将从天然气中得到的乙烷、丙烷、丁烷等进行高温裂化也可获得乙烯、丙烯。

乙炔是有机合成的重要原料，工业上可用煤、石油或天然气作为原料生产乙炔。电石法是最古老但迄今为止仍在工业上普遍使用的乙炔合成方法。焦炭和石灰在高温电炉中反应，得到碳化钙（电石）。需要乙炔时，在现场使电石与水反应，即得到乙炔。

$$CaO + 3C \xrightarrow{1800\sim 2100\ ℃} CaC_2 + CO$$

$$CaC_2 + 2H_2O \longrightarrow Ca(OH)_2 + HC\equiv CH$$

电石法虽然生产工艺比较简单，但是成本高、能耗大，许多发达国家已逐步采用廉价的天然气作为生产乙炔的原料。甲烷在 1500 ℃ 的电弧中经极短时间（0.01～0.1 s）加热后通过一系列的反应生成乙炔，这是一个强烈的吸热过程。因此，在生产工艺上经常是同时让一部分甲烷被氧化（加入氧气），由此过程产生的热量来供给甲烷合成乙炔所需要消耗的大量热量。所以此法又叫作甲烷的部分氧化法，反应产物包括乙炔、一氧化碳和氢气。

$$5CH_4 + 3O_2 \longrightarrow C_2H_2 + 3CO + 6H_2 + 3H_2O$$

在天然气资源丰富的国家，此方法的成本较低，适宜大规模生产。等离子法是近期发展的一种用石油和极热的氢气一起热裂制备乙炔的新方法，即把氢气在 3500～4000 ℃ 的电弧中加热，然后部分离子化的等离子体氢（正负离子相等）与汽化的石油气反应，生成乙炔、乙烯（二者的总产率在 70% 以上）以及甲烷和氢气。

由于乙炔的生产成本相当高，近几十年来，许多使用乙炔为原料生产化学品的合成路线逐渐改用其他原料（特别是乙烯或丙烯）的生产路线。

5.9.2 烯烃的制备

烯烃实验室制备的关键是如何引入双键，常用的方法有两种，一种是在已有的分子骨架上构筑 C=C 双键；另一种是在构筑 C=C 双键的同时，构建整个分子骨架。本节主要介绍前者，后一种方法以后再详解。

1. 醇脱水

醇和酸（如硫酸、磷酸、草酸）一起加热，脱去一分子水而生成烯烃。例如：

$$H_2C(H)-CH_2(OH) \xrightarrow[\text{或} Al_2O_3, 360 ℃]{H_2SO_4, 170 ℃} H_2C=CH_2 + H_2O$$

硫酸在反应中既是脱水剂又是催化剂。将醇蒸气在高温下通过氧化铝等催化剂也得到烯烃。

2. 卤代烷脱卤化氢

此反应一般在乙醇溶液中进行。在强碱（常用氢氧化钾和氢氧化钠）存在下，卤代烷脱去一分子卤化氢而得烯烃。例如：

$$CH_3CH_2-CH(H)-CH_2(Cl) + KOH \xrightarrow{\text{乙醇}} CH_3CH_2CH=CH_2 + KCl + H_2O$$

$$CH_3-CHCH_2CH_3 \xrightarrow[\text{醇}]{KOH} CH_3-CH=CH-CH_3$$
$$| \phantom{CH_2CH_3 \xrightarrow[\text{醇}]{KOH} CH_3-CH=CH-CH_3}$$
$$Br \phantom{CH_2CH_3 \xrightarrow[\text{醇}]{KOH} CH_3-CH=CH-CH_3} \text{主要产物}$$

3. 邻二卤化物脱卤反应

除上面两种方法外，邻二卤代物在金属 Zn、Mg 等作用下，失去两个卤原子可生成烯烃，此方法叫作**还原消除反应**（reduction elimination）。反应按照 E1cb 机理进行（详见第 4.4.3 节）。这个还原消除反应结合烯烃与卤素的加成反应，组成了双键保护和脱保护的一种办法。

$$H_3C-CH(Br)-CH(Br)-CH_3 + Zn \longrightarrow CH_3CH=CHCH_3 + ZnBr_2$$

4. 炔烃的还原反应

炔烃在 Lindlar 催化剂的作用下可部分氢化，优先生成顺式烯烃；或者在液氨中用金属钠还原炔烃，则主要生成反式烯烃。

5.9.3 炔烃的制备

炔烃的实验室制备主要有两个途径：一是在已有的分子骨架上构筑 C≡C 键；二是由乙炔和末端炔烃的金属炔化物制备炔的同系物。

1. 由烯烃或二卤代烃制备

在碱性条件下，邻二卤代烷或偕二卤代烷首先失去一分子卤化氢生成乙烯基卤代烃，然后在强碱、高温等更加剧烈的条件下，再失去一分子卤化氢生成炔烃。$NaNH_2$、$NaOH$ 或 KOH 为常用的碱，石油醚或醇是常用的溶剂。

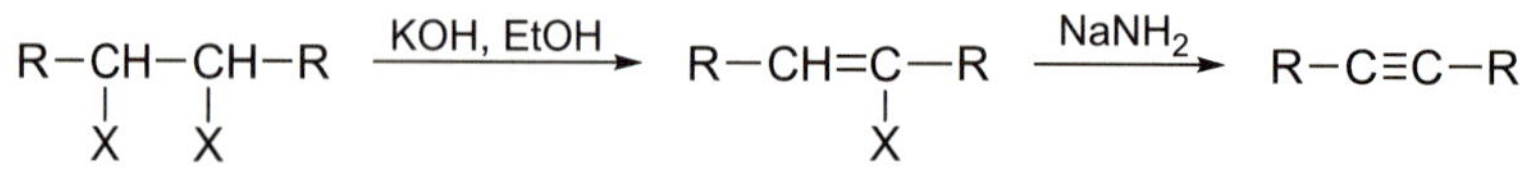

$$\text{R-CH(X)-CH(X)-R} \xrightarrow{\text{KOH, EtOH}} \text{R-CH=C(X)-R} \xrightarrow{\text{NaNH}_2} \text{R-C≡C-R}$$

2. 由金属炔化物制备炔烃

这类反应称为炔烃的烷基化反应，是制备炔烃的重要方法之一。乙炔或末端炔烃可以与金属钠或氨基钠作用得到炔钠，炔钠是很好的碳负离子供给源，作为强亲核试剂可以与伯卤代烷发生取代反应得到碳链增长的炔烃。常用的金属炔化物有炔化钠、炔化锂、炔基格氏试剂，卤代烃主要是一级卤代烃（二级、三级卤代烃在碱性条件下易发生消除反应）。例如：

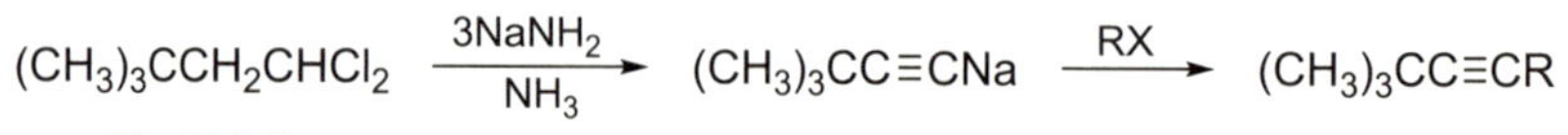

$$(CH_3)_3CCH_2CHCl_2 \xrightarrow[\text{NH}_3]{3\text{NaNH}_2} (CH_3)_3CC≡CNa \xrightarrow{RX} (CH_3)_3CC≡CR$$

偕二氯化物

$$CH_3(CH_2)_7CH(Br)-CH_2Br \xrightarrow[\text{NH}_3]{3\text{NaNH}_2} CH_3(CH_2)_7C≡CNa \xrightarrow{RX} CH_3(CH_2)_7C≡CR$$

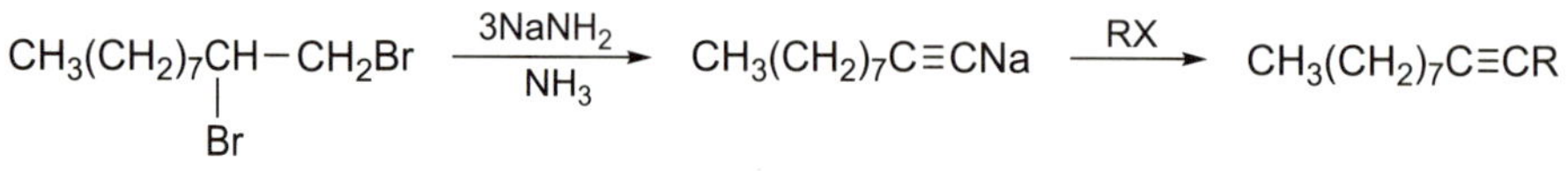

邻二溴化物

5.10 联烯

5.10.1 联烯的结构

联烯（allene）是一种累积二烯烃，丙-1,2-二烯是最简单的联烯。如图 5-4 所示，丙-1,2-二烯的两个端位碳原子采取 sp^2 杂化，中间的碳原子采取 sp 杂化；边上的两个碳原子与氢原子分别形成两个（C_{sp^2}-H_{1s}）σ 键，三个不饱和碳原子形成的两个（C_{sp^2}-C_{sp}）σ 键在一条直线上；此外，未参与杂化的碳原子 p 轨道在两个碳原子之间形成两个相互垂直的（C_{2p}-C_{2p}）π 键；这样，丙-1,2-二烯的碳氢原子处在相互垂直的两个平面上。

联烯的衍生物中，由于另外两个 π 键所在的平面相互垂直，如果每个 sp^2 杂化碳原子上的两个基团各不相同，即 $R^1 \neq R^2$，$R^3 \neq R^4$，则该结构就具有手性。化合物1,3-二苯基-1,3-二(α-萘基)丙-1,2-二烯是第一种人工合成的具有手性的联烯衍生物（见第二章）。

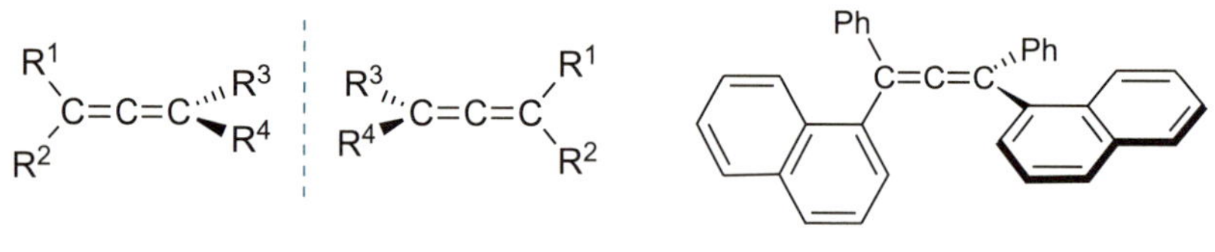

5.10.2 联烯的反应

联烯化学性质

联烯是一类高活性的反应物，许多联烯的结构本身就无法稳定存在，容易转化成共轭烯烃或炔烃，丙二烯很容易通过氢转移转化成丙炔。烃基取代能较好地稳定住联烯的结构，多取代联烯在室温下具有较好的稳定性。

联烯的亲电加成反应涉及两个 C=C 键的化学选择性，加成的区域选择性、产物烯烃的 Z/E 选择性及新形成手性碳的对映选择性等。常规反应通常会得到多种产物，合成价值不高。但在底物中引入合适的邻基参与元素能高选择性地得到单一的产物。亲核加成反应方面，亲核试剂一般倾向于进攻 sp 杂化的碳原子，形成更稳定的碳负离子，由于烯丙基碳负离子存在不同的共振式，因此产物常伴有双键移位的发生。我国化学家麻生明院士在联烯化学方面开展了许多引领性的研究。

联烯的双键迁移反应

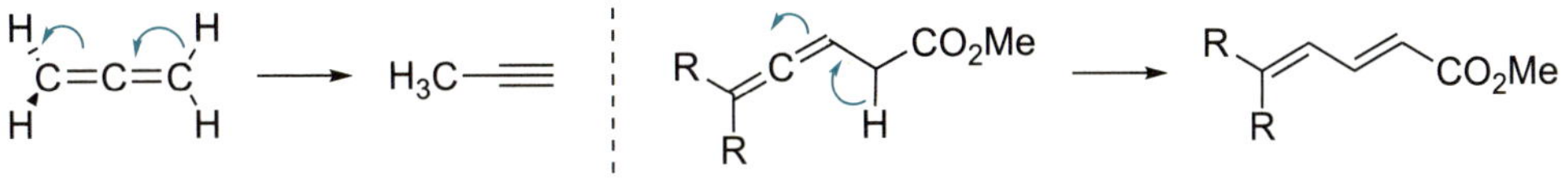

$$H_2C=C=CH_2 \longrightarrow H_3C-C\equiv CH \quad | \quad R_2C=CH-CH(H)CO_2Me \longrightarrow R_2C=CH-CH=CH-CO_2Me$$

联烯的亲电加成反应

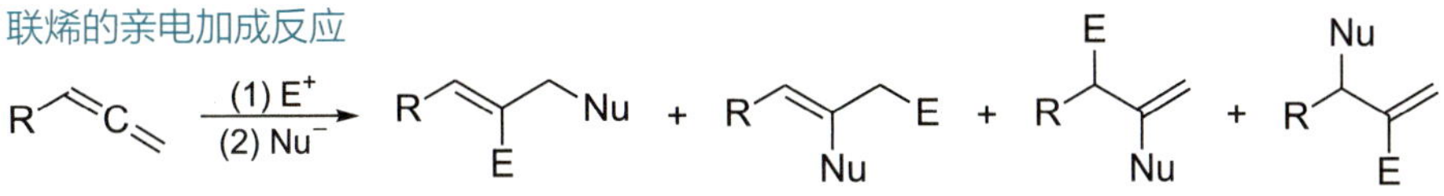

$$RCH=C=CH_2 \xrightarrow[(2) Nu^-]{(1) E^+} \text{四种产物}$$

联烯的亲核加成反应

$$R_2C=C=CH-EWG \xrightarrow{Nu^-} \text{两种产物}$$

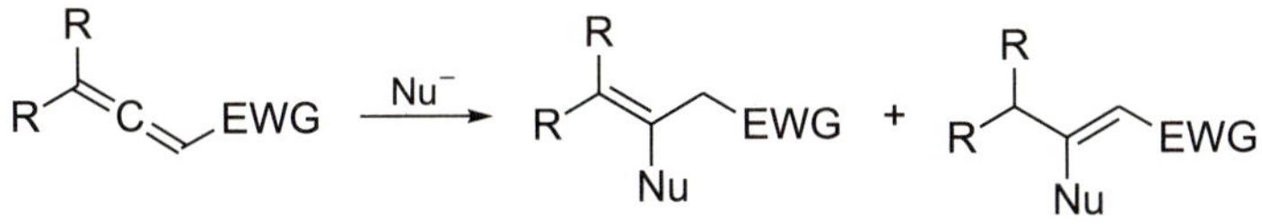

习题

1. 给出下列化合物的中文系统名和英文 IUPAC 名称。

(1) 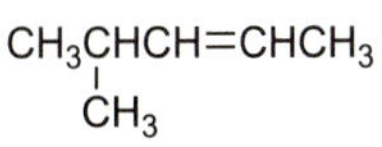 CH₃CH(CH₃)CH=CHCH₃ (2) 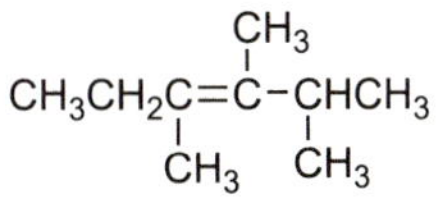 CH₃CH₂C(CH₃)=C(CH₃)CH(CH₃)CH₃ (3)

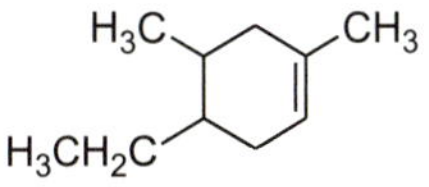

(4) 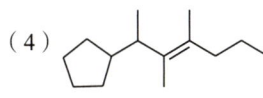 (5) 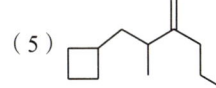 (6)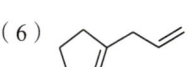

(7) 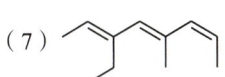 (8) 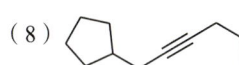 (9)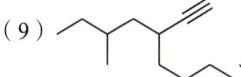

2. 试说明累积二烯烃中三个双键原子碳是否使用同样的杂化轨道成键。

3. 判断下列各组化合物的氢化热高低。

(1)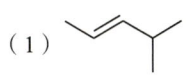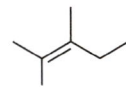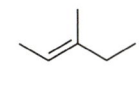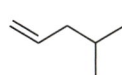

(2) 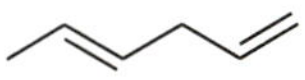  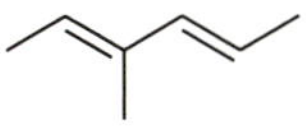 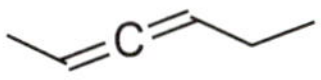 (四个化合物)

4. 写出下列化合物与 HBr 反应的主要产物。

(1) 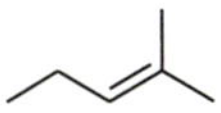 (CH₃)₂C=CHCH₃ (2) 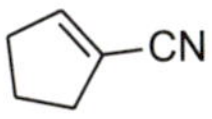 环戊烯-1-甲腈 (3)  (CH₃)₂CHC≡CCH₃

(4) CH₃OCH=CH₂ (5) (CH₃)₃N⁺—CH=CH₂ (6) CF₃CH=CHCl

5. 预测下列化合物在硫酸催化下与水反应的可能产物，画出反应中的碳正离子，分析判断主要产物的构型。

(1) 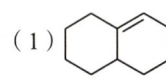 (2) 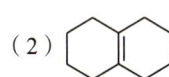 (3)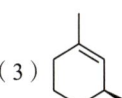

6. 写出下列加成反应的 1,2- 和 1,4- 加成产物，并分析哪个是热力学控制，哪个是动力学控制。

(1) [环戊二烯基亚甲基] + HCl ⟶ ?   (2) [甲基环己二烯] + HCl ⟶ ?

7. 共轭二烯与 HBr 发生亲电加成反应时可能会有 1,2- 和 1,4- 两种加成模式，指出下列亲电加成反应中哪个是热力学控制产物，哪个是动力学控制产物，并简述理由。

Ph—CH=CH—CH=CH₂ $\xrightarrow{HBr}$ Ph—CH=CH—CHBr—CH₃ + Ph—CHBr—CH=CH—CH₃
             1,2-加成产物   1,4-加成产物

8. 烯烃可以与质子发生亲电加成反应，因此烯烃与碳正离子可以看成一对 Brønsted 酸碱对：

$$H_2C=CH_2 \underset{-H^+}{\overset{H^+}{\rightleftharpoons}} H_3C-\overset{+}{C}H_2$$

试比较下列三个碳正离子的 Brønsted 酸性的强弱。

Ph—$\overset{+}{C}H$—CH₃   Ph—$\overset{+}{C}H$—CH₂OCH₃   Ph—$\overset{+}{C}H$—CH₂NO₂
  A   B   C

9. 下列反应主要产物是 A、B、C 中的哪个？试画出反应机理并说明原因。

[亚甲基环丙烷] $\xrightarrow{HCl}$ A (1-氯-1-甲基环丙烷) + B (异丙基氯代环丙烷) + C (1-氯-2-亚甲基环丙烷)

10. 完成下列反应，并写出其化学反应机理。

Ph—CH=CH₂ $\xrightarrow[ROOR]{HBr}$ Ph—CH₂—CH₂Br

11. 解释下列实验结果。

顺-2-丁烯 $\xrightarrow{Br_2}$ (2R,3R)- + (2S,3S)-2,3-二溴丁烷 或 反-2-丁烯 $\xrightarrow{Br_2}$ 内消旋-2,3-二溴丁烷

12. 写出(R)-3-甲基环己烯与下列试剂作用的产物，准确表示产物的构型。如果有多种可能的产物，请指出其主要产物。

（1）Br₂；（2）HCl；（3）H₃O⁺；（4）浓硫酸；（5）B₂H₆, Et₂O；（6）Hg(OAc)₂；
（7）Br₂, HO⁻, H₂O；（8）CHCl₃, KOH；（9）HBr, (t-BuO)₂；（10）CH₂I₂, Zn(Cu)。

13. 写出下面反应的机理。

Ph—CH₂—C≡CH $\xrightarrow[MeCN-CH_2Cl_2, r.t.]{Hg(OTf)_2, H_2O}$ Ph—CH₂—C(=O)—Me

14. 给下列反应提供合理的机理。

(1) [降冰片烯] + Br₂ ⟶ [2,3-二溴降冰片烷 (反式)]

(2) [1-甲基-1-(丙-1-烯-2-基)环戊烷] + HCl ⟶ [1,2,2-三甲基-1-氯环己烷] + [1,1,2-三甲基-2-氯环己烷]

15. 与溴鎓离子历程类似，在烯烃的硫三氟甲基化历程中也经历了鎓离子历程，如下所示：

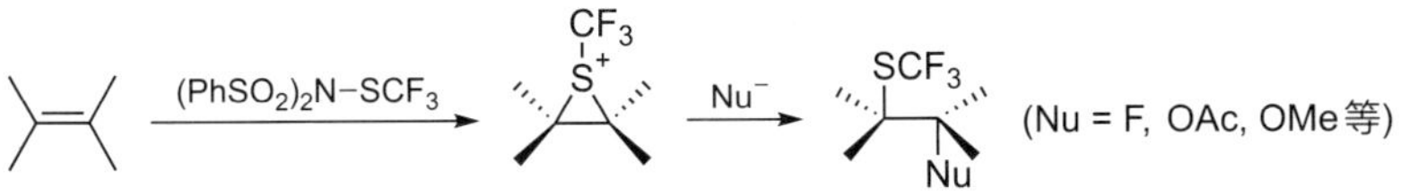

试写出下列反应的产物，并解释区域选择性与立体选择性。

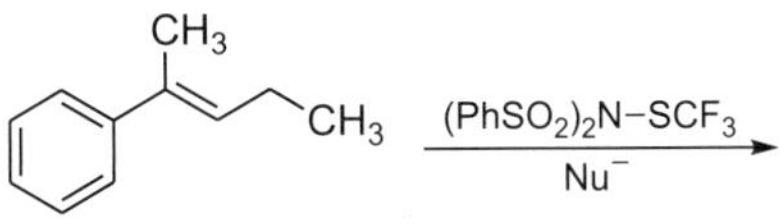

16. 利用手性催化剂 R*SeR 与氯鎓离子相互作用，可以使烯烃的亲电加成反应实现高立体选择性的控制。

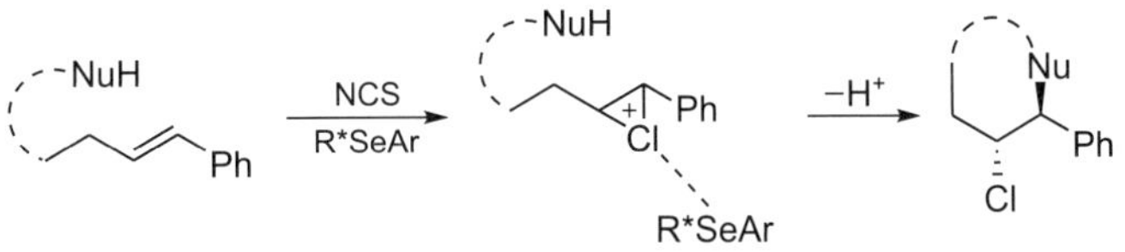

回答下列问题：

（1）催化剂 R*SeR 能与 Cl$^+$ 作用，根据 Lewis 酸碱作用理论，Cl$^+$ 与该催化剂分别属于 Lewis 酸还是 Lewis 碱？

（2）解释反应的区域选择性与立体选择性。

17. 下列亲电加成反应主产物是哪一个？画出反应中间体的纽曼投影式，用构象分析说明生成主要产物的原因。

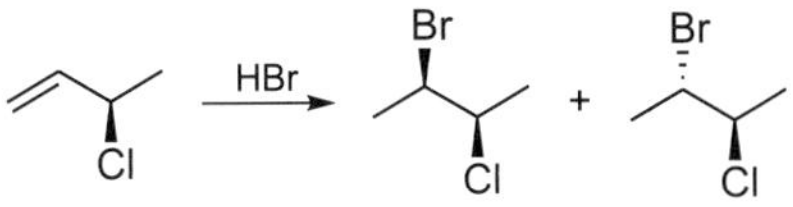

18. 下列亲电加成反应主产物是哪一个？画出反应中间体的扭船式构象，用构象分析说明生成主要产物的原因。

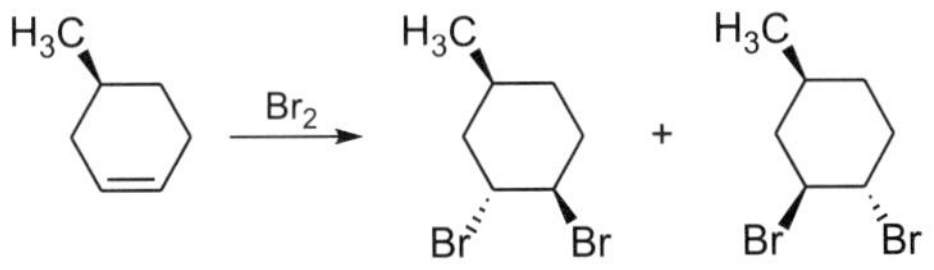

19. 碳正离子作为亲电试剂可以对烯烃加成，试为以下反应提出合理的反应机理。（提示：第一步是环溴鎓离子开环形成碳正离子。）

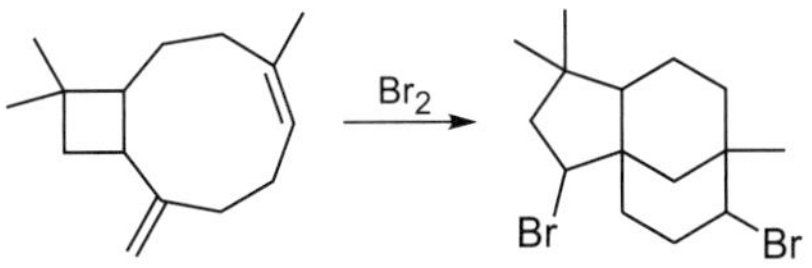

20. 分子里相邻的基团有时会通过邻基参与效应影响反应，试写出下列烯烃与 HBr 发生亲电加成的反应机理。

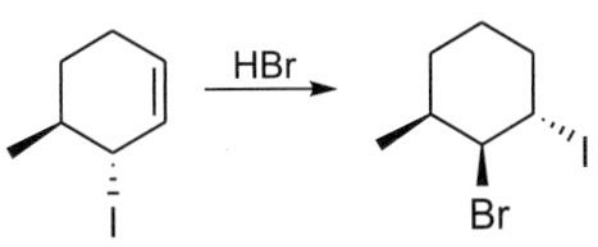

21. 下列烯烃的亲电氯化反应可以进一步诱发串联环化反应，实现比较少见的萘胺的去芳构化，试写出下列反应的机理。

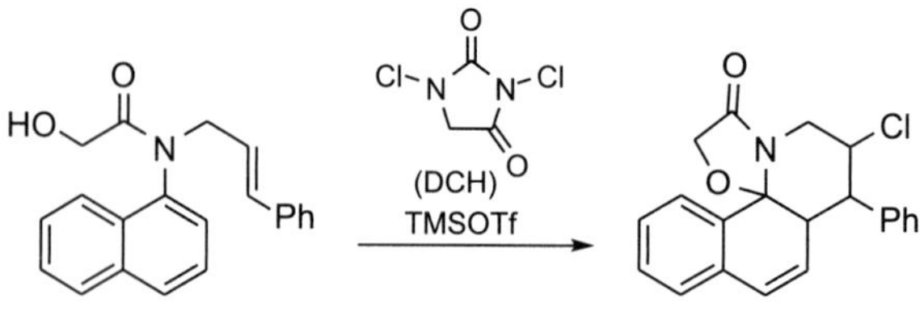

提示：DCH / TMSOTf = Cl⁺

22. 请解释下列反应的立体化学，为什么两个氢原子在环的同侧，且都朝上？

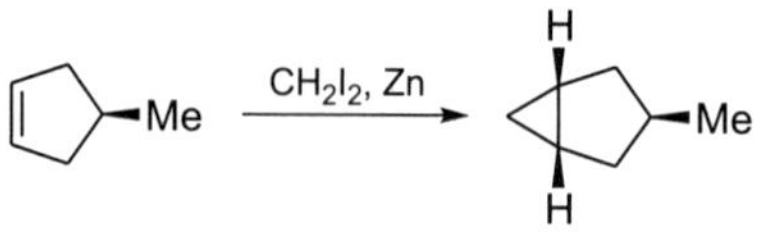

23. 结合本章学习的烯烃亲电加成和第四章学习的E1反应，可以推测苯环的亲电取代反应机理如下：

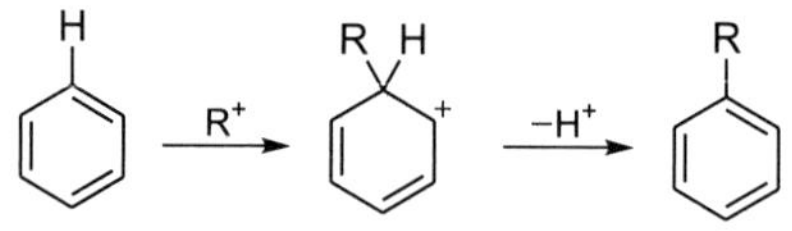

试结合烯烃的亲电加成反应，写出下列反应的机理。

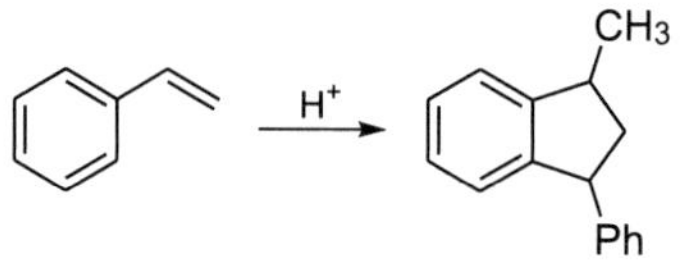

24. 邻基参与作用能让常规的反应产生新的变化。烯丙基化合物 **A** 在与溴单质发生亲电加成反应时，因邻基参与作用，得到了苯氨基迁移的产物，试画出下列反应的反应机理。

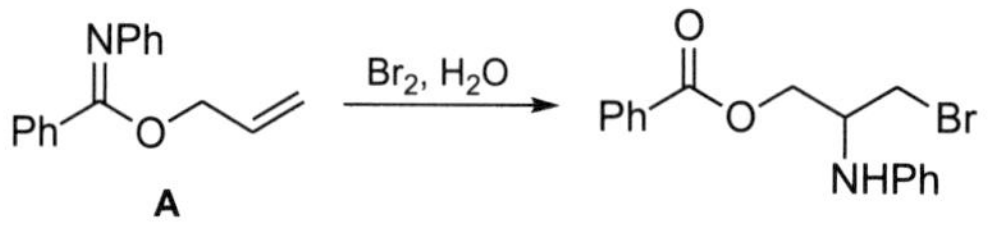

25. 写出下面反应的机理。

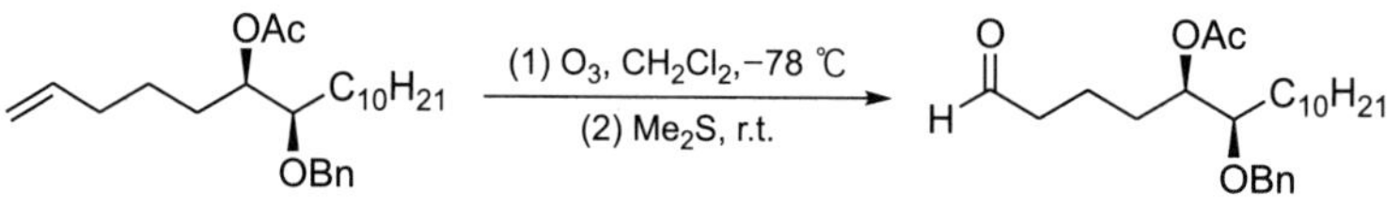

26. 写出下面反应的产物和机理。

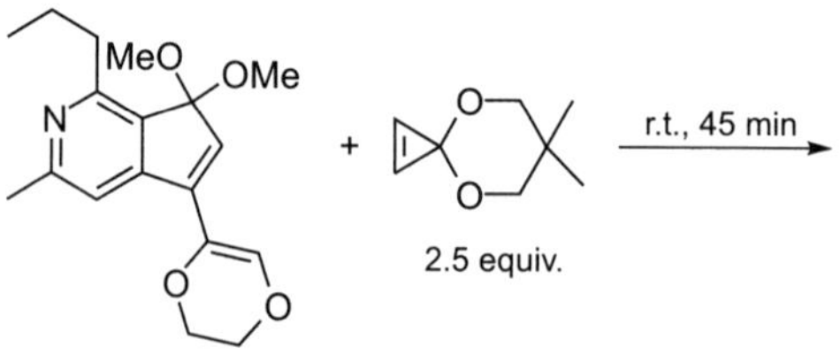

27. 设计下列合成所需的条件，并且写出反应机理。

28. 某化合物的分子式为 C_5H_{10}，它能吸收 1 分子氢，与 $KMnO_4/H_2SO_4$ 作用生成 1 分子含有 4 个碳原子的羧酸，经臭氧化还原水解后得到两个不同的醛，试推测此化合物可能的构造式。此烯烃有没有顺反异构呢？

29. 给出经臭氧化，锌粉水解后生成下列产物的烯烃的结构。

（1）CH_3CHO 和 $HCHO$

（2）$CH_3CH_2COCH_3$ 和 CH_3CH_2CHO

（3）CH_3CHO，CH_3COCH_3 和 $OHCCH_2CHO$

30. 不饱和羰基化合物通过烯醇互变可以形成二烯醇，这类二烯醇可以与醛或活泼酮发生类似于Diels-Alder反应的[4+2]环加成反应，试用共振式分析下列反应式中化合物Ⅰ和Ⅱ的电子分布，并推测反应主要产物是 **A** 还是 **B**。

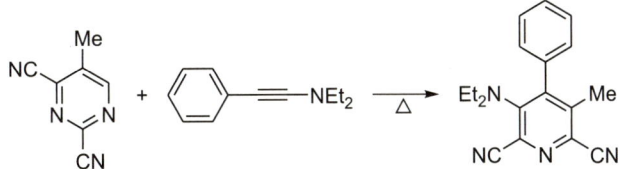

31. 写出 2,2-二甲基己-3-炔和 2,4-二甲基己-3-炔分别与下列试剂反应的产物。

（1）H_3O^+，Hg^{2+}；（2）1.0 equiv. Br_2；（3）1.0 equiv. HBr；（4）2.0 equiv. HBr；

（5）A. B_2H_6，Et_2O，B. H_2O_2，HO^-。

32. 指出(E)-戊-2-烯和 2-甲基己-3-炔在下列条件下是否发生反应，如果发生，写出反应产物。

（1）H_2/Ni；（2）Na–NH_3(liq.)；（3）Lindlar 催化剂；（4）$KMnO_4/HO^-$；（5）$KMnO_4$，$H^+/\triangle$；（6）m-CPBA；

（7）A. O_3；B. H_2O_2；（8）A. O_3；B. Zn，H_2O；（9）A. O_3；B. H_2O；（10）OsO_4/H_2O_2

说明：（7）和（8）对烯烃，（9）对炔烃。

33. 嘧啶与炔烃混合加热能生成多取代的吡啶。试给出下列反应的可能机理。

（本章编者　朱庭顺、汪波、赵晓丹、赵蓓、袁丹）

第六章

芳香烃

6.1 芳烃的分类、命名和结构 ……… 176
6.2 芳香性和休克尔规则 …………… 180
6.3 芳烃的亲电取代反应 …………… 191
6.4 芳香亲电取代反应的定位效应 … 208
6.5 芳香亲核取代反应 ……………… 216
6.6 芳烃的氧化还原反应 …………… 225
习题 ……………………………………… 230

芳香烃（aromatic hydrocarbon），又名芳烃（arene），是一类具有特殊稳定性且含有环状共轭体系的碳氢化合物，如苯分子。苯及其衍生物称为苯系芳烃（benzenoid），其最初是从树木和植物中提取的芳香树脂中分离出来的，因此这些化合物因其愉悦的气味而被描述为"芳香性"的（aromatic）。随着有机化学的发展，化学家发现许多苯的衍生物实际上是无味的，"芳香性"更多是指一类具有特殊稳定离域键的特性。芳烃具有的这种特殊稳定性称为芳香性（aromaticity）。最常见具有芳香性的化合物是含苯环的化合物，而不含苯环的芳烃称为非苯芳烃（non-benzenoid），共轭环内含有杂原子（氧、氮、硫）的芳烃称为芳香杂环化合物（aromatic heterocycle）。芳烃虽然含有单键、双键和碳环，但它们的化学性质与烷烃、烯烃、炔烃及脂环烃都有很大区别，如不易发生不饱和烃所特有的加成和氧化反应，而容易发生取代反应。本章主要讨论现代芳香性的定义与芳烃的典型取代反应。对非苯芳烃只做简单介绍，而芳香杂环化合物将在第十二章讨论。

6.1 芳烃的分类、命名和结构

6.1.1 芳烃的分类

二苯甲烷

三蝶烯

杯[4]芳烃

根据所含苯环的数目和联结方式的不同，苯系芳烃可以分为单环芳烃和多环芳烃两大类。单环芳烃是指分子中只含有一个苯环的芳烃，如苯、甲苯、氯苯和硝基苯等。

多环芳烃（polycyclic aromatic hydrocarbon，PAH）指分子中含有两个或多个苯环的芳烃。根据苯环的连接方式不同，多环芳烃又可分为联苯、多苯脂肪烃和稠环芳烃三类。

（1）联苯类化合物：多个苯环以单键直接相连的化合物，如联苯等。

（2）多苯脂肪烃类化合物：苯环之间相隔一个及一个以上 sp³ 杂化碳原子的化合物，如二苯甲烷、三蝶烯和杯芳烃等。

（3）稠环芳烃类化合物：两个或多个苯环共用两个相邻碳原子稠合而成的化合物，如萘、蒽、菲、苯并芘等。

含有苯环的物质在动物和植物中都很常见。植物可以从二氧化碳、水和无机材料中合成苯环。动物不能合成它，但依赖某些芳香族化合物来生存，因此必须从食物中获取。如苯丙氨酸、酪氨酸、色氨酸等必需氨基酸，以及维生素 K、B2（核黄素）和 B9（叶酸）都含有苯环。许多重要的药物分子也含有苯环，见图 6-1。

> 多环芳烃大多是致癌物，例如苯并[a]芘就是强致癌化合物之一，它存在于煤焦油中，也从香烟烟雾、汽车尾气和木炭烤牛排中分离出来。每千克体重只需要几毫克苯并[a]芘，就可以诱发实验动物癌症。

图 6-1 常见含苯环的药物分子

6.1.2 苯系芳烃的命名

1. 常见母体氢化物

芳烃的命名一般以苯为母体氢化物，苯甲醛、苯胺、苯酚和苯甲酸等作为俗称，在命名时还常用作官能性母体氢化物，若有取代基则称为某苯甲醛、某苯胺、某苯酚、某苯甲酸等。此外，联苯、萘、蒽和菲等也可作为母体氢化物。其中萘和蒽的 1,4,5,8 位置相同，亦称为 α 位，2,3,6,7 位置相同，称为 β 位，而蒽和菲中的 9,10 位置相同，称为 γ 位。

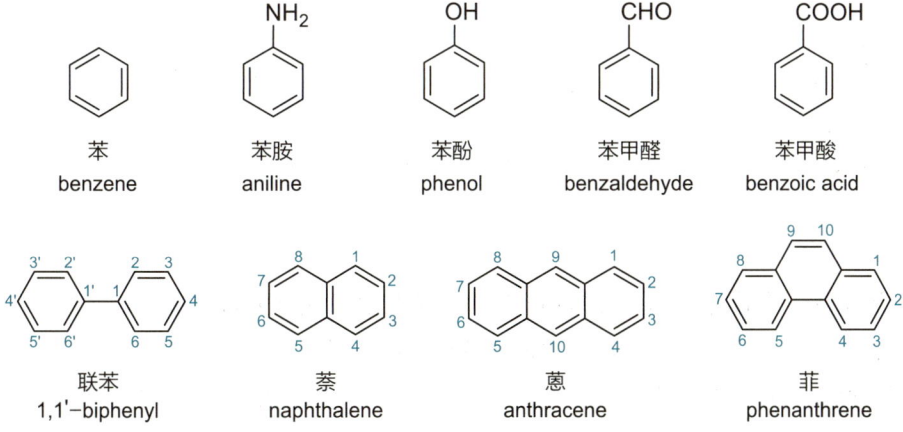

2. 无特性基团的芳烃命名

若芳烃苯环上没有特性基团，一般以芳烃为母体，读作某（基）苯（联苯、萘、蒽等），例如硝基（-NO₂）、亚硝基（-NO）、卤素（-X）、简单烃基等作取代基。

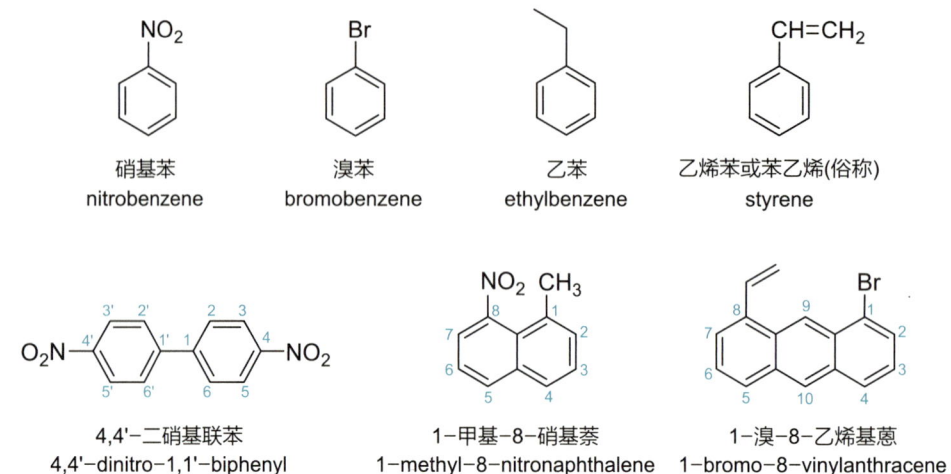

硝基苯	溴苯	乙苯	乙烯苯或苯乙烯(俗称)
nitrobenzene	bromobenzene	ethylbenzene	styrene

4,4'-二硝基联苯　　　　　1-甲基-8-硝基萘　　　　1-溴-8-乙烯基蒽
4,4'-dinitro-1,1'-biphenyl　1-methyl-8-nitronaphthalene　1-bromo-8-vinylanthracene

此处要注意，烃基取代苯的命名取决于烃基的大小。如果烃基小于苯环（烃基的碳原子数为 6 或更少），则烃基为取代基，如异丙苯。如果烃基大于苯环（烃基的碳原子数为 7 或更多），则苯基为取代基，如 1-苯基庚烷、1-苯基萘。当苯环被认为是取代基时，苯基可缩写为 Ph（希腊语 phi），用于表示 C_6H_5 单元。

异丙苯　　　　　　1-苯基庚烷　　　　　　1-苯基萘
cumene　　　　　1-phenylheptane　　　　1-phenylnaphthalene

若芳烃苯环上没有特性基团，但支链含有特性基团，应以含特性基团的支链为母体氢化物，苯基为取代基，而不管支链碳原子数比芳香环碳原子数多还是少。

苯乙酮　　　　　　1-萘乙酮　　　　　　　2-(蒽-1-基)乙酸
acetophenone　　1-(naphthalen-1-yl)ethan-1-one　　2-(anthracen-1-yl)acetic acid

3. 有特性基团的芳烃命名

若芳烃苯环上有特性基团，且苯环上有多种取代基，应首先选择最优特性基团。特性基团的优先顺序如表 6-1 所示，排在前面的为特性基团，排在后面的为取代基。

单环芳烃编号时，把特性基团所在位作为 1 位，单环芳烃的母体氢化物依次用阿拉伯数字编号，或用邻（ortho-，简写为 o-）、间（meta-，简写为 m-）、对（para-，简写为 p-）等字表示。

6.1 芳烃的分类、命名和结构

表 6-1 特性基团的优先顺序

优先次序	基团	官能团名	英文名	优先次序	基团	官能团名	英文名
1	-COOH	酸	-oic acid	8	-CO-	酮	-one
2	-SO$_3$H	磺酸	-sulfonic acid	9	-OH	酚、醇	-ol
3	-C(O)O(O)C-	酸酐	-anhydride	10	-NH$_2$	胺	-amine
3	-COOR	酯	-oate	11	-OR	醚	-ether
4	-COX	酰卤	-oyl chloride	12	-C≡C-	炔	-yne
5	-CONH$_2$	酰胺	-amide	12	-C=C-	烯	-ene
6	-CN	腈	-nitrile	12	-R	烷	-ane
7	-CHO	醛	-al				

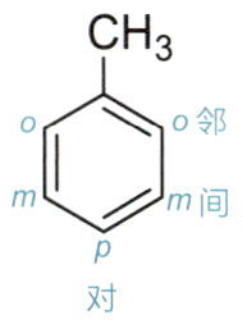

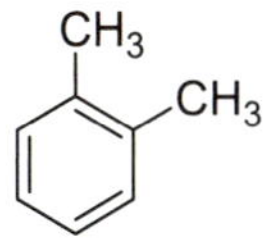

邻二甲苯
(1,2-二甲苯)

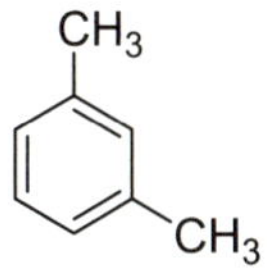

间二甲苯
(1,3-二甲苯)

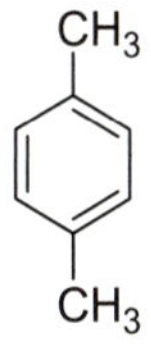

对二甲苯
(1,4-二甲苯)

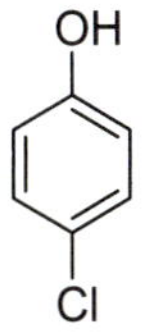

对氯苯酚
4-chlorophenol

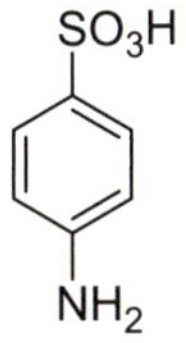

对氨基苯磺酸
4-aminobenzenesulfonic acid

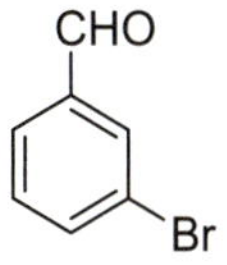

间溴苯甲醛
3-bromobenzaldehyde

其他多取代单环芳烃必须用阿拉伯数字编号，应尽量使其他取代基的编号较小。例如：

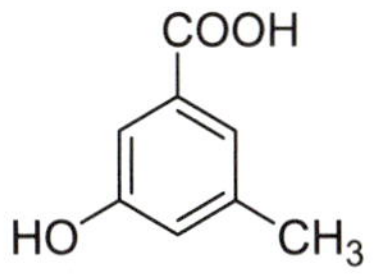

3-羟基-5-甲基苯甲酸
3-hydroxy-5-methylbenzoic acid

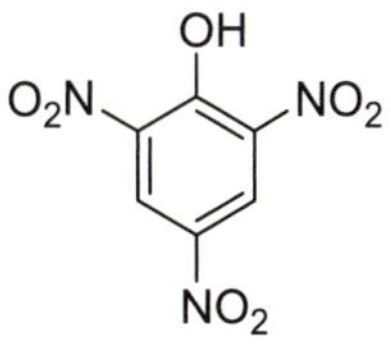

2,4,6-三硝基苯酚
2,4,6-trinitrophenol

联苯类或稠环类化合物应在保证特性基团编号最小的情况下，依次考虑主体特性基团最多、取代基最多、最低次序规则和取代基英文字母顺序规则，选择其中的一个苯环优先编号。

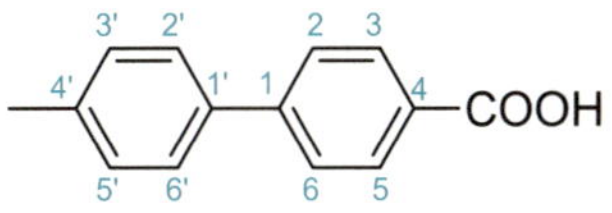

4'-甲基-[1,1'-联苯]-4-甲酸
4'-methyl-[1,1'-biphenyl]-4-carboxylic acid

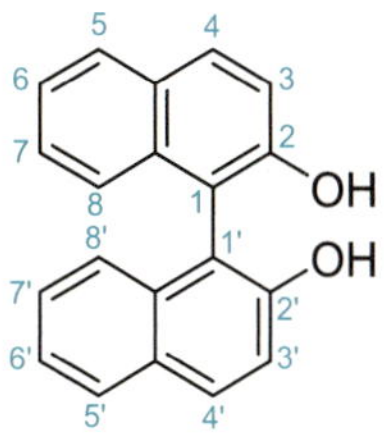

[1,1'-联萘]-2,2'-二酚
[1,1'-binaphthalene]-2,2'-diol

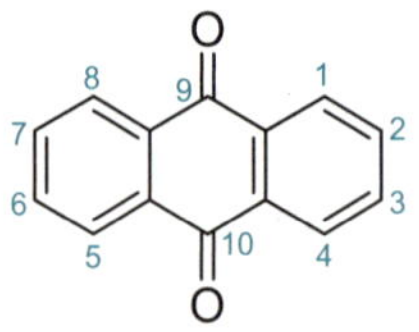

蒽-9,10-二酮
anthracene-9,10-dione

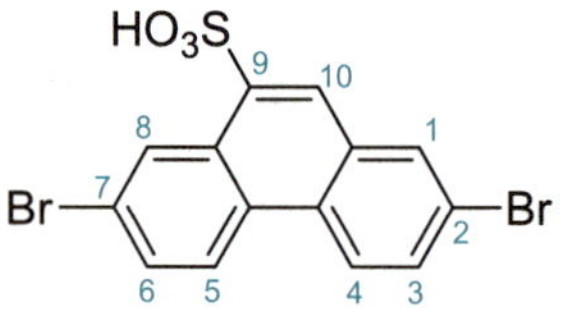

2,7-二溴菲-9-磺酸
2,7-dibromophenanthrene-9-sulfonic acid

下列化合物常用"萘"或"蒽"加"氢化"的方法来命名，加氢的位置编号和数目置于"氢化"之前，氢化的"化"字通常可省略，例如：

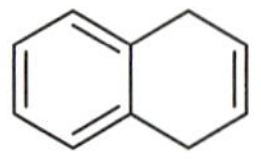

1,4-二氢萘
1,4-dihydronaphthalene

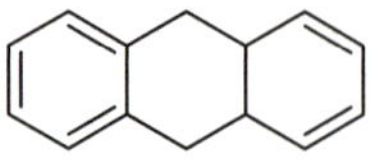

4a,9,9a,10-四氢蒽
4a,9,9a,10-tetrahydroanthracene

6.2 芳香性和休克尔规则

6.2.1 苯的结构和稳定性

1. 苯的凯库勒结构

苯是最简单的芳香烃。自从 Michael Faraday 在 1825 年从伦敦照明气管中剩余的油状残留物中分离出苯以来，它就被认定为一种高度不饱和的烃。但却不会像烯烃、炔烃和二烯烃等不饱和烃一样容易发生亲电加成反应和氧化反应。例如，溴可以亲电加成到乙烯上形成二溴化物，但在类似条件下苯却是惰性的。苯在镍催化下加氢还原时最终确实能形成具有六元环的环己烷，但是需要高温高压的反应条件。

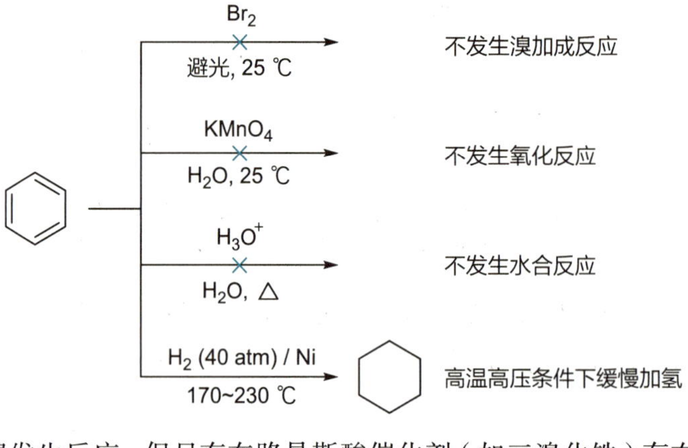

- Br_2，避光，25 ℃ → 不发生溴加成反应
- $KMnO_4$，H_2O，25 ℃ → 不发生氧化反应
- H_3O^+，H_2O，Δ → 不发生水合反应
- H_2 (40 atm) / Ni，170~230 ℃ → 环己烷，高温高压条件下缓慢加氢

苯确实会与溴发生反应，但只有在路易斯酸催化剂（如三溴化铁）存在的情况下。而且，它不是通过亲电加成而是通过取代反应形成一元取代的溴苯。

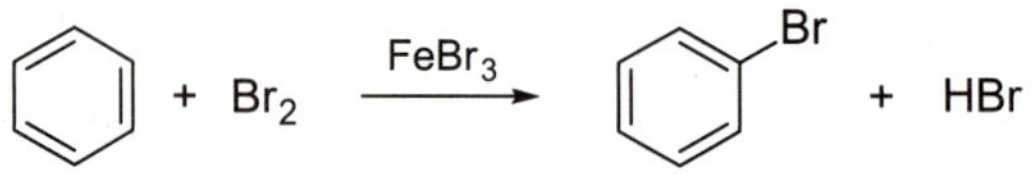

苯 + Br_2 $\xrightarrow{FeBr_3}$ 溴苯 + HBr

苯的一元取代反应产物只有一种，说明六个碳原子和六个氢原子的地位是等同的。根据以上事实，1865 年 August Kekulé 提出了苯的单、双键相间的环状结构式，其表现形式与环

己-1,3,5-三烯相同。但苯的凯库勒结构式不能说明溴苯进一步取代得到的邻溴二取代苯产物结构式只有一种，而且不能说明下面苯的氢化热小于环己-1,3,5-三烯的氢化热。

苯的Kekulé结构式　　　　　　邻溴二取代苯产物结构式

2. 苯的稳定性和氢化热

环己烯催化加氢反应的氢化热（ΔH）为 -120 kJ/mol。苯在标准条件下通常对加氢反应稳定，但在苛刻条件（高压和高温）下，苯也会发生加氢反应，并与3当量的氢分子反应生成环己烷。因此，我们可能预期该反应的氢化热为 -360 kJ/mol。但实际上，苯的氢化热仅为 -208 kJ/mol。苯的氢化热与环己-1,3,5-三烯的氢化热相差 152 kJ/mol，如图 6-2 所示。苯实际释放的热量与基于凯库勒结构计算的热量之间的差值称为苯的离域能。由此，我们说苯具有相对稳定性，这一性质是芳香烃所特有的，是芳香性分子的重要特征。

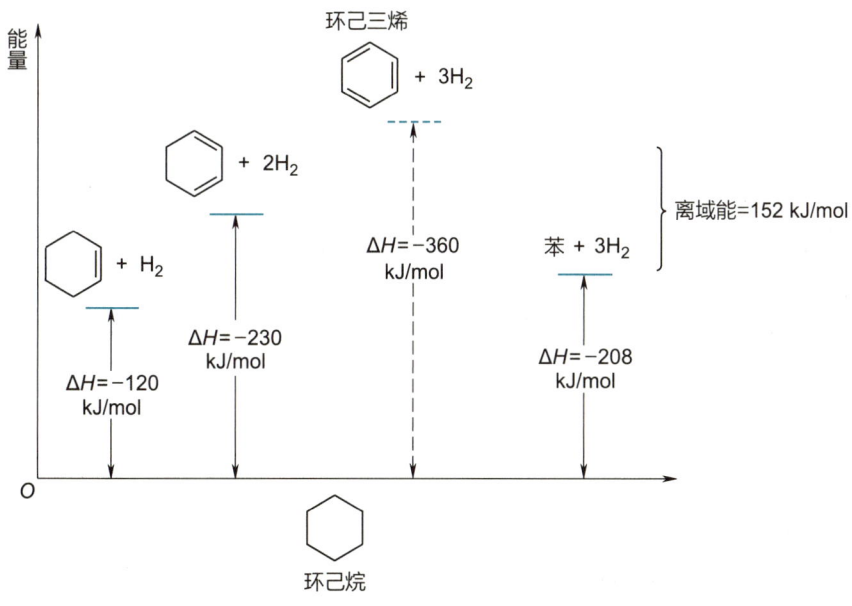

图 6-2　环己烯、环己-1,3-二烯、环己-1,3,5-三烯（假设）和苯的氢化热

3. 苯的共振结构

20 世纪 30 年代，随着量子力学的应用和实验手段的进步，人们对苯的结构有了进一步的认识。苯的相对稳定性其实可以用共振论来解释。根据共振论，苯的真实结构其实是下面两种凯库勒结构Ⅰ和Ⅱ的杂化体。共振式Ⅰ和Ⅱ的碳碳键之间既没有纯单键也没有纯双键，而是介于单键和双键之间。由于苯环的共振降低了苯分子的能量，从而增加了它的稳定性。苯的共振结构可通过在六元环内画一个圆来表示，如结构式Ⅲ所示，这个圆被理解为代表 6 个 π 电子，它们离域在环上的 6 个碳周围。

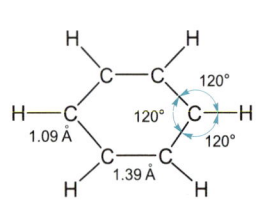

X 射线衍射及傅里叶变换光谱分析实验证据也证实了这一点。苯的分子是平面的，其所有的碳碳键键长都是 1.39 Å，介于碳碳单键键长（1.47 Å）和碳碳双键键长（1.34 Å）之间，键角都是 120°，如图 6-3 所示。

原子力显微镜给单个并五苯分子拍照，直观地看到了苯环平面正六边形的结构，如图 6-4 所示。

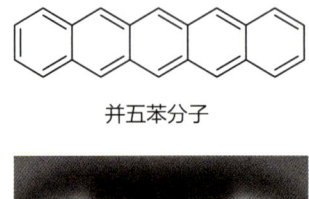

并五苯分子

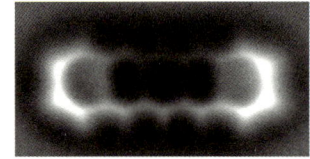

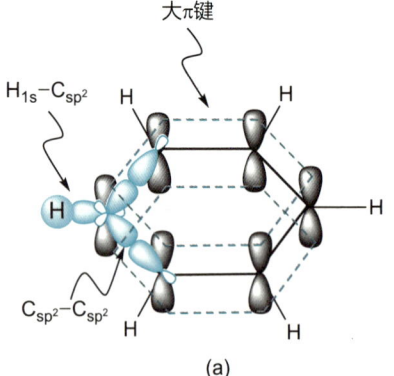

图 6-3 苯环平面结构图
（只显示了 σ 键）

图 6-4 原子力显微镜下的并五苯分子

根据杂化轨道理论，苯分子中所有碳原子和氢原子都在同一平面上且化学键键角都是 120°，说明 6 个碳原子均采取 sp^2 杂化，互相重叠形成 6 个 C-C σ 键，每个碳原子各以一个 sp^2 杂化轨道与氢原子的 1s 轨道重叠形成 6 个 C-H σ 键。每个碳原子还有一个垂直于 σ 键平面的 p 轨道，每个 p 轨道上有 1 个 p 电子，6 个平行的 p 轨道彼此重叠，形成一个闭合的环状大 π 键，如图 6-5(a) 所示。环状 π 电子流［图 6-5(b)］是芳香性的又一个重要特征，可通过第八章的核磁共振技术观测到。

彩图 6-5(b)

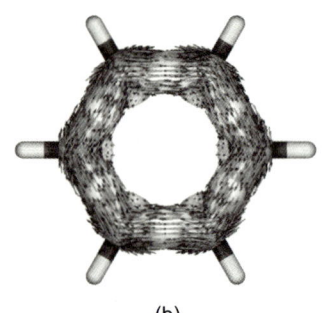

图 6-5 苯的离域大 π 键

4. 苯的分子轨道

根据分子轨道理论，苯的 6 个 p 轨道线性组合成 6 个 π 分子轨道，其中 3 个是成键轨道，另 3 个是反键轨道。其中 π_2 和 π_3、π_4^* 和 π_5^* 分别是简并轨道，该能级称为简并能级。在基态时，苯的 6 个 p 电子成对填入 3 个成键轨道，所有能量低的成键轨道全部充满电子，所以苯分子是稳定的，体系能量较低，如图 6-6 所示。

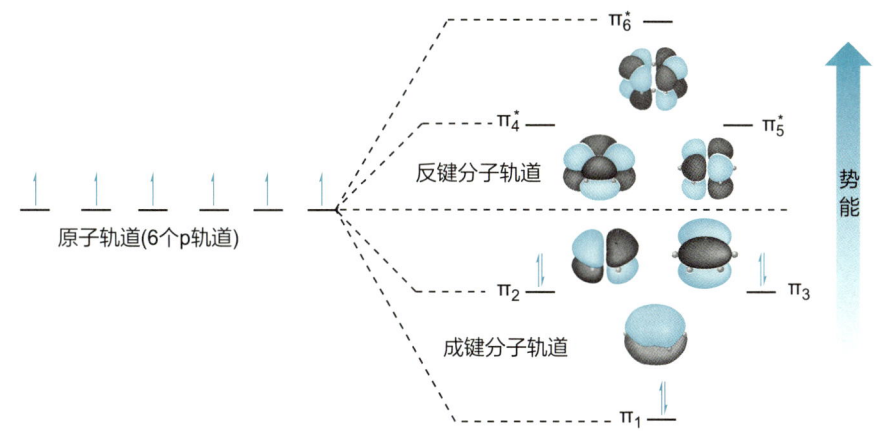

图 6-6 苯的分子轨道和能级示意图

苯分子的大 π 键可以看作 3 个 π 成键轨道叠加的结果，3 个成键轨道的 π 电子云分布在环平面的上下，所以 6 个碳原子中每相邻的 2 个碳原子之间的 π 电子密度都相等，苯的 C—C 的键长完全平均化。

5. 芳香过渡态

环状六电子体系的相对稳定性可以解释我们前面学过的 Diels-Alder 反应、烯烃和四氧化锇的加成反应及臭氧化反应的第一步。这些反应都是通过三对电子的复杂协同运动而进行的。在这三个反应过程中，都出现了一个过渡态，其中六个电子在 π 轨道（或具有 π 特性的轨道）中环状重叠。这种电子排布与苯中的电子排布类似，并且比按顺序键断裂和键形成的电子排布在能量上更有利。这样的过渡态也被称为芳香过渡态。

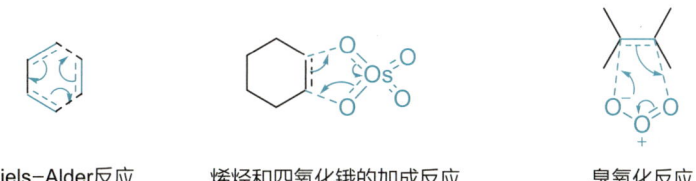

Diels-Alder反应　　烯烃和四氧化锇的加成反应　　臭氧化反应

6.2.2 芳香性、反芳香性和非芳香性

芳烃苯环上的 6 个 p 轨道形成了一个大 π_6^6 键，6 个 π 电子均匀地分布其中。这种环状闭合共轭体系，π 电子高度离域，如果要破坏这个共轭体系，需要提供较大的能量。因此，苯环上发生加成或氧化反应会破坏苯环的闭合共轭体系，能量上很不利，故很难发生，但容易发生取代反应。苯分子这种特殊的结构稳定性及化学反应性能，称为芳香性（aromaticity）。

是不是具有环状闭合共轭体系的分子都具有芳香性呢？例如，环丁二烯和环辛四烯：

实际上两者都不具备芳香稳定性。特别是具有矩形结构的环丁二烯，极其不稳定，它在 −238 °C 通过自身 Diels-Alder 反应二聚，再在热解条件下生成环辛四烯，表现出反芳香性

(anti-aromaticity)。虽然经过多年多次失败的尝试，1965 年得克萨斯大学的 R.Peit 和他的同事合成出稳定的环丁二烯的金属配合物——三羰基环丁二烯合铁，由于铁原子可提供 2 个电子，所以三羰基环丁二烯合铁具有芳香性。

环辛四烯具有烯烃的典型化学性质。它很容易与卤素和氢卤酸发生亲电加成反应，以及与温和的氧化剂和还原剂发生氧化还原反应，表现出非芳香性（non-aromaticity）。环辛四烯 π 电子数为 8，看起来具有反芳香性。但由于反芳香性意味着体系能量较高，稳定性较差，为避免反芳香性，环辛四烯采用了一种非平面的几何形状。

我们接下来将面临一个问题："芳香性的基本判断规则是什么？"换句话说，不饱和的环状共轭多烯具备什么结构特征，才会具有较大的离域能，不发生烯烃的典型加成反应，而是发生取代反应？

6.2.3 休克尔规则与 Frost 环规则

1. 休克尔规则

对比苯、环丁二烯和环辛四烯的结构特征，我们不难发现，环状闭合共轭体系的存在并不是芳香性的唯一要求，环中离域电子的数量也很重要。我们已经注意到，芳香性需要奇数的电子对。苯共有六个 π 电子，即三对电子。由于电子对数是奇数，苯具有芳香性。相比之下，环丁二烯和环辛四烯都有偶数个电子对（分别是两对和四对），并不具有芳香稳定性。

要求电子对数为奇数是芳香性判断标准——休克尔（Hückel）规则的基础。1931 年，德国物理学家 Erich Hückel 根据分子轨道理论进行了一系列的数学计算。他的计算表明，"具有 $4n+2$ 个 π 电子的单环共轭体系具有芳香性"，n 为整数（0，1，2，3，4，…）。

休克尔规则的基本要素为：① 分子中具有单环体系；② 环上每个原子参与共轭；③ 分子是平面或几乎平面的，使环上所有 p 轨道有连续或几乎连续的轨道重叠；④ 共轭体系 π 电子数为 $4n+2$。

接下来，我们将要思考以下问题：为什么芳香分子会有不同数量的离域 π 电子？休克尔规则为何能准确预测芳香性？休克尔规则之所以有效，是因为只有含有 $4n+2$ 个 π 电子（并满足其他三个芳香性判断标准）的分子才会具有像苯那样的分子轨道排列。当只有最低分子轨道和在其上方的所有成键简并轨道被填满，而且没有非键轨道和反键轨道电子填充时，就会形成"闭壳层（closed shell）"的结构，该分子就具有芳香性而稳定，就像稀有气体因其填满了的电子壳层而稳定一样。但如果分子不是环状的，或没有 p 轨道，或不是平面的，则 p 轨道之间没有强烈重叠而具有非芳香性，如(Z)-己-1,3,5-三烯、环辛四烯和环庚-1,3,5-三烯。

(Z)-己-1,3,5-三烯　　　　　环辛四烯　　　　　环庚-1,3,5-三烯

如果分子中的 π 电子是 $4n$ 个，则分子具有反芳香性，非常不稳定，如环丁二烯。

环丁二烯仅在极低温度下才能被观察到。其显著的反应活性可通过其快速参与 Diels-Alder 反应得以体现，它既可以作为双烯体（下图左），又可以作为亲双烯体（下图右）。

2. 多边形规则与 Frost 圆环

休克尔规则的量化计算太复杂，我们可以用多边形规则来简便理解休克尔规则。多边形规则又叫 Frost 环规则，是美国西北大学 A.A. Frost 教授在 1953 年提出的。这是一种不需要通过量化计算来判断环状闭合共轭体系的分子轨道相对能量的方法。该方法将具有正多边形环状分子放入半径为 2β 的圆，一个顶点向下，并确保正多边形所有顶点都与圆相交，与圆相交顶点标记为分子轨道的位置，如图 6-7 所示。在圆的中心画一条水平线，中心线是能量较高的非键轨道（若存在），位于中心线下方的为能级较低的成键分子轨道，而位于中心线上方的则是能量较高的反键分子轨道。总的分子轨道数等于多边形的顶点数。例如，苯环有六个顶点，共有六个分子轨道，六个 π 电子完全填充于三个相对能量较低的成键轨道，非常稳定。

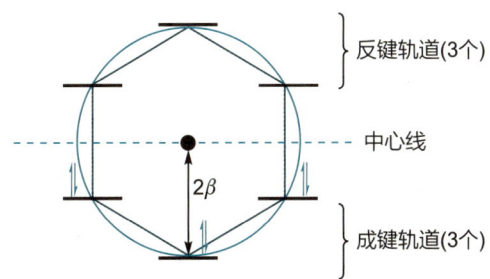

图 6-7　苯的 π 分子轨道 Frost 圆环

利用 Frost 环规则的书写方法，我们很容易写出三至八元环环状闭合共轭体系的分子轨道多边形图，如图 6-8 所示。从图 6-8 所示 π 电子填充情况可以看出，成键分子轨道的数量始终为奇数（1、3 或 5）。而当分子中所有 π 电子在成键分子轨道中填充满形成闭壳层结构时，分子就具有芳香性。根据环的大小，成键分子轨道相应会容纳 2、6 或 10 个 π 电子。这

也解释了为什么芳香化合物具有 $4n+2$ 个 π 电子。

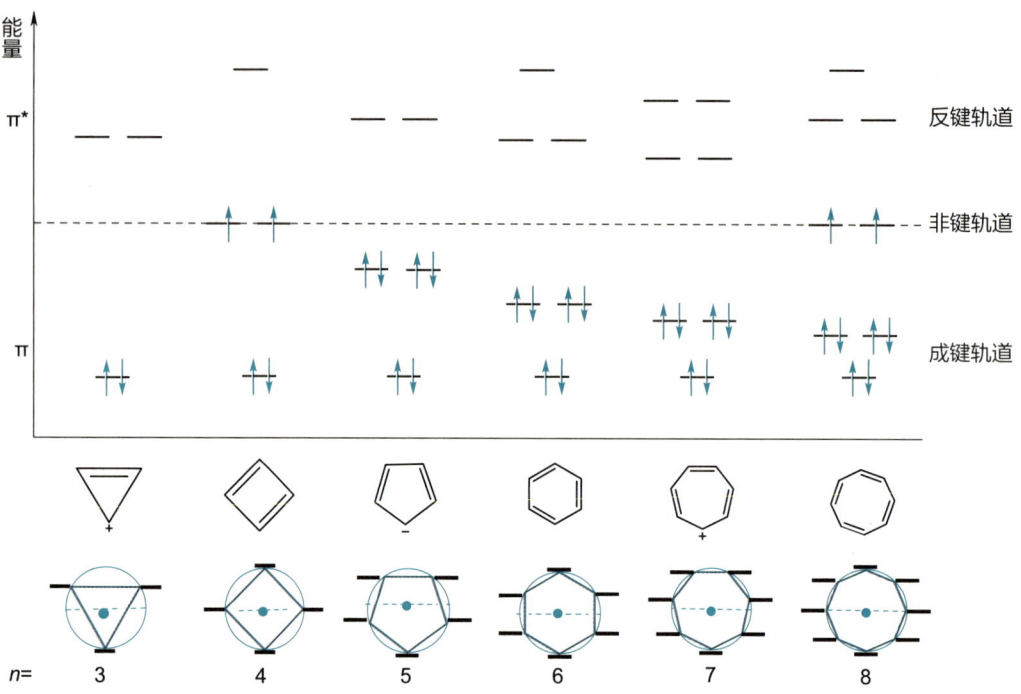

图 6-8 三至八元环环状闭合共轭体系的分子轨道多边形图

6.2.4 芳香化合物的芳香性

1. 苯系芳烃

苯系芳烃如单环芳烃和多环芳烃都含有一个或多个苯环,由于苯环上有 $4n+2$ 个 π 电子,符合休克尔规则,而具有芳香性。

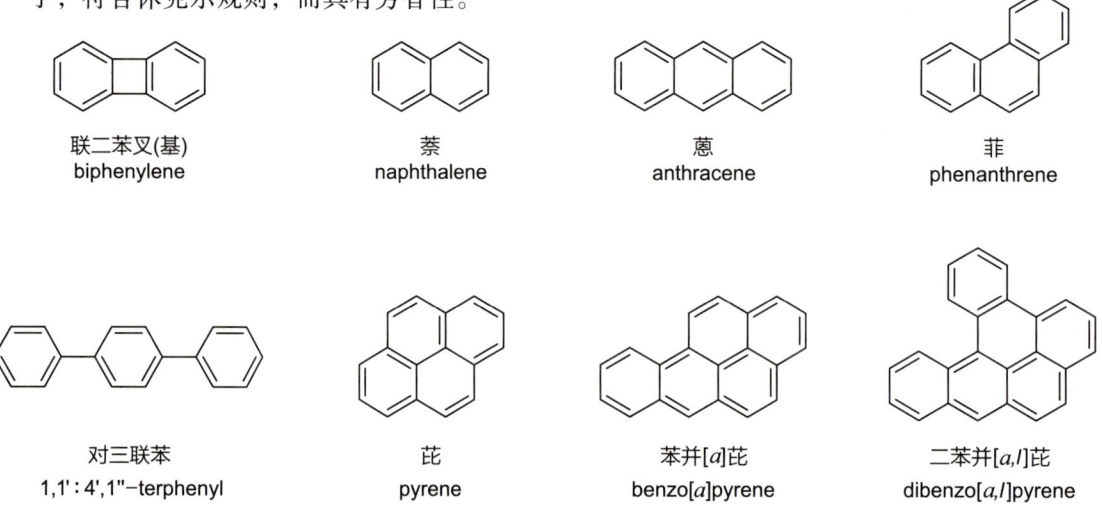

由于休克尔规则只适用于单环共轭体系,格拉斯大学的 Erich Clar 于 1972 年提出了 π-六隅体 (π-sextet) 规则,将芳香性的判断由单环共轭体系扩展到多环芳烃。该规则认为芳香性是苯系芳烃六元环的局部属性,芳香性 π-六隅体是指具有芳香性的 6π 电子的共轭环状体系。在一个稠环芳烃体系所有可能的共振式中,具有最大数目孤立的芳香性 π-六隅体最能代表整个体系的性质。换言之,决定稠环稳定性的是体系中最多不连续的具有单双键交替的苯

环个数。我们先用菲来举例子。图 6-9 中的两种共振式 1 和 2，分别具有一个和两个 π-六隅体。2 号结构即 Clar 结构，它能最好地反映菲的实际特性。Clar 用带圆圈的正六边形表示一个 π-六隅体，而不属于 π-六隅体的双键则单独画出。

再如，芘有 16 个 π 电子，属于 $4n$ 结构，按照休克尔规则具有反芳香性。但芘有两种共振式结构，其中 2 号结构是 Clar 结构，具有两个芳香性 π-六隅体，其稳定性大于只有一个芳香性 π-六隅体的 1 号结构的稳定性。

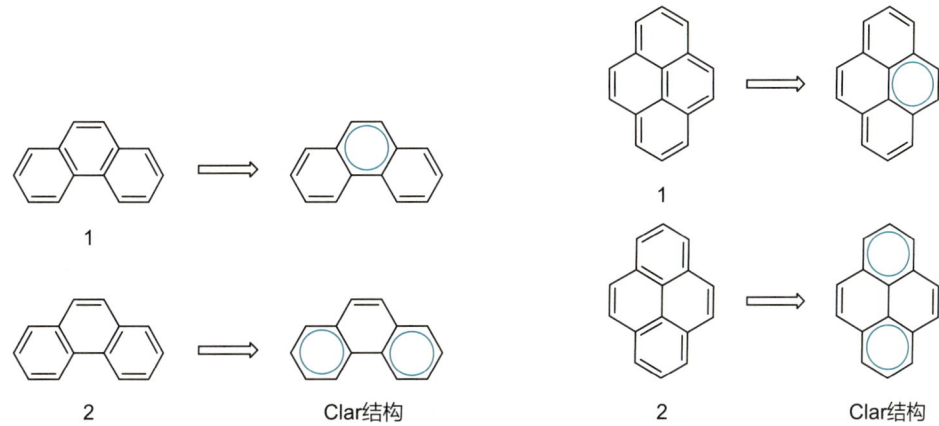

图 6-9　菲（左图）和芘（右图）的 π-六隅体（Clar 结构）

2. 非苯芳烃

不像环丁二烯和环辛四烯，某些较大的环状共轭多烯是具有芳香性的。它们都有一个共同点：包含 $4n+2$ 个 π 电子，并且它们以共平面来离域。第一个环状共轭多烯是 1956 年由 Sondheimer 制备的，它是环十八碳-1,3,5,7,9,11,13,15,17-九烯，含有 18 个 π 电子（$4n+2$，其中 $n=4$）。为了避免使用这样烦琐的名字，Sondheimer 引入了一个更简单的命名体系来命名环状共轭多烯，[n]轮烯（[n]annulenes），其中 n 表示 π 电子的数目。但根据休克尔规则判断单环的轮烯芳香性也有一定局限性。例如，$4n+2$ 规则仅适用于 $n<5$ 的平面单环共轭烯烃，[26]轮烯就没有芳香性。[10]轮烯虽然符合 $4n+2$ 的休克尔规则，但[10]轮烯 1,6 位两个氢原子由于空间位阻的影响，使得环上的 10 个碳原子无法共平面，碳原子的 p 轨道不能有效地重叠，分子是非芳香性的。德国化学家 Vogel 发现用一个桥接的亚甲基取代[10]轮烯内部的两个具有位阻的氢后，尽管桥头碳处的 p 轨道与相邻位置 p 轨道之间并不是最优的重叠，但由此得到的分子符合休克尔规则而具有芳香性。

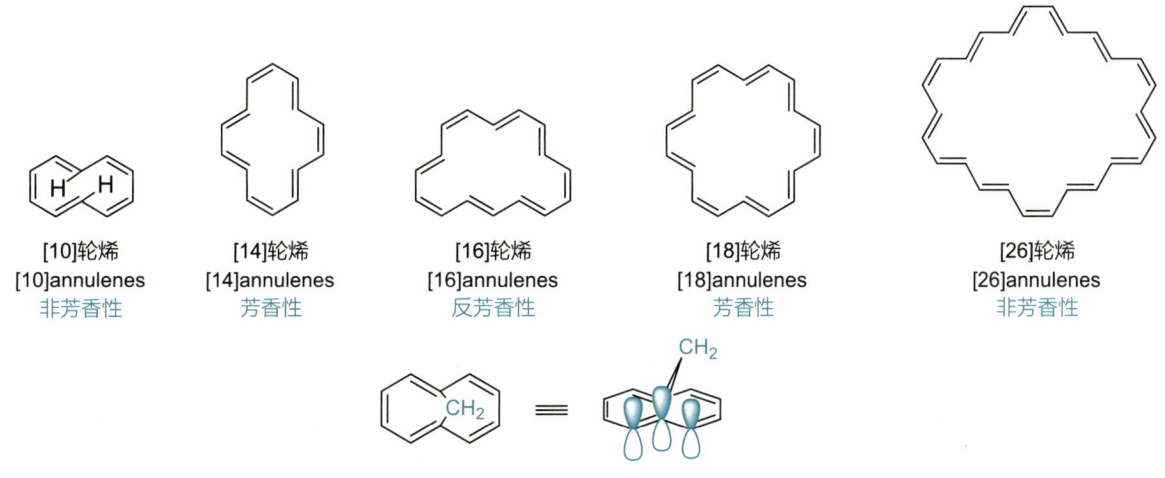

反芳香性或非芳香性的轮烯或共轭烯烃也可以通过双电子氧化和还原转化为具有芳香性的离子。利用 Frost 环规则，我们很容易判断得出图 6-10 所示非苯芳烃离子具有芳香性。

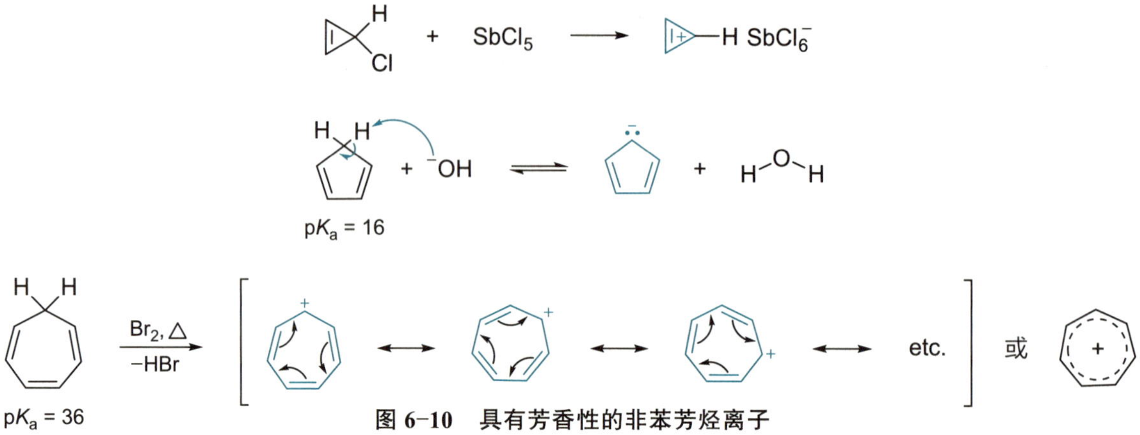

图 6-10 具有芳香性的非苯芳烃离子

例如，环戊二烯负离子特别稳定，因为它具有芳香性。环戊二烯负离子具有 6 个 π 电子，其中 2 个孤电子占据一个 2p 轨道，同时所有 2p 轨道连续共轭，这符合芳香性的休克尔规则判断标准。环戊二烯负离子的稳定性也解释了环戊二烯的显著酸性。二茂铁（ferrocene）是由两个环戊二烯负离子与 Fe^{2+} 形成的夹心面包型配合物。由于环戊二烯负离子具有芳香性，故二茂铁也具有芳香性，可以发生经典的芳香亲电取代反应，如 6.3.5 小节所示的 Friedel-Crafts 酰基化反应。

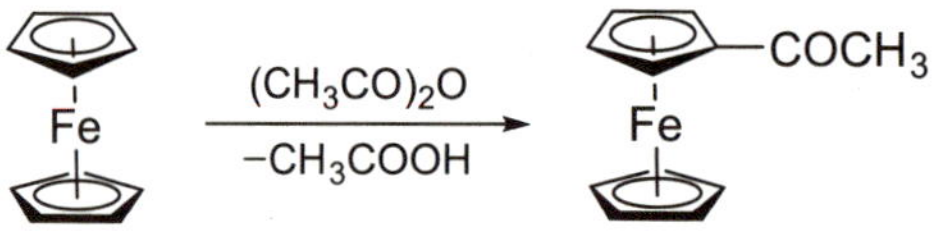

非芳香性的环辛四烯用金属钾处理后，得到环辛四烯双负离子，其结构是平面的八角形结构，C-C 键键长为 1.40 Å，接近苯中的 1.397 Å 键长。环辛四烯本身有 8 个 π 电子，其双负离子一共有 10 个电子，符合 $4n+2$ 规则，也具有芳香性，所以容易制备。

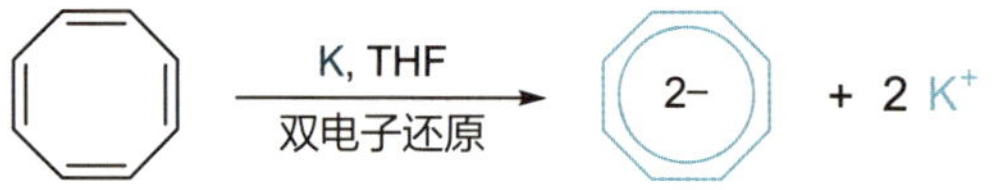

美国芝加哥大学的 Platt 为拓展休克尔规则来预测多环芳烃的芳香性，于 1954 年提出了周边修正法。根据该方法，多环芳烃的路易斯结构中的双键尽量处在环周边上，忽略环中间的桥键，再计算剩下的 π 电子数，如果满足 $4n+2$ 规则，则具有芳香性，如图 6-11 所示。

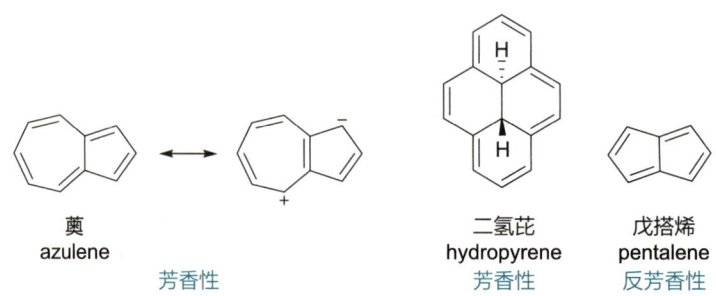

薁
azulene
芳香性

二氢芘
hydropyrene
芳香性

戊搭烯
pentalene
反芳香性

图 6-11 Platt 周边修正法预测多环芳烃的芳香性

该方法可以预测多环非苯芳烃的芳香性，例如薁这个稠环化合物，若忽略中间桥单键只有 10 个 π 电子，符合 $4n+2$ 规则，具有芳香性。类似的还有二氢芘，而戊搭烯具有反芳香性。通过薁的共振式也可看出，五元环为具有芳香性的环戊二烯负离子，七元环为具有芳香性的环庚三烯正离子，两端非苯芳烃离子都具有芳香性，因此整个分子具有芳香性。类似如下图富瓦烯类化合物，该化合物具有以下共振式，两端离子都具有芳香性，因此整个分子具有芳香性。

需要注意的是，虽然 Platt 周边修正法能解释一些多环非苯芳烃的芳香性，但对一些由偶数个碳原子构成的多环非苯芳烃的芳香性预测性不强。1984 年，Glidewell 和 Lloyd 对 Clar 规则扩展到具有任意偶数个碳原子环的多环非苯芳烃。Glidewell-Lloyd 规则证实，多环共轭系统中 π 电子的总数量倾向于形成最小的 $4n+2$，并避免形成最小的 $4n$ 个 π 电子。

依据 Platt 周边修正法，图 6-12 中的联二苯（叉）基有 8 个或 12 个 π 电子，不具有芳香性。但实际上，联二苯（叉）基具有芳香性。根据 Glidewell-Lloyd 规则，图中蓝色共振结构（含有两个 6π 电子环状结构）比黑色共振结构（含有一个小的 4π 电子环状结构和两个大的 4π 电子环状结构）更合理。

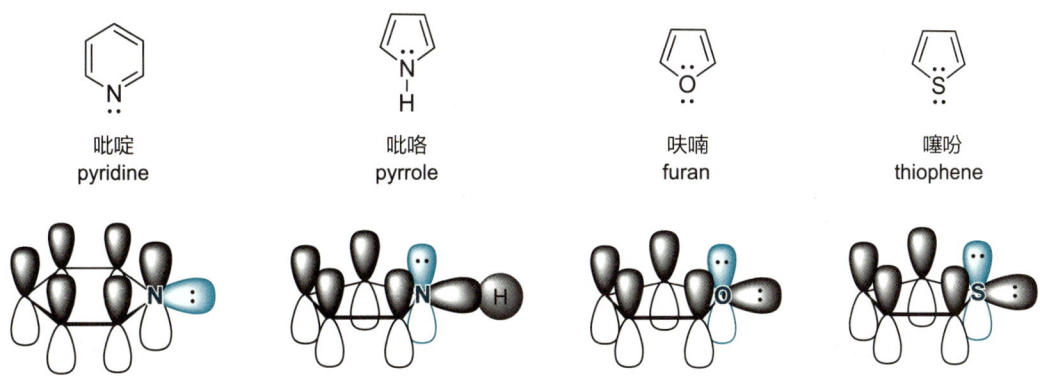

图 6-12　多环共轭体系的不同共振结构，蓝色共振结构符合 Glidewell-Lloyd 规则

3. 芳香杂环化合物

含杂原子芳香体系（heteroaromatics）的研究始于呋喃、吡咯、吡啶等简单稳定的芳香化合物，其芳香性源自氧、氮原子提供 π 电子数不唯一的特异性。休克尔规则也可用于芳香杂环化合物的芳香性判断。吡啶、吡咯、呋喃和噻吩都是 6π 电子的闭环共平面的共轭体系，也具有芳香性。其中吡啶氮上只有一个电子参与共轭，吡咯、呋喃、噻吩都有两个孤电子参与共轭。这些芳香化合物均能够发生亲电取代反应，详细情况将在第十二章介绍。

吡啶　　　　　吡咯　　　　　呋喃　　　　　噻吩
pyridine　　　pyrrole　　　　furan　　　　thiophene

4. Möbius 芳香化合物

休克尔型 π 芳香族分子是平面的，具有 $4n+2$ 个共轭 π 电子（n 为整数），而莫比乌斯（Möbius）芳香族分子具有一个扭曲 π 体系，类似于 Möbius 环，如图 6-13(a)所示。Möbius 芳香性存在于具有 Möbius 带的环状共轭化合物中。Heilbronner 和 Craig 分别从理论上描述了环烯结构[图 6-13(b)]的 Möbius 芳香性和有机金属体系[图 6-13(c)]的 Möbius 芳香性。

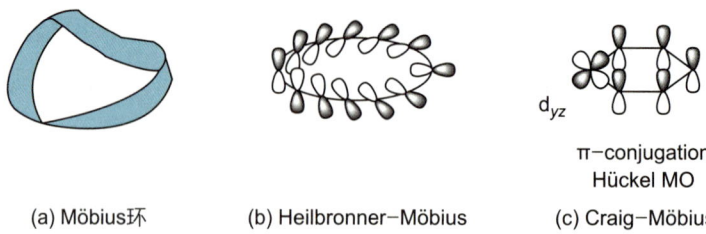

图 6-13 Möbius 芳香性

在单环 Möbius 芳香化合物中，闭壳芳香电子构型含 $4n$ 个 π 电子。2003 年，Ajami 等人第一次合成出稳定的 Heilbronner–Möbius 芳香化合物，这是在此领域研究中里程碑式的发现。其思路是将两个苯环稠连在大环体系中，加强了 π 电子的离域效应，另外空间上的位阻效应进一步使 Möbius 结构稳定。具体制备过程如图 6-14 所示。

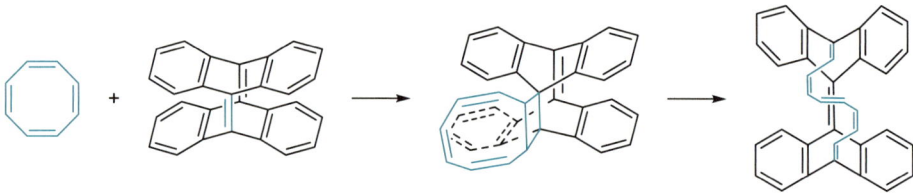

图 6-14 Möbius 体系化合物的合成

随后的 X 射线衍射分析也证实了产物的独特结构。图 6-15 所示为 Möbius 体系和正常休克尔体系的结构。

1982 年，Roper 等利用 $Os(CO)(CS)(PPh_3)_3$ 和两个乙炔分子反应合成了第一种 Craig-Möbius 型金属苯——锇杂苯，如图 6-16 所示。苯中的 C、H 原子被 Os 原子取代。锇杂苯六元环具有较好的平面性及键的离域性，占据的锇 d_{xz} 轨道与碳环的 3π 空轨道之间的反馈 π 键相互作用，使得环上离域 π 电子数满足 Hückel 的 $4n+2$ 规则，化合物具有芳香性，但与苯和吡啶相比，其芳香性较弱。

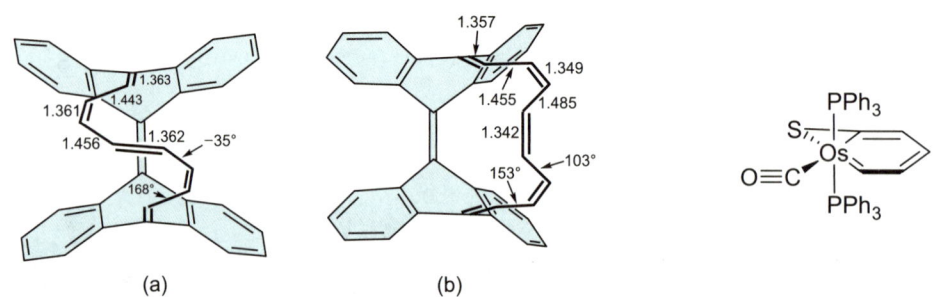

图 6-15 Möbius 体系的结构（a）及相应的休克尔体系的结构（b）　　图 6-16 锇杂苯

夏海平等人在 2013 年报道了一类新型的 Craig-Möbius 芳香性金属杂戊搭炔（metallapentalyne），这种化合物的有机母体戊搭炔（pentalyne）是休克尔反芳香性的。然而，当桥头碳替换为金属锇时，化合物表现出很强的芳香性。

需要指出的是，尽管距离 Faraday 首次分离出苯已近 200 年，但全新的芳香体系仍然不断涌现，"芳香性"的定义和内涵还在不断丰富。人们通过理论和实验研究总结了一些芳香性的规律，发展出 Hückel-π 芳香性、Möbius-π 芳香性、σ 芳香性、γ 芳香性和螺芳香性等，但众多理论学家、实验学家在"芳香性"相关主题上的争论却从未停止，这也正是芳香化学的魅力之所在。

6.3 芳烃的亲电取代反应

在烯烃和炔烃中，不饱和碳原子上的氢原子很难被其他原子或原子团所取代。但是，带有苯环的芳香族化合物由于具有芳香性而使芳环上的氢原子容易被其他原子或原子团取代。不过苯环上的氢原子取代反应同烷烃中氢原子的取代反应不同。在烷烃中，烷烃的氢原子氯代反应经过自由基中间体，而在芳环上的取代反应，通常是与缺电子的正离子或其他 Lewis 酸等亲电试剂（electrophilic reagent，简写为 E）的反应。因此，我们把芳香族化合物芳环上发生的氢原子取代反应叫芳香族亲电取代反应（electrophilic aromatic substitution，EAS）。

典型的芳香族亲电取代反应如图 6-17 所示。

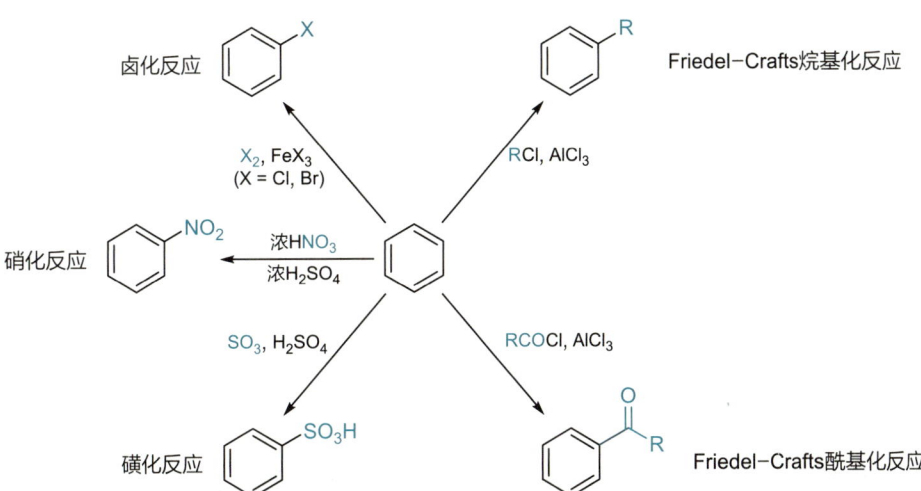

图 6-17　典型的芳香族亲电取代反应

6.3.1　苯环上的亲电取代反应机理

在芳环上进行的亲电取代反应，一般经过两个步骤。首先是苯环的 π 电子和亲电试剂

E$^+$相互作用形成π络合物，然后π络合物中亲电试剂 E$^+$进一步从苯环的π电子体系获得两个电子，E$^+$与苯环上一个碳原子以 σ 键连接形成具有碳正离子特征的中间体，称为 Wheland 中间体，这与烯烃的亲电加成反应的第一步质子化反应类似。该碳正离子中间体因具有三个共振式而共振稳定，也被称为 σ 络合物，这是因为亲电试剂 E$^+$通过一个新的 σ 键与苯环相连。σ 络合物已被 Ohla 等人在超强酸（如 HF-SbF$_5$、FSO$_3$H-SbF$_5$）条件下获得。在 σ 络合物中，苯环上的一个碳原子由 sp^2 杂化转化为 sp^3 杂化，苯环的闭合共轭体系被破坏了，由于去芳构化而失去了芳香性，因此，此步反应是决速步骤。为了恢复芳香性，σ 络合物中 sp^3 杂化的碳原子上失去一个质子，芳构化得到芳香性保持的苯环取代产物，如图 6-18 所示。由于这一步 C—H 键的断裂是一个非常快的步骤，因此芳香亲电取代反应通常很少或没有检测到动力学同位素效应（kinetic isotope effect，KIE）。

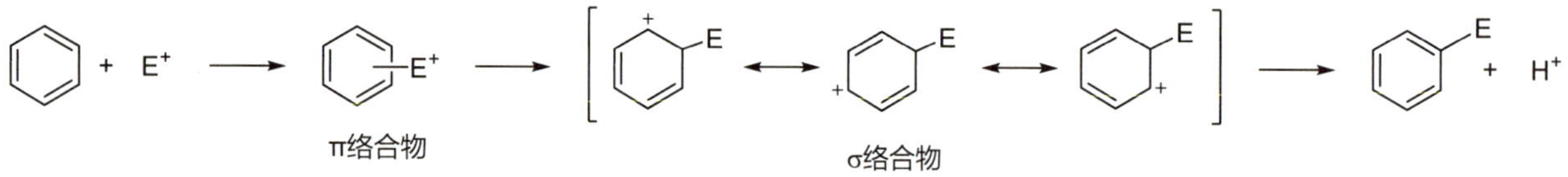

图 6-18　芳香族亲电取代反应机理

为了简便起见，芳香族亲电取代反应历程通常省去形成 π 络合物的一步，其反应的能量曲线如图 6-19 所示。σ 络合物生成这一步的反应活化能较高，反应速率比较慢，它是决定整个反应速率的一步。

图 6-19　苯亲电取代反应的能量曲线示意图

6.3.2　卤化反应

苯与溴的反应性不如烯烃，烯烃在室温下与溴反应迅速，得到加成产物。例如，环己烯反应生成反-1,2-二溴环己烷，该反应的放热量约为 121 kJ/mol。

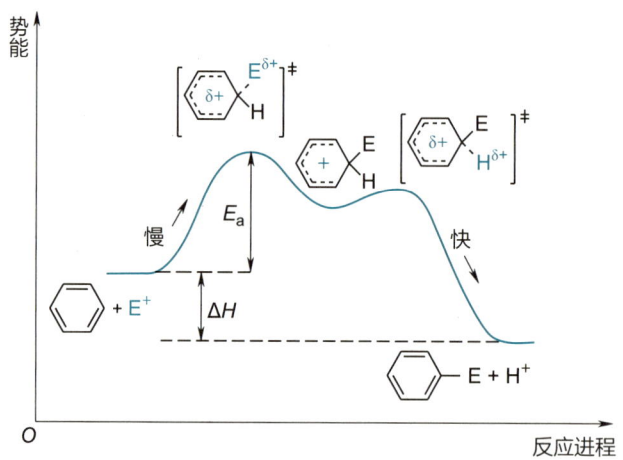

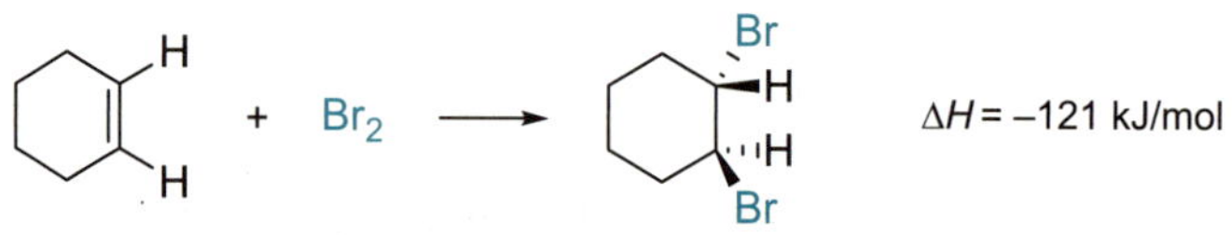

$\Delta H = -121$ kJ/mol

但溴与苯的加成反应是吸热的,因为它失去芳香性而不稳定,在正常情况下,不会得到加成产物。

$$\text{C}_6\text{H}_6 + \text{Br}_2 \not\rightarrow \text{C}_6\text{H}_6\text{Br}_2 \quad \Delta H = +8 \text{ kJ/mol}$$

但苯与溴在铁或铁盐的催化下,苯环上的氢可被溴原子取代生成相应的溴代苯,该取代反应由于放热而容易发生。苯与 Cl_2 的取代反应也类似。

$$\text{C}_6\text{H}_6 + \text{Br}_2 \xrightarrow[\Delta]{\text{FeBr}_3} \text{C}_6\text{H}_5\text{Br} \; (75\%) + \text{HBr} \quad \Delta H = -45 \text{ kJ/mol}$$

$$\text{C}_6\text{H}_6 + \text{Cl}_2 \xrightarrow[25\,^\circ\text{C}]{\text{FeCl}_3} \text{C}_6\text{H}_5\text{Cl} \; (90\%) + \text{HCl} \quad \Delta H = -134 \text{ kJ/mol}$$

实际生产中用铁粉作催化剂,卤素与铁发生如下反应:

$$2\,\text{Fe} + 3\,\text{Br}_2 \longrightarrow 2\,\text{FeBr}_3$$

然后铁盐作为 Lewis 酸使卤素分子极化而形成络合物,从而使卤素成为一个更强的亲电试剂。苯环向末端溴原子提供一对电子,形成 σ 络合物。σ 络合物再失去一个质子形成卤苯。例如,溴苯的生成机理如下所示:

$$\text{Br}-\text{Br} + \text{FeBr}_3 \rightleftharpoons \text{Br}-\overset{+}{\text{Br}}-\overset{-}{\text{FeBr}_3}$$

$$\text{C}_6\text{H}_6 + \text{Br}-\overset{+}{\text{Br}}-\overset{-}{\text{FeBr}_3} \xrightarrow{\text{慢}} [\text{C}_6\text{H}_6\text{Br}]^+ + \text{Br}-\overset{-}{\text{FeBr}_3}$$

$$[\text{C}_6\text{H}_6\text{Br}]^+ + \text{Br}-\overset{-}{\text{FeBr}_3} \xrightarrow{\text{快}} \text{C}_6\text{H}_5\text{Br} + \text{H}-\text{Br} + \text{FeBr}_3$$

苯在氯化铁存在下的氯化反应机理与溴化反应的机理类似。

由于氟与苯的反应性太强,直接氟化只能得到较低的单氟取代产物。1-氯甲基-4-氟-1,4-二氮杂双环[2.2.2]辛烷二(四氟硼酸)盐 F-TEDA-BF$_4$ 是一种新型选择性氟化剂,其中一个氟原子与一个带正电荷的氮结合,可以提供形式上的氟正离子(F^+)。在三氟甲磺酸(TfOH)存在下,甲苯可以发生单氟化反应。

$$\text{C}_6\text{H}_5\text{CH}_3 \xrightarrow[\text{TfOH}]{\text{F-TEDA-BF}_4} \text{o-FC}_6\text{H}_4\text{CH}_3 + \text{p-FC}_6\text{H}_4\text{CH}_3$$

产物比 3∶1;产率 82%

目前在售的药品中有超过 20%的药品含有氟，销售额前 100 种在售药物中更达 30%。例如，用于治疗 2 型糖尿病的西格列汀、抗抑郁药氟西汀（百忧解）和用于降低胆固醇的他汀类药物阿托伐他汀（立普妥）就是较为典型的例子。

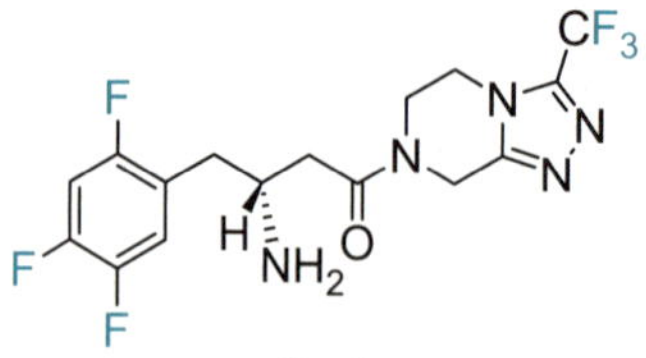

西格列汀
Sitagliptin
(Januvia)

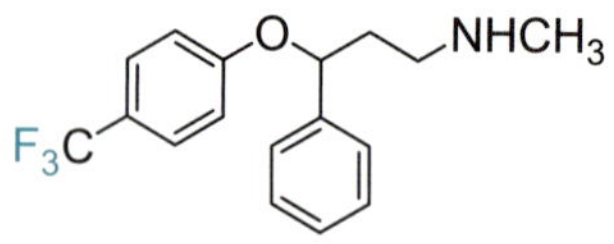

氟西汀
Fluoxetine
(Prozac)

与氟相反，碘与苯本身不反应，苯的碘化需要一种酸性氧化剂，如硝酸。硝酸在反应中被消耗掉，所以它是一种试剂（一种氧化剂），而不是一种催化剂。

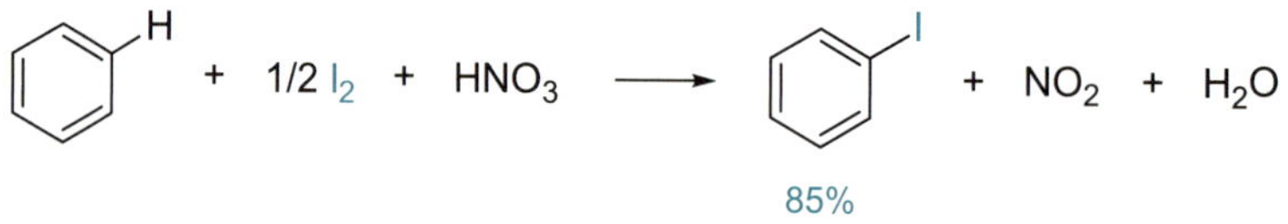

$$C_6H_5H + 1/2\ I_2 + HNO_3 \longrightarrow C_6H_5I + NO_2 + H_2O \quad 85\%$$

碘化反应可能涉及碘正离子（I^+）作为亲电试剂。碘正离子是由硝酸氧化碘而产生的。

$$H^+ + HNO_3 + 1/2\ I_2 \longrightarrow [I^+] + NO_2 + H_2O$$

常见的酸性氧化剂还有过氧化氢（H_2O_2）或铜盐（$CuCl_2$），这些氧化剂通过将 I_2 氧化为更强的亲电试剂来加速碘化反应，就像碘正离子一样。

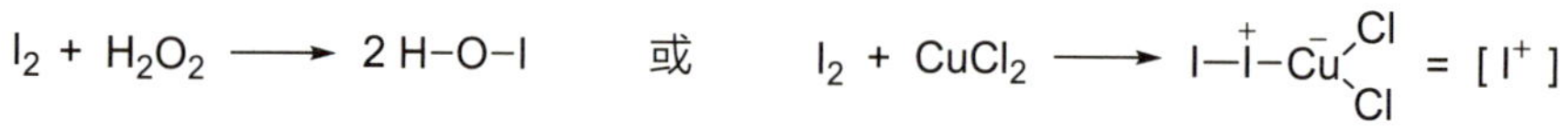

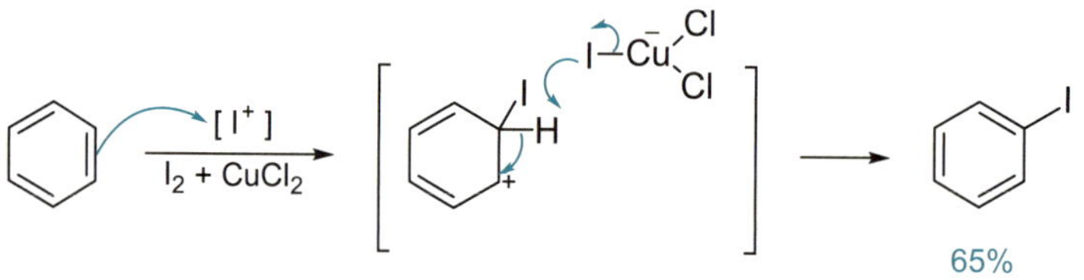

$$I_2 + H_2O_2 \longrightarrow 2\ H-O-I \quad 或 \quad I_2 + CuCl_2 \longrightarrow I-\overset{+}{I}-Cu\overset{Cl}{\underset{Cl}{}} = [I^+]$$

65%

芳香亲电卤化反应在许多自然界分子的生物合成中经常见到，特别是海洋生物分子。一个例子发生在人类的甲状腺中，甲状腺素是一种参与调节生长和代谢的激素。在甲状腺素的生物合成过程中，酪氨酸首先被甲状腺过氧化物酶碘化，然后由两个碘化的酪氨酸分子偶联。亲电的碘化剂是一种能生成碘正离子的次碘酸，它是由碘离子与 H_2O_2 氧化形成的。

芳香亲电卤化反应还用于工业上苯酚的生产。苯酚可用于合成阿司匹林、制造酚醛树脂（用于台球黏合剂和塑料），还可以生产染料和除臭剂。工业上生产苯酚的化学工艺是由德国化学家 Raschig 在 1891 年首次使用的 Raschig-Hooker 工艺。该工艺的主要步骤是先用苯、盐酸和氧气生产氯苯，随后将氯苯水解为苯酚。第一步使用氯化铜或氯化铁催化剂，并将苯和盐酸暴露在 200～250 ℃ 的空气中。在第二步中，将所得氯苯引入 450 ℃ 的蒸汽中，经过硅催化的水解反应，得到苯酚和氯化氢。

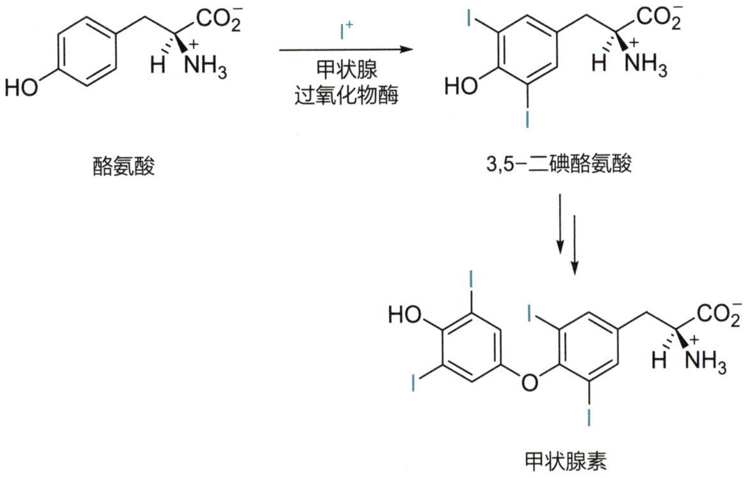

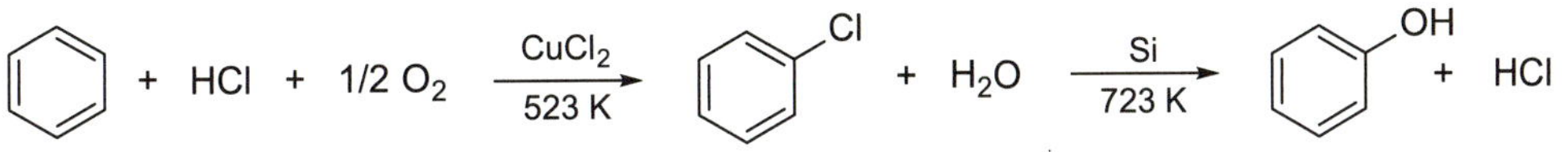

6.3 芳烃的亲电取代反应

然而，该反应需要非常高的温度和非常酸性的环境，并伴随氯化氢蒸气产生以及巨大的能量消耗，这使其被更为绿色的异丙苯工艺（Hock 重排反应）所替代。

6.3.3 硝化反应

以浓硝酸和浓硫酸（或称混酸）与苯共热，苯环上的氢原子被硝基（-NO$_2$）取代，生成硝基苯。该方法可用于在芳环上引入一个硝基。

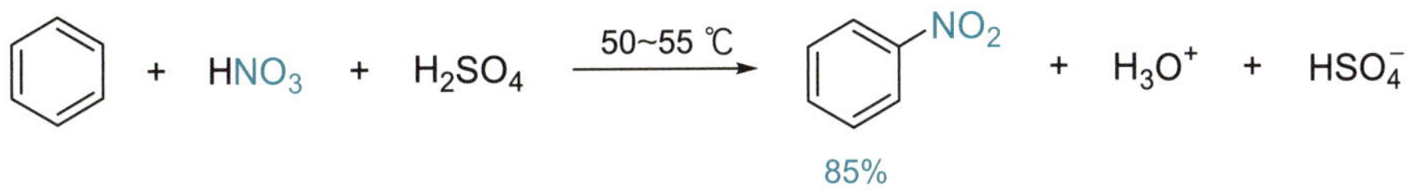

硝化反应中的亲电试剂是硝酰正离子 NO$_2^+$，它是按下式产生的：

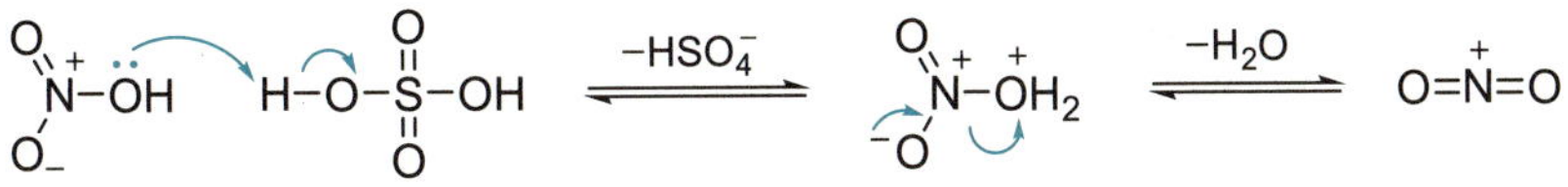

苯的硝化反应按如下历程进行：

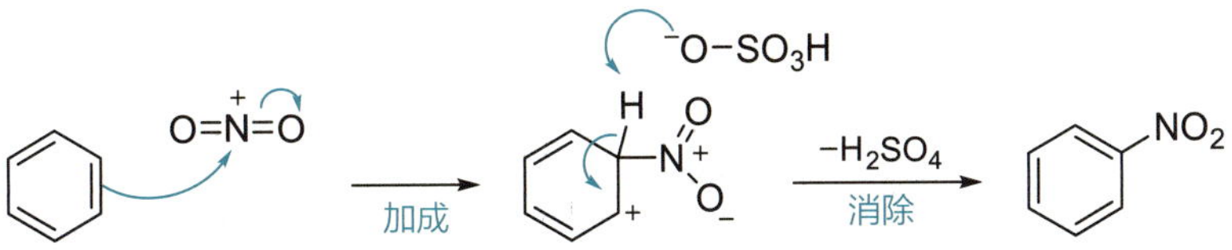

硝基苯在上述条件下不容易进一步硝化。如果增加硝酸的浓度并提高反应温度，苯的硝化反应可得到间二硝基苯。

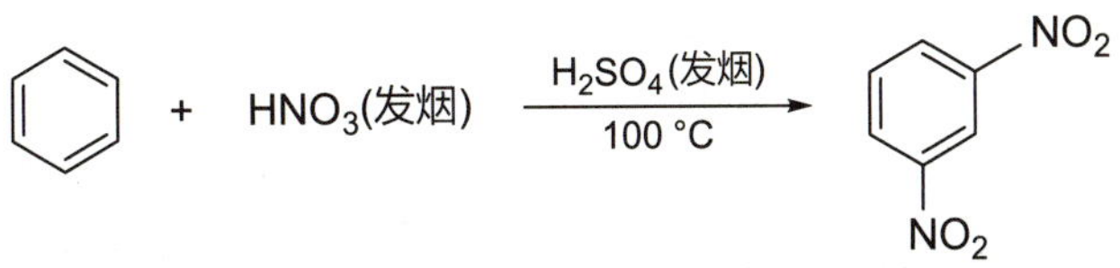

芳香环的亲电硝化在自然界中不发生，但在工业中尤为重要。因为生成的硝基苯用金属（Fe 或 Zn）和盐酸处理后，还可以被还原为苯胺。但在这些酸性条件下，产生的氨基被质子化生成铵离子（ArNH$_3^+$）。因此，反应必须用碱（如 NaOH），以去除额外的质子并再生氨基。这一过程为我们提供了一种在苯环上引入氨基的一般方法。而苯胺是许多染料和药物工业合成的关键原料。我们将在第十二章中讨论胺类化合物的相关反应。

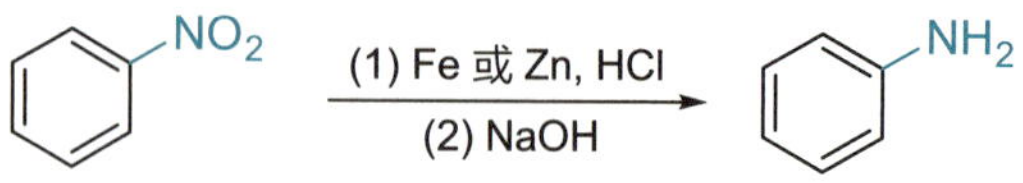

6.3.4 磺化反应

苯与浓硫酸共热得到苯磺酸，苯环上的氢原子被磺酸基取代了。芳香磺酸是强酸，其酸性强度与硫酸相当，常用作有机酸催化剂，如对甲苯磺酸（TsOH）。

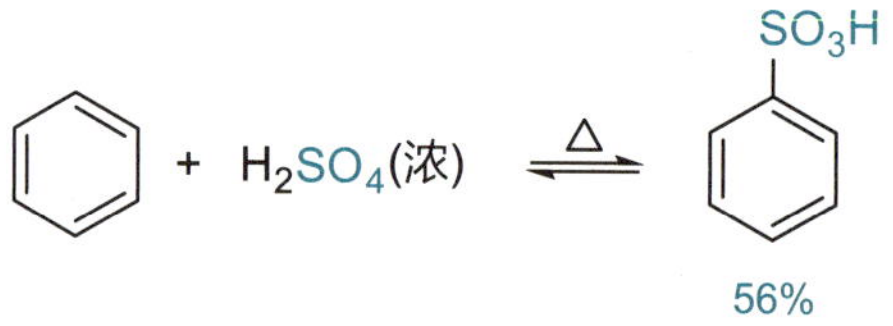

目前认为，磺化反应中一般是 HSO$_3^+$ 或 SO$_3$ 作为亲电试剂。虽然 SO$_3$ 不是正离子，但它是一种缺电子试剂。SO$_3$ 中的 S 原子可以带部分正电荷。因此，反应历程如下：

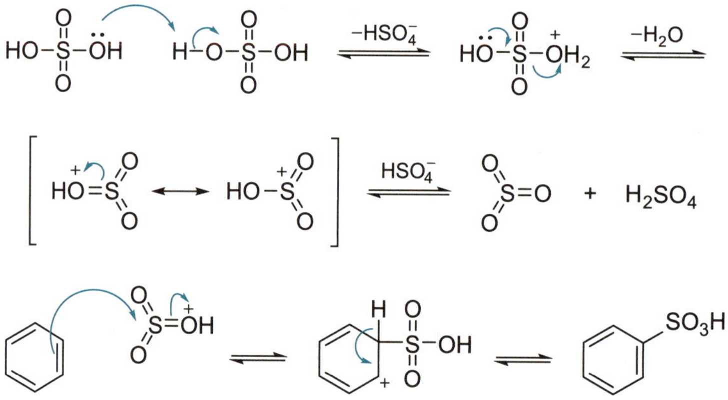

与卤化反应和硝化反应不同的是，磺化反应是一个可逆反应。这一反应既可以正向进行，也可以逆向进行，具体取决于反应条件。在强酸环境中，磺化反应更易发生；而在热的稀酸水溶液中，脱磺化反应更占优势。

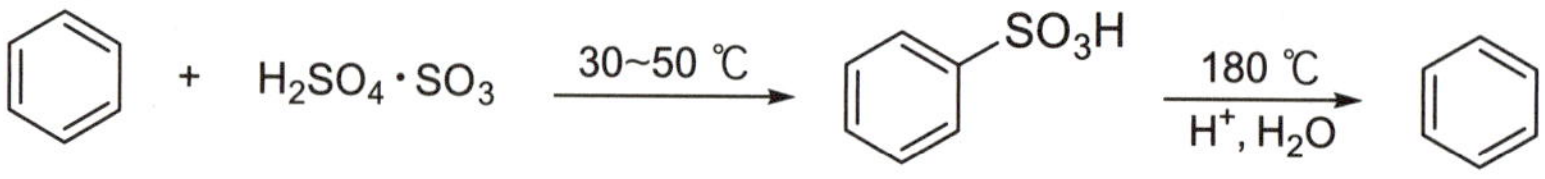

磺化反应和脱磺化反应经历了相同的 σ 络合物，苯磺化反应及其逆反应的势能示意图见图 6-20。

磺化反应之所以可逆，是因为生成的 σ 络合物脱去质子和脱去 SO$_3$ 两步的活化能（E_{a1} 和 E_{a2}）相差不大。而在硝化反应和卤化反应中，从相应的 σ 络合物脱去 NO$_2^+$ 或 X$^+$ 的活化能大于脱去 H$^+$ 的活化能，反应速率相差很大。因此，反应实际上是不可逆的。由于磺化反应可逆，有时会引入磺酸基作为保护基，暂时阻断其所在位置发生芳香亲电取代反应；

或者将其作为导向基,影响与之相关的另一取代反应的位置。当不再需要磺酸基时,再将其脱磺化去除。该性质将被用于稍后多取代芳香化合物的合成。

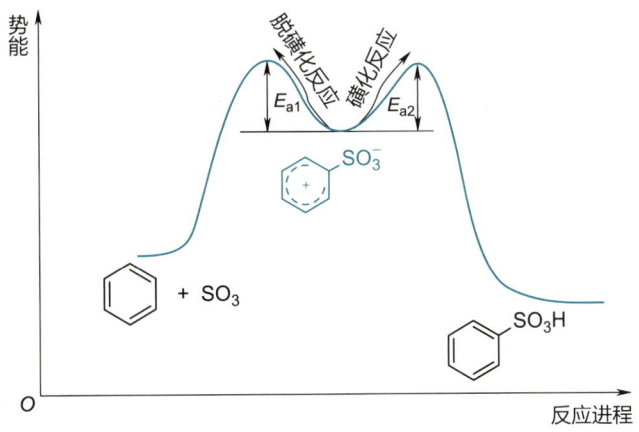

图 6-20　苯磺化反应及其逆反应的势能示意图

除了顺序相反外,脱磺酸基反应遵循与磺化反应相同的反应机理。脱磺化反应的亲电试剂是质子,质子加入苯环形成 σ 络合物,然后 SO_3 离去得到芳香化苯环。过量的水可将生成的 SO_3 通过水合成硫酸,使其从平衡中去除。

与去磺酸基反应类似,如果一个苯环进攻氘离子(D^+)而不是一个质子,也可以生成 σ 络合物,并最终生成苯的氘代产物。

该实验通过在重水 D_2O 中加入 SO_3 生成 D_2SO_4,很容易完成苯的氘代。该反应是可逆的,重水的量决定了达到反应平衡时产物中 D 与 H 的比例。大大过量的重水使苯的六个氢都被置换为氘,从而合成出一种常见的核磁共振溶剂氘代苯(C_6D_6)。

苯磺酸不容易进一步磺化,需要在更高的温度下才能继续磺化,产物为间苯二磺酸。

间苯二磺酸

磺化反应常用于洗涤剂的合成。长支链烷基苯被磺化成相应的磺酸，然后转化为它们的钠盐。由于这种洗涤剂不易生物降解，它们已被更多环境可接受的替代品所取代。

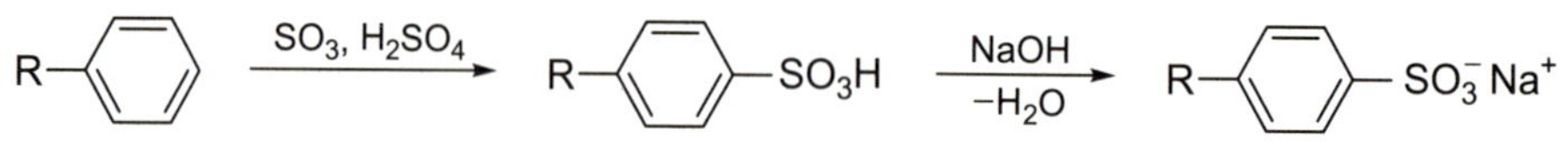

$$R-C_6H_4-H \xrightarrow{SO_3, H_2SO_4} R-C_6H_4-SO_3H \xrightarrow[-H_2O]{NaOH} R-C_6H_4-SO_3^-Na^+$$

苯磺酸钠与五氯化磷或氯化亚砜反应可以制备苯磺酰氯。

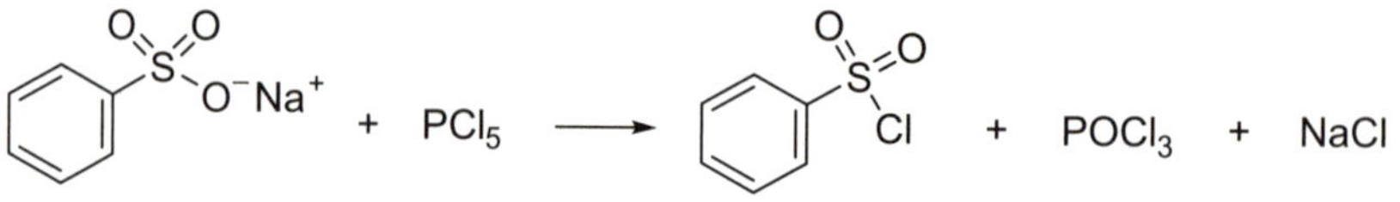

$$C_6H_5SO_3^-Na^+ + PCl_5 \longrightarrow C_6H_5SO_2Cl + POCl_3 + NaCl$$

此外，苯与氯磺酸（$ClSO_3H$）也可以发生氯磺化反应制备苯磺酰氯。

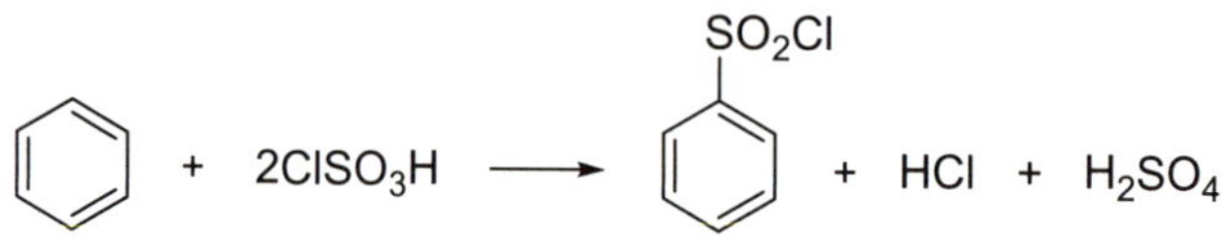

$$C_6H_6 + 2ClSO_3H \longrightarrow C_6H_5SO_2Cl + HCl + H_2SO_4$$

苯磺酰氯非常活泼，与胺反应可以合成许多磺胺类药物，例如广谱抗菌药磺酰嘧啶。

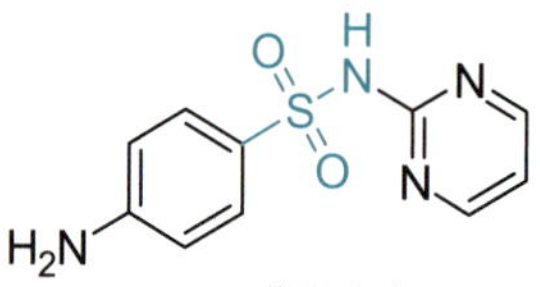

磺酰嘧啶

6.3.5 Friedel-Crafts 反应

在前面的章节中，我们已经看到各种亲电试剂（Br^+、Cl^+、NO_2^+ 和 SO_3）可与苯发生芳香亲电取代反应。下面，我们将讨论含碳亲电试剂的芳香亲电取代反应。1877 年，Friedel 和 Crafts 在芳香溶剂中尝试通过戊基碘与 $AlCl_3$ 反应来合成戊基氯时，偶然发现苯可以与卤代烃和羰基化合物等发生亲电取代反应。Friedel-Crafts 反应主要有两种类型：Friedel-Crafts 烷基化反应和 Friedel-Crafts 酰基化反应。Friedel-Crafts 反应也是有机化学中由 C—H 键转化成 C—C 键最重要的反应之一。

1. Friedel-Crafts 烷基化反应

由于苯不是一种强的亲核试剂，很难和卤代烃发生 S_N2 反应制备烷基苯。

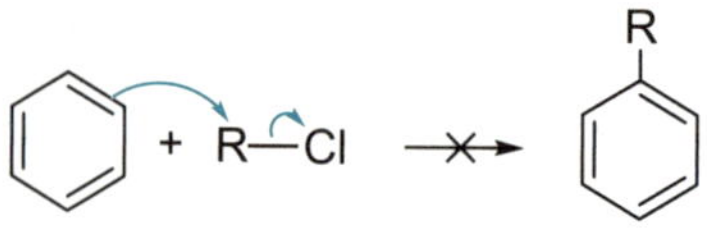

$$C_6H_6 + R-Cl \xrightarrow{\times} C_6H_5R$$

但在无水 $AlCl_3$ 或其他路易斯酸（BF_3）或 Brønsted 酸（H_2SO_4、H_3PO_4）催化剂作用下，苯可以和卤代烃、烯烃、醇反应生成烷基苯。这是一种在苯环上引入一个烷基的好方法。例如：

$$C_6H_6 + RCl \xrightarrow{\text{无水}AlCl_3} C_6H_5R + HCl$$

$$\text{C}_6\text{H}_6 + \text{H}_3\text{C}-\underset{\underset{\text{CH}_3}{|}}{\overset{\overset{\text{CH}_3}{|}}{\text{C}}}-\text{Cl} \xrightarrow{\text{无水AlCl}_3} \text{PhC(CH}_3)_3 + \text{HCl}$$

90%

$$\text{C}_6\text{H}_6 + \text{cyclohexene} \xrightarrow[0\ °\text{C}]{\text{HF}} \text{PhC}_6\text{H}_{11} $$

62%

$$\text{C}_6\text{H}_6 + \text{HO-C}_6\text{H}_{11} \xrightarrow[60\ °\text{C}]{\text{BF}_3} \text{PhC}_6\text{H}_{11} + \text{H}_2\text{O}$$

56%

Friedel-Crafts 烷基化反应的亲电试剂可以是 1°、2°和 3°卤代烃、烯丙基或苄基卤代烃。芳烃与 2°和 3°卤代烃发生 Friedel-Crafts 烷基化反应，其反应中间体是烷基正离子，它是在 AlCl$_3$ 的作用下产生的。烷基正离子能够被苯进攻，生成一个具有共振稳定的 σ 络合物。中间体 σ 络合物发生去质子化反应，从而得到烷基取代苯。

$$\text{R-Cl} + \text{AlCl}_3 \rightleftharpoons \text{R-}\overset{+}{\text{Cl}}\text{-}\overset{-}{\text{AlCl}_3} \rightleftharpoons \text{R}^+ + \text{AlCl}_4^-$$

$$\text{C}_6\text{H}_6 + \text{R}^+ \longrightarrow [\sigma\text{-complex resonance structures}]$$

$$\sigma\text{-complex} + \text{Cl-AlCl}_3 \longrightarrow \text{Ph-R} + \text{AlCl}_3 + \text{HCl}$$

甲基卤代烃和 1°卤代烃的反应中间体是 R-$\overset{+}{\text{X}}$-$\overline{\text{A}}$lX$_3$。

Step 1. 卤代烃活化

$$\text{RCH}_2\text{-X} + \text{AlX}_3 \rightleftharpoons \text{RCH}_2\overset{\delta+}{-}\overset{+}{\text{X}}\text{-}\overline{\text{A}}\text{lX}_3$$

Step 2. 亲电进攻

$$\text{C}_6\text{H}_6 + \text{H}_2\overset{\delta+}{\text{C}}\underset{\text{X-}\overline{\text{A}}\text{lX}_3}{\overset{\text{R}}{|}} \longrightarrow \text{arenium ion-CH}_2\text{R} + \text{AlX}_4^-$$

Step 3. 质子离去

$$\text{arenium-CH}_2\text{R} + \text{X-}\overline{\text{A}}\text{lX}_3 \longrightarrow \text{PhCH}_2\text{R} + \text{HX} + \text{AlX}_3$$

但 3 碳及以上 1°卤代烃容易发生碳正离子重排反应。

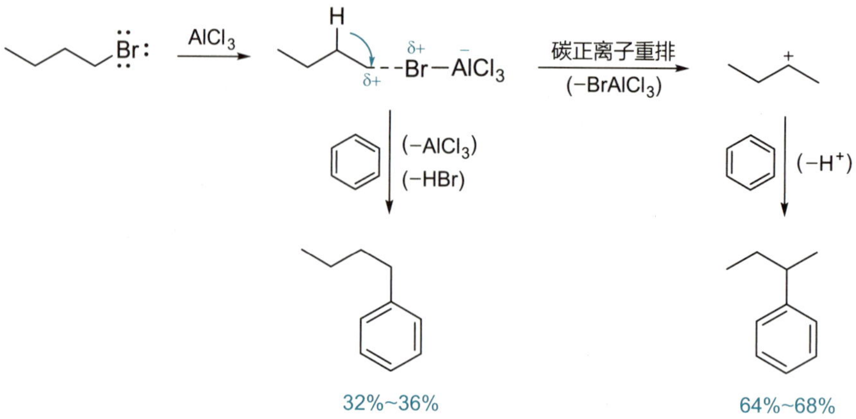

分子内的 Friedel-Crafts 烷基化反应可以在苯环周围增加一个新的环。

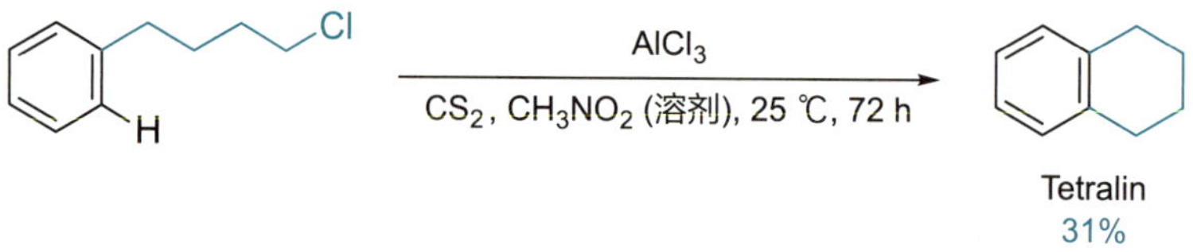

Friedel-Crafts 烷基化反应还存在以下局限性：

（1）在选择卤代烃时，卤代烃不能是卤苯或乙烯基卤，因为其生成的碳正离子稳定性差，不会发生 Friedel-Crafts 反应。

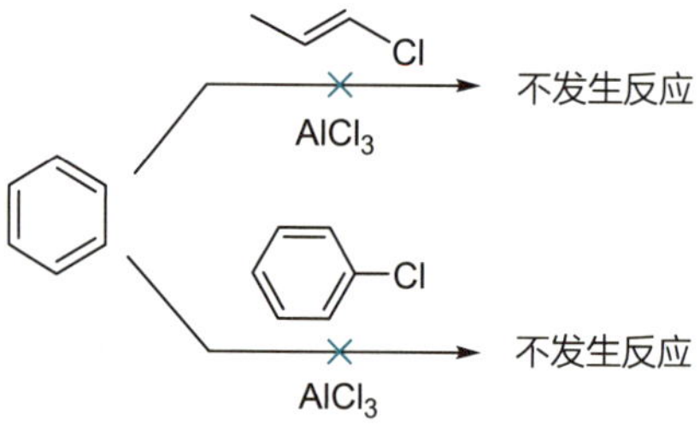

（2）烷基化反应产物中芳环上增加了烷基，而烷基是给电子基团，使产物比反应物更容易发生烷基化反应。因此，烷基化反应产物往往是多取代产物。这个问题通常可以通过选择有利于单烷基化的反应条件来避免，例如在反应过程中加入过量的苯，则可主要得到一取代产物。

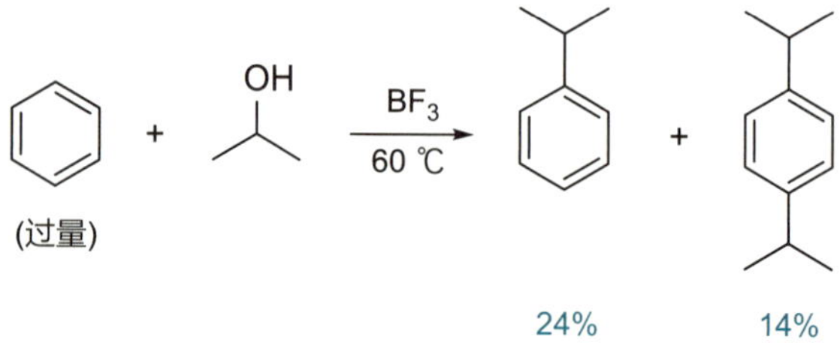

> 为什么吸电子取代基会导致苯环不容易发生 Friedel–Crafts 反应？

（3）Friedel-Crafts 烷基化反应只对苯、带给电子取代基的苯衍生物和卤代苯有效。当芳环上连有强吸电子基或 $-NH_2$、$-NHR$、$-NR_2$ 时难发生 Friedel-Crafts 反应。例如，硝基苯、苯甲酸和苯基酮等都不会发生 Friedel-Crafts 反应。芳香胺也难发生 Friedel-Crafts 反应，因为它可以和 $AlCl_3$ 生成具有强吸电子性的络合物。

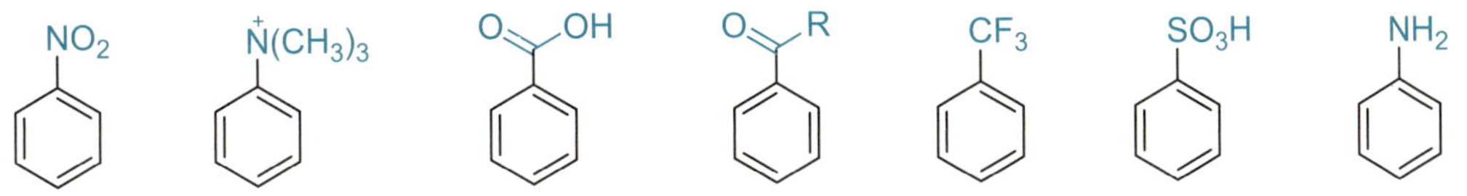

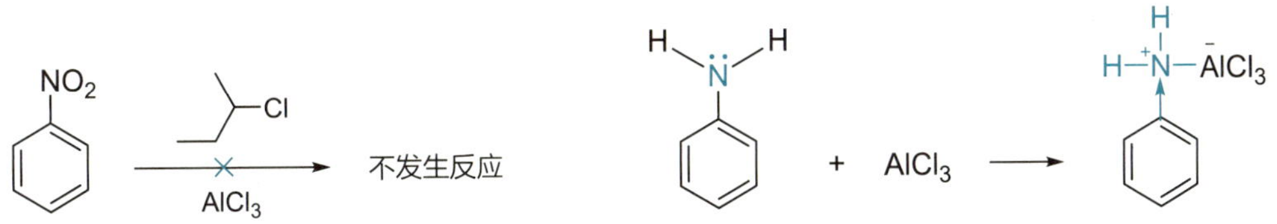

Friedel-Crafts 烷基化反应通过在芳烃分子上添加烷基，成为生产各种工业产品重要反应之一，如苯和乙烯进行酸催化反应生成乙苯。乙苯的生产规模巨大，每年达数百万吨。它是苯乙烯的前体分子，用于生成聚苯乙烯。异丙苯、二甲苯和甲苯均可通过 Friedel-Craft 烷基化反应生产。例如，对二甲苯是用于生产涤纶聚对苯二甲酸乙二醇酯（PET）的重要的前体分子。

2. Friedel-Crafts 酰基化反应

在发现 Friedel-Crafts 烷基化反应后，Friedel 和 Crafts 又将卤代烃扩展至酰氯，发现增加 $AlCl_3$ 的量，可以使苯环上增加一个酰基，这也是合成芳香酮的重要方法。Friedel-Crafts 酰基化反应除了酰卤，还有酸酐甚至羧酸。和 Friedel-Crafts 烷基化不一样，$AlCl_3$ 作为路易斯酸不是催化剂量，一般要大于 1 当量。此外 BF_3 等路易斯酸和 H_2SO_4、H_3PO_4 等质子酸也能参与反应。

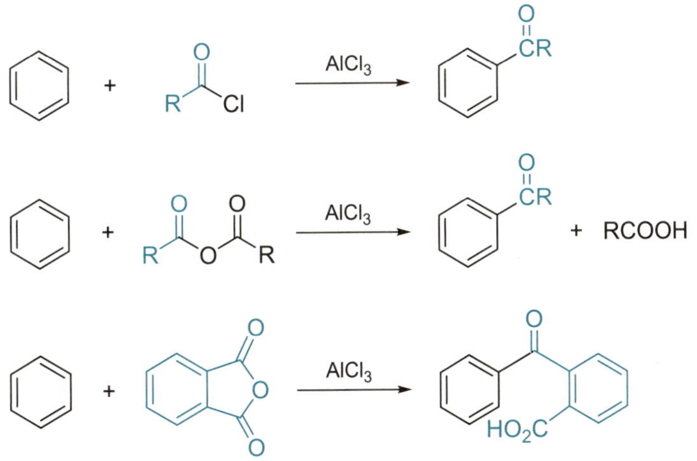

其中酰氯很容易用二氯亚砜（$SOCl_2$）或五氯化磷（PCl_5）与羧酸反应制备：

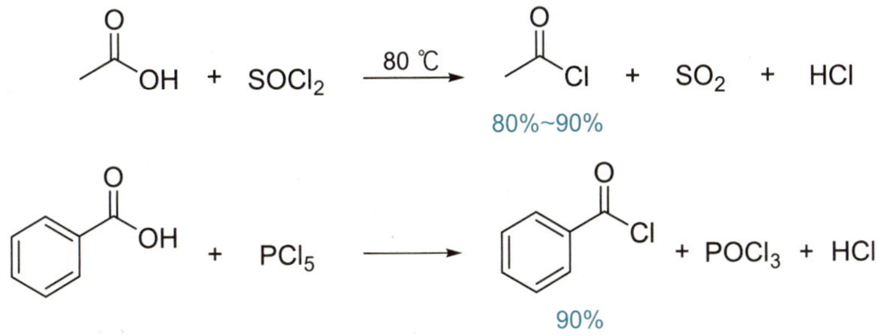

Friedel-Crafts 酰基化反应中的亲电试剂是酰基正离子，它是在 $AlCl_3$ 作用下产生的。首先酸酐与 $AlCl_3$ 形成酰基正离子亲电试剂。与烷基氯化物不同，酸酐含有两种亲核位点，即

碳氧单键上氧原子和碳氧双键上氧原子。为什么不是碳氧单键上的氧原子进攻缺电子的铝原子？原来，碳氧单键上氧原子受两边羰基的吸电子共轭效应的影响，电子密度不及碳氧双键上氧原子的电子密度，因此碳氧双键上氧原子更容易亲核进攻缺电子的铝原子，然后脱去一个乙酰基与氯化铝络合物，得到乙酰正离子。乙酰正离子遵循芳烃亲电取代反应的一般机理，得到芳香酮产物。

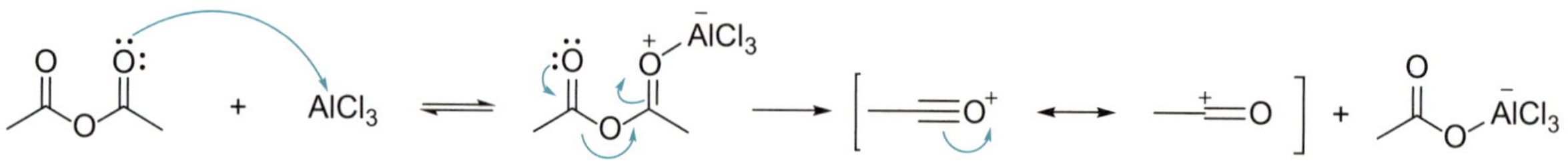

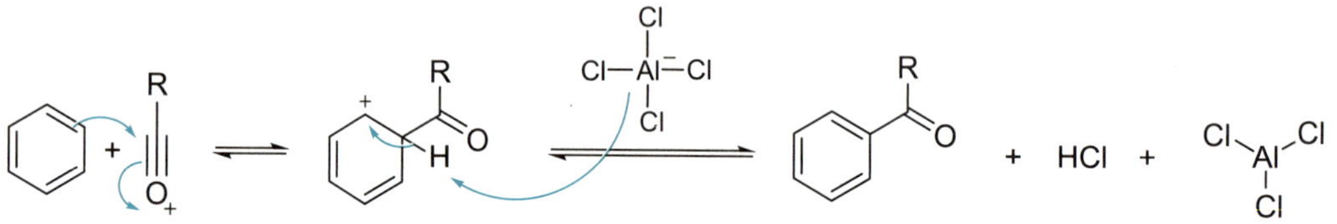

和分子内的 Friedel-Crafts 烷基化反应类似，分子内的 Friedel-Crafts 酰基化反应也可以在苯环周围增加一个新的环。

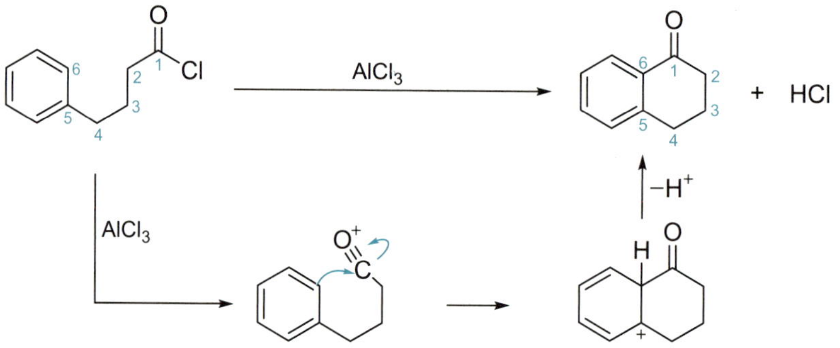

与 Friedel-Crafts 烷基化反应对比，Friedel-Crafts 酰基化反应有以下三个不同的反应特点：

（1）没有重排产物。与 Friedel-Crafts 烷基化的反应中间体碳正离子不同，Friedel-Crafts 酰基化的反应中间体是酰基正离子，不能发生重排，因此，Friedel-Crafts 酰基化反应没有重排产物。利用 Friedel-Crafts 酰基化反应这一特点，结合羰基的还原反应，我们可以由苯直接制备没有重排的烷基苯。

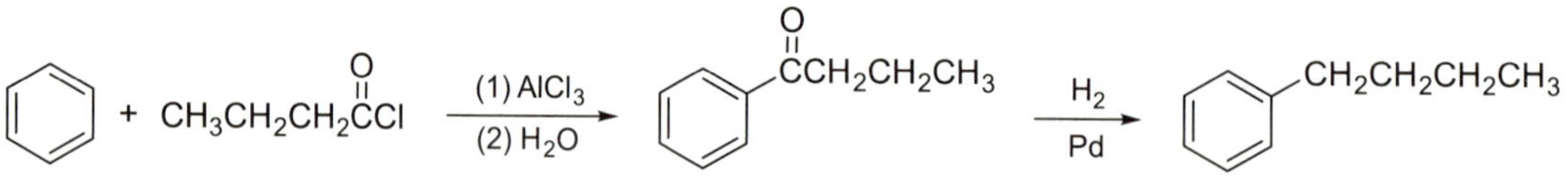

此处的羰基还原反应，还可以采用第九章中 Clemmensen 还原或 Wolff-Kishner-黄鸣龙还原方法。

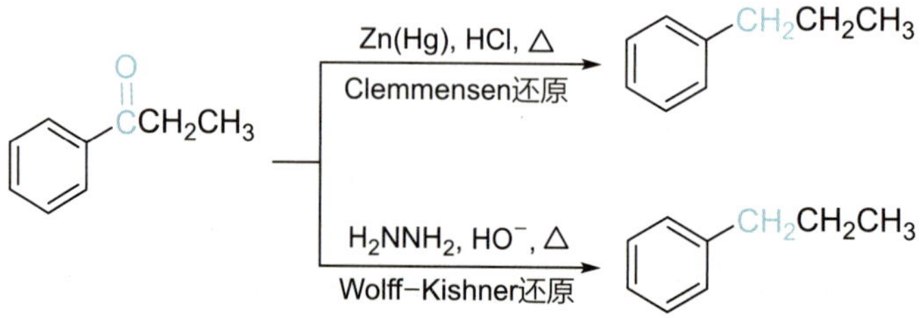

（2）与 Friedel-Crafts 烷基化反应不同，Friedel-Crafts 酰基化反应没有多元取代产物。Friedel-Crafts 酰基化反应后的产物有酰基取代基，是强吸电子基，不能进一步酰基化，只保留在一取代。

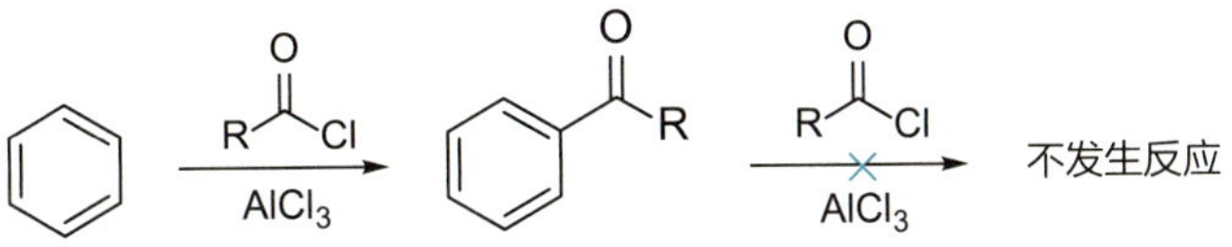

（3）催化剂 $AlCl_3$ 通常要过量，这是因为氯化铝可以和产生的芳香酮形成络合物。因此在该反应中需要大于 1 当量的 $AlCl_3$。在反应结束时，一般要加入水来破坏络合物，并产生游离的芳香酮。

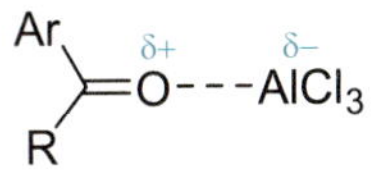

需要注意的是，与 Friedel-Crafts 烷基化反应相同的是，当芳环上连有强吸电子基时也难发生 Friedel-Crafts 酰基化反应。例如，要以苯为原料合成间硝基正丁苯：

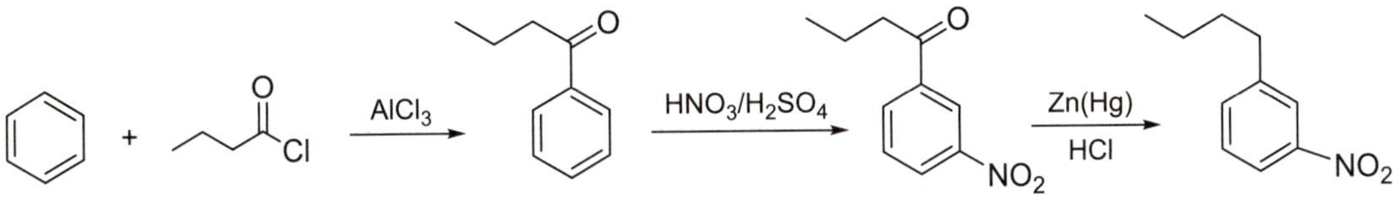

若先进行硝化反应，则后面 Friedel-Crafts 酰基化反应难进行。若先 Friedel-Crafts 酰基化，再进行硝化反应，最后进行 Clemmensen 还原反应，则主要产物为间硝基正丁苯。

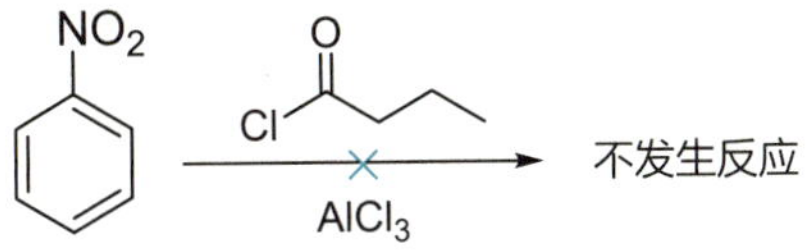

当芳环连有 $-NH_2$、$-NHR$、$-NR_2$ 时，由于氮原子具有较强碱性和亲核性，在酰基化反应中，苯胺不仅可以和 $AlCl_3$ 生成具有强吸电子性的络合物，而且还存在着氨基酰基化和芳环酰基化的竞争反应。若氮原子上没有氢原子，三级芳香胺可以直接进行 Friedel-Crafts 酰基化反应，而一级、二级芳香胺需要将氨基保护后再进行 Friedel-Crafts 酰基化反应。

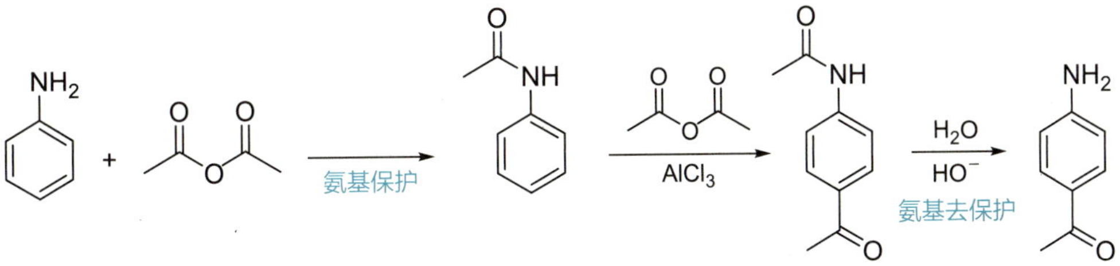

6.3.6 Haworth 反应

Haworth 反应是芳烃和丁二酸酐发生 Friedel-Crafts 酰基化反应，然后羰基经 Clemmensen 还原和分子内的 Friedel-Crafts 酰基化反应制备四氢萘酮的反应。该反应将 Friedel-Crafts 酰基化反应用于在苯环上引入一个六元环。

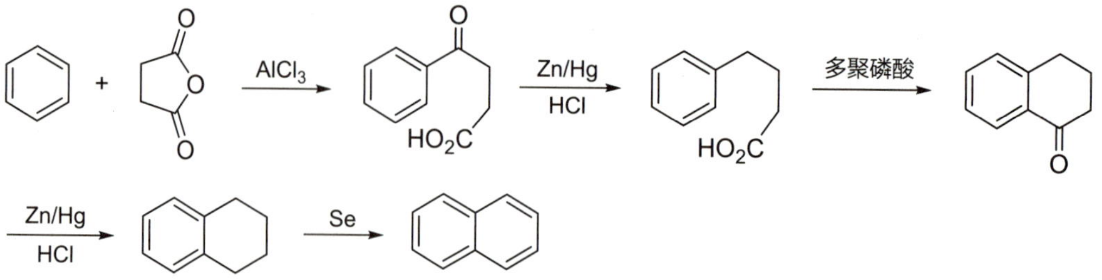

四氢萘酮可继续用 Clemmensen 还原羰基后，再用硒加热脱氢得到多环芳烃——萘，同样也可用该方法进一步合成蒽、菲等稠环化合物。

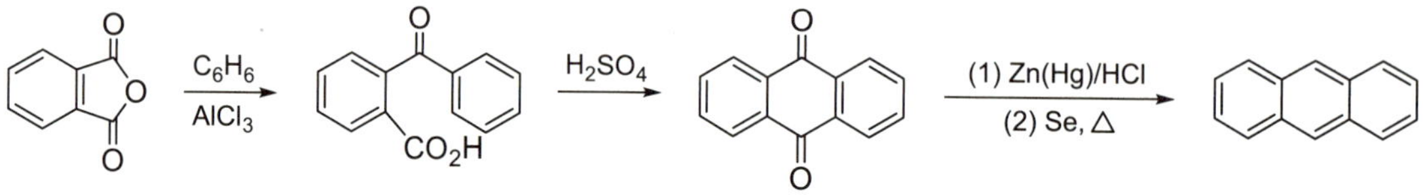

6.3.7 Blanc 氯甲基化反应

在无水 $ZnCl_2$ 催化下，芳烃与甲醛和 HCl 反应，得到氯甲基取代产物。氯甲基化反应很重要，因为苄基氯很活泼，芳环上的氯甲基容易转化为羟甲基（-CH$_2$OH）、氰甲基（-CH$_2$CN）、羧甲基（-CH$_2$COOH）、氨甲基（-CH$_2$NH$_2$）等。当芳环上有强吸电子基时，此类反应难发生。

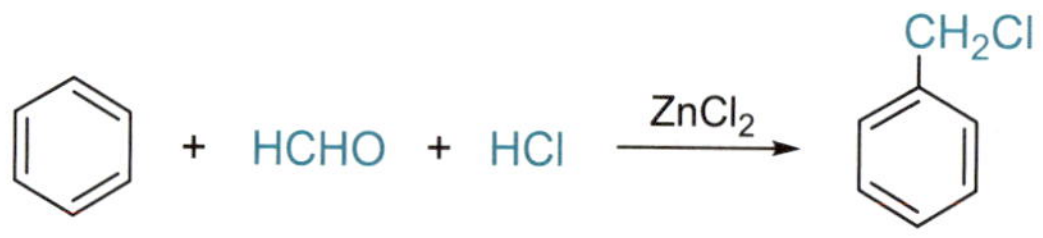

Blanc 氯甲基化反应在酸性环境下进行，以氯化锌作为催化剂。苯环亲核进攻质子化的甲醛，然后伴随芳香环的重新构建，生成苄醇。在反应条件下，苄醇很容易被转化为苄基氯。反应的机理如下：

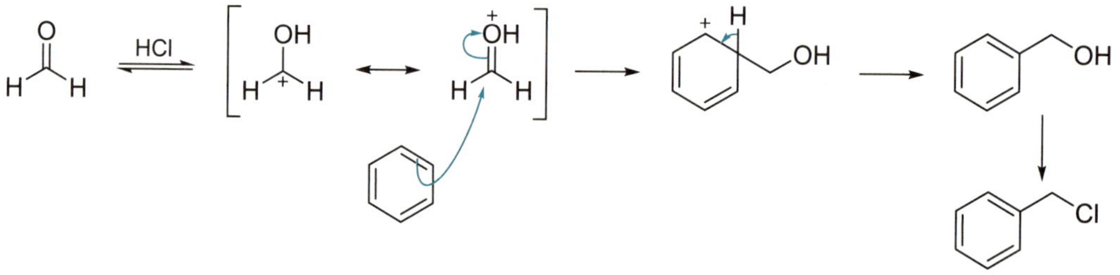

在氯化锌存在下，苯和苄基氯容易进一步发生 Friedel-Crafts 烷基化反应生成二苯甲烷。苯酚、苯胺等非常活泼的芳烃容易进一步与产物苄基氯/苄醇发生 Friedel-Crafts 烷基化反应，因此也不适合用作这类反应的底物。

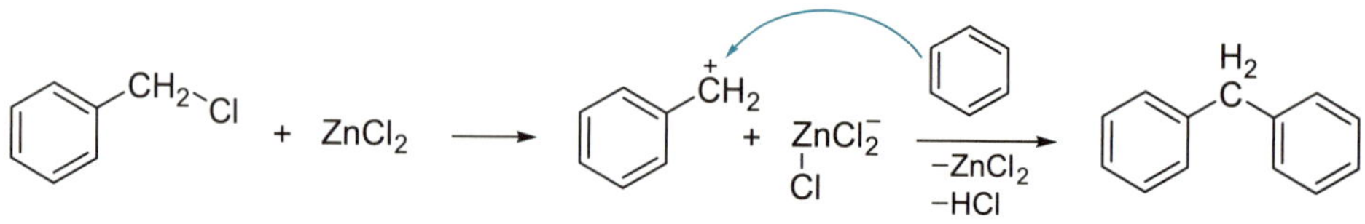

6.3.8 Gattermann-Koch 反应

等量 CO 与 HCl 的混合气体，在无水 $AlCl_3$、CuCl 或 $TiCl_4$ 等 Lewis 酸存在下与芳烃反应生成芳香醛，此反应称为 Gattermann-Koch 反应。这是一种在芳环上引入甲酰基的重要方法。

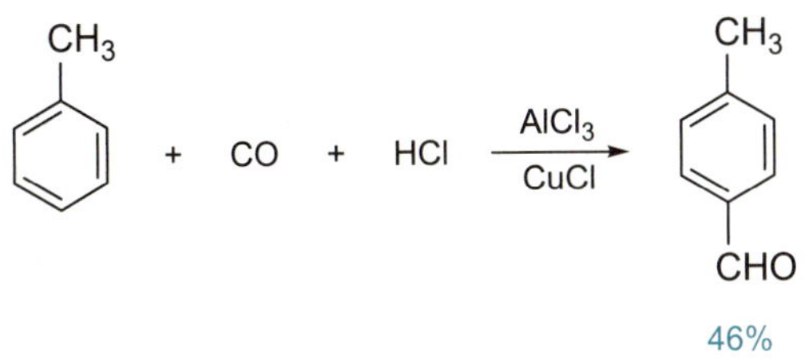

$$\text{甲苯} + CO + HCl \xrightarrow[CuCl]{AlCl_3} \text{对甲基苯甲醛 (46\%)}$$

其反应机理如下：

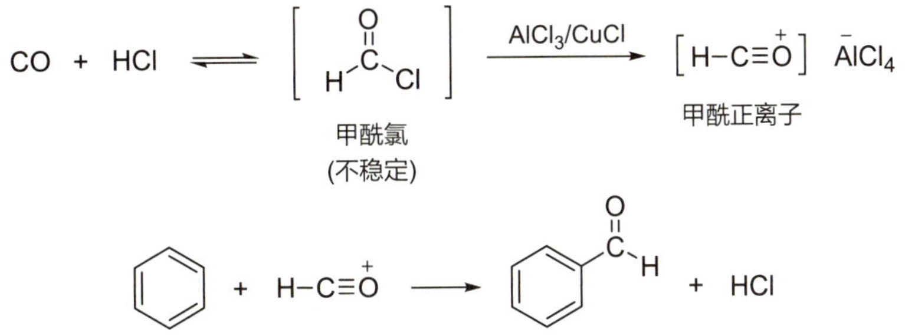

$$CO + HCl \rightleftharpoons [\text{HCOCl}] \xrightarrow{AlCl_3/CuCl} [H-C\equiv\overset{+}{O}]\ AlCl_4^-$$
甲酰氯（不稳定） → 甲酰正离子

$$\text{苯} + H-C\equiv\overset{+}{O} \longrightarrow \text{苯甲醛} + HCl$$

但此类反应仅适用于烷基苯的甲酰化，单取代的烷基苯在进行甲酰化时，几乎全部生成对位产物。苯胺的化学性质太活泼，易在该反应条件下与生成的芳醛缩合成三芳基甲烷衍生物。同时该反应也不适用于苯胺、苯酚和苯酚醚。

6.3.9 Reimer–Tiemann 反应

Reimer–Tiemann 反应是苯酚类化合物和氯仿在强碱 NaOH 水溶液中反应，在羟基的邻位或对应引入一个醛基（—CHO）的过程。该反应是 1876 年由 Reimer 和 Tiemann 发现的，但只有苯环上富电子的酚类（实际上是酚基负离子）才能发生此反应，例如烷基、烷氧基取代的苯酚、卤代苯酚、萘酚等可在上述反应条件下发生甲酰化。

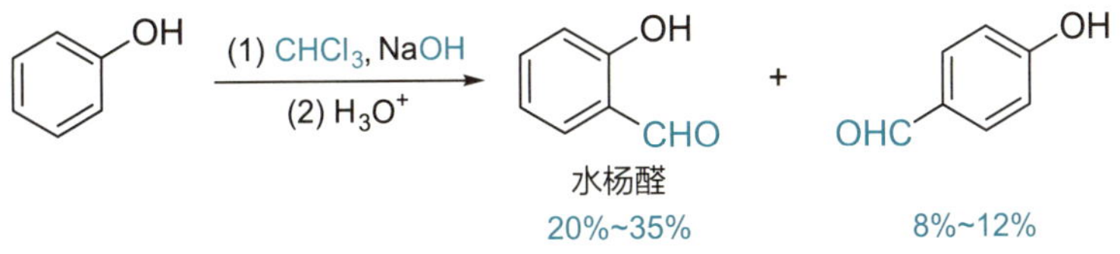

$$\text{苯酚} \xrightarrow[(2)\ H_3O^+]{(1)\ CHCl_3,\ NaOH} \text{水杨醛 (20\%~35\%)} + \text{对羟基苯甲醛 (8\%~12\%)}$$

这个反应是一个典型的芳香亲电取代反应，亲电试剂是二氯卡宾（:CCl$_2$），它可由氯仿和 NaOH 反应原位生成。碱首先从氯仿中拔除一个氢原子，生成三氯碳负离子。该碳负离子通过 α-消除反应失去一个氯离子形成二氯卡宾。然后苯酚上氢被碱拔除，使电子离域到环的邻位和对位，与二氯卡宾发生如下亲电取代反应：

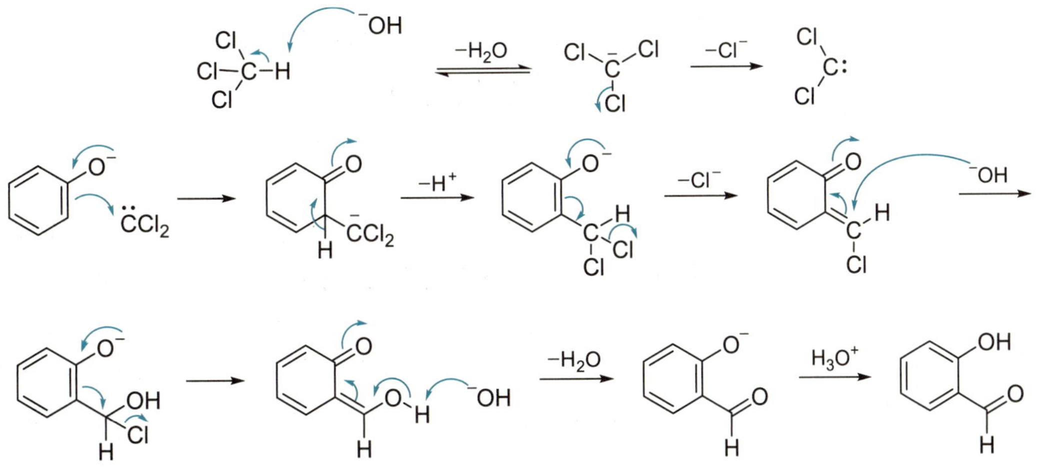

> 请思考对甲酰基苯酚生成的反应机理。

由于二氯卡宾能与烯烃和胺反应，分别生成二氯环丙烷和异氰，因此，Reimer-Tiemann 反应不适合含有这些官能团的底物。邻甲酰基产物在 Reimer-Tiemann 反应中通常占主导地位，但当该位置已被取代时，会得到对甲酰基苯酚。芳香族化合物的直接甲酰化可以通过 Gattermann-Koch 反应完成。然而，就操作的易用性和安全性而言，Reimer-Tiemann 反应是最有利的路线。

6.3.10　Fries 重排反应

Fries 重排反应是指酚酯在 Lewis 酸（如 $AlCl_3$、$ZnCl_2$、$FeCl_3$）或 Brønsted 酸（如 HF、甲磺酸）催化下重排为邻位或对位酰基酚的反应。该反应由德国化学家 Fries 首先报道。重排可以在硝基苯、硝基甲烷等溶剂中进行，也可以不用溶剂直接加热进行。脂肪或芳香羧酸的酚酯都可以发生重排。因取代基影响反应，底物一般不含有位阻大的基团。和苯的 Friedel-Crafts 酰基化一样，当酚的芳环上有间位定位基存在时，重排一般不能发生。该反应是在酚的芳环上引入酰基的重要方法，酚酯的制备可以采用第九章中芳基酮的 Baeyer-Villiger 氧化反应。

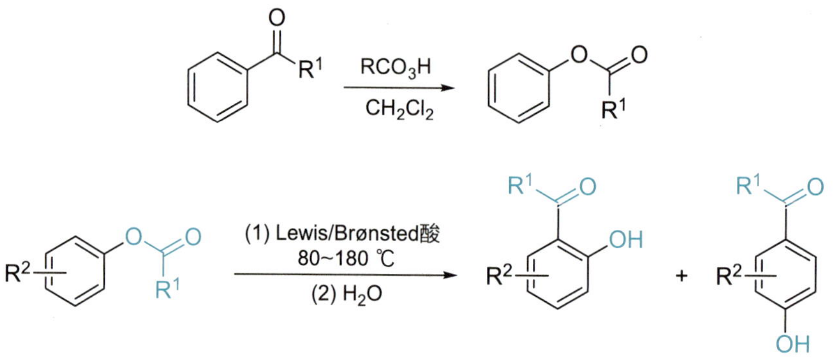

例如：

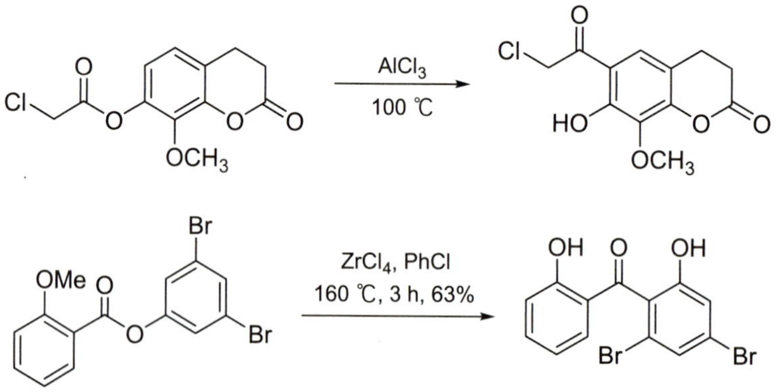

Fries 重排反应机理究竟是分子间反应还是分子内反应至今仍未完全清楚，一个接受较广的机理是涉及酰基正离子的机理。该机理中，首先是酚酯的羰基氧原子与路易斯酸性的铝原子进行配位，而不是酚上氧原子，因为这个氧原子比酚上氧原子更富电子。这也导致酚酯上 C-O 键极化，从而导致酚上氧原子重排到铝原子上，C-O 键断裂，产生酚基铝化物和酰基正离子。酰基正离子接下来在苯酚的邻位或对位发生类似芳香亲电取代反应，得到共振稳

定的σ络合物，再经水解得到羟基芳酮产物，具体反应机理如下：

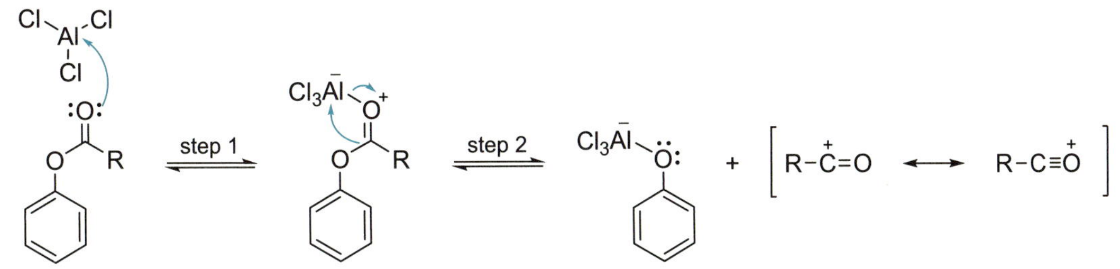

苯酚邻位酰基化：

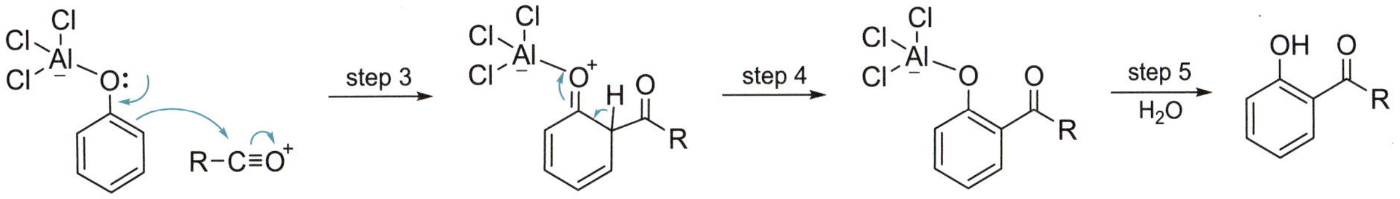

苯酚对位酰基化：

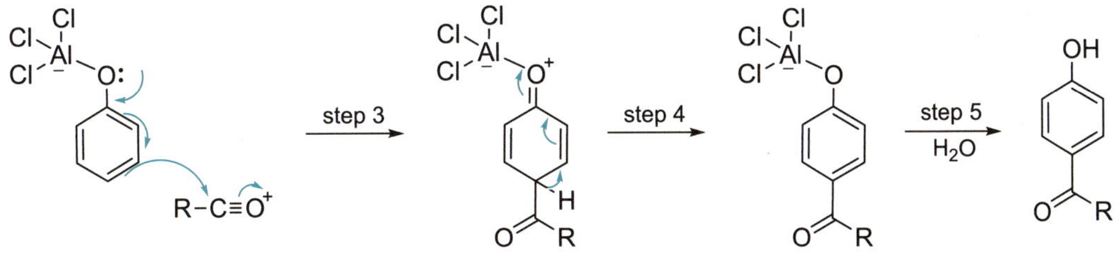

邻对位未取代的苯酚酯重排产物为邻、对位混合产物。通过改变反应条件，如温度，溶剂或催化剂可以使混合产物中某一异构体为主要产物。一般来说，低温有利于对位产物的生成，高温有利于邻位产物的生成。例如：

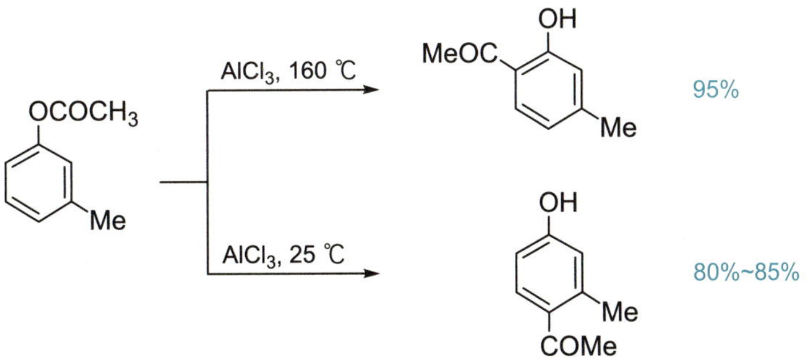

在低温条件下，Fries 重排反应受动力学控制，生成对位产物在动力学上更有利。而在高温条件下，Fries 重排反应受热力学控制，因为邻位产物能与铝形成更稳定的双齿配合物。

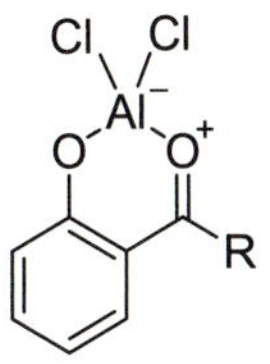

Fries 重排也可以在没有催化剂的情况下进行，但需要有紫外光的存在。产物仍然是邻或对羟基芳酮。这种类型的 Fries 重排称为"光 Fries 重排"。光 Fries 重排产率很低，很少用于合成。不过苯环上连有间位定位基时仍然可以进行光 Fries 重排。

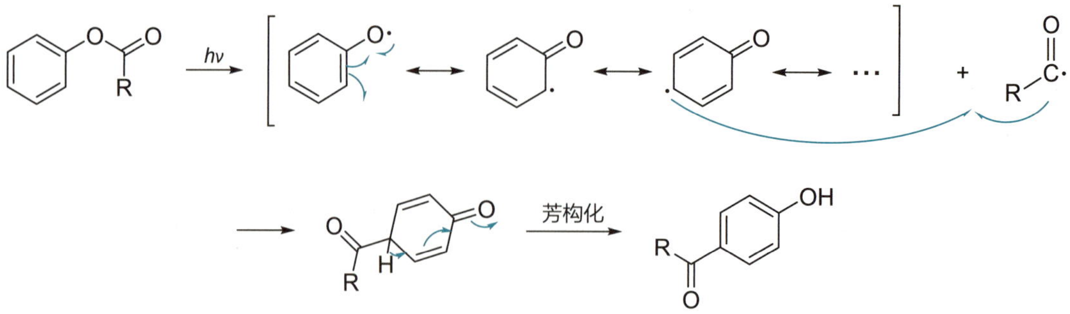

研究显示，光 Fries 重排会导致天气炎热时塑料瓶的降解，由聚对苯二甲酸乙二酯（PET）制成的塑料瓶在 40 ℃ 左右和波长为 310 nm 的紫外光照射下会发生光 Fries 重排而降解。

6.4 芳香亲电取代反应的定位效应

6.4.1 单取代芳烃亲电取代反应的定位效应

在单环芳烃的亲电取代反应中，当苯环上没有取代基时，新进入的取代基可以进入苯环的任一位置。1895 年，Holleman 等从大量实验事实中归纳发现，当单取代苯经历芳香亲电取代反应时，新进入基团的位置（定向）和反应速率（活性）由苯环上已有的取代基决定，这就是单取代芳烃亲电取代反应的定位效应（orientation effect）。

1. 定位基团

当已有一个取代基 G 的取代苯进行亲电取代反应时，第二个取代基进入苯环的位置和速率常常取决于苯环上原有取代基的性质。因此，把苯环上第一个取代基 G 称为定位基。第二个取代基进入苯环时，有三个不同的位置可供选择：进入定位基 G 的邻位、对位或间位。表 6-2 列出了一些单取代苯的硝化反应实验结果。

表 6-2 单取代苯的硝化反应实验结果

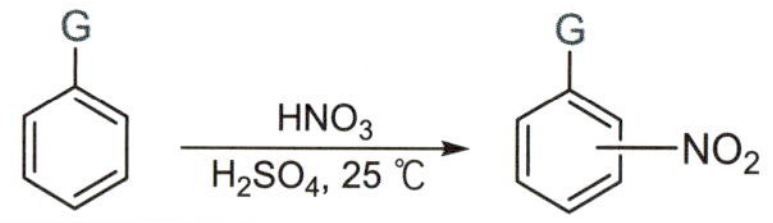

定位基 G	产物含量/%			定位基 G	产物含量/%		
	o−	m−	p−		o−	m−	p−
致活邻对位定位基				致钝间位定位基			
−CH₃	63	3	34	−N⁺(CH₃)₃	2	87	11
−OH	50	0	50	−NO₂	7	91	2
−NHCOCH₃	19	2	79	−CO₂H	22	76	2
致钝邻对位定位基				−CN	17	81	2
−F	13	1	86	−CO₂CH₃	28	66	6
−Cl	35	1	64	−COCH₃	26	72	2
−Br	43	1	56	−CHO	19	72	9
−I	45	1	54				

从表 6-2 不难发现，对不同的单取代苯进行同一亲电取代反应时，就反应产物比例进行

分析，有两大类定位基：

一类是邻对位定位基（*o,p*-director），又称第一类定位基，包括与苯单键相连，且含有孤电子或负离子的原子，如 -OH、卤素等；还包括含有 π 电子的基团，如烯基、苯基等；具有给电子效应的烷基也属于邻对位定位基。

另一类是间位定位基（*m*-director），又称第二类定位基，包括与苯环相连的原子有极性双键或叁键的取代基，如 $-NO_2$、-COR、-CN 等；与苯环相连的是带正电荷的原子或强的吸电子基，如 $-CF_3$、$-\overset{+}{N}(CH_3)_3$ 等。

2. 反应活性

苯环上取代基除了可以影响亲电取代反应的定位外，还可以影响亲电取代反应的速率。表 6-3 给出了单取代苯硝化反应的相对反应速率。

表 6-3 单取代苯硝化反应的相对反应速率

取代苯	相对反应速率
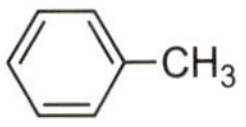 C₆H₅—CH₃	24.5
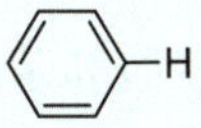 C₆H₅—H	1.0
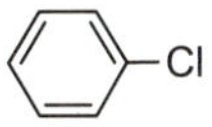 C₆H₅—Cl	0.033
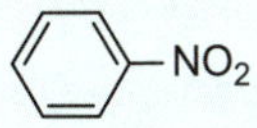 C₆H₅—NO₂	6×10^{-8}

我们可以看出，苯环上连有给电子的取代基可以加速亲电取代反应，而吸电子取代基可以降低反应速率。加速亲电取代反应的取代基，称为致活基团（activating group），降低亲电取代反应速率的取代基，称为致钝基团（deactivating group）。氨基、羟基、烷氧基和烷基等取代基是典型的邻对位取代基，因为具有给电子共轭效应和超共轭效应，会使得苯环上电子密度增大，导致亲电取代反应速率加快，是致活邻对位取代基。卤素也是典型的邻对位取代基，具有吸电子诱导效应和给电子共轭效应，由于反应活性主要受吸电子诱导效应的影响，会使苯环上电子密度减小，导致亲电取代反应速率降低，是致钝邻对位定位基。硝基、磺酸基、氰基和羰基等取代基是典型的间位定位基，具有吸电子诱导效应和共轭效应，会使苯环上电子密度减小，导致亲电取代反应速率降低，是致钝间位定位基。因此，取代芳烃的定位基又可细分为以上三类。根据表 6-3，亲电取代反应速率顺序如下：

致活邻对位定位基芳烃 > 苯 > 致钝邻对位定位基芳烃 > 间位定位基芳烃

同一类定位基的定位能力大小也不同，三类定位基的反应活性顺序如下：

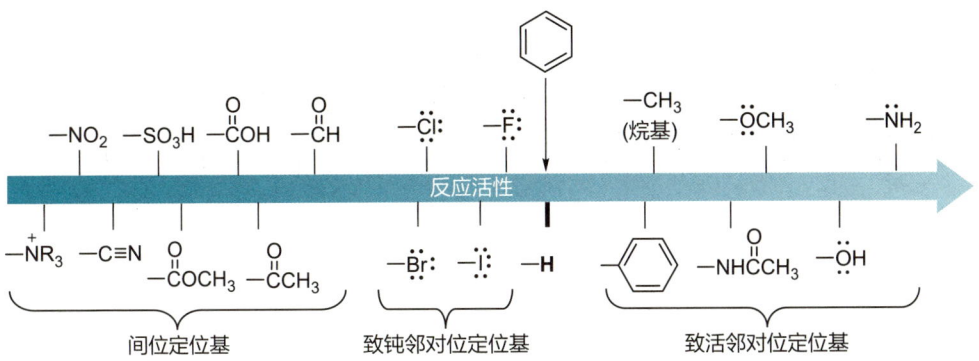

在此要注意，芳烃亲电取代反应活性顺序：氟苯 > 碘苯 > 氯苯 ≈ 溴苯。从诱导效应看，我们知道氟 > 氯 > 溴 > 碘，其吸电子能力也是这个顺序。按道理氟苯电子密度更小，活性更低，碘苯电子密度更大，活性更高。为什么氟苯和碘苯的反应活性刚好相反呢？

虽然从诱导效应来看，吸电子能力顺序是氟 > 氯 > 溴 > 碘，芳烃亲电取代反应活性顺序是氟苯 < 氯苯 < 溴苯 < 碘苯。但从共轭效应来看，由于不同卤原子参与苯环共轭的轨道能级不同，导致轨道重叠效果不一样[F(2p) > Cl(3p) > Br(4p) > I(5p)]，使得给电子能力有差异，顺序是氟 > 氯 > 溴 > 碘，芳烃亲电取代反应活性顺序是氟苯 > 碘苯 > 氯苯 ≈ 溴苯。综合诱导效应和共轭效应，反应活性顺序是氟苯 > 碘苯 > 氯苯 ≈ 溴苯。

诱导效应
F > Cl > Br > I

共轭效应
F(2p) > Cl(3p) > Br(4p) > I(5p)

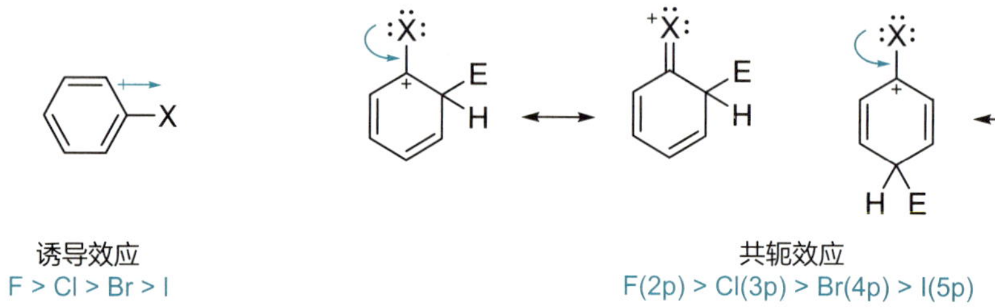

还需注意的是，与卤苯相比，具有强致活能力邻对位定位基的苯胺和苯酚的卤化反应，在没有催化剂的情况下就可发生，而且反应不易停留在单取代，反应只生成邻位和对位取代产物。这说明苯胺和苯酚的反应活性比卤苯的反应活性高，因为相比于氮和氧的吸电子诱导效应，苯环上氨基和羟基的给电子共轭效应影响更大。

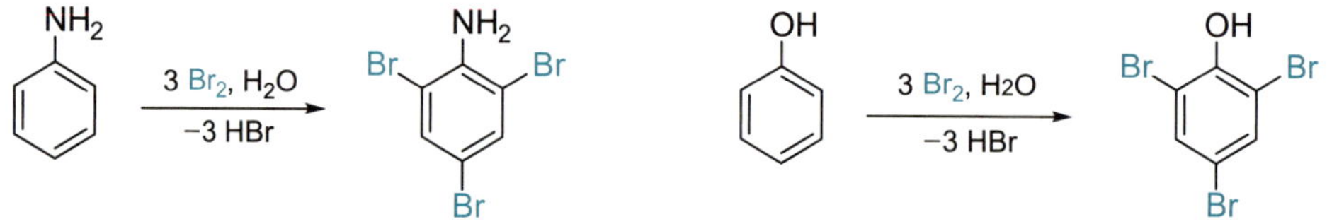

以对位取代为例，其反应机理如下：

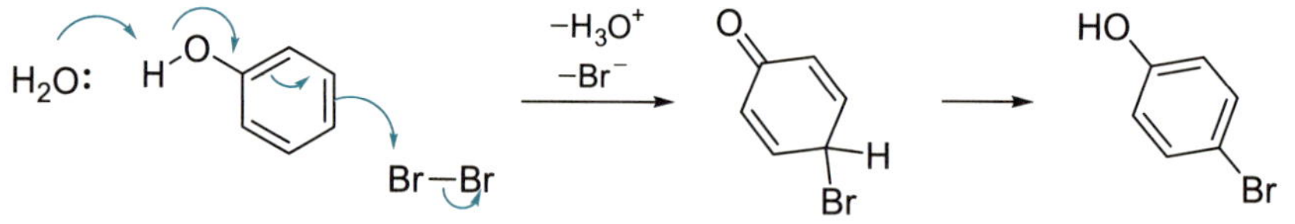

为了让亲电取代停留在单取代，可以修饰氨基和羟基。如乙酰苯胺和苯甲醚，就可以更好地控制苯环的单取代。

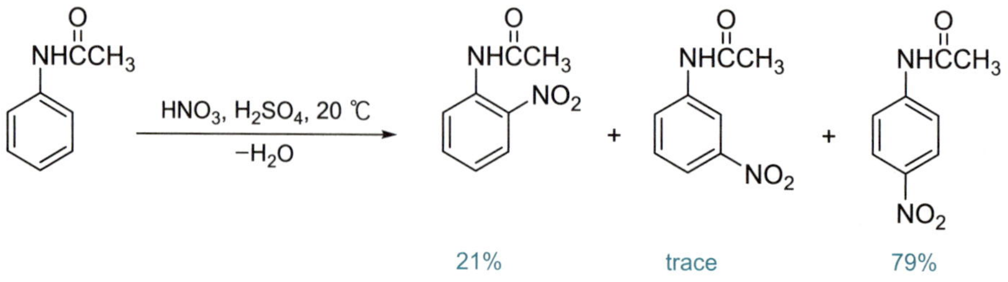

21%　　　　trace　　　　79%

6.4.2 定位效应的理论解释

1. 电子效应对苯环上电子密度分布的影响

那么，如何理解这些定位效应呢？为什么硝基取代就是间位产物，氨基取代就是邻对位产物呢？首先从电子效应看取代基对苯环上电子密度分布的影响。与苯环上碳相比，氨基作为致活邻对位定位基有给电子共轭效应和吸电子诱导效应，而且共轭效应大于吸电子诱导效应，所以会使苯环上的电子密度增大，但邻对位电子密度增加更大。硝基是典型的致钝间位定位基，具有吸电子诱导效应和共轭效应，因此使苯环上的电子密度减小，但间位电子密度减小得较少。氯原子是典型致钝邻对位定位基，具有吸电子诱导效应和给电子共轭效应，但在此，诱导效应大于共轭效应，表现出吸电子作用，因此使苯环上的电子密度减小，但间位电子密度减小得更多。这主要是因为氯原子给电子共轭效应倾向于对抗吸电子的诱导效应，使得苯环邻对位的电子密度降低程度相对要小些。

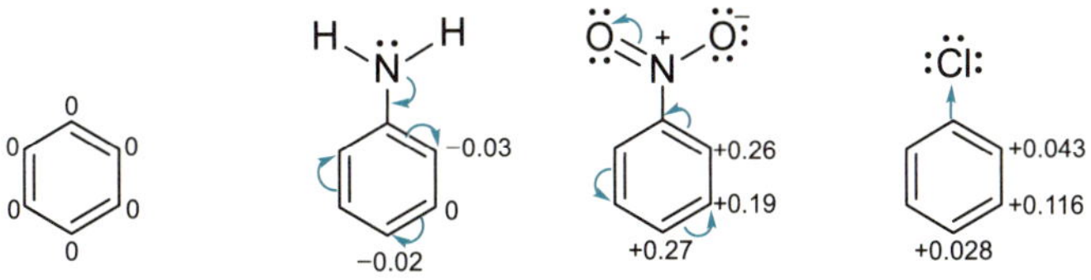

2. 共振论对反应中间体稳定性的解释

从亲电反应中间体的稳定性也可解释不同取代基的定位效应。

例如，致活的邻对位定位基如氨基取代的苯环发生亲电取代反应，第一步得到的碳正离子有如下几种共振式。若是邻对位取代，这些共振杂化体中存在相对最稳定的共振式，而间位取代不存在相对最稳定共振式，因此致活的邻对位定位基对苯环上发生邻对位亲电取代反应有利。

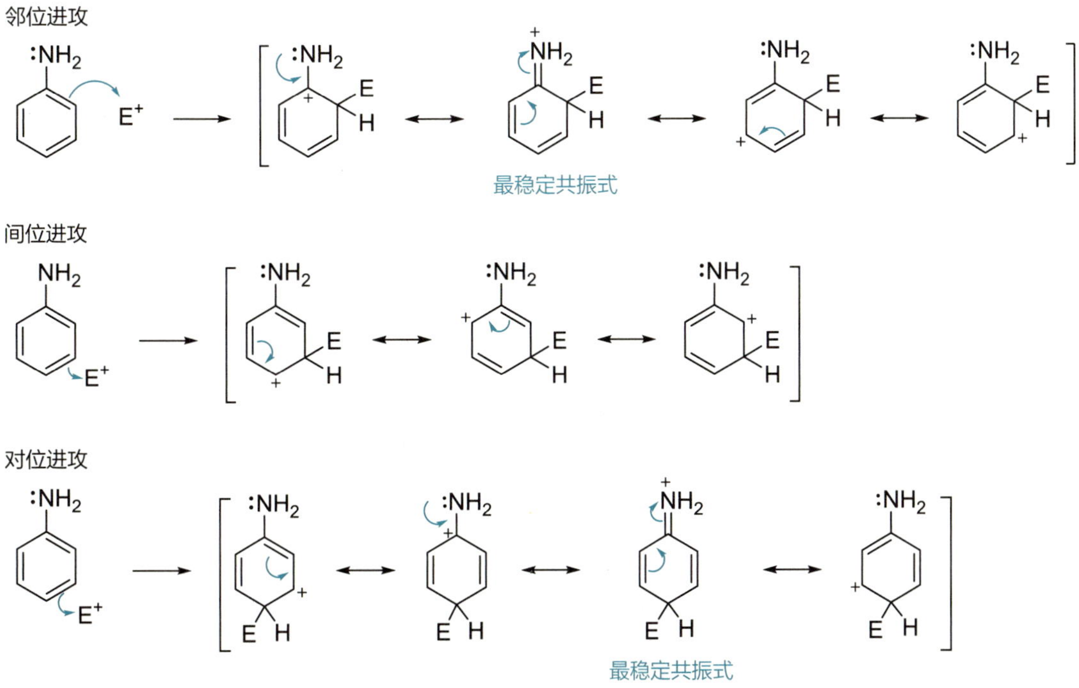

再如，甲基取代的苯环发生亲电取代反应，第一步得到的碳正离子有如下三种共振式。在邻对位取代时，这些共振杂化体中存在相对最稳定的共振式，因此致活的邻对位定位基对苯环上发生邻对位亲电取代反应有利。

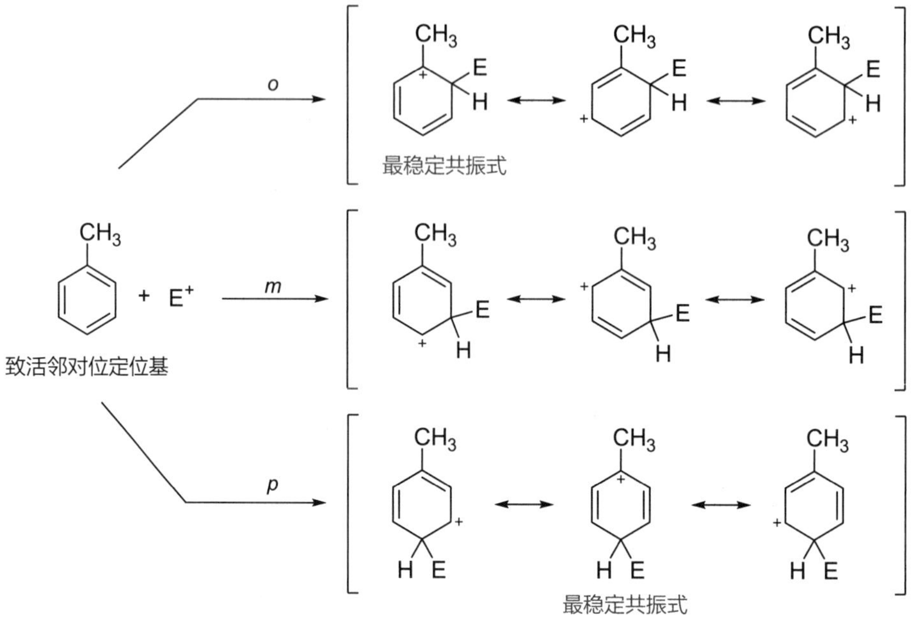

致钝的间位定位基如硝基取代的苯环发生亲电取代反应，第一步得到的碳正离子有如下三种共振式。在邻对位取代时，这些共振杂化体中存在最不稳定的共振式，因此致钝的间位定位基对苯环上发生间位亲电取代反应有利。

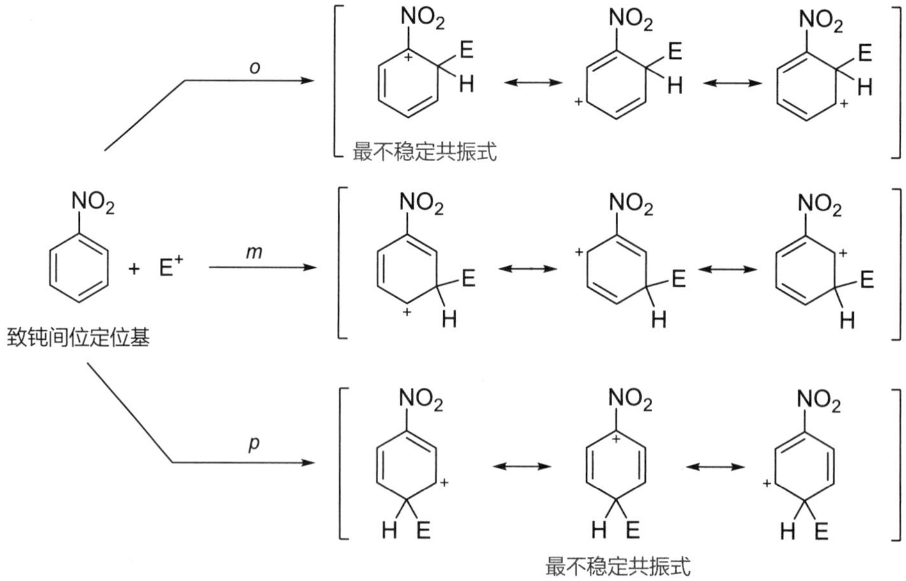

致钝的邻对位定位基如氯取代的苯环发生亲电取代反应，第一步得到的碳正离子有如下三种共振式。在邻对位取代时，这些共振杂化体中存在最稳定的两种碳正离子共振式，因此致钝的邻对位定位基对苯环上发生邻对位亲电取代反应有利。

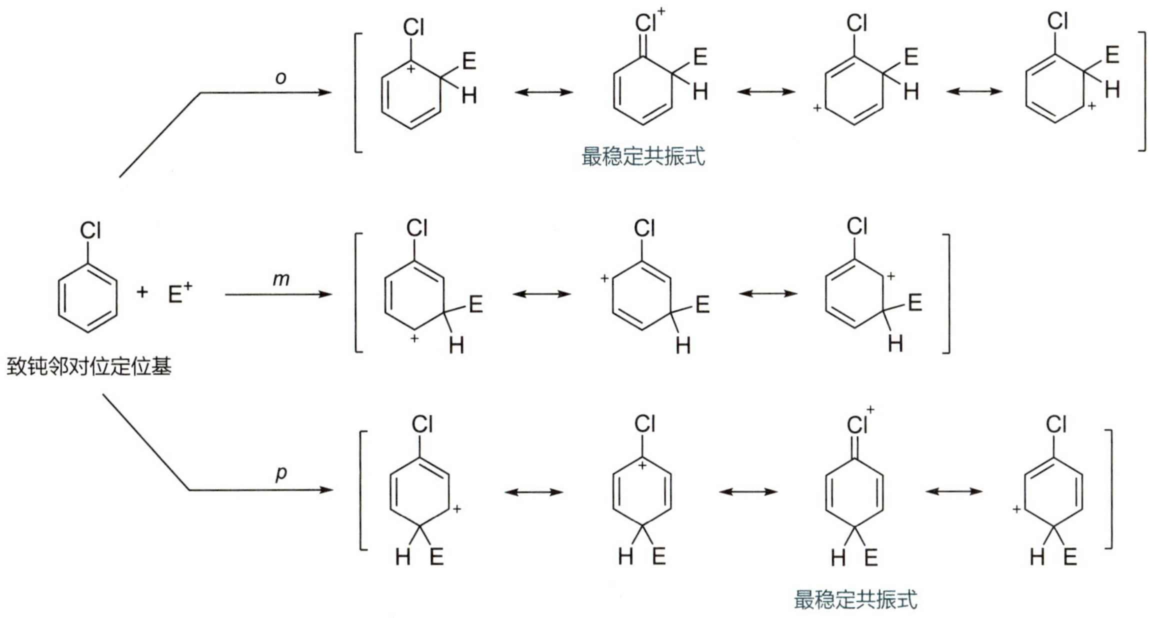

6.4.3 多取代芳烃亲电取代反应的定位效应

若苯环含有两个或两个以上取代基，则其定位效应应如何判断呢？可根据以下原则判断：

（1）取代基定位效应一致，第三个取代基进入它们共同确定的位置。

如对硝基甲苯，甲基是邻对位定位基，而硝基是间位定位基，所以箭头所示的位置刚好处于两者共同确定的位置，在此取代最有利。其他两种二取代苯也是类似的情况。

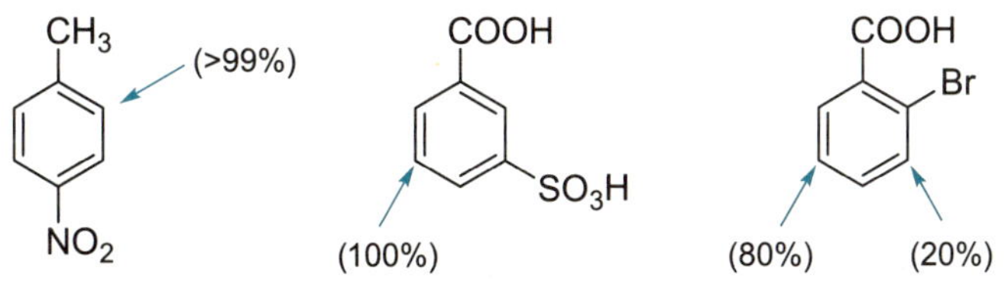

（2）取代基定位效应相矛盾，由基团致活能力顺序判断第三个基团取代的位置。

① 两个基团不同类，定位效应受邻对位取代基控制。例如，在下列两个取代苯中，定位效应受羟基和甲基的影响。

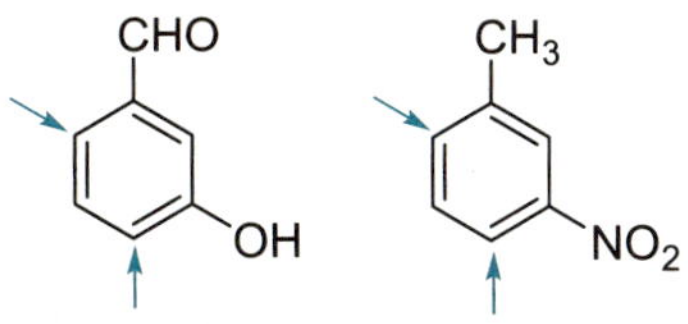

② 两个取代基为同一类，定位效应受致活能力较强的基团控制。例如，下列两个二取代苯的定位效应分别受羟基和乙酰胺基的影响。

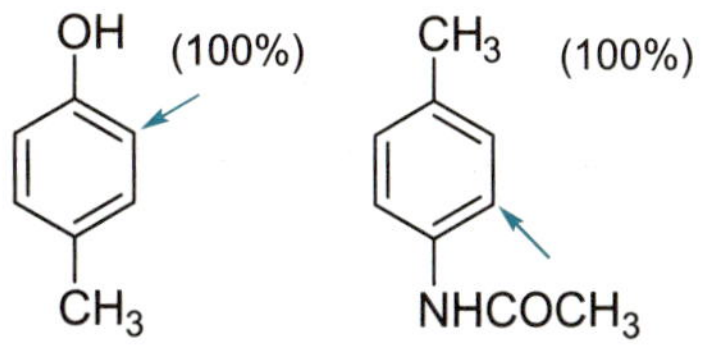

③ 两个取代基定位效应接近，难以预测主要产物，为混合物。

6.4.4 稠环芳烃亲电取代反应的定位效应

稠环芳烃的主要反应也是芳香亲电取代反应。单取代反应主要发生在能生成共振稳定碳正离子中间体的碳原子上。例如萘比苯更容易发生亲电取代反应，且萘的 α 位比 β 位活泼。

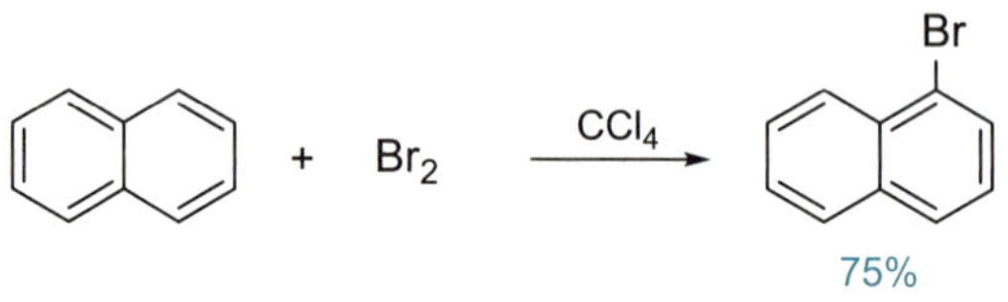

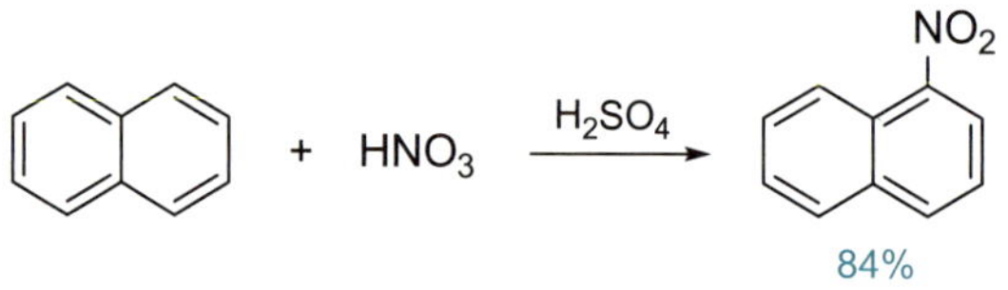

在萘的芳香亲电取代反应中，碳正离子中间体的高度离域化性质解释了其区域选择性。若萘环的 C1 位进攻亲电试剂，会产生如下五种共振式。

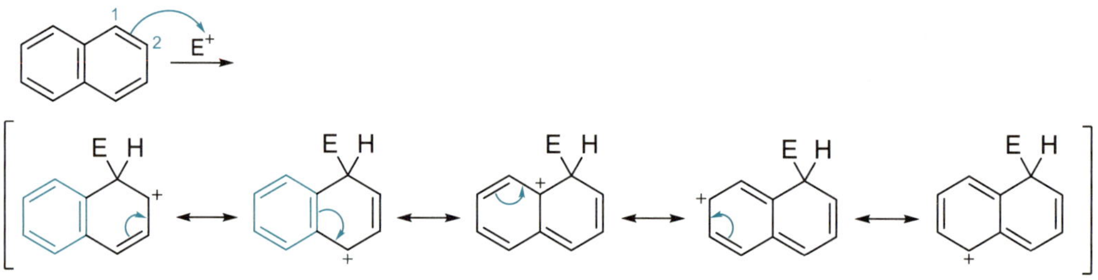

若 C2 位进攻亲电试剂也产生碳正离子中间体，有如下五种共振式。

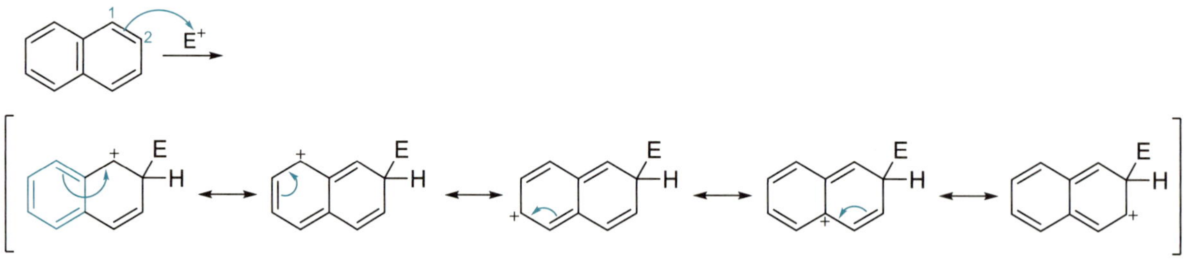

那么，为什么萘的 C1 位容易进攻亲电试剂，而不是 C2 位呢？对这两种反应产生的碳离子中间体的共振式研究不难发现，萘的 C1 位进攻亲电试剂后得到的中间体有两个共振式保持完整的苯环，具有芳香稳定性。而萘的 C2 位进攻亲电试剂后，只有一个共振式保持完整的苯环，由此产生的碳正离子不太稳定，导致其过渡态在能量上也不太有利。由于芳香亲电取代的第一步是决速步骤，因此萘的 C1 位的亲电进攻比 C2 位快。

在工业上，α-硝基萘主要用于制备 α-萘胺。α-萘胺是合成偶氮染料的中间体。

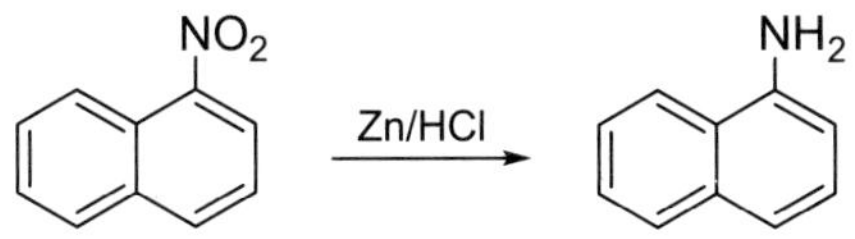

萘的磺化反应同苯的磺化反应一样，也是可逆反应，其产物与反应条件有关。

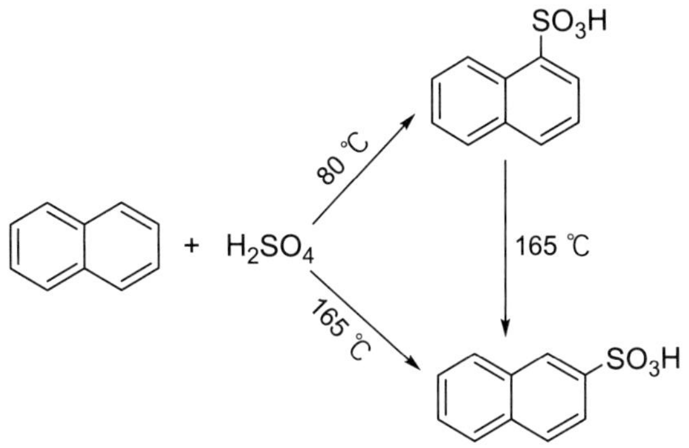

当萘环上有取代基时，单取代苯环的定位效应仍然适用，第二个取代基进入的位置随着定位基的不同而不同。如果萘环上连的是邻对位定位基，由于其活化作用，第二个取代基进入已有取代基的同一环。

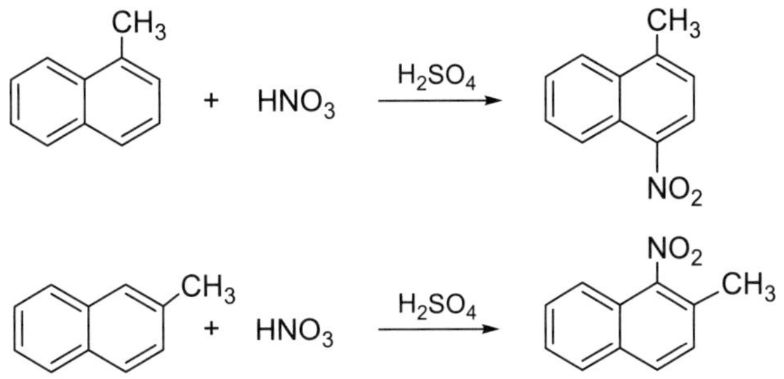

如果萘环上连的是间位定位基，由于其钝化作用，特别是钝化所在苯环部分，第二个取代基进入原有取代基的异环。

为什么 1-硝基萘和 2-硝基萘环上发生亲电取代反应的位置不同？

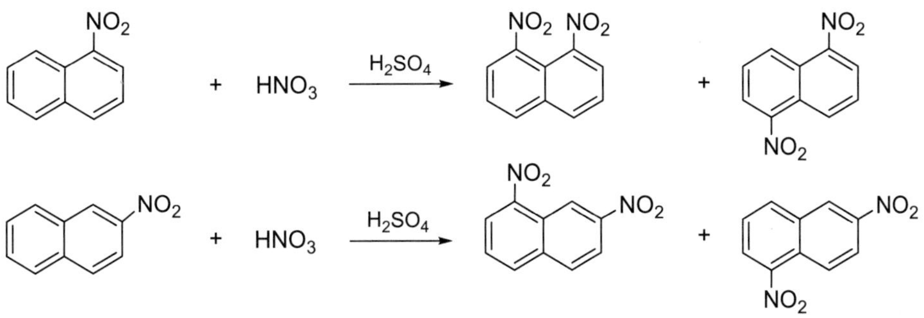

蒽的化学性质类似于萘。蒽的 9、10 位比其他位置更容易发生取代、加成、氧化及还原反应等。

为什么蒽、菲的 9、10 位容易发生亲电反应？

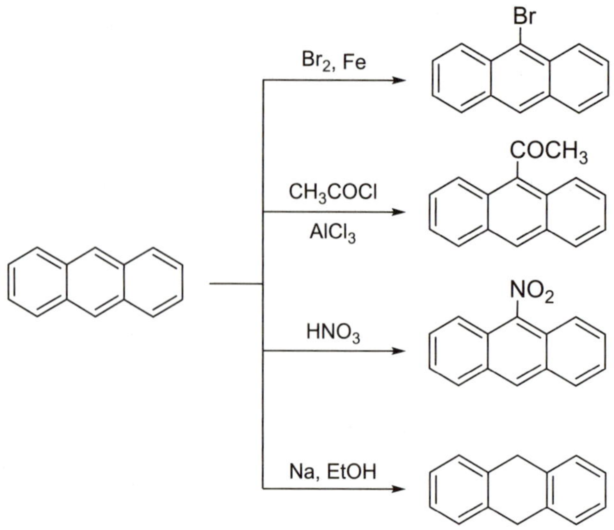

与蒽相似，菲的 9、10 位也比其他位置活泼。

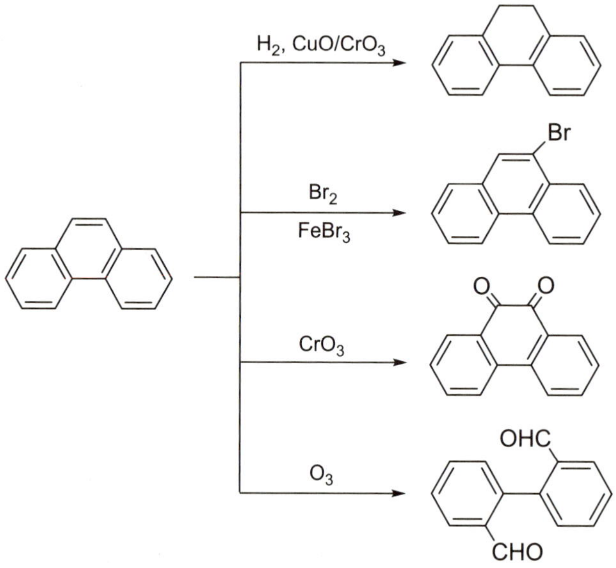

6.5 芳香亲核取代反应

强致钝的吸电子基团取代的芳烃一般难以再发生芳香亲电取代反应，如硝基苯的二硝化或三硝化、苯磺酸的二磺化或三磺化。但反过来说，吸电子基团取代的芳烃就容易发生亲核取代反应，特别是当苯环上含有卤素离去基团时，这类反应称为芳香亲核取代反应（nucleophilic aromatic substitution，NAS）。芳香亲核取代反应有两种重要的反应机理。当芳环上连有强吸电子基时，卤代芳烃亲核取代反应容易发生加成-消除反应机理（addition-elimination mechanism），即负离子中间体机理（S_NAr）；当芳环上没有吸电子基时，在强碱条件下，卤代芳烃容易发生消除-加成反应机理（elimination-addition mechanism），即苯炔机理（benzyne mechanism）。涉及自由基中间体的 $S_{RN}1$ 机理（radical-nucleophilic aromatic substitution）和通过芳基重氮盐的 S_N1 机理将在第十二章中讨论。涉及有机金属化合物的亲核取代反应机理将在第十四章中讨论。

6.5.1 加成-消除反应机理（负离子机理）

1. 实验现象

脂肪族卤代烃（如苄基卤代烃、烯丙基卤代烃、烷基卤代烃）一般较容易发生 S_N1 和 S_N2 的亲核取代反应，但卤代芳烃由于卤原子与苯环形成稳定的 p-π 共轭体系，故碳卤键较难断裂。并且芳环是富电子体系，不易被亲核试剂（nucleophilic reagent，简写为 Nu）进攻，因此，难发生 S_N1 和 S_N2 反应。若要发生取代反应，需要更为苛刻的条件，如工业上由氯苯制备苯酚的 Dow 化学工艺：

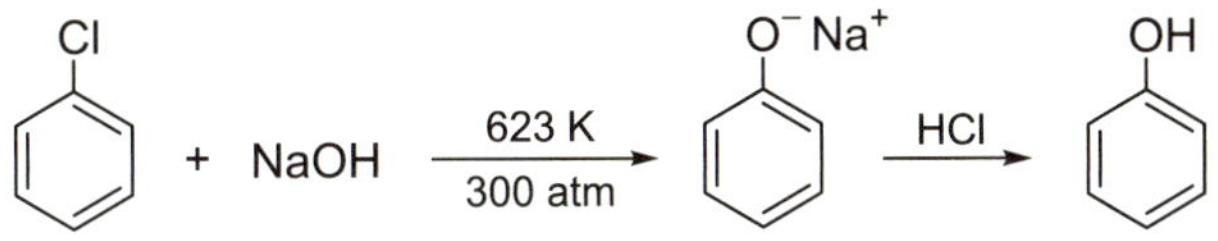

然而，当芳环上有强吸电子基（如 $-NO_2$）存在时，氯苯却容易发生芳香亲核取代反应。例如：

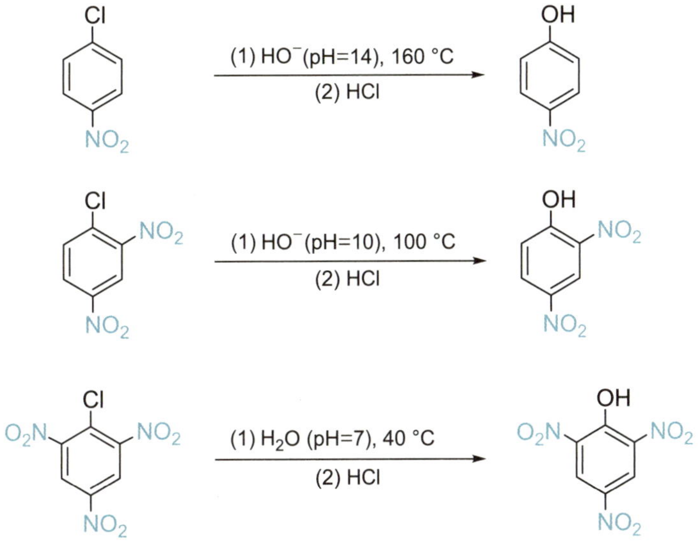

从上面三个反应还可以看出，随着硝基的增加，氯苯的亲核取代反应的反应条件更温和了，说明反应更容易了。但有意思的是，氯作为离去基团必须与强吸电子基处于邻位或对位，如果离去基团与硝基处于间位，则没有观察到芳香亲核取代反应。

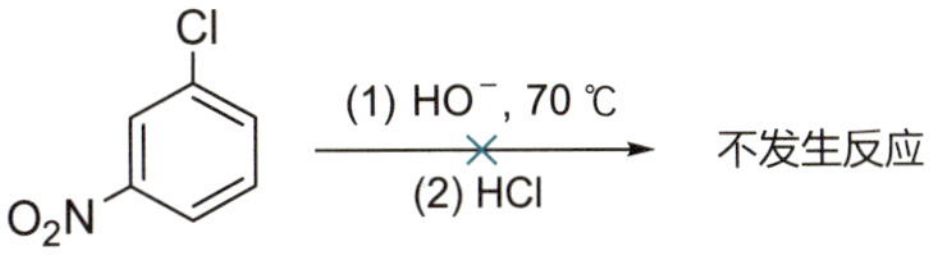

什么原因导致这样的反应现象呢？该反应是不是与脂肪族卤代烃的 S_N1 或 S_N2 反应机理一样呢？从动力学实验来看，卤代芳烃虽然与脂肪族卤代烃同样是双分子反应机理，但是它不可能经历 S_N1 或 S_N2 反应机理。

速率 $= k$[卤代芳烃][亲核试剂]

因为离去基团卤原子上存在一对孤电子，容易与苯环的 π 电子共轭而离域，环上的碳原子与卤原子之间存在部分双键特性。因此，卤原子与苯环紧密结合，不易被取代。此外，苯环平面上电子云的存在也阻碍了亲核试剂从背面进攻的可能性，苯环的几何结构也排除了构型翻转的可能。因此，卤代芳烃难以发生 S_N2 反应。

卤代芳烃也难以发生 S_N1 反应，因为苯基正离子中间体极不稳定，苯基正离子的稳定性甚至不如一级碳正离子，因此，卤素先离去在能量上是不利的。

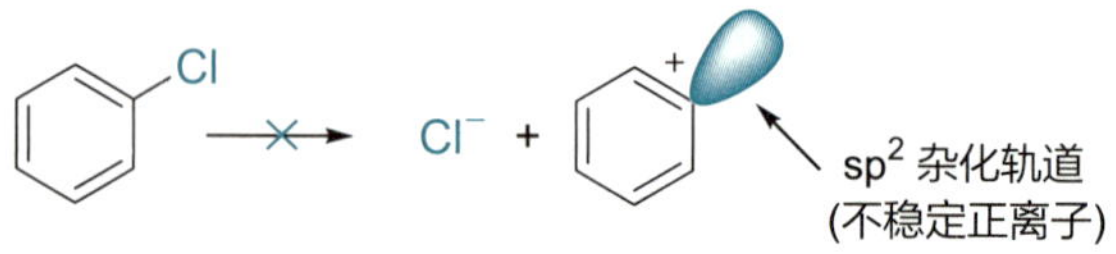

卤代芳烃不可能发生 S_N1 或 S_N2 反应还有一个实验事实，即在卤代芳烃的芳香亲核取代反应中，不同卤素对卤苯亲核取代反应速率影响顺序与对脂肪卤代烃 S_N1 或 S_N2 反应速率影响顺序相反。如在卤苯与甲醇钠的反应中，氟苯是芳香亲核取代反应速率最快的，而碘苯是反应速率最慢的，前者比后者快了 780 倍，而氯苯、溴苯和碘苯的反应速率相差不到 3 倍。

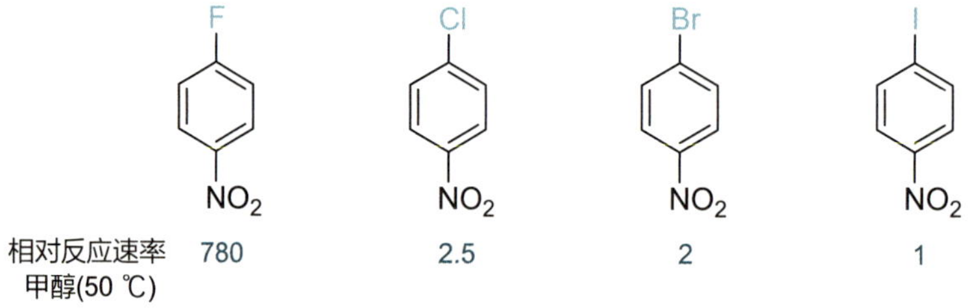

	F	Cl	Br	I
相对反应速率 甲醇(50 ℃)	780	2.5	2	1

氟具有强的离去能力还表现在蛋白质结构测定的 Sanger 反应中，2,4-二硝基氟苯（Sanger 试剂）与氨基酸在室温下就很容易发生芳香亲核取代反应。该反应通过在蛋白质中氨基酸的氨基末端附加一个"标签"，从而鉴定蛋白质的 N-末端氨基酸。这种不寻常的卤素离去基团的离去顺序说明，该机理中的速率决定步骤不可能是碳卤键断裂。

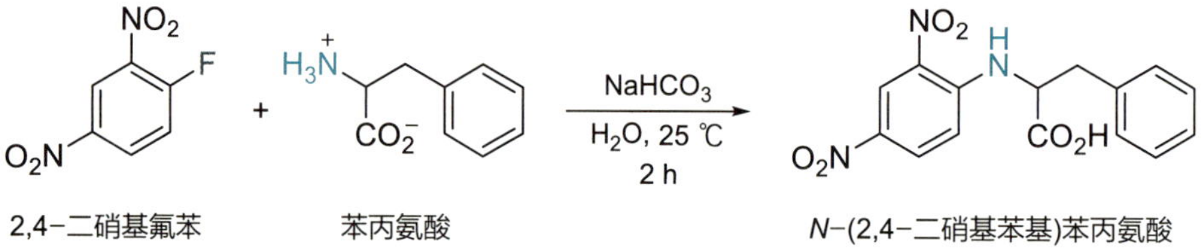

2,4-二硝基氟苯 + 苯丙氨酸 $\xrightarrow[\text{H}_2\text{O, 25 ℃}]{\text{NaHCO}_3, 2\text{ h}}$ N-(2,4-二硝基苯基)苯丙氨酸 67%

2. 负离子机理

芳香亲核取代反应可以用负离子机理来解释。负离子机理包括两个步骤：首先亲核试剂亲核进攻与离去基团直接相连的碳原子，相邻 π 键同时打开，得到碳负离子中间体；随后离去基团离去，碳负离子中间体重新芳构化得到取代产物。

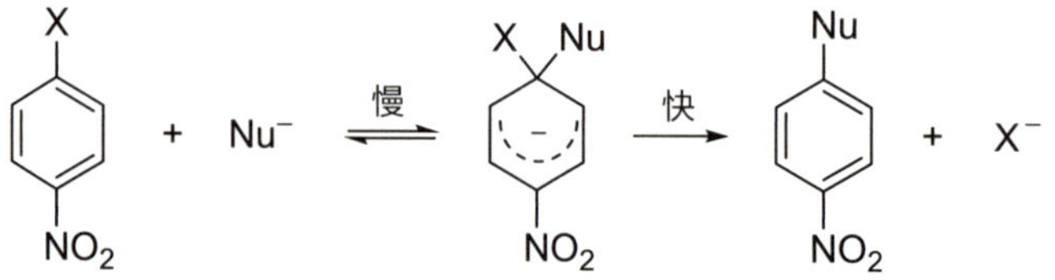

第一步碳负离子中间体的生成需要去芳构化破坏苯环的芳香性，需要较高的活化能，通常是整个芳香亲核取代反应（S_NAr）的决速步骤。与芳香亲电取代反应中具有碳正离子特征的 σ 络合物不同，这个碳负离子中间体有以下四个共振式，构成具有负离子特征的 σ 络合物，我们称之为 Meisenheimer 络合物。硝基在不同位置取代的 S_NAr 反应中 Meisenheimer 络合物如下所示。

硝基对位取代的 S_NAr 反应机理：

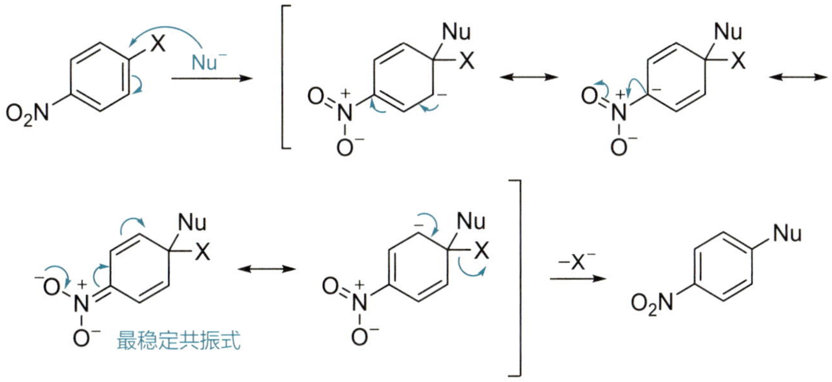

Meisenheimer 络合物

硝基邻位取代的 S_NAr 反应机理：

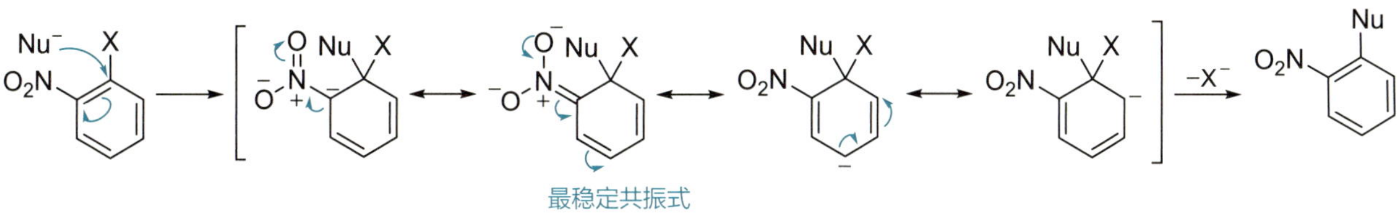

Meisenheimer 络合物

硝基间位取代的 S_NAr 反应机理：

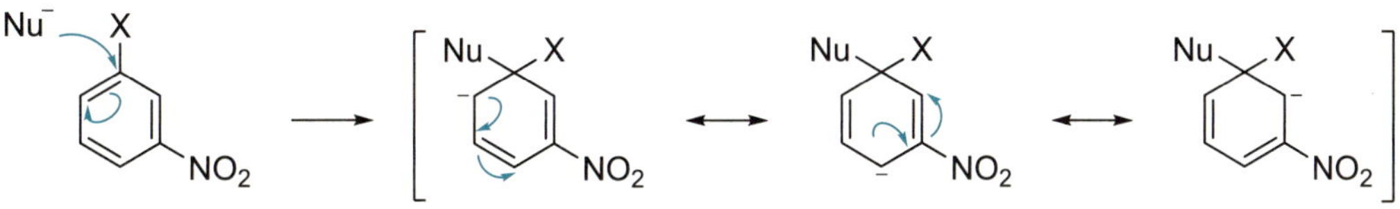

Meisenheimer 络合物

从以上反应机理不难看出，邻对位取代的强吸电子基如 $-NO_2$ 可以通过共振稳定 Meisenheimer 络合物，这也是芳香亲核取代必须要有强吸电子取代基的原因。与亲电取代反应不同，此处硝基是一个致活基团而不是致钝基团，因此硝基越多越容易发生芳香亲核取代反应。但强吸电子取代基若在卤素的间位，硝基不能通过共振来稳定 Meisenheimer 络合物，因此不反应。

与其他 C-X 键（X = Cl、Br、I）不同，C-F 键的强极性使得与氟相连的碳电正性更强，容易受亲核试剂的进攻而生成 Meisenheimer 络合物。并且 Meisenheimer 络合物的生成是决速步骤，而不是卤素的离去。因此，$-Cl$、$-Br$ 和$-I$ 的离去能力相差不大。由于氟的吸电子诱导效应比其他三种卤素的都大，其对 Meisenheimer 络合物辅助稳定的作用更大，这就解释了氟苯表现出比氯苯、溴苯和碘苯更好的反应活性。

除 HO^- 外，其他亲核试剂也会与活化的卤代芳烃发生反应。典型的例子是 2,4-二硝基氯苯与亲核试剂肼的反应，可以制备 2,4-二硝基苯肼，该试剂可用于第九章羰基化合物的表征。

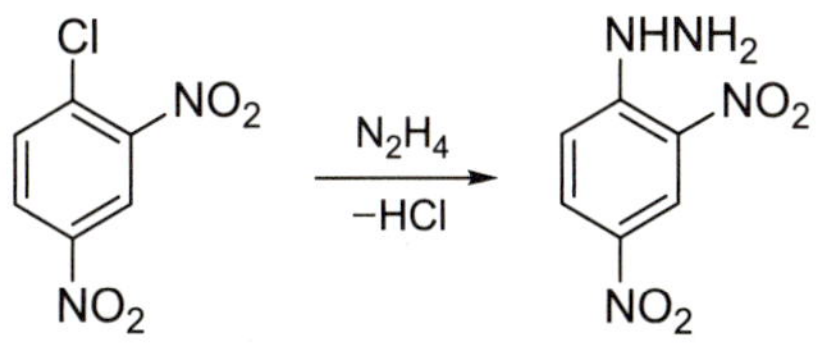

除卤素以外，其他离去基团也容易在 S_NAr 反应中被取代，例如 -OR，该取代基与苯环形成稳定的 p-π 共轭体系，而不易被亲核试剂取代，在碱性条件下表现出一定的稳定性。但在邻位或对位引入吸电子取代基后，苯甲醚则变得容易发生芳香亲核取代反应。

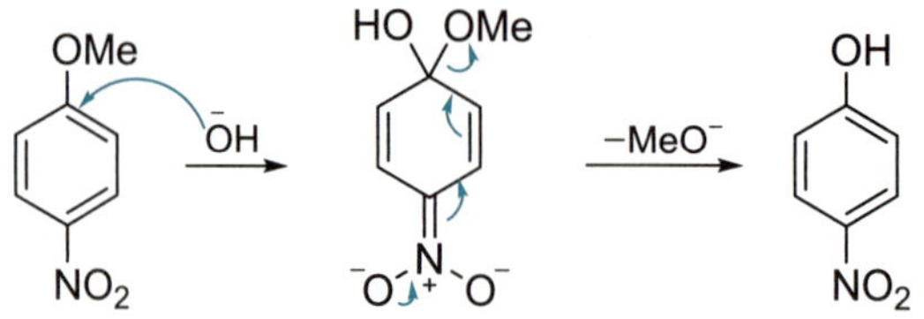

强吸电子基 $-NO_2$ 在有其他硝基活化的苯环上也可以被取代。

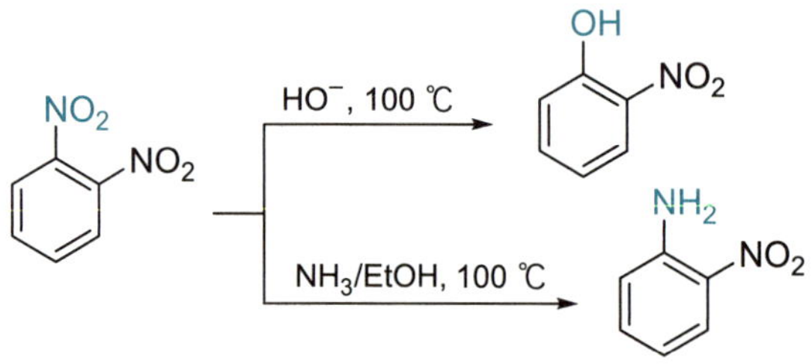

6.5.2 消除-加成反应机理（苯炔机理）

1. 实验现象

若苯环上未连有强吸电子基，如前面提到氯苯，由于存在 p-π 共轭，很难发生亲核取代反应。实际上，在苛刻的工业条件下，邻氯甲苯才可以发生亲核取代得到 2-甲基苯酚和 3-甲基苯酚的混合物。

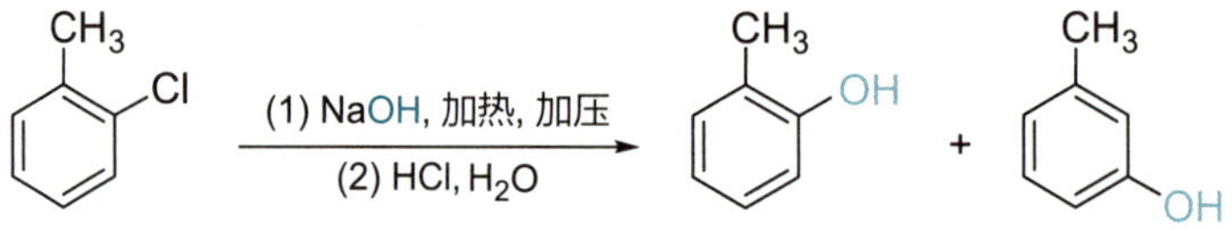

若用碱性足够强的碱如 $NaNH_2$ 取代 NaOH，则可以在低温条件下发生亲核取代反应，例如：

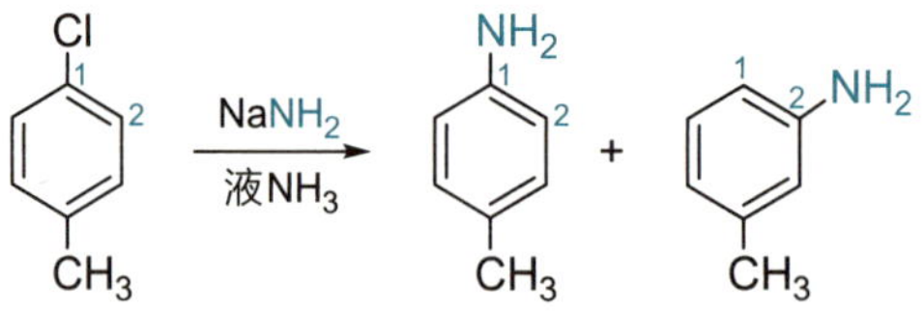

该反应亲核试剂取代的位置有两个，得到两种产物。显然这不可能通过加成-消除反应的负离子机理生成。而且氯苯的邻位和对位都被取代，则亲核取代反应不发生。

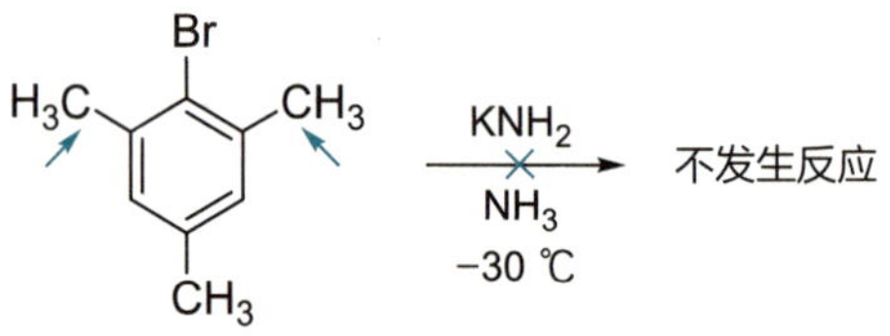

直到美国化学家 Roberts 对该反应进行 ^{14}C 同位素标记实验，才提供了实验依据。他们发现当使用 C1 位置被放射性 ^{14}C 标记的溴苯反应时，取代产物在 C1 和 C2 上都有等量的标记，这意味着存在一个对称的反应中间体，其中 C1 和 C2 是等价的。

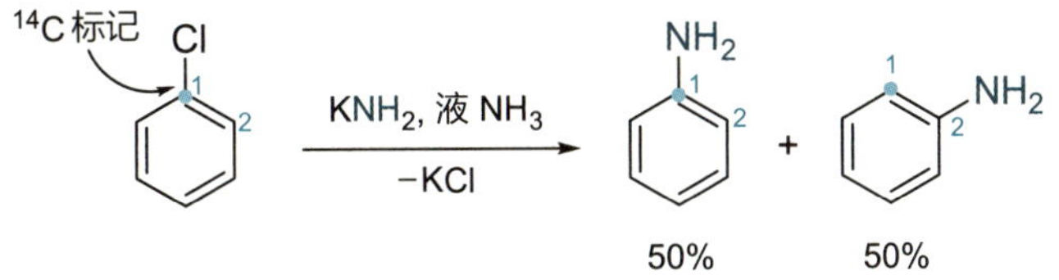

进一步的机理证据来自捕捉实验。当溴苯与呋喃等共轭二烯烃用 KNH_2 处理时，会发生 Diels-Alder 反应，这意味着反应中间体是苯炔。苯炔的反应性太强，不能作为纯化合物分离出来，但在水的存在下，会加成产生苯酚。

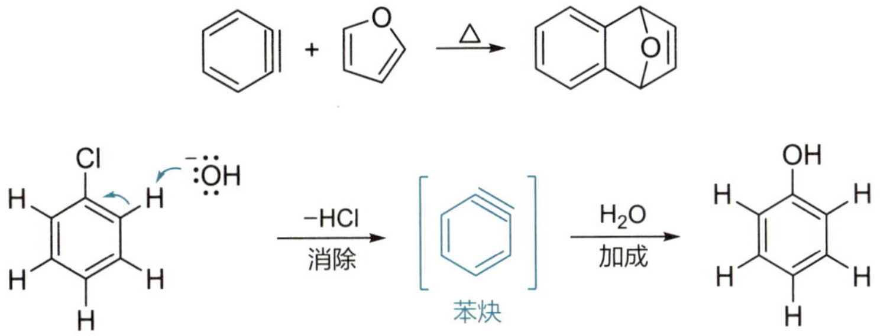

据此，他提出反应存在苯炔（benzyne）中间体。苯炔中间体中的碳碳叁键有一个 p-p 轨道重叠的 π 键是参与苯环的离域大 π 体系的。但另外一个相邻的 sp^2 杂化轨道垂直于苯环大 π 体系，不参与苯环的共轭，如图 6-21 所示。不过苯炔的碳碳叁键键长约为 1.26 Å，比乙炔的碳碳叁键键长（1.20 Å）长，相邻的 C-C 键键长约为 1.38 Å，比苯中的 C-C 键键长（1.39 Å）略短，说明相邻 sp^2 杂化轨道重叠程度不如正常 π 键，更接近双自由基而不是叁键。红外光谱也表明，苯炔并不是一个正式的碳碳叁键，因为它有两种典型共振式（**A** 和 **B**），**A** 共振式的贡献大于 **B** 共振式的贡献。

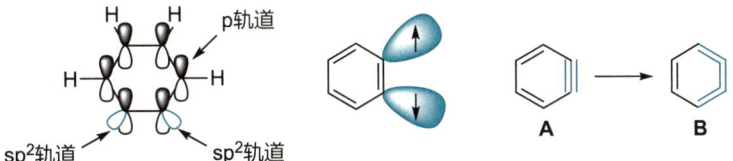

图 6-21　苯炔的结构图

2. 苯炔机理

芳香亲核取代反应的苯炔机理如图 6-22 所示。卤代苯在强碱氨基钠的作用下，通过 E1cb 机理或 E2 机理消除一分子卤化氢得到苯炔中间体。该反应步骤是整个反应的决速步骤，因此当离去基团相邻的两个位置没有氢时不会发生反应。然后氨基负离子在碳碳叁键的任一侧亲核进攻苯炔得到两种芳基负离子。这也解释了为什么未取代的卤代芳烃亲核取代产物是等量的。在最后一步中，芳基负离子从氨中拔除一个质子来生成苯胺。

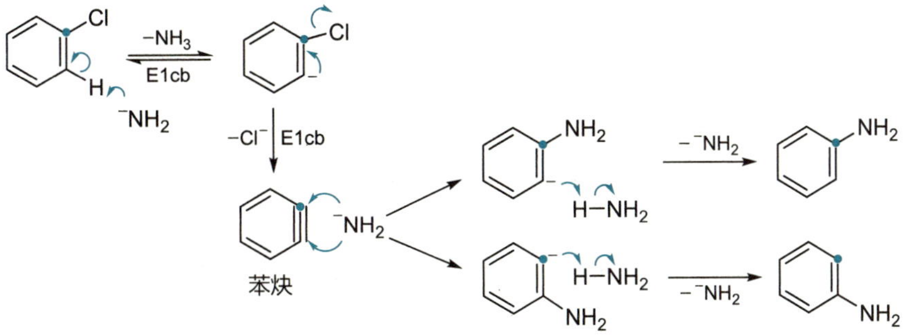

图 6-22　芳香亲核取代反应的苯炔机理

如果反应介质中不存在亲核试剂，苯炔会二聚化生成联二苯叉（基）。

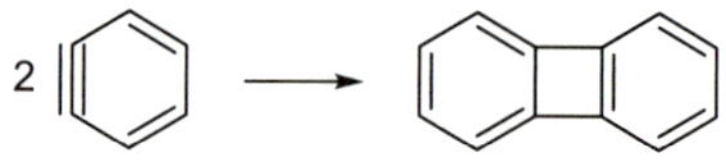

3. 苯炔的制备

除了卤代芳烃在强碱如 $NaNH_2$ 和 NaH 作用下得到苯炔中间体以外，还有几种方法能生成苯炔中间体。

邻二卤代芳烃与 Mg 反应，通过格氏试剂得到苯炔。例如，邻溴氟苯用镁金属处理后形成的格氏试剂具有碳负离子的特性，促使 C—F 键的断裂，产生苯炔：

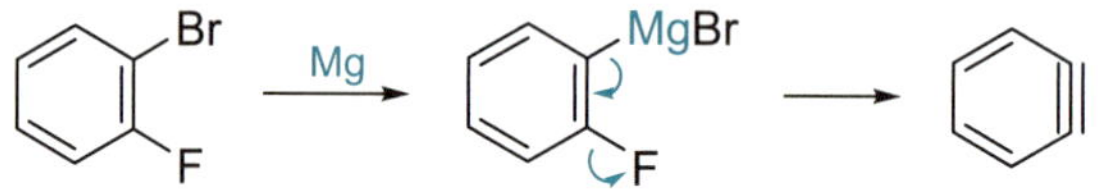

另一条路径是通过光分解芳香化合物得到苯炔。例如，紫外光会导致邻苯二甲酰过氧化物弱的 O—O 键均裂解离，生成两个不可逆的离去基团（CO_2 分子），从而生成苯炔。

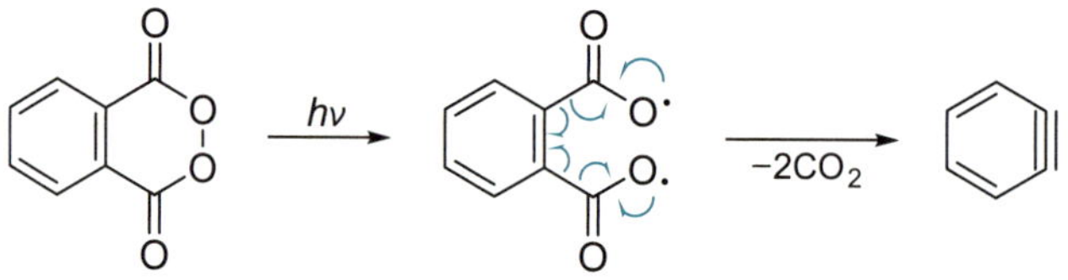

> 如何合成邻氨基苯甲酸？

再如，邻氨基苯甲酸与 $NaNO_2$ 和 HCl 发生重氮化反应生成重氮盐，涉及的重氮化反应机理将在第十二章中讨论。重氮盐加热后会导致 CO_2 和 N_2 的离去而生成苯炔，邻氨基苯甲酸重氮化是得到苯炔的常用方法。

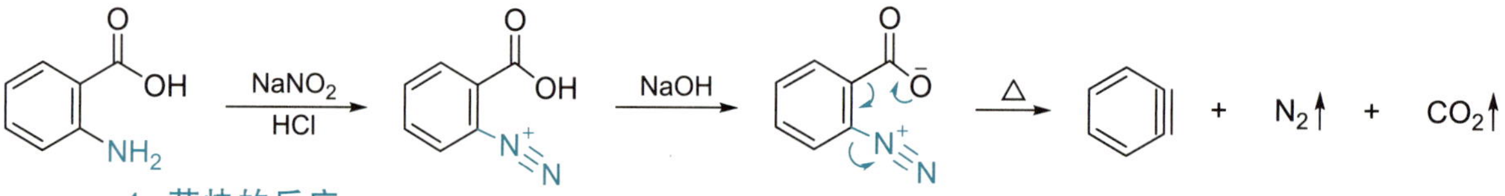

4. 苯炔的反应

据估计，苯炔的环张力为 209.2 kJ/mol，比环丙烷的环张力（117.2 kJ/mol）大，仅比环丙烯的（225.9 kJ/mol）略小，所以苯炔有很高的化学活性。苯炔能发生亲电加成反应、亲核加成反应及环加成反应等。苯炔很活泼，所以苯炔一产生，就能直接参加后续反应。

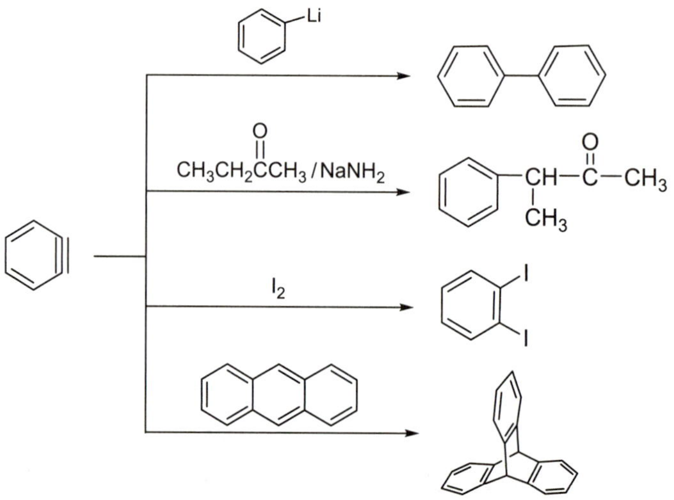

6.5.3 影响芳香亲核取代反应的因素

与脂肪卤代烃的亲核取代反应类似，底物结构、离去基团和亲核试剂等都会影响卤代芳烃的亲核取代反应的反应活性和区域选择性。

1. 底物结构

（1）与芳香亲电取代反应的情况一样，取代基也影响卤代芳烃 S_NAr 反应的反应活性和定位效应。吸电子取代基可降低苯环的电子密度，有利于亲核试剂的进攻和 Meisenheimer 络合物的稳定，是致活基团。常见的吸电子致活基团包括 $-NR_3^+$、$-NO_2$、$-CF_3$、$-CN$、$-SO_3H$、羰基化合物和卤素等。而给电子取代基增加苯环的电子密度，不利于亲核试剂的进攻和 Meisenheimer 络合物的稳定，是致钝基团。S_NAr 反应的速率会随邻位和对位取代基吸电子能力的增强而增加，随着取代基给电子能力的增强而减弱，这与芳香亲电取代反应的反应活性正好相反。

不同致活基团的反应活性顺序如下：

$-NR_3^+$ > $-NO_2$ > $-CF_3$ > $-CN$ > $-SO_3H$ > $-CHO$ > $-C=O$ > $-COOH$ > $-COOR$ > $-CONH_2$ > $-F$ > $-Cl$ > $-Br$ > $-I$

例如，$-NO_2$ 就是典型的活化基团，而 2,4-二硝基苯基卤化物和 2,4,6-三硝基苯基卤化物被认为是较常见的底物。

吸电子致活基团的个数和取代位置也会影响取代反应的反应活性。一般吸电子致活基团越多，且处于离去基团的邻对位更容易发生 S_NAr 反应。例如，在甲醇中硝基取代的氟苯与甲醇钠的亲核取代反应速率顺序为：氟苯 < 2- 或 4-硝基氟苯，3,5-二硝基氟苯 < 2,4- 或 2,6-二硝基氟苯 < 2,4,6-三硝基氟苯，其中两个间位硝基提供的活化作用与一个邻位或对位硝基提供的活化作用相当。

（2）基于苯炔机理的芳香亲核取代反应，苯炔的形成是决速步骤。对于具有相同离去基团的卤代芳烃，苯环上酸性更强的 α-氢容易被强碱拔除。若卤素位于取代基的邻位或对位，只有与卤素相邻的氢容易拔除，故只有一种形成苯炔的途径。

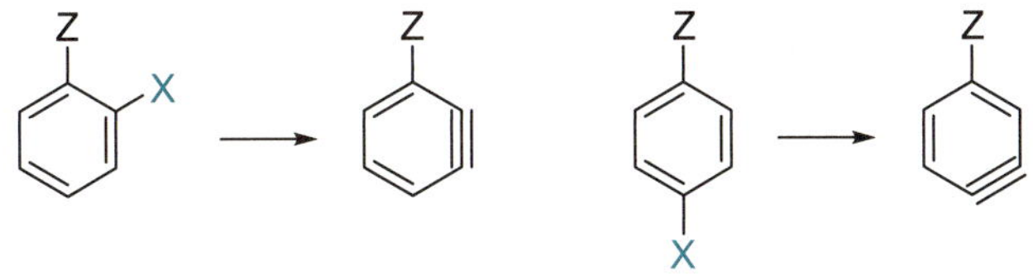

然而，如果卤素位于取代基的间位，亲核取代可能通过两种不同途径发生。吸引电子的取代基 Z 有利于去除酸性强的邻位氢，而供电子的 Z 取代基有利于去除酸性强的对位氢。

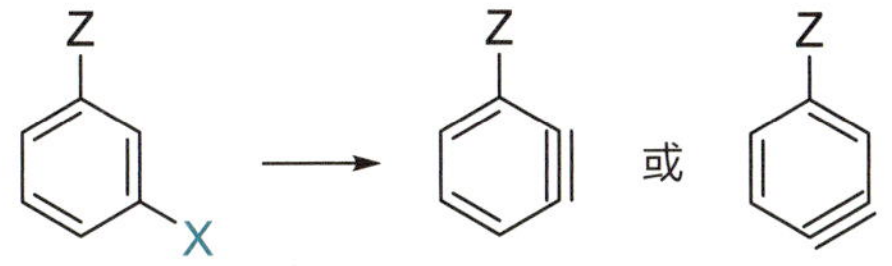

一旦苯炔形成，苯炔有两个被亲核进攻的位置，能形成更稳定的苯基负离子中间体的亲核进攻更有利。例如，1-溴-2-甲氧基苯与氨基钠的亲核取代反应。与溴苯的反应不一样，1-溴-2-甲氧基苯与氨基钠反应主要得到 m-甲氧基苯胺产物。这主要是由于苯基负离子的 sp^2 杂化轨道不能与芳环上大 π 体系共轭，因为它垂直于芳香 π 体系。因此，苯基负离子

处于吸电子的甲氧基和氨基之间比远离甲氧基更稳定,且氨基负离子在邻位进攻的空间位阻也大。

2. 离去基团

(1) 与脂肪族卤代烃的亲核取代反应不一样,S_NAr 反应的 C—X 键的断裂不是决速步骤,因此除 –F 以外的卤素离去基团的离去能力相差不大。吸电子能力强的卤素如 –F 可以活化苯环,有利于决速步骤 Meisenheimer 络合物的形成,因而较其他卤素容易离去。除卤素外,–OTs、–SO$_2$R、–OAr、–OR、–NO$_2$、–NH$_2$ 和 –SR 等取代基也可以作为 S_NAr 反应的离去基团。与脂肪卤代烃的亲核取代反应不同,–OAr、–OR、–NO$_2$、–NH$_2$、–SO$_2$R 和 –SR 等取代基在亲核取代反应中,由于亲核性强而难离去,不能直接作为离去基团。但在芳香亲核取代反应中,由于这些取代基具有较强吸电子能力,可以稳定 Meisenheimer 络合物,通常可作为离去基团。离去基团对 S_NAr 反应的反应速率影响如下所示:

$$-F > -NO_2 > -OTs > -Cl > -Br > -I > -SO_2R > -OAr, -OR, -SR, -NH_2$$

从上面的芳香亲核取代速率顺序可以明显看出,除 –F 外,–NO$_2$ 在芳香亲核取代中也能增加 S_NAr 反应的反应速率,是比较好的离去基团。需要注意的是,好的离去基团并不总是优先发生亲核取代,因为进攻的亲核试剂的性质也决定了最终的亲核取代结果。例如,–Cl 是比 –OR 更好的离去基团,但 NH_2^- 对 $C_6Cl_5OCH_3$ 的亲核进攻总是产生 $C_6Cl_5NH_2$,这与预期相反。

(2) 在 KNH$_2$/液氨中进行的基于苯炔的芳香亲核取代反应中,形成苯炔的质子拔除或随后的卤素离去都可能成为决速步骤。当离去基团是容易离去的 –Br 或 –I 时,氨基负离子拔除酸性强的质子是决速步骤,这一步的反应速率顺序是 –F > –Cl > –Br > –I。当难离去的 –Cl 或 –F 是离去基团时,C—X 键的断裂是决速步骤,这一步的反应速率顺序是 –I > –Br > –Cl > –F。综合考虑卤代苯的电子效应和卤素的离去能力,卤代芳烃的反应活性顺序是 –Br > –I > –Cl > –F。

3. 亲核试剂

除了底物结构和离去基团会影响芳香亲核取代反应的反应活性外,不同的亲核试剂也会影响最终 S_NAr 反应结果。与脂肪族卤代烃的亲核取代反应一样,亲核性通常取决于碱性,相同亲核原子和同周期元素,亲核性与碱性大小一致。同一主族的亲核原子,从上到下由于原子极化能力增强而亲核性增强。在大多数情况下,氨基负离子和碳负离子由于碱性强,一般不在基于碳负离子机理的芳香亲核取代反应中作为亲核试剂,而是常用于基于苯炔机理的芳香亲核取代反应。不同亲核试剂对芳香亲核取代反应活性大致顺序如下：

$NH_2^- > Ph_3C^- > PhNH^-$（苯炔机理）$> ArS^- > RO^- > R_2NH > ArO^- > HO^- > ArNH_2 > NH_3 > I^- > Br^- > Cl^- > H_2O > ROH$

6.5.4 Smiles 重排反应

Smiles 重排反应（Smiles rearrangement）是一种芳香烃分子内的亲核取代反应，该反应于 1930 年由英国化学家 Smiles 发现。其反应通式如下：

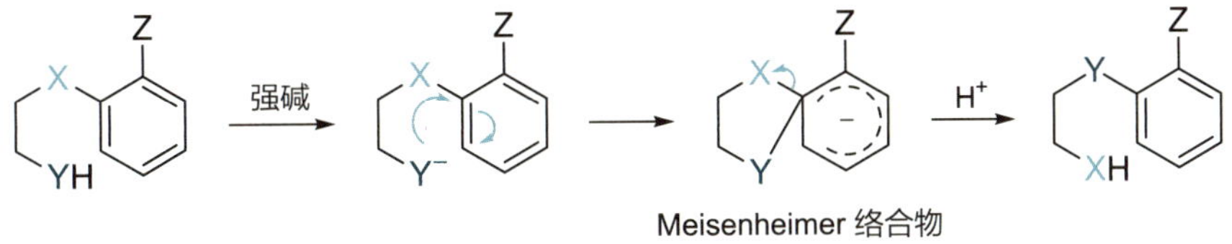

其中 X 为 O、S、SO、SO_2O、CO_2，这些基团可以从芳烃断裂且对负电荷具有稳定作用；YH 为 -OH、-SH、$-NH_2$ 和 -NHR 等强亲核试剂。芳香环上 Z 为邻位或对位修饰的 $-NO_2$、$-SO_2R$ 等致活的吸电子基团。例如：

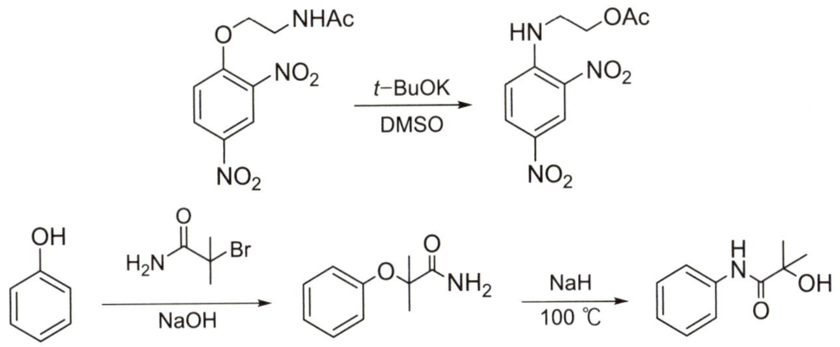

需要注意的是，芳环间位有吸电子基并不能有效促进 Smiles 重排反应发生。

6.6 芳烃的氧化还原反应

6.6.1 芳烃的氧化反应

1. 芳烃侧链的氧化反应

芳环对氧化剂比较稳定。一般情况下只发生环上取代基的氧化反应，只有在特殊的反应条件下才能发生开环氧化。苯和烷烃都很难被 $KMnO_4$ 或 Na_2CrO_4 氧化，但苯环上的烷基容易被 $KMnO_4$ 或 Na_2CrO_4 氧化为羧酸。苄基碳原子上只要有一个氢原子，无论碳链多长，烷基被 $KMnO_4$ 或 Na_2CrO_4 氧化为羧基。

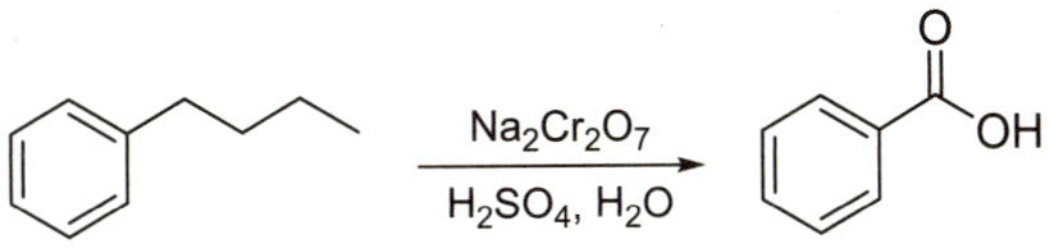

但是，当苄基碳原子上没有氢原子时，一般不能被氧化，例如：

$$\text{对叔丁基甲苯} \xrightarrow{KMnO_4} \text{对叔丁基苯甲酸}$$

工业上对苯二甲酸可用于生产聚酯纤维（涤纶），全球每年约有 1.18 亿吨的对苯二甲酸是通过 Co(Ⅲ) 盐催化对二甲苯的空气氧化来生产的。

$$\text{对二甲苯} \xrightarrow[Co(III)]{O_2} \text{对苯二甲酸}$$

如果控制反应条件，可以氧化烷基苯制备醛、酮、酚等。例如，异丙苯空气氧化制备苯酚和丙酮是很有用的工业生产过程。

$$\text{异丙苯} \xrightarrow[\text{引发剂}]{O_2} \text{过氧化氢异丙苯} \xrightarrow{\text{稀}H_2SO_4} \text{苯酚} + CH_3COCH_3$$

其中异丙苯可在气相条件下由苯和丙烯通过 Friedel-Crafts 烷基化反应形成，苯和丙烯在磷酸催化下被压缩到 30 atm，温度为 250 °C 可以生成异丙苯。异丙苯工艺由 Hock 和 Lang 于 1944 年发现。异丙苯工艺生产的苯酚浓度接近 99.99%（质量分数），总杂质含量仅为 60 ppm（0.006%）。

其反应过程为

$$\text{异丙苯} \xrightarrow[\text{引发剂}]{O_2} \text{CHP} \xrightarrow{H^+} \text{质子化中间体} \xrightarrow[\text{Hock重排反应}]{-H_2O} \text{碳正离子}$$

$$\xrightarrow{H_2O} \text{半缩醛正离子} \rightleftharpoons \text{半缩醛} \rightarrow \text{苯酚} + CH_3COCH_3 + H^+$$

异丙苯在空气中被氧化为过氧化氢异丙苯（CHP），过氧化氢异丙苯在酸性介质中质子化，然后发生 Hock 重排反应，苯基迁移到相邻氧的氧原子上，同时离去一分子水，产生了共振稳定的符合八隅律的碳正离子中间体。该步骤的协同机理类似于 Baeyer-Villiger 氧化反应的机理，以及硼氢化-氧化过程的氧化步骤。生成的碳正离子随后被水亲核进攻，形成类似第九章醛酮水合反应中的半缩醛结构。水合质子向醚的氧原子上转移一个质子后，离子分解为苯酚和丙酮。

2. 芳环上的氧化反应

目前，工业上超过 90% 的苯酚采用异丙苯工艺生产，但是该工艺存在收率低、能耗高及丙酮副产物等问题。且异丙苯需以苯为原料通过 Friedel-Crafts 烷基化后才能制备。有没有直接从苯制备苯酚的方法呢？生命体内有一种细胞色素 P450 酶，可以直接将苯环羟基化为苯酚，它是一类含铁原卟啉Ⅸ活性中心和半胱氨酸残基轴向配体的血红素蛋白（图 6-23）。

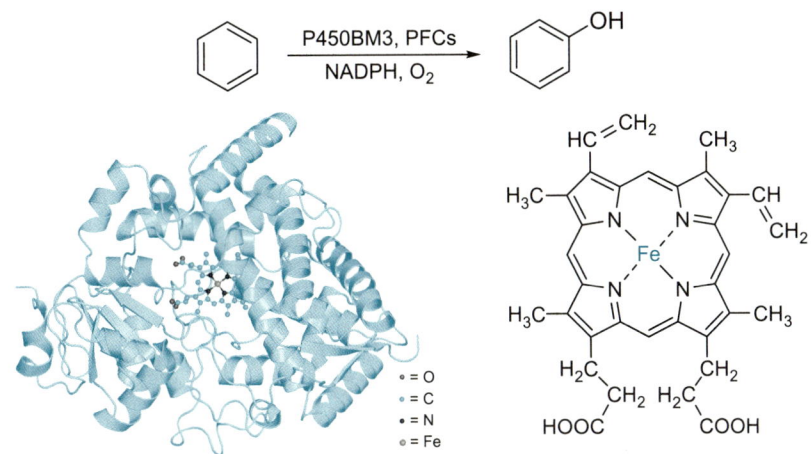

图 6-23　细胞色素 P450 酶的完整结构（左）和活性位点的化学结构（右）
（左：蓝带部分为蛋白质部分，中心球棍模型为活性位点的血红素）

芳环在特殊条件下也能发生氧化开环反应。例如，在高温及 V_2O_5 催化下，苯被空气氧化为顺丁烯二酸酐（俗称马来酸酐），此法已用于工业生产。

萘被氧化破裂一个环，得到邻苯二甲酸酐，已实现工业化。邻苯二甲酸酐是合成树脂、增塑剂、染料等的重要原料。

稠环芳烃在一定的条件下，可被氧化成醌。

6.6.2　催化氢化

环己烷片段广泛存在于药物、农药和天然产物中。由于芳环的官能化比环己烷的官能化容易得多，有很多取代环己烷是通过对应芳烃的还原反应得到的。由于存在共振稳定化，苯环的催化氢化比烯烃的催化氢化要困难得多，使用商业可得的雷尼镍、Pd/C、Rh/C 等催化剂催化氢化苯环时通常需要高温和/或高压条件。

$$\text{苯} + H_2 \xrightarrow[\text{加压}]{\text{Pt, 175 °C}} \text{环己烷}$$

北京大学余志祥等人发现，只需要将商业可得的钯碳和铑催化剂（如[Rh(nbd)Cl]$_2$ 等）联合使用，无需额外的催化剂制备步骤，即可在常温、1 atm H$_2$ 的条件下将多种官能团化的芳香化合物氢化为对应的环己烷衍生物。

$$\text{PhCOOH} + H_2(1\text{atm}) \xrightarrow[\text{[Rh(nbd)Cl]}_2, \text{异丙醇}]{10\% \text{ Pd/C, 25 °C}} \text{环己基COOH}$$

[Rh(nbd)Cl]$_2$

蒽和萘在一定条件下，也能发生部分催化加氢和完全催化加氢。

$$\text{萘} + H_2 \xrightarrow[\text{加热, 加压}]{H_2, \text{Ni}} \text{四氢萘} \xrightarrow[\text{加热, 加压}]{H_2, \text{Pd/C}} \text{十氢萘}$$

$$\text{蒽} \xrightarrow[\text{亚铬酸铜}]{H_2} \text{9,10-二氢蒽}$$

芳烃的催化氢化也是去芳构化反应中的一种。去芳构化，顾名思义，就是设法将官能团直接与芳香骨架发生反应，破坏原有的芳香性，从而将一个平面的分子转换为具有立体结构的分子。芳烃还有一个典型的去芳构化反应，即 Birch 还原。

6.6.3 Birch 还原

在第五章中，我们知道炔可以通过溶解金属部分还原来制备烯烃。芳烃也可以被碱金属/液氨部分还原为环己-1,4-二烯衍生物，被称为 Birch 还原。例如，苯被还原成环己-1,4-二烯：

$$\text{苯} \xrightarrow[\text{NH}_3, \text{EtOH}]{\text{Na}} \text{环己-1,4-二烯}$$

Birch 还原是一种溶解性金属还原，其机理类似于在第五章中研究的炔烃还原机理。通过碱金属的电子转移和醇的质子转移，形成环己-1,4-二烯。环己-1,4-二烯的形成优于更稳定的共轭环己-1,3-二烯，这主要是由于自由基阴离子中间体中的电子-电子排斥将优先使非键电子尽可能彼此远离，形成环己-1,4-二烯。

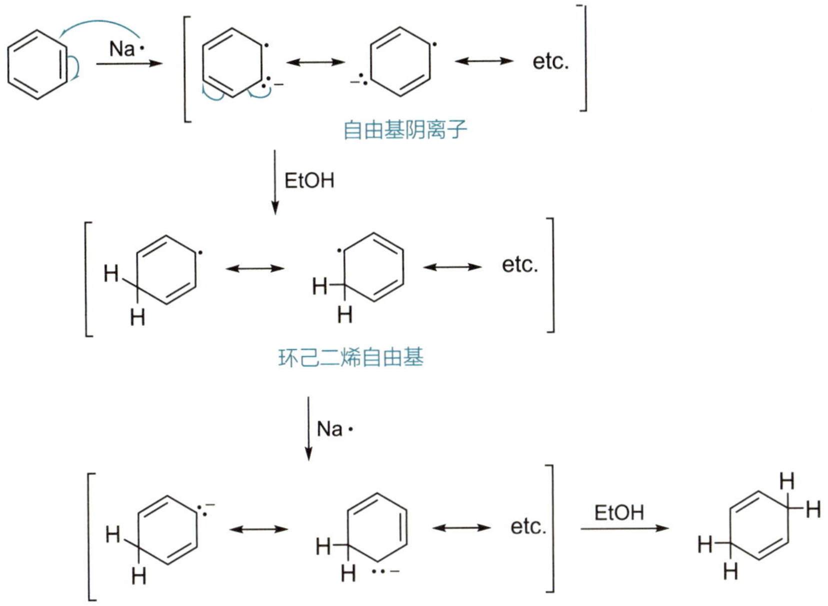

6.6 芳烃的氧化还原反应

当芳环上有给电子取代基时，与给电子取代基相连的碳原子不被还原，而且主要是 1-取代环己-1,4-二烯还原产物。这主要是由于给电子取代基是供电子的，会使自由基阴离子中间体不稳定。

例如，苯甲醚的 Birch 还原可生成 1-甲氧基环己-1,4-二烯，这是一种可以被稀酸水解为环己-2-烯酮的化合物。该方法提供了一种合成环己-2-烯酮的有效方法。

但当苯环上有吸电子取代基时，与吸电子取代基相连的碳原子被还原，而且主要产物为 3-取代环己-1,4-二烯。这主要是由于吸电子效应容易稳定自由基阴离子中间体。

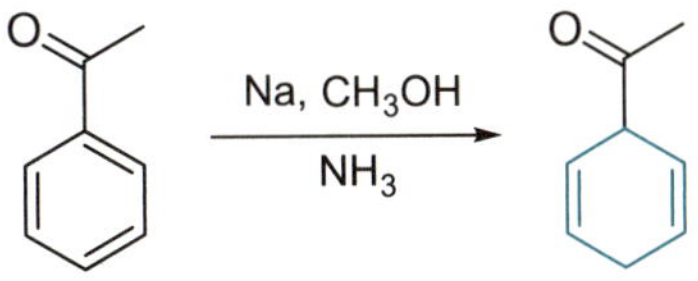

萘也可以在碱金属/液氨条件下还原为 1,4-二氢萘。

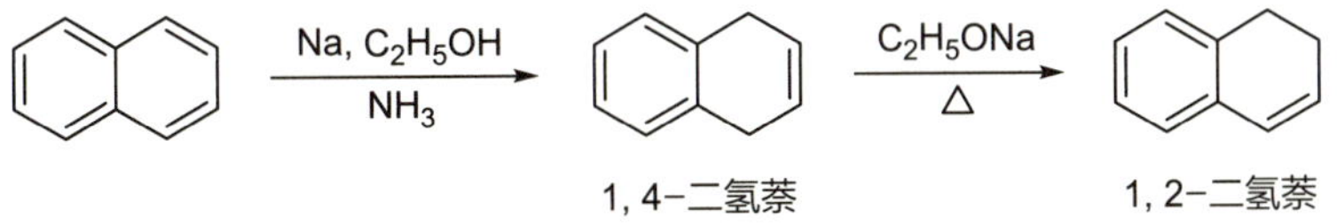

其反应机理与苯的 Birch 还原机理类似：

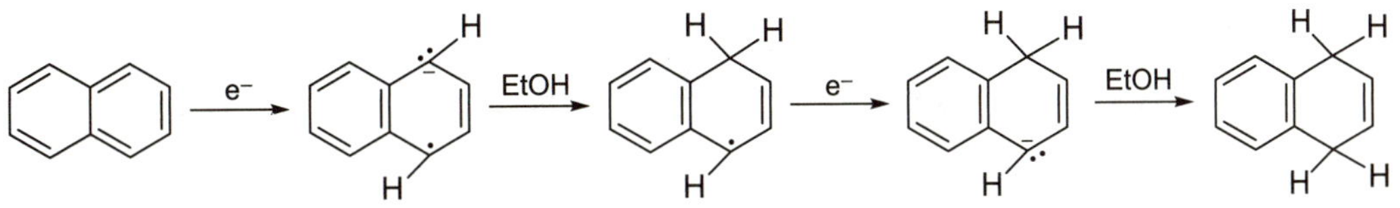

芳烃不仅在工业上有广泛的应用，如作为合成聚酯纤维、药物、香料和染料的原料，在科学研究中也是重要的研究对象。芳烃的亲电取代反应、亲核取代反应和氧化还原反应等都是有机化学中的经典反应类型。随着科学技术的不断进步，芳烃的合成和应用领域还在不断拓

展，如去芳构化反应、金属催化的交叉偶联和芳烃 C-H 官能团化反应等。此外，芳烃在材料科学、药物化学、生物化学等领域的应用也在不断深化，展现出广阔的发展前景。总之，芳烃作为一类重要的有机化合物，其化学性质和反应机理的研究具有重要的理论意义和应用价值。

1. 用系统命名法命名下列化合物。

（1）氯苯 （2）水杨醛（邻羟基苯甲醛） （3）3-氯苯甲酸 （4）对甲苯磺酸钠 （5）2-萘酚

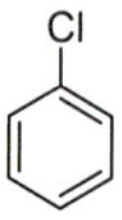

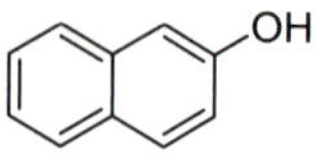

2. 写出下列化合物与溴单质发生亲电取代反应的产物。

（1）苯甲醚 （2）氟苯 （3）苯甲酸甲酯 （4）硝基苯 （5）1,3-二甲氧基苯

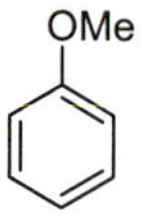

（6）2-氟苯酚 （7）对乙酰氨基苯甲酸甲酯 （8）2-硝基联苯

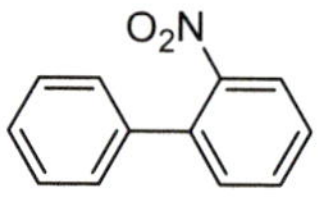

3. 请完成下列反应。

（1）苯 + $(CH_3)_3CCl$ $\xrightarrow{AlCl_3}$

（2）苯 + CH_3CH_2COCl $\xrightarrow{AlCl_3}$

（3）对氟硝基苯 + NaOMe ⟶

（4）2,4-二硝基氯苯 + Me_2NH $\xrightarrow{K_2CO_3}$

（5）苯甲醚 $\xrightarrow{Li, NH_3(l)}$

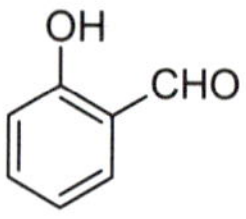

（6）苯甲酸甲酯 $\xrightarrow{Li, NH_3(l)}$

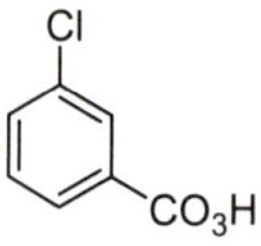

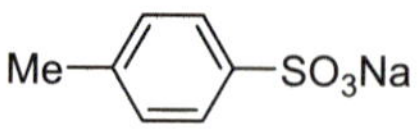

（7）2,3,4,5-四氟-(N-(1-羟基-2-丙基)氨基亚甲基)-β-氧代苯丙酸乙酯 $\xrightarrow{NaH, DMSO}$

（8）邻氯甲苯 $\xrightarrow{LiNEt_2, NH_3(l)}$

（9）3,5-二甲氧基联苯 $\xrightarrow[ClCH_2CO_2Me]{Li, NH_3(l), THF}$

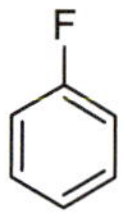

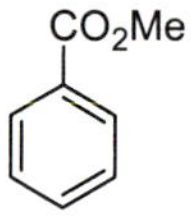

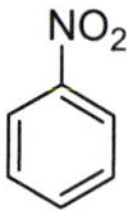

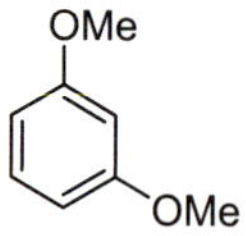

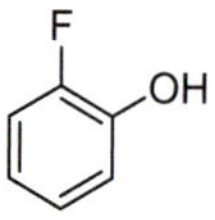

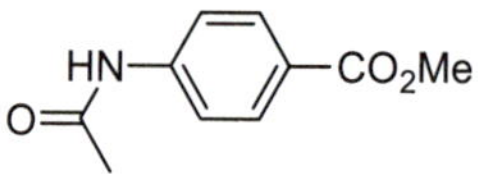

（10）2,4-二硝基氟苯 + H_2N-CH(Et)-CO-NH-CH(Me)-CO-Pro-COOH $\xrightarrow{pH\ 8\sim9}$ **A** $\xrightarrow{H_3O^+}$ **B + C + D**

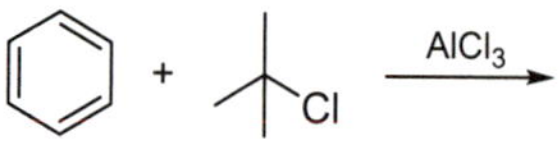

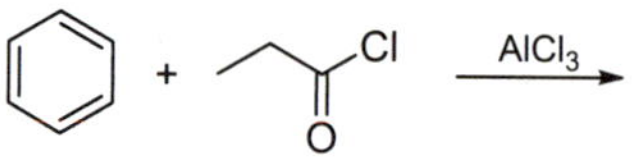

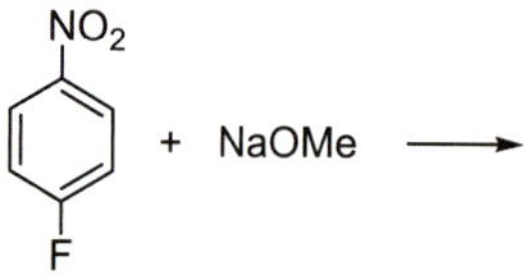

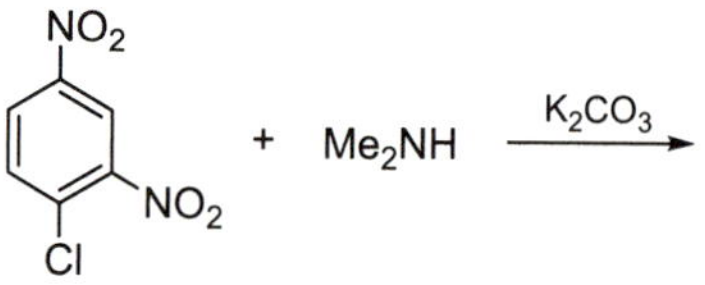

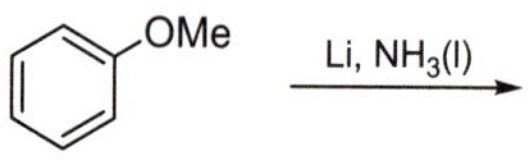

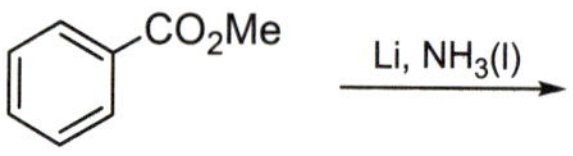

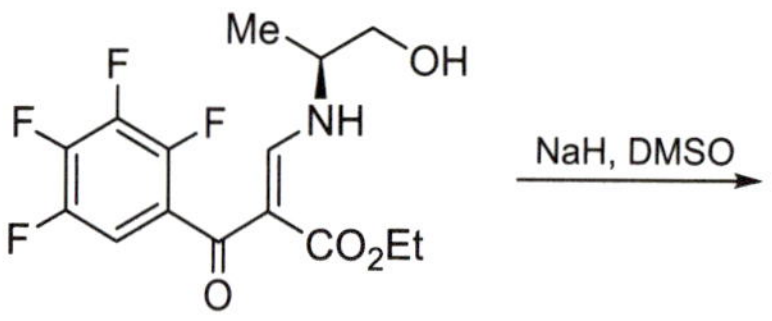

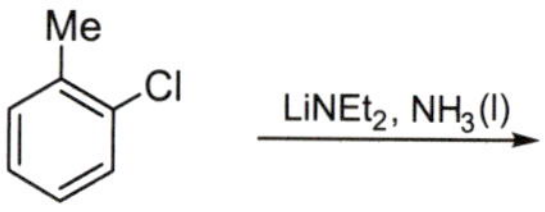

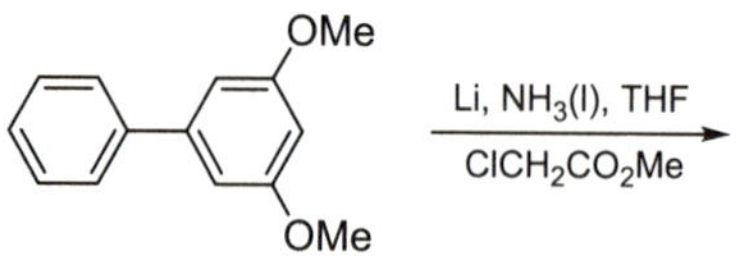

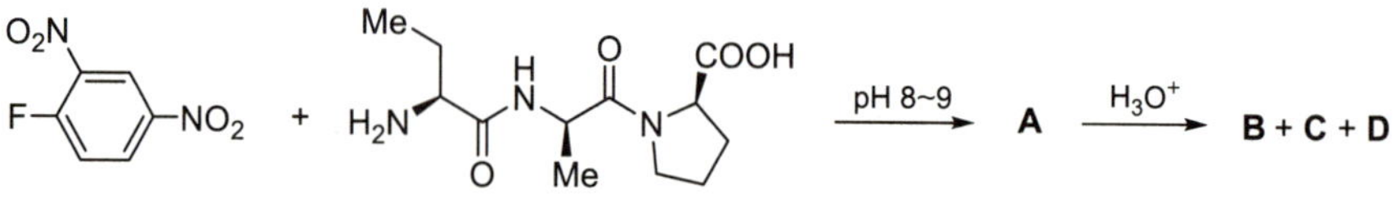

4. 以下列初始原料合成目标化合物。

（1）甲苯 ⟶ 邻溴甲苯

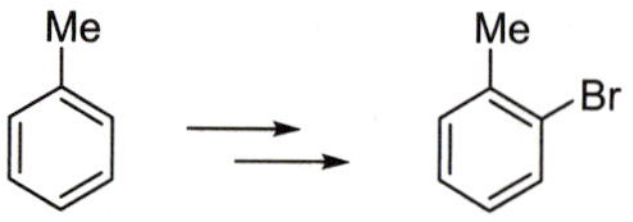

（2）苯 ⟶ 对氨基苯乙酮

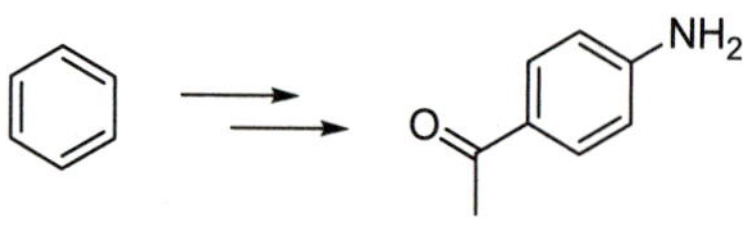

(3) [benzene] → 1-bromo-3-propylbenzene   (4) [benzene] → 1,3,5-tribromobenzene

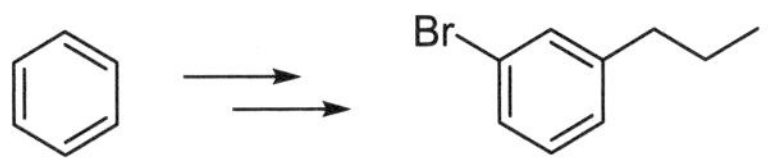

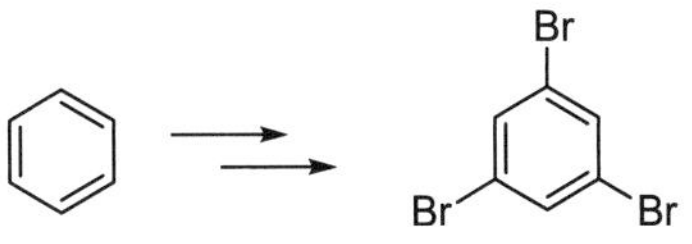

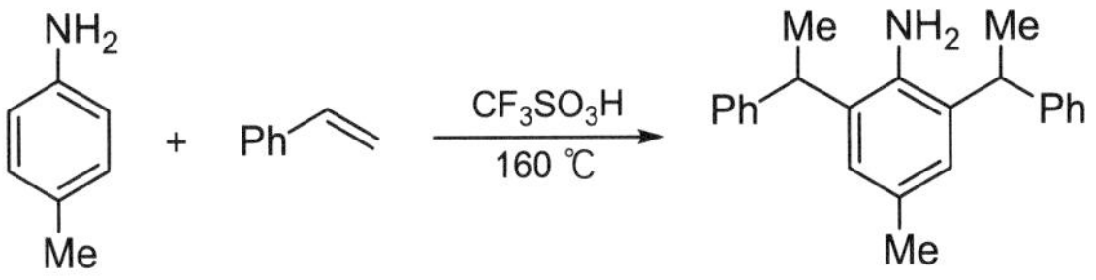

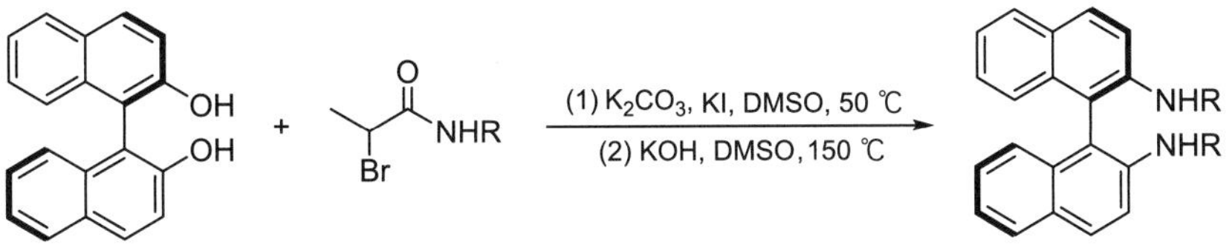

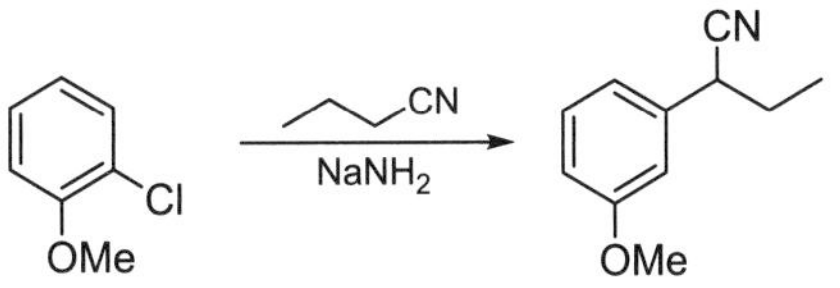

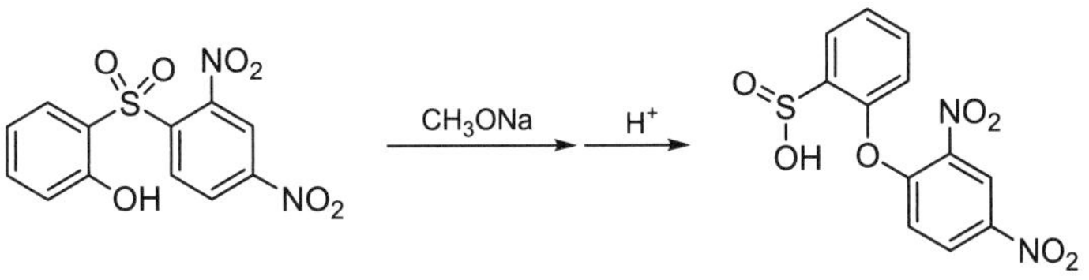

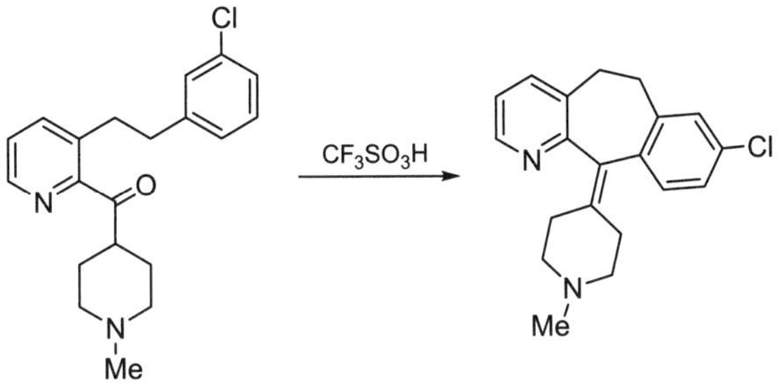

5. 推测下列反应的机理。

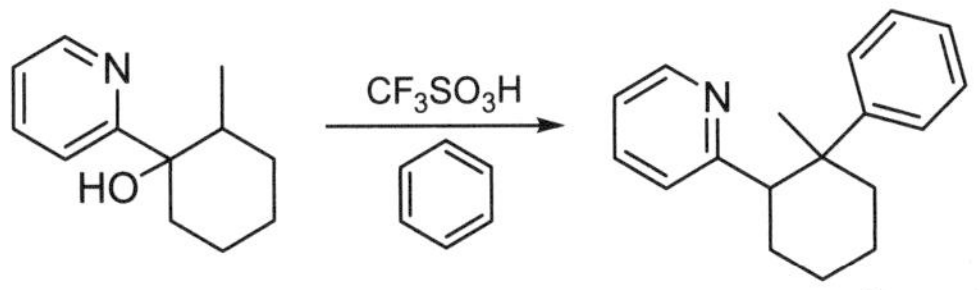

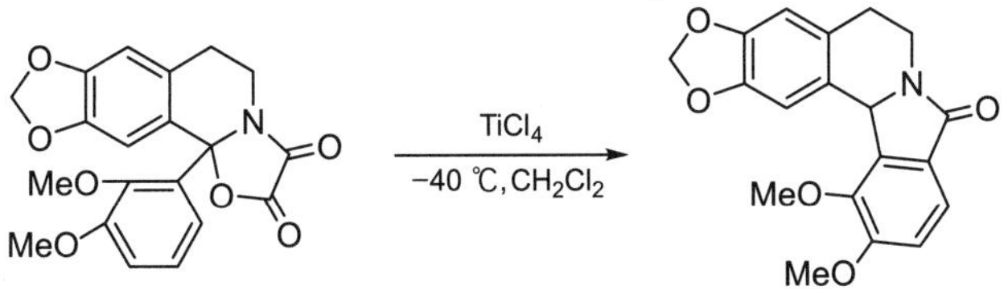

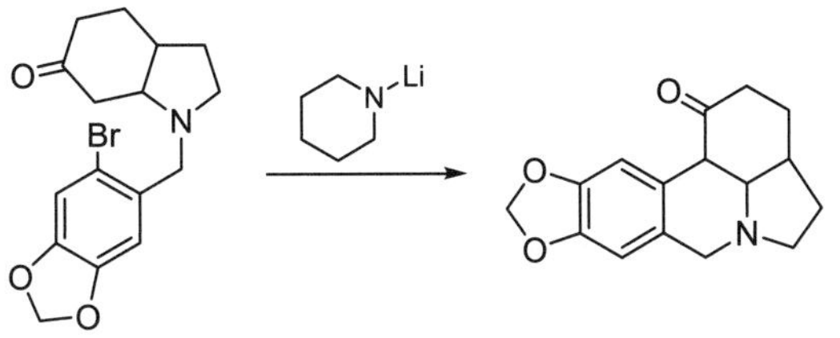

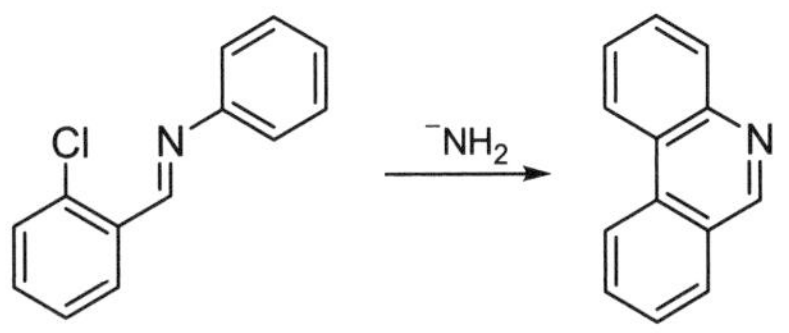

(10)

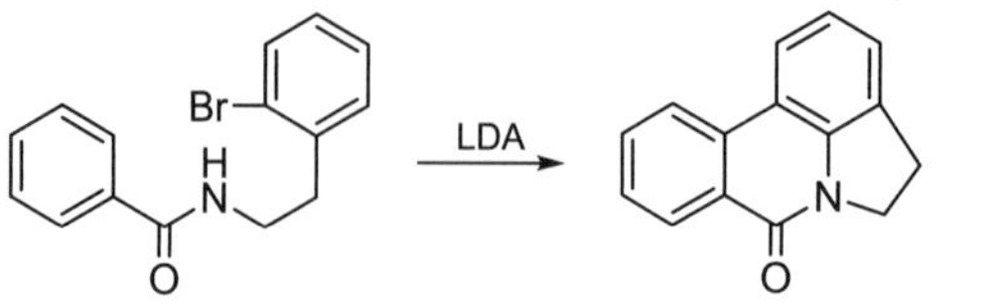

[反应式：邻溴苯甲酰胺基乙基苯 —LDA→ 稠合内酰胺产物]

(LDA = 二异丙基氨基锂)

(11)

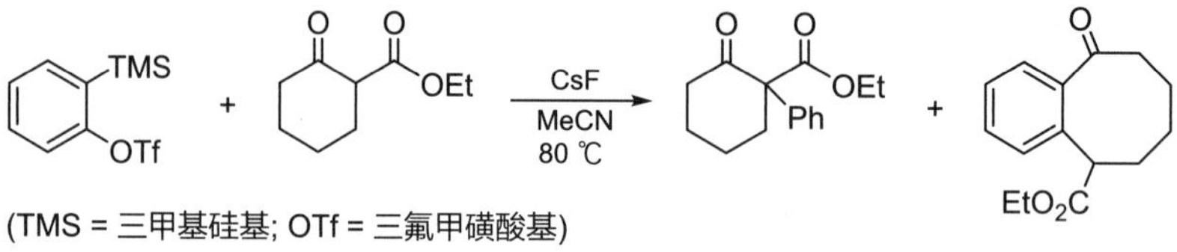

[反应式：邻三甲基硅基苯基三氟甲磺酸酯 + 2-氧代环己烷甲酸乙酯 —CsF/MeCN/80 ℃→ α-苯基取代产物 + 苯并环辛酮产物]

(TMS = 三甲基硅基; OTf = 三氟甲磺酸基)

6. 萜和甾体类化合物是一类广泛存在的天然产物，其中不少表现出优秀的生物活性。它们的共同点是都具有包含连续多手性中心的复杂多环骨架结构。在自然界中，这类复杂骨架通过质子化酶催化的碳正离子引发多烯环化反应来构建。请为下列多烯环化反应提供合理的反应机理并预测原料 **3** 在相同反应条件下的主要产物。

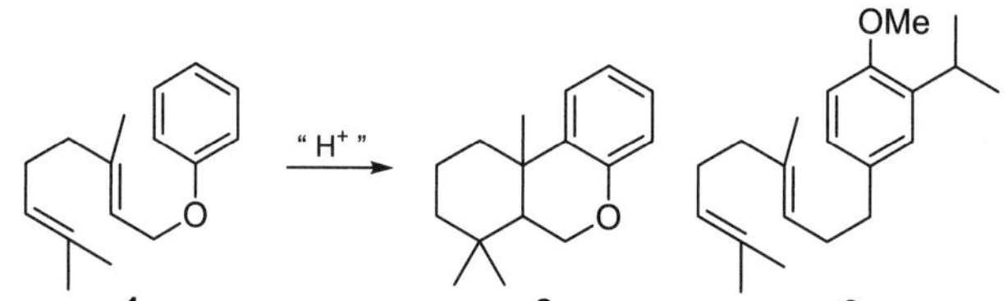

[反应式：化合物 1 —"H⁺"→ 化合物 2；化合物 3]

7. Birch 还原可以将芳香化合物转化为环状烯烃类化合物，具有广泛的用途，然而其需要使用活泼的金属锂，同时反应会有氢气作为副产物，这些因素限制了反应的规模化运用。为此，Baran 课题组发展了电化学促进的 Birch 还原反应（*Science*, 2019, 363: 838-845），根据所学的知识，推测下列化合物在 Birch 还原下的产物。

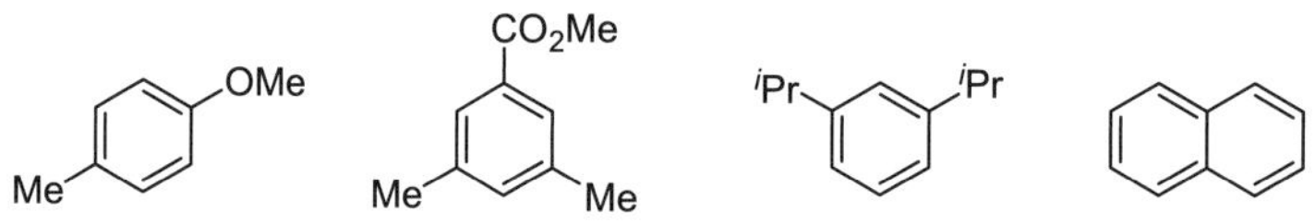

[化合物结构：4-甲氧基甲苯；3,5-二甲基苯甲酸甲酯；1,3-二异丙基苯；萘]

8. 2019 年，Ritter 教授发展了将芳烃碳氢键直接转化为噻蒽鎓盐的方法：

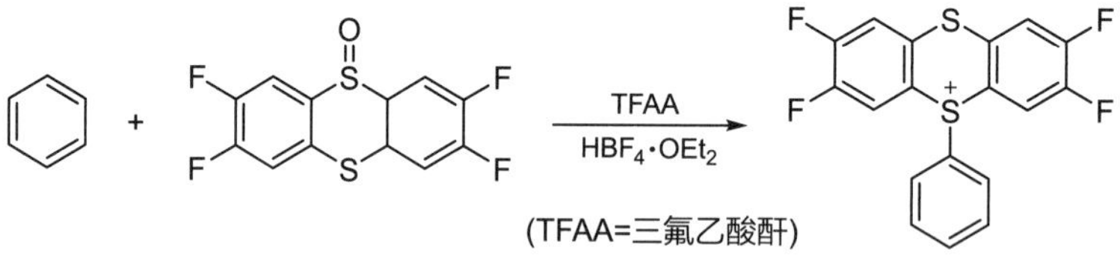

[反应式：苯 + 四氟噻蒽-S-氧化物 —TFAA/HBF₄·OEt₂→ 苯基四氟噻蒽鎓盐]

(TFAA=三氟乙酸酐)

与常规的卤化过程相比，芳基噻蒽鎓盐的区域选择性大大提高，并在后期官能团化中显现出强大的反应活性，可以进行大量的转化反应。噻蒽鎓盐的引入过程与芳基的亲电取代反应较为类似，请指出下列化合物引入噻蒽鎓盐的反应位点。

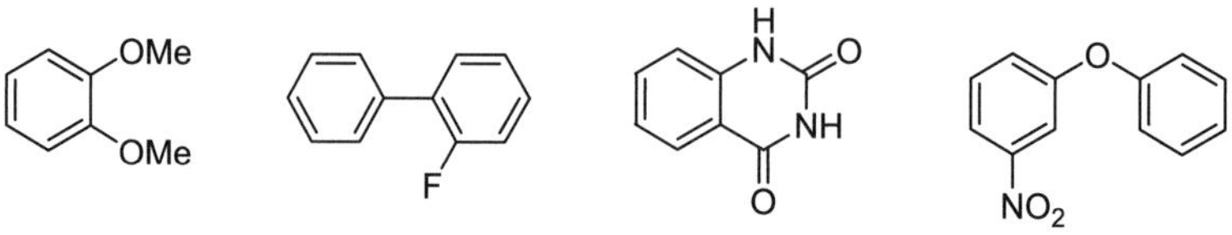

[化合物结构：邻二甲氧基苯；2-氟联苯；喹唑啉-2,4-二酮；3-硝基苯基苯基醚]

9. 如下 Friedel-Crafts 酰基化反应，除了少量目标产物 **A** 之外，还往往伴有副产物 **B** 和 **C**，并且 **C** 为主要产物。请解释 **A**、**B** 和 **C** 的产生机制，并推测 **C** 中苯环上两个官能团的引入顺序。

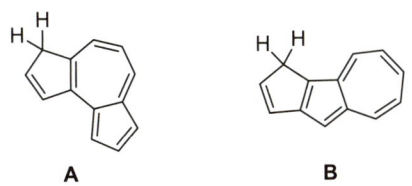

10. 结合芳香性的定义，为以下实验现象提供合理的解释。

（1）化合物 **A** 的酸性（pK_a 14）明显强于化合物 **B** 的酸性（pK_a 22）

（2）该化合物中 C=C 双键的旋转能垒只有 14 kcal/mol。

11. 预测下列结构哪些具有芳香性，哪些是非芳香性，哪些具有反芳香性。

12. 葵子麝香是一种人造麝香，其香味与天然麝香近似，是天然麝香的代用品，化学名称叫 1-(叔丁基)-2-甲氧基-4-甲基-3,5-硝基苯，结构式为

若以间甲基苯甲醚为原料则有两种可能的合成路线：①先叔丁基化，然后硝化；②先硝化，然后进行叔丁基化。你认为应选择哪一条合成路线？为什么？

13. Thomson 等报道了一类木脂素类化合物的立体选择性全合成，其中关键步骤如下：

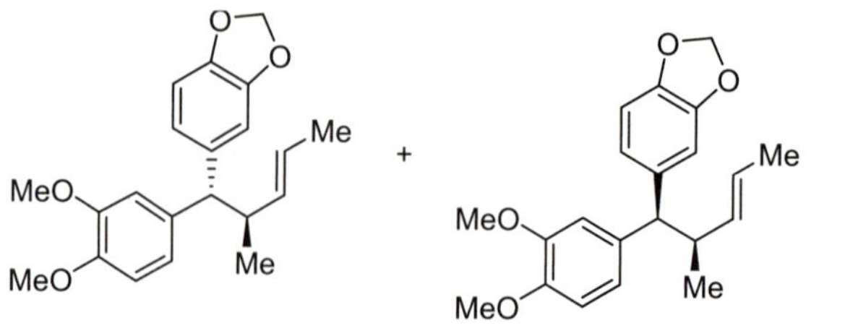

请提供合理的模型来解释中间体 **A** 到 Friedel-Crafts 烷基化产物的立体化学选择性。

14. Norrby 等基于大量实验数据的机器学习开发出了一类芳香亲电取代反应位点预测工具。该模型预测出以下两种取代苯环进行芳香亲电取代反应的位点可能性，如下图所示，请评价该工具预测的合理性。

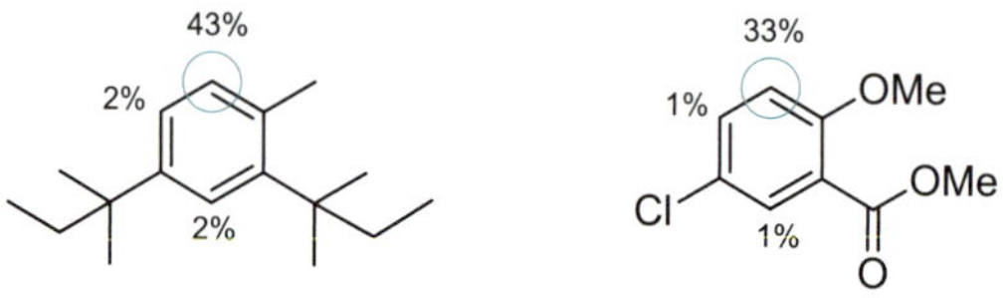

15. 氮杂环卡宾（NHCs, *N*-heterocyclic Carbenes）是一类非常独特的有机小分子催化剂，可以"诱降"醛类等化合物，使其"变节"，生成 Breslow 中间体，由亲电性转变为亲核性，从而实现羰基官能团的极性反转，如下所示：

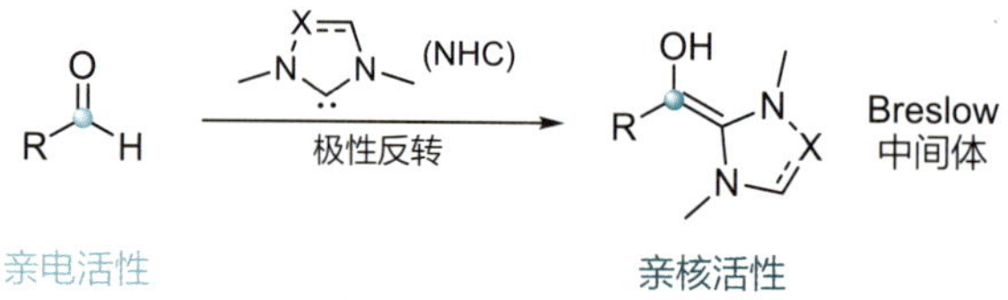

亲电活性　　　亲核活性

在 Suzuki 等报道的 Termicalcicolanone A 的全合成中，包含了这样一步 NHC 催化的芳香亲核酰基化反应，请根据上述 NHC 的催化模式，推测该反应发生的机理：

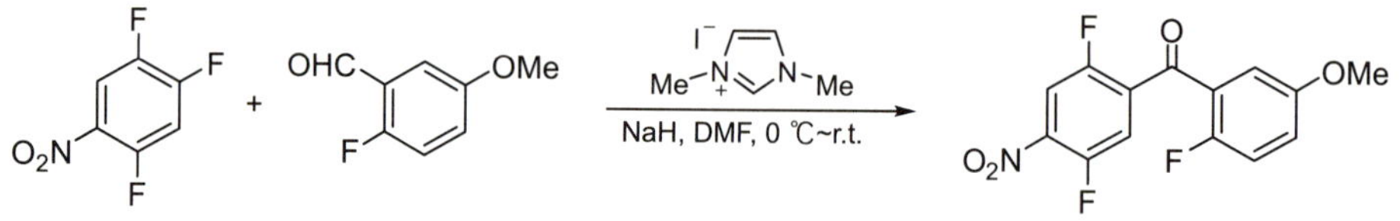

16. Pictet-Spengler 反应是 β-芳基乙胺与醛或酮在酸催化下发生的环化缩合反应，广泛应用于四氢异喹啉的构建。

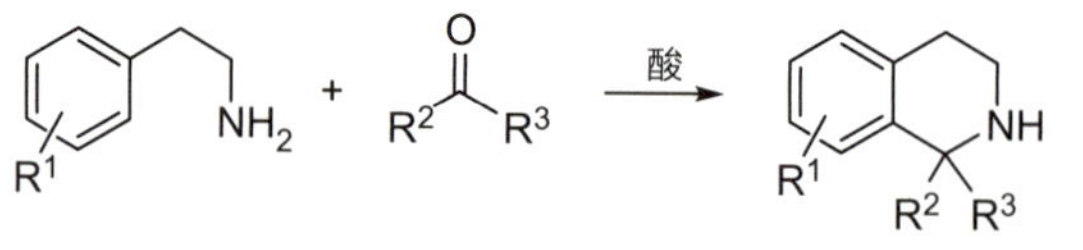

Padwa 等在 Erythrina 类生物碱的合成中，应用 Pictet-Spengler 反应构建了环 **C**，请解释该反应的区域选择性，并推测该反应的发生机制。

本章习题
参考答案

（本章编者　赵万祥、刘强、汪兆丰、陶忠林、李滔）

第七章

醇、酚和醚

7.1	醇的结构和物理性质 …………… 235	7.6 醚的反应 ………………………… 257
7.2	醇的化学性质及反应 …………… 237	7.7 醚的应用 ………………………… 262
7.3	碳正离子及其重排反应 ………… 245	7.8 酚 ………………………………… 264
7.4	醇的制备 ………………………… 250	习题 ………………………………… 271
7.5	醚的制备 ………………………… 253	

　　醇类在生产和生活中有着广泛的应用，涉及基础化工、医药、农业等领域。常见的醇类包括甲醇、乙醇、乙二醇、丙三醇等。甲醇是一种基本有机原料，可作为生产甲醛、甲酸甲酯、醋酸、甲胺等化学品的原材料；甲醇也是一种重要的能源，可用作燃料或替代燃料，如甲醇汽油和柴油。乙醇俗称酒精，在医疗领域被用作消毒剂，是透明可燃的液体，工业上常用作溶剂、反应原料及汽车燃料。乙二醇俗称甘醇，可用作汽车的防冻液，也是合成涤纶的主要原料。丙三醇俗称甘油，具有很强的吸水性，可用作日用化妆品的原料，也可以用于合成三硝酸甘油酯（一种主要的炸药成分）。

　　醇存在于很多天然药物中，醇的氢键作用利于药物结合蛋白质的特定位点，水溶性利于药物对细胞膜的穿透。例如紫杉醇（paclitaxel），分子式为 $C_{47}H_{51}NO_{14}$，作为一种高效、低毒、广谱的天然抗癌药物，在临床上已经广泛用于乳腺癌、卵巢癌和部分头颈癌和肺癌的治疗。紫杉醇作为一种具有抗癌活性的二萜生物碱类化合物，其新颖复杂的化学结构、广泛而显著的生物活性、全新独特的作用机制、奇缺的自然资源使其受到了植物学家、化学家、药理学家、分子生物学家的极大青睐，成为 20 世纪下半叶举世瞩目的抗癌明星和研究重点。

7.1　醇的结构和物理性质

7.1.1　醇的结构和分类

　　脂肪烃分子中的氢原子或芳香烃侧链上的氢原子被羟基取代后的化合物称为醇。羟基（hydroxyl group）是醇（alcohol）的官能团。

　　根据醇分子中所含羟基的数目，可将醇分为一元醇、二元醇、多元醇。含两个以上羟基的醇统称为多元醇。根据羟基所连碳原子级数不同，可将醇分为伯醇、仲醇或叔醇。醇的系统命名应选择含有羟基的最长碳链为主链，编号时使羟基的位次最小，多元醇选择含有多羟基的最长碳链作主链。

乙醇	乙二醇	丙三醇	正丙醇	异丙醇	叔丁醇
ethanol	ethylene glycol	glycerol	n-propanol	isopropanol	t-butanol
一元醇	二元醇	三元醇	伯醇	仲醇	叔醇
			primary alcohol	secondary alcohol	tertiary alcohol

醇羟基中的氧原子采取 sp^3 杂化，其中一个 sp^3 杂化轨道与氢原子的 1s 轨道形成 σ 键，一个与相邻碳原子的 sp^3 杂化轨道形成 σ 键，剩余两个 sp^3 杂化轨道由氧原子的两对孤对电子分别占据。由于氧原子采取了相同的杂化形式，醇与水的结构相似，醇亦可以看作水中的一个氢原子被烷基取代的化合物。以甲醇为例，C—O—H 键角为 108.9°，近似于水分子的 H—O—H 键角 104.5°；甲醇的偶极矩也与水类似，表现出较大的极性，常用作极性质子型溶剂（图 7-1）。

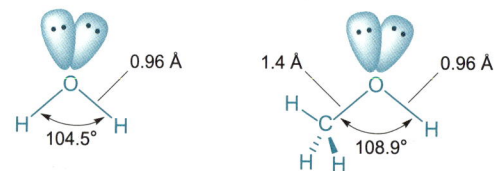

图 7-1 水分子和甲醇分子的结构对比

7.1.2 醇的物理性质

羟基极大地影响了醇的物理性质。由于羟基可作为氢键供体或受体，醇分子之间可形成氢键，醇比相同骨架的烷烃有着更高的熔点和沸点。醇的同系物的沸点随着分子中碳原子数目的增多而升高，对于直链饱和一元醇，每增加一个 CH_2，沸点升高 18~20 °C。低级一元饱和醇在常温常压下为无色液体，含 4~11 个碳原子的醇为油状液体，高级醇为无色固体。与烷烃类似，具有更多支链的醇的异构体具有更低的熔点和沸点。

除此之外，多元醇中羟基越多，其与周围分子可以形成的氢键也越多，熔点和沸点也更高。

羟基也可与水分子形成氢键，这影响了醇在水中的溶解度。甲醇、乙醇等低级一元饱和醇与乙二醇、丙三醇等多元醇均可与水任意比例互溶。随着碳链增长，醇在水中的溶解度不断降低。高级醇在室温下几乎不溶于水。

醇在强酸中溶解度较大，因为醇能与酸形成𬭩盐（oxonium salt），增加了溶解度。

氧的电负性大于碳和氢的电负性，C—O 键和 O—H 键都是极性键，因此醇是极性分子，偶极矩在 2 D 左右，甲醇的偶极矩为 1.7 D。

常见醇的物理性质见表 7-1。

表 7-1 常见醇的物理性质

醇	化学式	IUPAC名称	熔点/°C	沸点/°C	相对密度
甲醇	CH_3OH	methanol	-97	64.7	0.792
乙醇	CH_3CH_2OH	ethanol	-115	78.4	0.789
乙二醇	$HOCH_2CH_2OH$	1,2-ethanediol	-16	197	1.113
正丙醇	$CH_3(CH_2)_2OH$	1-propanol	-126	97.2	0.804

续表

醇	化学式	IUPAC名称	熔点/°C	沸点/°C	相对密度
异丙醇	(CH$_3$)$_2$CHOH	2-propanol	−88.5	82.3	0.786
烯丙醇	H$_2$C=CHCH$_2$OH	2-propen-1-ol	−129	97	0.855
丙二醇	HOCH$_2$CH$_2$CH$_2$OH	1,3-propanediol		215	1.06
丙三醇	HOCH$_2$CH(OH)CH$_2$OH	1,2,3-propanetriol	18	290	1.261
正丁醇	CH$_3$(CH$_2$)$_3$OH	1-butanol	−90	117.8	0.81
异丁醇	(CH3)$_2$CHCH$_2$OH	2-methyl-1-propanol	−108	107.9	0.802
二级丁醇	CH$_3$CH$_2$CH(CH$_3$)OH	2-butanol	−114	99.5	0.808
叔丁醇	(CH$_3$)$_3$COH	2-methyl-2-propanol	26	82.5	0.789
正戊醇	CH$_3$(CH$_2$)$_4$OH	1-pentanol	−79	138	0.817
环戊醇	环-C$_5$H$_9$OH	cyclopentanol		140	0.949
正己醇	CH$_3$(CH$_2$)$_5$OH	1-hexanol	−52	155.8	0.82
环己醇	环-C$_6$H$_{11}$OH	cyclohexanol	24	161.5	0.962
苯甲醇	PhCH$_2$OH	phenylmethanol	−15	205	1.046
二苯甲醇	Ph$_2$CHOH	diphenylmethanol	69	298	
三苯甲醇	Ph$_3$COH	triphenylmethanol	162.5		

7.2 醇的化学性质及反应

醇羟基氧原子的电负性较大，O-H 键容易异裂释放一个质子，体现其酸性；氧原子周围电子密度较大，可结合质子表现出碱性，也可与亲电试剂发生反应体现亲核性；氧原子的吸电子诱导效应使 α-C 具有正电性，可接受亲核试剂进攻；氧原子的吸电子诱导效应导致 α-H 具有一定酸性，可被氧化。

7.2.1 醇羟基的酸性

醇羟基中氧的电负性大于氢的电负性，共用的电子对偏向氧，因此 O-H 键可以异裂给出质子。醇的酸性与和氧相连的烷基的电子效应以及空间位阻相关。相连烷基的位阻越大，醇的酸性越弱。在溶液中，醇的酸性强弱顺序为甲醇 > 伯醇 > 仲醇 > 叔醇。若醇的烷基上有吸电子基团，则醇的酸性增强。因为吸电子基团的诱导效应分散了醇负离子的负电荷，使醇的共轭碱更稳定，解离平衡更利于给出质子。例如，乙醇的 pK_a 为 16，三氟乙醇（TFE）的 pK_a 为 12.5，六氟异丙醇（HFIP）的 pK_a 为 9.3。当羟基直接连接芳香体系时，氧上的负电荷可以通过共轭效应离域，因此酚类化合物酸性通常强于脂肪醇的酸性（苯酚 pK_a=9.95）。

醇的酸性可以在与碱金属的反应中体现，金属钠可以与醇中的氢原子发生置换反应得到醇钠。反应的产物醇盐一般具有强碱性。醇盐也常用作亲核试剂：醇钠与卤代烃反应生成醚的反应称为 Williamson 醚合成法。因为醇的解离程度低于水，钠在醇中反应的剧烈程度也要比在水中更低。在实验室中，重蒸干燥溶剂过程中剩余的钠丝通常用冷的异丙醇猝灭，因为其酸性适中，反应可控。常见的强碱（如 NaH、LDA、格氏试剂）能和醇羟基反应得到醇盐。

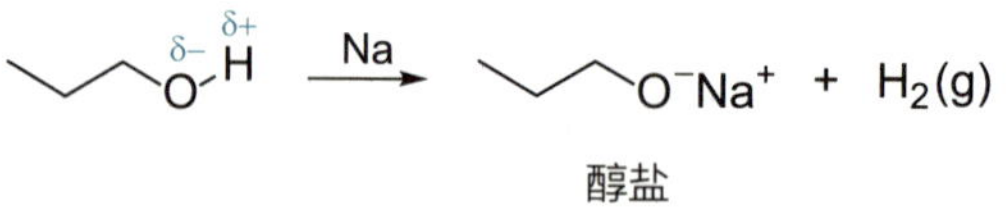

7.2.2 醇的亲核性

醇的亲核性来源于羟基氧原子上的孤对电子，因此醇在酸性和碱性（醇盐形式）条件下均能表现出亲核性。醇可作为亲核试剂与含氧无机酸、酸酐和酰氯发生酯化反应，与酯发生酯交换反应，对极性不饱和键（醛、酮、α,β-不饱和羰基化合物、异氰酸酯等）进行亲核加成反应，与含易离去基的分子（卤代烃、磺酸酯等）发生亲核取代反应。伯醇与羧酸通过加成-消除机理或酰基阳离子机理发生的酯化反应也可体现醇的亲核性。例如，硫酸、磷酸等多元酸与乙醇 1∶1 反应可以得到硫酸氢乙酯、磷酸单乙酯，而在醇过量的反应中，酸结构中其余羟基可以被全部酯化，生成硫酸二乙酯、磷酸三乙酯。

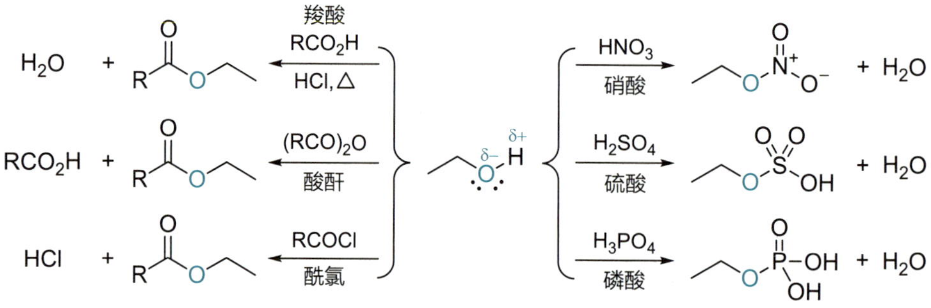

7.2.3 醇羟基的取代

与卤代烃不同，醇类化合物不能在碱性条件下直接被亲核试剂取代，原因有两方面：

（1）醇羟基在碱性条件下首先体现酸性，会直接与亲核试剂发生酸碱中和，产生的醇负离子更难被亲核取代。

（2）亲核取代的难易程度受离去基团的离去性能影响，而离去性能与离去基团的碱性负相关，碱性越强，离去能力越弱，亲核取代反应越难发生。直接取代醇羟基须离去强碱性的氢氧根负离子（$pK_a = 15.7$），因此直接对醇羟基发生亲核取代相对困难，需要将其转化为更好的离去基团。

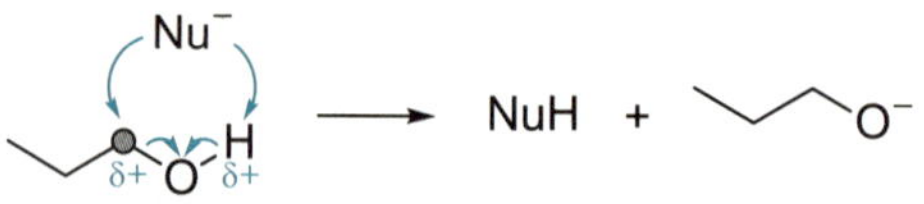

对醇羟基进行取代，一种简单可行的思路是酸性条件下的亲核取代：以氢卤酸为例，醇的氧原子具有 Lewis 碱性，可以结合酸提供的质子将氢氧根离去基团转化成中性的水分子（共轭酸 H_3O^+ 酸性强，$pK_a = -1.7$），更容易离去，促进卤素离子的亲核取代。相比之下溴代烃取代产生的溴离子碱性很弱（共轭酸 HBr 酸性强，$pK_a = -9$）。

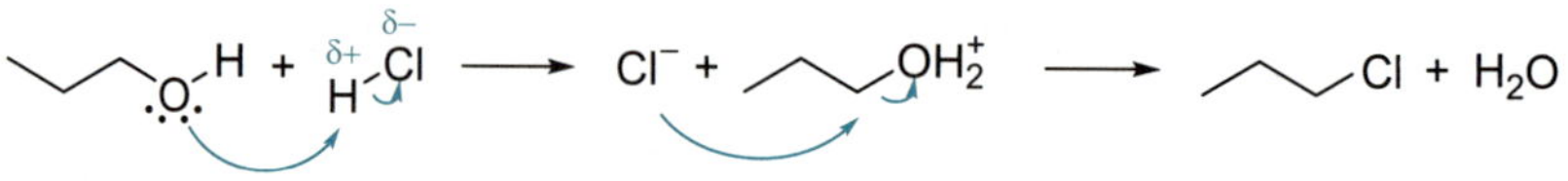

在氢卤酸和醇制备卤代烃的反应中，醇的活性因结构而异：烯丙醇、苯甲醇、叔醇 > 仲醇 > 伯醇；酸的强度对反应速率也有影响：HI > HBr > HCl >> HF。

然而实际生产中用醇制备卤代烃不常采用强酸条件，其原因有两方面：

（1）伯醇以 S_N2 机理为主，反应速率慢，需要外加剧烈条件，限制了底物适用性。

（2）仲醇、叔醇以 S_N1 机理为主，反应速率快，但伴随副反应，如消除和碳正离子重排。

尽管如此，醇在强酸性条件下的反应特性可以用于鉴别伯、仲、叔醇。其中最为著名的是于 1930 年发明的 Lucas 试剂。该试剂为浓盐酸和无水氯化锌的混合物。将三种醇分别加入上述试剂中，叔醇立即反应放热，生成氯代烷导致溶液分层；仲醇在几分钟内反应分层，但放热不明显；伯醇需加热才能反应。

伯醇、仲醇用 $SOCl_2$ 氯化，用 PBr_3 溴化，用红磷和碘单质原位生成 PI_3 进行碘化。醇的卤化反应能将羟基转化为更好的离去基团，应用于亲核取代反应。

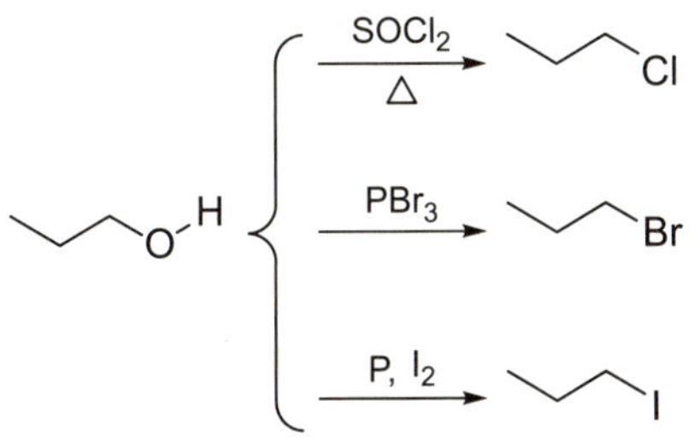

醇和亚硫酰氯 $SOCl_2$ 的反应伴随着两种气体的生成，不仅有利于平衡向氯代烃移动，提高反应产率，而且反应体系中最终不存在其他副产物，便于纯化。实际操作通常使用过量 $SOCl_2$（bp = 79 °C）并保持微沸。

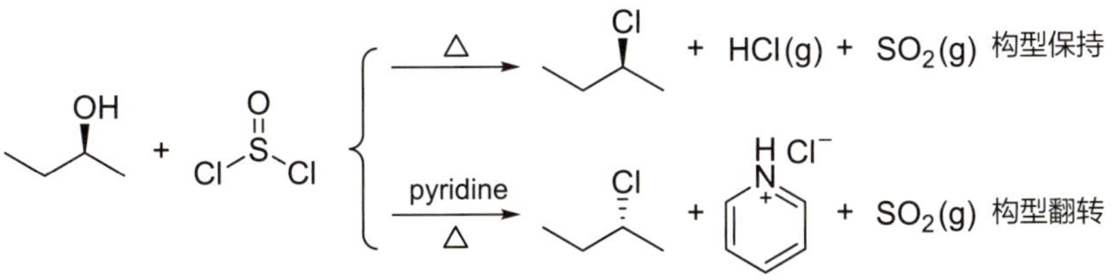

该反应中醇对亚硫酰氯亲核进攻，脱掉一分子氯化氢得到氯代亚硫酸酯中间体。通过这一反应，醇羟基被转化为更易离去的氯代亚硫酸酯，并解离成紧密离子对。与 S_N1 机理不同的是，紧密离子对分解出 SO_2 的同时，氯离子结合碳正离子，生成构型保持的产物。实验证明，低温下可以从反应体系分离得到氯代亚硫酸酯中间体，并且对中间体再次加热可以得到构型保持的氯代烃，从而为上述机理提供了实验证据。该结果如同在氯代亚硫酸酯分子内发生了亲核取代，因此称为 S_Ni（i = intramolecular）机理。

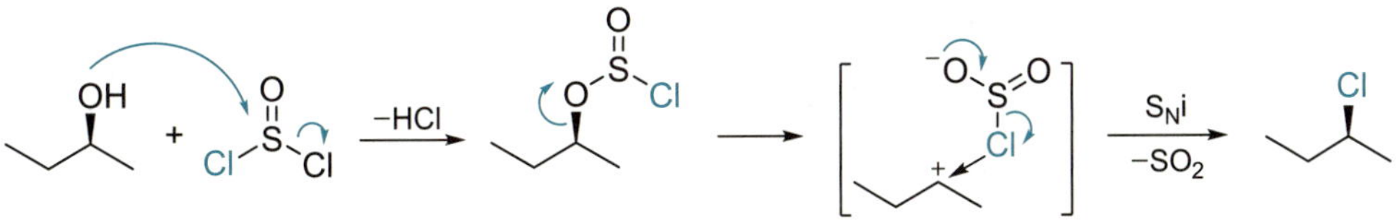

在反应中加入弱亲核试剂吡啶（或三级胺）可以得到构型翻转的产物。这一结果是吡啶对氯代亚硫酸酯发生取代反应产生的氯离子，与活性中间体发生 S_N2 反应导致的。

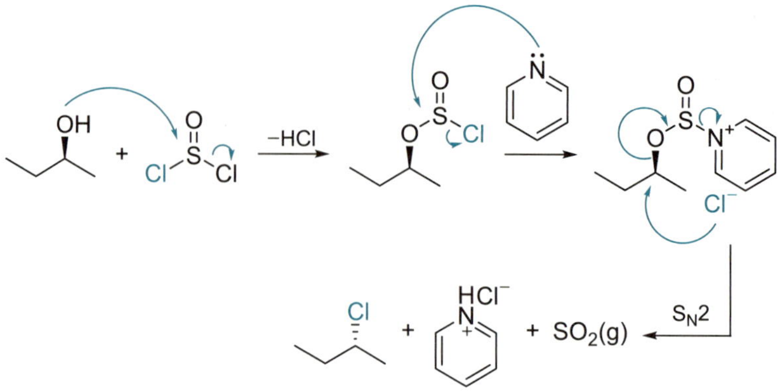

SOBr₂ 不稳定，所以溴代试剂常用 PBr₃，其反应机理也是通过醇羟基对杂原子的亲核取代，将其转化为良好的离去基团 -OPBr₂。产物 HOPBr₂ 的两个溴原子还可以继续和醇反应，因此反应中醇和 PBr₃ 的化学计量比是 3∶1。

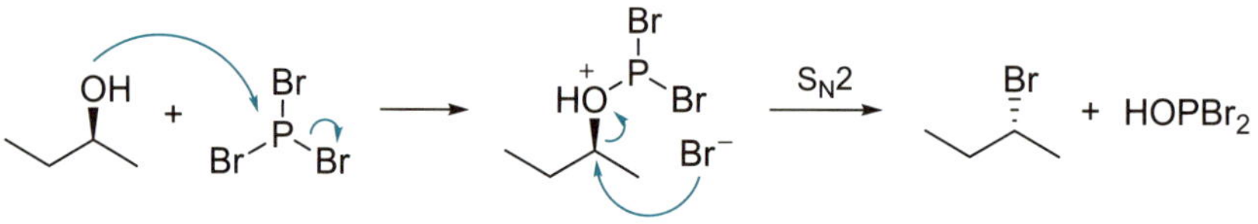

对于碘化反应，PI₃ 不能长时间稳定存在，所以通常用红磷和碘单质原位生成。磷的化合物也可用于氯化反应，但 PCl₅ 和醇 1∶1 反应产生的 POCl₃ 不能继续发生氯化反应，原子经济性不如 SOCl₂。实际操作中，易重排的伯、仲醇用 PX₃ 卤化的温度须低于 0 ℃ 以避免副反应。

以上方法仅能将醇转化为卤代烃，实际应用中如需对醇进行多样的官能团转化（diversification），通常用醇和磺酰氯（或磺酸酐）制备较稳定的磺酸酯（sulfonate），从而将羟基转化为好的离去基团（虚线框所示）磺酸根 RSO_3^-（共轭酸 $MeSO_3H$ pK_a = −2.6），并能和多种亲核试剂发生取代反应。磺酸酯的结构多样，可以通过改变硫原子上的取代基调节反应活性。常用的磺酸酯包括甲磺酸酯（R-OMs）和对甲苯磺酸酯（R-OTs）。

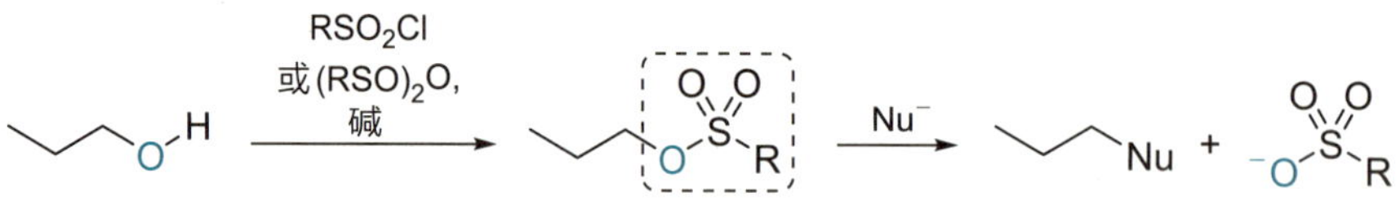

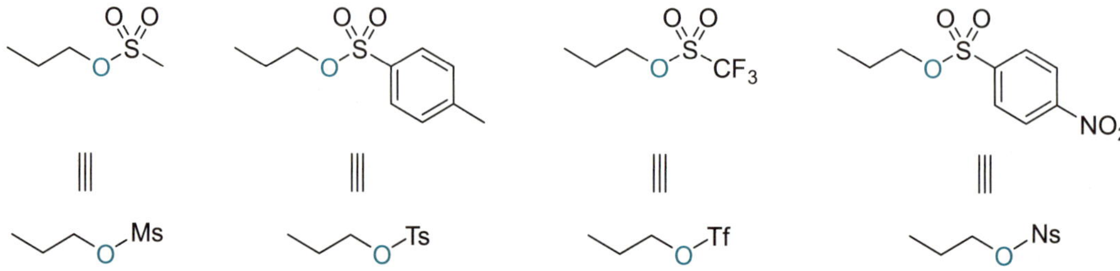

甲磺酸酯
Methane**s**ulfonate
(**Ms**ylate)

对甲苯磺酸酯
p-**T**oluene**s**ulfonate
(**Ts**ylate)

三氟甲磺酸酯
Trifluoromethanesul**f**onate
(**Tf**late)

对硝基苯磺酸酯
p-**N**itrophenyl**s**ulfonate
(**Ns**ylate)

硫原子上连接吸电子基团使磺酸根离子更稳定，从而增强离去性能，如 TfO⁻（$CF_3SO_3^-$，三氟甲烷磺酸根，共轭酸 TfOH $pK_a = -14$），因此三氟甲磺酸酯（R-OTf）、对硝基苯磺酸酯（R-OpNs）可以作为更活泼的中间体发生亲核取代。但磺酸酯作为高活性的亲电试剂，可以对遗传物质中的含氮碱基（亲核试剂）进行烷基化，因此具有强致癌性（碘甲烷亦然），实际操作须注意防护。

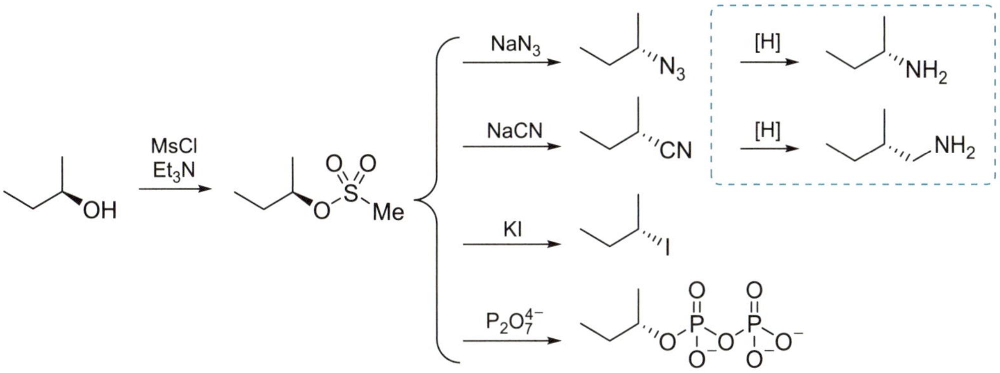

醇转化为磺酸酯再进行亲核取代虽需两步反应，但优势在于由同一中间体发散合成多种取代产物。例如用叠氮化钠进行取代，得到的叠氮化合物可进一步还原成胺；用氰化钠取代得到腈，可进一步还原为增长一个碳的脂肪胺；用碘化钠取代可以得到碘代烃；用弱亲核试剂如焦磷酸盐也能得到取代产物。转化过程中，伯、仲醇底物通常经历 S_N2 途径，得到立体专一的构型翻转产物，常用于手性分子合成。磺酸酯用 $LiAlH_4$ 还原可以得到烷烃；在强碱存在下（如醇钠），则消除得到烯烃。磺酸酯的转化丰富了醇在有机合成中的应用。

7.2.4　醇的消除反应

醇可以发生分子内消除，脱一分子水得到烯烃。在酸性条件下对醇进行质子化脱水，然而该条件下通常发生碳正离子重排，因为碳正离子的 α-去质子化相对较慢。酸性条件下脱水由易到难的顺序为叔醇 > 仲醇 > 伯醇，且区域选择性符合 Saytzeff 规则，生成连有较多取代基的反式烯烃或共轭烯烃，主要得到稳定的热力学产物。

为防止发生重排，应选用无碳正离子生成的途径。前文提到，醇由酯化反应得到的磺酸酯是良好的离去基团，在碱性条件下通过 E2 机理进行消除，可得到未重排的烯烃。除磺酸酯外，更常用的体系是三氯氧磷 $POCl_3$-吡啶，在温和条件下，对大位阻的仲、叔醇脱水。该反应的机理如下：醇的氧原子进攻 $POCl_3$，亲核取代生成二氯磷酸酯（dichlorophosphate），二氯磷酸根离去性能良好，能在弱碱吡啶存在下发生 E2 反应。

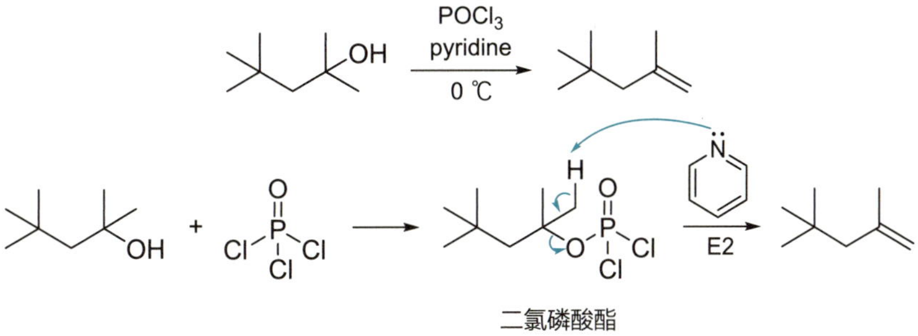

二氯磷酸酯

该反应受去质子化步骤的位阻控制，主要生成取代较少的烯烃，因此不符合 Saytzeff 规则。该体系不适用于位阻较小的伯醇，因为氯离子 S_N2 反应与 E2 反应存在竞争。

7.2.5 醇的氧化反应

醇羟基的取代反应可以用于合成多种化合物，但局限于氧化态相同的官能团。表 7-2 总结了常见官能团的氧化态，表中从左到右的化合物转化通常经历了脱氢或加氧，碳原子的氧化态升高，发生了氧化反应。例如，乙烷-乙烯-乙炔的转化、甲醇-甲醛-甲酸-二氧化碳的转化、甲烷-氯甲烷-二氯甲烷-氯仿-四氯化碳的转化、乙胺-乙醛亚胺-乙腈的转化，每步都经历了氧化反应。不同结构的醇可以被选择性地氧化为醛、酮或羧酸。

表 7-2　常见有机化合物的碳原子氧化态

化合物	C氧化态								
	−4	−3	−2	−1	0	+1	+2	+3	+4
烃类	CH_4	CH_3CH_3	$H_2C=CH_2$	$RHC=CHR$ $HC≡CH$	$R_2C=CR_2$ $RC≡CR$				
卤代烃			CH_3X	CH_3CH_2X	CH_2X_2	CH_3CHX_2	CHX_3	CH_3CX_3	CX_4
含氧化合物			CH_3-OH	CH_3CH_2-OH	$(CH_3)_2CH-OH$ $H_2C=O$	$CH_3CH=O$	$(CH_3)_2C=O$ HCO_2H	CH_3CO_2H	$O=C=O$
含氮化合物			CH_3-NH_2	$CH_3CH_2-NH_2$	$CH_2=NH$	$CH_3CH=NH$	$HC≡N$	$CH_3C≡N$	$RN=C=NR$

常见氧化剂包括高价金属氧化物，如铬酸（Cr^{VI}）、铬酐（CrO_3）-吡啶络合物（Cr^{VI}）、高锰酸钾（Mn^{VII}）、二氧化锰（Mn^{IV}）、四乙酸铅（Pb^{IV}）；也包括高氧化态的主族化合物，例如次氯酸钠（Cl^{I}）、高碘酸盐（I^{VII}）、Dess-Martin 试剂（DMP）（I^{V}）、二甲亚砜（S^{IV}）。

仲醇在酸性条件下能被重铬酸盐氧化成酮，形式上可以理解为醇的氧原子上一对电子转移到 Cr^{VI} 上（蓝色所示），且碳原子和氧原子上各失去一个质子。反应机理如下：醇和原位生成的铬酸发生配体交换得到铬酸酯，脱一分子水，不涉及氧化还原；亚铬酸根是好的离去基团，带走醇的氧原子上一对电子被还原，同时对醇 α-去质子化，发生 1,2-消除生成酮。

伯醇在酸性条件下能被重铬酸盐氧化得到羧酸，氧化过程中先生成醛，然后进一步氧化成酸；仲醇氧化得到酮，在此条件下比较稳定；叔醇没有 α-H 不能被氧化。因此可以用清澈的铬酸水溶液鉴定醇：伯、仲醇可以被氧化并产生 Cr^{III}，体系变为不透明的蓝绿色；叔醇及烯烃、炔烃不反应，溶液保持橙黄色。但剧烈条件下，过量铬酸会断裂双键成酮或酸。

铬酸水溶液对醇的氧化反应在合成中的应用有限，因其氧化能力较强，对官能团的选择性差，多数有机分子也难溶于水。而且该条件下无法得到醛，因此后续发展了多种温和的高价铬试剂，用于伯醇氧化成醛，仲醇氧化成酮。其中最常用的 PCC（pyridinium chlorochromate）试剂研制于 1975 年，又称 Corey-Suggs 试剂。该试剂具有酸性、不吸潮，易溶于有机溶剂，可在温和条件下（通常为室温）氧化伯醇成醛、仲醇成酮，且双键、叁键不受影响。实际操作中需加入硅藻土（celite）吸附反应产生的铬盐，后处理通常只需过滤后蒸干溶剂。

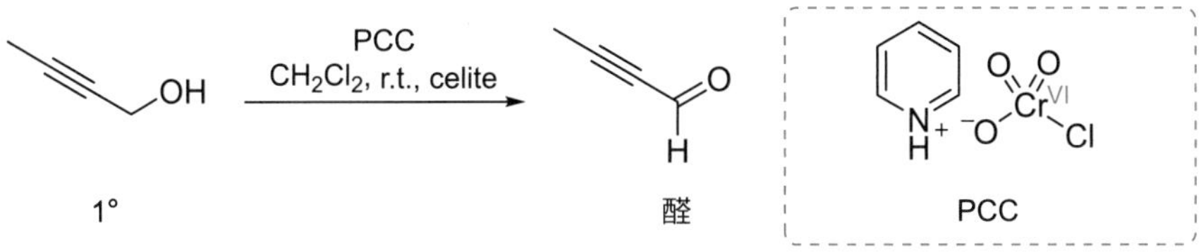

与铬的氧化物类似，强氧化剂 $KMnO_4$ 的水溶液在碱性条件下能氧化伯醇成羧酸盐；仲醇能在该条件下被氧化成酮，但容易进一步氧化断裂碳碳键，因此合成中应用有限。而高锰酸钾与硫酸锰新制的 MnO_2，能在室温下选择性氧化烯丙醇，生成共轭烯醛/烯酮。

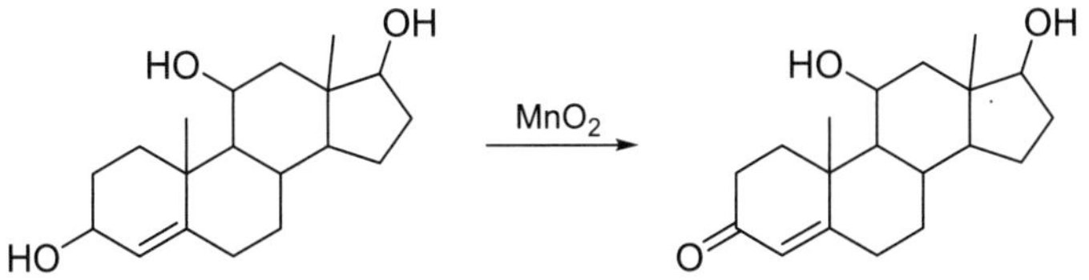

高价金属氧化物用于醇氧化反应的主要缺点在于大量产生剧毒的重金属盐，不利于环保。近年来相对清洁廉价的主族元素氧化剂得到了广泛应用。家用漂白剂（bleach）作为一种廉价易得的化工原料，也是常用的氧化剂，其主要成分为次氯酸钠水溶液，可以在中性条件下氧化伯醇成醛、仲醇成酮。相比于 PCC 试剂，NaOCl 更适用于氧化对酸敏感的底物，且反应副产物为氯化钠水溶液，属于对环境友好的绿色化学方法。卤族元素中，碘的高氧化态化合物作为氧化剂也得到了充分发展，其中最常用于醇氧化的是研制于 1983 年的五价碘试剂 Dess-Martin Periodinane（DMP），能氧化伯醇成醛、仲醇成酮。

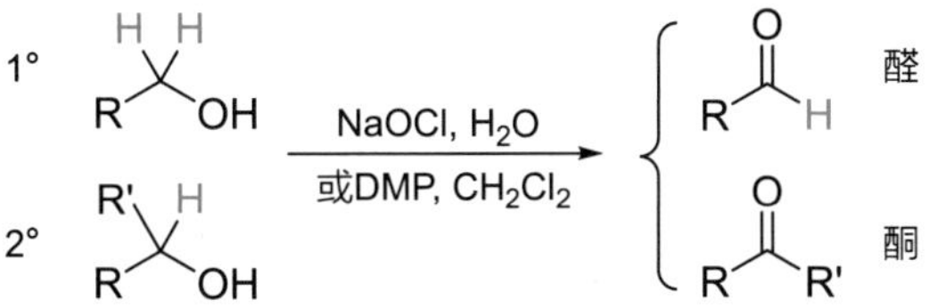

DMP 氧化反应机理与铬酸氧化类似：伯醇和五价碘发生配体交换，五价碘离去并带走伯醇氧原子上的一对电子，被还原为三价碘（蓝色所示），同时乙酸根从碘中心离去，并结合伯醇的 α-H，醇的 C-O 键上发生 1,2-消除得到醛。DMP 氧化反应的副产物包括两分子乙酸，因此对酸敏感的底物需要在反应体系中额外加入缚酸剂。DMP 氧化对底物具有优越的选择性，伯醇和仲醇同时存在的情况下先氧化伯醇，原因在于五配位的碘中心较为拥挤，其配体交换受位阻影响较大。DMP 氧化的优势在于条件温和、操作简易、反应迅速，而且对水不敏感，体系里额外加入一当量水能促进氧化反应。

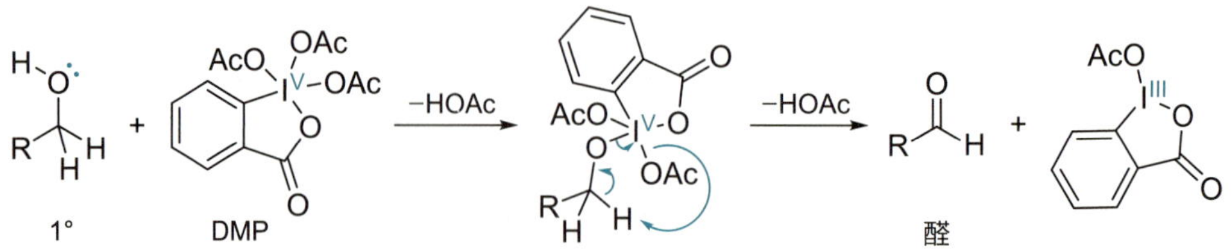

氧化反应在 20 世纪 70 年代发展迅速，其中包括多种用二甲亚砜作氧化剂的策略。二甲亚砜（dimethyl sulfoxide，DMSO）作为一种廉价、低毒、沸点较高的极性非质子溶剂，对大部分极性有机物有良好的溶解性，在化工行业中广泛用作反应介质。DMSO 因为分子中的四价硫而具有氧化性，而且 DMSO 存在电荷分离的极性共振式，其氧原子具有亲核性。Swern 氧化报道于 1978 年，通过加入 DMSO、草酰氯和三级胺，可以在低温下氧化伯醇成醛、仲醇成酮，因其原料易得、反应温和而沿用至今，常作为替代 PCC 的较环保氧化方法。

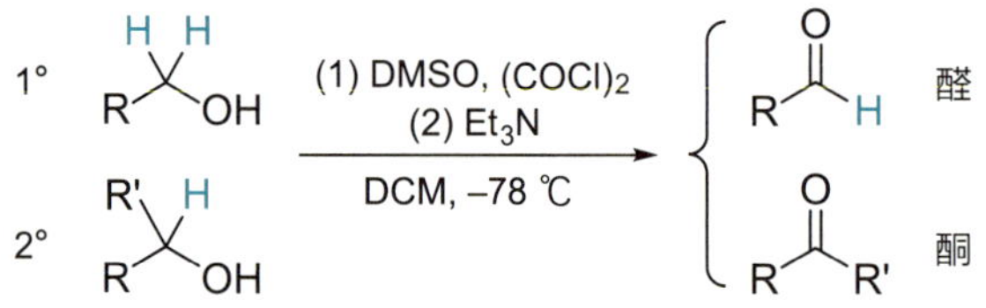

Swern 氧化的机理如下：DMSO 对草酰氯进行亲核加成-消除，释放的氯离子和硫亲电中心发生 S_N2 反应，生成氯代硫鎓离子（chlorosulfonium ion）；醇对氯代硫鎓离子亲核取代生成烷氧基硫鎓离子（alkoxysulfonium ion），该中间体被三级胺去质子化，生成硫叶立德（sulfur ylide）；硫叶立德通过五元环过渡态分子内消除二甲硫醚（DMS）得到羰基。实验中反应体系须严格控温，以减少副反应。DMS 气味难闻，后处理时须在通风橱内操作。

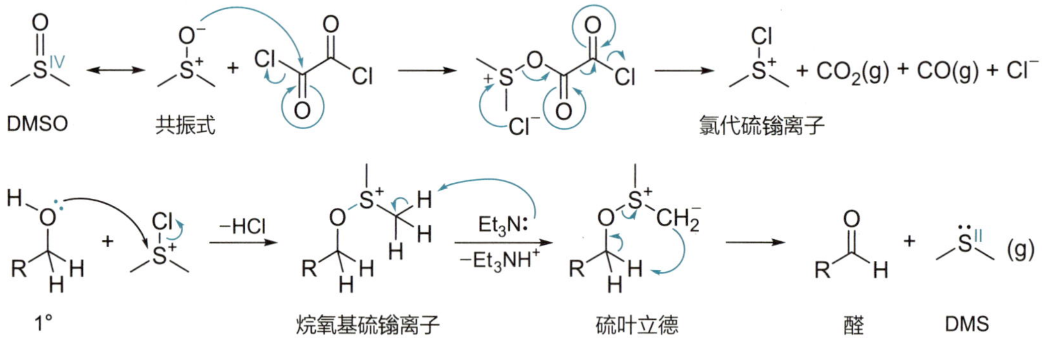

如需氧化对酸敏感的仲醇，可以采用反应条件为碱性的 Oppenauer 氧化：仲醇在催化量的异丙醇铝存在下，可以被羰基化合物（如丙酮、二苯甲酮等）氧化成酮，反应机理如下：仲醇对异丙醇铝发生配体交换，随后络合一分子酮经历环状过渡态的负氢转移。因为各步基元反应均可逆，通常需要通过加入过量酮实现平衡向仲醇氧化的方向移动。伯醇在该条件下可以被氧化成醛，但存在羟醛缩合副反应，应用较少。

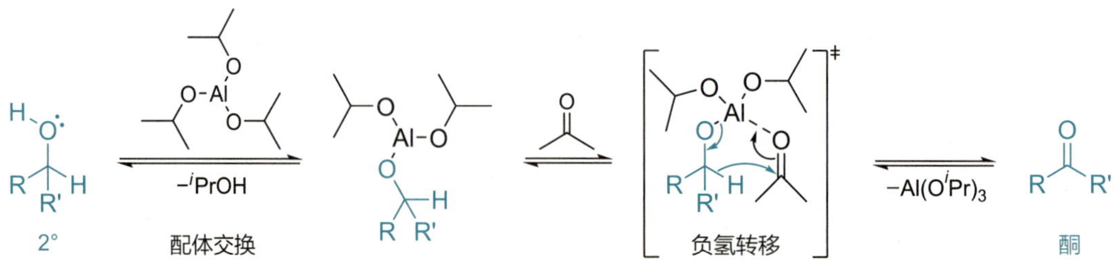

多元醇具有醇的共性，还能发生独特的氧化反应，例如邻二醇与高碘酸水溶液反应，可以氧化裂解成醛、酮。反应机理为邻二醇与高碘酸形成五元环状酯中间体，并分解成醛、酮和碘酸根。邻二醇和高碘酸反应的化学计量比为 1∶1。相邻羟基的三元醇经过一分子高碘酸氧化裂解得到相应的 α-羟基醛或酮后，还能继续反应，与另一分子高碘酸形成五元环状酯中间体，最终得到一分子酸和两分子醛、酮。多元醇的反应以此类推，反应消耗的高碘酸当量等于多元醇分子断裂的 C-C 键数量。这一规律可用于推断未知多元醇的结构。类似结构的 α-羟基酸、α-氨基醇、α-氨基酮、α-二酮都可以发生该反应。四乙酸铅的醋酸溶液可以通过形成环状酯中间体发生类似的氧化反应，可与高碘酸作为互补，用于多元醇的结构分析。

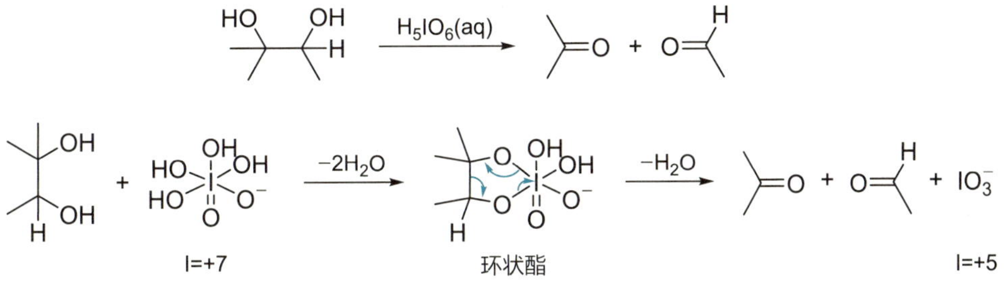

7.2.6 醇羟基的保护

在合成中为了防止醇羟基发生各种副反应，可采取不同的策略对其进行保护，考虑到易于脱除的特性，主要用到的保护基有如下四类：醚类、硅醚类、缩醛类、酯类。多元醇可以考虑与苯甲酮或丙酮形成缩酮实现保护。其中硅基保护的策略最为常见。在弱碱存在下，醇可以对三甲基氯硅烷（chlorotrimethylsilane，TMSCl）进行硅原子上的 S_N2 反应，得到相对惰性的三甲基硅基醚，掩蔽了醇羟基的酸性和亲核性。TMS 保护基在较强的酸性水溶液中或氟离子存在下可以发生脱保护，释放出自由羟基的醇。

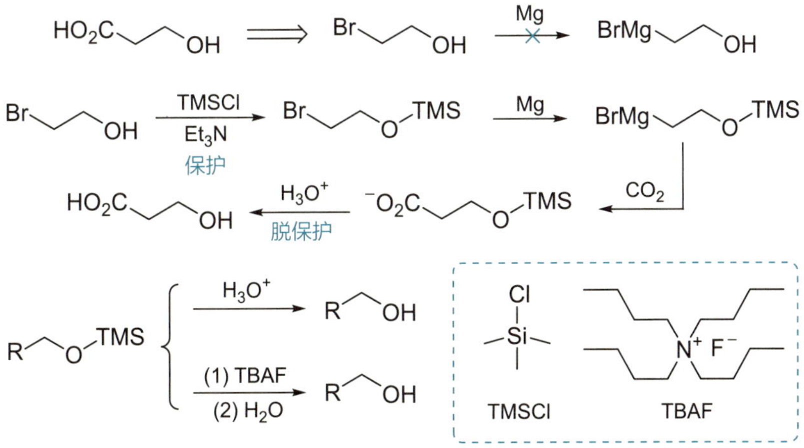

7.3 碳正离子及其重排反应

7.3.1 碳正离子的结构特性和产生方式

19 世纪中期化学家对有机反应的理解局限于简单反应，例如 Auguste Laurent 提出了"最小结构变化"原则来解释取代反应中亲核试剂占有了原先离去基的位置、消除反应中碳骨架保持不变等现象。然而 19 世纪末发现的两类碳正离子的重排反应改变了原有的观点：Fittig 于 1860 年发现的频哪醇（pinacol）重排，以及 1899 年发现的 Wagner-Meerwein 重排。

碳正离子（carbocation）是带正电荷的三价碳原子的原子团，其中带正电荷的碳原子采取 sp^2 杂化，3 个 σ 键构成平面三角形。中心碳原子上还有一个空的 p 轨道垂直于该平面。碳正离子是缺电子的亲电试剂，可以被亲核试剂进攻，大多不能稳定存在，因此在反应中通常作为高能量的中间体。

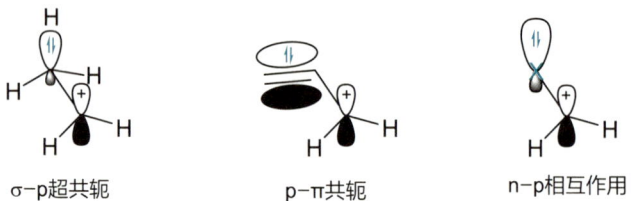

σ-p超共轭　　p-π共轭　　n-p相互作用

相邻基团的电子云能以三种形式与碳正离子的空轨道交叠，分散正电荷稳定碳正离子：

（1）烷基碳正离子的 C-H 键能与空的 p 轨道产生 σ-p 超共轭效应，所连烷基取代越多，超共轭效应越强，碳正离子越稳定：$R_3C^+ > R_2CH^+ > RCH_2^+ > CH_3^+$。

（2）与共轭体系相连的碳正离子可以通过 p-π 共轭使电子离域，增强稳定性，因此烯丙基碳正离子和苄基碳正离子比烷基碳正离子稳定。而环丙甲基正离子比苄基正离子稳定，因为环丙基的弯曲轨道类似 π 键，与碳正离子的 p 轨道充分交叠。中心碳原子所连共轭体系或环丙基越多，碳正离子越稳定。共轭体系连有给电子基团时，碳正离子更稳定：$p\text{-}CH_3PhCH_2^+ > PhCH_2^+$。

（3）直接与杂原子相连的碳正离子与杂原子上的孤对电子发生 n-p 相互作用，提高稳定性。

碳正离子的空 p 轨道能量较高，而轨道能量越相近，相互作用越强，因此三种相邻基团与空的 p 轨道作用强弱为 n > π > σ，与 n 非键轨道 > π 成键轨道 > σ 成键轨道的能量顺序一致。

产生碳正离子的方式通常有三种：① 化学键异裂直接离子化，如溴代烃中溴离子离去产生碳正离子。② 带正电荷的亲电试剂对不饱和键的加成，如质子与烯烃反应得到碳正离子。③ 通过其他正离子转化，如伯胺氧化成重氮盐，分解释放 N_2 得到碳正离子。

酸性条件下醇的 E1 反应通常经历碳正离子中间体：醇羟基被质子化，转变为好的离去基团 H_2O，并通过 C-O 键异裂得到碳正离子中间体，β-C 去质子化并给出一对电子，生成烯烃。酸性条件下脱水的反应速率顺序为叔醇 > 仲醇 > 伯醇，与生成的碳正离子稳定性相关。

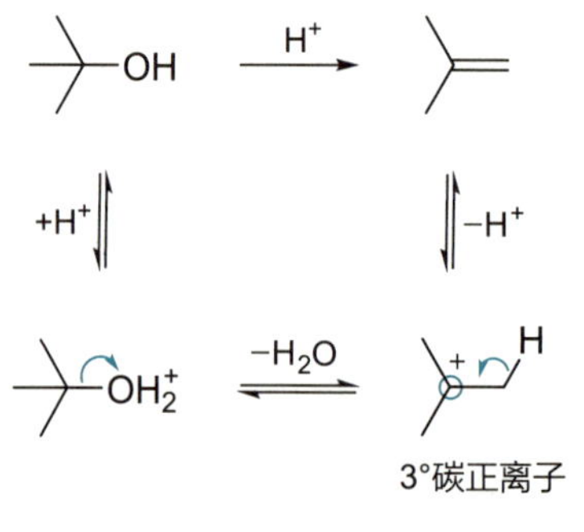

消除产物烯烃存在顺反异构体的情况下，主产物为 E 型。在碳正离子 α-去质子化的过渡态中，C-H 键必须和碳正离子空的 p 轨道重叠才能给出一对电子生成 C=C 双键，对过渡态的构象分析可知，生成 Z-烯烃的过渡态有额外的烷基排斥作用，能量更高，因此生成 E-烯烃的过渡态更有利。

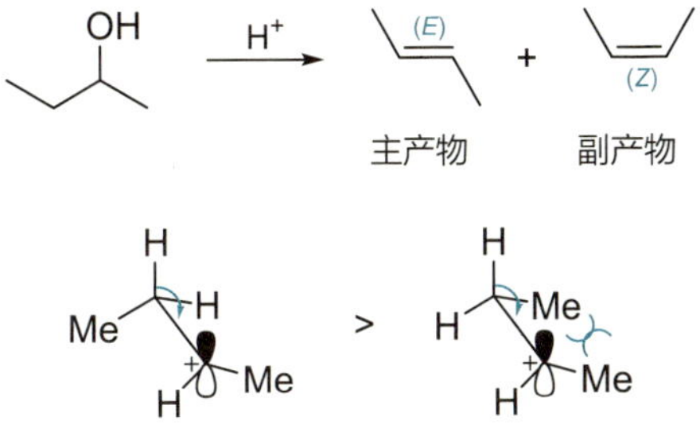

7.3.2 碳正离子的重排反应

在酸性条件下，3,3-二甲基丁-2-醇转化为 2,3-二甲基丁-2-烯的现象无法用常规的 E1 机理解释，为此 Wagner 和 Meerwein 提出了碳正离子重排机理：不稳定的碳正离子会发生重排，得到一个更稳定的碳正离子。3,3-二甲基丁-2-醇脱水生成 2° 碳正离子，在邻位为季碳时，α-甲基发生[1,2]-烷基迁移，生成更稳定的 3° 碳正离子，随后去质子化生成四取代的烯烃产物。反应体系酸性越强，越容易得到重排产物，因为碳正离子的 α-去质子化更慢，碳正离子的寿命更长，有充分时间发生重排。

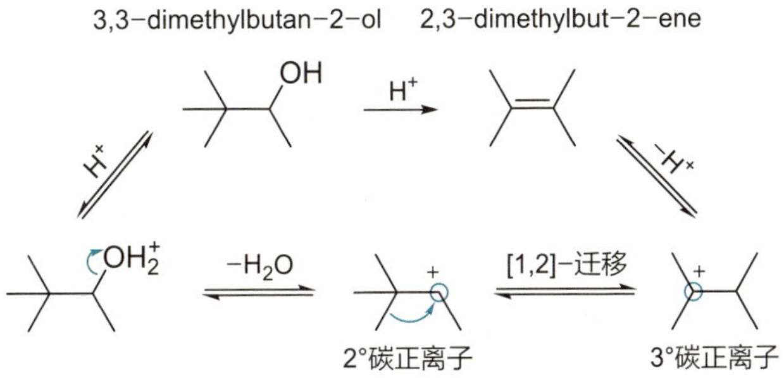

[1,2]-迁移属于周环反应，遵循 Woodward-Hoffmann 规则：[1,2]-迁移反应经过的过渡态为拐角-质子化的环丙烷，为 2 电子的环状过渡态，由迁移基团的 σ 成键轨道和碳正离子空的 p 轨道发生重叠形成，具有休克尔芳香性，因此发生同面（suprafacial）迁移。若迁移基团有手性，则迁移过程中构型保持。

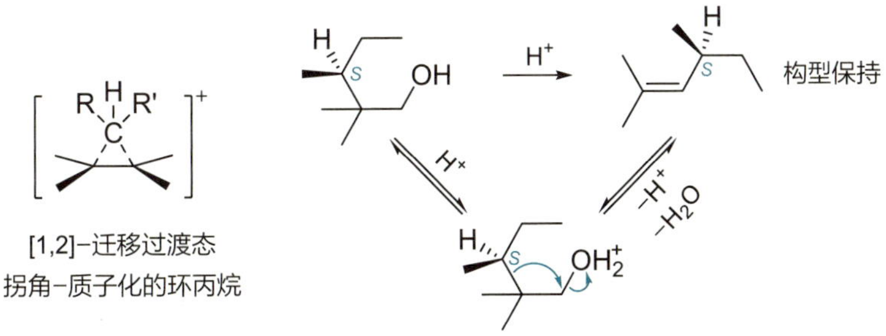

频哪醇重排是邻二醇特有的反应，在酸性条件下脱水重排得到醛或酮。反应机理与 Wagner-Meerwein 重排类似，经历羟基质子化离去生成碳正离子，但重排的驱动力不再是生成更稳定的碳正离子：频哪醇重排的碳正离子发生[1,2]-迁移时，正电中心从 6 电子的碳转移到 α-羟基，变为 8 电子的氧，生成比碳正离子更稳定的锌盐离子，经去质子化得到产物醛或酮。

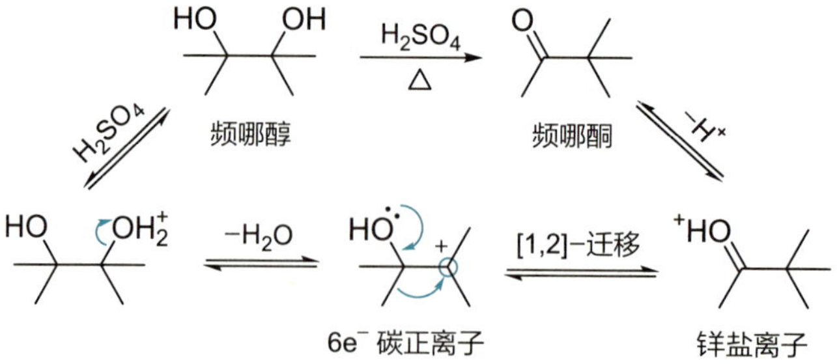

若底物为不对称取代的邻二醇，不同羟基离去可能得到两种产物，反应对二者的选择性与羟基离去生成的碳正离子稳定性正相关。例如，1,1-二苯基乙二醇在酸性条件下可以重排得到醛或酮的产物，连有苯基取代的叔醇脱水得到 3° 碳正离子，稳定性大于伯醇脱水生成的 1° 碳正离子，因此主要产物为 3° 碳正离子经过[1,2]-H 迁移得到的醛。

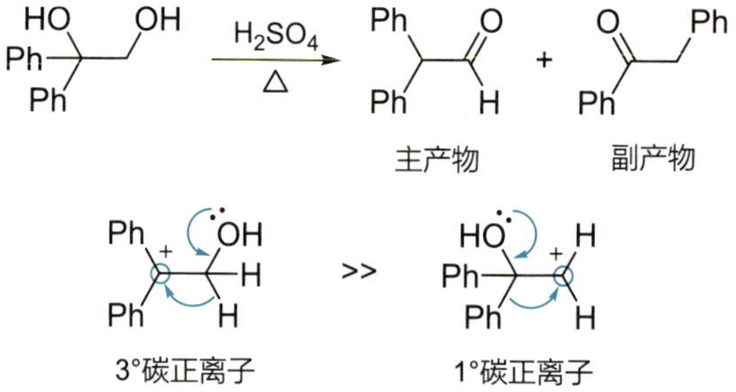

若生成的碳正离子的 α-取代基不同，迁移基团的优先级取决于基团给电子的能力：

H > 苯基 > 叔烷基 > 仲烷基 > 伯烷基 > 甲基

若 α-取代基为不同取代的芳基，迁移速率与芳香体系的富电子程度正相关：

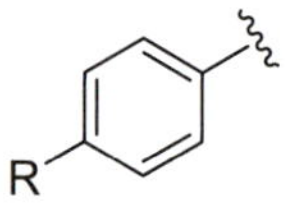

R	MeO	Me	Ph	H	Cl
相对迁移速率	500	16	12	1	0.7

实际合成中，为避免受不同羟基离去的区域选择性影响产率，可采用 Tiffeneau-Demjanov 重排，用亚硝酸氧化 α-氨基醇得到重氮盐（diazonium），将氨基转化为好的离去基团 N_2，从而在特定位点产生碳正离子。该反应常用于氨甲基取代的 4~8 元环脂肪醇，经扩环重排得到多一个碳的环酮产物。若底物不对称，则产物分布受基团迁移顺序控制。

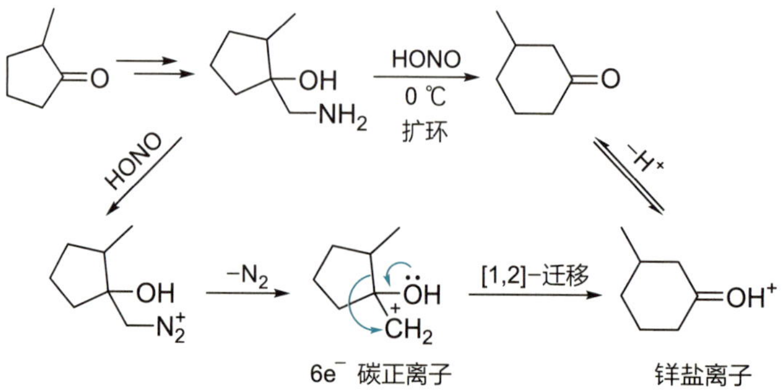

若氨基位于环内，可以通过重排得到缩环产物。但环状结构的构象不能发生自由旋转，而[1,2]-迁移反应可以与基团离去的步骤协同发生，因此仅当迁移基团和离去基团处于反式

共平面（antiperiplanar）时，重排速率最快，此情境下的产物分布受底物空间构型控制。

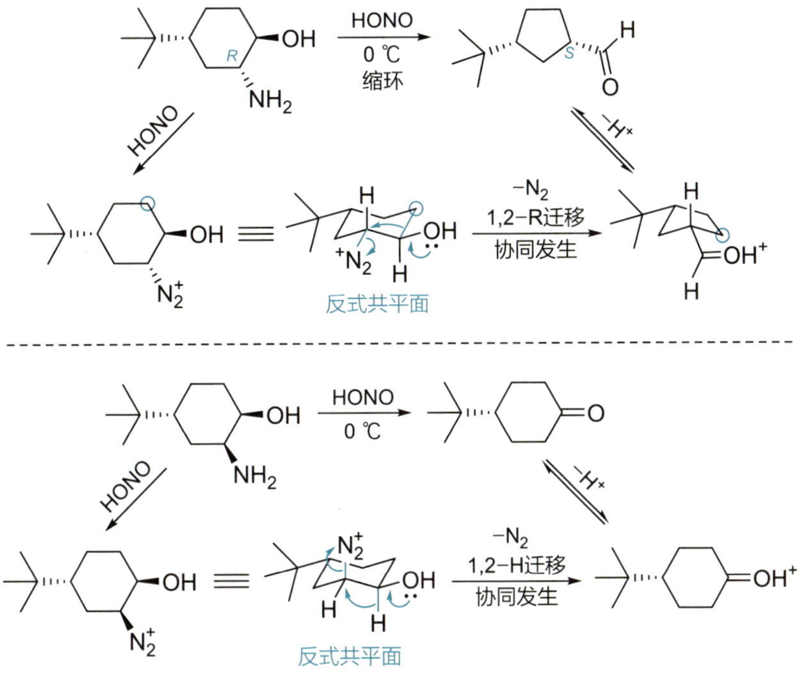

报道于 1963 年的 Meinwald 重排通过类似机理发生：酸性条件下环氧化合物开环得到 α-羟基-碳正离子，并重排成鎓盐，去质子化后得到醛或酮产物。T-D 重排与 Meinwald 重排虽不属于邻二醇的反应，但因机理相似，称为类频哪醇重排（pinacol-type rearrangement）。

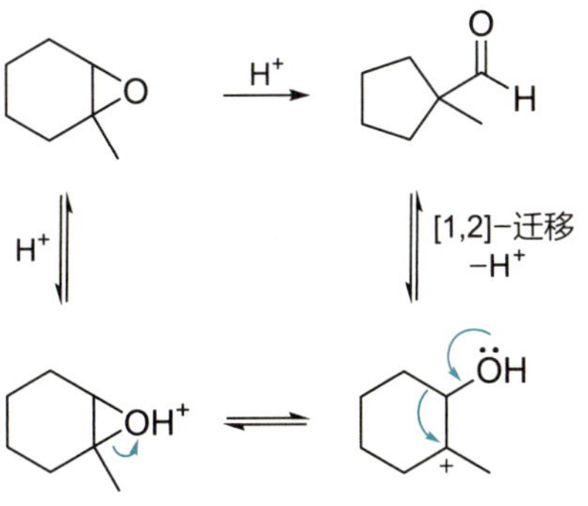

一般情况下，碳正离子为平面结构，亲核试剂能从其任意一面进攻，因此手性碳原子经 S_N1 反应，会发生外消旋化（racemization）并得到两种互为对映异构体的产物。若底物带有两个及两个以上手性中心，且其中一个手性碳原子经 S_N1 反应，会得到一对非对映体的混合物，这种转化称为差向异构化（epimerization）。

然而对于邻基参与的碳正离子反应，手性构型有时得以保留。例如，手性的反式邻碘环己醇分子，在酸性条件下生成环状碘鎓离子（iodonium）并发生构型翻转，该中间体与亲核试剂发生 S_N2 反应构型再次翻转，最终得到构型保持的取代产物。其他有孤对电子的基团如 Br、N、S、碳碳双键等，若空间构型适合，也能产生类似的邻基效应。

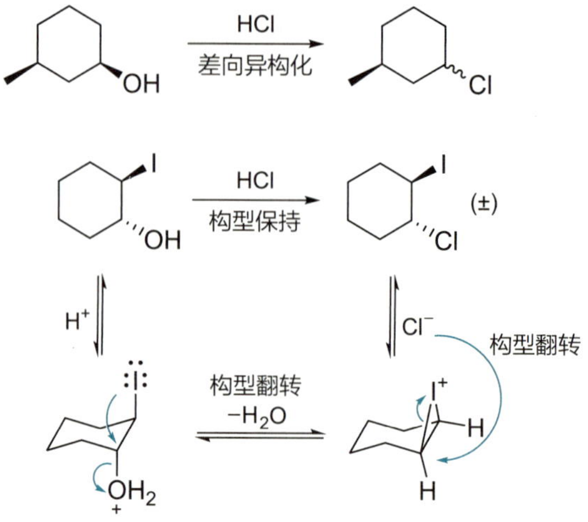

7.4 醇的制备

7.4.1 还原反应

氢化铝锂、硼氢化钠、硼烷、活泼金属等还原剂可以将醛、酮、羧酸衍生物还原成醇。其中氢化铝锂可以直接还原酯到伯醇，也可还原醛、酮。而硼氢化钠相对温和，不与酯反应，可用于选择性还原醛到伯醇、还原酮到仲醇。

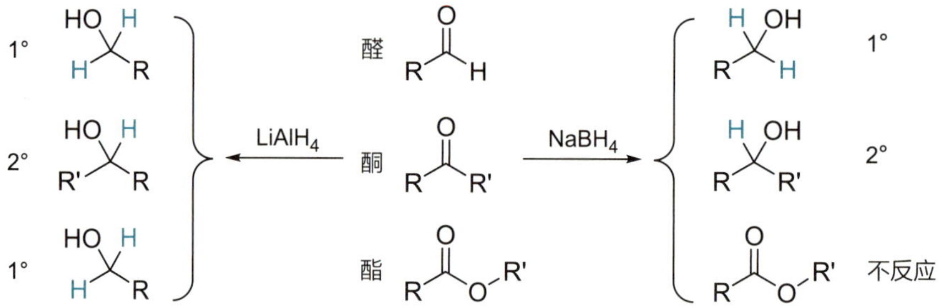

7.4.2 亲核试剂对含氧亲电试剂加成

常见的金属有机化合物如格氏试剂和有机锂试剂能通过极性的 σ 键电子与亲电试剂反应，其中的正电荷集中于金属，负电荷集中于碳原子，可等效于碳负离子作亲核试剂。此类亲核试剂能对亲电的羰基化合物发生加成反应，得到的烷氧基卤化镁或烷氧基锂中间体可经酸化后处理得到相应的醇。

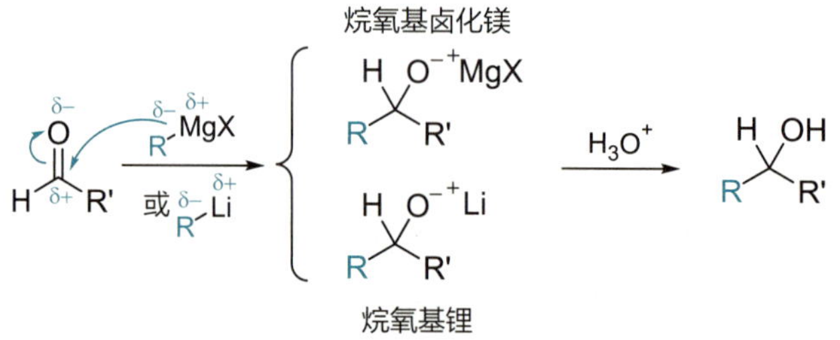

格氏试剂和有机锂试剂都具有强碱性和还原性，因此在制备及使用过程中，反应体系应

处于严格的无水无氧条件，否则会猝灭试剂。若羰基化合物的酸性强于亲电性，加入格氏试剂或有机锂试剂只能发生去质子化而无法得到醇，如 1,3-二羰基化合物。

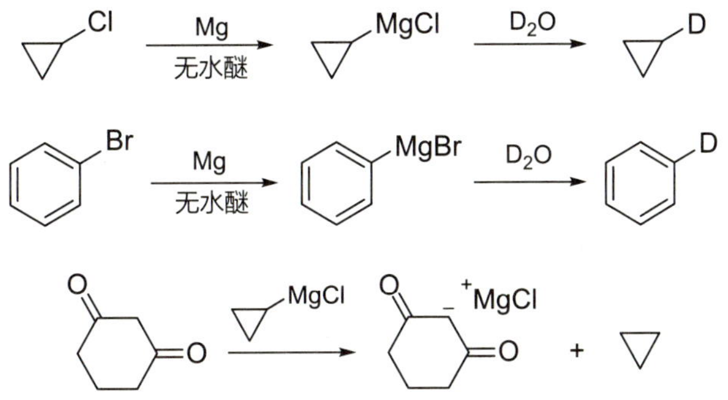

格氏试剂和有机锂试剂通过对醛酮的加成，可以得到结构多样的醇，比金属有机试剂原有的烃基增加一个碳原子。与甲醛反应得到增加一个碳原子的伯醇；与醛反应在增加一个碳原子的基础上得到仲醇；与酮反应得到叔醇。实际操作中，反应通常用盐酸猝灭，但叔醇产物容易脱水发生消除或取代，因此金属有机试剂与酮的反应用氯化铵溶液猝灭。

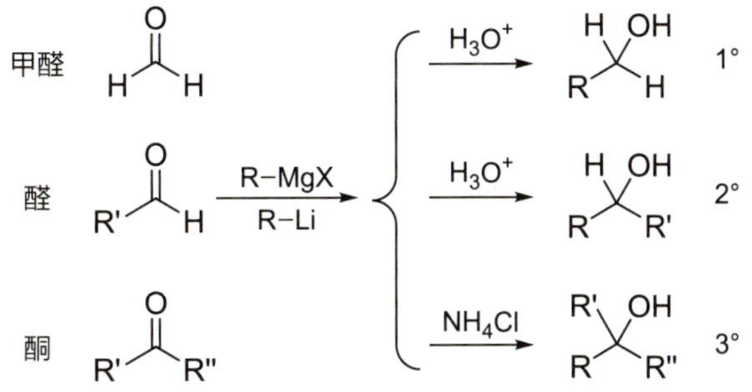

金属有机试剂也能与羧酸衍生物反应。格氏试剂与酯 1∶1 加成，消除烷氧基负离子得到中间产物酮，但酮比酯活泼，再和另一分子格氏试剂反应，猝灭后最终产物为叔醇。产物中季碳上的两个取代基完全相同，都来自格氏试剂。实验中若按格氏试剂与酯 1∶1 投料，则原料剩余一半不反应，最终得到酯和叔醇的混合物，因此和酯的反应通常加入两当量格氏试剂。

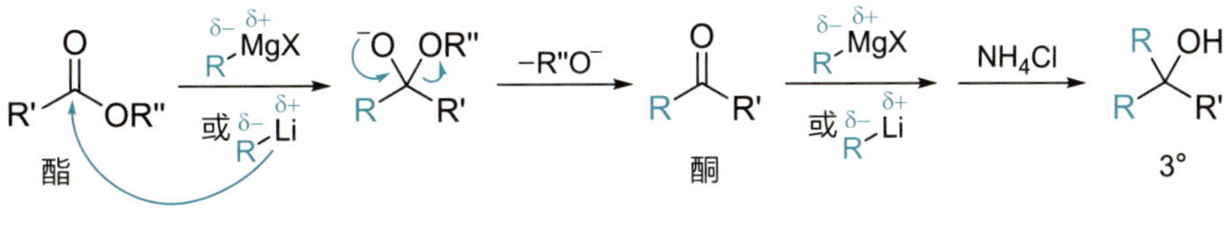

格氏试剂和有机锂试剂能对环氧化合物进行开环加成，与环氧乙烷反应得到增加两个碳原子的伯醇。不对称取代的环氧乙烷反应存在区域选择性，先进攻位阻小的一侧，得到仲、叔醇。

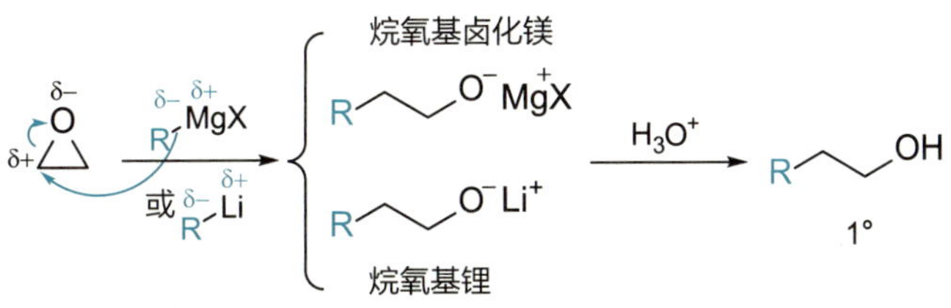

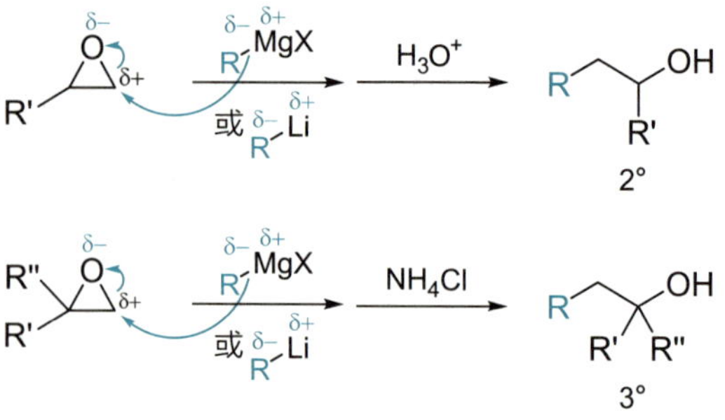

逆合成分析是设计合成路线的常用思维方式。对于特定结构的醇，通过金属有机化合物对含氧亲电试剂的加成规律，可以逆向分析由何种原料进行制备。伯醇若设计为烃基结构上增加一个碳原子的醇，可以切断成来自金属有机试剂的烃基和来自甲醛的羟甲基；若能视为增加两个碳原子的醇，可以切断成来自金属有机试剂的烃基和来自环氧乙烷的羟乙基。仲醇通常切断衍生化羟甲基一侧的取代基，来自金属有机试剂，衍生化的羟甲基来自醛。叔醇若含重复取代基，可在衍生化羟甲基上切断两个重复取代基，来自金属有机试剂，衍生化羟甲基来自酯。不对称取代的叔醇一般切断为酮和金属有机试剂的组合。

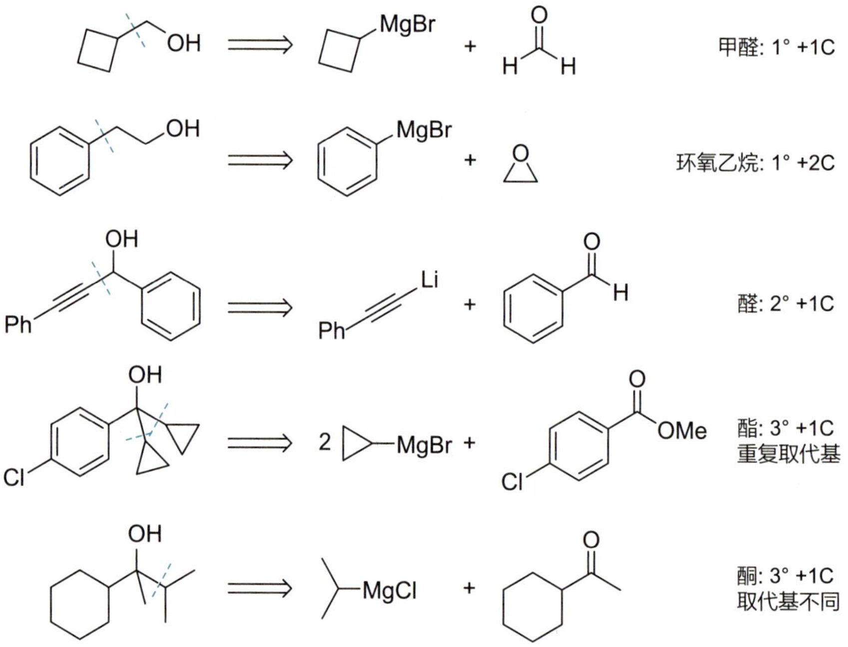

逆合成分析需要考虑反应的可行性，例如对 β-羟基酯逆合成分析所得的原料是 1,3-二羰基化合物和格氏试剂的组合，实际情况二者发生酸碱中和反应，得不到亲核加成产物；采取硼氢化钠选择性还原更活泼的酮羰基更为合理（蓝色箭头所示）。

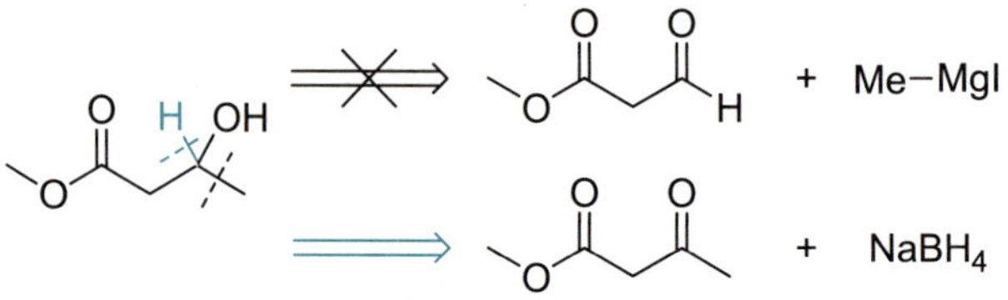

7.4.3 烯烃水合

酸性条件下烯烃水合可以得到醇，但经历碳正离子中间体常有重排产物，立体选择性较差。不对称烯烃原料通常用硼氢化-氧化转化为反马氏规则的醇产物，或用羟汞化-还原转化为符合马氏规则的支链化产物。

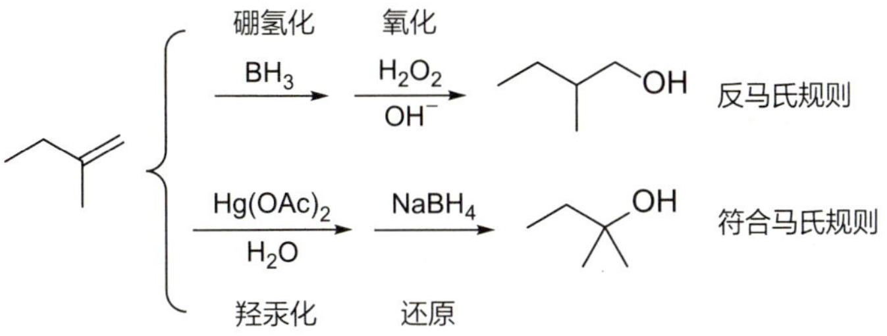

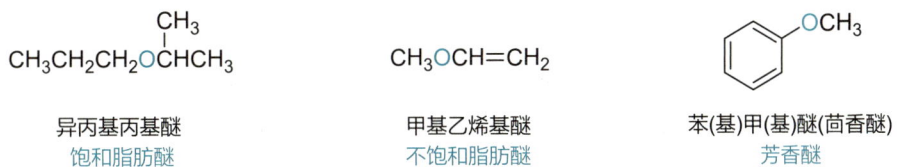

7.5　醚的制备

7.5.1　醚的基本知识

醇的羟基上的氢原子被烃基取代的化合物称为醚，醚类化合物都含有醚键（C−O−C）。根据醚分子中烃基是否相同，可以分为对称醚（简单醚、单醚）和非对称醚（混合醚、混醚）。

$CH_3CH_2OCH_2CH_3$　　$CH_3OCH_2CH_3$

乙醚　　乙基甲基醚

对称醚　　非对称醚

根据两个烃基结构的不同，醚又可以分为脂肪醚和芳香醚，脂肪醚又可以分为饱和脂肪醚和不饱和脂肪醚。

$CH_3CH_2CH_2O\overset{CH_3}{\overset{|}{C}}HCH_3$　　$CH_3OCH{=}CH_2$

异丙基丙基醚　　甲基乙烯基醚　　苯(基)甲(基)醚(茴香醚)

饱和脂肪醚　　不饱和脂肪醚　　芳香醚

含有多个氧的环醚因形如皇冠，被称为冠醚。

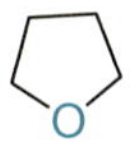

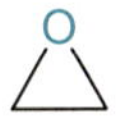

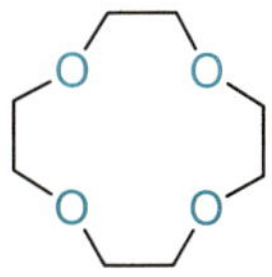

四氢呋喃　　环氧乙烷　　12-冠-4

环醚或环氧化合物　　冠醚

对于简单烷基的醚，在命名时常采用普通命名法，即在醚字的前面写出烃基的名称。对称醚通常在相同的烃基前写上“二”字，然后再写醚字，有时“二”也可省略不写；非对称醚的命名则按两个烃基英文名字母顺序依次列出；芳香混合醚的命名把芳环写在前面（先芳后脂）；不饱和醚先写出饱和烃基，再写出不饱和烃基。

CH_3OCH_3　　　　二苯(基)醚　　　　苯(基)乙(基)醚　　　　$C_2H_5OCH=CH_2$

(二)甲(基)醚　　　　二苯(基)醚　　　　苯(基)乙(基)醚　　　　乙基乙烯基醚

在常温下，除甲醚和乙甲醚为气体外，其余的大多数醚是无色有特殊气味的液体，相对密度小于 1，易燃。醚的沸点比相应的异构体醇的沸点低得多，与相对分子质量相近的烷烃相近，易挥发，原因是醚分子中没有羟基，不能形成分子间氢键。

醚可通过它的氧原子与水分子的氢原子形成氢键，因此醚在水中有一定的溶解度，与同碳数醇的溶解度相近，比烷烃的溶解度大。而四氢呋喃和 1,4-二氧六环等环醚因氧原子裸露在外面，可以和水形成氢键，故能与水混溶。乙醚只能微溶于水，而多数有机物易溶于乙醚，故常用乙醚从水溶液中萃取易溶于乙醚的物质。例如，屠呦呦利用乙醚的低沸点和溶解性，从黄花蒿中提取了青蒿素，这项工作于 2015 年 10 月获得诺贝尔生理学或医学奖。

7.5.2 威廉森合成法

用醇钠和卤代烷在无水条件下生成醚的反应称为威廉森（Williamson）合成法。

$$RONa + R'X \longrightarrow ROR' + NaX$$

除了用卤代烷以外，醇钠与硫酸酯和磺酸酯反应也可以用于合成醚。

$$RONa + R'OSO_2Ph \longrightarrow ROR' + NaOSO_2Ph$$

芳香醚可以用苯酚与卤代烷、硫酸酯或磺酸酯在氢氧化钠的水溶液中制备。

$$PhOH + ROSO_2Ph \xrightarrow[H_2O]{NaOH} PhOR + NaOSO_2Ph$$

使用 Williamson 合成法既可以合成对称醚，也可以合成不对称醚。在合成不对称醚时，反应物可以有两种搭配，要选择有利于生成醚的搭配。例如，制备叔丁基甲基醚时，可以选择叔丁醇钠和碘甲烷反应，可以顺利得到叔丁基甲基醚，反应式如下：

$$(CH_3)_3CO^-Na^+ + CH_3I \xrightarrow{S_N2} (CH_3)_3COCH_3 + NaI$$

如果选用甲醇钠和叔丁基溴反应，由于叔丁基溴的空间位阻很大，不利于 S_N 反应，有利于发生 E2 反应，因此主要产物是烯烃，反应式如下：

$$(CH_3)_3CBr + CH_3ONa \xrightarrow{E2} (CH_3)_2C=CH_2 + CH_3OH + NaBr$$

若一个分子内同时存在卤原子和羟基，可以在强碱性条件下发生分子内 S_N 反应，生成环醚。例如：

$$HOCH_2CH_2CH_2CH_2Cl \xrightarrow{RONa} \text{[中间体]} \xrightarrow[-Cl^-]{\text{分子内}S_N2} \text{[四氢呋喃]}$$

如果卤原子和羟基在相邻的两个碳上，同时又处于反式位置，即符合分子内 S_N2 反应的立体化学要求，可以通过 Williamson 合成法生成环氧乙烷的衍生物。由于氧负离子必须从背面进攻，因此下图的第一式得到反式产物，第二式得到顺式产物。

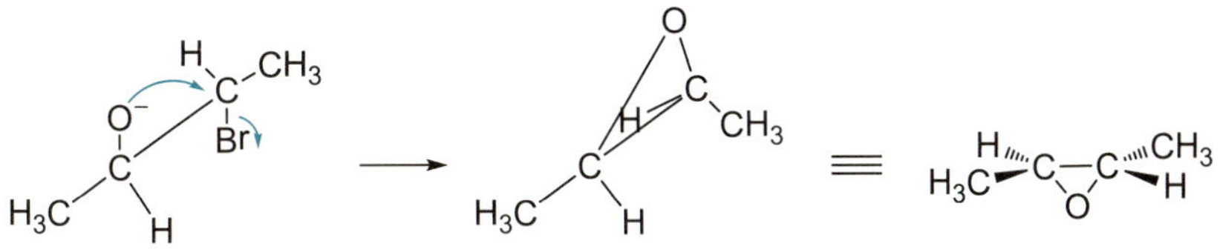

反-2,3-环氧丁烷

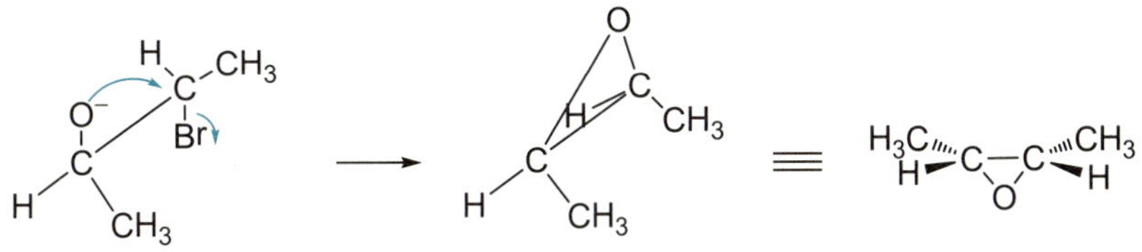

顺-2,3-环氧丁烷

又如，环己烯和次氯酸加成，产物中的 -Cl 和 -OH 处于反式，在碱的作用下，生成的 O^- 可以从 C-Cl 键的背面进攻碳原子，得到取代的环氧乙烷。

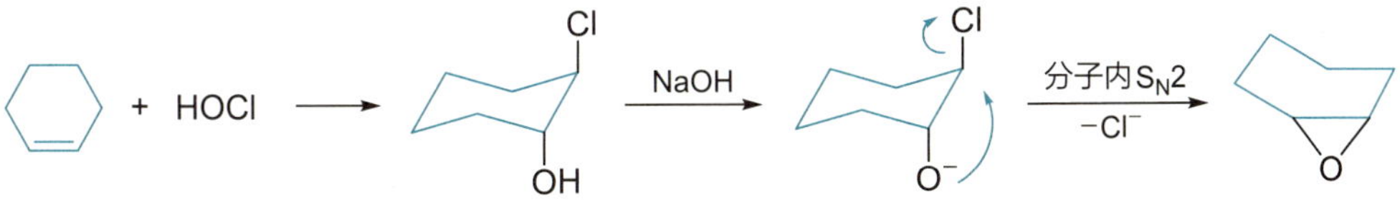

若 -Cl 和 -OH 处于顺式，在碱的作用下，不能发生 S_N2 反应，只能发生 E2 反应得到烯醇，再经过互变异构，得到羰基化合物。例如：

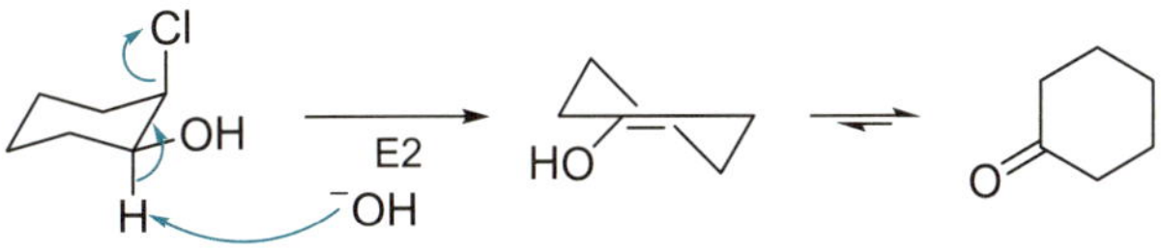

冠醚的一个常用的制备方法，也是通过 Williamson 合成法。例如，二缩三乙二醇和 1,2-二(2-氯乙氧基)乙烷可以在 KOH 的作用下合成 18-冠-6。

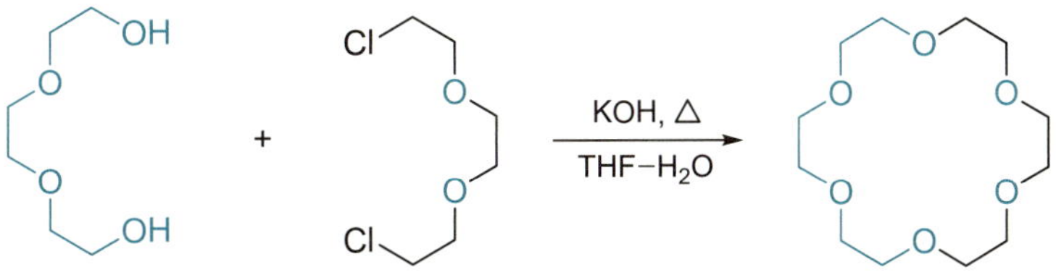

二缩三乙二醇　　1,2-二(2-氯乙氧基)乙烷　　　　18-冠-6
　　　　　　　　　　　　　　　　　　　　　　　冠醚

7.5.3 醇分子间失水

在浓硫酸的作用下，两个相同的醇分子通过分子间失水可以制得对称醚：

$$2ROH \xrightarrow{\text{浓}H_2SO_4} ROR + H_2O$$

一级醇的分子间失水是通过 S_N2 反应机理进行的：在浓硫酸的作用下，醇分子的羟基质子化，形成质子化的乙醇钅羊盐；接着另一分子乙醇的氧原子亲核进攻钅羊盐的 α-碳原子，水分子离去，得到二乙基钅羊盐；最后再失去质子得到醚。

$$CH_3CH_2OH + H_3CH_2C\overset{+}{-}OH_2 \xrightleftharpoons[-H_2O]{S_N2} CH_3CH_2\overset{+}{O}CH_2CH_3 \xrightleftharpoons{-H^+} CH_3CH_2OCH_2CH_3$$

在实际应用中，伯醇制醚产率高，仲醇制醚产率低，叔醇的反应无法分离得到醚，如果蒸馏，最后得到烯烃。2° ROH 和 3° ROH 的反应通常按 S_N1 反应机理进行。

$$(CH_3)_3COH \rightleftharpoons (CH_3)_3C\overset{+}{O}C(CH_3)_3 \xrightleftharpoons[+H^+]{-H^+} (CH_3)_3COC(CH_3)_3$$

叔丁基醚 (无法分离)

$$(CH_3)_3C\overset{+}{O}H_2 \xrightleftharpoons[+H_2O]{-H_2O} (CH_3)_3C^+ \xrightarrow{-H^+} (CH_3)_2C=CH_2$$

蒸馏可以制得烯烃

利用叔醇容易生成碳正离子的性质，使用叔醇和伯醇的混合物，在酸催化作用下，可以脱水生成叔烷基伯烷基混醚。例如，甲醇和叔丁醇的混合物在硫酸的作用下可以生成叔丁基甲基醚。

$$(CH_3)_3COH + CH_3OH \xrightarrow{15\% H_2SO_4} (CH_3)_3COCH_3$$

该反应也可以用于二醇分子内脱水，生成五元环醚或六元环醚。

$$HOCH_2CH_2CH_2CH_2OH \xrightarrow[\Delta]{\text{少量硫酸}} \xrightarrow[-H_2O]{\text{分子内}S_N2} \xrightarrow{-H^+} \quad 90\%$$

7.5.4 烯烃的烷氧汞化-去汞法

这是一个相当于烯烃加醇的制醚反应。

$$C_2H_5OH + (CH_3)_3CCH=CH_2 + Hg(OOCCF_3)_2 \xrightarrow{-CF_3COOH} (CH_3)_3CCH-CH_2(HgOOCCF_3) \xrightarrow{NaBH_4} (CH_3)_3CCHCH_3$$
$$\qquad\qquad\qquad\qquad\qquad OC_2H_5 \qquad\qquad\qquad OC_2H_5$$

该反应遵循马氏规则，氢加在含氢较多的碳上，烷氧基加在含氢较少的碳上，但是中间要经过加汞盐再还原去汞的步骤。此方法不会发生消除，比 Williamson 合成法的限制小；但是空间位阻太大时不易络合，所以，不能用于制备叔丁醚。

7.5.5 Ullmann 反应

二芳醚的合成通常采用 Ullmann 反应。该反应需要铜粉或亚铜盐作为催化剂，酚钠和卤代芳烃反应得到二芳基醚，这是一种形成 C–O 键的偶联反应，反应一般在非质子强极性溶剂中进行，以提高氧负离子的亲核性。

$$\text{PhOH} + \text{3-MeC}_6\text{H}_4\text{Br} \xrightarrow{\text{CuI, K}_2\text{CO}_3} \text{Ph–O–C}_6\text{H}_4\text{-3-Me}$$

7.6　醚的反应

脂肪醚分子中的氧原子杂化方式为 sp^3 杂化，C–O–C 间有一定角度，因此醚不是线形分子，有极性。氧原子的两对孤对电子分别占据一个 sp^3 杂化轨道，另外两个 sp^3 杂化轨道分别与两个烃基碳的 sp^3 杂化轨道形成 σ 键。醚的化学性质相对稳定，在碱性介质中尤为稳定，在常温下，不与一般的氧化剂、还原剂、碱和活泼金属等发生反应。但在酸性条件下，醚可发生反应。

7.6.1　醚的自动氧化

化学物质和空气中的氧在常温下温和地进行氧化，而不发生燃烧和爆炸，这种反应称为自动氧化。乙醚及其他醚与空气长时间接触，或经光照后，α-碳上的 H 会慢慢被氧化，生成不易挥发的过氧化物。

$$(CH_3)_2CH\text{–}O\text{–}CH_3 \xrightarrow{O_2 \text{（空气）}} (CH_3)_2C(OOH)\text{–}O\text{–}CH_3$$

（醚α-位上的H）

多数自动氧化是通过自由基机理进行的。

链引发：　R· + O$_2$ ⟶ ROO·

ROO· + (CH$_3$)$_2$CHOCH$_3$ ⟶ ROOH + (CH$_3$)$_2$ĊOCH$_3$

链增长：　(CH$_3$)$_2$ĊOCH$_3$ + O$_2$ ⟶ (CH$_3$)$_2$C(OO·)OCH$_3$

(CH$_3$)$_2$C(OO·)OCH$_3$ + (CH$_3$)$_2$CHOCH$_3$ ⟶ (CH$_3$)$_2$C(OOH)OCH$_3$ + (CH$_3$)$_2$ĊOCH$_3$

过氧化物不稳定，也不易蒸发，加热时可能发生爆炸。因此，醚的存放应尽量避免暴露在空气中，应在深色玻璃瓶中避光、密封保存于阴凉处。在蒸馏醚之前，一定要检查是否含有过氧化物。有两种常用的检验过氧化物的方法：（1）用湿润的 KI-淀粉试纸检验，如醚中有过氧化物存在，KI 会被氧化为 I_2，使淀粉试纸变蓝。（2）加入 $FeSO_4$ 和 KSCN 溶液与醚一起振摇，如醚中有过氧化物存在，Fe^{2+} 会被氧化为 Fe^{3+}，而与 SCN^- 作用生成血红色络合物。除去醚中的过氧化物的方法是加入适量的亚硫酸钠（Na_2SO_3）或新配制的硫酸亚铁（$FeSO_4$）溶液，振摇，使过氧化物分解。为了防止过氧化物的形成，市售的无水乙醚中加有 0.05μg·g⁻¹ 二乙氨基二硫代甲酸钠作抗氧剂。

7.6.2 形成𬭩盐

由于醚分子中的氧原子上带有孤对电子，可看作 Brønsted 碱，能接受质子，生成二级𬭩盐。但醚接受质子的能力很弱，必须在强酸的作用下才能生成𬭩盐。

$$CH_3CH_2-\ddot{O}-CH_2CH_3 + H_2SO_4 \rightleftharpoons CH_3CH_2-\overset{+}{\underset{H}{O}}-CH_2CH_3 + HSO_4^-$$

醚的𬭩盐很不稳定，只能存在于冷的强酸中，遇水很快分解为原来的醚。乙醚也能吸收当量的氯化氢，生成𬭩盐。如果把形成的𬭩盐与胺的乙醚溶液放在一起，可析出胺的盐酸盐，这是制备铵盐的一种方法。

$$CH_3CH_2OCH_2CH_3 \xrightarrow{HCl(g)} CH_3CH_2\overset{+}{\underset{H}{O}}CH_2CH_3Cl^- \xrightarrow{RNH_2} R\overset{+}{N}H_3Cl^- \downarrow + CH_3CH_2OCH_2CH_3$$
纯化胺

醚上的氧原子还可作为 Lewis 碱，与 Lewis 酸如 BF_3 和 $AlCl_3$ 等作用，形成𬭩盐（配合物），如三氟化硼或三氯化铝乙醚配合物。三氟化硼是气体，它是一种常用的催化剂。市售三氟化硼是三氟化硼-乙醚配合物的溶液，在使用和运输时较为方便。

$$CH_3CH_2-\ddot{O}-CH_2CH_3 + BF_3 \longrightarrow C_2H_5-\underset{C_2H_5}{\overset{\ddot{}}{O}} \rightarrow BF_3 \equiv (C_2H_5)_2O \rightarrow BF_3$$

$$CH_3CH_2-\ddot{O}-CH_2CH_3 + AlCl_3 \longrightarrow C_2H_5-\underset{C_2H_5}{\overset{\ddot{}}{O}} \rightarrow AlCl_3 \equiv (C_2H_5)_2O \rightarrow AlCl_3$$

若将乙醚与三氟化硼形成的二级𬭩盐和氟代烷反应，还可以形成三级𬭩盐：

$$R_2O \rightarrow BF_3 + R'F \longrightarrow \left[\underset{R}{\overset{R}{\underset{}{O}-R'}} \right]^+ BF_4^-$$

三级𬭩盐极易分解出烷基正离子，并与亲核试剂反应，所以是一种很有用的烷基化试剂。例如：

$$ROH + (CH_3CH_2)_3\overset{+}{O}BF_4^- \longrightarrow ROCH_2CH_3 + CH_3CH_2OCH_2CH_3 + HBF_4$$

7.6.3 醚的碳氧键断裂反应

醚与氢碘酸一起加热时，酸与醚先形成𬭩盐，然后发生 S_N1 或 S_N2 反应，接着醚键会发生断裂，生成醇和碘代烷。在过量酸存在下，所产生的醇也转化成碘代烷。例如：

$$CH_3OCH_3 + HI (1\text{ mol}) \longrightarrow I^- + H_3C-\overset{+}{\underset{H}{O}}-CH_3 \xrightarrow{S_N2} CH_3I + CH_3OH$$
$$\downarrow 过量HI$$
$$CH_3I + H_2O$$

$$(CH_3)_3COCH_3 + HI (1\text{ mol}) \xrightarrow{-I^-} (CH_3)_3C-\overset{+}{\underset{H}{O}}CH_3 \xrightarrow{S_N1} (CH_3)_3C^+ + CH_3OH$$
$$\downarrow I^- \qquad\qquad\qquad \downarrow 过量HI$$
$$(CH_3)_3Cl \qquad CH_3I + H_2O$$

其他氢卤酸也可以发生类似的反应。HX 的反应活性顺序：HI > HBr > HCl。HI 常用于断裂醚键，或用 KI/H_3PO_4 代替 HI；HBr 需要较高浓度和反应温度；HCl 断裂醚键的效果较差。

混合醚 C-O 键断裂的顺序为：三级烷基 > 二级烷基 > 一级烷基 > 甲基 > 芳基。

$$CH_3OCH_2CH_3 + HI (1\ mol) \xrightarrow{S_N2} CH_3I + CH_3CH_2OH$$

对于单芳基醚，由于芳基与氧原子形成 p-π 共轭效应，Ar-O 键具有部分双键的性质，比较牢固，不易断裂，醚键总是优先在脂肪烃基的一侧断裂，生成苯酚和卤代烃。二芳醚 Ar-O-Ar 的醚键较稳定，不能被酸断裂。

$$\text{PhO-CH}_2\text{CH}_3 + HI \longrightarrow \text{PhOH} + CH_3CH_2I$$

酚的烷基化和芳基醚断裂反应相结合使用，可以在反应中保护酚羟基。例如：

环醚与氢卤酸作用，醚键断裂生成卤代醇，可进一步卤化生成二卤代烃。例如：

$$\text{(四氢呋喃)} \xrightarrow{HBr} BrCH_2CH_2CH_2CH_2OH \xrightarrow{HBr} BrCH_2CH_2CH_2CH_2Br$$

不对称的环醚开环，生成两种产物的混合物。

$$\text{R-环氧} \xrightarrow{HBr} \underset{Br}{RCHCH_2CH_2OH} + \underset{OH}{RCHCH_2CH_2Br}$$

主要产物

苄基醚在钯催化下氢化，可以发生脱苄基反应（不需要强酸）。

$$Ph\text{-}CH_2\text{-}O\text{-}R \xrightarrow{H_2, Pd/C} Ph\text{-}CH_3 + ROH$$

7.6.4　1,2-环氧化合物的开环反应

一般情况下，环醚具有和链状醚类似的性质。常见的环醚如四氢呋喃、1,4-二氧六环等，因其惰性，被广泛用作有机反应中的溶剂，但它们仍然具有醚类化合物的反应特点，例如，在强酸性条件下会发生碳氧键的断裂。

具有三元环的环醚被称作环氧化合物（epoxide 或 oxirane），这是一类十分特殊的环醚类化合物，受三元环的环张力影响，具有十分丰富的反应活性。

环氧乙烷是最简单的环氧化合物，又被叫作氧化环乙烯，这一命名来自其英文名称 ethylene oxide。这一命名方式（对应烯烃的氧化物）也普遍适用于环氧化合物的命名，如氧化丙烯（propylene oxide）、氧化环己烯（cyclohexene oxide）等。环氧乙烷被用于合成大宗工业原料乙二醇，后者被广泛应用于汽车抗冻剂、飞机发动机制冷剂及生产各种聚酯。工业

上，环氧乙烷可以由乙烯与空气或氧气通过氧化银催化剂在高温下制得，但该方法不适用于合成其他环氧化合物。

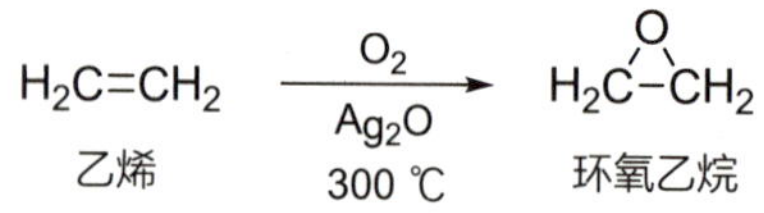

$$H_2C=CH_2 \xrightarrow[300\ ℃]{O_2, Ag_2O} \underset{环氧乙烷}{H_2C-CH_2}$$
乙烯

在烯烃章节中已经讲过，环氧化合物可以由烯烃与过氧酸（peroxyacid）反应得到。其中，最常用的过氧酸是间氯过氧苯甲酸（*m*-chloroperoxybenzoic acid，*m*-CPBA）。基于类似的氧化策略，通过发展四氧化锇和手性配体作为催化剂，Sharpless 教授发展了高效的不对称环氧化反应及双羟化反应，并因此荣获了 2001 年诺贝尔化学奖。除此之外，烯烃与次卤酸发生亲电加成反应得到反式卤代醇，再进一步在碱性条件下发生分子内亲核取代反应，也可以得到环氧化合物。

与一般的醚不同，环氧乙烷与环丙烷相似，存在着有张力的三元环，性质非常活泼，而且环中有氧原子，具有极性键，反应活性更高。

1. 酸性条件下的环氧开环

由于氧原子电负性大，且受三元环环张力的影响，环氧化合物易于在酸性条件下发生碳氧键断裂而开环，相比普通醚类化合物碳氧键断裂所需的强酸性条件，常温条件下采用稀酸即可实现环氧的开环，例如环氧与稀酸水溶液反应得到邻二醇类产物，与氢卤酸反应得到对应的反式邻卤取代醇。

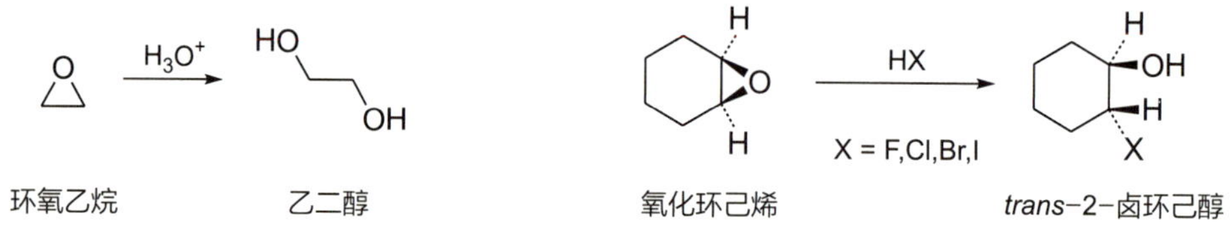

酸性条件下环氧开环的机理遵循如下历程：氧原子首先发生质子化，变成了一个较易离去的基团，然后体系内的亲核物种如 HO⁻、X⁻ 等从相邻碳的反面进攻（类似于烯烃与液溴反应中的环状溴鎓离子被进攻的历程），从而得到反式的邻二取代产物。从该历程可以判断酸性条件下环氧开环的区域选择性。氧原子被质子化后可加剧碳氧键的极化，从而导致相邻碳上带有部分正电荷，具备了碳正离子的特征，因此，能够生成更稳定碳正离子的碳更易被亲核进攻。

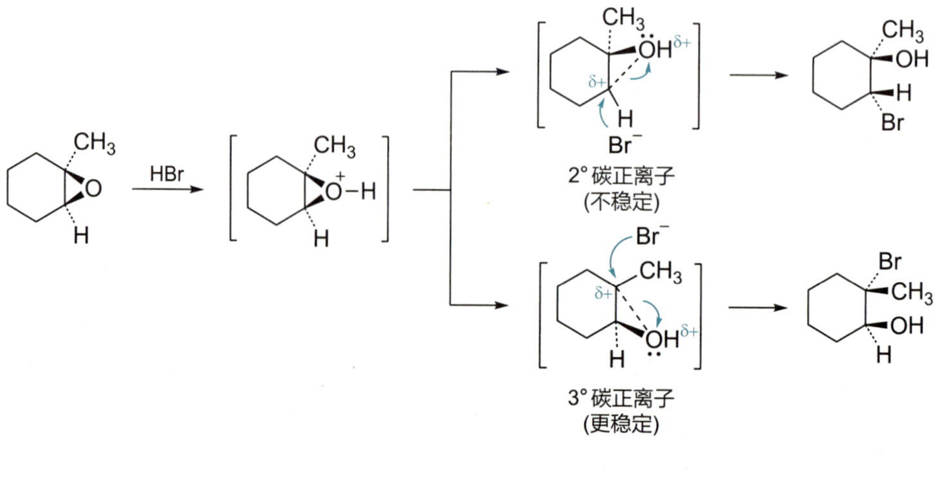

在酸催化下，1,2-环氧丙烷能与多种亲核试剂反应，导致环氧打开得到开环产物，开环时主要在 C—O 键发生选择性断裂。

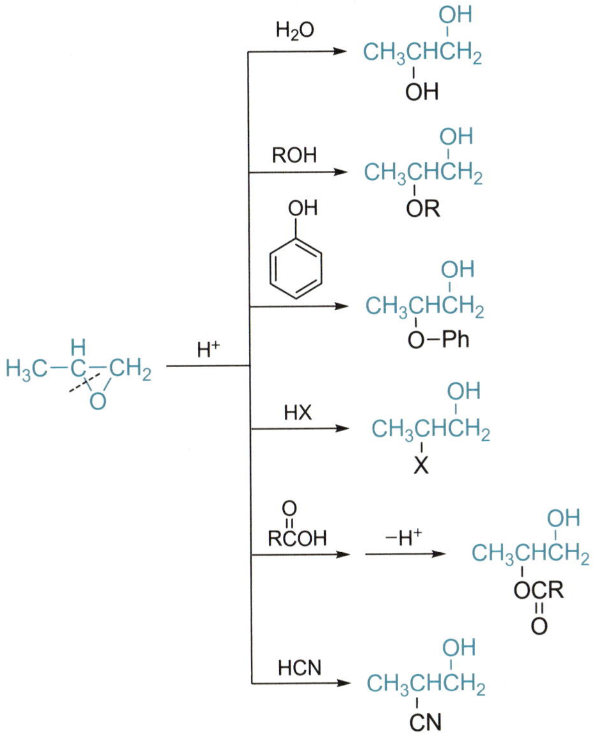

1,2-环氧丙烷也可以和乙硼烷反应，生成对应的醇。由于硼烷中硼的性质和质子酸类似，因此，硼烷中的负氢转移到取代基较多的环碳原子上。

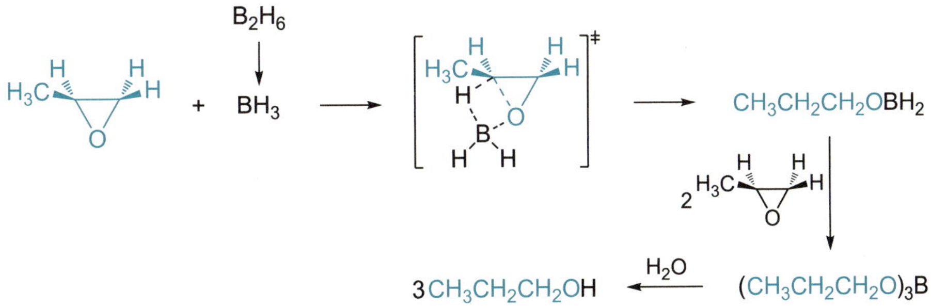

特殊的 1,2-环氧化合物也可以发生 C—C 键的断裂。近年来，我国科学家发现二羰基化合物衍生的环氧化合物实现了 Lewis 酸催化的选择性 C—C 或 C—O 键断裂开环。

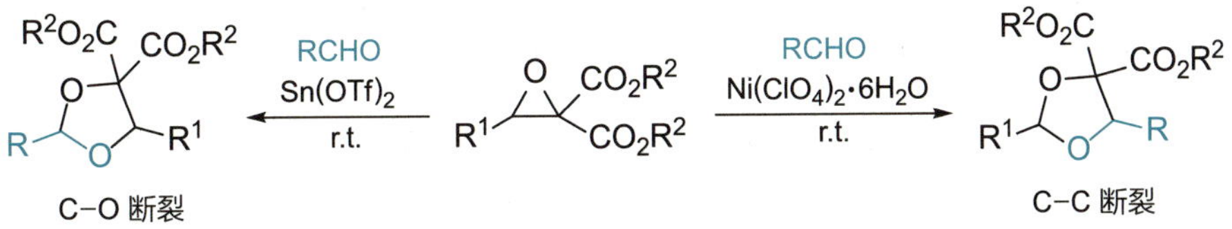

2. 碱性条件下的环氧开环

环氧在碱性条件下也可发生开环。在该类反应中，亲核试剂直接进攻与氧原子相邻的碳原子，氧原子充当一个离去基团，促使碳氧键断裂。例如，在较高温度下，羟基负离子可直接进攻环氧化合物，促使碳氧键断裂，通过进一步质子化，得到邻二醇类产物。其他常见的亲核试剂，如 NaCN、NaN$_3$、NaOEt/EtOH，以及金属试剂，如格氏试剂、烷基锂试剂等，均可以与环氧发生碱性条件下的开环反应。碱性条件下的环氧开环反应是一个典型的 S$_N$2 反应，因此，亲核试剂倾向于进攻位阻小的相邻碳原子。

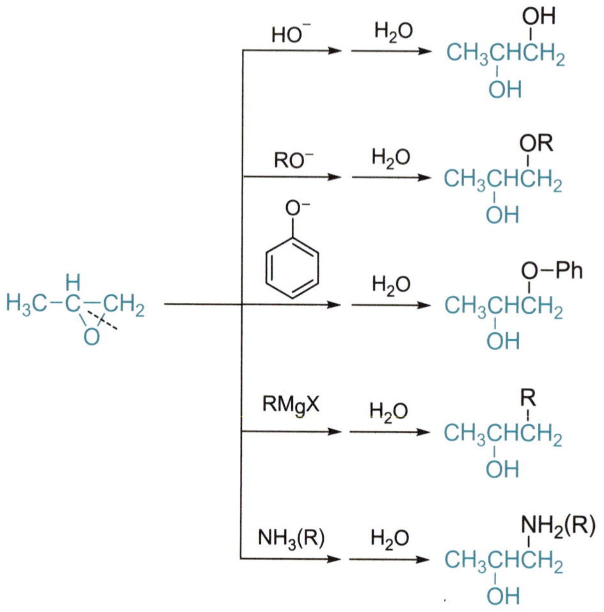

1,2-环氧丙烷也可以在 LiAlH$_4$ 作用下还原，生成对应的醇，产物和硼烷的反应正好有不同的区域选择性。

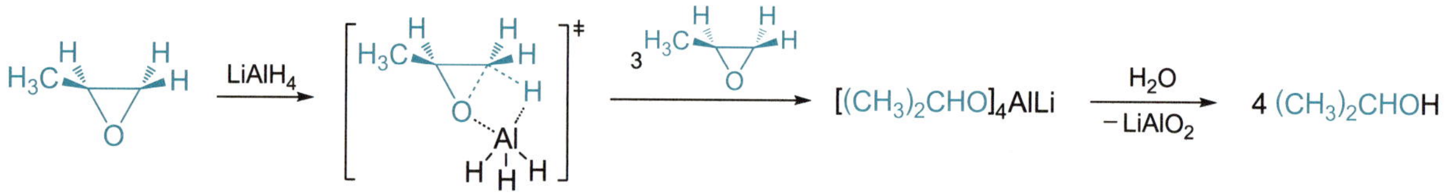

7.7 醚的应用

7.7.1 工业用途

醚是一种常用的优良有机溶剂，但由于低级醚的高度挥发性，使用时须注意防火。

相对分子质量较低的醚具有麻醉作用，可作为外科手术的麻醉剂，如乙醚。安氟醚和异氟醚等含氟吸入麻醉药具有很多独特的优点，没有致癌、致畸、致突变等不良作用，对生物降解有抗力，因而是一类理想的吸入麻醉药。

安氟醚　　　　异氟醚

环氧乙烷是生产乙二醇的主要原料。一般在加压或酸性条件下，将环氧乙烷和水一起加热即可制得乙二醇。

$$\overset{\triangle}{O} + H_2O \xrightarrow{H^+} \begin{array}{c} OH \\ \diagdown \\ OH \end{array}$$

环氧乙烷在催化剂如四氯化锡及少量水存在下聚合成聚乙二醇,水溶性良好,是生产聚氨酯的原料。聚氨酯可制备人造革、泡沫塑料、医用高分子材料等。

$$n \overset{\triangle}{O} \xrightarrow{SnCl_4} \xrightarrow{H_2O} HO(CH_2CH_2O)_nH$$
聚乙二醇

用油溶的酚引发环氧乙烷的开环聚合,可得到非离子性的表面活性剂,可用作洗涤剂、乳化剂、分散剂等。

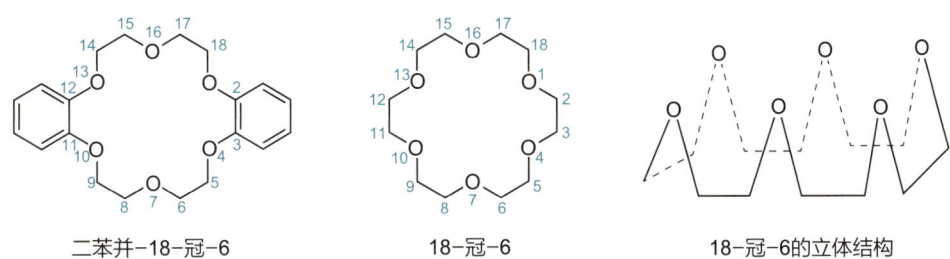

7.7.2 冠醚

冠醚是 20 世纪 60 年代合成得到的含有多氧大环的醚类化合物,其结构是由重复的乙二醚结构($-OCH_2CH_2-$)单元形成的环。因其形状类似皇冠,所以称为冠醚(crown ether)。冠醚的命名的通式记为 X-冠-Y,X 表示冠醚环的总原子数目,Y 则表示冠醚环中氧原子数。冠醚的发现被认为是超分子化学的开端。常见冠醚及其结构见图 7-2。

二苯并-18-冠-6   18-冠-6   18-冠-6的立体结构

图 7-2 常见冠醚及其结构

1967 年,Pederson 第一次发现了冠醚,这一发现开创了超分子化学的新领域,并为后续的研究提供了重要的基础。随后 Cram 和 Lehn 也开始了对超分子化学的研究。从此之后,超分子化学作为一门新兴的交叉学科快速发展起来。1987 年,Pedersen、Lehn、Cram 三位化学家被授予诺贝尔化学奖,以表彰他们在超分子化学理论方面的开创性工作。

C. J. Pederson

D. J. Cram

J. M. Lehn

冠醚最大的特点是分子具有特殊的大环孔状结构，在冠醚中的氧原子具有孤对电子，因此这些氧原子可以与金属离子结合形成配合物。冠醚环的大小不同，中间的空腔大小不同，因此对不同半径的金属离子具有较高的络合选择性，就可以结合不同的金属离子。如12-冠-4可以结合锂离子，15-冠-5可以结合钠离子，而18-冠-6可以结合钾离子（图7-3），形成稳定的络合物，冠醚这种性质可用于金属离子混合物的分离。

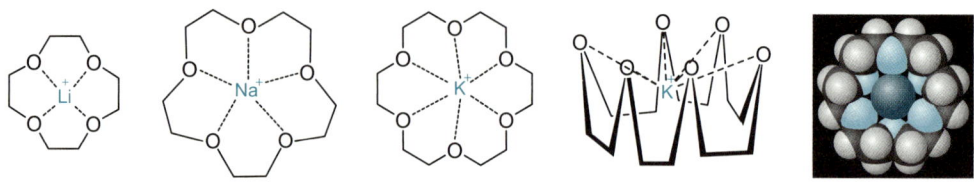

图 7-3　冠醚与碱金属离子络合

冠醚环上具有亲油性的亚甲基排列在环外侧，因此冠醚能溶于有机溶剂。所以，冠醚的另一个用途是在有机合成中作为相转移催化剂（phase transfer catalyst），使非均相反应得以顺利进行，提高收率。许多无机盐易溶于水，不溶或难溶于有机溶剂；相反大多数有机物可溶于有机溶剂而难溶于水。因此，如果有一种催化剂能穿过两相之间的界面，并能把反应试剂（例如 CN^-）从水相转移到有机相中，使其与底物迅速反应，并将生成的另一种负离子带回到水相中，那么反应的速率能显著提高。催化剂在反应过程中没有消耗，只起到了重复转送负离子的作用，这种催化剂就被称作相转移催化剂，这样的过程被称为相转移催化（phase transfer catalysis，PTC）。采用 PTC 最经典的反应就是固体盐或其水溶液和溶于非极性溶剂中的有机物的反应，例如：

$$n\text{C}_8\text{H}_{17}\text{Br} + \text{NaCN} \xrightarrow[100\ ^\circ\text{C}]{\text{搅拌两周}} n\text{C}_8\text{H}_{17}\text{CN} \quad (\text{无反应})$$
（有机相）　（水相）

$$\xrightarrow[\text{搅拌1.8 h}]{\text{相转移催化剂}} n\text{C}_8\text{H}_{17}\text{CN} \quad 99\%$$

除了亲核取代反应以外，在氧化反应中也可以使用冠醚作为相转移催化剂。例如，用 $KMnO_4$ 氧化甲苯时，由于 $KMnO_4$ 不溶于有机溶剂，所以反应困难。当加入18-冠-6后，通过冠醚络合 K^+，将 MnO_4^- 带入有机溶剂中，使反应在同一相中进行，能加速反应的进行。

$$\text{C}_6\text{H}_5-\text{CH}_3 + \text{K}^+ \text{MnO}_4^- \xrightleftharpoons{\text{PTC (18-冠-6)}} \text{C}_6\text{H}_5-\text{COOH}$$

但冠醚价格昂贵，且毒性较大，使用后难回收，因此其应用受到一定程度的限制。除此之外，常用的相转移催化剂还包括四级铵盐、四级鏻盐、锍盐等。这些催化剂相对来说比较容易合成，近年来得到了极大的发展，人们还开发出一系列手性的相转移催化剂，实现了很多反应的不对称催化。我国科学家在这方面也作出了巨大的贡献。

7.8　酚

酚是羟基连接在芳香环上的化合物，一元酚的通式为 ArOH。最简单的酚是苯酚(phenol)，熔点 41 °C，沸点 182 °C，因为它首先是从煤焦油里得到的，因此又称为石炭酸。酚分子中酚羟基与苯环上 sp² 杂化的碳原子相连，氧原子也主要采取 sp² 杂化，氧上两对孤对电子，一对占据 sp² 杂化轨道，另一对占据未参与杂化的 p 轨道，p 轨道电子正好能与苯的大 π 键体系发生重叠（图 7-4），在此 p-π 共轭体系中，氧原子的 p 轨道电子云向苯环偏移，p 轨道电子云的偏移导致了氢氧之间的 σ 键电子云进一步向氧原子偏移，从而使氢离子较易离去。因此，此 p-π 共轭体系既增加了苯环上的电子密度，又增强了羟基上氢原子的解离能力，使得酚类化合物具有一定的酸性。

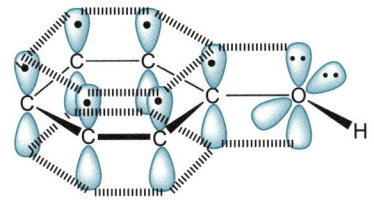

图 7-4　苯酚分子中的 p-π 共轭示意图

酚类分子中由于羟基和芳环两者直接相连，相互影响，使酚羟基在性质上与醇羟基有显著差异，表现出更强的酸性。此外，酚的芳环受羟基的影响，也比相应的芳烃更易发生亲电取代反应。

7.8.1　酚羟基的反应

1. 酸性

酚的酸性较醇强，它能溶于氢氧化钠、氢氧化钾溶液生成相应的钠盐或钾盐，而醇不能。大多数酚的 pK_a 都在 10 左右，但比碳酸（pK_a = 6.38）弱。将 CO_2 通入酚钠盐的水溶液中，可以使酚重新游离出来。由于酚能溶解于碱，又能用酸将其游离出来，因此可用此法分离酚类化合物。

苯环上连有不同取代基时，酚的酸性不同。若苯环上连有吸电子基团，酚的酸性增强。如对硝基苯酚的酸性比苯酚的酸性强 600 倍，这是因为硝基具有吸电子诱导效应和吸电子共轭效应，可使酚羟基负离子的负电荷离域到硝基的氧原子上，从而使硝基苯酚负离子更加稳定。

（贡献较大）

当硝基位于酚羟基的邻位，负电荷也可以离域到硝基的氧原子上，使酸性增强。但是，当硝基位于酚羟基的间位时，不能通过共轭效应使负电荷离域到硝基的氧原子上，只有硝基的吸电子诱导效应产生影响。因此，间硝基苯酚的酸性虽也比苯酚的强（强 40 倍），但远不如硝基在酚邻位或对位的大。

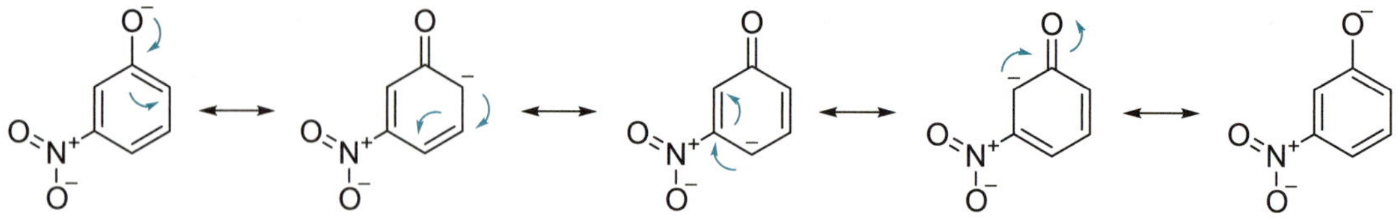

苯环上硝基越多，吸电子作用越强，酚的酸性越强。二硝基苯酚的酸强度与羧酸差不多，2,4,6-三硝基苯酚（苦味酸）为强酸，酸强度与一些无机酸的酸性相近。

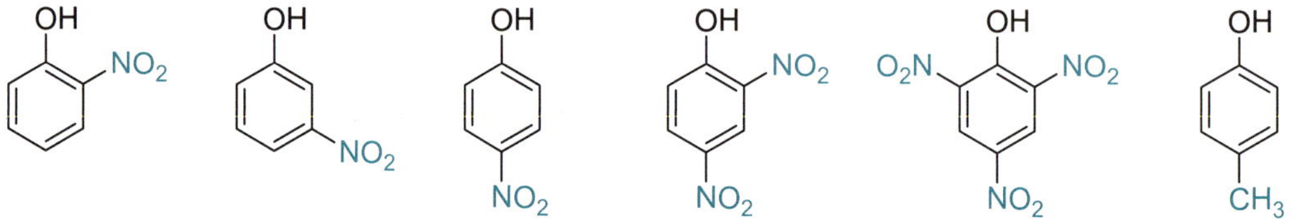

	邻硝基苯酚	间硝基苯酚	对硝基苯酚	2,4-二硝基苯酚	2,4,6-三硝基苯酚	对甲基苯酚
pK_a	7.22	8.39	7.15	4.09	0.25	10.26

与之相反，当苯环上有给电子基团时，此类酚化合物的酸性比苯酚的酸性弱。这主要是由于给电子基团增加了苯环上的电子密度，负电荷较难离域到苯环上，使得酚负离子不稳定，即酚羟基不易解离释放质子，所以酸性比苯酚的弱。除电子效应外，取代基的空阻效应也会影响酚的酸性。例如，2,4,6-三新戊基苯酚的酸性极弱，可能是因为两个邻位的大基团阻碍了溶剂对酚羟基解离所起的溶剂化作用。此外，若酚羟基邻位的取代基能与其形成分子内的氢键作用，也会使得酚羟基的酸性减弱，如邻硝基苯酚的酸性要比对硝基苯酚的弱。

2. 醚化反应和 Claisen 重排

酚和醇相似，能够烷基化成醚，但酚不能像醇那样在酸性条件下分子间脱水成醚，主要原因是苯正离子不稳定，不易生成。因此，酚醚一般是由酚在碱性溶液中与卤代烃作用或烷基磺酸酯作用生成的，即 Williamson 醚合成法。在碱性溶液中，酚以酚负离子形式存在，作为亲核试剂向卤代烃或烷基磺酸酯进攻，经 S_N2 反应合成芳香醚。

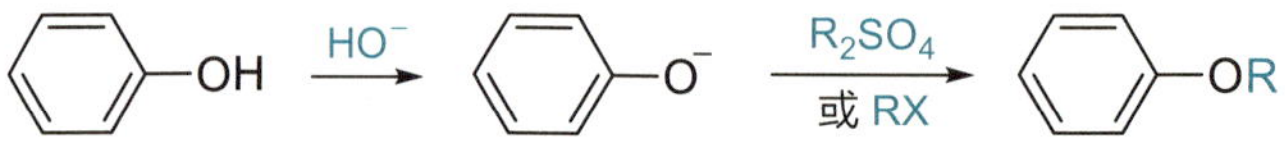

芳基烃基醚和脂肪醚相似，对碱稳定，且不易被氧化，但可被氢碘酸或三溴化硼分解，烷氧键断裂，生成相应的酚。芳基醚由于氧与芳环的碳原子发生 p-π 共轭，C-O 具有部分双键的性质，一般难断裂。将酚的烃基化反应和芳基烃基醚被氢碘酸或三溴化硼分解的反应结合使用，可以在反应中保护酚羟基。

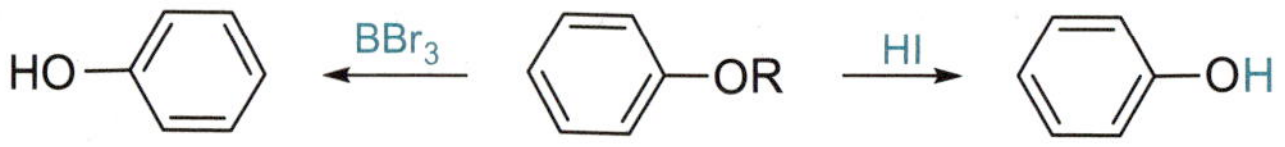

1912 年，克莱森（Claisen）发现了以他的名字命名的 Claisen 重排反应。当年他同时报

道了烯丙基芳基醚在 200 °C 下可以重排为烯丙基苯酚，以及 3-烯丙氧基丁-2-烯酸乙酯在 NH_4Cl 下蒸馏，可以生成 2-乙酰基戊-4-烯酸乙酯。此后，烯丙基乙烯基醚类衍生物在加热条件下重排成相应的 γ,δ-不饱和羰基化合物的反应称为 Claisen 重排。

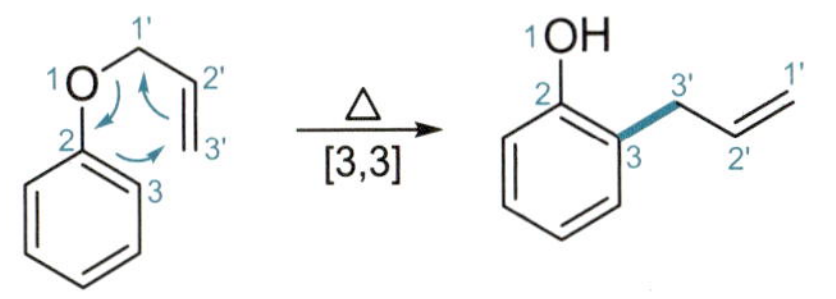

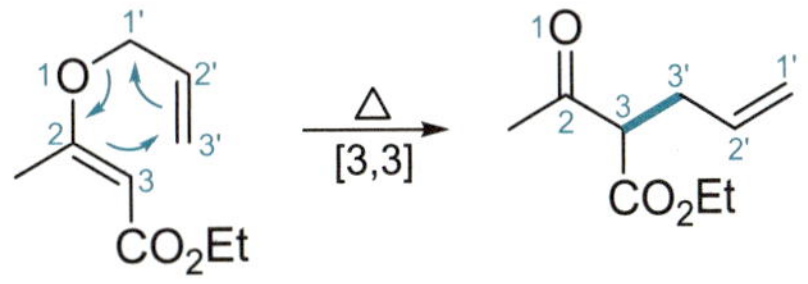

交叉反应实验及同位素标记研究证明，Claisen 重排是分子内重排，反应是经过环状过渡态进行的。当两个邻位都被占据时，烯丙基迁移至对位，这个反应经历了两次[3,3]C 迁移。

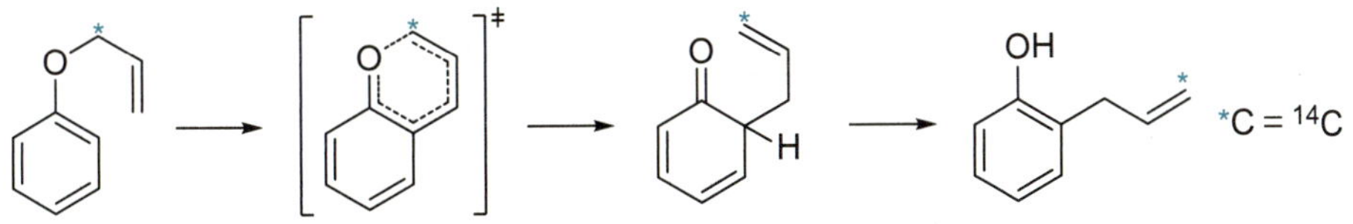

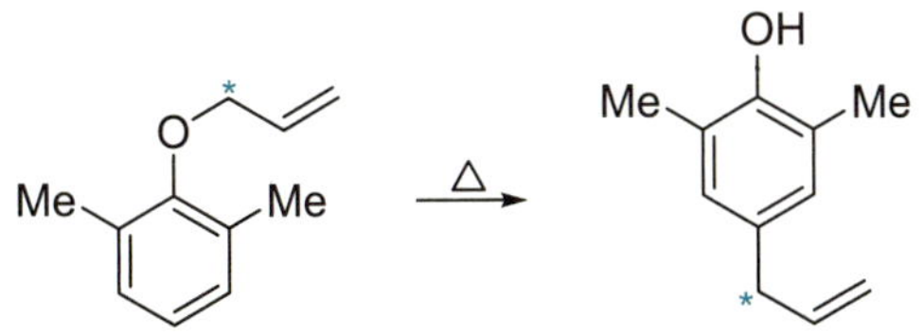

Claisen 重排具有普遍性，在醚类化合物中，如果存在烯丙氧基与碳碳双键相连的结构，就有可能发生 Claisen 重排，即脂肪族的 Claisen 重排。

3. 酯化反应和 Fries 重排

酚与醇不同，醇与羧酸可以很容易地在酸催化下直接发生酯化作用，而酚由于氧上孤对电子参与了 p-π 共轭，导致其亲核能力降低，因此须在碱（碳酸钾、吡啶、三乙胺）或质子酸（硫酸、磷酸）的催化作用下，与酰氯或酸酐反应才能形成酯。酚可以与无机酰氯反应得到相应的酯，如苯酚和三氯氧磷反应可以得到磷酸三苯酚酯（一种增塑剂）。酚也可以与有机酰氯或酸酐反应得到酯，如阿司匹林就是用水杨酸和乙酸酐反应来合成的。

$$3C_6H_5OH + POCl_3 \longrightarrow PO(OC_6H_5)_3 + 3HCl$$

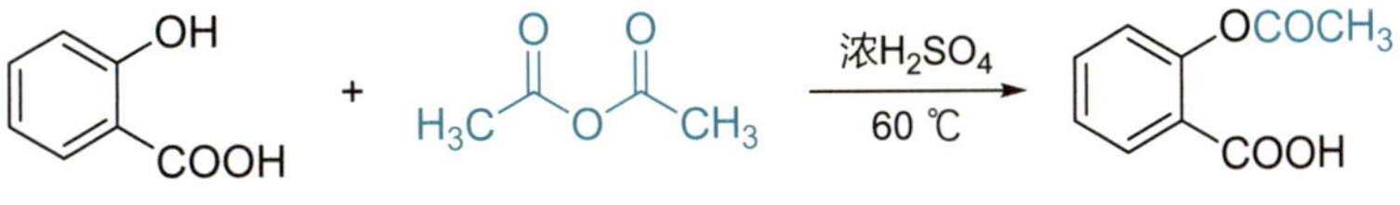

20 世纪初，Fries 发现了以他的名字命名的 Fries 重排反应。他将乙酸苯酚酯和氯乙酸在 $AlCl_3$ 作用下加热，分离得到了邻、对位乙酰化产物和氯乙酸苯酚酯。此后，将酚酯与 Lewis 酸或 Brønsted 酸一起加热，发生酰基重排生成邻羟基或对羟基芳酮的混合物的反应统称为 Fries 重排，它是由酚制备邻位或对位酰基酚的一种实用方法。

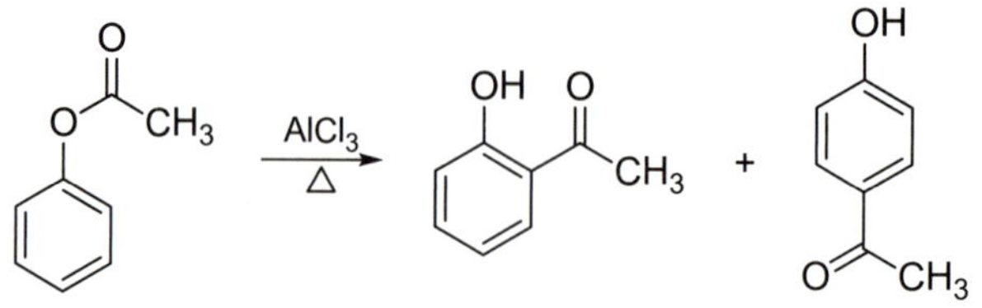

$$\text{PhOCOCH}_3 \xrightarrow[\Delta]{\text{AlCl}_3} \text{邻-HOC}_6\text{H}_4\text{COCH}_3 + \text{对-HOC}_6\text{H}_4\text{COCH}_3$$

4. 与三氯化铁的显色反应

大多数酚与三氯化铁溶液发生颜色反应。不同的酚所产生的颜色也不同，常见的有紫、蓝、绿、棕等颜色（表 7-3），这个特性常用于酚的鉴定。例如：

$$6C_6H_5OH + FeCl_3 \longrightarrow H_3[Fe(OC_6H_5)_6] + 3HCl$$
紫色

表 7-3　各类酚与三氯化铁反应所显颜色

酚	与 $FeCl_3$ 显色
对甲苯酚	蓝色
间甲苯酚	蓝紫色
对苯二酚	暗绿色
邻苯二酚	深绿色
间苯二酚	蓝紫色
连苯三酚	淡棕红色
α-萘酚	紫红色
β-萘酚	绿色

7.8.2　酚芳环上的亲电取代反应

酚羟基上 p 电子与苯环的 π 体系共轭作用使羟基邻、对位的电子密度增大，所以酚羟基的邻、对位亲核能力很强，使得酚类化合物很容易在邻、对位发生亲电取代反应，在多数情况下反应可以不用 Lewis 酸催化。

1. 卤化反应

由于酚羟基是强的邻对位活化基团，苯酚在室温下与溴水反应立即生成 2,4,6-三溴苯酚白色沉淀，而苯的卤化反应必须在 Lewis 酸的催化下才能进行。若溴水过量，则生成 2,4,4,6-四溴环己二烯酮黄色沉淀。

$$\text{PhOH} + 3Br_2 \xrightarrow{H_2O} \text{2,4,6-三溴苯酚（白色沉淀）} \xrightarrow{Br_2} \text{2,4,4,6-四溴环己二烯酮（黄色沉淀）}$$

此反应很灵敏，溶液中含有 10 μg/g 的苯酚都可以检测出来。因此，此反应可用作苯酚的鉴别和定量测定。

2. 硝化及亚硝化反应

由于酚羟基对苯环的活化作用，在室温时，用稀硝酸即可使苯酚硝化，生成邻硝基苯酚和对硝基苯酚的混合物。因苯酚易被氧化，产率不高。邻硝基苯酚因形成分子内氢键，使得其分子间及与水形成氢键的能力降低，因此其沸点相对较低，在水中的溶解度也较小，所以可用水蒸气蒸馏法蒸出，从而使它与对硝基苯酚分离。

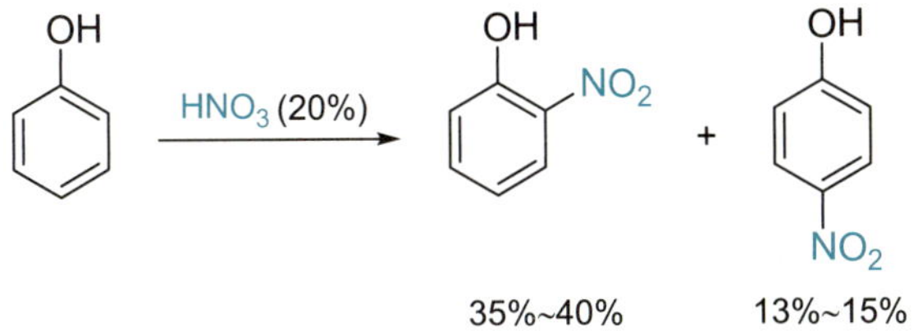

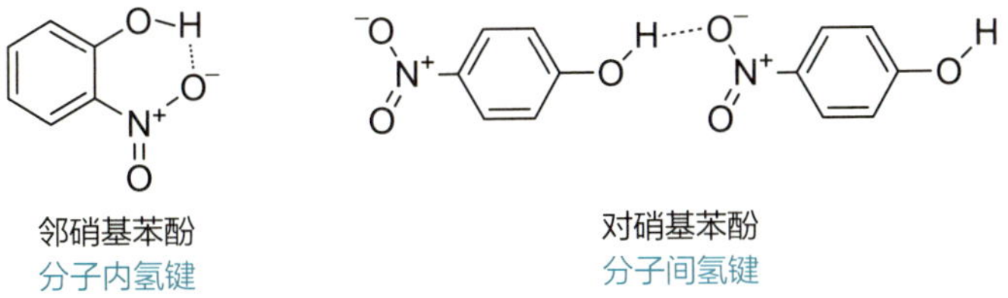

邻硝基苯酚
分子内氢键

对硝基苯酚
分子间氢键

3. 磺化反应

苯酚与浓硫酸在较低的温度（15～25 ℃）下很容易发生磺化反应。但苯酚的磺化反应发生在对位或邻位主要受反应温度的影响。随着反应温度升高，苯酚的磺化反应主要发生在对位，因为4-羟基苯磺酸比2-羟基苯磺酸稳定。即高温有利于生成热力学稳定的产物。继续加热磺化，可得到4-羟基苯-1,3-二磺酸。

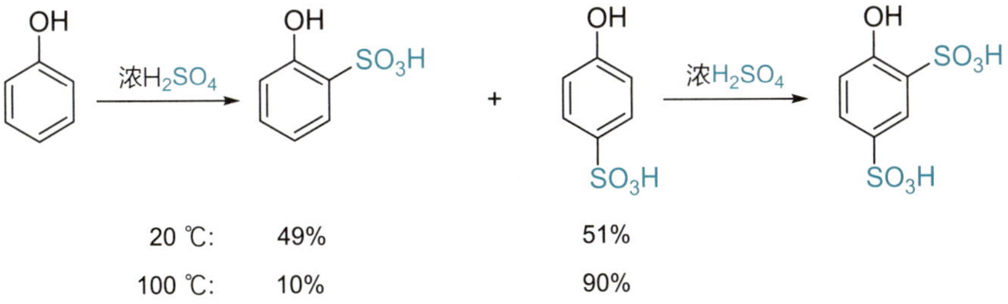

20 ℃：49%   51%
100 ℃：10%   90%

4. Friedel-Crafts 反应

由于酚羟基的活化作用酚很容易发生 Friedel-Crafts 反应，在较弱的催化剂作用下就可以进行。例如：

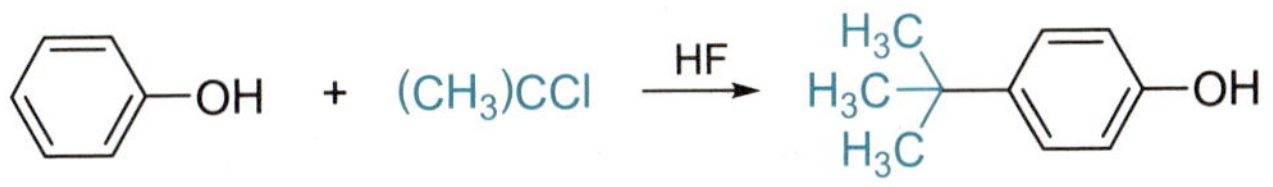

苯酚在浓硫酸或无水氯化锌的作用下与邻苯二甲酸酐发生 Friedel-Crafts 反应生成酚酞，酚酞为无色固体，是常用的重要指示剂，其溶液 pH < 8.5 时为无色液体，当 pH > 9 时生成电子离域范围更大的粉红色的共轭双负离子。

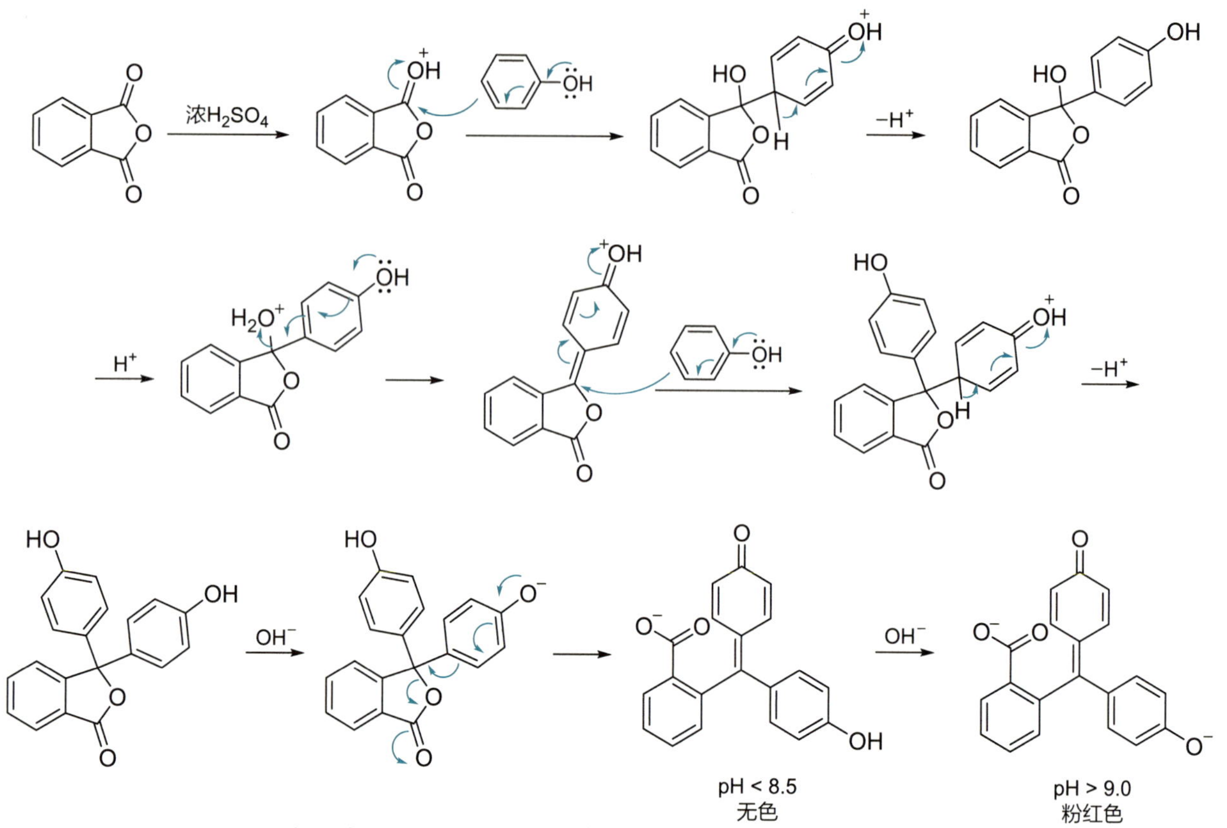

7.8.3 酚的制备

1. 异丙苯法

工业上合成苯酚的最主要方法是：苯与丙烯通过 Friedel-Crafts 反应得到异丙苯，异丙苯经空气氧化生成氢过氧化异丙苯，后者在强酸或强酸性离子交换树脂作用下分解生成苯酚和丙酮。这个反应是工业上生产苯酚和丙酮的重要方法。

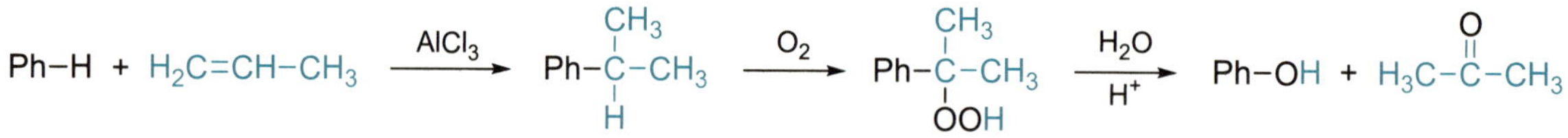

$$Ph-H + H_2C=CH-CH_3 \xrightarrow{AlCl_3} Ph-\underset{H}{\underset{|}{\overset{CH_3}{\overset{|}{C}}}}-CH_3 \xrightarrow{O_2} Ph-\underset{OOH}{\underset{|}{\overset{CH_3}{\overset{|}{C}}}}-CH_3 \xrightarrow[H^+]{H_2O} Ph-OH + H_3C-\overset{O}{\overset{\|}{C}}-CH_3$$

2. 卤代芳烃水解

卤代芳烃很难发生水解反应，一般需要高温、高压和催化剂的作用下才能反应。但是，当卤原子的邻位或对位连有很强的吸电子基团时，可以发生水解反应（芳香亲核取代反应），工业上常用此方法制备吸电子基取代的苯酚。

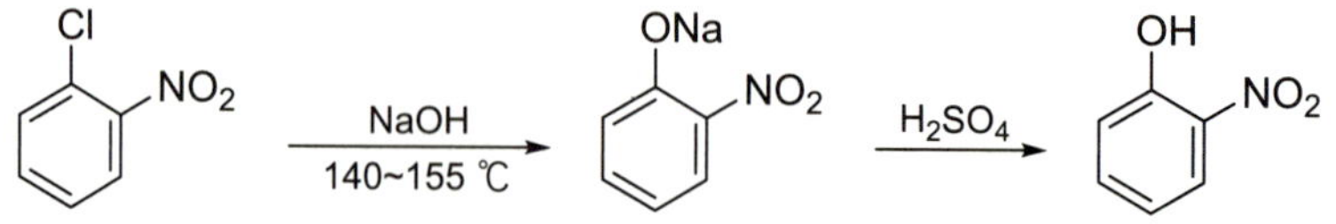

3. 碱熔法

芳基磺酸盐和无水氢氧化钠（钾）在高温下作用，磺酸基被羟基取代的反应即为碱熔反应。在此反应中，芳环上 -X、-NO₂、-COOH 等基团将受影响。

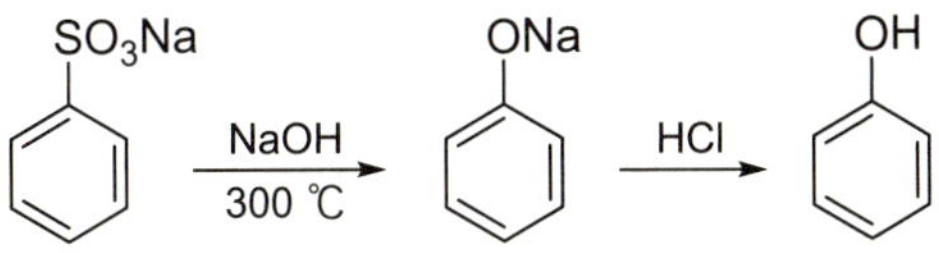

4. 重氮盐水解

重氮盐水解可生成酚，这是一个普遍的制备苯酚的方法。

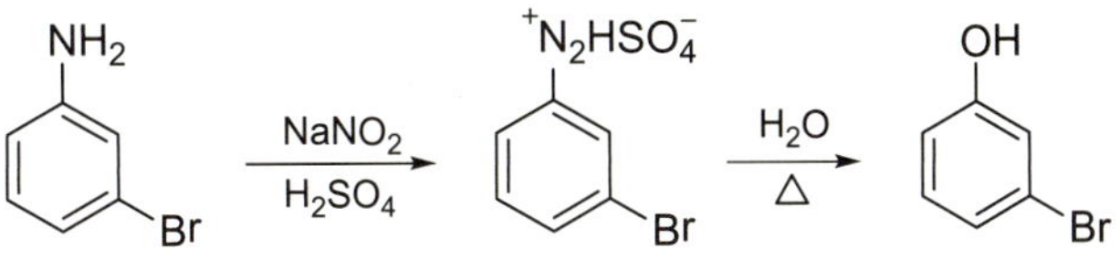

习题

1. 在 4β-Acetoxyprobotryane-9β,15α-diol 的首次不对称全合成中，涉及多步基于醇的官能团转化，请画出产物和中间体的结构。

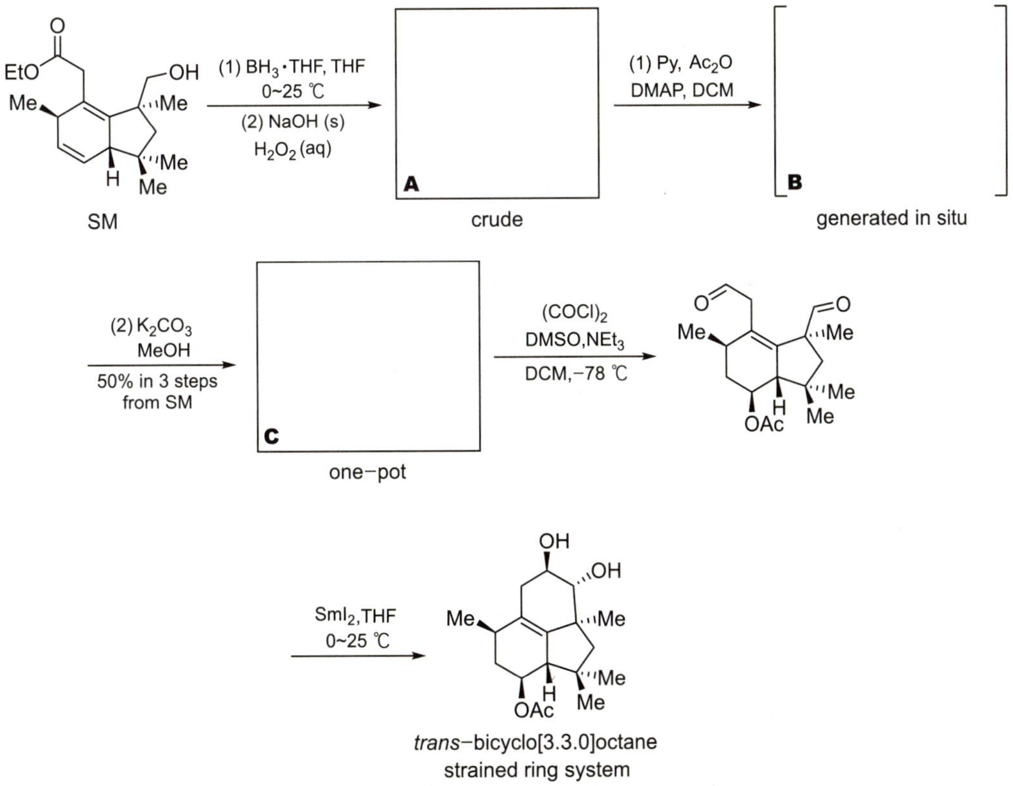

2. Kopsinitarine E 的全合成中涉及基于醇的官能团转化步骤，请写出产物和中间体结构。

3. (+)-Ineleganolide 的全合成中涉及基于醇的官能团转化步骤，请写出产物和中间体结构。

4. Calophyline A 的全合成中涉及基于醇的官能团转化步骤，请写出产物和中间体结构，以及 **A**→**B** 的机理。

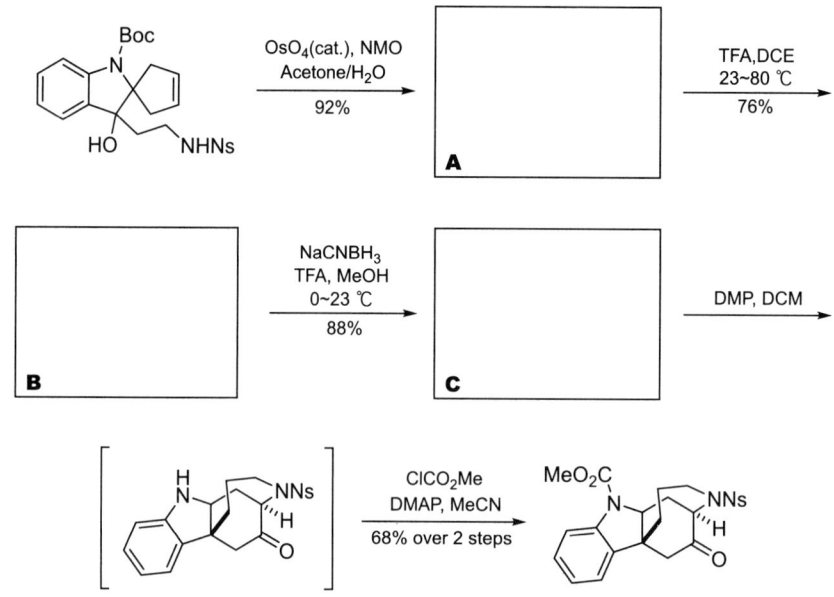

5. 后期官能团化（late-stage functionalization）是近年来用于全合成的重要方法。去氧胆酸的醇衍生物经过以下转化可以得到产物 **A**，请根据分子式推测 **A** 的结构。

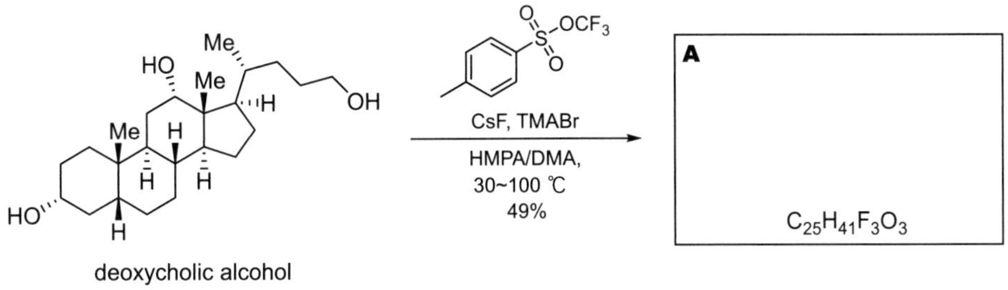

6. Bryostatin 1 的全合成中涉及以下转化，请推测产物 A 的结构。

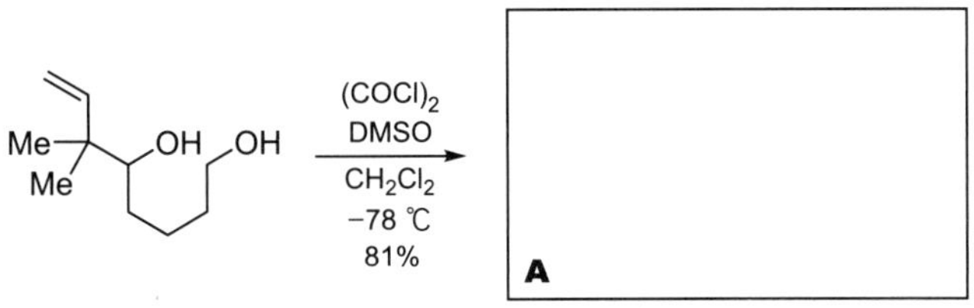

7. Guignardones 的全合成中涉及下列转化，请写出产物 B 和 C 的结构，并推测中间体 A、D 及反应机理，根据空间构型对反应的立体选择性给出解释。

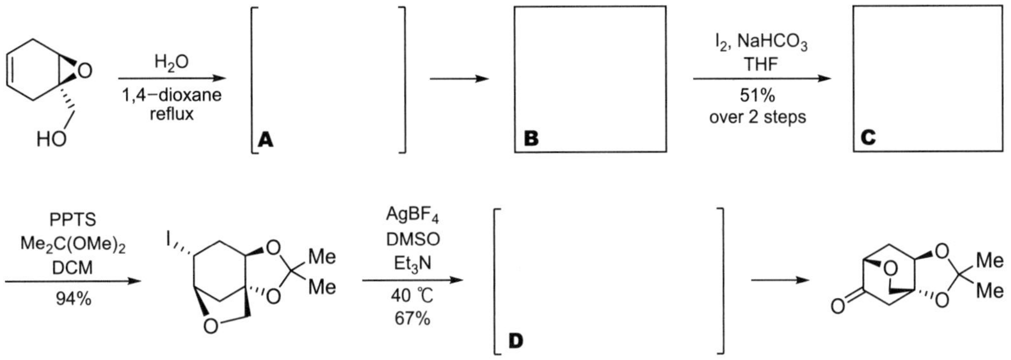

8. Longiborneol 的全合成中涉及下列转化，已知桥头碳的碳正离子非常不稳定，且 PIDA 是一种高价碘氧化剂，请写出产物和中间体的结构及反应机理，并根据原料的空间构型对反应的立体选择性给出解释。

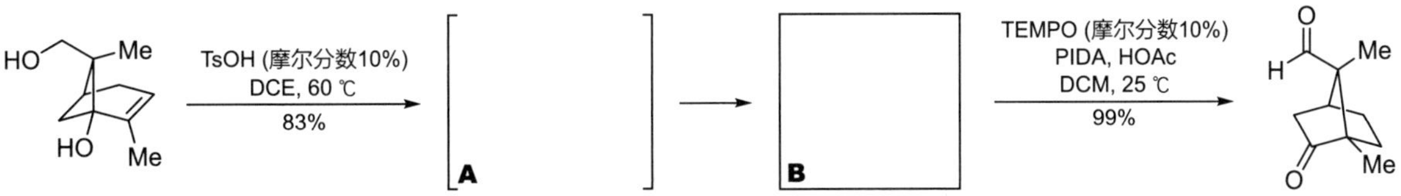

9. 完成反应：

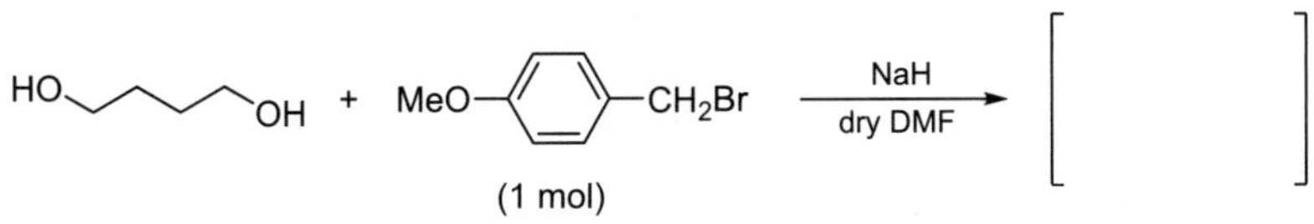

10. 完成反应：

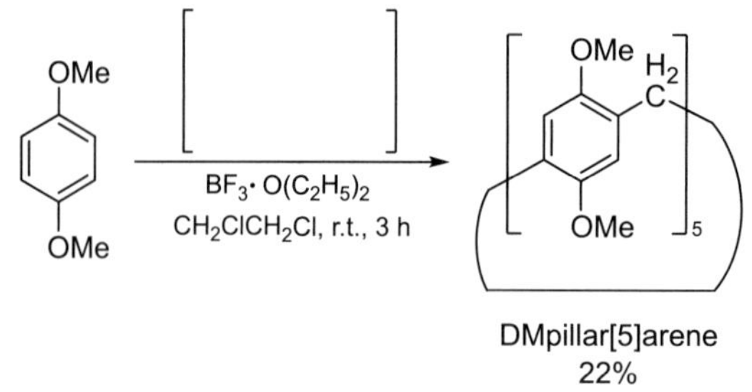

第七章 醇、酚和醚

[反应式：1,4-二甲氧基苯 经 BF₃·O(C₂H₅)₂, CH₂ClCH₂Cl, r.t., 3 h 生成 DMpillar[5]arene, 22%]

11. 完成反应：

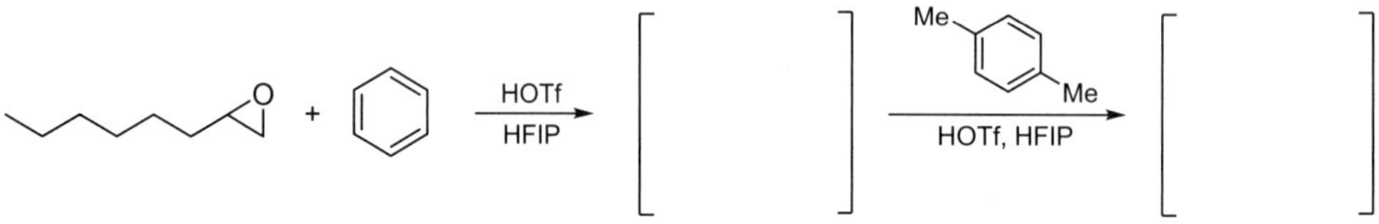

[反应式：1,2-环氧辛烷 + 苯 经 HOTf/HFIP 生成 [ ]，再与对二甲苯在 HOTf, HFIP 条件下反应生成 [ ]]

HOTf：三氟甲磺酸（一种强酸）; HFIP：六氟异丙醇

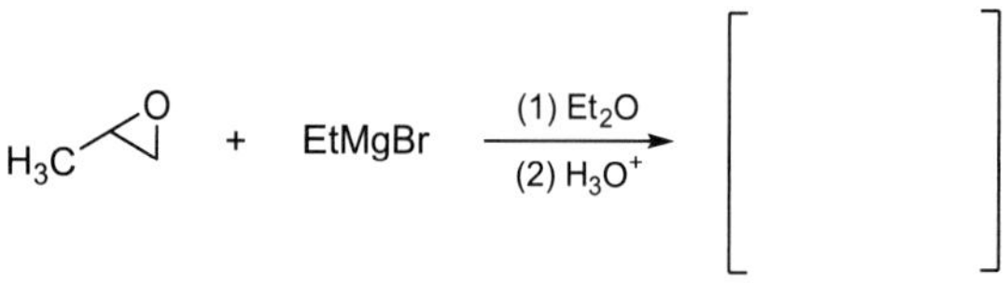

12. 请画出如下反应的主要产物。

（1）环己基环氧乙烷 $\xrightarrow{\text{HCl}, \text{Et}_2\text{O}}$ [ ]

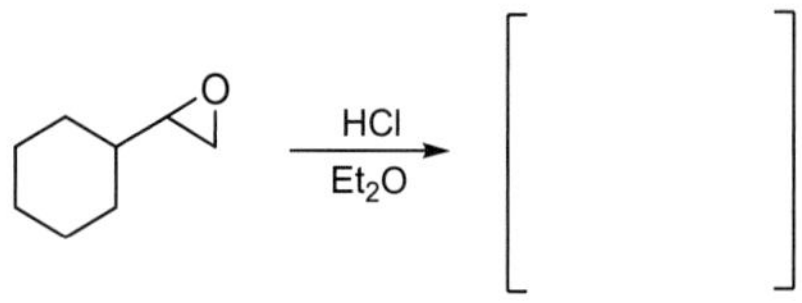

（2）H_3C—环氧乙烷 + EtMgBr $\xrightarrow{(1)\ \text{Et}_2\text{O}}{(2)\ \text{H}_3\text{O}^+}$ [ ]

（3）2,2,3-三甲基环氧乙烷 $\xrightarrow{\text{NaOEt/EtOH}}$ [ ]

（4）环氧环己烷 $\xrightarrow{(1)\ \text{LiAlH}_4}{(2)\ \text{H}_3\text{O}^+}$ [ ]

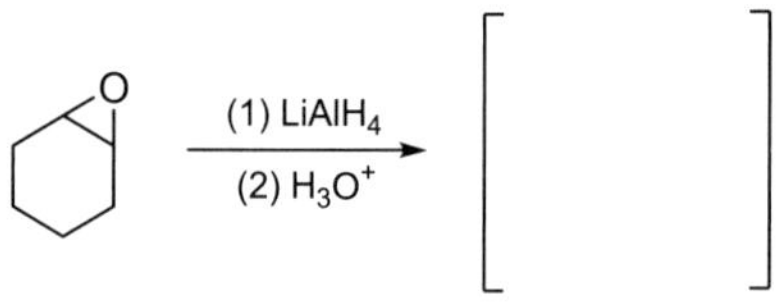

13. (−)-cardiopetaline 全合成中的关键一步涉及骨架重排，请写出反应机理，并对反应的立体选择性给出解释。

[反应式：底物（含 MOMO, SO₂Ph, Et—N, Me 等基团的多环结构）经 微波, MeOH, 150 ℃ 得到产物（含 MOMO, OMe, Et—N, Me, C=O 的多环结构）； OMOM = OCH₂OCH₃]

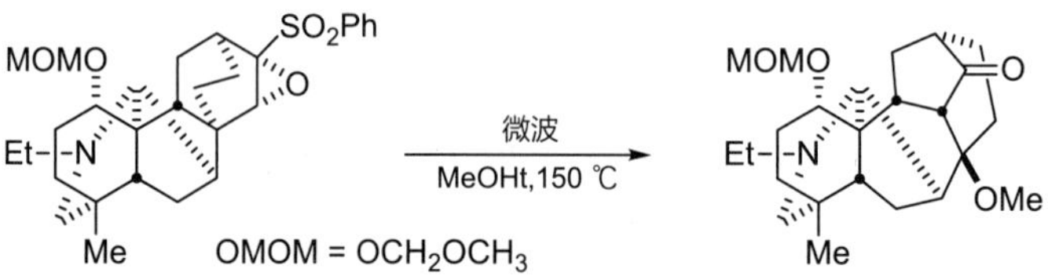

14. Weisaconitine D 的全合成中涉及骨架重排，请写出两步反应的机理，并对反应的立体选择性给出解释。

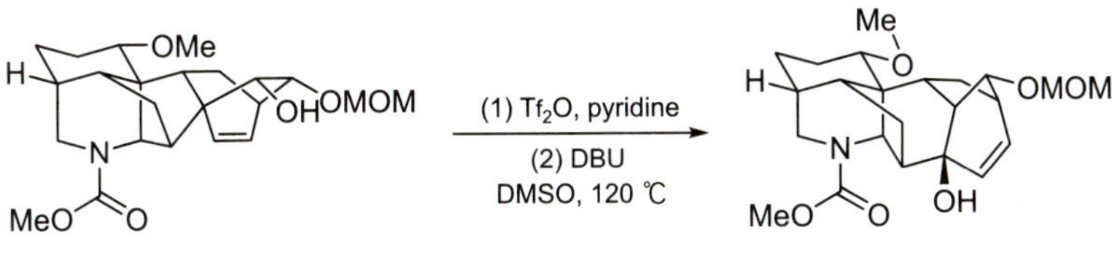

(Nature, 2015, 528: 493.)

15. Mitsunobu 反应（1）是合成化学中的经典，常用于手性醇的立体专一性转化，但反应使用了当量的 PPh3 和 DEAD，原子经济性较差。2019 年，Denton 等报道了一种能催化 Mistunobu 反应的 phosphine oxide 催化剂，该反应（2）无须额外添加氧化还原剂，请写出该催化反应的机理，并解释反应中 2,4-dinitrobenzoic acid 的作用。

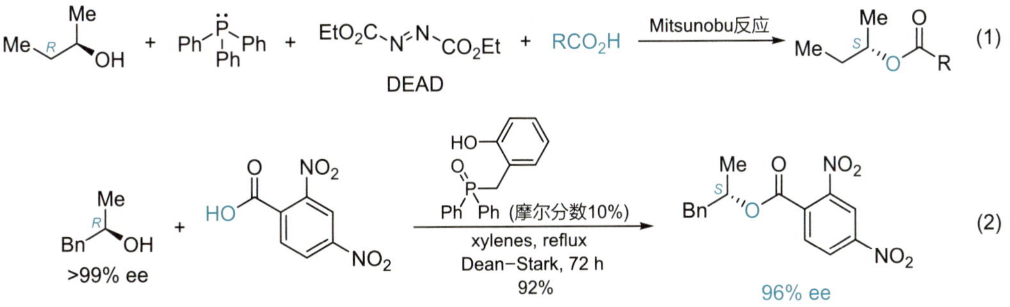

16. 环 N-砜基酮亚胺酯是合成手性 α-单取代 α-氨基酸衍生物的重要中间体，其合成路线如下，试简要说明每步合成反应机理。

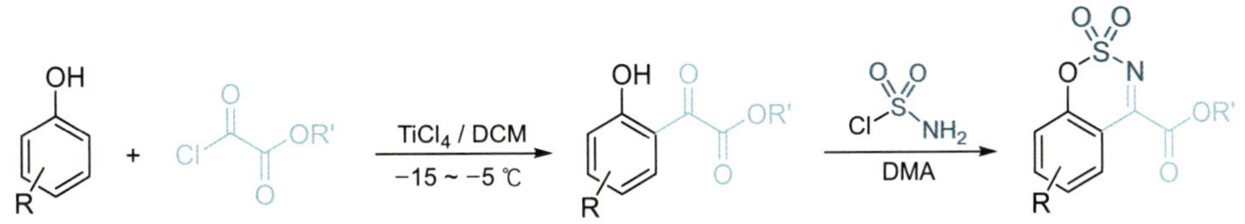

17. 酚类化合物与硫酰氟反应可以制备芳基氟磺酸酯，其可以作为醇的脱氧氟化试剂，用来合成氟代烷烃，试写出脱氧氟化反应机理。

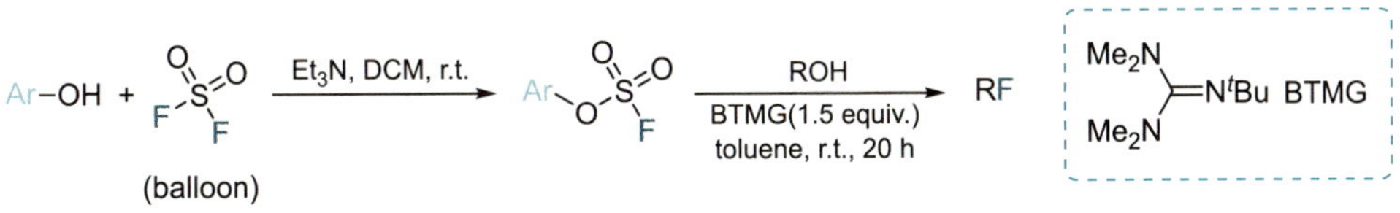

18. 已知三氟甲磺酸（HOTf）是一种强酸，六氟异丙醇（HFIP）是一种常用的溶剂，请写出下列反应的机理，并说明反应的选择性。

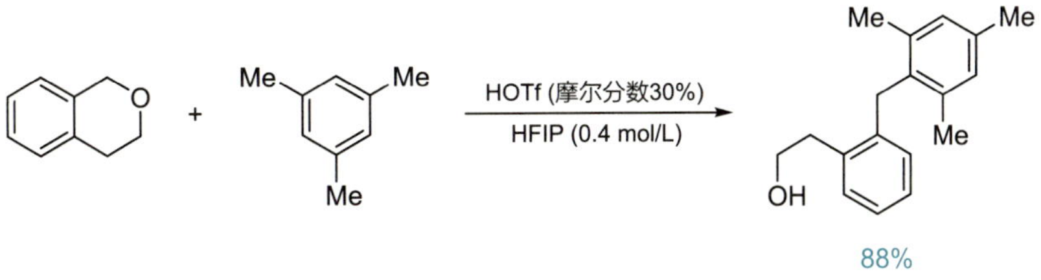

19. 从起始原料和必要的试剂完成下列合成。

（1）PhOH ⟶ 4-MeO-C₆H₄-C(CH₃)=CHOCH₃

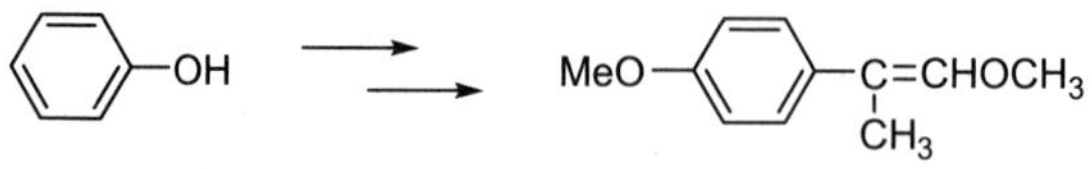

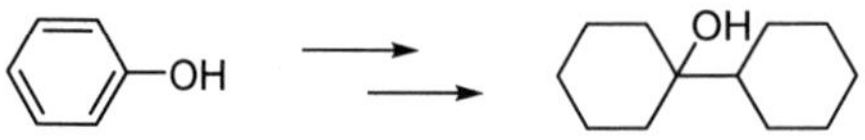

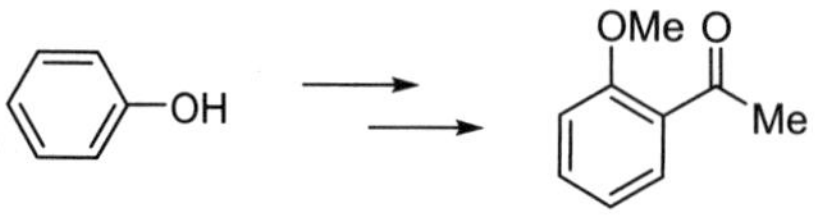

（2）PhOH ⟶ 二环己基(羟基)甲烷（1,1-二环己基-1-醇）

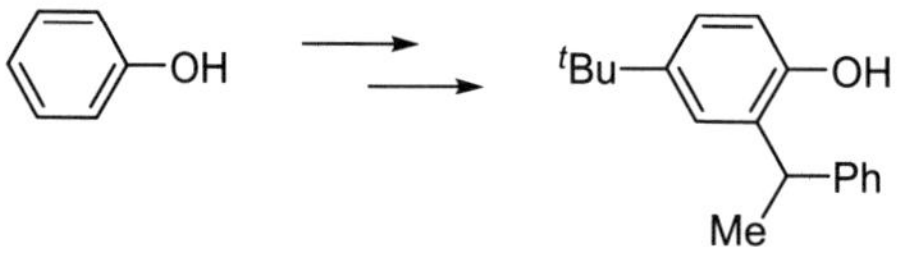

（3）PhOH ⟶ 4-MeO-C₆H₄-CH₂-CH=CH₂

（4）PhOH ⟶ 2-甲氧基苯乙酮（邻甲氧基苯基甲基酮）

（5）PhOH ⟶ 4-'Bu-2-(1-苯基乙基)苯酚

（本章编者　徐政虎、刘路）

本章习题参考答案

第八章 有机化合物结构鉴定

- 8.1 质谱 …………………………… 277
- 8.2 紫外-可见光谱 …………………… 291
- 8.3 红外光谱 ………………………… 299
- 8.4 核磁共振 ………………………… 308
- 习题 ………………………………… 328

有机化合物结构的鉴定主要借助现代波谱技术，包括紫外-可见光谱（ultraviolet and visible spectroscopy，UV-Vis）、红外光谱（Infrared Spectroscopy，IR）、核磁共振谱（nuclear magnetic resonance Spectroscopy，NMR）和质谱（mass spectrometry，MS），简称"四大谱"，其中 UV-Vis、IR 和 NMR 属于吸收光谱，而 MS 原理与光谱不同，它是将分子形成的离子根据质荷比不同依次排列而成的，这与光谱中将吸收峰按照波长（或频率）次序排列相似，并且 MS 是化合物结构鉴定中的重要方法，因此，把 MS 也归于波谱法中。这四大谱检测速度快，样品用量少，除质谱消耗微克数量级样品外，样品能回收，是现代有机化合物结构鉴定及生物分子结构分析的重要手段，同时，也被应用于化学反应的跟踪、反应动力学研究及反应机理的探究等。

8.1 质谱

质谱法已有百余年的发展历史。早期的质谱主要用于元素的发现和同位素测定，随着相关理论、技术及制造业的发展完善，质谱的应用范围不断扩展，成为一类重要的分析方法，广泛应用于无机物、有机物、高分子化合物、生物分子等的定性、定量分析；复杂物质的组成、结构分析；同位素的测定及固体物质表面的结构和组成测定等。在有机化合物结构鉴定方面，质谱作为有机四大谱之一，发挥着巨大作用。

8.1.1 质谱的基本原理

质谱法是将待测分子电离形成带电荷的离子，按照离子相对质量 m 和电荷 z 的比值（质荷比，m/z）进行分离和分析的方法。实现质谱测定、处理和分析的仪器称为质谱仪。

质谱仪种类繁多，但其结构一般都由电气系统、真空系统、分析系统及数据处理系统四大部分组成，其中分析系统中的离子源和质量分析器是仪器的核心。样品通过进样系统送入离子源，在离子源中实现电离。质量分析器将产生的各种离子按 m/z 的大小分离排序，通过检测器测量各离子流的 m/z 和强度，扫描即可得到质谱图。样品也可以通过接口由色谱进样，色谱和质谱的联用（即色质联用）同时兼备了色谱的分离能力和质谱的分析鉴定能力，能够将混合物的组分分离和鉴定同时进行,大大扩展了质谱的应用领域,尤其在微量有机混合物的分析方面具有突出的优势。下面以电子轰击单聚焦质谱为例简单介绍质谱仪主要部件离子源和质量分析器的功能及原理。

1. 离子源

使样品分子变成离子的方法有很多种,最早的方法是采用电子轰击电离(EI 源)。有机分子的离子化电压(解离位能)在 9~15 eV(电子伏特)之间,但一般电离所用轰击电子流的能量为 70 eV。分子(M)在气态下与高能电子束碰撞,失去一个电子成为带一个正电荷的分子离子($M^{+\cdot}$)。分子离子所具有的内能差异较大,能量低的分子离子不会进一步裂解,而能量高的分子离子可能裂解脱除小分子(m)或自由基($R^{\cdot}$)生成碎片离子($F^{+\cdot}$,F^+)(图 8-1)。同样,碎片离子也可能再形成更小的碎片离子。所有的正电荷离子在质量分析器中,按 m/z 的大小分离并被仪器记录下来就获得了质谱图。至今,此法依然被广泛使用。

不同种类分子理化性质不同,有的分子可能由于难汽化、不稳定或分子量太大等不适合此电离方法。为此,质谱已发展出了许多"软电离"方法解决了上述问题。

$$M \xrightarrow[-e^-]{\text{电子轰击}} M^{+\cdot}$$

$$M^{+\cdot} \longrightarrow F^{+\cdot} + m$$

$$M^{+\cdot} \longrightarrow F^+ + R^{\cdot}$$

M:样品分子; $M^{+\cdot}$:分子离子; m:小分子
$F^{+\cdot}$:奇电子碎片; F^+:偶电子碎片; $R^{\cdot}$:自由基

图 8-1 电子轰击源质谱分子电离裂解示意图

2. 质量分析器

质量分析器的功能是将离子源产生的离子按 m/z 顺序分开。质量分析器先后发展出了单聚焦质量分析器、双聚焦质量分析器、四极杆质量分析器、离子阱质量分析器、飞行时间质量分析器等各种与不同电离源、不同分析样品及不同测定目的等相匹配的质量分析器。下面以单聚焦质量分析器为例介绍其原理。

单聚焦质量分析器实际上是一个处在扇形磁场中的真空管状容器。样品在离子源中形成离子,假定离子的初始动能为 0,在加速电压 V 的作用下,离子所具有的动能为

$$\frac{1}{2}mv^2 = zV \tag{8-1}$$

式中 m 为离子的质量;v 为离子的速度;z 为离子的电荷量;V 为离子的加速电压。

加速后的离子进入质量分析器。在分析器中,离子受磁场力的作用,改做圆周运动,圆周运动的离心力等于在磁场中受到的洛伦兹力,即

$$zvB = \frac{mv^2}{r_m} \tag{8-2}$$

式中 B 为磁场强度;r_m 为离子偏转半径。由式(8-1)和式(8-2)可得

$$\frac{m}{z} = \frac{B^2 r_m^2}{2V} \tag{8-3}$$

$$r_m = \frac{1.41}{B}\sqrt{\frac{mV}{z}} \tag{8-4}$$

式中 m 的单位为 u（原子质量单位）；B 的单位为 G；V 的单位为 V；r_m 的单位为 cm。z 为离子所带电荷单位，对于单电荷离子 $z=1$。

式（8-3）和式（8-4）为磁分析器质谱仪基本方程。从式中可以看出，离子在磁场中运动的偏转半径 r_m 是由 V、B 和 m/z 三者确定的。在质谱仪中，r_m 值是固定的。当加速电压 V 和磁场强度 B 某一个是固定值时，只有一定质荷比的离子可以满足式（8-4），能够通过狭缝到达接收器。为了使所有离子按质荷比大小顺序依次到达接收器，采取电压扫描或磁场扫描即可。

8.1.2 质谱图的一般特征

用裂解碎片的相对强度对 m/z 作图即可得到质谱图。质谱图都用"条图"或"棒图"表示。通常以 m/z 为横坐标，如果 z 为 1，m/z 就是离子的相对质量；谱峰的高度与形成的离子的多少成正比，峰越高表示离子越多。选取最高的峰为"基峰"，其高度设定为 100%，其他峰的高度为该峰的相对百分比，称为相对强度或相对丰度（relative intensity，RI），以此为纵坐标构成质谱图。质谱图同时包含着样品的定性和定量信息。

图 8-2 是 3-甲基己烷的质谱图。谱图中出现的 m/z 100 的峰，其数值与 3-甲基己烷的相对分子质量 100 相符，是分子离子峰。丰度最大的峰是 m/z 43 的峰，为基峰。除此之外，还有其他的碎片峰。这些谱峰所代表的离子都是带有正电荷的离子。

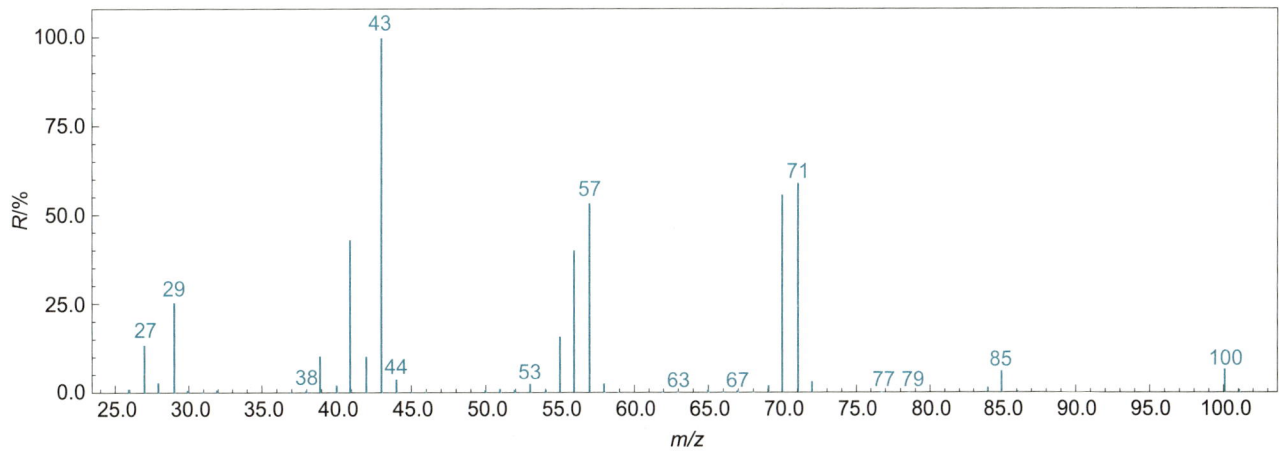

图 8-2　3-甲基己烷的质谱图

8.1.3 质谱中的离子

由分子形成离子有很多种方法，方法不同，产生的离子类型就可能不同。以下内容以电子轰击电离（EI）为主进行介绍。

在电子轰击下，样品分子可以产生分子离子，分子离子进一步发生化学键的断裂或重排将产生各种碎片。而分子离子和碎片还有可能与其他分子、离子、自由基结合形成络合离子等。当然，由于各种元素天然同位素的存在，各峰同时也会伴随有同位素峰。下面分类介绍。

1. 分子离子

分子经电离失去一个电子所得的离子为分子离子，用 $M^{+\cdot}$ 表示。其 m/z（$z=1$）是该化合物的相对分子质量。利用质谱法测定相对分子质量是目前最准确和用样量最少的分析方法。

由分子离子形成的峰即分子离子峰，一般位于质荷比最高位置的那一端，但不一定是质荷比最大的离子峰。有机化合物分子稳定性不同，造成质谱图中分子离子峰丰度不同，甚至某些情况下分子离子峰不出现。有机化合物中，大部分化合物所产生的分子离子相当稳定。有机化合物分子离子的稳定性顺序大致如下：

芳香化合物 > 共轭链烯 > 烯烃 > 脂环化合物 > 直链烷烃 >
酮 > 胺 > 酯 > 醚 > 酸 > 支链烷烃 > 醇

2. 同位素离子

自然界中，大多数元素都伴有两种或两种以上的同位素，并按固定比例存在。在质谱图中，同位素离子峰相对于最丰同位素峰的强度取决于分子所含的元素种类、数目和同位素的天然丰度。分子离子峰的同位素峰在分子式的推断中有重要用途。

3. 碎片离子

分子离子进一步裂解或重排形成的各种碎片即碎片离子，裂解和重排由化合物分子结构决定。碎片离子包括简单裂解离子和重排离子，简单裂解离子是由分子离子或其他碎片离子经过一个共价键的简单开裂，失去一个自由基或一个中性分子后形成的离子；重排离子是分子离子或碎片离子经重排反应产生的离子，其结构并非原来分子中的结构单元。质谱中，碎片离子相应的谱峰即碎片离子峰，其 m/z 小于分子离子。

4. 亚稳离子

质谱中有时会出现个别极弱但很宽的峰（可能跨 2~5 个质量单位），这种峰叫亚稳离子峰。亚稳离子峰的产生是有些离子离开离子源之后，进入质量分析器之前，裂解失去一个中性碎片所致。利用亚稳离子可以推断某一母离子和其子离子之间的关系。例如，某亚稳离子 m^*/z 是由 m_1/z 失去中性碎片生成 m_2/z 而产生的。则表观质量 m^* 与 m_1 和 m_2 的关系如下：

$$m^* = \frac{m_2^2}{m_1} \tag{8-5}$$

因而，亚稳离子峰可以帮助确证 $m_1 \rightarrow m_2$ 的裂解过程。

5. 多电荷离子

在离子源尤其是软电离源中电离的分子或碎片可能连续失去两个或多个电子，由此形成的离子称为多电荷离子，其质荷比 m/z 中 $z = n$（$n \geqslant 2$），n 是失去的电子数。因此，质谱图中多电荷离子峰可能出现在非整数位置上。对于高分子或生物分子等大分子量的样品电离时失去多个电子，将使 m/z 数值成倍减小而利于质谱的测定。

6. 络合离子

在离子源中，离子与其他带电碎片、中性分子或自由基互相碰撞发生二级反应形成的新离子即络合离子。络合离子可能是分子离子夺取中性分子中一个氢原子形成的$(M + H)^+$峰，也可能是分子与碎片离子形成的$(M + F)^+$峰（F：碎片）。其 m/z 可能大于相对分子量而出现在质荷比最高位置的那一端。因此，要注意不要将络合离子峰误判为分子离子峰。

8.1.4 常见有机化合物的质谱裂解类型

有机化合物外层电子有 n、π 和 σ 三种。在电子轰击电离中，分子失去外层电子的先后顺序为 n > π > σ。分子电离后产生的电荷或自由基优先定域于杂原子或 π 键共轭体系。

有机分子具有偶数个电子，自由基具有奇数个电子。有机分子失去一个电子后形成的分子离子带有奇数个电子。质谱裂解过程中，脱除小分子，离子裂解前后电子数奇偶性不会发生变化；而脱除自由基，离子裂解前后电子数奇偶性就会相反。带有奇或偶数个电子的离子分别称为奇电子（odd electron，OE）离子和偶电子（even electron，EE）离子。通常情况下，奇电子碎片离子可以脱除自由基（R）或小分子（Nee），分别形成偶电子碎片离子和奇电子碎片离子；而偶电子碎片离子更倾向于脱除小分子，形成偶电子碎片离子，很少发生脱除自由基的裂解，这就是质谱偶电子规则，通式表示如下：

$$OE \to EE + R$$
$$OE \to OE + Nee$$
$$EE \to EE + Nee$$
$$EE \to OE + R（很少发生）$$

裂解前后碎片离子电子数的奇偶性变化有助于分析质谱裂解过程。质谱图中只能看到谱峰的 m/z 和丰度值，电子数的奇偶性需要根据碎片离子的组成和质量数奇偶性进行推断。

通常组成有机化合物的元素有碳、氢、氧和氮四种元素。这四种元素中，碳和氧（最丰同位素 ^{12}C 和 ^{16}O）原子的质量及化合价均为偶数，氢（最丰同位素 ^{1}H）原子的质量及化合价均为奇数，仅有氮（最丰同位素 ^{14}N）原子的质量为偶数，化合价为奇数。因此，质量数的奇偶性可以由氮数确定。当分子不含氮或含有偶数个氮原子时，其氢原子总数必为偶数，故其相对分子质量一定是偶数。而分子含奇数个氮原子时，其氢原子总数必为奇数，所以相对分子质量也一定是奇数。据此，判断碎片离子含偶数个电子还是奇数个电子就有了如下规则，即氮规则：

（1）由碳、氢、氧和氮组成的离子，其中氮原子数为偶数（包括零）时，如果离子的质量数为偶数，则必含奇数个电子；如果离子的质量数为奇数，则必含偶数个电子。即氮原子数为偶数（包括零）时，碎片质量数与电子数奇偶性相反。

（2）由碳、氢、氧和氮组成的离子，其中氮原子数为奇数时，如果离子的质量数为偶数，则必含偶数个电子；如果离子的质量数为奇数，则必含奇数个电子。即氮原子数为奇数时，碎片质量数与电子数奇偶性相同。

含奇数电子的离子用"+•"表示，含偶数电子的离子用"+"表示，正电荷和单电子位置应尽可能明确地表示出来。当其位置不是很明确时，可用方括号将结构式括起来，在括号外右上角标出；或结构式右上角画直角标出。下列碎片离子电子奇偶性可以很容易应用"氮规则"进行判断而正确地标出：

| m/z | 78 | 79 | 89 | 41 | 43 |

质谱裂解过程中，化学键的断裂或重排脱除相应的中性部分可能涉及一个电子或一对电子的转移。在质谱裂解式中，通常用箭头来表示电子的转移。其中，半箭头（⇀）表示一个

电子的转移；全箭头（⌒）表示一对电子的转移。

有机化合物共价键的断裂方式有均裂、异裂和半异裂三种方式，具体表示如下：

（1）均裂：共价键两电子各去一侧，此键断裂，正电荷保留于原侧。

$$X\text{-}Y \longrightarrow \dot{X} + \dot{Y}$$

（2）异裂：共价键两电子去电荷所在的一侧，此键断裂，正电荷转移至另一侧。

$$X\text{-}\overset{+}{Y} \longrightarrow \overset{+}{X} + Y$$

（3）半异裂：共价键失去一个价电子后，离子再裂解，剩下的单电子转移到一侧，导致此键断裂。

$$X\text{-}Y \xrightarrow{-e^-} X\cdot\!\!+\!Y \longrightarrow \dot{X} + \overset{+}{Y}$$

分子电离失去一个电子后形成的分子离子是其后质谱中裂解碎片的起始离子，分子离子和碎片离子的裂解都是由结构中正电荷中心或游离基中心引发的。分子离子或碎片离子仅断开一个化学键的开裂称作简单裂解，质谱中90%以上的裂解都是由简单裂解产生的。分子离子或碎片离子在裂解过程中还可能涉及一个以上化学键的断裂，同时有新的化学键的生成，导致后续离子的原子排列不同于原分子相应部分的结构，这种裂解称为重排裂解。下面分类介绍常见有机化合物的质谱裂解类型。

1. **简单裂解**

一个电子或一对电子转移都可能导致一个化学键断裂。由自由基强烈的配对倾向导致一个电子转移重新组成新键，在 α-位发生断裂脱除自由基的裂解称为 α-裂解。由正电荷引发的诱导效应（i-效应）导致一对电子转移，同时正电荷中心位置转移的裂解称为 i-裂解。奇电子离子中正电荷和自由基中心同时存在，引发的 α-裂解和 i-裂解二者间存在着竞争。

α-裂解：自由基配对引起的裂解倾向与自由基所在部位原子的给电子能力有关，其顺序为 N > S、O、烯键 > Cl > Br > H。

例如，烯烃、烷基苯类的 α-裂解：

$$CH_2\!=\!CH\text{-}CH_2\text{-}R \xrightarrow{-e^-} \overset{+}{C}H_2\text{-}\dot{C}H\text{-}CH_2\text{-}R \longrightarrow \overset{+}{C}H_2\text{-}CH\!=\!CH_2 + \dot{R}$$
$$m/z\ 41$$

醇类的 α-裂解：

$$R\text{-}CH_2\text{-}OH \xrightarrow{-e^-} R\text{-}CH_2\text{-}\overset{\cdot\cdot}{\overset{+}{O}}H \longrightarrow \dot{R} + CH_2\!=\!\overset{+}{O}H$$
$$m/z\ 31$$

分子中同时存在杂原子氮和氧时，由于氮原子的给电子能力远大于氧原子的给电子能力，使氮原子中心引发的 α-裂解与氧原子中心引发的 α-裂解相比成为优势裂解。例如，2-氨基乙醇的质谱基峰是 $m/z\ 30$，而 $m/z\ 31$ 峰丰度仅为 4.1%。

由氮原子中心引发的 α-裂解：

$$H_2N-CH_2-CH_2-OH \xrightarrow{-e^-} H_2\overset{+\cdot}{N}-CH_2-CH_2-OH \longrightarrow H_2\overset{+}{N}=CH_2 + \overset{\cdot}{C}H_2-OH$$
$$m/z\ 30$$

由氧原子中心引发的 α-裂解：

$$H_2N-CH_2-CH_2-OH \xrightarrow{-e^-} H_2N-CH_2-CH_2-\overset{+\cdot}{O}H \longrightarrow H_2N-\overset{\cdot}{C}H_2 + CH_2=\overset{+}{O}H$$
$$m/z\ 31$$

i-裂解：奇电子离子和偶电子离子中的正电荷都可以引发诱导效应，转移一对电子，使化学键断裂。奇电子离子由于有两个引发中心，相互间存在着竞争。一般正电荷自由基位于杂原子上时，诱导效应导致的 i-裂解使电荷发生转移的倾向是卤素＞O、S≫N、C。例如，2-氯丙烷的质谱图（图8-3）中 $m/z\ 43$ 的基峰就是由分子离子的 i-裂解产生的，由氯原子自由基中心引发的 α-裂解会导致甲基自由基的离去产生 $m/z\ 63$。

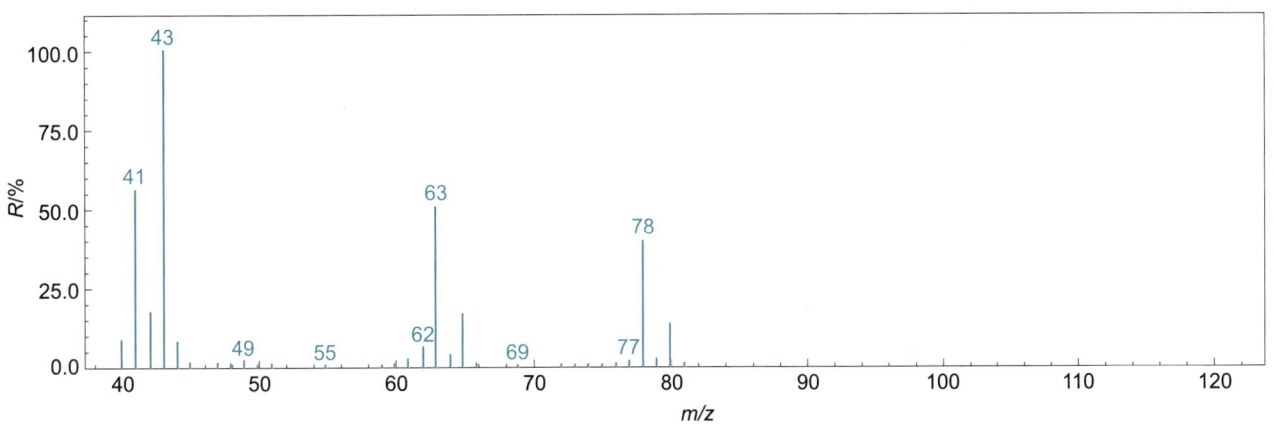

图 8-3　2-氯丙烷的质谱图

对比 $m/z\ 43$ 和 $m/z\ 63$ 两峰，i-裂解占据绝对优势。

对于分子离子裂解产生的偶电子离子的简单裂解，只可能发生 i-裂解，如苯乙酮分子离子 α-裂解脱除甲基后产生的苯甲酰离子的裂解产生 $m/z\ 77$ 峰。

一般来说，简单开裂中自由基引发的裂解重要性大于诱导效应引发的裂解。

σ-裂解：烷烃类化合物由于只有 σ 键，电离形成正离子自由基后只能发生 C-C 之间的 σ 键的断裂产生碎片离子。这种 σ 键断裂形成正电荷和自由基的裂解称为 σ-裂解。

$$R-R' \xrightarrow{-e^-} R^+ \cdot R' \longrightarrow R^+ + \cdot R'$$

裂解中很容易生成 m/z 29、m/z 43、m/z 57 等系列峰，如正戊烷的 σ-裂解如下：

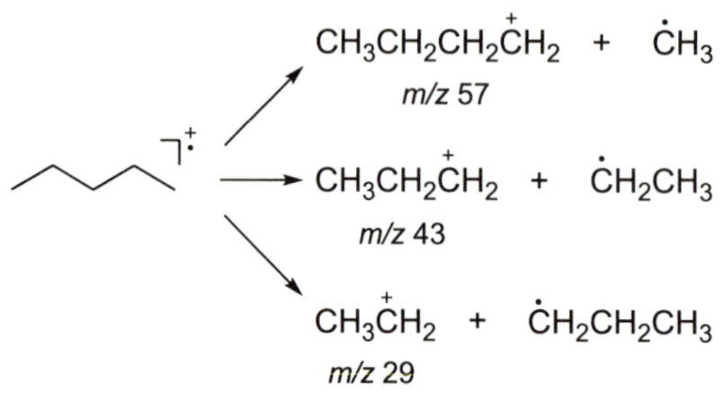

$$
\begin{aligned}
&\rightarrow CH_3CH_2CH_2\overset{+}{C}H_2 + \cdot CH_3 \quad m/z\ 57 \\
&\rightarrow CH_3CH_2\overset{+}{C}H_2 + \cdot CH_2CH_3 \quad m/z\ 43 \\
&\rightarrow CH_3\overset{+}{C}H_2 + \cdot CH_2CH_2CH_3 \quad m/z\ 29
\end{aligned}
$$

随着碳链的增长，分子离子峰和脱甲基峰强度都会减弱；饱和环烃容易在环与侧链处碎裂；支链烷烃容易在碳链分支部位裂解，烷基取代基越多，该部位越容易断裂。图 8-2 所示的 3-甲基己烷的质谱图中，m/z 85、m/z 71 和 m/z 57 是支链处丢失甲基、乙基和丙基形成的。

在简单裂解过程，分子离子或奇电子碎片离子脱离一个游离基，那么裂解生成的碎片离子一定含偶数个电子；偶电子离子，脱除小分子后，依然是偶电子离子。

2. 重排裂解

质谱中，重排裂解在共价键断裂的同时，发生氢原子或小基团的迁移生成新键，产生了结构不同于原分子结构单元的稳定的重排离子。裂解碎片某些特殊位置和特定种类原子或基团排列变化，对有机化合物结构的理解、分析和鉴定很有帮助。

重排裂解类型较多，机理复杂，有多种分类方法。按引发机制分类有自由基中心引发的重排和正电荷中心引发的重排；按氢或基团迁移经过的环状过渡态大小也可分为四元环、六元环过渡态重排等；按重排迁移的基团可以分为氢迁移，甲基、乙基、氨基迁移等。另外，还有比较特殊的如环的裂解、双重重排等。下面仅介绍典型而重要的麦氏重排、逆 D-A 重排和氢原子重排到饱和杂原子并脱除小分子的重排。

麦氏重排（McLafferty rearrangement）：1956 年美国质谱学家 F. W. Mclafferty 提出了一种自由基引发的氢原子经过六元环过渡态的重排。当有机化合物含有不饱和基团，并且与不饱和基团相连的 γ-C 上有可移动的氢时，质谱裂解过程会发生 γ-H 通过六元环过渡态转移到不饱和基团上，并伴随发生 $C^α$-$C^β$ 键断裂，如图 8-4 所示。

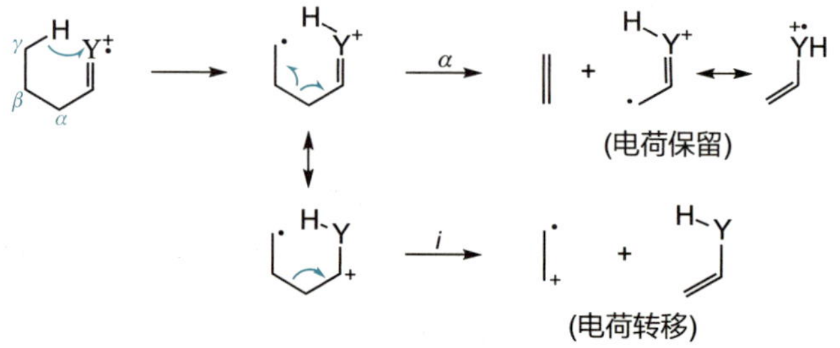

图 8-4 麦氏重排机理

具有 γ-H 的烷基取代苯和烯烃等化合物都可以发生麦氏重排。如正丙基苯的质谱，峰 m/z 92 就是麦氏重排产生的碎片峰，其裂解机理如下：

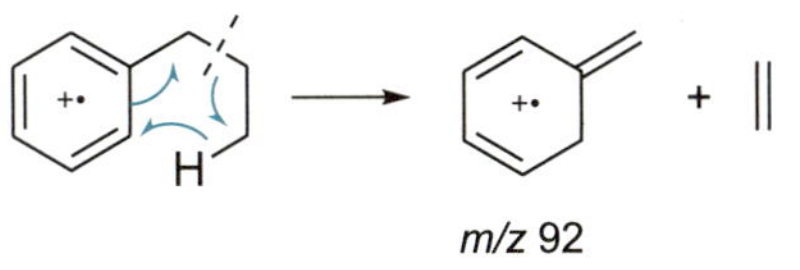

碎片离子如果符合重排条件，也可以发生麦氏重排。如 4-庚酮连续发生了两次麦氏重排，产生 m/z 86 和 m/z 58 峰：

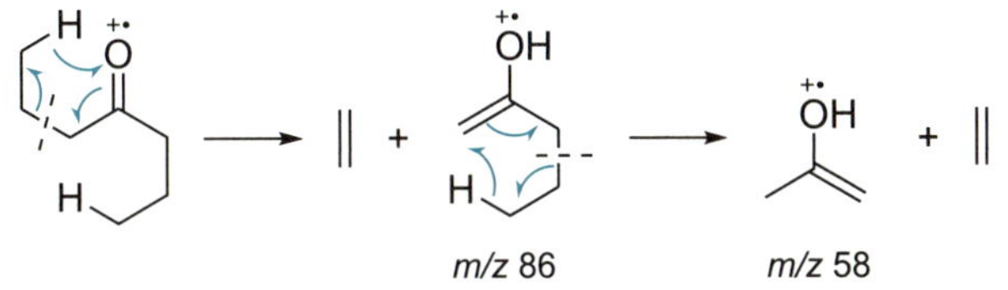

逆 D-A 重排（retro Diels-Alder rearrangement，RDA）：逆 D-A 重排是指按 Diels-Alder 反应的逆向过程进行，发生环己烯结构的破裂产生共轭二烯体和单烯体的重排，通常正电荷优先保留在具有较低电离电势的碎片上。在没有特殊基团影响时，共轭二烯体电离电势比单烯体低，因此一般会形成一个共轭二烯奇电子离子及一个烯烃分子（图 8-5）。

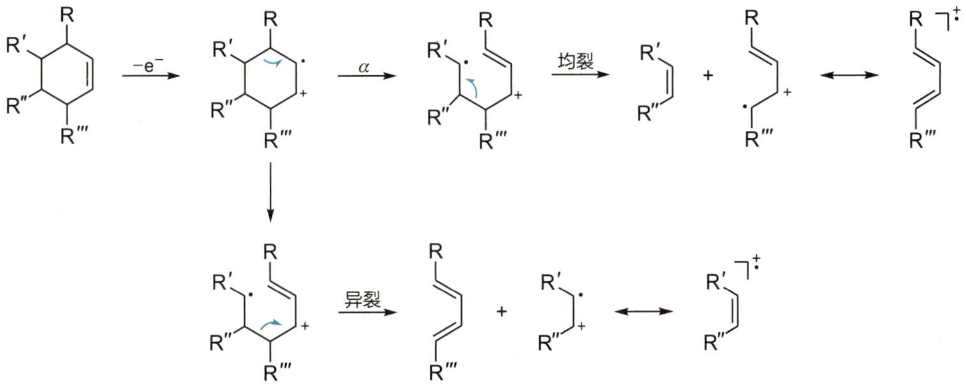

图 8-5 逆 D-A 重排机理

取代基对逆 D-A 重排影响很大，某些情况下，正电荷也可能保留在含一个烯键的碎片上，生成单烯奇电子离子。如环己烯、4-甲基环己烯和 4-苯基环己烯比较，相应单烯体和共轭二烯体重排裂解离子谱峰丰度有显著不同。

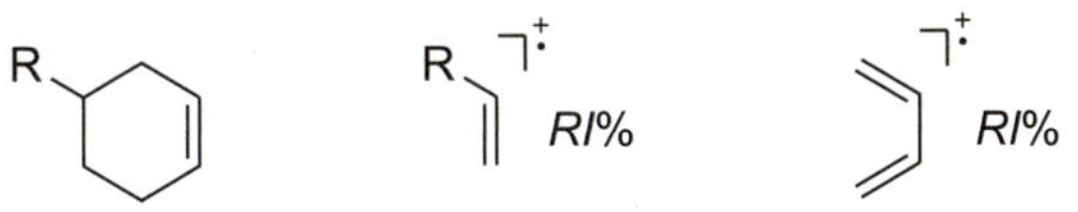

	RI%	RI%
环己烯	1.3	72.3
4-甲基环己烯	3.9	63.9
4-苯基环己烯	100	0.4

氢原子重排到饱和杂原子并脱除小分子的重排：分子离子饱和杂原子上的正电荷游离基的未成对电子与邻近处于适当构型的氢原子形成一个新键，即一个氢原子转移到杂原子上，随后脱去一个小分子，如醇的脱水和卤代烃脱氢卤等。

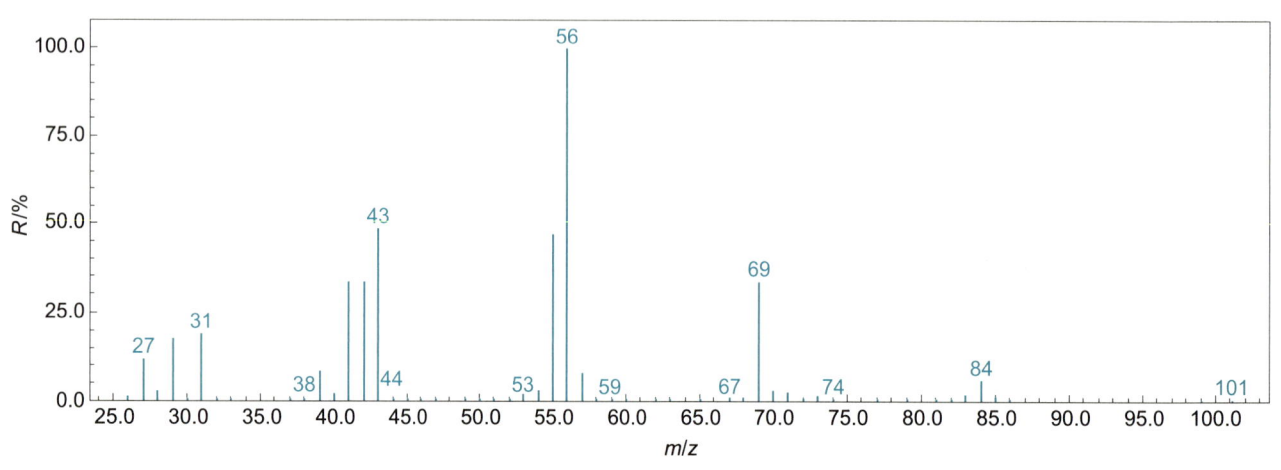

在己-1-醇的质谱图（图 8-6）中，分子离子峰并未出现，质量高端出现了脱水 m/z 84 峰。

图 8-6　己-1-醇的质谱图

8.1.5　影响离子形成的因素

质谱裂解产生的碎片离子 m/z 数值是确定的，但是谱峰的强度却有高有低；即使化合物同类型质谱裂解，相关的谱峰也会有很大强度差异，这都说明质谱的裂解受到了很多因素的影响。分子电离产生分子离子后，分子离子能否断裂形成碎片离子或碎片离子能否进一步地裂解，除离子源的因素外，还主要受离子中化学键相对强度、裂解产物的稳定性及分子的空间排布等诸多因素的影响。

首先，键的相对强度。一般来说，分子裂解时最先从分子中强度最弱也就是键能最小处断裂。当分子中含单键、双键、叁键时，断裂的优先顺序肯定是单键 ≫ 双键 > 叁键。

其次，裂解产物的稳定性。包括裂解离子、自由基和中性分子的稳定性。稳定的裂解离子丰度通常比较大，如果能方便地脱除小分子形成的碎片离子丰度也会比较强。在反应中心能发生一个以上相同的裂解时，具有较低电离电势的碎片丰度比较大。

最后，原子或基团相对的空间排布影响比较复杂，不但会影响裂解过程，也会影响产物的稳定性。

另外，还有最大烷基优先丢失原则。在反应中心有超过一个烷基取代基时，失去最大烷基游离基形成的碎片谱峰的丰度最大。

8.1.6　分子式的确定

确定分子式是质谱主要的用途之一。质谱是通过分子离子峰及其同位素峰确定分子式的。其中谱峰质荷比和同位素峰丰度的精确测定起到了关键作用。当然，也可以用同样的方法确定碎片离子组成式。

分子离子峰的确定，需要注意以下几点：

（1）分子离子 $M^{+\cdot}$ 都是奇电子离子，质量数必须符合氮规则。即分子离子质量数是偶数，则不含氮，或含有偶数氮；其质量数为奇数，则含有奇数氮。

（2）分子离子由最丰同位素组成，相对分子质量确定采用最丰同位素原子的质量数相加得到。

（3）分子离子峰必须是谱图中最高质量端的离子，并需要区别：①其同位素峰及某些质量数较大的络离子。如多氯、溴代化合物同位素峰丰度会超过分子离子峰丰度；某些化合物电离时，容易结合质子形成 $M+H$ 峰或与中性分子相撞生成络合离子。②分子离子如果不稳定，离子峰就会很弱甚至不出现。如有些化合物容易失氢形成 $M-H$ 峰或更小的碎片峰。

（4）分子离子能够通过丢失合理的碎片，产生谱图中高质量区的重要离子，因此与相邻峰之间的质量差必须是合理的。

质谱中，分子式的确定一般有高分辨质谱法和同位素丰度法两种方法。分子离子是失去一个电子所形成的，由于电子的质量很小，所以分子离子的质荷比（$z=1$）在数值上与分子相对质量相等。在质谱分析中，依据分子离子峰的质荷比数据即可准确快速地确定化合物的相对分子质量。目前，质谱测定精确度越来越高，质量方面可以精确测定到小数点后 6～7 位数值，丰度方面也可以精确测定到小数点后 3～4 位数值，为分子式的确定提供了可靠保证。

1. 高分辨质谱法

原子的相对质量以 $^{12}C=12.000000$ 为基准，如表 8-1 所见，各元素的相对原子质量与之相比并不是整数。质谱分辨率越高，测定越准确，误差越小。例如，整数相对分子质量是 28 的氮气和一氧化碳分子，其相对分子质量精确到小数点后 4 位分别为 28.0061 和 27.9949，小数部分存在很大差异。

表 8-1 重要元素的相对原子质量和同位素相对天然丰度表

同位素	相对原子质量	相对天然丰度	同位素	相对原子质量	相对天然丰度
^1H	1.007825	100.000	^{28}Si	27.976927	100.000
^2H	2.014102	0.012	^{29}Si	28.976495	5.078
^3H	3.016049	痕量	^{30}Si	29.973770	3.347
^{12}C	12.000000	100.000	^{32}S	31.972071	100.000
^{13}C	13.003355	1.082	^{33}S	32.971458	0.801
^{14}N	14.003074	100.000	^{34}S	33.967867	4.519
^{15}N	15.000109	0.369	^{35}Cl	34.968853	100.000
^{16}O	15.994915	100.000	^{37}Cl	36.965903	31.961
^{17}O	16.999132	0.038	^{79}Br	78.918338	100.000
^{18}O	17.999160	0.205	^{81}Br	80.916291	97.278

一般测定有机化合物分子离子质量数的误差在 ±0.005 范围内，可能的分子式数目就很少了，结合其他信息，即可确定最合理的分子式。分辨率越高，可能的分子式数目就越少，甚至给出唯一结果。高分辨质谱结合小程序计算即能方便快捷地给出化合物的分子式。高分辨质谱法是当前确定分子式最常用的方法。

> **例 8-1** 某质谱峰对应化学式是 $C_9H_{11}N_2O$,能否通过质谱区分用 1 个 ^{13}C 或 ^{15}N 分别取代后的谱峰。

> **解** 1 个 ^{13}C 取代得到 $^{13}CC_8H_{11}N_2O$,相对质量计算值 164.09049;1 个 ^{15}N 取代得到 $C_9H_{11}^{15}NNO$,相对质量计算值 164.08417。质谱测定准确到小数点后 3 位即可区分。

通过例题可以发现,即使分别在碳或氮原子上只增加一个中子,质谱也是完全可以发现的。

2. 同位素峰丰度法

组成有机化合物的主要元素有 C、H、O、N、S、Cl、Br 等,各元素的同位素丰度一般是固定的。有机化合物中常见重要元素的天然丰度见表 8-1。重同位素一般比轻同位素大 1 到 2 个相对原子质量。质谱中,分子离子峰的重同位素峰所对应的谱峰即 M+1、M+2 峰等,其相对丰度与同位素丰度相当。利用同位素峰的相对丰度可以确定分子式及碎片离子的化学组成。

针对分子组成元素的不同,可以采用三种计算同位素峰丰度的方法来获取分子式。

(1) 只由 C、H、O、N 元素组成的化合物 这种类型的化合物中对 M+1 峰丰度作出贡献的是 ^{13}C 和 ^{15}N,^{2}H 和 ^{17}O 由于丰度太低可忽略。对于 M+2 峰丰度作出贡献的是 ^{13}C 和 ^{18}O。这是由于碳原子在有机化合物分子中个数较多,同时有 2 个 ^{13}C 存在的概率增大,^{13}C 对 M+2 峰的贡献值约为 $(1.1×碳数)^2/200$;^{18}O 对 M+2 峰也有贡献,由于计算中容易出现误差,一般最后确定氧的个数。设化合物的分子式是 $C_xH_yO_zN_w$,x、y、z 及 w 分别代表 C、H、O 及 N 的个数,其同位素离子峰强度(I)计算通式如下:

$$I_{M+1}\% = 1.1x + 0.37w$$
$$I_{M+2}\% = (1.1x)^2/200 + 0.20z$$

质谱法测得分子离子峰及其同位素 M+1、M+2 峰的相对强度后,将数据以 M 为准归一化,计算 (M+1)/M 及 (M+2)/M 相对强度比值,即相对同位素丰度值,再与标准值对照,即可确定可能的分子式。

> **例 8-2** 计算化合物 C_4H_7NO 的 M+1 和 M+2 峰相对于分子离子峰的强度。

> **解** $I_{M+1}\% = 1.1x + 0.37w = 1.1×4 + 0.37×1 = 4.77$
> $I_{M+2}\% = (1.1x)^2/200 + 0.20z = (1.1×4)^2/200 + 0.20×1 = 0.30$
> 如果样品测定值与计算值相等或非常接近,C_4H_7NO 就可能是样品分子式。
> 对于相对分子质量较小的化合物,也可采用估算法。

> **例 8-3** 某碳、氢和氧元素组成的化合物的相对分子质量为 72,分子离子峰 m/z 72(100%),m/z 73(3.5%),m/z 74(0.48%),推测化合物可能的分子式。

> **解** 由 M+1 峰相对丰度估算碳原子数目:$3.5 ÷ 1.1 ≈ 3$
> 由 M+2 峰相对丰度估算氧原子数目:$0.48 ÷ 0.20 ≈ 2$
> 由相对分子质量扣除碳和氧所占相对质量数后,计算氢原子数目:$72 - 3×12 - 2×16 = 4$
> 所以,化合物分子式为 $C_3H_4O_2$。

(2) 含 Cl 和 Br 元素组成的化合物 这两种元素同位素丰度相当大,主导了同位素峰的峰形,据此可确定化合物中 Cl 和 Br 元素的组成。去除 Cl 和 Br 的贡献后,再计算其他元素组成,得到分子式。

只有一种元素的同位素离子峰丰度比可按照 $(a+b)^m$ 二项展开式计算，式中 a 和 b 分别代表轻、重同位素丰度比值，m 为其原子数目。两种及两种以上不同元素的同位素离子峰丰度比，通过相应种数的二项式相乘即可得出。例如，两种元素的同位素离子峰丰度比可按照 $(a+b)^m(c+d)^n$ 展开式计算。式中 c 和 d 分别代表另一种元素的轻、重同位素丰度比值，n 为其原子数目。对于 Cl 和 Br 元素，轻和重两种同位素丰度比接近 3∶1 和 1∶1，可以简化计算。

» 例 8-4 计算 CH_2Cl_2 分子离子与其同位素离子峰相对丰度比。

» 解 由于 Cl 原子同位素丰度相当大（$^{35}Cl:^{37}Cl \approx 3:1$），$CH_2Cl_2$ 分子离子（M）主要同位素离子峰为 M+2 和 M+4 峰，它们 Cl 的组成为 M（$^{35}Cl_2$）、M+2（$^{35}Cl^{37}Cl$）和 M+4（$^{37}Cl_2$）。根据：

$$(a+b)^m = (3+1)^2 = 3^2 + 2\times 3\times 1 + 1^2 = 9 + 6 + 1$$

所以 $M:[M+2]:[M+4] \approx 9:6:1$

反之，如果质谱中 M、M+2、M+4 的相对强度符合 9∶6∶1，可以确定分子中有两个氯。

（3）含 S 和 Si 元素组成的化合物 质谱法测得的分子离子峰及其同位素 M+1、M+2 峰相对丰度，以 M 为准归一化后，检查 M+2 峰。根据丰度比值，首先排除 Cl 和 Br。之后，若其丰度 >3%，则需要考虑 S 和 Si 元素。用 s 和 s_i 分别代表 S 和 Si 原子的数目，即可将由 C、H、O、N、S 和 Si 元素组成的化合物相对同位素丰度值计算公式扩展为

$$I_{M+1}\% = 1.1\,x + 0.37\,w + 0.80\,s + 5.08\,s_i$$
$$I_{M+2}\% = (1.1x)^2/200 + 0.20\,z + 4.52\,s + 3.35\,s_i$$

采用上述类似方法即可进行分子式的推导。

8.1.7 结构式的确定

质谱分析，不仅可提供化合物分子的相对质量和分子式，而且可以推测化合物的结构式。对于已知化合物，可以将样品的质谱图与在相同条件下测定的纯物质谱图或数据库中标准图进行比较来确定样品的分子结构式。未知样品的测定，可依据特征碎片离子及谱峰之间的差值特征来推测化合物中可能含有的官能团或结构单元，通过有机化合物的断裂规律分析各碎片之间的关系，合理连接成分子结构式。当然，很多情况下仅凭质谱不可能推导出未知样品的分子结构式，还需要再参照其他信息，综合分析才能推导出确切的结构式。

» 例 8-5 某液体化合物，沸点为 136.2 ℃，质谱图见图 8-7，推导其分子式。

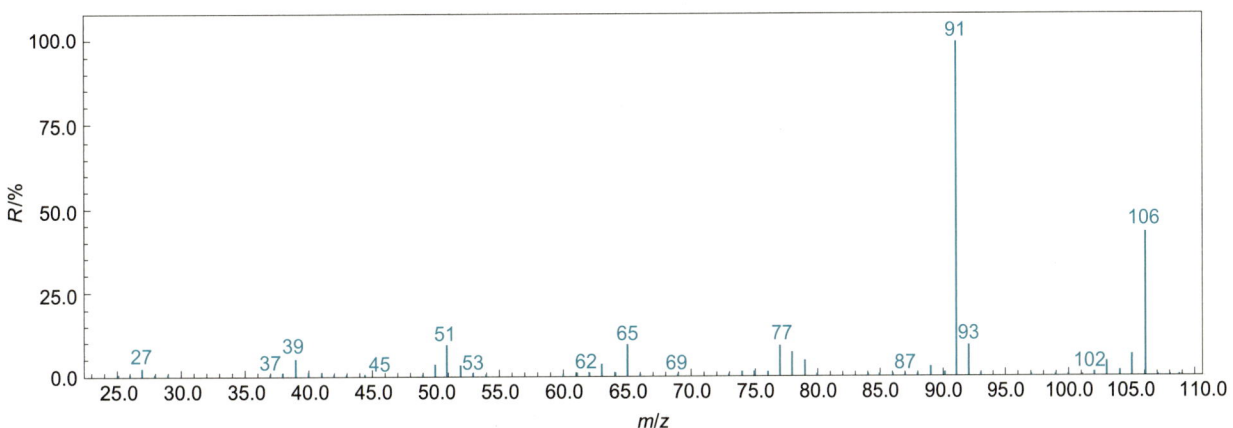

图 8-7 某液体化合物的质谱图

>> **解** 谱图中质荷比最大的峰 m/z 106 与基峰 m/z 91 相差 15，脱除了一个甲基，丢失合理，确定 m/z 106 峰为分子离子峰。m/z 91 峰是烷基取代苯 α-裂解产生的特征峰，而 m/z 77、65、51 和 39 是苯环特征系列峰，苯基质量数 77，与 106 相差 29，是一个乙基。因此，推断此化合物是乙苯。其裂解机理如下：

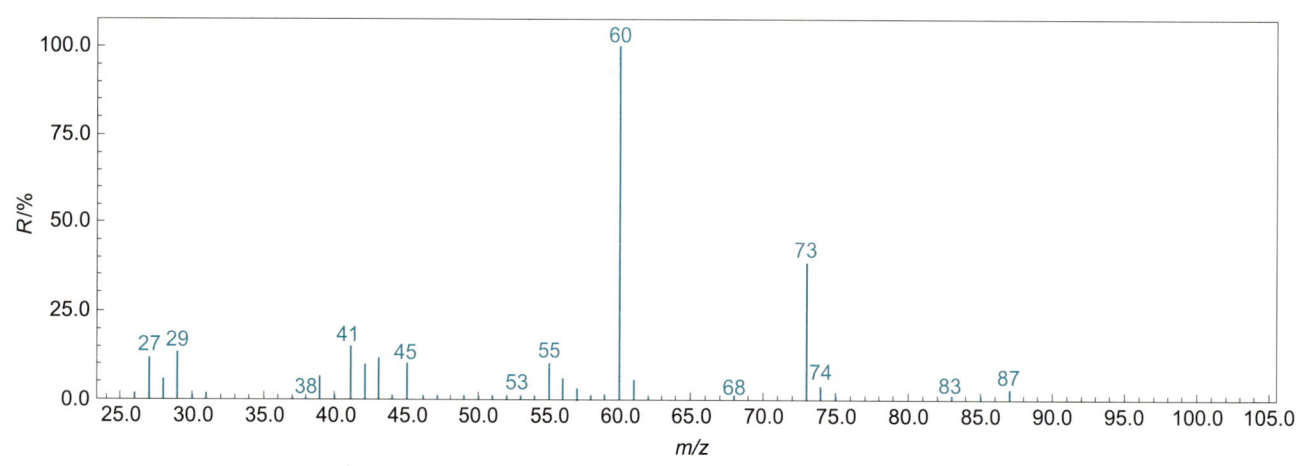

对比乙苯的沸点与已知沸点相同，确定化合物是乙苯。

>> **例 8-6** 戊酸的质谱图见图 8-8，请给出主要谱峰的裂解机理。

图 8-8 戊酸的质谱图

>> **解** 戊酸主要质谱裂解机理如下：

$$CH_3CH_2CH_2CH_2COOH]^{+\cdot} \xrightarrow{-\dot{C}H_3} {}^+CH_2CH_2CH_2COOH$$
m/z 102 m/z 87

$$CH_3CH_2CH_2CH_2COOH]^{+\cdot} \xrightarrow{-\dot{C}H_2CH_3} {}^+CH_2CH_2COOH$$
m/z 102 m/z 73

$$CH_3CH_2CH_2CH_2-\overset{\overset{\cdot+}{O}}{\underset{}{C}}-OH \xrightarrow{-\dot{C}H_2C_3H_7} HO-C\overset{+}{\equiv}O$$
m/z 102 m/z 45

麦氏重排：
m/z 102 → $H_2C=C(OH)_2$ (m/z 60) + 丙烯

$$\text{(structure, } m/z\ 102) \longrightarrow \text{(structure, } m/z\ 74) + \text{(alkene)}$$

8.2 紫外-可见光谱

紫外-可见光谱是最早应用于有机结构鉴定的物理方法之一，也是一种常用的快速、简便的分析方法。在确定有机化合物的共轭体系、生色基和芳香性等方面独具优势。目前，紫外-可见光谱已被广泛应用于化学、化工、生物、食品、环境等众多学科领域。

紫外-可见光谱是分子吸收紫外-可见光区（200～800 nm）的电磁波而产生的吸收光谱，又称为电子吸收光谱。

紫外-可见光可分为3个区域：远紫外区（10～200 nm）、紫外区（200～400 nm）、可见区（400～800 nm）。其中远紫外区又称真空紫外区，由于氧气、氮气、水、二氧化碳等对这个区域的紫外光有强烈的吸收，因此，对该区域的光谱研究较少。一般的紫外光谱仪都包括紫外光区和可见光区两部分，测试范围在200～800 nm，有的加宽至190～1000 nm，也有的与近红外或红外光谱联用。

8.2.1 紫外-可见光谱图

在紫外-可见光谱图中，纵坐标为吸光度 A（仪器直接测得）、摩尔吸光系数 ε 或 $\lg\varepsilon$（由计算所得），横坐标为波长 λ（nm），峰最高处的波长记为 λ_{max}，λ_{max} 处对应的摩尔吸光系数 ε 值是该样品的 ε_{max}，如图8-9所示。吸收强度次于 λ_{max} 的波峰称为次峰；在吸收峰旁有时会有肩峰，用 λ_{sh} 表示；相邻两峰之间的最低点称为波谷，用 λ_{min} 表示；在吸收曲线短波处呈现吸收趋势但并未成峰的部分称为末端吸收。在紫外光谱图中，λ_{max} 取决于跃迁时的能级差，能级差越大，吸收光波的能量也越大，λ_{max} 就越小。ε 值对应于跃迁的概率，跃迁概率越大，ε 也越大。

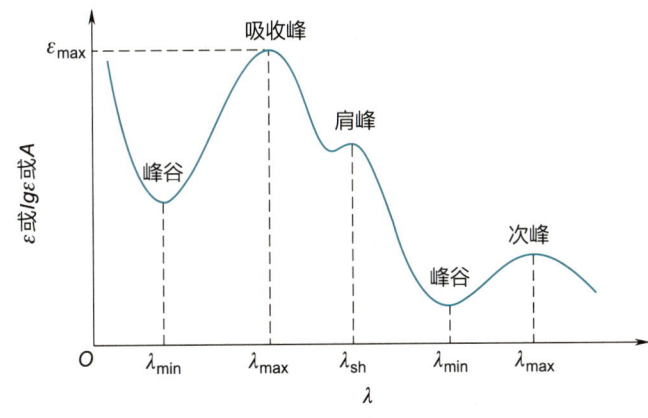

图 8-9 紫外-可见光谱图

8.2.2 紫外-可见光谱的基本原理

1. 基本原理

紫外-可见光谱是外层价电子吸收相应能量的电磁波发生跃迁而产生的。以 A-B 双原子组成的分子为例,分子轨道可以看作由对应的原子轨道线性组合而成。以双原子分子 A-B 的 σ 键来说,一个分子轨道能量低,为成键分子轨道,称为 σ 分子轨道;另一个分子轨道能量高,为空的反键分子轨道,称为 σ* 分子轨道。A-B 分子处于基态时,成键电子分布在能量低的 σ 分子轨道,对应能量为 E_0。当分子受紫外光照射时,吸收一定能量的紫外光,若此能量恰好等于基态 E_0 与高能态 E_1 的差值,电子从 E_0 跃迁至 E_1,产生紫外光谱,如图 8-10 所示。

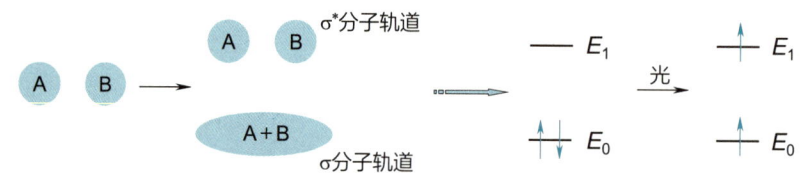

图 8-10 价电子跃迁示意图

2. 电子跃迁类型

有机化合物的外层电子主要有三种:形成单键的 σ 电子、形成不饱和键的 π 电子及杂原子上未成键的 n 电子。当吸收紫外-可见光后,电子从基态的 σ、π 或 n 轨道跃迁到反键轨道 σ* 或 π*,可能发生 σ→σ*、σ→π*、π→σ*、n→σ*、π→π*、n→π* 等跃迁,其中,π→σ* 和 σ→π* 跃迁是禁阻的,不易发生。因此,有机化合物有以下四种电子跃迁:σ→σ*、n→σ*、π→π*、n→π*,跃迁所需能量按照以上次序依次递减,吸收波长依次增大,如图 8-11 所示。

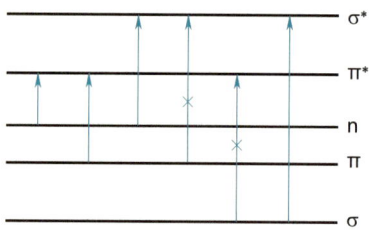

图 8-11 电子跃迁能级示意图

3. 紫外-可见光谱常用术语

(1) 生色团(chromophore) 分子中某一基团或体系,在紫外-可见光区产生吸收而出现谱带,这一基团或体系即为生色团。有机化合物中,典型的生色团有烯键、羰基、羧基、酯基、硝基、偶氮基及芳香体系等。生色团的结构特征是含有 π 电子,少数情况是含有原子半径较大的杂原子。

(2) 助色团(auxochrome) 分子中某一基团或体系在紫外-可见光区内不一定有吸收,但与生色团相连时可以使生色团的吸收带向长波方向移动,且吸收强度也相应增加,这一基团或体系称为助色团。助色团常含有 n 电子,常见助色团有 $-OH$、$-Cl$、$-NH_2$、$-NO_2$、$-SH$ 等。

（3）红移（red shift）与蓝移（blue shift） 吸收峰向长波方向移动的现象称为红移；吸收峰向短波方向移动的现象称为蓝移。

（4）增色效应（hyperchromic effect）与减色效应（hypochromic effect） 使吸收带强度增加的作用称为增色效应，使吸收带强度减弱的作用称为减色效应。

4. 紫外-可见光谱吸收带

（1）R 带（Radikalartin 德文，基团型的） R 带为 $n \rightarrow \pi^*$ 跃迁引起的吸收带，产生该吸收带的化合物一般含有 p-π 共轭体系等生色团，如 $-NO_2$、$-C=O$、$-CHO$ 等。R 带的特征是强度弱 $\varepsilon < 100$ ($\lg\varepsilon < 2$)，λ_{max} 一般在 270 nm 以上。下面是两种化合物的 R 带：

$$CH_3CHO \qquad \lambda_{max}^{heptane} \qquad 291 \text{ nm} \qquad \varepsilon 11$$

$$CH_2=CH-CHO \qquad \lambda_{max}^{EtOH} \qquad 315 \text{ nm} \qquad \varepsilon 14$$

（2）K 带（Konjugierte 德文，共轭的） K 带为 $\pi \rightarrow \pi^*$ 跃迁引起的吸收带。K 带的特点是吸收峰强度大，$\varepsilon \geqslant 10000$ ($\lg\varepsilon \geqslant 4$)。孤立不饱和键的 $\pi \rightarrow \pi^*$ 吸收带一般在真空紫外区，难以看到，但随着共轭双键增加，吸收谱带发生红移，且强度增强。

（3）芳香化合物的吸收带 芳香化合物有三个 $\pi \rightarrow \pi^*$ 跃迁的吸收峰，即一个 B 带（benzene band，苯型谱带）和两个 E 带（ethylene band，乙烯型谱带），如图 8-12 所示。

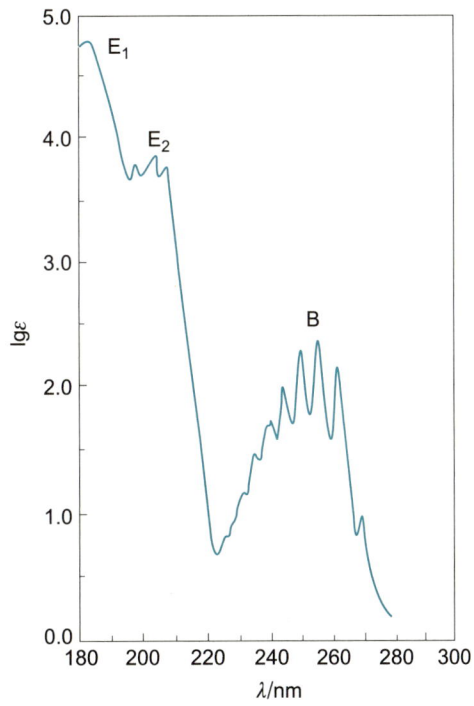

图 8-12 苯的紫外吸收光谱图

B 带由苯的 $\pi \rightarrow \pi^*$ 跃迁和振动效应的重叠所引起，为一宽峰并出现若干小峰，在 230～270 nm，中心在 254 nm 处，$\varepsilon \approx 250$。苯环被取代后，精细结构消失或部分消失。因此，B 带常用来识别芳香化合物。

E 带分为 E_1 和 E_2 带。E_1 带为苯环的特征谱带，该谱带处于真空紫外区，$\lambda_{max} \approx 184$ nm，$\varepsilon > 10^4$。当苯环上有助色团时，E_1 带向长波方向移至 200～220 nm。E_2 带是由苯环中共轭二

烯的 π→π* 跃迁所产生的，有精细结构，与 E_1 带相重叠，$\lambda_{max} \approx 203$ nm，$\varepsilon = 7400$。当苯环引入生色团与苯环共轭时，E_2 带将红移至 220~250 nm，$\varepsilon > 10^4$，此时亦称为 K 带。

8.2.3 紫外-可见光谱的影响因素

影响紫外-可见光谱的主要因素有共轭效应、超共轭效应、空间效应及外部影响因素等。

1. 共轭效应

随着 π-π 共轭体系增加，HOMO 能级升高，LUMO 能级降低，π→π* 跃迁所需能量减小，最大吸收波长红移。

p-π 共轭对紫外-可见吸收光谱的影响与 π-π 共轭不同。以羰基 n→π* 跃迁为例：酸、酯等化合物中羰基与杂原子氧上的未成对电子发生 p-π 共轭，使得 n 轨道能量降低，π* 轨道能量升高，n→π* 跃迁所需能量升高，其谱带发生蓝移；并且将 RCOOH 转变为 RCOO⁻ 时，由于氧负离子与羰基发生 p-π 共轭，所以蓝移更多。

2. 超共轭效应

超共轭效应对 π→π* 跃迁与 n→π* 跃迁的影响不同。

对于 π→π* 跃迁，当连接在双键碳原子上的氢被含 α-氢的烷基取代时，由于 σ-π 超共轭效应，π→π* 跃迁吸收峰向长波方向移动。

例如：

$CH_2=CHCOCH_3$　　　　　　　　　　219 nm (π→π*)
$CH_3CH=CHCOCH_3$　　　　　　　　224 nm (π→π*)
$(CH_3)_2C=CHCOCH_3$　　　　　　　235 nm (π→π*)

对于 n→π* 跃迁，由于超共轭效应，使 π 轨道能级降低，相应的 π* 轨道能级升高，致使 n→π* 跃迁需要较高的能量，吸收波长发生蓝移。例如，化合物甲醛、乙醛和丙酮相比，最大吸收波长依次减小。

HCHO　　　　　　　　　　　　　　304 nm (n→π*)
CH_3CHO　　　　　　　　　　　　289 nm (n→π*)
CH_3COCH_3　　　　　　　　　　　280 nm (n→π*)

3. 空间效应

影响紫外-可见光谱的空间效应主要包括位阻效应、邻位效应、跨环效应及顺反异构效应等。

例如，反式苯丙烯酸，最大吸收波长为 273 nm，而顺式苯丙烯酸的最大吸收波长为 264 nm。因此，顺反异构对紫外吸收波长有一定的影响。一般情况下，反式异构体的最大吸收波长大于顺式异构体的最大吸收波长。

$\lambda_{max} = 273$ nm　$\varepsilon = 20000$　　　　$\lambda_{max} = 264$ nm　$\varepsilon = 9500$

联苯分子中，随着邻位取代基增多，空间拥挤造成连接两个苯环的单键扭转而使两个苯环不在同一平面，不能发生有效共轭，所以最大吸收波长蓝移。

λ_{max}/nm	247	253	237	231	227(肩峰)
ε_{max}	17000	19000	10250	5600	—

4. 外部影响因素

溶剂效应：溶剂对紫外光谱的影响很复杂，极性不同的溶剂可以引起谱带形状的改变。在非极性溶剂中，紫外光谱图有一些精细的结构，而在极性溶剂中，由于溶剂和溶质的分子间作用力增强，精细结构便会消失，变为平滑的吸收谱带。

溶剂对吸收谱带的另一重要影响是改变 λ_{max}，这种影响对 n→σ*、n→π* 和 π→π* 跃迁是不同的。通常随着溶剂极性的增加，n→σ* 和 n→π* 跃迁谱带向短波方向移动，而 π→π* 跃迁谱带向长波方向移动。发生 n→σ* 和 n→π* 跃迁的分子都含有非键 n 电子，基态极性比激发态大，因此基态能够与溶剂之间产生较强的作用，能量下降较大；而激发态能量下降较小，所以跃迁能量增加，吸收波长向短波方向移动，即发生蓝移。而发生 π→π* 跃迁的分子，其激发态的极性比基态强，溶剂使激发态的能级降低得比基态多，使 π→π* 跃迁所需能量变小，吸收峰发生红移，如图 8-13 所示。

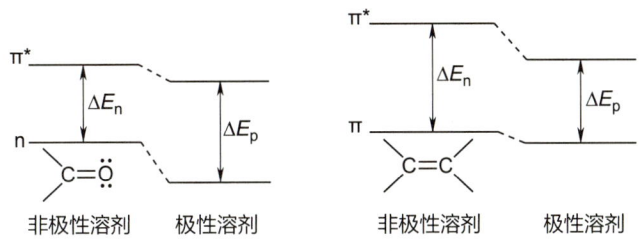

图 8-13　n→π* 跃迁和 π→π* 跃迁的溶剂效应

pH 的影响：有些有机化合物（如羧酸、酚和胺）在不同 pH 介质中结构不同，吸收峰的位置及强度也相应不同。如与苯比较，在苯胺或苯酚分子中，由于 p-π 共轭效应，导致苯胺或苯酚的 E_2 带发生红移，且强度增加。当苯胺在酸性溶液中转变为铵正离子时，由于氨基的 n 电子与质子结合，不再与苯环共轭，吸收带蓝移至与苯相同的位置。苯酚转化成酚氧负离子时，增加了一对可以发生 p-π 共轭的电子对，结果酚的吸收波长红移，强度增加。再加入盐酸，吸收峰又回到原处。

	苯	苯胺 ⇌ 苯铵离子	
$\lambda_{max}(E_2)$/nm	203	230	203
ε_{max}	7000	8600	7500
	苯	苯酚 ⇌ 苯酚氧负离子	
$\lambda_{max}(E_2)$/nm	203	211	236
ε_{max}	7000	6200	9400

8.2.4 各类化合物的紫外吸收光谱

1. 饱和烃及其含杂原子的简单化合物

饱和烃的原子间都以 σ 键相连，σ→σ* 跃迁需要吸收较大的能量，因此，光谱一般出现在远紫外区。当含有 O、S、N、X 等杂原子时，可以产生较低能量的 n→σ* 跃迁和 σ→σ* 跃迁（表 8-2）。

表 8-2 含杂原子饱和烃衍生物的吸收光谱

化合物	λ_{max} (σ→σ*)/nm	λ_{max} (n→σ*)/nm
CH_3Cl	154～164	174
CH_3OH	150	183
CH_3NH_2	173	213
CH_3I	150～210	258
$N(CH_2CH_3)_3$	—	227

2. 烯类化合物

单烯烃类化合物除了 σ 键外还有 π 键，π 能级比 σ 能级高，而 π* 能级比 σ* 能级低，因此 π→π* 跃迁所需能量比 σ→σ* 跃迁所需能量低，波长较长，但其仍在远紫外区，一般仪器观察不到。但随着共轭体系的延伸，吸收光谱会红移至紫外可见区，且吸收强度也逐渐增强。

烯类化合物的紫外吸收光谱有以下特点：

（1）当连接在双键碳原子上的氢被含 α-氢的烷基取代时，由于 σ-π 超共轭效应，吸收峰向长波方向移动。

（2）顺反异构体中反式吸收比顺式吸收波长长。

（3）分子含多个孤立双键的吸收为各独立双键吸收谱带的加和。

（4）共轭双键使谱带发生红移（图 8-14）。

（5）环状烯烃中，吸收光谱与双键所处的位置有关，当双键处于环外时，吸收峰明显向长波移动（表 8-3）。

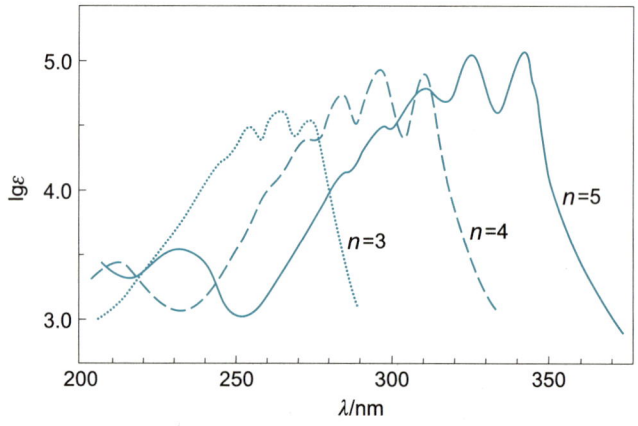

图 8-14 共轭多烯体系的紫外光谱

表 8-3 环状烯烃 π→π* 跃迁的紫外吸收

化合物骨架	λ_{max}/nm	ε
(环己烯)	183	6800
(双环结构)	191	10200
(甾体结构)	206	11200

3. 羰基化合物

对于羰基类化合物，有 σ 电子、π 电子和 n 电子，存在着四种跃迁：σ→σ*、π→π*、n→σ*、n→π*。非共轭羰基化合物的三种跃迁（σ→σ*、n→σ*、π→π*）一般 λ_{max} 小于 200 nm，在真空紫外区，观察不到；而 n→π* 跃迁，其吸收谱带在 270～300 nm 附近，呈现低强度（ε = 10～20）吸收的宽谱带。

4. 芳香化合物

芳香化合物有三个吸收带：E_1、E_2 和 B 带，在仪器上能看到的是 E_2 的末端吸收和强度小的 B 带。

当苯环上连有助色团时，由于助色团 -OH、-NH_2、-X 等的 n 电子与苯环发生 p-π 共轭，使 E_2 带和 B 带均发生红移，B 带的强度增大，失去精细结构。当苯环上带有生色团取代基时，除 B 带明显地发生红移且吸收强度增加外，体系中还增加了 π 和 π* 分子轨道，因而产生新的 K 带，这种 K 带通常与 E_2 带合并。

对于多核芳香类化合物（如萘、蒽等），随着共轭体系增大，谱带逐渐红移，并且吸收强度增强。

5. 不饱和含氮化合物

亚氨基化合物、偶氮化合物和硝基、亚硝基化合物具有与羰基相似的电子结构。当它们不与其他基团共轭时，π→π* 跃迁的 λ_{max} 小于 200 nm，n→π* 跃迁的 λ_{max} 大于 200 nm。如亚胺类化合物的 λ_{max} ≈ 244 nm，偶氮化合物的 λ_{max} ≈ 360 nm，硝基衍生物的 λ_{max} ≈ 275 nm。

8.2.5 紫外-可见光谱法的应用

紫外-可见光谱常用于物质纯度的检查、定量分析和结构鉴定，特别适用于不饱和有机化合物的鉴定，以此推断未知物共轭体系、芳香性和生色基等，近年来紫外-可见光谱在很多方面的研究与应用十分活跃，在实际工作中取得了较好的结果。

1. 骨架的推定

未知化合物与已知化合物的紫外吸收光谱（峰的个数、形状、λ_{max} 和 ε）一致时，可以认为两者具有同样或类似的生色团，根据这个原理可以推测未知化合物的骨架。

» 例 8-7 维生素 K_1(A)有如下吸收带：λ_{max} = 249 nm (lgε = 4.28)，260 nm (lgε = 4.26)，325 nm (lgε = 3.38)。这与 1,4-萘醌的吸收带 λ_{max} = 250 nm (lgε = 4.6)，330 nm (lgε = 3.8)相似，

因此，把 A 与几种已知的 1,4-萘醌化合物的光谱进行比较，结果发现 A 与 2,3-二烷基-1,4-萘醌 B 的吸收带很接近，A 的骨架就是这样阐明的。

2. 测定相对分子质量

在特定条件下，也可用紫外-可见光谱来测定相对分子质量。例如，当无紫外吸收或在某一波长处吸收很小的未知化合物与某一试剂加成形成衍生物，而在某一波长处试剂本身的摩尔吸光系数与这一衍生物近似相等，可以用下式求出未知化合物的相对分子质量 M：

$$\varepsilon = \alpha_{1\,cm}^{1\%} \times (M + M')/10$$

$$M = (10 \times \varepsilon / \alpha_{1\,cm}^{1\%}) - M'$$

式中 ε 为摩尔吸光系数；$\alpha_{1\,cm}^{1\%}$ 为百分吸光系数；M' 为试剂的相对分子质量。

尽管这种方法有一定误差，有时偏差也比较大，但如果在没有其他方法时，也不失为一种好的测定相对分子质量的方法。

3. 定性分析

紫外-可见光谱吸收峰少，虽不能单独鉴别未知化合物，但可用比较参比光谱与被测物光谱的方法来推测某种物质存在的可能性，或确定某种共轭体系。如两种化合物紫外光谱中峰的个数、形状相同，且峰的 λ_{max}、ε 相同，表示两种化合物可能一样，或有相同的共轭体系。

4. 定量分析

在紫外-可见光区（200～800 nm）有吸收的物质才可以用紫外-可见光谱做定量分析，ε 值越大越有利于紫外定量分析。

利用紫外-可见光谱进行定量分析的方法很多，如在进行单组分的定量测定时，可选用绝对法、标准对照法、吸光系数法、标准曲线法等。进行多组分混合物的测定而不经预先分离，可采用等吸收点作图法、y 参比法、解联立方程法、多波长作图法等。可根据具体测定的对象和目的来选择合适的方法。

在波谱分析中，由于使用方便，准确度比其他波谱分析高，在定量分析中紫外-可见光谱用途最广泛。但需要指出的是，常规紫外-可见分光光度法对多组分同时测定是比较困难的。

紫外-可见光谱定量分析的依据是 Lambert（朗伯）-Beer（比尔）定律。常用的标准曲线法步骤如下：

（1）将待测样品组分的标准样配成一定梯度浓度的溶液，作紫外光谱图（A-λ 或 ε-λ），找出 λ_{max}。

（2）将波长固定在 λ_{max} 处（注意：若测定波长 λ_{max} 受样品中其他杂质干扰，要设法避开，重新找测定波长），测定一系列不同浓度待测样品组分的标准样溶液的吸光值。以溶液浓度 c 为横坐标，吸光值 A 为纵坐标，绘制标准工作曲线。

（3）未知样品用相同溶剂配成合适浓度的溶液，在 λ_{max} 处测定其吸光值 $A_{未}$。

（4）在标准工作曲线上找出对应 $A_{未}$ 的浓度，再计算未知样品中待测组分的含量。

8.3 红外光谱

红外光谱是研究分子振动和转动跃迁的光谱分析方法。几乎所有含共价键的化合物都会有红外吸收。当一束具有连续波长的红外光通过化合物时，化合物分子中某个基团的振（转）动频率与红外光的频率相同时，分子就会吸收能量由原来的基态振（转）动能级跃迁到能量较高的振（转）动能级，从而产生红外吸收（分子振动和转动能级示意图见图8-15）。红外光谱法就是根据分子的红外吸收信息来推测分子中某种官能团的存在与否以及官能团的邻近基团，进而推测物质分子结构和鉴别化合物的分析方法。由于转动能级的激发只需要很低的能量[ΔE（振动跃迁）$\gg \Delta E$（转动跃迁）]，所以分子中基团在发生振动能级跃迁时必然发生转动能级跃迁，最终导致红外光谱是由很多距离很近的线组成的吸收谱带，而不是一条条尖锐的谱线。

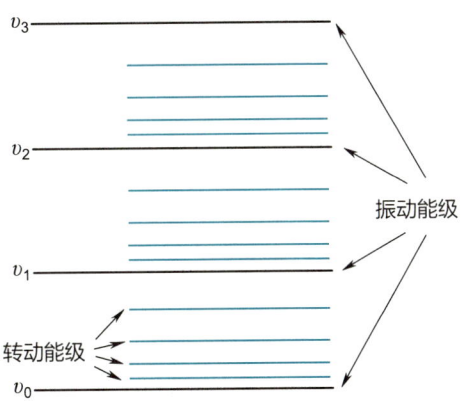

图 8-15 分子振动能级和转动能级示意图

8.3.1 红外光谱图

红外区可分为近红外、中红外和远红外三个区域。近红外区的波长范围为 0.75~2.5 μm，对应的波数范围在 13333~4000 cm^{-1}；中红外区的波长范围为 2.5~25 μm，对应的波数范围在 4000~400 cm^{-1}；远红外区的波长范围为 25~100 μm，对应的波数范围在 400~100 cm^{-1}。其中在近红外和远红外区只有很少化合物会产生吸收，因此红外光谱主要研究的是化合物在中红外区吸收产生的谱图。中红外区又分成两部分，即官能团区：3700~1333 cm^{-1}，用于确认官能团的存在与否；指纹区：1333~650 cm^{-1}，用于确认分子的精细结构，如几何异构、同分异构及取代类型等。

红外光谱图的纵坐标是透光率 T，用百分数表示，$T = I/I_0 \times 100\%$，其中 I 和 I_0 分别是辐射光的透过强度和入射强度。红外光谱图的横坐标常用波长或波数表示。波长（λ 表示）的单位是 μm；波数（$\tilde{\nu}$ 或 σ 表示），单位是 cm^{-1}。波长和波数可以按下式互换：

$$\tilde{\nu}\ (cm^{-1}) = 1/\lambda\ (cm) = 10^4/\lambda\ (\mu m)$$

8.3.2 红外光谱的基本原理

1. 分子的振动和吸收频率

分子中基团吸收红外光发生振动能级的跃迁产生红外光谱。分子的振动分为伸缩振动和变形振动两类。伸缩振动是键长变化而键角不变的振动，用字母 ν 来表示。可分为对称伸缩

振动 ν^s 和不对称伸缩振动 ν^{as}。变形振动是键长不变而键角改变的振动方式，可分为面内变形振动和面外变形振动。面内变形振动又可分为面内摇摆振动 ρ 和剪式振动 δ。面外变形振动又可分为面外摇摆振动 τ 和扭曲振动 ω。下图以亚甲基（-CH$_2$-）为例说明可能的振动方式（图中"+""-"表示两个相反的振动方向）。

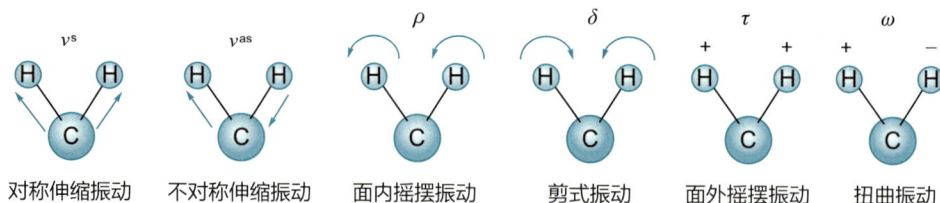

| 对称伸缩振动 | 不对称伸缩振动 | 面内摇摆振动 | 剪式振动 | 面外摇摆振动 | 扭曲振动 |

双原子分子的伸缩振动可以看作两个原子在键轴方向的简谐振动。根据经典力学，简谐振动符合胡克（Hooke）定律。振动频率、原子质量和键力常数之间的关系为

$$\nu = \frac{1}{2\pi}\sqrt{\frac{K}{\mu'}} \tag{8-6}$$

用波数表示上述关系式为

$$\tilde{\nu} = \frac{1}{2\pi c}\sqrt{\frac{K}{\mu'}} \tag{8-7}$$

式中 c 为光速；K 为键力常数；μ' 为折合原子质量，$\mu' = \dfrac{m_1 m_2}{m_1 + m_2}$。

用相对原子质量（M）代替原子质量（m，单位 g）（$m = M/N_A$），再将常数 π、c（3×10^{10} cm/s）和 N_A（阿伏伽德罗常数 6.02×10^{23}）的数值代入式（8-7），同时将键力常数 K 中的 10^5 代入。$\sqrt{10^5 N_A}/2\pi c \approx 1307$，得到简化公式：

$$\tilde{\nu} \approx 1307\sqrt{\frac{K}{\mu}} \quad (\text{cm}^{-1}) \tag{8-8}$$

式中 μ 为折合相对原子质量，$\mu = \dfrac{M_1 M_2}{M_1 + M_2}$；$K$ 取键力常数表中去掉 10^5 剩下的系数部分。

可以看出，基团的伸缩振动吸收谱带的位置由 K 和 μ 决定。原子质量越小，振动越快，频率越高。K 值与键长和键能有关，它基本反映了原子相连键的强度，键长越短，键能越大，K 值越大。需要指出的是，由于周围的化学环境和测试条件不同，基团的伸缩振动吸收谱带的频率会有所位移，而不是固定在某个位置出峰。也就是说，基团的吸收不是固定在某一个频率，而是在一个范围内波动。表 8-4 列出了部分常见化学键的力常数。

表 8-4 部分常见化学键的力常数

化学键	K/（10^5 dyn·cm^{-1}）	化学键	K/（10^5 dyn·cm^{-1}）
H—C—	4.7～5.0	C—O	5.0～5.8
H—C=	5.1	C=O	12～13
H—C≡	5.9	H—O	7.8
C—C	4.5～5.6	H—N	6.5
C=C	9.5～9.9	C≡N	16～18
C≡C	15～17		

2. 分子的振动自由度

一个分子中每个原子在空间的位置要由三个坐标来确定,由 N 个原子组成的分子就需要 $3N$ 个坐标,也就是有 $3N$ 个运动自由度。由于分子是一个整体,分子本身作为一个整体有三个平动自由度和三个转动自由度(线形分子有两个转动自由度),因而分子振动自由度的数目等于 $3N-6$ 个(线性分子的振动自由度为 $3N-5$ 个)。理论上,每个振动自由度都对应一个红外吸收峰,但红外的吸收峰数目往往少于振动自由度,这是因为:① 并非每一个振动都可以产生红外吸收谱带,只有那些可以产生瞬间偶极矩变化的振动才能产生红外吸收。瞬间偶极矩变化越大,吸收峰越强。② 光谱图上能量相同的峰发生简并,使谱带重合。③ 仪器分辨率的限制,使能量接近的振动峰区分不开。能量太小的振动仪器检测不出来。

3. 红外光谱的常见术语

基频:分子吸收一定波长的红外光,从基态(v_0)跃迁到第一激发态 v_1 产生的吸收带。一般来说,基频($v_0 \rightarrow v_1$)跃迁概率大,所以吸收较强。

倍频:分子吸收比基频能量大一倍或两倍的光子,从基态跃迁到第二激发态甚至第三激发态的吸收带。这种跃迁概率很小,因此吸收强度很弱,仅有基频峰强度的十分之一或百分之一。

组合频:分子吸收光子同时激发了两种频率的振动,在两个基频峰波数之和($v_1 + v_2$)或倍频与基频之和($2v_1 + v_2$ 等)处产生的吸收称为合频吸收;已处于一个激发态的分子又吸收光子跃迁到另一激发态产生差频吸收($v_1 - v_2$)。合频吸收和差频吸收统称组合频吸收,组合频吸收也很弱。

耦合频:两个振动基频相差不大的基团相邻时,会发生振动的耦合引起吸收频率偏离基频,一个移向高频方向,另一个移向低频方向。

费米共振:当倍频或组合频与某一个强的基频有相近的频率时,这两个振动会相互作用发生耦合,在比基频高一点和低一点的地方出现两个谱带。两谱带中均含有基频和倍频的成分,这种现象叫费米共振。

4. 红外光谱仪及测定方法

红外光谱的测试在红外分光光度计上进行。红外分光光度计可分为色散型和干涉型两大类。色散型红外光谱仪以棱镜和光栅为分光器件,而干涉型红外光谱仪由迈克耳孙干涉仪(Michelson interferometer)和数据处理系统组成,没有分光器和狭缝。目前的主导仪器是第三代傅里叶变换(Fourier transform)(干涉型)红外分光光度计,它是利用迈克耳孙干涉仪获得入射光的干涉图,然后通过数学运算(傅里叶变换)把干涉图转换成红外光谱图。

气体、液体和固体化合物均可以测定红外光谱。一般气体样品装入气体池进行测定。液体样品用溶液法和液膜法测定。溶液法是将液体样品配成溶液,注入液体池进行测试。液膜法是在两个窗片之间,滴上 1~2 滴液体样品,使之形成一层薄的液膜进行测定。固体化合物测定方法多样。最常用的方法是溴化钾压片法。

8.3.3 影响基团吸收频率的因素

影响基团红外吸收频率的因素可分为内部因素和外部因素两种。

外部因素:物质所处物态、制备样品的方法、溶剂的性质、氢键、结晶条件、吸收池厚度、色散条件及测试温度等。外部因素对基团吸收谱带位置的影响是随条件的改变而变化的,在使用标准谱图作对照时,应注意制样方法、分光器类型和重结晶溶剂等条件,应尽可能使测试条件与标准图上的条件一致。

内部因素：指分子结构等分子固有的因素对基团吸收谱带的影响。

1. 质量和力常数的影响

以 X-H 为例，同一周期，从左到右，元素 X 的电负性增大，K_{X-H} 增大，ν_{X-H} 增大；而同一主族，自上而下，K_{X-H} 减小，μ 增加明显，ν_{X-H} 减小。

	B-H	C-H	N-H	O-H	F-H	Cl-H	Br-H	I-H
ν_{X-H}/cm^{-1}	2400	2900	3400	3600	4000	2890	2650	2310

2. 成键原子的杂化方式

有机化合物中碳元素的杂化方式有 sp、sp^2 和 sp^3，其对应的化学键是单键、双键和叁键。化学键的原子轨道 s 成分越多，化学键力常数 K 越大，吸收频率越大。如饱和 C-H 键的 ν_{C-H} 的吸收范围是 2970～2845 cm^{-1}；烯和苯环的 C-H 键的 ν_{C-H} 的吸收范围是 3100～3000 cm^{-1}；炔的 C-H 键的 ν_{C-H} 的吸收范围是 3340～3260 cm^{-1}。

3. 诱导效应（I 效应）

分子内某个基团邻近带有不同电负性的取代基时，会产生诱导效应。吸电子诱导（$-I$ 效应）作用会使基团的吸收峰向高频区移动。吸电子作用越强，向高频区移动的越多。给电子诱导（$+I$ 效应）作用则使吸收峰向低频区移动。给电子作用越强，向低频区移动的越多。

	$CH_3-CO-CH_3$	$CH_2Cl-CO-CH_3$	$Cl-CO-CH_3$	$Cl-CO-Cl$	$F-CO-F$
$\nu_{C=O}/cm^{-1}$	1715	1724	1806	1828	1928

4. 共轭效应（C 效应）

共轭效应使体系形成了大 π 键，π 电子的离域使共轭体系的电子密度平均化，K 减小，吸收峰向低波数方向移动，吸收强度增加。共轭体系容易传递静电效应，所以常常显著地影响某些基团的吸收位置及强度。羰基的伸缩振动频率受苯环或烯键两种给电子共轭基团的影响而下降。

	丙酮	环己烯酮	苯乙酮
$\nu_{C=O}/cm^{-1}$	1715	1667	1686

当一个邻近基团同时存在诱导和共轭效应时，若作用一致，则两个效应互相加强；若作用不一致，则总的影响取决于作用强的。在羧酸衍生物中，同时存在吸电子诱导和给电子共轭效应，两种效应相反。

	R-CO-X	R-CO-O-CO-R'	R-CO-O-R'	R-CO-N(R')(R'')
$\nu_{C=O}/cm^{-1}$	1810~1795	1860~1750	1750~1720	1690~1630

5. 空间效应

空间效应是指空间因素对基团振动频率的影响。主要包括位阻效应、偶极场效应和环张力效应等。

（1）位阻效应　分子结构中存在空间阻碍导致共轭体系的共平面偏离或破坏时，吸收频率增大，强度降低。

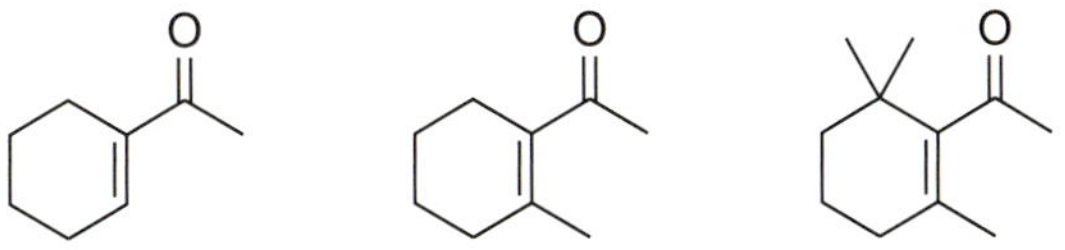

$v_{C=O}/cm^{-1}$ 　　　1667　　　1686　　　1693

（2）偶极场效应　偶极场效应是互相靠近（非化学键）的基团之间通过空间起作用的。最常见的偶极场效应是羰基的 α-位上卤素相对于羰基的位置（空间构型）不同而引起的 $v_{C=O}$ 位移作用，该作用也称作"α-卤代酮"规律。如 α-溴代环己酮及 α-氯代乙酰苯由于卤素空间位置的不同引起羰基吸收峰位置的变化。

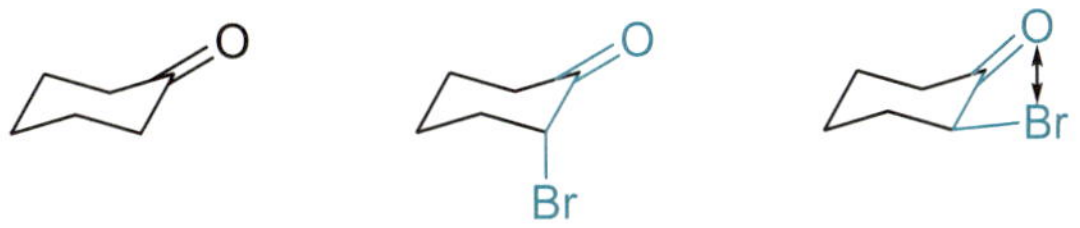

$v_{C=O}/cm^{-1}$ 　　　1712　　　1716　　　1728

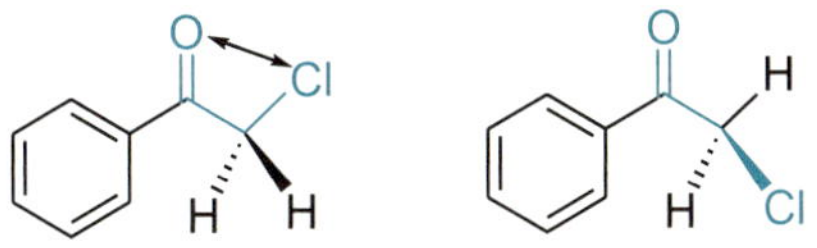

$v_{C=O}/cm^{-1}$ 　　　1715　　　1695

（3）环张力效应　分子成环时，环大小不同，引起环张力不同，导致化学键的力常数不同，振动频率就不同。与环直接连接的环外双键（烯键、羰基）的伸缩振动频率，随着环的减小，环的张力变大，烯烃的双键特性增强，频率增加。环内双键，张力越大，伸缩振动频率越低，环丙烯例外。

v_{C-H}/cm^{-1} 　　　3060~3030　　　2900~2800

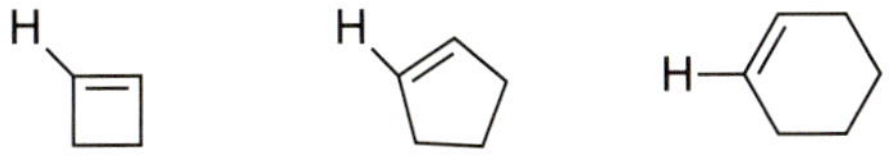

| $v_{C=C}/cm^{-1}$ | 1566 | 1611 | 1646 | 环减小，$v_{C=C}$ 减小 |
| $v_{=C-H}/cm^{-1}$ | 3060 | 3045 | 3017 | 环减小，$v_{=C-H}$ 增大 |

$v_{C=C}/cm^{-1}$ 　　　1730　　　1678　　　1657　　　1651

6. 氢键效应

氢键的形成，往往使基团的伸缩振动频率移向低波数，且吸收强度增强，峰变宽；变形振动移向高波数，但变化不如伸缩振动明显。特别是形成分子内氢键时影响更显著。形成分子内氢键的化合物图谱不随测试条件变化，而分子间氢键的化合物图谱随测试条件变化大。

	$\nu_{C=O}/cm^{-1}$	ν_{N-H}/cm^{-1}	δ_{N-H}/cm^{-1}
游离	~1690	~3500	1620~1590
氢键	~1650	~3400	1650~1520

	$\nu_{C=O}/cm^{-1}$	ν_{O-H}/cm^{-1}
游离	~1760	3500~3600
氢键	~1710	3200~2500

7. 振动耦合效应

分子内有近似相同频率且位于相邻部位的振动基团彼此相互作用，产生两种或两种以上基团参加的混合振动叫振动耦合。振动耦合常引起基团的吸收频率偏离基频，一个向高频移动，另一个向低频移动。红外光谱中常见的振动耦合效应有以下几种情况。

（1）一个碳上含有两个或三个甲基，则在 1385~1350 cm^{-1} 出现两个吸收峰。

（2）酸酐上两个羰基接在同一个氧原子上，互相耦合产生两个吸收带。

（3）二元酸的两个羧基之间只有 1~2 个碳原子时，会出现两个 $\nu_{C=O}$，相隔三个碳原子则没有这种耦合。

	$HO_2CCH_2CO_2H$	$HO_2C(CH_2)_2CO_2H$	$HO_2C(CH_2)_4CO_2H$
$\nu_{C=O}/cm^{-1}$	1740, 1710	1780, 1700	1689

（4）具有 RNH_2 和 $RCONH_2$ 结构的化合物，有两个 ν_{N-H}，也是由于耦合作用产生的。

（5）酰胺中由于 δ_{NH} 与 ν_{C-N} 耦合产生酰胺 II 和 III 带。

（6）费米共振：当一个倍频或组合频靠近另一个基频时，会发生耦合产生两个吸收带。一般情况下一个频率比基频高，而另一个则要比基频低，这叫费米共振。如醛基在 2850 cm^{-1} 和 2750 cm^{-1} 产生两个特征吸收峰，是由 ν_{C-H}(2800 cm^{-1})与 δ_{C-H}(1390 cm^{-1})的倍频峰(2780 cm^{-1})的费米共振产生的。

8. 互变异构

有互变异构存在时，在红外光谱上能够看到各种异构体的吸收带。各种吸收的相对强度不仅与基团种类有关，而且与异构体的百分含量有关。如戊-2,4-二酮有酮式和烯醇式结构，两者的吸收皆能在红外谱图上找到。

$\nu_{C=O}/cm^{-1}$　　　1730 (两个峰)　　　1650 (共轭羰基); 1640~1600 (C=C)

8.3.4　有机化合物基团的特征吸收

有机化合物的红外光谱是组成化合物的各基团红外光谱特征吸收的加合。各种基团在红外光谱的特征吸收带位置大致固定。但受化学结构和外部条件的影响，吸收带会在一定范围发生位移。一般可以综合吸收峰的位置、强度、形状及相关峰的存在，判断某个基团的存在与否。表 8-5 列出了常见基团的特征吸收。

表 8-5 常见基团的特征吸收

化合物分类	特征吸收带 位置/cm^{-1}	振动类型	备注
烷烃	2970~2845	ν_{C-H}	
	~1460	δ_{C-H}^{as}	
	~1380	δ_{C-H}^{s}	-CH(CH$_3$)$_2$ 结构中裂成两个强度大体相等的峰,一个在 1385 cm^{-1} 附近,另一个在 1375 cm^{-1} 附近;-C(CH$_3$)$_3$ 结构中分裂成两个强度不等的峰,一个在 1395 cm^{-1}(m)附近,另一个在 1365 cm^{-1}(s)附近
	810~720	ρ_{CH_n}	-(CH$_2$)$_n$- 结构中 n 值越大,吸收峰越接近 720 cm^{-1}
烯烃	3100~3000	$\nu_{=CH}$	
	1680~1620	$\nu_{C=C}$	四取代烯烃或对称取代烯烃很弱或不出现
	1000~650	$\omega_{=CH}$	判断烯碳的取代类型及顺反异构。RCH=CH$_2$ 结构在 915~905 cm^{-1} 和 995~985 cm^{-1};R^{1}R^{2}C=CH$_2$ 结构在 895~885 cm^{-1};R^{1}R^{2}C=CHR^3 结构在 830~810 cm^{-1};R^{1}CH=CHR^2 顺式结构在 730~665 cm^{-1},反式结构在 980~960 cm^{-1}。四取代的烯烃,无此吸收
炔烃	3340~3260 (s)	$\nu_{\equiv CH}$	
	2260~2100 (m~w)	$\nu_{C\equiv C}$	分子中心对称时,看不到;分子与其他基团共轭时,强度大大增强
	700~610 (s、b)	$\delta_{\equiv CH}$	
芳香烃	3100~3000	$\nu_{=CH}$	一般有 1~2 个吸收带,强度较弱
	2000~1650	comb. δ_{Ar-H}	一系列的弱峰
	1625~1450	$\nu_{C=C}$	以~1600 cm^{-1} 和~1500 cm^{-1} 吸收峰为主。当苯环与其他基团共轭时,在~1580 cm^{-1} 出现新的吸收。
	900~650	δ_{Ar-H}	根据此区间吸收峰的位置、个数及强度可以判断苯环上取代基个数及取代模式
卤代烃	1400~1000 (s)	ν_{C-F}	
	800~600 (s)	ν_{C-Cl}	
	600~500 (s)	ν_{C-Br}	
	~500 (s)	ν_{C-I}	
醇酚	3670~3230	ν_{O-H}	游离羟基大于 3600 cm^{-1} 出尖峰;缔合羟基移向低波数,宽峰
	1420~1260	δ_{O-H}	
	1250~1000	ν_{C-O}	伯醇:1070~1000 cm^{-1};仲醇:1120~1030 cm^{-1};叔醇:1170~1100 cm^{-1};酚:1230~1140 cm^{-1}
醚	1310~1020 (s)	ν_{C-O-C}^{as}	只用 IR 来判别醚是困难的
	1075~1020 (w)	ν_{C-O-C}^{s}	
酮	1725~1705 (s)	$\nu_{C=O}$	α-C 上有吸电子基团时,升高;α-C 上有给电子基团时,降低。α-二酮有一个强的 $\nu_{C=O}$ 吸收。β-二酮酮式结构有两个强的 $\nu_{C=O}$ 吸收,还出现一个烯醇式的宽而强的 $\nu_{C=O}$ 吸收
醛	1740~1715	$\nu_{C=O}$	比相应结构的酮高出约 15 cm^{-1}
	2880~2650	ν_{C-H}	两个强度相近的中强吸收峰,是区别醛和酮的特征谱带
羧酸	1760~1685	$\nu_{C=O}$	单体 $\nu_{C=O}$ 在 1760~1740 cm^{-1},二聚后降低
	3550~2500	ν_{O-H}	单体羧酸的 ν_{O-H} 在 3550 cm^{-1}。二聚体的 ν_{O-H} 在 3200~2500 cm^{-1} 有一个宽而散的峰
	955~915 (b)	$\delta_{OH-O=}$	
羧酸酯	1750~1720	$\nu_{C=O}$	
	1330~1150	ν_{C-O-C}	高波数的 ν_{C-O-C}^{as} 峰宽且强度大,在酯的红外光谱中常为第一强峰
酰卤	1810~1795	$\nu_{C=O}$	酰卤非常活泼,测试过程要特别注意
	965~850	ν_{C-O-C}	脂肪酰卤:965~920 cm^{-1};芳香酰卤:890~850 cm^{-1}
酸酐	1860~1750	$\nu_{C=O}$	两个 $\nu_{C=O}$ 强吸收。开链酸酐高波数的强,环状酸酐低波数的强
	1180~1045 (脂肪) 1300~1200 (环状)	ν_{C-O-C}	
酰胺	3540~3180	ν_{N-H}	伯酰胺:两个尖的吸收带;仲酰胺:一个尖的吸收带;叔酰胺无此吸收带
	1690~1630	$\nu_{C=O}$	
	1655~1590	δ_{N-H}	仅伯酰胺有此吸收
	1420~1400 (s)	ν_{C-N}	

化合物分类	特征吸收带 位置/cm^{-1}	振动类型	备注
胺	3500~3250	ν_{N-H}	伯胺：两个中等强度的吸收带，有时因缔合形成多个吸收带；仲胺：一个中等强度的吸收带；叔胺无此吸收带
	1650~1515	δ_{N-H}	
	1250~1020（脂肪） 1360~1250（芳香）	ν_{C-N}	

注：ν：伸缩振动；δ：变形振动；ρ：面内摇摆振动；s：强峰；m：中强峰；w：弱峰；b：宽峰；comb.：组合频。

8.3.5 红外光谱图的解析

红外光谱图的解析就是结合红外光谱图上谱带的位置、强度和形状，确定分子中所含的基团，从而进行定性鉴定和推测化合物的结构式。注意，一般情况下只靠红外光谱难以确定复杂化合物的结构。新化合物结构的确认要综合质谱、核磁共振、紫外光谱、元素分析等解析方法进行结构分析。

» 例 8-8 下面两张图谱，请判断哪一张是苯乙酮（$C_6H_5COCH_3$）的红外光谱图，哪一张是苯乙醛（$C_6H_5CH_2CHO$）的红外光谱图。请简单阐明理由。

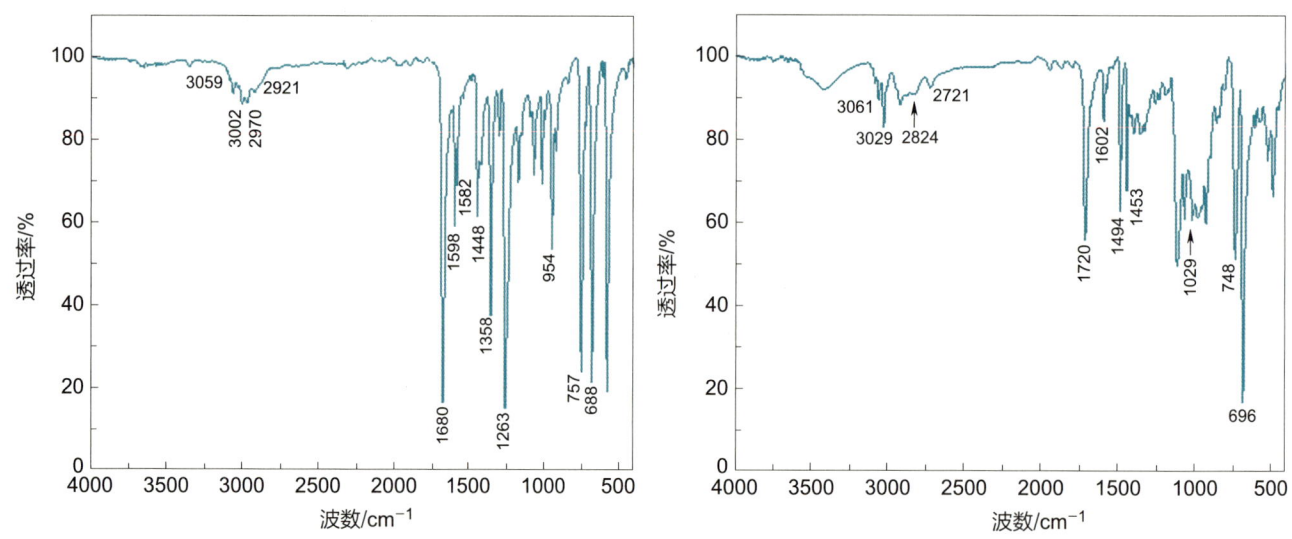

» 解 （1）苯乙酮和苯乙醛在结构上最大的差别是苯乙醛中有醛基存在。醛与酮在IR谱图中最大的区别是，醛在2880~2650 cm^{-1}出现两个强度相近的中强吸收峰。由此可推测图中右图为苯乙醛的IR谱图。那么左图就是苯乙酮的IR谱图。

（2）苯乙醛的IR谱图中3061 cm^{-1}、3029 cm^{-1}的吸收是苯环上C-H键的伸缩振动吸收；2824 cm^{-1}、2721 cm^{-1}的吸收是醛基C-H键的伸缩振动吸收；1720 cm^{-1}的吸收是C=O键的伸缩振动吸收；1602 cm^{-1}、1494 cm^{-1}的吸收是苯环的骨架振动；748 cm^{-1}和696 cm^{-1}的吸收证实单取代苯。

（3）苯乙酮的IR谱图中3059 cm^{-1}、3002 cm^{-1}的吸收是苯环上C-H键的伸缩振动吸收；1680 cm^{-1}的吸收是C=O键的伸缩振动吸收（与苯环共轭后移向低波数）；1598 cm^{-1}、1582 cm^{-1}的吸收是苯环的骨架振动，1582 cm^{-1}吸收的出现证实苯环与羰基共轭；757 cm^{-1}和688 cm^{-1}的吸收证实该化合物是单取代苯。

>> **例 8-9** 某分子式为 $C_4H_{10}O$ 的化合物的红外光谱图如下,试推测化合物的可能结构。

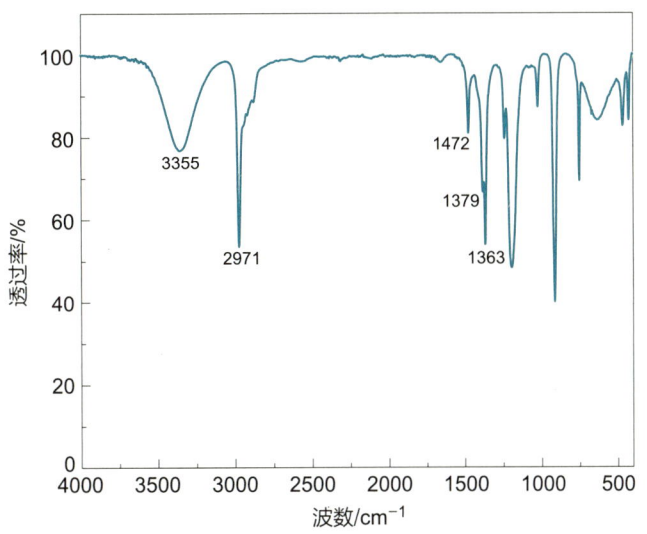

>> **解** (1) 不饱和度 $\Omega = 0$,分子中含一个氧原子,推测该化合物为脂肪醇或醚类化合物。

(2) 3355 cm^{-1} 宽而强的吸收,可以肯定羟基的存在,即该化合物是醇类化合物。

(3) 除 -OH 外,根据 2971 cm^{-1}、1472 cm^{-1} 及 1380 cm^{-1} 峰的裂分(1379 cm^{-1} 和 1363 cm^{-1})推测分子式 $-C_4H_9$ 的烷基链为叔丁基。

综上,该谱图对应的化合物为叔丁醇,结构式为 $(CH_3)_3COH$。

>> **例 8-10** 某分子式为 $C_8H_8O_2$ 的化合物的红外光谱图如下,试推测化合物的可能结构。

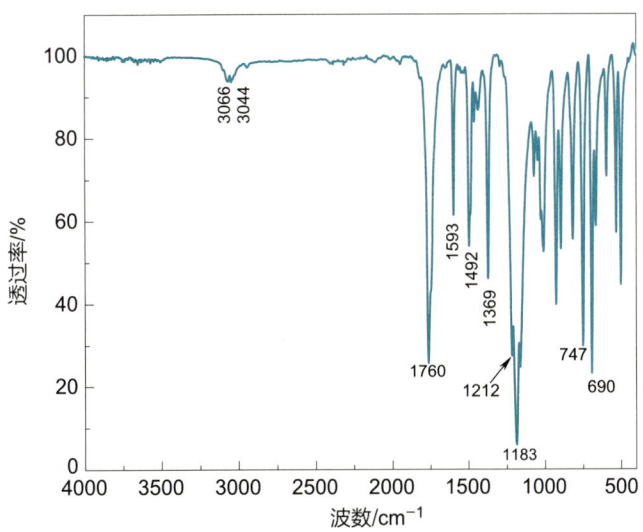

>> **解** (1) 不饱和度 $\Omega = 5 > 4$,推测分子结构中可能有苯环。

(2) 根据谱图中 3066 cm^{-1}、3044 cm^{-1}、1593 cm^{-1}、1492 cm^{-1} 的吸收,可以肯定分子结构中苯环的存在。由指纹区 747 cm^{-1}、690 cm^{-1} 的吸收,推测该化合物是单取代苯类化合物。苯环 ~1600 cm^{-1} 的吸收没有裂分,推测苯环没有和其他双键共轭。

(3) 1760 cm^{-1}、1212 cm^{-1}、1183 cm^{-1} 的强吸收,推测分子结构中含有酯基,且酯基中的 -O- 应与苯环直接相连。

（4）综上，该谱图对应的化合物可能为乙酸苯酯，结构式为 $CH_3COOC_6H_5$。

8.4 核磁共振

核磁共振技术应用十分广泛，它不仅可以鉴定有机分子的化学结构，而且能够应用于人体器官的成像，即磁共振成像技术（magnetic resonance imaging，MRI）。核磁共振波谱法主要研究对象为 ^1H、^{13}C、^{15}N、^{19}F、^{29}Si、^{31}P 等原子核，本章主要介绍 ^1H 和 ^{13}C 核磁共振波谱，简称氢谱和碳谱。

许多物理学家、化学家为核磁共振波谱的发展作出了重要的贡献。Rabi 采用共振的方法测量了原子核的磁性，获得了 1944 年的诺贝尔物理学奖。Purcell 和 Bloch 发展了精密测量核磁共振信号的新方法，共同获得了 1952 年的诺贝尔物理学奖。1961 年，Varian Associates 推出了 A-60 核磁共振波谱仪，核磁共振波谱逐渐得到普及。自此之后，几乎所有与有机化学相关的论文均将 NMR 数据作为重要的结构证据。20 世纪 70 年代，Ernst 创立了脉冲傅里叶变换核磁共振（FT-NMR），傅里叶变换技术使核磁共振波谱仪可以在短时间内同时发出不同频率的射频场，对少量样品进行重复扫描，从而提高灵敏度和信噪比。此后，Ernst 还发展了二维核磁共振技术，因这两项杰出贡献独享了 1991 年诺贝尔化学奖。此外，Wüthrich 利用多维 NMR 技术测定溶液中蛋白质的三维结构，获得了 2002 年诺贝尔化学奖。Lauterber 和 Mansfield 实现了核磁共振成像技术的医学应用，获得了 2003 年诺贝尔生理学或医学奖。

核磁共振技术能够在不破坏样品的条件下，提供多种结构信息，如化学位移 δ、耦合常数 J 和各种核的信号强度比等。通过分析这些信息，可以了解分子中特定原子（如 H、C 等）的数量、化学环境、邻接基团，以及分子的空间构型等。随着核磁共振仪的普及，核磁共振的新方法、新技术不断涌现，如二维核磁共振技术、差谱技术、极化转移技术、变温核磁共振及固体核磁共振等。这些技术使核磁共振的应用范围日趋扩大，样品用量减少，灵敏度显著提高。核磁共振技术已经从只能测量溶液样品发展到可以测试固体样品，即使是灵敏度很低 ^{15}N 等核的核磁共振测试也可以顺利完成。

总之，核磁共振技术在化学、生物学、医学和材料科学等领域都有广泛的应用，已经成为现代结构分析的重要手段。它不仅能够提供分子结构的详细信息，还能够帮助科学家们在药物设计、疾病机理研究、新材料开发等方面取得突破。

8.4.1 NMR 的基本原理

1. 原子核的自旋

自旋（spin）是微观粒子所具有的基本性质，是由粒子内禀角动量引起的一种内禀运动。在了解自旋这个概念时，我们常常将其与宏观球体的自转进行类比，但需要注意的是，自旋并不是指微观粒子在空间中的真实旋转。原子核的自旋可以被想象为原子核围绕其核心轴线的旋转，它具有一定的自旋角动量，用 P 表示。由于原子核是带电荷的粒子，自旋时将产生磁矩 μ。角动量和磁矩都是矢量，其方向平行。

原子核自旋在量子力学上用自旋量子数 I 表示，可以分为三种情况。

（1）自旋量子数 $I = 0$，这种情况对应的是质量数和电荷数均为偶数的原子核，如 ^{12}C、

^{16}O、^{32}S 等。这类核可以看作非自旋的球体，这类核自旋没有磁矩，$\mu = 0$，不能用 NMR 测定。

（2）自旋量子数 $I = n/2$（$n = 1, 3, 5, \cdots$，为奇数），这种情况对应的是质量数为奇数，电荷数为奇数或偶数的原子核。其中，$I = 1/2$ 的核，如 ^1H、^{13}C、^{15}N、^{19}F、^{29}Si、^{31}P 等。这类核可以看作电荷均匀分布的旋转球体，其自旋有磁矩，即 $\mu \neq 0$，可以发生核磁共振，是 NMR 测试的主要对象。

（3）自旋量子数 $I = 1, 2, 3, \cdots$（I 为整数），这种情况对应的是质量数为偶数、电荷数为奇数的原子核，如 ^2H、^{10}B、^{14}N 等。这类核和上面 $I = n/2$（$n = 3, 5, \cdots$，为奇数）的核可以看作电荷分布不均匀的自旋椭圆体，这类核自旋也有磁矩，$\mu \neq 0$，也可以发生核磁共振。

核的原子序数、质量数及自旋量子数之间的关系如表 8-6 所示。

表 8-6　原子核的自旋量子数与核磁共振

分类	质量数	原子序数	自旋量子数	NMR 信号	原子核
（1）	偶	偶	0	无	^{12}C、^{16}O、^{28}Si、^{32}S
（2）	奇	奇或偶	1/2, 3/2, 5/2, …	有	^1H、^{11}B、^{13}C、^{15}N、^{17}O、^{19}F、^{29}Si、^{31}P、^{33}S、^{35}Cl、^{37}Cl, …
（3）	偶	奇	1, 2, 3, …	有	^2H、^{10}B、^{14}N

从原子核内质子数和中子数可以看出，拥有奇数个质子或/和奇数个中子的原子核能用 NMR 波谱仪进行检测。

2. 核磁共振

下面以 ^1H（质量数为 1 的氢的同位素）为例介绍一下核磁共振原理。质子自旋时将产生一个具有磁矩 μ 的磁场，该磁场与条形磁铁类似（图 8-16）。

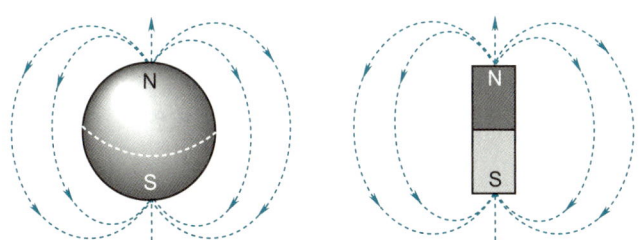

图 8-16　自旋的质子与条形磁铁

氢原子核（^1H）自旋量子数 $I = 1/2$，共有 $2I + 1 = 2$ 个自旋取向。每个自旋取向用磁量子数 m 表示，则 m 有两个值 $m = +1/2$ 和 $m = -1/2$。也就是说，^1H 处于外加磁场 B_0 中，其核有两个自旋取向，即与外加磁场一致或相反（图 8-17）。与外加磁场方向一致的 ^1H（$m = +1/2$）处于低能态，称为 α 自旋态。而与外加磁场方向相反的 ^1H（$m = -1/2$）处于高能态，称为 β 自旋态。

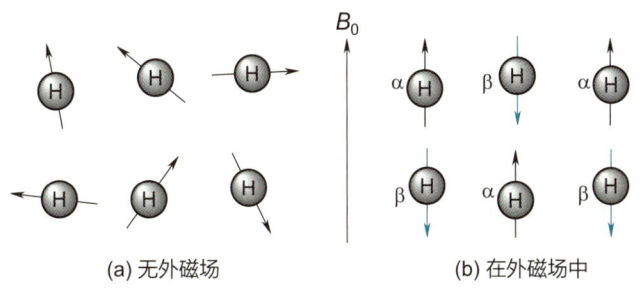

(a) 无外磁场　　　　　　　(b) 在外磁场中

图 8-17　质子磁矩的取向

处于两种自旋态的质子具有不相同的能量，它们之间的能量差（ΔE）是量子化的。对处于外加磁场中的质子进行电磁辐射，当辐射的能量恰好与两种自旋态之间的能量差相等时，处于低能态的质子将吸收电磁辐射跃迁到高能态（图 8-18）。这种现象称为核磁共振。两种自旋态的能量差 ΔE 与外磁场感应强度（B_0）成正比，其关系式为

$$\Delta E = \frac{\gamma}{2\pi} h B_0 = h\nu \qquad \nu = \frac{\gamma}{2\pi} B_0$$

式中 γ 称为磁旋比，是原子核的特征常数，对于 ^{1}H 核，该值为 $2.675\times10^8 \text{ T}^{-1}\cdot\text{s}^{-1}$；$h$ 为普朗克常数；ν 为无线电波的频率。

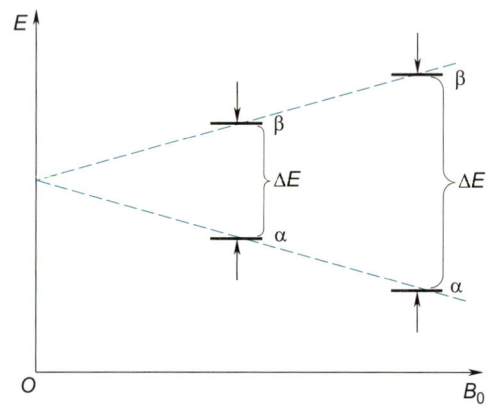

图 8-18　两种质子自旋态的能量差与外磁场感应强度的关系

由此可见，共振频率与磁场强度成正比。增加磁场强度将会使 α→β 自旋"翻转"更加困难，共振频率 ν 也增大。在相同的磁场强度下，不同的核 γ 不同，共振频率也不同。例如，B_0 = 2.3 T（1 T = 10^4 G）时，^{1}H 共振频率为 100 MHz，^{13}C 为 25 MHz，^{31}P 为 40.5 MHz。所以在观察一种核的核磁共振时，不会同时观察到另一种核的核磁共振。

3. 饱和与弛豫

在外磁场的作用下，处于低能量的 α 自旋态的 ^{1}H 核与处于高能量的 β 自旋态 ^{1}H 核两者之间能量差很小。例如，外加磁场强度为 14092 G，温度为 27 ℃，则低能态与高能态 ^{1}H 核数目之比为

$$e^{\Delta E/kT} = e^{\gamma H h/2\pi kT} = 1.0000099$$

式中 k 为玻尔兹曼常数；T 为绝对温度。

也就是说，每一百万个核中，低能态的 ^{1}H 仅比高能态的 ^{1}H 多 10 个左右。对每个核来说，由低能态向高能态或由高能态向低能态的跃迁概率是相同的。然而，由于低能态核的数量较多，总体上导致了净吸收现象的发生，从而产生了 NMR 信号。由于两种核的总数相差很小，若高能态的核没有其他途径回到低能态，也就是说没有过剩的低能态核可以跃迁，就不会有净的吸收，那么 NMR 信号将会消失，这个现象称为饱和。

实际上，^{1}H 核可以通过非辐射的方式从高能态回到低能态，这个过程称为弛豫。正是弛豫的存在，使得在正常测试情况下不会出现饱和现象。弛豫有如下两种方式：

（1）自旋晶格弛豫，又称纵向弛豫。纵向弛豫反映了核（自旋体系）与环境（又称为晶格）进行能量交换，高能态的核把能量以热运动的形式传递给周围，如固体的晶格、液体中同类分子或溶剂分子等，由高能态返回低能态。这个弛豫过程需要一定的时间，其半衰期用

T_1表示。T_1与核的种类、样品的状态、温度等因素有关。液体样品的T_1一般为10^{-4}~10^2 s；固体样品的T_1较长，可达几小时甚至更长。液体样品的T_1明显较固体样品的小很多。T_1越小表示弛豫过程的效率越高。

（2）自旋-自旋弛豫，又称横向弛豫。自旋-自旋弛豫反映了核磁矩之间的相互作用，高能态核把能量传递给同类低能态核。在此弛豫过程前后，各种能态核的总数不变，总能量不变。其半衰期用T_2表示。液体样品的T_2约为1 s，固体或者高分子样品的T_2较小，约为10^{-3} s。

对每一种核来说，它在某一较高能态平均的停留时间只取决于T_1及T_2之较小者。根据不确定原理，谱线宽度与弛豫时间成反比（由T_1或T_2之较小者决定）。固体样品的T_2很小，所以谱线很宽。因此，在化合物结构分析的NMR测试中，对于可找到合适溶剂的固体样品，一般都配成溶液后测定。此外，如果溶液中有顺磁性物质，如铁、氧气等，T_1会缩短，谱线加宽，所以样品中不可含铁磁性和其他顺磁性物质。

8.4.2 氢谱

一张^{1}H NMR谱图通常可以给出三种重要的结构信息：① 信号峰的位置，即化学位移δ，与该信号峰对应质子的电子环境相关。② 信号峰的形状，耦合常数J，通常与相邻质子数目有关。③ 信号峰的积分面积，即积分曲线，与该信号峰对应的质子数目相关。若要测定弛豫时间，则需另外进行实验。

如图8-19所示，溴乙烷的氢谱中，在1.67处有一组三重峰，3.42处有一组四重峰，它们的耦合常数相同，峰面积积分比为3∶2。溴乙烷中的氢为何在不同位置出现两组信号？它们的出峰位置和峰形受到哪些因素的影响？下面将介绍这三个光谱参数的来源及其与分子结构的关系。

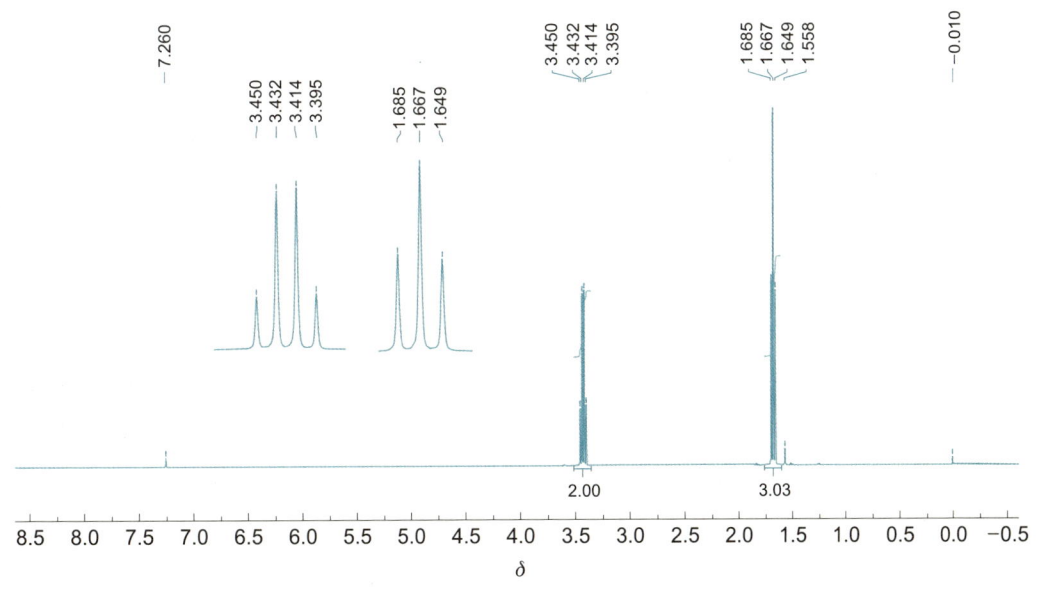

图8-19 溴乙烷的^{1}H NMR (400 MHz, CDCl$_3$)谱图

1. 化学位移

（A）化学位移的起源

化学位移用来表示核磁共振信号的吸收位置。

同一种核的磁旋比相同,固定了射频频率,是否所有 ^{1}H 核都在同一个磁场强度下发生共振呢?实际情况并非如此。质子的共振磁场强度实际上与其所处的化学环境密切相关。不同位置的质子在分子中所处的化学环境不同,其周围的电子密度也不同,因此在不同的共振磁感应强度下产生吸收峰。

化学位移出现差异的原因在于各种氢核所处的化学环境不同,所受到的屏蔽作用不同。所谓化学环境,主要指的是氢原子核外的电子及邻近的其他原子对其的影响。当氢核处在外加磁场中时,其外部电子在垂直于外加磁场的平面上绕核旋转,同时产生一个与外加磁场方向相反的感应磁场(图 8-20)。这个感应磁场削弱了外加磁场对核的作用。这种核外电子减弱外加磁场对核的影响的作用称为屏蔽。若以 σ 表示屏蔽常数,外加磁场为 B_0,这个屏蔽作用的大小为 σB_0,核的实受磁场 $B = B_0 - \sigma B_0$。所以,核磁共振的条件应表达为

$$\nu = \frac{\gamma}{2\pi} B = \frac{\gamma}{2\pi} B_0 (1-\sigma)$$

式中 σ 为核的化学环境的函数。因为各种氢核所处的化学环境不同,σ 值也不同,故各种核在不同磁场强度下共振,产生了不同的共振频率。

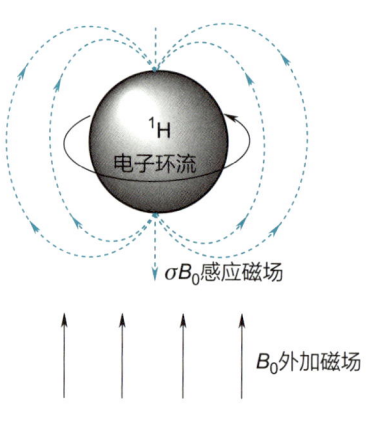

图 8-20 屏蔽效应示意图

各种氢核产生的共振频率差异实际上非常小,通常在百万分之几。要精确测量其绝对值较困难。此外,核外电子产生的感应磁场强度与外加磁场强度成正比,这意味着感应磁场的屏蔽作用导致的共振频率变化也与外加磁场成正比。不同磁场强度的仪器(或不同的射频频率)会导致产生的共振频率差异数值不同。

为了使不同磁场强度的仪器检测到的信号有一个统一的比较标准,并克服绝对磁场强度难以精确测量的问题,引入了化学位移的概念。化学位移是通过使用标准物质的共振频率作为基准,将其他质子的共振频率与标准物质的共振频率之差,再除以标准物质的共振频率来计算的。用 δ 表示,这样得到的化合物质子的化学位移与所用仪器无关,是一个无量纲的参数。

$$\delta = \frac{\Delta \nu}{\nu_0} \times 10^6 = \frac{\nu_{样} - \nu_{标}}{\nu_0} \times 10^6$$

$$\delta = \frac{\Delta B}{B_0} \times 10^6 = \frac{B_{样} - B_{标}}{B_0} \times 10^6$$

式中 $\Delta \nu$ 为待测峰与标准物共振频率之差(Hz);ΔB 为待测峰与标准物共振磁场之差(Hz);$\nu_{样}$($\nu_{标}$)为样品(标准物)的共振频率;ν_0 为仪器的频率;$B_{样}$($B_{标}$)为样品(标准物)的

共振磁场；B_0 为仪器的磁场。

因为 $\Delta v/v_{标}$ 和 $\Delta B/B_{标}$ 的值仅为百万分之几，为了使 δ 值易读易写，所以乘以一百万（10^6），用 ppm（10^{-6}）作为 δ 的量级（即百万分之一），但 ppm 通常是省略的。

最常用的标准物是四甲基硅烷[$Si(CH_3)_4$，简称 TMS]。它具有较好的稳定性，可以与许多有机溶剂互溶。TMS 的四个甲基对称分布，所有氢都处在相同的化学环境中，只有一个锐利的吸收峰。另外，甲基的氢核和碳核的核外电子屏蔽作用比一般化合物的都要强，出峰在高场处。将其 δ 值定为 0，大部分有机化合物出峰在其左边 0~12 处，δ 为正值，只有少数氢会出峰在 0 的右边，则 δ 为负。

例如，用 300 MHz 的核磁共振波谱仪测试苯时，苯中氢吸收的射频辐射频率比 TMS 的大 2181 Hz。用公式计算苯的 ^1H 化学位移：

$$\delta = \frac{\Delta v}{v_0} \times 10^6 = \frac{2181 \text{ Hz}}{300 \times 10^6 \text{ Hz}} \times 10^6 = 7.27$$

如使用 500 MHz 的核磁共振波谱仪测试苯时，苯中氢吸收的射频辐射频率比 TMS 的大 3635 Hz。用公式计算苯的 ^1H 化学位移：

$$\delta = \frac{\Delta v}{v_0} \times 10^6 = \frac{3635 \text{ Hz}}{500 \times 10^6 \text{ Hz}} \times 10^6 = 7.27$$

NMR 一般用氘代溶剂、不含质子的溶剂溶解样品，如 CCl_4、$CDCl_3$、D_2O、CF_3CO_2D、CD_3COCD_3 等。由于这些氘代溶剂会存在少量未被氘代的分子而在某一位置出现残留的质子峰，因此在解谱时要注意识别。例如，$CDCl_3$ 在 δ 7.27 处出现吸收，是残留的 $CHCl_3$ 质子吸收。常用氘代溶剂的残留质子出峰位置见边栏二维码。

氘代溶剂的残留质子出峰位置

除了残存质子峰，溶剂中通常含有微量的 H_2O，会有一个 H_2O 质子峰出现。且这个峰的位置会因溶剂的不同而变化。如 $CDCl_3$ 中微量 H_2O 质子峰出现 1.5，CD_3COCD_3 中在 2.8，CD_3SOCD_3 中在 3.3，解谱时也要注意辨别。

（B）影响化学位移的因素

在 ^1H NMR 谱中，质子的化学位移主要取决于其周围核外电子的密度。影响化学位移的因素主要包括诱导效应、共轭效应、磁各向异性效应、范德华效应、氢键效应及溶剂效应等。当某些因素导致质子周围的电子密度减小，或者核外电子产生的感应磁场与外加磁场方向一致时，屏蔽效应会减弱，而去屏蔽效应增强，导致化学位移增大，即向低场方向移动（在谱图上向左移）。相反，如果某些因素导致质子周围的电子密度增加，或者核外电子感应磁场的方向与外加磁场方向相反，屏蔽效应会增强，化学位移减小，即向高场方向移动（在谱图上向右移）。

（1）诱导效应　当 ^1H 核附近存在吸电子的原子或基团时，这些基团的吸电子诱导效应会导致质子周围的电子密度减小，从而减弱了屏蔽效应。这种变化导致所需的共振磁场强度降低，进而使得化学位移增大。相连的原子或基团的电负性越强，这种效应越明显，化学位移也就越大。相反，当 ^1H 核附近存在给电子的原子或基团时，它们的给电子诱导效应会增加质子周围的电子密度，增强屏蔽效应，使所需的共振磁场强度增加，化学位移相应减小。

表 8-7 展示了取代甲烷的化学位移。从表中数据可以看出，随着取代基 X 电负性的减小，甲基上 H 的化学位移会向高场方向移动。

表 8-7 取代甲烷的化学位移

CH$_3$X	X 电负性	δ
CH$_3$F	4.0	4.26
CH$_3$OH	3.5	3.40
CH$_3$Cl	3.1	3.05
CH$_3$Br	2.9	2.68
CH$_3$I	2.6	2.16
CH$_3$CH$_3$	2.5	0.88
CH$_3$Si(CH$_3$)$_3$	1.8	0

诱导效应具有加和性，吸电子基团越多，化学位移越向低场位移。如 CH$_2$Cl$_2$ 和 CHCl$_3$ 中氢的化学位移分别在 5.33 和 7.27。此外，取代基的诱导效应随着与质子距离的增加而迅速减弱，对于距离 γ 位更远的碳上的氢，其化学位移几乎不受影响。如 1-氯丙烷中 1 到 3 位碳上氢的化学位移分别为 3.3、1.6 和 0.9。

（2）共轭效应　极性基团可以通过 π-π 共轭和 p-π 共轭作用影响较远的碳上的质子。如果这些作用导致质子周围的电子密度减小，那么屏蔽效应会减弱，使得质子的共振吸收向低场方向移动，从而化学位移增大。例如，以乙烯作为参照，乙烯中的质子化学位移 δ 为 5.25。在甲基乙烯基醚中，由于氧原子的孤对电子与双键的 p-π 共轭作用，导致 β-碳上的氢表现出更强的屏蔽效应，因此其 δ 值低于 5.25。而在甲基乙烯基酮中，由于羰基的吸电子 π-π 共轭作用，β-碳上的氢表现出去屏蔽效应，其 δ 值高于 5.25。

（3）各向异性效应　当分子中某些基团的电子云排布不呈现球形对称时，它们会对邻近的氢核产生具有方向性的磁场。这种磁场的作用强度及其影响的正负取决于距离和角度，这种现象被称为各向异性效应。在某些区域，如果局部磁场方向与外加磁场方向一致，就会增强外加磁场的效果，导致受影响的 ^{1}H 核的共振向低场方向移动，化学位移 δ 值增大，这被称为去屏蔽效应，通常用"−"来表示。相反，在另一些区域，如果局部磁场方向与外加磁场方向相反，就会削弱外加磁场，使得受影响的氢核的共振向高场方向移动，δ 值减小，这被称为屏蔽效应，通常用"+"来表示。以下将通过一些例子来具体说明这一效应。

① 双键的各向异性　双键（例如碳碳双键和碳氧双键）化合物的 π 电子主要分布在成键平面的上下方。在外加磁场的作用下，π 电子的环流会产生一个与外加磁场方向相反的感应磁场。在双键平面的正上方和正下方，形成了两个锥形区域，这些区域是屏蔽区；而在双键所在的平面上，则是去屏蔽区（图 8-21）。

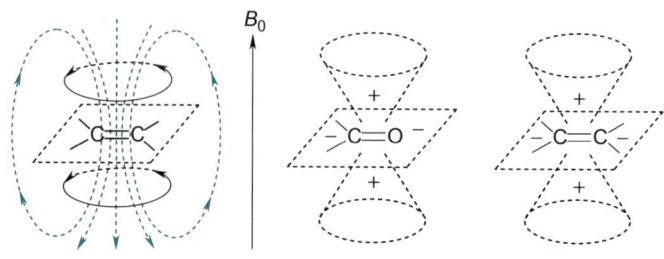

图 8-21　双键的各向异性

例如，醛基氢的 δ 值为 9～10.5，其原因除了羰基碳带部分正电荷外，还有醛基氢正好处在羰基平面上，受到了强的去屏蔽效应。

② 叁键的各向异性　叁键中的碳原子采用 sp 杂化，与 sp^3 和 sp^2 杂化相比，其 s 成分更高，使得成键电子更接近碳原子。这导致末端炔氢表现出一定的酸性，反映出其外围电子密度相对较小。在这种情况下，我们预期叁键上的氢的化学位移会较大。然而实际上，叁键上的氢信号一般出现在 2～3 的区域。这种差异是由于叁键的 π 电子围绕键轴旋转，形成了桶形环电流，其产生的感应磁场在叁键的键轴上发挥作用（图 8-22）。因此，炔氢实际上受到了叁键的屏蔽作用，导致其化学位移相对较小。

③ 芳环的各向异性　芳香化合物的大共轭平面体系中，π 电子在体系的上下形成环流。在外加磁场 B_0 的作用下，当 B_0 的方向垂直于苯环平面时，π 电子环流会产生一个感应磁场。这个感应磁场在苯环平面的内部及其上下方与外加磁场方向相反，而在苯环平面的外侧则与外加磁场方向相同。因此，苯环平面的上下区域为屏蔽区，而苯环平面的外侧为去屏蔽区。由于苯环上的氢处于去屏蔽区，它们受到去屏蔽效应的影响，所以其 δ 值较大，在 7 左右（图 8-23）。

图 8-22　叁键的各向异性　　　　图 8-23　苯的各向异性

一些大环共轭环烯化合物与苯环相似，环内及其环平面的上下方为屏蔽区，环平面外侧为去屏蔽区。环平面外的质子化学位移值较大，而环内氢的化学位移值甚至可为负值。例如，环十八烯的外围氢的化学位移为 9.28，中间氢的化学位移为 -2.99；卟啉的外围氢的化学位移可达 11.22，而中间氢的化学位移为 -4.4。

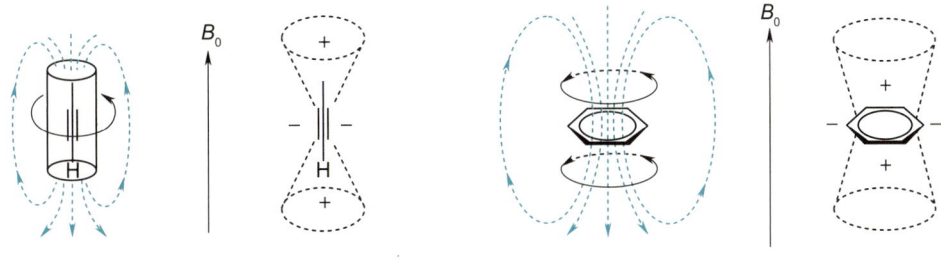

（4）范德华效应　当取代基与共振核之间的距离小于范德华半径时，两者带有负电荷的电子云就会发生互相排斥，这种排斥作用导致共振核原子周围的电子密度减小，从而减弱了屏蔽效应，使得化学位移 δ 值增大。例如，在以下化合物 **A**、**B** 中，化合物 **A** 中的 H_a 化学位移比 **B** 中 H_a 的大，而两种化合物中 H_b 的 δ 值都比 H_c 的 δ 值大。这些差异主要是邻近基团的范德华效应所引起的。

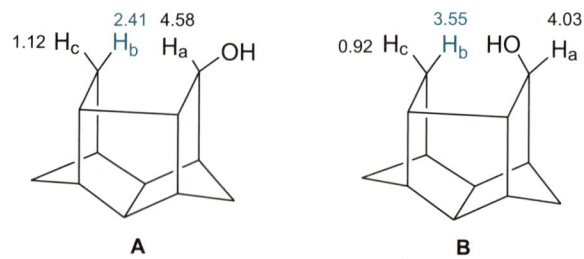

(5)氢键效应 质子形成氢键后,氢键的缔合作用会使质子周围的电子密度减小,导致其化学位移向低场方向移动。例如,醇羟基氢的化学位移通常在0.5~5,而羧基氢的化学位移则在10~14。当分子结构允许形成分子内氢键时,化学位移会进一步向更低场方向移动。由于氢键的形成受到溶液浓度、温度、溶剂等多种因素的影响,因此,O、N、S等原子上氢的化学位移会随着测试条件的变化而在较大的范围内变动。

(6)溶剂效应 共振核在不同溶剂中进行测试时,其化学位移乃至峰形都可能发生变化。这种因溶剂不同而导致谱图变化的现象称为溶剂效应。这种影响通过溶剂的磁化率、极性、氢键及屏蔽效应而发生作用。不同的溶剂对同一种化合物的影响各不相同,同一种溶剂对不同化合物的不同基团的影响也不尽相同,有时可以利用溶剂效应使重叠的峰组分开。例如,使用氘代氯仿作为溶剂时,加入少量的氘代苯或氘代吡啶,利用苯或吡啶的磁各向异性,可使原来互相重叠的信号峰分开,从而提高谱图的解析度。这种方法在复杂样品的核磁共振分析中特别有用。

(C)各类质子的化学位移

碳原子上质子的化学位移主要取决于这些质子所处的化学环境。因此,通过质子的化学位移,我们可以逆向推断出质子的化学环境及分子的结构。不同类别质子的化学位移大致有一个特定的范围。各类质子的粗略化学位移如表8-8所示。熟悉这些结构对应的化学位移十分有用,因为这些数值可以帮助解析 ^{1}H NMR 谱图。

表 8-8 各类质子的化学位移

氢的类型	化学位移	氢的类型	化学位移	氢的类型	化学位移
$H_3C-Si(CH_3)_3$	0	Ph–CH_3	2.3	Ph–H	7.3
cyclopropyl–CH_2	0.2	R–≡CH	2.4	R–CHO	9~10
R–CH_3	0.9	Br–CH_3	2.7	R–NH_2	1.5~4
R–CH_2–R	1.3	Cl–CH_3	3.1	R–OH	2~5
R–CHR–R (R$_3$CH)	1.4	RO–CH_3	3.3~4	Ar–OH	4~7
R$_2$C=CR–CH_3	1.7	F–CH_3	4.1	R–CO_2H	10~12

氢的类型	化学位移	氢的类型	化学位移	氢的类型	化学位移
R−CO−CH$_3$	2.1	R$_2$C=CH$_2$	4.5~5.9	R−CONHR	5~10
(CH$_3$)$_3$N	2.2	R$_2$C=CHR	5.3		

2. 自旋耦合与自旋裂分

在溴乙烷的 ^{1}H NMR 谱图中（图 8-19），甲基和亚甲基的共振吸收峰都不是单峰，而分别表现为三重峰和四重峰。这种现象是甲基和亚甲基上氢核自旋产生微弱的感应磁场所引起的。两种自旋核之间引起能级分裂的相互干扰称为自旋耦合。由自旋耦合所引起的谱线增多的现象称为自旋裂分。要判断有机分子中氢的裂分情况，需要引入化学等价和磁等价的概念。

（A）化学等价和磁等价

分子中某一组核处于相同的化学环境时，其化学位移彼此相同，则这组核称为化学等价核。例如，在溴乙烷分子中，甲基上的三个氢是化学等价的，亚甲基上的两个氢也是如此。如果分子中化学等价的核对其他任一核都有相同的耦合作用，则这些化学位移等价的核称为磁等价核。只有磁不等价的核之间的耦合才会导致谱线分裂。

化学不等价的两个基团在化学反应中表现出不同的反应速率，在光谱、波谱测量中有不同的特征。因此，判别分子中的质子是否化学等价对于谱图解析十分重要。对于分子中的质子，如果它们可以通过对称操作或快速的构象转换、旋转等机制互换，那么这些质子就是化学等价的。

例如，下图四种化合物中的 H$_a$ 和 H$_b$ 均是化学等价的。化合物 **A** 中的 H$_a$ 和 H$_b$ 可以通过对称轴旋转而互换。化合物 **B** 中的 H$_a$ 和 H$_b$ 可以通过镜面对映操作互换。同样的，化合物 **C** 和 **D** 中的 H$_a$ 和 H$_b$ 也是化学等价的。如果将化合物中质子的标识去掉，则分不清是否进行了对称操作。

而化合物 **D** 中两个 H 虽然化学位移相同，但对 F 的耦合情况不同，即 H$_a$ 与 F$_a$ 的耦合不同于 H$_b$ 与 F$_a$ 的耦合，所以为磁不等价。显然，化学等价的核不一定是磁等价的，而磁等价的核一定是化学等价的。化合物 **E** 中的 H$_a$ 和 H$_b$ 不能通过对称操作互换，因此不是化学等价的。

在评估原子核的等价性时，必须考虑分子的内部动态，包括键的旋转、环的翻转及分子内部活泼氢原子之间的快速交换等过程。如果这些内部运动的速率相对于核磁共振测量的时间尺度来说足够快，那么在分子中原本不等价的原子核在 NMR 谱中会表现为等价；反之，如果这些运动过程较慢，那么原子核的不等价性就会在谱图中显现出来。这种动态平衡对于理解分子结构和核磁谱图的解析具有重要意义。

例如，溴乙烷分子有无数种构象，其中稳定构象用纽曼投影式表示如下：

由投影式看到 H_1、H_2 应是磁不等价的，H_3、H_4、H_5 也应是磁不等价的。然而在室温下，分子绕 C-C 键高速旋转，各个质子都处于一个平均环境中，因此 CH_3 中三个质子为磁等价的，CH_2 中两个质子为磁等价的。

环己烷在室温下由于其环的快速翻转，处于平伏键和直立键的氢也处于快速转换中，这使得十二个氢的化学环境相同，所以只观察到一个单峰（δ 1.36）。如果降低温度到 $-100\ ^\circ C$，则可以观察到 6 个直立键的氢在 δ 1.14 处，而 6 个平伏键的氢在 δ 1.62 处。此时，化学等价的氢变成了化学不等价的氢。

通常，分子在平衡态下的存在寿命需要在秒级别才能被核磁共振波谱仪分辨。如果存在寿命短于这个时间，得到的将是平均化的谱图。

（B）耦合裂分的规律

前面已经讲过，氢核在外加磁场中有两种自旋取向，分别以 α、β 表示。对于溴乙烷分子中亚甲基上的两个质子，每个质子的核都可以有 α、β 两种自旋状态，因此两个氢核可以形成四种不同的自旋组合：αα、αβ、βα、ββ，而 αβ、βα 是等同的，实际上只有三种自旋组合，其概率比为 1:2:1。这三种自旋组合产生了三种不同的局部小磁场，在 $-CH_2-CH_3$ 结构中影响着甲基，使甲基的共振峰裂分为三重峰。甲基的裂分小峰面积比与亚甲基核自旋组合的概率比相等，即 1:2:1。同理，甲基上的三个质子可以形成四种自旋组合，概率比为 1:3:3:1，使得亚甲基的共振峰裂分为四重峰。

在核磁共振的一级谱中，^1H 核的自旋裂分通常遵循 $n+1$ 规律。若邻近碳上有 n 个相同的氢，则产生 $n+1$ 个裂分峰。这意味着，如果一个氢核邻近的碳上有 n 个相同的氢原子，那么它将产生 $n+1$ 个裂分峰。例如，如果一个氢原子旁边有一个碳原子，该碳原子上有三个相同的氢原子，那么这个氢原子的信号将会裂分成 4 个峰（3+1）。

谱峰裂分的峰形和峰强度比也有规律可循。根据 $n+1$ 规律得到的裂分峰强度比可以通过二项式 $(a+b)^n$ 的展开式的各项系数来表示（表 8-9）。例如，如果一个氢原子旁边有一个碳原子，该碳原子上有两个相同的氢原子，那么这个氢原子的信号将会裂分成三重峰，其峰强度比为 1:2:1。

表 8-9 二项式 $(a+b)^n$ 的展开式的各项系数

n	展开式的各项系数	峰形
0	1	单峰
1	1 1	二重峰
2	1 2 1	三重峰
3	1 3 3 1	四重峰
4	1 4 6 4 1	五重峰
5	1 5 10 10 5 1	六重峰
6	1 6 15 20 15 6 1	七重峰
7	1 7 21 35 35 21 7 1	八重峰

若邻近还有 n' 个另一种氢原子与其耦合，则将产生 $(n+1)\times(n'+1)$ 个峰，各峰强度比仍有规

律可寻，但不符合表 8-9。在 NMR 术语中，单峰、二重峰、三重峰、四重峰、五重峰、七重峰及多重峰分别用 s (singlet)、d (doublet)、t (triplet)、q (quartet)、p (pentet)、h (heptet)、m (multiplet) 来表示。

需要注意的是，在二级谱中，$n+1$ 规律可能不适用。此外，理论上预测的裂分数与实际在谱图上观察到的裂分数可能会有所不同。这主要是某些耦合常数较小，导致在谱图上难以区分是否有裂分，或者是耦合常数小于仪器的分辨率所致。因此，在解析 NMR 谱图时，需要考虑这些因素。

例如，在溴乙烷的 ^{1}H NMR 谱中，有两组氢，即 CH_3 和 CH_2，它们互相耦合。甲基受亚甲基上两个氢的耦合，裂分成三重峰，峰强度比为 1∶2∶1。亚甲基受甲基上三个氢的耦合，裂分成四重峰，峰强度比为 1∶3∶3∶1。同时，甲基氢三个峰的总面积和亚甲基四个峰的总面积之比等于质子数之比，即 2∶3。

理论上，核磁共振谱图中各组峰的峰形应该是对称的，但在实际观察中，这种对称性往往并不完美。在两组互相耦合的峰中，两个理论上强度相等的裂分峰通常会表现出内侧峰高、外侧峰低的特点，这种现象使得两个耦合质子的各自两个峰顶点连线形成一个"人"字形（如边栏图所示）。这种特征有助于我们判断两组峰是否发生了耦合。如果峰顶点连线形成一个"V"字形或两条平行线，那么这两组氢很可能没有发生耦合。

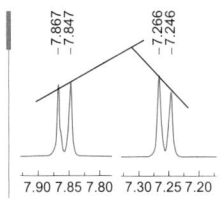

除了氢核之间的耦合外，还需要注意其他元素，如磷（P）和氟（F），它们也能与同一碳或邻近碳上的氢原子发生耦合，导致这些氢原子的信号发生裂分。

（C）耦合常数与分子结构的关系

发生耦合裂分时，信号峰内各个峰值之间的距离称为耦合常数 J，单位为 Hz。耦合常数反映了磁核间的干扰作用，其大小不受外界磁场及条件的影响。在一级谱中耦合常数可由谱图直接计算得到。对于两种质子 A 和 B 之间的耦合，耦合常数 J 只有一个，J 等于 A 或 B 类质子多重峰中相邻两个峰化学位移的差乘以仪器的射频频率（MHz），即 $J(Hz) = \Delta\delta \times$ 仪器射频频率（MHz）。只要 A 与 B 是耦合的，无论用 A 或 B 质子多重峰的任意两个峰来计算，结果都相等。

耦合常数是质子自旋裂分时的两个核磁共振能之差，大小与两个作用核之间的相对位置有关。一般只考虑相隔两个或三个键的两个核之间的耦合。所以耦合常数可用于判断有机化合物分子的结构。

（1）同碳耦合（^2J）　同一个碳原子上的两个氢通过两个键耦合，称为同碳耦合。其耦合常数用 ^2J 或 $J_{同}$ 表示。一般受杂化成分、电负性、环系等影响，如 sp^3 杂化轨道上的氢 ^2J 为 10～15 Hz，sp^2 杂化的 $C=CH_2$ 型氢的 ^2J 约为 2 Hz。环己烷中 ^2J 约为 12 Hz，环丁烷中 ^2J 为 10～14 Hz，环丙烷类 ^2J 为 3～9 Hz。

（2）邻碳耦合（^3J）　在两个相邻碳上氢原子通过三个键耦合 H-C-C-H，表示为 ^3J。饱和型邻位耦合中，当 C-C 键可以自由旋转时，^3J 在 6～8 Hz，构象固定时，^3J 在 0～18 Hz。在烯烃化合物中（H-C=C-H）中 ^3J 与构型有关，顺式氢 ^3J 为 6～14 Hz，反式氢 ^3J 为 11～18 Hz。环状化合物中 ^3J 顺反差距不大，在 2～13 Hz。苯环中 ^3J 为 6～9.4 Hz。

（3）远程耦合　两个核通过四个或四个以上的键进行耦合，称为远程耦合。远程耦合需要满足一定的结构特征。远程耦合常数一般较小，在 0～3 Hz，经常不易看出。如苯环的间位耦合 ^4J 为 0.8～3.1 Hz，对位耦合 ^5J 为 0.2～1.5 Hz。炔和联烯类化合物传递耦合作用的能力较强，甚至有的通过 9 个键耦合常数仍不为零。联烯两端氢的耦合常数较大。例如：

$$H_3C-C\equiv C-C\equiv C-C\equiv C-CH_2-OH \qquad ^9J = 0.4 \text{ Hz}$$
$$H-C\equiv C-CH_3 \qquad ^4J = 2.93 \text{ Hz}$$
$$H_3C-CH_b=CH_aCl \qquad ^4J_{ab} = 5.8 \text{ Hz}$$

(D) 其他核与 ^1H 的耦合

在 ^1H NMR 中，^1H 峰的数目不仅与邻近质子个数及耦合情况有关，还与邻近的其他可发生核磁共振核有关，包括 ^{13}C、^{19}F 和 ^{31}P 等。^{13}C、^{19}F 和 ^{31}P 的核磁共振信号不会出现在 ^1H NMR 谱中，但 ^{13}C、^{19}F 和 ^{31}P 可以与邻近 ^1H 耦合裂分。^{13}C 天然丰度很低，对 ^1H 的耦合一般观察不到。^{19}F、^{31}P 的天然丰度都是 100%，因此，在含 F 和 P 的化合物中可以清楚地看到 ^{19}F、^{31}P 与 ^1H 的耦合及由此造成的裂分。^{19}F、^{31}P 与 ^1H 的耦合都符合 $n+1$ 规律。

^{19}F 对 ^1H 的耦合，耦合常数较大，$^2J_{H-C-F}$ 为 45~90 Hz，$^3J_{H-C-C-F}$ 为 0~45 Hz，$^4J_{H-C-C-C-F}$ 为 0~9 Hz。在苯的氟代衍生物中，与邻位氢 J 为 6~10 Hz，与间位氢 J 为 4~8 Hz，与对位氢 J 为 0~3 Hz。

^{31}P 对 ^1H 的耦合，耦合常数变化极大。如 RPH_2 中 $^1J_{H-P}$ 为 180~200 Hz，$(CH_3)_3P$ 中 $^2J_{H-C-P}$ 为 2.1 Hz，$(CH_3)_3P=O$ 中 $^2J_{H-C-P}$ 为 13.4 Hz。

3. 信号峰的积分面积

前面学习了 NMR 中吸收峰的位置（化学位移）和峰形（自旋耦合、裂分），本节学习 NMR 另一个有用的特征，核磁共振信号的相对积分强度，即信号峰的积分面积。积分面积与引起该吸收的核的相对数目成正比。分子中某种氢数目越多，核磁共振吸收越强。通过计量峰的面积，并将其与其他信号峰面积相比较，就能得到各种氢数目的比例。这些数值由计算机完成测算，并以积分的形式标出。积分曲线的总高度与分子中总氢数目成正比，各个峰向上的垂直距离正比于峰面积。各峰的相对积分值也可以在谱图中直接标出。如果将含有一个氢的峰面积定为 1，则谱图中的积分数字与实际氢数目相符。

当分子中含有多种类型的氢原子，且谱峰数目较多时，积分的相对比值对于谱图的解析尤其有帮助。如果测试的样品不纯，或者谱图比较复杂，实际的积分比例可能与理论比值不完全相同。这种情况下，积分比例也可以作为判断样品纯度的一个依据。因此，积分强度是 NMR 分析中一个非常有用的工具，它不仅有助于确定分子结构，还可用于评估样品的纯度。

4. ^1H NMR 谱图解析

至此，我们已经全面了解了一维 ^1H NMR 的关键概念，包括化学位移、自旋耦合、裂分及积分面积。接下来，我们将通过一些有机分子的氢谱实例，展示如何应用这些知识点来解析谱图，并据此合理推断分子的结构。

》例 8-11 在 1,1,2-三氯乙烷的 ^1H NMR 谱图中（图 8-24），可以观察到两组磁不等价的质子，它们分别对应于两个不同的吸收峰。根据电子效应对化学位移的影响，我们可以推断出 H_a 和 H_b 这两个质子都受到了吸电子基团氯（Cl）的诱导效应，导致它们在低场区域出现信号。由于 H_a 比 H_b 更接近氯原子，它受到的影响更大，因此其信号出现在 5.76 的位置，而 H_b 的信号则出现在 3.96 的位置。

根据自旋耦合裂分判断（$n+1$ 规律），可以进一步确认这些质子的身份。H_a 由于受到两个 H_b 的影响，其信号应该裂分成三重峰（2+1），而 H_b 则因为只受到一个 H_a 的影响，其信号应该裂分成双重峰（1+1）。此外，两组峰的积分面积之比为 1:2，这也验证了我们的指认

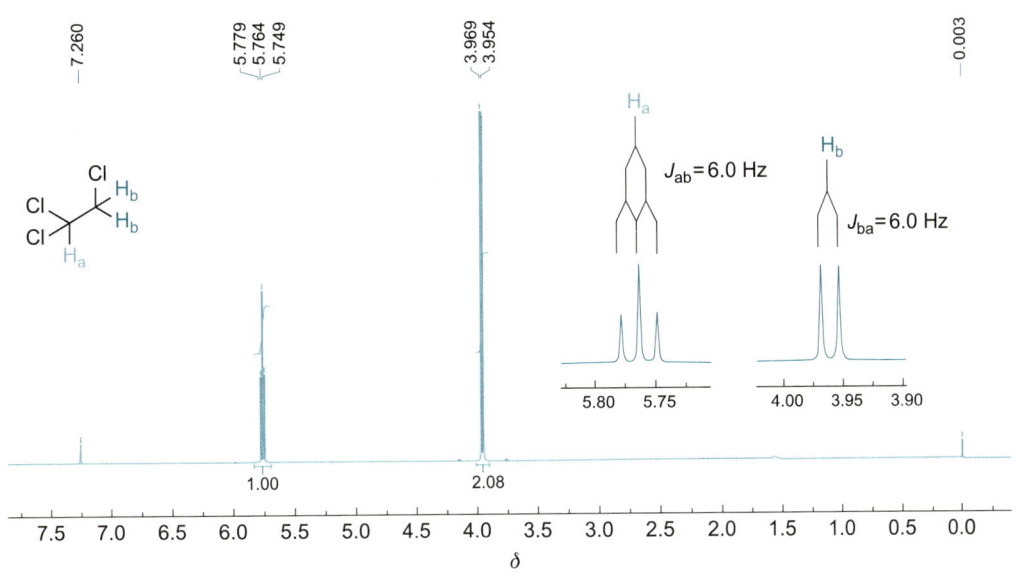

图 8-24　1,1,2-三氯乙烷的 ^{1}H NMR (400 MHz, CDCl$_3$) 谱图

是正确的。计算耦合常数得 $J_{ab} = J_{ba} = 6.0$ Hz。这个数值进一步证实了 H$_a$ 和 H$_b$ 之间的自旋耦合关系。

》**例 8-12**　在 1,1,2-三氯丙烷的 ^{1}H NMR 谱图中（图 8-25），共有三组磁不等价质子，出现三组吸收峰。由于 H$_a$ 和 H$_b$ 受吸电子基团 Cl 的诱导效应，影响出峰在低场位置，H$_c$ 由于距离较远受到的影响较小而出现在高场位置。结合谱图可以看出，H$_a$ 受影响更大，出峰在 5.86 处（靠近两个去屏蔽的氯原子），H$_b$ 出峰在 4.35 处，H$_c$ 出峰在 1.69 处。

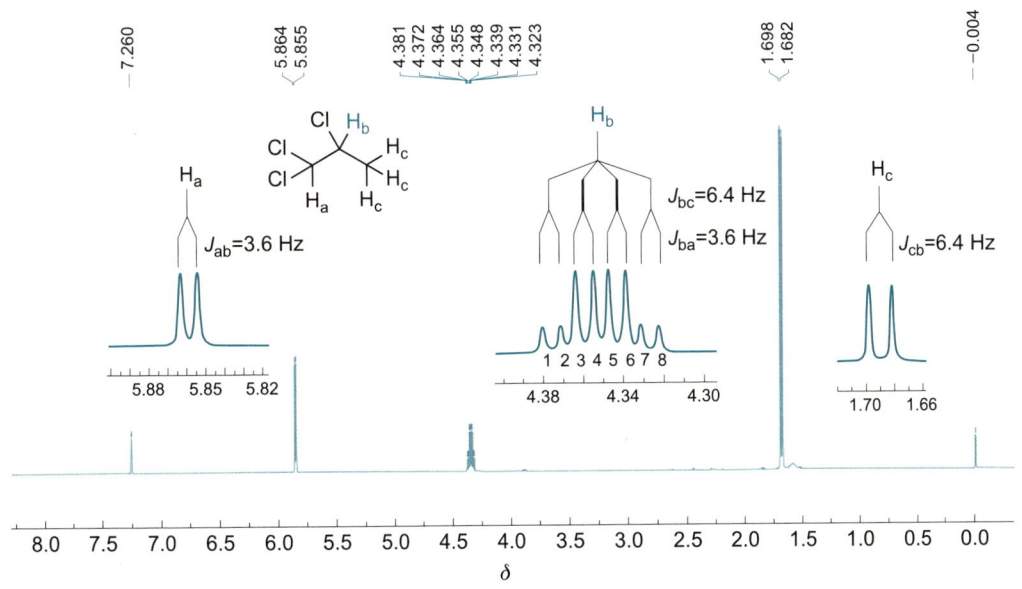

图 8-25　1,1,2-三氯丙烷的 ^{1}H NMR (400 MHz, CDCl$_3$) 谱图

根据 $n+1$ 规律判断，H$_a$ 和 H$_c$ 均受 H$_b$ 影响，它们的信号应该裂分成双重峰。可以看出确实出现了两组双重峰。然而，H$_b$ 却出现了看似"八重峰"的裂分图形，且相对强度也与普通的裂分不同。出现这种情况的原因是什么呢？

实际上，n+1 规律只适用于邻位磁等价氢。而 1,1,2-三氯丙烷中，H_b 的邻位有两组磁不等价氢，它们与 H_b 的耦合常数也将不相同。分步运用 n+1 规律（保证每次耦合的氢是磁等价的）可以解释这种现象。即甲基上 3 个磁等价的氢首先将 H_b 裂分为 3 + 1 = 4 重峰，接着 H_a 四组峰中的每一个峰裂分为 1 + 1 = 2 组峰。结果就得到了如图所示的四重峰的双重峰（用 qd 表示）。其中中间的四个峰与两边四个峰的峰面积之比为 3∶1，这是由第一次裂分成四组峰时的峰面积之比 1∶3∶3∶1 决定的。

进一步计算耦合常数可以得到 J_{ab} = 3.6 Hz，J_{bc} = 6.4 Hz。qd 峰 H_b 的耦合常数计算可以用（1 号峰的化学位移-2 号峰的化学位移）× 400 MHz 得到，同样的 3 号和 4 号，5 号和 6 号，7 号和 8 号的化学位移差值均相等。另外还可以看出：1 和 3，2 和 4，…，6 和 8 之间的化学位移差也相等，计算出来的耦合常数均是 J_{bc}。

>> **例 8-13** 在对甲基苯乙酮的 ^1H NMR 谱图中（图 8-26），共有四组吸收峰。H_d 受苯环的去屏蔽作用出峰在 2.41，H_a 受羰基和苯环的共同去屏蔽作用出峰在较低场位置（2.58）。H_d 信号峰较矮略宽是受到了芳环上邻位（间位）氢的耦合裂分所致（耦合常数较小，通常小于 1 Hz）。由于分子含有对称面，因此 H_b 和 H_c 的吸收峰分别包含两个氢。H_b 和 H_c 受甲基和羰基的共同作用而出峰在不同的位置，H_b 受羰基的吸电子共轭效应影响更大所以出峰在更低场的位置（7.86）。

最后 H_b 和 H_c 互相耦合裂分均为双峰（J_{bc} = 8.0 Hz）。

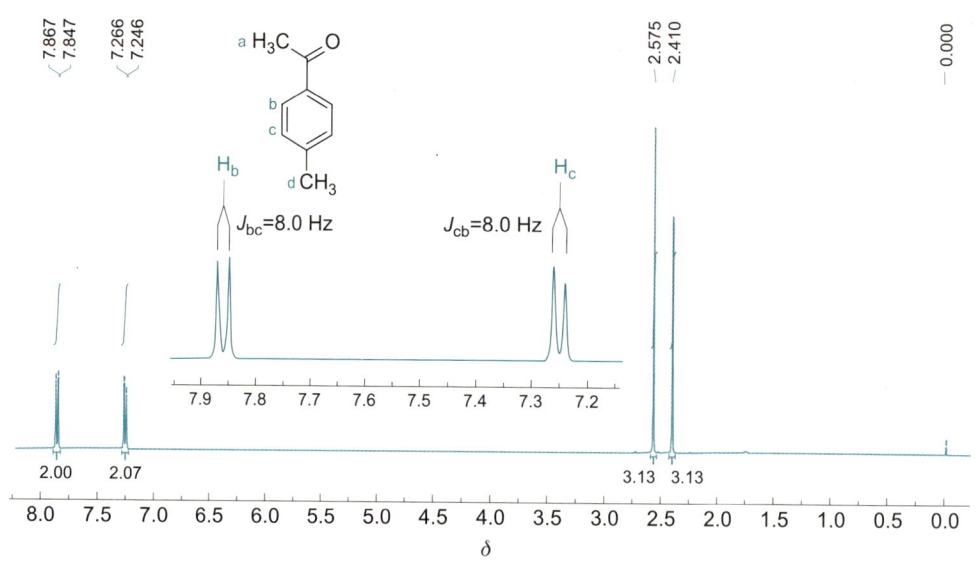

图 8-26　对甲基苯乙酮的 ^1H NMR (400 MHz, CDCl$_3$) 谱图

>> **例 8-14** 在醋酸乙烯酯的 ^1H NMR 谱图中（图 8-27），共有四组吸收峰。其中甲基在最高场比较容易指认，双键上的三个氢各出一组，如何指认它们呢？首先 H_a 受氧的吸电子诱导效应及处于双键和羰基的去屏蔽区出峰在最低场 7.27 处。而 H_b 和 H_c 不容易直接区分，但通过分析它们的化学环境和耦合裂分情况，可以进行识别。H_b 距离羰基较近也处于羰基的去屏蔽区，因此出峰在较低场位置（4.88）。

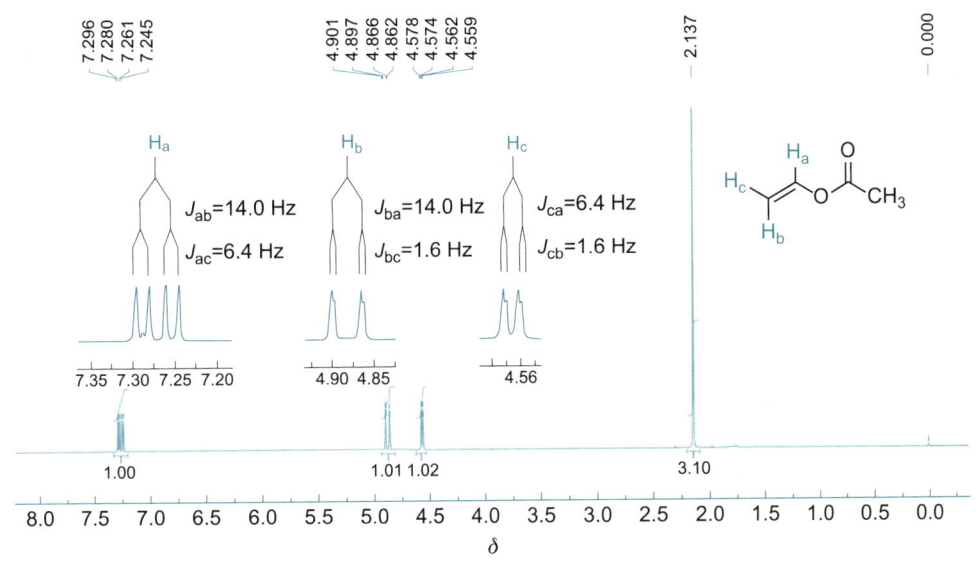

图 8-27 醋酸乙烯酯的 ^{1}H NMR (400 MHz, CDCl$_3$) 谱图

接着可以通过耦合裂分情况进一步确认：根据 $n+1$ 规律，H_a 受相邻碳上的 H_b 和 H_c 影响为 dd 峰，其耦合常数为 14.0 Hz（与 H_b 反式，耦合常数大）和 6.4 Hz（与 H_c 顺式，耦合常数小）。这里 H_b 和 H_c 尽管连在同一个碳原子上，也均出现了四重峰，因为它们是磁不等价的。H_b 的两个耦合常数为 14.0 Hz（与 H_a 反式，耦合常数大）和 1.6 Hz（与 H_c 同碳耦合，^2J 小）。H_c 的两个耦合常数分别为 6.4 Hz（与 H_a 顺式耦合）和 1.6 Hz（与 H_b 同碳耦合）。根据耦合常数的不同很容易指认出 H_b 和 H_c。

》 **例 8-15** 一种未知液体化合物沸点为 218 ℃，分子式为 $C_8H_{14}O_4$，其 IR 谱图显示有 $\nu_{C=O}$ 吸收。^{1}H NMR 谱图如图 8-28 所示，试推断化合物的结构。

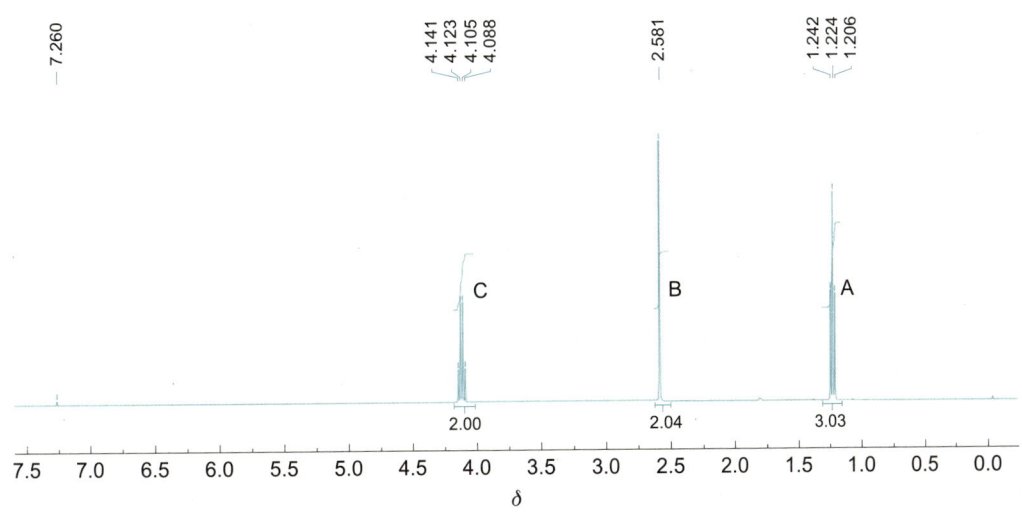

图 8-28 未知化合物的 ^{1}H NMR (400 MHz, CDCl$_3$) 谱图

》 **解** 首先计算该化合物的不饱和度 $\Omega = 2$，IR 谱图显示有 $\nu_{C=O}$，说明其中至少有一个羰基。图中可以看出共有三种不同的质子，每组氢原子个数为

A 组：$14 \times \dfrac{3}{3+2+2} = 14 \times \dfrac{3}{7} = 6$

B 组：$14 \times \dfrac{2}{7} = 4$

C 组：$14 \times \dfrac{2}{7} = 4$

其中，A 组有 6 个氢，由 δ 值可知为甲基氢，所以有两个 CH_3。A 组氢裂分为三重峰，其邻近应有两个质子与其耦合。C 组有 4 个氢，可能为两个 CH_2，裂分为四重峰，其邻近应有 3 个质子即 CH_3 与其耦合，所以应有两个 CH_3CH_2。B 组为 4 个氢，且为单峰，可能是化学环境一样的两个 CH_2。由其化学位移及分子内含有羰基的情况，初步推定有 –CO–CH_2CH_2–CO–，这两个 CH_2 的 4 个氢为磁全同质子。C 组的 4 个氢化学位移较大，应是与氧相连，所以有两组 –O–CH_2CH_3。

综合上述分析，该化合物为 CH_3CH_2O–CO–CH_2CH_2–CO–O–CH_2CH_3。

常用 ^{1}H NMR 实验技术

常用 ^{1}H NMR 实验技术见边栏二维码。

8.4.3 碳谱

碳谱指 ^{13}C 核的核磁共振谱。有机化合物的骨架多数由碳原子组成，碳谱是研究有机分子结构十分有用的手段。1957 年，Lauterbur 第一次观察到天然有机物的 ^{13}C NMR。但由于 ^{13}C 的天然丰度只占 1.1%，所以含碳化合物 ^{13}C NMR 信号很弱，致使 ^{13}C NMR 最初的应用受到了极大的限制。20 世纪 60 年代后期，脉冲傅里叶变换谱仪的出现使 ^{13}C NMR 成为可实际应用的测试手段。

1. ^{13}C NMR 的去耦技术

^{13}C 的核磁共振原理与 ^{1}H 的核磁共振原理相同。由于 ^{13}C 的天然丰度很低，所以 ^{13}C 核的测定灵敏度很低。为了提高信号强度，常采用提高仪器灵敏度、增大样品浓度、多次扫描累加等方法。

在 ^{1}H NMR 学习中，我们了解到核磁共振的原子核之间可以发生耦合裂分。同样，在 ^{13}C NMR 谱中，碳原子的谱峰也会发生分裂。然而，由于自然界中 ^{13}C 同位素的丰度很低（约 1.1%），化合物中两个相邻的 ^{13}C 原子的概率非常小，大约是万分之一。因此，在大多数情况下，^{13}C 核邻近的都是不能发生核磁共振的 ^{12}C 原子，这就使得我们通常无法观测到 ^{13}C–^{13}C 之间的裂分。尽管如此，与 ^{13}C 核相连的质子可以与其发生耦合裂分，且这种耦合常数通常很大，$^1J_{\text{C-H}}$ 在 100~200 Hz，此外，$^2J_{\text{CCH}}$ 和 $^3J_{\text{CCCH}}$ 也有一定程度的耦合，致使信号峰重叠形成难以解析的谱图。

为了解决这个问题，通常采用宽带去耦技术来抑制所有 ^{13}C-^{1}H 之间的裂分。例如，质子宽带去耦技术，它使用两个射频进行照射：一个用于观察，另一个用于干扰。在采样时，同时使用一个强的去耦射频在可以使全部质子共振的频率区间进行照射，从而消除 ^{1}H 对 ^{13}C 的耦合影响。

如图 8-29 所示，去耦前后的对照谱图可以明显看出，去耦处理后，所有 ^{13}C 的信号峰都表现为单峰，这大大简化了谱图的解析工作，使得我们能够更清晰地观察到每个 ^{13}C 的信号，从而更准确地分析和推断分子的结构。

^{19}F、^{31}P、D 对碳的耦合简介见边栏二维码。

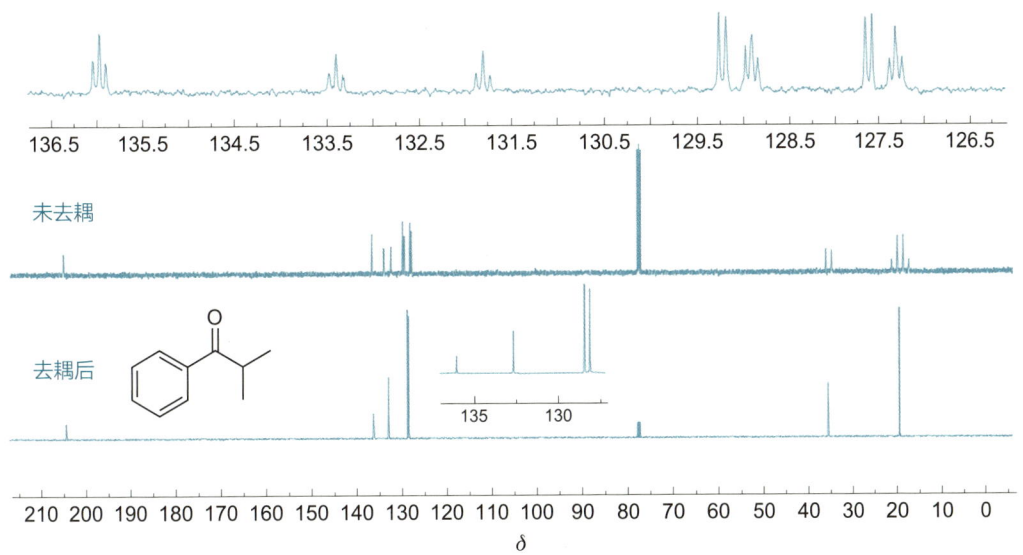

图 8-29 异丁酰苯的 ^{13}C NMR (100 MHz, CDCl$_3$) 谱图

2. ^{13}C NMR 谱图中的化学位移

^{13}C NMR 与 ^1H NMR 类似，主要有化学位移 δ、耦合常数和谱线强度 3 个参数。在 ^{13}C NMR 谱图中最重要的是化学位移与峰的个数。碳谱化学位移通常在 0~220 之间。一般情况下，对于宽带去耦的常规谱，化合物每个不同的种类的碳几乎不重叠。^{13}C NMR 谱图中信号峰的数目表示不同电子环境中的碳原子数目。通过对称操作（旋转、反映）可以互换的碳原子将只出一个信号峰。

与 ^1H NMR 谱图类似，^{13}C NMR 谱图中也常用四甲基硅烷作内标。将四甲基硅烷的 ^{13}C 信号的化学位移定为零，把出现在 TMS 左侧信号的 δ_C 值规定为正值，在 TMS 右侧即高场的 ^{13}C 信号的 δ_C 值规定为负值。

3. 影响 ^{13}C 化学位移的因素

与影响氢核化学位移类似，对碳核周围的电子密度有影响的任何因素都会影响其化学位移。δ_C 与 δ_H 不同的一点是，δ_C 受分子间影响较小。因为 H 处在分子的外部，邻近分子对它影响较大，如氢键缔合等因素的影响。而碳处在分子骨架上，所以分子间效应对碳影响较小，分子内部相互作用显得重要。碳的杂化方式、诱导效应和共轭效应、重原子效应、分子内氢键及测定时的溶剂等都将影响 ^{13}C 的化学位移。

一般分子内 δ_C 大小的次序与该碳上氢的 δ_H 次序基本上一致。某个碳的 δ_C 较大，其直接连接的氢的 δ_H 也较大；反之，某个碳的 δ_H 较小，其连接的氢的 δ_H 也较小。饱和烃的 sp^3-C 的 δ_C 为 0~50；sp-C 的 δ_C 为 60~90；烯和芳烃 sp^2-C 的 δ_C 为 100~165，羰基碳的 δ_C 在 160~220。在有强取代效应时位移范围可扩大。各类碳的化学位移如图 8-30 所示。

DEPT ^{13}C NMR 见边栏二维码。

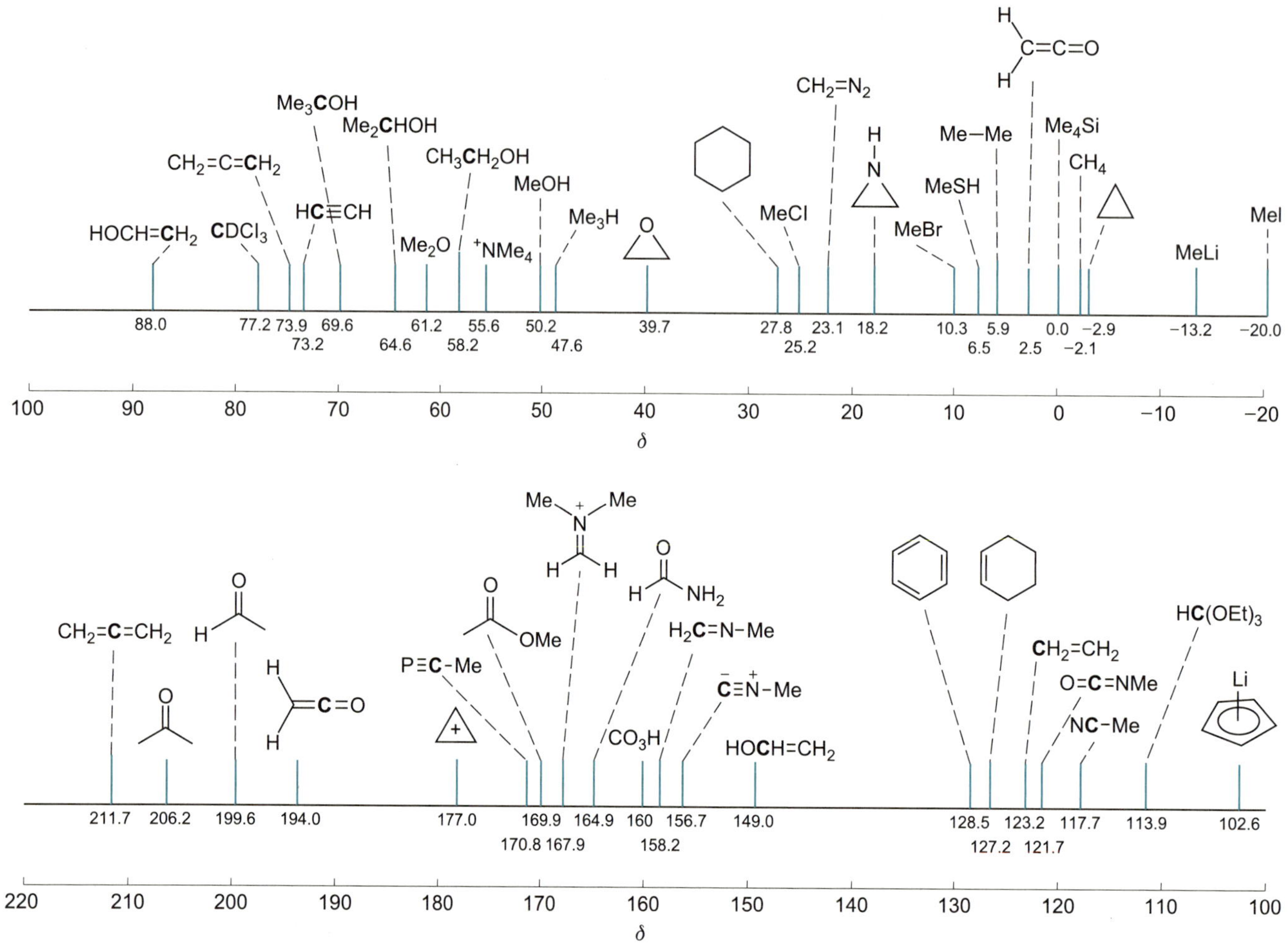

图 8-30 各类碳的化学位移

» **例 8-16** 戊-2,4-二酮（俗名为乙酰丙酮）的 ^{1}H NMR 和 ^{13}C NMR 分析数据（图 8-31）证明，乙酰丙酮存在互变异构。

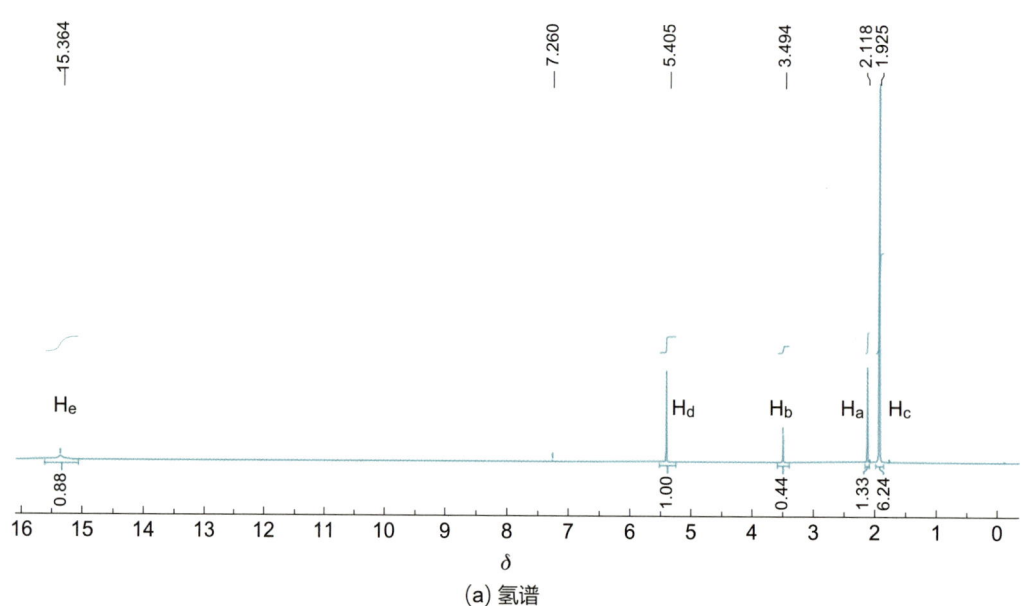

(a) 氢谱

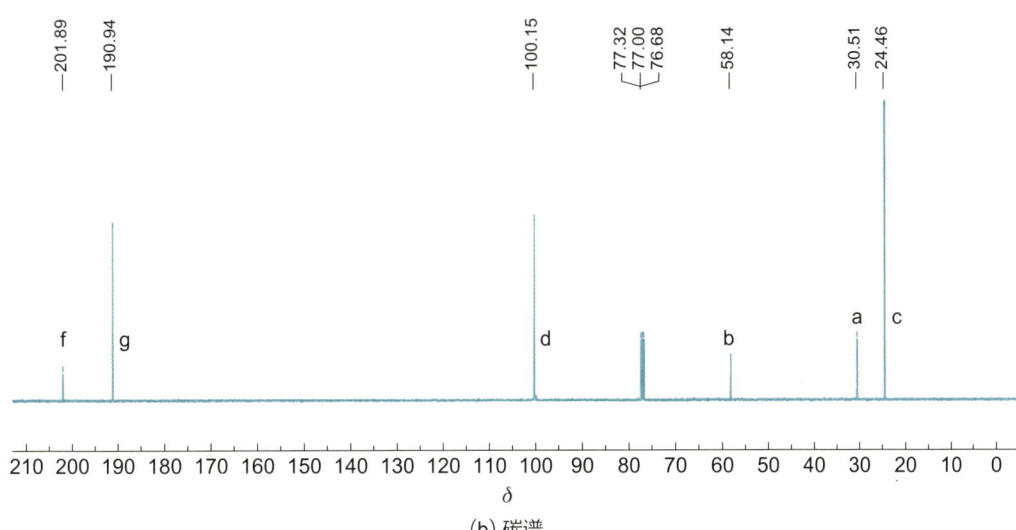

图 8-31 乙酰丙酮的 ^{1}H NMR (400 MHz, CDCl$_3$) 和 ^{13}C NMR (100 MHz, CDCl$_3$) 谱图

>> **解** 乙酰丙酮的结构为 CH$_3$–CO–CH$_2$–CO–CH$_3$。其 ^{1}H NMR 谱图中应出现一个 CH$_3$ 单峰和一个 CH$_2$ 单峰，峰强度比应该为 6∶2。但实际上谱图中有多组峰，证明有不同异构体存在。从 ^{13}C NMR 谱图看，除了两种 C=O 外，在 100 附近有还一个峰，为烯碳。因此，可以推断存在互变异构体。由化学常识可知，应有酮式和烯醇式的互变异构。

在氢谱中各个峰对应的质子标注如下：

在碳谱中每个峰对应的碳原子标注如下：

由于烯醇式可以由任意一个羰基形成，加上酮式和烯醇式的快速互变转换，因此烯醇式中的两个甲基没有区别，两个羰基也没有区别。

>> **例 8-17** 咪唑在常温下其宽带去耦 ^{13}C NMR 谱图由两条谱带组成，试解释原因。

>> **解** 这是 ^{13}C NMR 谱图用于动力学研究的例子。在该化合物中 C1、C3 和 C4 看起来是不一样的，本应有三个峰。但是由于该化合物在常温下快速互变，而且两种互变异构体稳定性、热力学能相等，使 C3 和 C4 谱带合二为一，所以实际观察到的只有两个峰。

波谱分析是有机化合物结构解析最有效的手段之一。各种波谱法原理不同，其特征和应用侧重也不同。质谱主要用于确定化合物的相对分子量、分子式和化合物的部分结构片段。紫外-可见光谱主要给出芳香环、共轭体系和羰基的结构信息。红外光谱通过官能团区判断官能团是否存在，通过指纹区判断化合物结构中更加细微的信息，如芳香环的取代情况和烯键的取代及顺反异构情况等。核磁共振谱主要用于确定有机化合物中碳和氢的相关信息，其在有机合成中最为常用。在化合物结构的分析和确定中，常运用各种波谱数据相互印证、补充，进行综合解析。对于已知化合物，经常利用测定其物理常数结合波谱数据，与文献报道的数据相比对来确定结构。对于未知化合物，需要运用多种波谱数据进行分析，并辅以元素分析、化学分析和物化性质数据等综合解析。

习题

1. 在电子轰击电离质谱中，有机化合物会产生哪些主要类型的离子？相应的谱峰在其结构解析中各有什么用途？
2. 质谱中有哪些有机化合物共价键断裂方式和引发机制？
3. 如何区分组成式为 $C_6H_{11}Cl$、$C_6H_{14}O_2$ 和 $C_5H_{14}N_2O$ 的质谱谱峰？
4. 2-甲基戊烷和3-甲基戊烷的质谱图如下，试推测谱图对应的结构。

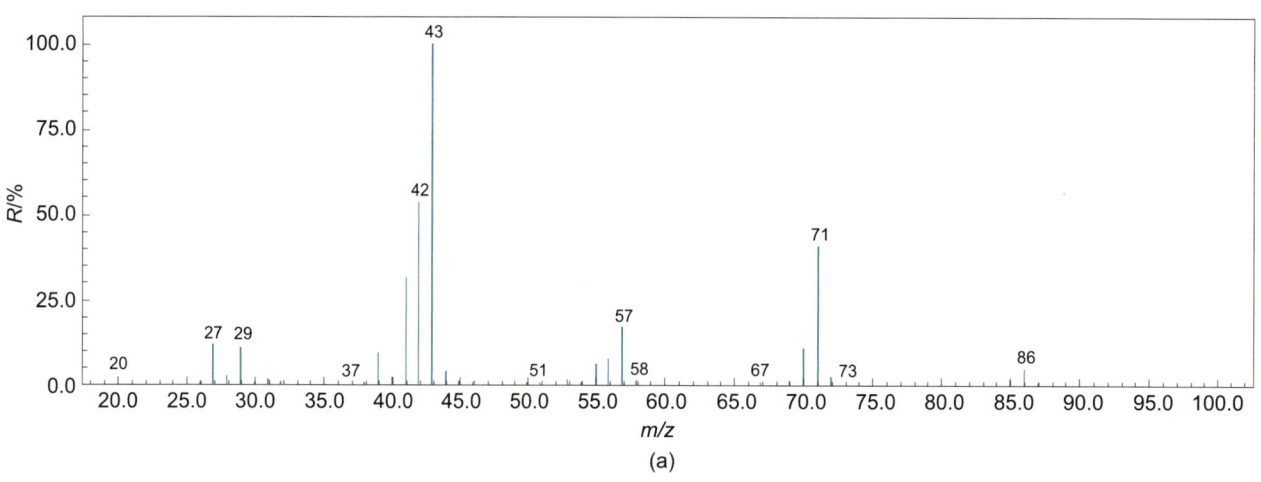

(a)

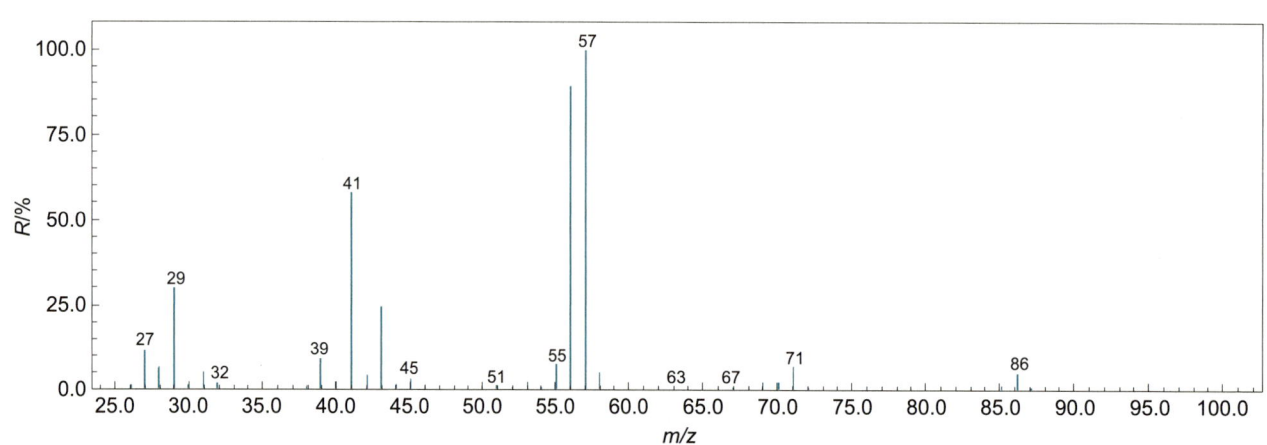

(b)

5. 一常温液体化合物熔点为 −4 °C，沸点为 198 °C，其质谱图如下，推断此化合物的结构式。

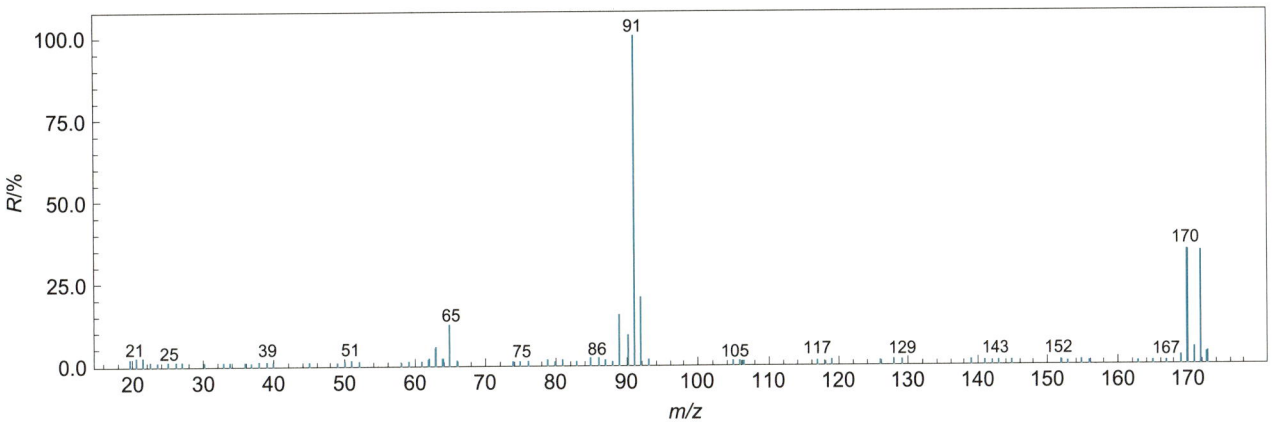

6. 下列化合物的紫外吸收光谱可能出现什么吸收带？

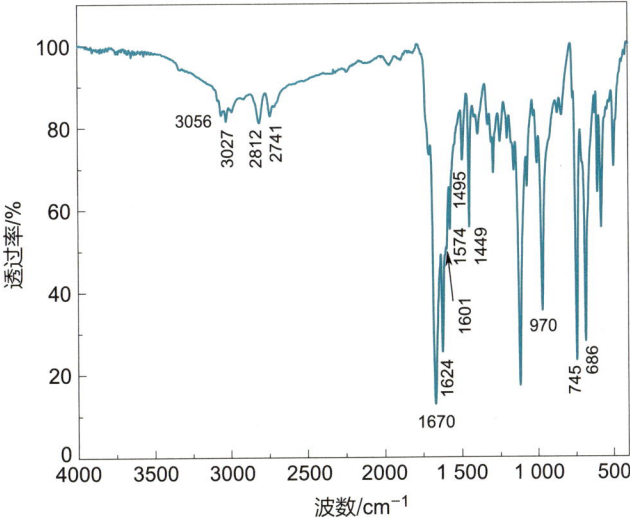

7. 乙酰乙酸乙酯在极性溶剂中测定时，出现一个弱峰，$\lambda_{max} = 272$ nm ($\varepsilon = 16$)，在非极性溶剂中测定时，出现一个强峰，$\lambda_{max} = 243$ nm ($\varepsilon = 16000$)，为什么？

8. 如何选择紫外光谱的溶剂？

9. 如何用红外光谱区分醛、酮、羧酸及羧酸酯类化合物？

10. 简述 $RCH=CH_2$、$R^1R^2C=CH_2$ 和 $R^1CH=CHR^2$（顺式、反式）基团在指纹区吸收的特点。

11. 下列三种物质的红外光谱有哪些区别？

12. 请解释乙酰乙酸乙酯的红外光谱中 1737 cm^{-1}、1713 cm^{-1} 和 1650 cm^{-1} 处的吸收。

13. 下图是分子式为 C_9H_8O 的化合物的红外光谱，试根据其特征吸收峰推断该化合物的可能结构。

14. 下列化合物的 ^1H NMR 只有一个信号峰，试推断其结构。

（1）C_5H_{10}　（2）$C_5H_8O_2$　（3）$C_{12}H_{18}$　（4）C_8H_{18}　（5）$C_{17}H_{36}$

15. 指出下列化合物中 H_a 和 H_b 的 ^1H NMR 信号是否相同。

16. 下列化合物中 H_a 和 H_b 的化学位移哪个大？为什么？

17. 推测下列化合物各类质子间有无耦合，指出各种质子裂分峰的数目及裂分小峰的面积比。画出这些化合物的 ^1H NMR 谱图的可能图形。

（1）$CH_2Cl–CH_2Cl$
（2）$CH_3–CCl_2–CH_2Cl$
（3）$CH_3–O–CH_2–CH_3$
（4）$CH_3CO_2CH_2CH_3$

18. 有一化合物分子式为 C_3H_6O，其 ^1H NMR 数据如下，δ: 2.72 (p, J = 6.8 Hz，2H)，4.73 (t, J = 6.8 Hz，4H)，请推测其结构式。

19. 异香草醛（Ⅰ）与 NBS 在二氯甲烷中溴化得（Ⅱ），（Ⅱ）的羟基被甲基化后得到主要产物（Ⅲ）。（Ⅲ）的 ^1H NMR (400 MHz, CDCl$_3$) 分析数据如下，δ: 10.25 (s, 1H), 7.74 (d, J = 8.8 Hz, 1H), 6.96 (d, J = 8.8 Hz, 1H), 3.96 (s, 3H), 3.88 (s, 3H)，推测化合物（Ⅲ）的结构。

20. 下列化合物的分子式和 ^1H NMR (400 MHz, CDCl$_3$) 分析数据如下，试推测它们的结构。

（1）$C_5H_{12}O_2$ δ: 3.08 (s, 6H), 1.22 (s, 6H)。

（2）$C_6H_{12}O_2$ δ: 1.84 (s, 3H), 1.33 (s, 9H)。

（3）$C_{10}H_{14}$ δ: 7.10 (s, 4H), 2.61 (q, J = 7.6 Hz, 4H), 1.22 (t, J = 7.6 Hz, 6H)。

21. 分子式为 $C_3H_6Cl_2$ 的四种同分异构体的 ^1H NMR（400 MHz, CDCl$_3$）分析数据如下，试确定其结构。

（1）2.20 (s, 6H)

（2）1.16 (t, J = 7.0 Hz, 3H), 2.10～2.25 (m, 2H), 5.71 (t, J = 6.0 Hz, 1H)

（3）1.51 (d, J = 5.6 Hz, 3H), 3.50～3.80 (m, 2H), 4.11～4.26 (m, 1H)

（4）2.15～2.36 (m, 2H), 3.72 (t, J = 6.0 Hz, 4H)

22. 化合物 **A** 中的 H_a 和 H_b，化合物 **B** 与 **C** 中甲基氢的化学位移哪个较大，哪个较小？为什么？

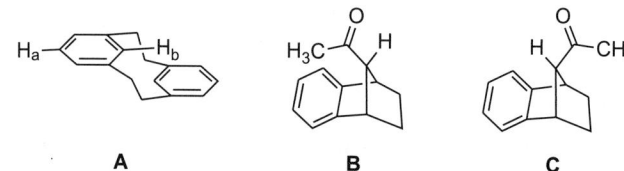

23. 在常温下，下列有"*"号标记的氢在 ^{1}H NMR 谱图中出现几重峰（CDCl$_3$溶剂）？

(1)　(2)　(3)　(4)

24. 化合物 **A** 和 **B** 的分子式均为 C$_6$H$_{13}$NO$_2$，^{1}H NMR (400 MHz, CDCl$_3$)谱图数据如下，化合物 **A**: δ 4.15 (q, J = 7.2 Hz, 2H), 3.11 (s, 2H), 2.03 (s, 6H), 1.23 (t, J = 7.2 Hz, 3H); 化合物 **B**: δ 4.14 (t, J = 5.6 Hz, 2H), 2.54 (t, J = 5.6 Hz, 2H), 2.26 (s, 6H), 2.06 (s, 3H); IR 谱图中没有发现硝基，但有羰基。试推测它们的结构。

25. 在分子式分别为 C$_{10}$H$_{12}$O$_2$ 和 C$_{10}$H$_{14}$O$_2$ 的化合物中，有三种化合物 **A**, **B** 和 **C**, 其 ^{1}H NMR (400 MHz, CDCl$_3$)谱图数据如下，化合物 **A**: δ 6.82 (s, 4H), 3.98 (q, J = 7.2 Hz, 4H), 1.39 (t, J = 7.2 Hz, 6H); 化合物 **B**: δ 7.92 (dd, J = 6.8, 2.0 Hz, 2H), 6.91(dd, J = 6.8, 2.0 Hz, 2H), 4.09 (q, J = 6.8 Hz, 2H), 2.55 (s, 3H), 1.44 (t, J = 6.8 Hz, 3H); 化合物 **C**: δ 7.32~7.29 (m, 2H), 7.28~7.20 (m, 3H), 4.28 (t, J = 7.2 Hz, 2H), 2.93 (t, J = 7.2 Hz, 2H), 2.03 (s, 3H)。试推测它们的结构式。

26. 分子式为 C$_{10}$H$_{14}$ 的 3 种同分异构化合物的 ^{1}H NMR (400 MHz, CDCl$_3$)分析数据如下，化合物 **A**: δ 7.39 (d, J = 8.4 Hz, 2H), 7.29 (dd, J = 8.4, 7.6 Hz, 2H), 7.16 (t, J = 7.6 Hz, 1H), 1.32 (s, 9H); 化合物 **B**: δ 7.26~7.22 (m, 2H), 7.16~7.10 (m, 3H), 2.45 (d, J = 8.4 Hz, 2H), 1.90~1.80 (m, 1H), 0.89 (d, J = 6.8 Hz, 6H); 化合物 **C**: δ 7.29~7.25 (m, 2H), 7.25~7.16 (m, 3H), 2.61 (t, J = 8.0 Hz, 2H), 1.60 (p, J = 7.6 Hz, 2H), 1.35 (sext, J = 7.6 Hz, 2H), 0.92 (t, J = 7.6 Hz, 3H)。试推测它们的结构式。

27. 从下列每组分子中选出与所给 ^{13}C NMR 数据最相符的化合物，并解释原因。

（1）δ_C 19.5, 33.9; (a) (CH$_3$)$_3$CCH$_2$CH$_3$, (b) (CH$_3$)$_2$CHCH(CH$_3$)$_2$, (c) CH$_3$(CH$_2$)$_3$CH$_3$

（2）δ_C 13.2, 20.0, 34.6, 44.6; (a) 1-氯丁烷, (b) 1-氯戊烷, (c) 3-氯戊烷

（3）δ_C 24.0, 30.0, 43.5, 214.9; (a) 环戊酮, (b) 环庚酮, (c) 环壬酮

（4）δ_C 45.1, 118.3, 133.8; (a) 烯丙基氯, (b) 炔丙基氯, (c) 1,2,2-三氯丙烷

28. 根据下列化合物的分子式和 ^{13}C NMR 数据，推测它们的结构。

（1）分子式为 C$_4$H$_8$O$_2$, δ_C 67.12

（2）分子式为 C$_5$H$_{10}$O, δ_C 7.1, 34.6, 210.5

（3）分子式为 C$_6$H$_{10}$O, δ_C 70.8, 115.2, 134.8

（4）分子式为 C$_4$H$_{10}$O, δ_C 10.0, 22.8, 32.1, 69.3, DEPT-135 中 32.1 为负峰，其余为正峰（DEPT 相关知识见正文二维码）。

29. 某化合物分子式为 C$_{10}$H$_{12}$O, DEPT-135 和 ^{13}C NMR (100 MHz, CDCl$_3$)谱图数据如下：δ 200.3, 137.0, 132.7, 128.4, 127.9, 40.4, 17.6, 13.8；其中 200.3 和 137.0 信号在 DEPT-135 中消失，40.4 和 17.6 为倒峰，其余为正峰。试推测其结构式。

30. 某化合物分子式为 C$_4$H$_7$NO, 其核磁共振分析数据如下：^{1}H NMR (400 MHz, CDCl$_3$), δ 7.81 (b, 1H), 3.43~3.38 (m, 2H), 2.32~2.27 (m, 2H), 2.16~2.07 (m, 2H); ^{13}C NMR (100 MHz, CDCl$_3$), δ 179.0, 41.8, 29.7, 20.1; DEPT-135 中，179.0 没有信号，其余均为倒峰。试推测其结构式。

31. 某化合物分子式为 C$_5$H$_8$O$_2$, 其核磁数据如下：^{1}H NMR (400 MHz, CDCl$_3$), δ 5.84~5.74 (m, 1H), 5.19 (d, J = 17.2 Hz, 1H), 5.10 (d, J = 10.4 Hz, 1H), 4.44 (d, J = 6.0 Hz, 2H), 1.95 (s, 3H); ^{13}C NMR (100 MHz, CDCl$_3$), δ 170.3, 132.0, 117.7, 64.8, 20.5; DEPT-135 中，170.3 没有信号，132.0 和 20.5 为倒峰，其余为正峰。试推测其结构式。

32. 如何用 DEPT 谱确定 CH$_3$、CH$_2$、CH 和季碳？

33. 使用氢谱还是碳谱可以区分下面三种化合物的结构？说明理由。

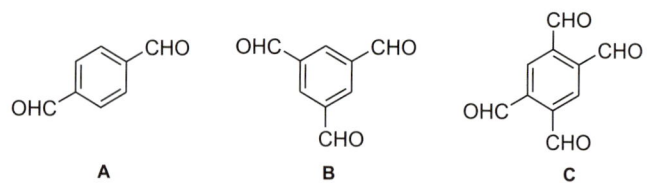

34. 分子式为 $C_{10}H_{14}$ 的芳烃有多种同分异构体，其 ^{13}C NMR (100 MHz, CDCl$_3$)谱图数据如下，化合物 **A**: δ 151.0, 128.0, 125.4, 125.2, 34.6, 31.4; 化合物 **B**: δ 141.6, 129.1, 128.1, 125.6, 45.5, 30.3, 22.4; 化合物 **C**: δ 142.9, 128.4, 128.2, 125.5, 35.7, 33.7, 22.4, 14.0; 化合物 **D**: δ 141.4, 127.8, 28.4, 15.7; 化合物 **E**: δ 133.6, 131.0, 19.1; 化合物 **F**: δ 136.1, 134.4, 131.7, 128.3, 20.7, 20.4, 14.8。试推测这些化合物的结构。

（本章编者　王永强、周岭、白银娟、张世平、白璐、王云侠）

郑重声明

高等教育出版社依法对本书享有专有出版权。任何未经许可的复制、销售行为均违反《中华人民共和国著作权法》，其行为人将承担相应的民事责任和行政责任；构成犯罪的，将被依法追究刑事责任。为了维护市场秩序，保护读者的合法权益，避免读者误用盗版书造成不良后果，我社将配合行政执法部门和司法机关对违法犯罪的单位和个人进行严厉打击。社会各界人士如发现上述侵权行为，希望及时举报，我社将奖励举报有功人员。

反盗版举报电话 （010）58581999　58582371

反盗版举报邮箱 dd@hep.com.cn

通信地址 北京市西城区德外大街 4 号 高等教育出版社知识产权与法律事务部

邮政编码 100120

读者意见反馈

为收集对教材的意见建议，进一步完善教材编写并做好服务工作，读者可将对本教材的意见建议通过如下渠道反馈至我社。

咨询电话 400-810-0598

反馈邮箱 hepsci@pub.hep.cn

通信地址 北京市朝阳区惠新东街 4 号富盛大厦 1 座 高等教育出版社理科事业部

邮政编码 100029

防伪查询说明

用户购书后刮开封底防伪涂层，使用手机微信等软件扫描二维码，会跳转至防伪查询网页，获得所购图书详细信息。

防伪客服电话 （010）58582300

化学"101计划"核心教材目录

1.《普通化学》	杨 娟	
2.《无机化学(上册)》	朱亚先　匡 勤　蔡 苹　邱晓航	
3.《无机化学(下册)》	朱亚先　王颖霞　胡 涛　匡 勤	
4.《有机化学(上册)》	张丹维　王彦广　裴 坚	
5.《有机化学(下册)》	张丹维　王彦广　裴 坚	
6.《分析化学》	蒋健晖　宦双燕　李攻科　李 娜　谭蔚泓	
7.《物理化学教程》	彭笑刚	
8.《物理化学:一种分子途径》	Donald A. McQuarrie　John D. Simon 著 侯文华　李 伟　吴 强　彭路明　黎书华 译	
9.《结构化学》	庄 林	
10.《高分子化学与物理》	张 希　刘世勇	
11.《化学生物学(上册)》	刘 磊　陈 鹏	
12.《化学生物学(中册)》	刘 磊　陈 鹏	
13.《化学生物学(下册)》	刘 磊　陈 鹏	
14.《基础化学实验》	张剑荣　章文伟　邓顺柳　李维红　任艳平 李一峻　李厚金　淳 远　马 荔	
15.《化学实验基本操作规范建议》	张剑荣　李厚金　淳 远　任艳平　李一峻 张树永	
16.《合成化学实验(上册)》	苏成勇　陈洪燕　郭玉鹏　惠新平	
17.《合成化学实验(下册)》	苏成勇　陈洪燕　陈思翀	
18.《化学测量学实验(上册)》	任 斌	
19.《化学测量学实验(中册)》	任 斌	
20.《化学测量学实验(下册)》	任 斌	
21.《化学生物学实验》	王 初　贾桂芳　邹 鹏	

详细信息